Das Buch

Utta Danella ist heute die wohl beliebteste und meistgelesene deutsche Unterhaltungsschriftstellerin. Ihr Erfolg liegt begründet in ihrer farbigen, realitätsnahen Erzählweise. In ihren Romanen greift Utta Danella durchwegs Themen der deutschen Geschichte und Gegenwart auf, die sie im Schicksal ihrer Heldinnen und Helden, die ganz aus Fleisch und Blut sind, lebendig werden läßt.

Wolkentanz schildert das bewegende Schicksal der wurzellosen Cordelia. Als sie geboren wurde, schien die Welt aus den Fugen. Der Krieg war verloren, viele Menschen ohne Heimat, die Angehörigen verschollen, ermordet, gefallen. Niemand hat Cordelia gewollt, am wenigsten die junge Schauspielerin, die sie zur Welt brachte. Sie findet Aufnahme bei einer Familie auf einem mecklenburgischen Bauernhof. Sie ist ein sanftes Kind von großer Anmut. Doch ihr scheues Wesen und ihr fremdartiges Aussehen lassen sie zur Einzelgängerin werden. Als die Familie von den neuen Machthabern enteignet wird, verliert Cordelia alles, was ihr vertraut ist: das Haus, den Garten, die Wälder, die sie so liebte. Sie wächst heran in einer Zeit, die das Leben vieler Menschen radikal veränderte. Der Jammer der Nachkriegszeit wandelte sich nach und nach in den Erfolg des Wiederaufbaus. Cordelia findet eine helfende Hand, die sie in ihr neues Leben geleitet. In einer ihr fremden Stadt wird sie Tänzerin und unterwirft sich der harten Disziplin dieses Berufes. Langsam findet sie sich in dem neuen Leben zurecht, Geborgenheit und Liebe jedoch fehlen ihr.

Die Autorin

Utta Danella ist in Berlin aufgewachsen. Sie begann ihre schriftstellerische Laufbahn mit Arbeiten für Presse und Radio. 1956 veröffentlichte sie ihren ersten Roman *Alle Sterne vom Himmel*, dem viele weitere Bestseller folgten. Heute liegt ein umfangreiches Romanwerk der beliebten Autorin vor. Fast alle Titel sind im Wilhelm Heyne Verlag lieferbar.

UTTA DANELLA

WOLKENTANZ

Roman

Erweiterte Ausgabe

WILHELM HEYNE VERLAG
MÜNCHEN

HEYNE ALLGEMEINE REIHE
Nr. 01/10419

3. Auflage

ISBN 3-453-12375-1

Inhalt

I Der Osten

II Der Westen

III Tanz

IV Die Torheit und die Hoffnung

I
DER OSTEN

Mai 1945

DER BAUER JOCHEN LUMIN geht im Morgengrauen hinüber zum See, zieht das flache Boot aus dem Holzverschlag, legt die Angel ein und treibt dann langsam am Schilfgürtel entlang, sichernd nach allen Seiten. Kann immerhin sein, daß plötzlich aus dem Wald Schüsse fallen.

Er möchte gern ein paar Schwänze fangen, es ist kaum mehr Eßbares im Haus, kein Brot, kein Fleisch, keine Kartoffeln. Zwar sind noch Kartoffeln in der Miete, doch die läßt man zunächst lieber, wo sie sind. Das Geräucherte und der Topf mit dem Schweinefett sind im Keller versteckt, hinter den Kohlen, die bleiben besser auch dort. Ein Ei hat er gestern im Stroh gefunden, obwohl kein Huhn mehr lebt auf dem Hof, seit vor zwei Tagen ein Trupp Russen durchgezogen ist.

Jochen verzieht den Mund zu einer müden Grimasse. Doch, der Hahn und zwei alte Hennen leben noch.

Der Hahn ist klug, er hat sich in die Luke über dem Kuhstall geflüchtet, als er die Schüsse hörte, und seine beiden Lieblingsfrauen, ihm gehorsam wie immer, sind ihm gefolgt. Den anderen Hühnern wurde der Hals umgedreht.

Der Hund war dumm. Jochen hatte ihn von der Kette gelassen und versucht, ihn in den Wald zu jagen. Doch der Hund lief nicht fort, er stürzte sich wütend bellend den Fremden entgegen, ein Schuß streckte ihn nieder. Er war nicht gleich tot, er starb zwei Stunden später, den Kopf in Elsgards Schoß gebettet.

Der Hund war treu und brav gewesen, er war zur Jagd abgerichtet, er lief fast immer frei herum, Jochen hatte ihn nur an die Kette gelegt, damit er nicht in den Wald lief, um Wali und den Hengst zu suchen, denn er vermißte die beiden, sie gehörten zu seinem Leben.

Ich hätte ihn ins Haus sperren sollen, denkt Jochen auf dem See. Aber es ging so schnell, plötzlich waren sie da.

Im Schilf quaken Enten, die er gestört hat, und dann streichen mit schrillem Schrei zwei Wildgänse über dem See ab. Jochen schlägt den Kragen seiner Jacke hoch, es ist bitterkalt an diesem Morgen. Er starrt in den milchig grauen Morgendunst, dann wirft er die Angel aus.

Was heißt, plötzlich waren sie da. Wir wissen schließlich, daß sie da sind, hier und dort und rundherum. Schüsse hat man öfter gehört, es können genausogut Jäger oder Wilddiebe sein. Kanonen jedenfalls haben wir nicht gehört, nicht hier bei uns. Ist der Krieg nun aus? Und was machen sie mit uns, die Russen, die Polen, die Amerikaner? Was machen sie mit uns, die Sieger? Werden sie uns töten, meine Frau vergewaltigen, meinen Hof anstecken, meine Felder verwüsten, meine Tiere abstechen? Meinen Hund haben sie erschossen.

Er blickt hinüber zum Wald, der hinter der großen Wiese begann und sich um den See bog.

Der Wald war groß, erst ein lichter Buchengürtel, dann wurde er dicht und dunkel, Tannen, Föhren, Kiefern, dort herrschten die Tiere, das Rotwild, das Schwarzwild, die Füchse, die unzähligen Vögel. Nur ein schmaler Pfad führte zum Gut.

Im Haus waren sie natürlich auch, hatten alles mitgenommen, was da lag und stand, die Teller, die Tassen, den großen Suppentopf, das Brot, den Schinken, das letzte Stück Wurst. Die Bilder von den Wänden gerissen, darunter das Bild seines Vaters in der Uniform der Kaiserlichen Kürassiere. Das Bild war mit einem schwarzen Band geschmückt, denn Jochens Vater war im vorigen Krieg gefallen. Das schwarze Band hatte Jochens Mutter angebracht, und es war dort geblieben seit mehr als dreißig Jahren.

Im Schlafzimmer durchwühlten sie die Federbetten, schmissen sie auf den Boden und erschreckten Susu, die graue Katze, die dort schlief. Sie fauchte wütend und rettete sich mit einem Sprung aus dem Fenster.

»Du Uhr?« schrie einer der Russen und drehte Jochens lahmes Handgelenk um, doch Jochen besaß keine Armbanduhr. Darauf hatten sie die alte Wanduhr heruntergerissen, sie stammte auch noch vom Vater. Ein paar waren ins Gesindehaus gelaufen, doch da war keiner mehr, die Mägde und Knechte alle verschwunden.

Elsgard war nichts geschehen. Sie kam aus dem Kuhstall, das Haar unter einem Kopftuch versteckt, das Gesicht mit Kuhmist verschmiert. Sie hatten von den Flüchtlingen erfahren, daß die Russen Frauen vergewaltigen.

»Sind sie weg?« fragte sie und blickte furchtsam rundum.

»Es scheint so.«

»Waren es Russen?«

»Ich weiß nicht. Ein paar hatten Uniformen an, die anderen bloß so Lumpen.«

Elsgard streifte das Kopftuch vom leuchtend blonden Haar.

»Sie sind weg«, wiederholte sie. »Die ersten, die bei uns waren.«

»Die nächsten werden schon kommen.«

»Sie waren nicht bei mir im Stall.«

Im Stall waren die neun Kühe, die ihnen geblieben waren, und drei Kälber.

»Einer war bei den Pferden.«

»Um Gottes willen!«

Sie liefen beide zum Pferdestall. Die Stute und das Fohlen waren unversehrt, auch die anderen vier Pferde kauten friedlich an ihrem Heu. Als sie aus dem Stall kamen, sah sie den Hund.

»Was ist mit Mutz?«

»Sie haben auf ihn geschossen.«

»O nein!«

Sie trugen den sterbenden Hund ins Haus, legten ihn vorsichtig nieder. Elsgard setzte sich neben ihn auf den Boden, nahm seinen Kopf in die Hände.

»Mutzi«, flüsterte sie. »Mutzi! Hörst du mich? Sieh mich an, Mutzi!«

Der Hund hob mühsam den Kopf und leckte über ihre Hand.

»Der Fluch Gottes soll sie treffen«, sagte Elsgard.

»Gott flucht nicht«, sagte Jochen.

Er stand an die Tür gelehnt, sah die beiden an, die er liebte. Die Stute und ihr Fohlen liebte er auch, und am meisten vielleicht den Hengst. Vermutlich würde er ihn nie wiedersehen, er war schon seit Tagen mit Wali verschwunden.

Das Wort Liebe hätte Jochen nie benutzt. Doch er war ein Mann mit starken Emotionen, außer der Frau und den Tieren liebte er seinen Hof, das wilde Heideland, die Wälder, die Seen und vor allem seine Felder, die im ersten Frühlingsgrün prangten, der Roggen war gut angegangen, die Gerste, der Hafer, und nicht mehr lange, da würden die Kartoffeln blühen.

Sein Land, sein Leben. Das Wort Liebe brauchte man dazu nicht. Er hob das Bild auf.

»Mein Vater«, sagte er.

»Dem tut das nicht mehr weh«, sagte Elsgard hart. »Du mußt Sellmer holen.« Und gleich darauf: »Aber du kannst jetzt hier nicht weg.« Sellmer war der Tierarzt, bis ins Städtchen waren es sechsundzwanzig Kilometer. Im Dorf konnte Jochen in einer Viertelstunde sein, wenn er das Fahrrad nahm. Vielleicht konnte man den Arzt anrufen, falls das Telefon noch funktionierte. Aber Doktor Sellmer würde bestimmt in diesen Tagen nicht über Land fahren. Er war alt, und es war fraglich, ob er überhaupt noch ein Auto hatte. Sein Opel war nur mühselig über den holprigen Weg getuckert, als er vor sechs Wochen da war, um nach der Stute zu sehen.

»Dat wird gutgehn«, hatte er gesagt und der Stute über den schweren Leib gestrichen.

»Noch 'n Monat oder so. Wenn ich kann, komm ich.«

Es war Ostersonntag gewesen, Jochen wußte es genau.

Dann hatte der Doktor nach dem Hengst gesehen, sein ungeduldiges Schnauben war aus dem Nachbarstall zu hören.

Sie gingen durch die kleine Verbindungstür in den zweiten Pferdestall, in dem der Hengst jetzt allein stand. Früher, vor dem Krieg, als Jochen noch zwölf Pferde hatte, wurden beide Ställe gebraucht. Der Hengst war jetzt still, Wali der Ukrainer stand bei ihm in der Box, den Arm um seinen Hals gelegt. Dann war der Hengst sofort ruhig, friedlich wie ein Lamm.

»Na, ihr beiden«, sagte der Doktor.

»Und wie steht's?« fragte Jochen.

»Ich weiß nicht mehr als du. Du hast ja auch ein Radio. Die Amerikaner sind am Rhein. Das heißt, jetzt sind sie schon in Frankfurt. Die Russen haben Danzig genommen und belagern Königsberg. Sonst sind sie ja woll mit Ostpreußen durch.« Es klang grimmig.

»Wir können nur hoffen, daß die Amerikaner vor ihnen hier sind. Oder die Engländer.«

»Von Danzig her ist der Weg nicht weit«, sagte Jochen.

Nun waren sie also da. Waren sie im Dorf? Lebte dort noch jemand? Sein Hof lag abseits, sehr einsam, eine Straße konnte man das kaum nennen, die hierherführte.

Er blickte auf den Hund, der sich nicht mehr rührte.

»Es geht zu Ende mit ihm«, sagte er.

»Nein! Nein!« schrie Elsgard. In ihren Augen standen Tränen. Seit Heiners Tod hatte sie nicht mehr geweint.

»Ich bin schuld, ich hätte ihn nicht loslassen sollen. Ich hätte ihn zu dir in den Kuhstall bringen sollen. Aber es ging so schnell. Auf einmal waren sie da. Sie hätten uns auch erschießen können. Dich und die Pferde und die Kühe. Uns alle.«

»Damit werden sie den Krieg auch nicht gewinnen.«

»Sie haben ihn schon gewonnen.«

»Weißt du das so genau?«

»Sie kämpfen in Berlin, das hast du ja gehört. Was soll noch sein, um den Krieg zu gewinnen?«

»Und was wollen wir jetzt tun?«

»Ich müßte ins Dorf gehen und mal sehen, was da los ist.«

»Du kannst mich nicht allein lassen.«

»Ich könnte dir sowieso nicht helfen.«

Der Hund war nun tot, sie schwiegen eine Weile, dann sagte sie: »Es ist mir egal, ob ich sterbe. Wenn Heiner nicht mehr lebt …« Heiner, Heinrich Lumin, ihr einziger Sohn, war im vergangenen Oktober gefallen, schon in Ostpreußen, auf dem Rückzug. Er war gerade achtzehn.

»In Ostpreußen?« hatte Elsgard geschrien. »Das ist doch Deutschland. Oder nicht?«

»Mein Vater ist auch in Ostpreußen gefallen. Das war gleich 1914. Bei Tannenberg. Das war ein großer Sieg.«

»Ein Sieg!« schrie Elsgard. »Ist es ein Sieg, wenn Menschen sterben?«

Dann schrie sie nicht mehr. Sie weinte. Und dann weinte sie auch nicht mehr, sie war still und starr und meistens stumm. Zum erstenmal an diesem Tag, als der Hund starb, hatte sie Gefühl gezeigt.

Später begruben sie ihn hinter dem Zaun des Gemüsegartens.

Versorgten die Tiere, lauschten. Doch es war nichts zu hören, nur das Mailied der Vögel, der Schrei des Kranichs.

Jochen ging dann über die Wiese bis zum Waldrand, sammelte ein, was da noch lag, unter den Buchen fand er zwei der Hühner, denen sie den Hals umgedreht hatten, die aber noch zuckten. Von der Hühnersuppe lebten sie jetzt.

»Wo willst du hin?« fragte Elsgard, als er abends noch einmal vor die Tür trat.

»Ich kuck bloß.«

Er machte einen Gang über den Hof, dann in den Pferdestall. Vier waren da noch, alt schon, alle anderen waren beschlagnahmt worden.

Beim Drillen im Herbst war es eine mühsame Arbeit gewesen. Ohne die Ukrainer, die stark und kräftig waren, unermüdlich dazu, hätte er es nie schaffen können. Auf jeden Fall brauchte er bis zur Ernte, falls es je eine Ernte geben würde, noch mindestens zwei Pferde. Die graziöse Stute konnte man weder vor einen Pflug noch vor eine Mähmaschine spannen.

»Wozu braucht 'n Bauer wie du so ein Pferd?« hatte Giercke, der Ortsbauernführer, im Herbst gefragt. »Die wern wir einziehn. Zur Arbeit ist die doch nicht zu gebrauchen.«

»Sie ist auch nicht zur Arbeit da. Nur für den Kutschwagen.«

»Zum Spazierenfahren? Sag mal, du hast woll Spinnen im Kopp. Wer fährt denn jetzt im Kutschwagen spazieren!«

Jochen sah dem Dicken ruhig ins Gesicht. »Meine Frau«, gab er zur Antwort. »Sie hat großen Kummer. Wenn sie mit dem Pferd zusammen ist, wird sie ein wenig abgelenkt.«

»Abgelenkt, so«, äffte Giercke ihn nach, in geziertem Ton. »Abgelenkt! Wer hat denn so was schon mal gehört.«

Mehr sagte der Dicke dann doch nicht, er wußte schließlich, daß die Lumins vor kurzem die Nachricht vom Tod ihres Sohnes erhalten hatten. Er wußte schließlich auch, daß die Fuchsstute schon länger im Stall stand, genauso wie er wußte, daß sie ein Geschenk vom Gut war, ein Geschenk für Elsgard persönlich, denn sie fuhr nicht nur mit dem alten Kutschwagen manchmal durch die Heide, noch lieber ritt sie mit Dolka am Wald entlang.

»Und der Hengst?« fragte Giercke noch. »Wozu brauchste den? Spazierenfahren ist da woll nicht.«

»Zur Siegesparade brauchen wir den. Is ja woll bald soweit, nich?«

Das klang bissig.

»Da kannste sicher sein.«

Giercke stiefelte zu seinem DKW. Über die Schulter knurrte er: »Muß mir demnächst mal deine Hafervorräte ansehen, und dein Heu. Mußt ja wohl schlecht abgeliefert haben, wenn du zwei nutzlose Pferde mit versorgen kannst.«

Doch der Ortsbauernführer hatte sich seitdem nicht mehr sehen lassen, auch ihm war wohl klargeworden, daß aus einer Siegesparade nichts werden würde und auf was für wackligen Beinen sein Stuhl und möglicherweise sein Leben stand. Er wußte gut genug, daß ihn die Leute nicht leiden konnten.

In der rechten Ecke des Stalls, in der größten Box, stand Dolka mit ihrem Fohlen. Der Kleine, noch etwas wacklig auf den Beinen, trank gerade bei der Mutter.

»Einen schönen Sohn hast du, Dolka. Einen ganz schönen Sohn.«

Die Stute sah ihn ruhig an, in ihren sanften Augen spiegelte sich das Licht der Stallaterne.

»Ist noch sehr kalt draußen. Wenn es wärmer wird, könnt ihr auf die Koppel.« Jochen überlegte. »Hoffentlich.«

Wie würde das Leben denn weitergehen? Konnte denn alles so sein wie früher? Wenn wieder so eine Horde kam, was könnten sie mit den Pferden tun? Es wäre ein leichtes gewesen heute mittag, die Stute und das Fohlen abzustechen, und die Kälber natürlich auch. Zu essen fanden sie allerdings genug, es gab reichlich Wild. Aber benahmen sie sich wie Menschen, waren sie bloß noch auf Tod und Vernichtung aus?

Die Sieger.

Jochen stand vor der Stalltür, sein Herz war voller Bitterkeit. Was hatte er denn verbrochen, er, seine Frau und sein Sohn, der nun tot war. Sein Vater war damals gefallen, sein Sohn in diesem Krieg, und er selbst hatte einen lahmen Arm. Ein Granatsplitter hatte ihm sein Ellbogengelenk zerrissen.

Sein Vater hatte den Kaiser nicht gekannt, er und sein Sohn nicht den Hitler. Der dicke Giercke war seine Bezugsperson zu Partei und Staat gewesen, dick und laut und unverschämt. Und daß die Renkows vom Gut diesen Hitler und seine Partei nicht leiden mochten, das war ihm gut bekannt. Der alte Renkow hatte nie einen Hehl daraus gemacht.

»Dieses Großmaul da in Berlin hat uns den Krieg auf den Hals gehetzt. Verdammt soll er sein in alle Ewigkeit«, das sprach der Alte ganz ungeniert aus.

Sicher war Jochen davon beeinflußt worden, denn für Politik hatte er sich nie interessiert. Früher war er zu keiner Wahl gegangen, erst als Giercke darauf achtete, daß jeder ging – was war das eigentlich gewesen? Irgendwas mit dem Völkerbund im fernen Genf. Ja, und dann etwas mit der Saar, die interessierte ihn auch nicht. Dann war er gegangen und hatte jedesmal einen leeren Zettel in die Wahlurne gesteckt.

Jochen lebte für seinen Hof, für seine Arbeit, für seine Frau, für seinen Sohn, für seine Tiere. Das war Lebensinhalt genug.

Und dann war Krieg. Und sie hatten ihn schließlich auch wieder eingezogen, als es gegen Rußland ging. Rußland und die Bolschewiken dort interessierten ihn auch nicht.

Der lahme Arm war indes ganz nützlich, auf diese Weise war er wieder nach Hause gekommen, Bauern waren wichtig, die Ernährungsschlacht, wie sie das nannten, mußte auch geschlagen werden.

Mit der Arbeit wurde er trotz des Armes gut fertig. Erst hatte er noch genug Pferde und auch ausreichend Hilfskräfte auf dem Hof. Am tüchtigsten waren die Ukrainer, die aus Menghetten, aus dem ukrainischen Lager, zur Arbeit auf dem Hof abgestellt wurden. Sie mußten am Abend wieder in das Lager zurück, waren in aller Frühe wieder da. Elsgard war gut mit ihnen ausgekommen und Jochen, als er wieder da war, auch.

Waleri, den sie Wali nannten, war dann einfach nicht mehr zum Schlafen ins Lager gegangen.

»Ich bleiben. Ich aufpassen.«

Das bezog sich vor allem auf den Hengst. Waleri liebte ihn mehr als alles auf der Welt, er ließ ihn kaum aus den Augen, schlief bei ihm im Stall und war stolz, als sei er selbst der Vater, als die Stute tragend war.

Im Lager schienen sie ihn nicht zu vermissen, oder seine Kameraden deckten ihn, es kam nie eine Beschwerde.

»Der hat goldene Pferdehände«, sagte der alte Renkow, als er auf einem Ritt bei ihnen vorbeikam. »Den möchte ich auf dem Gut haben, wenn dieser Dreckskrieg vorbei ist.«

Nun war Waleri mitsamt dem Hengst seit Tagen verschwunden, untergetaucht in der Heide, in der Taiga, in den Wäldern.

»Ich nicht zu Russen. Ich lieber tot. Du verstehen?« hatte er gesagt. »Stalin mein ganzes Volk totgemacht. Erde in Ukraine verdorren gemacht.«

Jochen wußte, daß Wali eine Waffe besaß, einen Drillich. Vermutlich irgendwo gestohlen, er hatte nicht danach gefragt. Er würde sich und den Hengst erschießen, ehe er sich den Russen auslieferte. Das brachte Jochen wieder auf sein Gewehr, das er am Waldrand, bei der dritten Buche rechts, vergraben hatte. Er würde es morgen holen, besser, es war eine Waffe im Haus.

Sie waren ganz allein auf dem Hof, Elsgard und er. Der alte Kumess war im vergangenen Jahr gestorben, die Knechte waren längst eingezogen, und die Mägde hatten in den letzten Wochen nach und nach den Hof verlassen.

»Ist so einsam hier«, hatte Dorte gesagt, die lange Jahre bei ihnen gewesen war. »Im Dorf ist es besser.«

Die Taglöhner, die sonst hier gearbeitet hatten, waren längst verschwunden, der Himmel wußte, wohin.

Ob es im Dorf besser war, wußte Jochen auch nicht. Zum letztenmal war er vor zehn Tagen dort gewesen, da waren noch keine Russen da. Immerhin wußte er, was inzwischen alle wußten, daß die Russen klauten, was sie kriegen konnten, und die Frauen vergewaltigten.

Im Dorf gab es eine Menge Flüchtlinge, selbst bei ihm auf dem Hof hatten für einige Tage welche gelebt, aber sie waren weitergezogen.

Auf dem Gut hatten sie viele aufgenommen, sicher auch auf dem Schloß bei den Groß-Landecks. Sie erzählten furchtbare Dinge, und dann wollten sie nichts als fort.

»Ihr solltet am besten gleich mitkommen«, hatte eine junge Frau gesagt, das war im Februar gewesen, als Jochen und Els zum letztenmal auf dem Gut waren.

Eine junge, vielleicht einmal ganz hübsche Frau, nun völlig verbittert.

»Wir hatten auch so ein Gut wie das hier. Größer noch. Meinen Vater haben sie erschlagen. Meine Mutter, meine Schwestern und mich vergewaltigt. Ich bin dann doch mit einem Treck mitgezogen, bei zwanzig Grad Kälte. Wißt ihr warum?«

»Warum?« fragte Elsgard.

»Mein Kind. Mein Baby. Es war gerade erst fünf Monate alt. Ich wollte es retten. Sehen Sie es? Können Sie es sehen?«

Els blickte scheu durch den Raum, es war die Halle auf Gut Renkow, drei andere Frauen saßen noch da, schwiegen.

Max von Renkow legte der jungen Frau den Arm um die Schultern.

»Komm, Mädchen. Laß gut sein.«

Aber sie mußte reden. Sie redete ununterbrochen weiter.

»Es ist erfroren, haben sie gesagt. Ich sagte, nein, ist es nicht. Es ist ihm nur kalt. Ich habe es fest in die Arme genommen, wollte es wärmen. Aber es war kalt, so kalt. Alles war kalt, ich auch. Ich konnte das Kind nicht wärmen. Dann hat es mir einer weggenommen, einer vom Treck, der auf unserem Wagen saß, und hat es runtergeschmissen. Einfach weggeschmissen. Ich habe geschrien, meine Schwester hat mich festgehalten, eins der Pferde war zusammengebrochen. Und während sie versuchten, das Pferd wieder auf die Beine zu bringen, bin ich vom Wagen gesprungen und bin zurückgelaufen. Zurück, zurück. Und habe mein Baby gesucht.«

Sie weinte nicht, sie sprach unbewegt, ganz monoton.

»Wir kennen die Geschichte«, sagte Renkow. »Komm, Mädchen, trink einen Korn.«

»Und – haben Sie es gefunden?« Elsgard flüsterte nur.

»Ja, ich habe es gefunden«, sagte die junge Frau triumphierend. »Es war kalt und starr. Ich konnte es nicht mehr wärmen. Es war so tot wie ich.«

»Du bist nicht tot«, sagte Renkow. »Du bist hier und lebst. Komm, trink! Du wirst wieder ein Kind bekommen.«

»Mein Mann ist auch tot. Nie wieder will ich ein Kind. Und wenn ich ein Kind im Bauch habe, das die Russen mir gemacht haben, werde ich es erwürgen, sobald es geboren ist. Ich will nie wieder ein Kind zur Welt bringen. Nicht in diese Welt.«

»Du weißt nicht, ob dein Mann tot ist. Er kann in Gefangenschaft sein.«

»Er ist tot. Alle sind tot. Und er soll lieber tot sein als bei den Russen. Sie sollten uns beschützen, sie haben uns verlassen. Sie haben uns verraten. Sie sollen alle tot sein.«

Kurz darauf brachte Renkow Jochen und Elsgard zum Tor.

»Sie redet den ganzen Tag davon. Sie redet immer dasselbe. Ihr Geist ist verwirrt.«

»Es klang eigentlich ganz klar, was sie sprach«, sagte Els. »Ist ihr Mann gefallen?«

»Das weiß sie nicht. Sie muß aus gutem Stall sein, das hört man ja, wie sie spricht. Sie kommt von einem Gut aus Ostpreußen. Nein, sie hat von ihrem Mann nichts gehört. Er war bei Stalingrad. Also ist er wohl gefallen oder in Gefangenschaft. Sie fühlt sich verlassen und verraten, ihr habt es gehört. Die Männer sind da, um die Frauen zu beschützen. Das ist in diesem Krieg nicht so, das war niemals so. Vielleicht galt es gerade im vorigen Jahrhundert. Solange es Krieg auf dieser Erde gibt, und es gab ihn immer, wurden die Männer von den Siegern getötet, die Frauen vergewaltigt, die Kinder ins Feuer geworfen. Schau mich nicht so entsetzt an, Els. Du hast doch genug Geschichte gelernt. Ich bin noch im Geist des neunzehnten Jahrhunderts erzogen, kann sein, da war es ein wenig besser. Und das zwanzigste? Es ist schlimmer als alles zuvor. Diesmal machen sie es mit Bomben aus der Luft. Beschützen? Nun kannst du keine Frau, kein Kind mehr beschützen. Wißt ihr, wie es in den Städten aussieht? Ich war in Berlin. Ich war in Hamburg. Sie hat schon recht. Frauen und Kinder kann keiner mehr beschützen. Jetzt werden sie durch Bomben getötet.«

»Daß du noch so herumreisen magst«, sagte Elsgard schüchtern.

»Ich muß es wissen. Falls noch ein Mensch am Leben bleibt, muß er wissen, was geschah. Was geschah, was geschieht, im zwanzigsten Jahrhundert nach Christi Geburt. Bomben! Sie haben immer Krieg geführt, sie haben sich immer getötet. Aber Bomben, die vom Himmel fallen? Das ist das Schlimmste, was es je gab. Kein ehrlicher Kampf. Niederträchtiger Mord. Es zeigt, was aus der Menschheit geworden ist.«

Sie standen am Tor, es war kalt an diesem Abend, der Himmel voll von Sternen.

Max von Renkow legte den Kopf zurück.

»Ein schöner Abend, nicht wahr? Sieh die Sterne, Els! Fern und erbarmungslos. Dieselben Sterne, als Caesar nach Gallien zog, dieselben Sterne, als die Franzosen ihre Mitbürger köpften. Wenn es sie etwas anginge, müßten sie über uns lachen, die Sterne. Aber es geht sie nichts an.«

»Was wirst du tun?« fragte Elsgard.

»Ich bleibe hier. Wenn die Russen kommen, können sie mich auch erschlagen. Wo soll ich hin, Els? Meine Söhne sind tot.«

»Und Inga?«

»Inga ist in Berlin. Vielleicht auch schon tot.«

»Und die da drin?«

»Sie wollen weiterziehen. Nach Westen, nur nach Westen. Sie wollen überall sonst sein, nur nicht hier, wenn die Russen kommen.«

»Nach Westen«, wiederholte Elsgard nachdenklich. »Da ist doch auch Krieg.«

»Überall ist Krieg.«

»Und wie sollen die Frauen das machen? Im Schnee.«

Max von Renkow blickte über den gefrorenen See.

»Mein Kind, ich weiß es nicht. Es sind Versprengte. Sie haben auf irgendeine Weise den Anschluß an ihren Treck verloren. Die eine, die jüngste, die hinten in der Ecke saß und überhaupt nicht redete, die ist ganz allein losgezogen. Auf ihrem Pferd. Bis das Pferd unter ihr zusammenbrach und am Wegrand verreckte. Und dann ist sie eine Weile planlos durch die Gegend geirrt. Sie würde am liebsten bleiben, sagt sie. Aber sie hat Angst vor den Russen.«

»Die Russen! Die Russen!« sagte Elsgard ärgerlich. »Man hört überhaupt nichts anderes mehr. Vielleicht kommen sie gar nicht. Unsere Soldaten kämpfen ja schließlich noch. Und im Radio reden sie doch immer von den großartigen Waffen, die sie haben.«

»Stimmt genau. Davon reden sie. Jetzt macht, daß ihr nach Hause kommt, es ist dunkel im Wald, und der Schnee liegt hoch.«

Er beugte sich, er war sehr groß, und küßte Elsgard auf die Schläfe. »Ich könnte sagen, Gott schütze dich. Aber das hilft wohl auch nicht mehr. Gott hat uns auch verlassen und verraten.«

»Das darfst du nicht sagen«, sagte Elsgard erschreckt. Dann dachte sie an ihren Sohn. »Doch, du hast recht. Er hat uns verlassen und verraten.«

»Wirst du den Weg auch nicht verfehlen, Jochen?«

»Ich kenn mich aus, auch in der Dunkelheit.«

»Wer ist bei euch auf dem Hof?«

»Wali, der Ukrainer. Er ist zuverlässig.«

»Ja, ich kenne ihn. Also tschüs denn. Bleibt übrig. Das sagen sie in Berlin, habe ich gelernt.«

Jochen steht vor der Stalltür, es ist dunkel, die Laterne hat er gelöscht. In dem Stall nebenan ist es still. Wo mögen sie sein, der Ukrainer und der Hengst? Wovon ernähren sie sich?

Es ist totenstill. Keine Sterne, der Himmel ist schwer und dunkel, es wird regnen, wenn nicht gar schneien. Ein merkwürdiges Wetter für Mai. Ein passendes Wetter. Warum sollen Sterne am Himmel stehen, warum soll die Sonne scheinen, wenn die Welt untergeht.

Wir sind hier auf einer einsamen Insel, denkt Jochen. Wir wissen überhaupt nicht, was geschieht, was geschehen ist. Aber nun waren die ersten Russen bei uns. Und ich muß zum Gut, ich muß wissen, ob Renkow lebt. Wenigstens er, wenn schon alle anderen tot sind.

Den Hengst hatte Friedrich von Renkow auf den Hof gebracht.

»Ein schöner Bursche, sieh ihn dir an. Mein Vater will ihn legen lassen, wir haben schließlich einen guten Hengst.«

Es war im Frühjahr '41, Jochen hatte unbegrenzten Heimaturlaub, Personal gab es noch ausreichend auf dem Hof.

Friedrich hielt den Schwarzbraunen am Zügel, der stand ganz brav, verwirrt von der neuen Umgebung, von den Menschen, die ihn umstanden.

»Er heißt Widukind«, sagte Friedrich.

»Oh!« rief Elsgard. »Wie dieser Sachsenfürst, der Karl dem Großen so lange widerstand.«

Friedrich lächelte ihr zu. »Du hast beim Geschichtsunterricht gut aufgepaßt, Els. Es war übrigens die Idee von Alexander, den Hengst so zu nennen. Er meint, wir brauchen in diesem Land unbedingt mal wieder einen, der sich gegen die Obrigkeit auflehnt. Ich kann allerdings nicht finden, daß sich Hitler mit Karl dem Großen vergleichen läßt.«

Jochen stand und betrachtete den Hengst.

»Er ist wirklich wunderschön«, sagte er andächtig.

»Ich könnte ihn reiten«, schrie Els begeistert.

»Oder ich«, überschrie sie Heiner, damals vierzehn.

»Er ist noch nicht einmal angeritten«, bremste Friedrich ihre Begeisterung. »Wenn ich bleiben könnte, würde ich das selber machen.«

»Mußt du denn wieder fort? Ich denke, der Krieg ist vorbei.«

»Da denkst du falsch, kleine Schwester. Ich gehe jetzt nach Afrika.

Das hatte sie sprachlos gemacht. Was hatte ein Mecklenburger Gutsbesitzer in Afrika verloren?

In dieser Nacht, allein vor dem Stall, in dem kein Hengst

mehr steht, denkt Jochen an Friedrichs letzten Besuch, das war im Oktober '42. Jochen war das erstemal verwundet worden, nicht weiter schlimm, und hatte Heimaturlaub für zwei Wochen.

Friedrich kam vom Gut herübergeritten, saß bei ihnen am Tisch, sah aus wie immer in seinen grauen Reithosen und dem karierten Jackett, trank einen Korn, zog die Jacke aus.

»Schön kühl habt ihr es hier. In Afrika ist es so heiß. Gräßlich. Kaum zu ertragen.«

»Ist aber doch besser als Rußland«, sagte Elsgard. »So viele Soldaten haben sich die Hände und Füße erfroren im letzten Winter. Ist doch besser, du schwitzt ein wenig.«

»Du hast recht wie immer, Els. Was mich betrifft, möchte ich weder da noch dort sein. Soll'n sich doch die Italiener allein in Afrika rumprügeln. Ohne Rommel wären wir sowieso schon längst im Eimer. Immerhin bin ich jetzt Hauptmann. Wenn der Krieg noch lange dauert, werde ich General.«

»Dauert er denn noch lange, Fritz?«

Daraufhin seufzte Friedrich von Renkow, zündete sich eine Zigarette an und sagte: »Gib mir noch einen Schnaps.« Er trank, setzte das Glas ab. »Er dauert so lange, wie wir uns das gefallen lassen.«

»Wie meinst du das?« fragte Els.

»Ja, wie meine ich das wohl, kleine Schwester. Wir müßten einen Aufstand machen. Eine Revolution.«

»Eine Revolution? Warum?«

»Um den Krieg zu beenden. Dazu müßte man die Regierung stürzen.«

»Wie du redest!« sagte Els entsetzt.

»Das machen die Deutschen nicht«, sagte Jochen.

»Da hast du recht, Jochen. Das machen die Deutschen nicht. Sie haben es 1918 gemacht, als es zu spät war. Und später haben sie sich sehr dafür geschämt. Diesmal? Vermutlich nicht, diesmal geht es bis zum bitteren Ende.«

»Aber wir siegen doch immerzu«, sagte Els.

Sie hatten immerzu gesiegt. Das stand in der Zeitung, das verkündeten die Fanfaren im Radio, das bejubelte der Führer dieses Reiches in seinen Reden.

Friedrich von Renkow sah es anders. Mit dem Siegen war es vorbei, und daß dieser Krieg verloren sein würde, genau wie der letzte, darüber waren sie sich von vornherein klar gewesen, er, sein Vater, sein Bruder Alexander.

Sein Schwager allerdings war anderer Meinung. Er gehörte zur Elite der Nazis, verehrte Adolf Hitler und war überzeugt davon, daß Deutschland den Krieg gewinnen würde.

»Du mit deiner Skepsis! Polen, Norwegen, Frankreich, alles in einem Rutsch. Hat es so etwas schon gegeben?«

»Ja, und jetzt machen wir einen Rutsch nach Rußland hinein. Mal sehen, wie weit wir da rutschen werden. Man braucht bloß mal an Napoleon zu denken, dann ...«

»Das mußte ja kommen. Alle reden jetzt von Napoleon. Das ist immerhin hundert Jahre her.«

»Sogar schon ein bißchen länger.«

»Eben. Und hatte Napoleon vielleicht Panzer, eh? Oder Flugzeuge, wie? Stukas etwa auch? Und hatte er deutsche Soldaten?«

»Soviel ich weiß, hatte er die auch dabei. Apropos – wann willst du dich eigentlich an der Rutscherei beteiligen? Nur mit der großen Klappe?«

Diese Worte trugen ihm einen giftigen Blick seines Schwagers Berthold ein, der einen ruhigen Posten beim Sicherheitshauptamt in Berlin besetzt hielt.

Das war im Sommer '41, der Feldzug gegen Rußland hatte gerade begonnen, und manche dachten, bei weitem nicht alle, es würde so weitergehen mit der Siegerei.

Alexander, Friedrichs jüngster Bruder, war mit auf diesem Marsch, und Friedrich sagte zu seinem Vater: »Wir werden ihn nicht wiedersehen.«

Der alte Renkow nickte. Er war der gleichen Meinung wie sein Sohn, was den Fortgang und den Ausgang dieses Krieges betraf, und der Blick, den er seinem Schwiegersohn zuwarf, war nicht giftig, sondern voller Haß. Er liebte seine schöne, zarte Tochter von Herzen und konnte nicht verwinden, daß sie diesen widerlichen Kerl geheiratet hatte. Max von Renkow konnte diesen Mann von Anfang an nicht leiden, obwohl er ein großer Blonder mit markanten Zügen war, ein Bild von einem deutschen Mann.

Inga kannte nichts von der Welt, die Männer, die sie kannte, waren wie ihr Vater, wie ihre Brüder. Sie war auf dem Gut aufgewachsen, zusammen mit Elsgard von einem Hauslehrer unterrichtet worden und kam mit vierzehn in ein Mädchenpensionat nach Rostock, wo sie das Lyzeum besuchte.

Eine Freundin aus dem Pensionat, die schon verheiratet war und in Berlin lebte, hatte sie eingeladen. Ihr Bruder Alexander hatte sie nach Berlin gebracht, bei der Freundin und deren Mann abgeliefert und war weitergereist nach London, denn England gehörte seine große Liebe.

Und dann kam Inga zurück, ein paar Wochen später, und hatte sich verliebt. Sie schwärmte von Berlin, was für eine wunderbare Stadt das sei und wie nett die Leute dort wären, sie war im Theater, in der Oper gewesen, nachmittags bei Kranzler und abends in vornehmen Restaurants.

»Ich kann gar nicht mehr verstehen, wie man es hier auf dem Land aushalten kann«, sagte sie und blickte mißbilligend von der schlichten Veranda des Guts in das Mecklenburger Land hinaus.

»So«, sagte ihr Vater.

»Man kann sich so gut unterhalten, weißt du. Die Berliner sind ganz anders als die Leute hier.«

»So«, wiederholte der Alte.

»Ich möchte gern in Berlin leben.«

»Aha«, machte ihr Vater. »Und dein Pferd? Und dein Hund?«

»Mein Gott, Vater, einen Hund kann man in Berlin auch haben. Rosmarie hat sogar zwei, sie haben einen wunderschönen Garten an ihrem Haus. Und reiten kannst du überhaupt großartig. Im Tiergarten oder im Grunewald.« Und triumphierend: »Ich bin da geritten.«

»Aha! Mit wem? Mit Rosmarie?«

»Nein, die kann nicht reiten. Mit einem Freund von Albert.«

Albert war Rosmaries Mann.

»Du hattest doch gar keinen Dress dabei.«

»Den hat er mir besorgt.«

»Wer?«

»Na, der Freund von Albert. Er heißt Berthold Schwarz. Ist das nicht ulkig? Wie der, der das Schießpulver erfunden hat.«

Ein Jahr später war sie verheiratet, lebte in diesem großartigen Berlin, und als der Mann aus Österreich die Macht ergriff, wie sie das nannten, machte ihr Mann, dieser Berthold Schwarz, obwohl er das Pulver nicht erfunden hatte, sehr schnell eine große Karriere, denn er war ein alter Kämpfer, ein Parteigenosse mit dem goldenen Parteiabzeichen, und Inga Schwarz, die geborene von Renkow aus Mecklenburg, führte ein glanzvolles Leben, besuchte Premieren, wurde bei großen Festen eingeladen, lernte den Führer kennen und die Größen des Dritten Reiches und hatte alles in allem an nichts etwas auszusetzen. Ihr Mann war treu und zuverlässig, er liebte sie und wurde ein guter Vater für die drei Kinder, die sie bekam. Eine glückliche Familie, ein erfolgreicher Mann in einem gutgeleiteten Staat.

So sah es Inga Schwarz.

Sie fiel aus allen Wolken, als der Krieg begann. Es war nach der Ernte, sie war auf dem Gut und hatte ihren jüngsten Sohn dabei, er war gerade ein Jahr.

»Wir haben Krieg? Aber warum denn?«

»Frag nicht mich«, sagte ihr Vater. »Frag deinen Mann.«

»Ich weiß bestimmt, daß Berthold gegen Krieg ist. Sein Vater ist schließlich gefallen. Und überhaupt! Der Führer will auch keinen Krieg. Er hat immer gesagt …«

»Geschenkt!« knurrte der Alte. »Wir wissen alle auswendig, was er immer gesagt hat. Ein Glück, daß deine Jungen noch so klein sind.«

»Es wird bestimmt nicht lange dauern.«

Ihr Vater blickte sie eine Weile schweigend an.

»Ich habe nicht gewußt, daß du soo dumm bist«, sagte er dann.

Jetzt an diesem Maimorgen auf dem See, seine unbewegliche Fläche schimmert silbern, es wird langsam hell, denkt Jochen an Inga.

Sie war für ihn immer der Inbegriff von Schönheit und Vornehmheit gewesen, in ihrer Gegenwart wagte er kaum den Mund aufzumachen. Was er über sie weiß, hat er von Elsgard erfahren, für die Inga wie eine Schwester ist. Obwohl Elsgard nur die Tochter des Inspektors war, hatte man sie auf dem Gut wie ein Mitglied der Familie behandelt. Es gab da eine schicksalhafte Verbindung. Elsgards Mutter war bei der Geburt ihrer Tochter gestorben, und Tanja von Renkow starb bei der Geburt ihrer Tochter Inga, das war ein Jahr später.

Ob Inga noch lebt, denkt Jochen. Die Russen sind in Berlin, sie kämpfen dort, Straße für Straße, und vorher diese Luftangriffe, Berlin soll nur noch ein Trümmerhaufen sein. Warum ist Inga nicht mit den Kindern nach Hause gekommen?

Keiner ist in den letzten Monaten ostwärts gereist, das weiß Jochen auch. Nicht so wie vor zwei, drei Jahren, als die evakuierten Kinder aus dem Rheinland, aus Hamburg zu ihnen gekommen waren, mit ihren Müttern, mit ihren Lehrerinnen, auf der Flucht vor den Bomben. In den Dörfern und Städtchen drumherum war man nicht gerade begeistert über die Einquartierung. Nun, in den letzten Wochen und Monaten sind die Flüchtlinge aus dem Osten gekommen, aus dem Sudetenland, aus Schlesien, aus Ostpreußen. Aber jetzt wollen sie alle weg. Nach Westen, nur nach Westen.

Jochen kneift die Augen zusammen, es wird auf einmal sehr hell, die Sonne wird scheinen an diesem Tag, nicht Regen oder Schnee, wie er erwartet hat. Er hat noch nichts gefangen, er muß die Angel noch einmal auswerfen. Und er wird, das nimmt er sich vor, so bald wie möglich zum Gut gehen. Auf dem schmalen Pfad durch den Wald.

Es gibt auch eine richtige Straße, aber da müßte er fast bis zum Dorf und dann in einem ziemlich großen Bogen zum Gut. Die Pferde kann er nicht anspannen, und mit dem Rad ist es auch zu weit. Der Pfad durch den Wald geht gerade bis zu den südlichen Koppeln der Renkows, bis dahin ist es eine halbe Stunde zu Fuß. Elsgard kann ja mitkommen, falls sie nicht allein zu Hause bleiben will. Soll sie ja auch nicht. Allerdings sind die Tiere allein. Aber er muß wissen, was auf dem Gut passiert ist, ob Max von Renkow noch lebt, ob er Nachricht von Inga hat.

Er lebt nicht mehr. Jochen weiß, daß er nicht mehr lebt. Er kann sich den Weg sparen.

Und wir werden morgen auch nicht mehr leben.

Er sitzt erstarrt, die Angel in der Hand, die er aus dem Wasser gezogen hat, und ist von tiefer Verzweiflung erfüllt. Es ist alles vorbei, es ist alles zu Ende. Warum hat ihn die Granate nicht getötet, dann brauchte er dieses Elend nicht zu erleben. Er muß es nicht erleben. Er wird das Gewehr ausgraben, wird Els und sich erschießen. Die Kinder leben nicht mehr, was hat er noch auf dieser Welt verloren.

Das ist ein Gedanke, der nie und nimmer in sein Vorstellungsvermögen gepaßt hatte, der Gedanke an Selbstmord. Und es ist eine Ironie des Schicksals, daß er jetzt, gerade jetzt in diesem Augenblick, sich einem Selbstmörder gegenübersieht.

Er legt die Angel auf den Grund des Bootes, er hat keinen Fisch gefangen, er braucht keinen Fisch mehr.

Die Tote im See

DIE SONNE STEIGT ÜBER dem Wald auf, er wendet geblendet den Kopf zur Seite, und da sieht er etwas Blaues im Schilf. Es sieht aus wie ein Ballon, der da schwimmt, sich sacht im Wasser bewegt. Er greift nach dem Holz, treibt das Boot langsam uferwärts, dann wird das Wasser flach, das Boot bleibt im Schilf stecken.

Und dann packt ihn Entsetzen, ein anderes Entsetzen diesmal.

Karolinchen!

Da liegt ein Mensch im Wasser.

Karolinchen kann es nicht sein, sie ist auf dem Eis eingebrochen und ertrunken, das ist acht Jahre her. Sie trug ein blaues Mäntelchen. Darum fiel es ihm ein.

Er stakt langsam heran. Eine tote Frau. Das blaue Kleid,

das sie trägt, hat sich im Wasser aufgebläht wie ein Segel. Der Kopf mit langen dunklen Haaren liegt zurückgebogen auf einem Kissen von Schilf.

Wie lange liegt sie da? Sie ist ertrunken. Sie sieht nicht aus wie eine Ertrunkene, und ihr Kopf ist nicht im Wasser.

Ist sie wirklich tot? Sie liegt da wie in tiefem Schlaf. Er greift mit der Hand über den Bootsrand nach ihrem Gesicht. Kalt. Sie muß tot sein. Er weiß nicht, was er tun soll. Wenn er das Boot hier im seichten Wasser steckenläßt, kann er an Land waten und sie herausziehen.

Und was macht er dann? Eine tote Frau, was soll er mit ihr tun? Irgend etwas muß er tun. Muß er nicht. Eine tote Frau mehr oder weniger in dieser Zeit spielt keine Rolle. Aber er hat sie gesehen, er hat sie berührt, er muß sie an Land bringen, er kann sie nicht einfach hier im Wasser liegenlassen.

Er klettert aus dem Boot, watet ins Wasser, es ist mühsam, mit einem Arm einen leblosen Körper aus dem Wasser zu ziehen. Er wird naß bis zu den Hüften, und nun gerät auch ihr Kopf unter Wasser, aber als er sie schließlich auf dem Trockenen hat, hört er ein Stöhnen, und sie macht die Augen auf. Nur für eine Sekunde, dann fällt ihr Kopf zur Seite, sie ist wieder bewußtlos oder nun wirklich tot. Er legt den Finger an ihre Halsschlagader, er spürt nichts.

Und was nun? Er kann sie keinesfalls ins Haus transportieren, er muß Els holen, sie wird inzwischen aufgestanden sein.

So schnell er kann, läuft er zurück, vergißt ganz, sich umzuschauen, ob irgendeine Gefahr droht.

Els steht unter der Tür, die Katze auf dem Arm.

»Wo bist du denn?« fragt sie angstvoll.

Er berichtet hastig, und dann läuft Els mit ihm zum See. Die Frau liegt so, wie er sie liegenließ, regungslos, leblos. Das nasse blaue Gewand ist nicht mehr gebläht, es ist zusammengesunken, bedeckt die Gestalt bis zu den Füßen.

Els sagt dann auch als erstes: »Was hat die denn da an? Das sieht aus wie … wie …«

»Was meinst du?«

»Wie ein Abendkleid. Oder …« Sie kniet nieder, beugt sich

über das Gesicht der Frau. Ein leiser Wind kommt vom See her, bewegt das Schilf, es wirft Schatten über das blasse Gesicht am Boden, es sieht auf einmal nicht mehr so leblos aus.

Els legt ihre Hand auf die Brust der Frau, legt dann ihr Ohr auf die Brust, lauscht, ob sie einen Herzschlag hört, faßt dann nach dem Puls.

»Es ist nichts zu hören«, sagt sie aufgeregt. »Du denkst, sie ist nicht tot?«

»Ich weiß es nicht.«

»Aber wenn sie doch hier im Wasser gelegen hat.«

»Komm, ich zeig dir, wo.«

Els steht auf, er hebt die Hand, beschreibt die Stelle, wo die Frau lag, wie sie da lag.

Das Boot ist dort an der Stelle, es bewegt sich nicht, der Kiel steckt im Sand.

»Und du hast nicht gesehn, wie sie da hinkam?«

»Nein, ich sage dir doch, ich bin von dort gekommen und dann …«

Er beschreibt genau, was sich abgespielt hat, von wo er kam, wie er sie gesehen hat, wie das Kleid sich über dem Wasser blähte, wo ihr Kopf lag.

»Sie kann doch nicht die ganze Nacht dort gelegen haben. Das gibt es doch nicht. Es war so kalt. Sie hat die Augen aufgemacht, sagst du?«

»Eine Sekunde. Eine halbe Sekunde.«

Ein Flug Enten steigt plötzlich aus dem Schilf auf, streicht über den See ab, sie erschrecken beide, jetzt sieht sich Jochen in der Gegend um. Nichts. Leer die Wiese, keine Bewegung am Waldrand.

»Wenn sie tot ist, können wir sie hier liegenlassen.«

»Können wir nicht. Die Tiere aus dem Wald werden über sie herfallen.«

»Sollen wir sie vielleicht begraben?« fragt Els. »Wie stellst du dir das vor? Wie unseren Mutz?« Sie steht, legt die Hand über die Augen, denn die tiefstehende Sonne blendet sie. »Er fehlt mir so«, fügt sie hinzu.

»Im ersten Moment«, sagt er, »bekam ich einen Schreck. Als ich das Blau sah. Ich mußte an Karolinchen denken.«

Els wirft ihm einen kurzen Blick zu, schiebt ärgerlich die Unterlippe vor.

»Davon wird nicht geredet«, bescheidet sie ihn. »Also gut, dann bringen wir sie vom See weg, legen sie in die Sonne. Da wird sich dann finden, ob sie lebt oder nicht.«

»Wir nehmen sie mit«, entscheidet Jochen.

»Und wie machen wir das? O doch, ich weiß. Ich hole die Schubkarre.« Sie läuft schon, sie hat einen kurzen Rock an und die schmutzige dunkle Jacke, die sie jetzt immer trägt, wenn sie aus dem Haus kommt. Sie ist schlank und zierlich, und wie sie da über die Wiese rennt, sieht sie aus wie ein junges Mädchen. Wie das Mädchen, in das er sich damals verliebte, er war zweiundzwanzig und sie gerade sechzehn.

Er kannte sie, wie alle Leute vom Gut, seit seiner Kindheit, die kleine Els, die er kaum beachtet hatte, und nun war sie auf einmal kein Kind mehr. Er sah sie mit anderen Augen, aber eigentlich war sie es, die sich in ihn verliebte. Oder jedenfalls zeigte, daß sie ihr gefiel. Einmal kam sie mit Alexander zum Luminhof geritten, und dann mit Inga, als die Ferien hatte. Und dann kam sie auch allein, auf dem Pfad durch den Wald.

»Ich muß Ilka bewegen, sie hatte eine schwere Kolik. Der Doktor sagt, sie muß jeden Tag im Schritt rausgehn. Hier, halt mal!«

Sie gab ihm die Zügel in die Hand, sprang vom Pferd und ging dann ins Haus, setzte sich zu seiner Mutter in die Küche.

Es war ein Sonntag, Anfang Oktober. Es war 1923, das Jahr der Inflation, auf dem Gut hatten sie große Sorgen, und Jochen konnte sich keine Taglöhner mehr leisten, er und seine Mutter schufteten bis zum Umfallen.

Elsgard sah hübsch und gepflegt aus, trotzdem sagte seine Mutter, nachdem sie wieder allein waren: »Die arme Deern! Keine Mutter, und dann ist der Vater auch noch gefallen.«

Elsgards Vater war nicht gefallen, er war kurz vor Kriegsende an der Ruhr gestorben, irgendwo in den Vogesen. Er war der Inspektor auf dem Gut gewesen, stammte aber nicht aus Mecklenburg, er kam aus Schleswig, seine Frau war Dänin.

»Sie sieht ihrer Mutter sehr ähnlich. Kannst du dich an die noch erinnern?« Und als Jochen den Kopf schüttelte: »Eine hübsche Frau. Und immer so fröhlich. Sie sprach so ein ulkiges Deutsch. So, als hätte sie eine Kartoffel im Mund. Der Kröger ging dann weg nach ihrem Tod. War ihm wohl sehr nahegegangen. Das Kind wollte er gar nicht ansehen. Ist ja manchmal so, daß Männer dem Kind die Schuld geben, wenn eine Frau bei der Geburt stirbt. Aber Frau von Renkow bestimmte, daß man sich um das kleine Mädchen kümmerte, als gehöre es zur Familie. Und man soll's nicht glauben, dann stirbt auch sie ein Jahr später. Zwei Söhne hatte sie geboren, und alles war gutgegangen. Ach ja, und dazwischen hatte sie mal eine Fehlgeburt. Und nun hatten sie zwei mutterlose kleine Mädchen auf dem Gut. Was hätten sie bloß ohne Olga gemacht. Eines Tages kam dann der Kröger zurück. Herr von Renkow nahm ihn wieder, ohne Vorwurf, ohne Geschrei, der Kröger war ein guter Mann. Und nun hatte er auch seine kleine Tochter lieb. Jetzt ist er tot. Wie unser Vater auch. So ist das mit dem Krieg nun mal.« Schicksalsergeben, geduldig hatte Jochens Mutter das gesagt. So ist das mit dem Krieg nun mal.

Sie hat es als Schicksal hingenommen, damals. Und wir haben genau dasselbe getan, diesmal. Warum wehren sich Menschen eigentlich nicht? Und wenn heute die Russen wiederkommen und meinen Hof anzünden, nehmen wir es auch hin. Warum sind wir eigentlich so?

Jochen hat sich auf die Wiese gesetzt, neben die tote oder halbtote Frau, während er auf Els wartet. Das Gras ist noch naß, aber er ist sowieso naß aus dem Wasser gekommen. Es ist immer noch kalt, obwohl die Sonne, die Maisonne, versucht, ihn zu wärmen.

Seltsam, daß er jetzt an seine Mutter denkt. Nein, gar nicht seltsam. Seine Mutter und Els waren die wichtigsten Menschen in seinem Leben. Kein Vater, keine Geschwister, nur immer Arbeit von früh bis spät. Und dann kam dieses junge, heitere Mädchen in sein Leben, zeigte ganz unverhohlen, daß sie ihn leiden mochte. Elsgard Kröger vom Gut. Sie war viel klüger als er, hatte viel gelernt. Er war gerade vier Jahre in die einklassige Dorfschule gegangen, später einige

Male im Winter für ein paar Wochen. Ein Hof, auf dem der Bauer fehlte, konnte einen Jungen nicht lange entbehren. Sie konnten sich damals in der schlechten Zeit kaum Arbeitskräfte leisten, Herr von Renkow schickte ihnen immer zur Ernte ein paar Leute zur Hilfe.

Einmal kamen Elsgard und Alexander zu Weihnachten mit dem Schlitten vom Gut zu Besuch, es war kalt, und es lag hoher Schnee.

»Els will dich unbedingt besuchen, Jochen. Sie hat Handschuhe für dich gestrickt und eine warme Mütze, die will sie dir bringen. Ich möchte wissen, was sie an dir findet.«

Elsgard wurde zwar rot, doch sie lachte. Sie war nicht sehr verlegen, und gelacht hatte sie immer gern.

»Möchtste gern wissen, was?«

Sie hatte auch für seine Mutter ein Geschenk mitgebracht, ein Medaillon an einem goldenen Kettchen.

»Es gehörte meiner Mutter«, sagte sie.

»Nein, nein«, wehrte sich Jochens Mutter. »Das kann ich doch nicht annehmen. Nein, auf keinen Fall.«

»Aber bitte! Ich hab noch mehr solche Sachen. Und ich möchte dir so gern eine Freude machen, Mutter Lumin.«

Anna Lumin war verwirrt. Ihr Blick ging zwischen ihrem Sohn und dem blonden Mädchen hin und her. Sie hatte bereits begriffen, was sich da anbahnte.

»Dann sage ich denn auch dankeschön. Und wenn ich tot bin, bekommst du es wieder, Els.«

Sie war vor zehn Jahren gestorben, müde und verbraucht nach einem Leben voller Arbeit. Doch die Zeit, nachdem Jochen und Elsgard geheiratet hatten, war die schönste Zeit ihres Lebens gewesen.

Eine junge fröhliche Frau im Haus, mit der sie sich gut verstand. Dann die beiden Kinder, erst ein Sohn, später eine Tochter. Daß Karolinchen auf dem See einbrach und ertrank, mußte Anna Lumin nicht mehr erleben.

Jochen sieht Els über die Wiese kommen mit der Schubkarre. Ihr Haar ist unbedeckt, ihr Gesicht nicht verschmiert. Hat sie eigentlich die Russen vergessen?

33

»Wir müssen schnell machen«, sagt sie atemlos. »Die Kühe sind unruhig. Ich muß melken.«

Gemeinsam heben sie die Frau in dem langen blauen Kleid auf die Schubkarre und schieben sie über die Wiese zum Hof. Gerade als sie dort ankommen, macht die Tote zum zweitenmal die Augen auf, große tiefblaue Augen. So blau wie das seltsame Kleid, das sie trägt. Sie fährt mit der Hand über ihre Brust, an der Hüfte entlang.

»Ich bin ja ganz naß«, flüstert sie.

Und dann scheint sie sich zu erinnern. Sie versucht, sich aufzurichten. Els beugt sich zu ihr, hilft ihr.

Die Fremde schaut sich um. »Bin ich denn nicht tot?« fragt sie erstaunt.

»Nein«, sagt Els. »Kommt mir nicht so vor. Aber naß sind Sie schon. Wollen Sie mal versuchen aufzustehen?«

Das ist nicht so leicht, sie befindet sich in halb liegender, halb sitzender Stellung in der Schubkarre, aber die holprige Fahrt, die aufsteigende Sonne haben sie wohl ins Leben zurückgebracht.

Jochen und Els stützen sie, und dann steht sie wirklich auf wackligen Beinen, knickt ein, Jochen hält sie fest.

Sie blickt nach rechts und nach links, dann hinauf zum Himmel, an dem sich ein sanftes, helles Blau ausbreitet.

»Das ist ja fürchterlich«, sagt sie. »Ich wollte doch sterben.« Sie sieht Els an. »Sie ... Sie haben mich gerettet?«

»Mein Mann hat Sie im Wasser gefunden. Da drüben in dem See.«

»Im See?«

»Nahe am Ufer.«

»Ich bin nicht weit genug hineingegangen. Es war so kalt. Und dann bin ich wohl eingeschlafen. Ich habe Veronal genommen. Ich müßte eigentlich tot sein. Wo bin ich denn eigentlich?«

Sie hat eine klangvolle, ziemlich tiefe Stimme, die Augen hat sie weit geöffnet, sie ist noch nicht ganz da und versteht nicht, was mit ihr geschieht.

Im selben Augenblick hören sie einen Schuß, dann noch einen. Nicht sehr weit entfernt.

Els blickt wild um sich, ergreift dann die Hand der Fremden.

»Los! Wir bringen Sie hinein.«

»Wo bin ich denn?« fragt sie noch einmal, klagend, fast singend.

»Später. Erst müssen Sie die nassen Sachen vom Leib kriegen. Und wir ...« Ihr Blick hängt am Waldrand, woher die Schüsse kamen, auch Jochen späht hinüber. Zu sehen ist nichts. Aus dem Stall brüllen die Kühe.

»Ich muß in den Stall«, sagt Els. »Kommen Sie!«

Rechts und links fassen sie die Frau und schleppen sie ins Haus.

»Setz Wasser auf, Jochen. Sie muß etwas Heißes trinken. Einen Kräutertee.«

»Kaffee wäre besser, wenn sie etwas eingenommen hat«, sagt Jochen. Es soll ein Scherz sein, aber er selber hätte auch großen Appetit auf eine Tasse echten Bohnenkaffee.

Els zieht der Frau das lange blaue Kleid vom Körper, die Schuhe sind auch blau, mit hohen Absätzen. Unter dem Kleid trägt sie ein spitzenbesetztes Seidenhemdchen und ein ebensolches Höschen. Sie hat langgestreckte schlanke Beine, schmale Hüften, aber ...

»So, jetzt sind Sie erst mal das nasse Zeug los. Sie werden sich den Tod holen.«

»Aber das wollte ich ja«, sagt die Frau. Dann sinkt sie auf dem Sofa zusammen, schließt die Augen und ist wieder bewußtlos. Els wickelt sie fest in eine Decke, betrachtet sie eine Weile ratlos.

»Sie wollte sich das Leben nehmen«, sagt sie, als sie zu Jochen in die Küche kommt. »Sie hat das absichtlich getan.«

»Aus Versehen kann man wohl dort nicht ins Wasser geraten.«

»Wie ist sie überhaupt an unseren See gekommen? Und so komisch angezogen. Auch die Schuhe. Wie ist sie damit gelaufen? Wo kommt sie her?«

»Das weiß ich doch nicht.«

»Vielleicht stirbt sie doch noch. Wenn sie Veronal genommen hat ...«

»Was ist das?«

»Und weißt du, was mit ihr los ist? Sie kriegt ein Kind.«

»Sie kriegt ein Kind?«

»Ich habe es gesehen, als ich sie auszog. Weißt du, wo der Tee ist? Ich muß in den Stall.«

»Kaffee haben wir wohl gar nicht mehr?«

»O doch, ein Tütchen habe ich schon. Im Wohnzimmer, im Schrank, hinter der Bibel.«

Jochen muß lachen. »Ein guter Platz. Der ist sicher noch von Herrn von Renkow.«

»I wo, den hat mir Giercke geschenkt.«

»Giercke? Wann hast du den denn getroffen?«

»Ungefähr vor drei Wochen im Dorf. Du weißt ja, daß er mich gut leiden kann. Nimm das mal mit, Elschen, hat er gesagt. Wär doch schade, wenn die Russen das alles einstecken.«

»Das hat er wirklich gesagt?«

»So blöd wie du denkst, ist der nicht. Sicher ist er längst auf und davon. Ich muß jetzt in den Stall. Kaffee kochen kannst du ja gut. Heb mir eine Tasse auf. Und gib ihr zwei Tassen, sie kann das brauchen.«

»Dein Haar«, mahnt er.

Sie bindet sich das Kopftuch um, verhält unter der Tür und lauscht. Nur die Kühe sind zu hören, sonst nichts. Sie hat auch auf einmal gar nicht mehr so viel Angst. Was da heute morgen passiert ist, füllt ihre Gedanken aus. Eine Frau will sich das Leben nehmen. Sie ist schwanger. Veronal. Das sind sehr stark wirkende Schlaftabletten, sie hat das in einem Roman gelesen. Wo bekommt man das?

Erst die Kühe. Dann müssen die Pferde gefüttert werden.

Die Lebende

ICH MUSS EINE GROSSARTIGE Konstitution haben, wenn ich das alles überlebt habe«, sagt die Gerettete zwei Tage später.

Sie liegt in Heiners Bett, oben in Heiners Zimmer. Bisher

hat keiner in Heiners Zimmer gewohnt, außer Els hat es keiner betreten.

»Das kommt, weil ich gut trainiert bin. Ich habe das goldene Sportabzeichen. Und ich bin eine gute Fechterin. Eine Ausbildung als Tänzerin habe ich auch noch. Schließlich und endlich meine Atemtechnik, das ist die Hauptsache. Hier, schauen Sie mal!« Sie legt die Hand auf den gewölbten Leib, atmet tief ein, hält die Luft eine Weile und läßt sie dann langsam und lange, sehr lange heraus. »Richtig abstützen, das ist das ganze Geheimnis. Ich kann eine Passage von fünf Zeilen bringen, ohne zu atmen. Das hat mir meine Tante beigebracht, als ich noch ein Kind war. Na, und zuletzt Paul, der ist überhaupt ein Meister im Atmen.« Und dann schlägt sie sich mit der geballten Faust kräftig auf den Leib.

Els zuckt zusammen.

»Was glauben Sie, was ich alles unternommen habe, um das Ding loszuwerden. Man sollte es nicht für möglich halten, wie hartnäckig so ein Körper ist, wenn es um die Fortpflanzung geht. Noch eine halbtote Frau kann ein Kind zur Welt bringen. Und durch Haß und Abscheu wird es schon gar nicht vernichtet. Ist es nicht absurd? Millionen von jungen, gesunden Menschen sind in den letzten Jahren getötet worden, und mir gelingt es nicht, diesen verdammten Bastard umzubringen. Aber ich werde ihn zerquetschen wie eine Laus, wenn er je aus mir herauskriecht.«

Els, die auf dem Bettrand sitzt, hört sich das alles mit einer Mischung aus Neugier und Grausen an. Sie muß an die junge Frau denken, die sie im Februar auf dem Gut getroffen haben. Und wenn ich ein Kind im Bauch trage, das die Russen mir gemacht haben, werde ich es erwürgen, sobald es geboren ist.

So empfinden Frauen, die man vergewaltigt hat.

Els hat sich so sehr Kinder gewünscht, sie hatte nur zwei bekommen. Beide sind tot.

Sie gab sich die Schuld an Karolinchens Tod. Die Schlittschuhe hatte das kleine Mädchen zu Weihnachten bekommen, und sie bewegte sich bald mit großer Gewandtheit damit. Sie lief auf dem Weiher, der zwischen dem Hof und dem Dorf lag, dort traf sie auch andere Kinder, manche mit selbstgebastelten Schlittschuhen, andere nur auf einem Brett herumrutschend. Karolines Schlittschuhe waren die elegantesten. Elsgard hatte sie aus Schwerin mitgebracht, als sie vor Weihnachten dort zum Einkaufen war. Es genügte ihr nicht, nach Waren zu fahren, es mußte Schwerin sein. Das war noch eine alte Gewohnheit vom Gut her. Max von Renkow war immer mit den Jungen und mit Inga und Elsgard Anfang Dezember zum Einkaufen in die Stadt gefahren. Meist nach Schwerin, manchmal auch bis Rostock und zweimal sogar bis Lübeck. Dort hatten sie dann übernachtet und waren abends ins Theater gegangen.

Es wurde immer reichlich eingekauft, die Kinder hatten rechtzeitig verlauten lassen, was sie sich wünschten, und jeweils mußte derjenige vor dem Laden bleiben, dessen Geschenk gerade besorgt wurde. Doch nicht nur die Familie, auch die Leute vom Gut wurden beschenkt, sie berieten gemeinsam, was der Großknecht, was die Knechte und Mägde bekommen sollten. Zuletzt taten sich die Kinder zusammen, Max von Renkow mußte sich in eine Kneipe setzen, und sie kauften für ihn ein.

In jenem Jahr war Elsgard mit Heiner nach Schwerin gefahren, es ging ihnen endlich ein wenig besser, die Bauern erfuhren viel Unterstützung von der Regierung in Berlin, und an Krieg war noch nicht zu denken. Zusammen mit Heiner suchte sie die Schlittschuhe für Karolinchen aus, und dann setzte sie Heiner, wie sie das gewohnt war, mit ausführlichen Ermahnungen versehen, in das Café neben dem Theater und machte sich auf den Weg, um für ihn den Fotoapparat zu kaufen, den er sich so sehnlich wünschte. Das dauerte eine ganze Weile, sie ließ sich umständlich beraten und erstand schließlich nicht die billigste Kamera, sondern eine gute, ziemlich große, deren Vorzüge der Verkäufer ihr ausführlich erklärte und pries.

Heiner hatte inzwischen die Schokolade und das Stück Torte verdrückt, das seine Mutter für ihn bestellt hatte, und fühlte sich, allein gelassen, etwas unbehaglich. Da betrat doch wirklich Fritz von Renkow zu später Nachmittagsstunde das Lokal, sah den Jungen gleich und setzte sich zu ihm.

»Was machst du denn hier ganz solo? Bist du ausgerückt?«

Heiner wies auf den Karton mit den Schlittschuhen, der neben ihm auf dem Stuhl lag, und berichtete, daß seine Mutter nun für ihn etwas einkaufen sei.

»Was denn?« fragte Fritz.

Heiner grinste. »Weiß ich nicht.«

»Aha. Wie in der guten alten Zeit. Wir taten auch immer so, als ob wir keine Ahnung hätten.«

Heiner bekam noch eine Schokolade und ein zweites Stück Kuchen, und dann kam endlich Elsgard, ziemlich atemlos.

»Wir müssen uns beeilen, sonst kriegen wir den Zug nicht mehr«, war das erste, was sie sagte. »Tach, Fritz.«

»Setz dich hin und trink in Ruhe eine Tasse Kaffee. Ihr könnt dann mit mir fahren.«

»Das is ja schön«, sagte Els und setzte sich aufseufzend.

»Kleine halbe Stunde noch. Ich hab nur noch was zu tun.«

Er hatte zu der Zeit eine Liaison mit einer jungen Sängerin vom Theater, man gab am Abend den ›Wildschütz‹, und sie sang das Gretchen. Da war er schon zweimal drin gewesen, mußte er nicht unbedingt noch mal sehen. Er würde zu ihr in die Garderobe gehen, eine unerwartete Begegnung mit Freunden seines Vaters vorschieben, sich verabschieden und für den nächsten Tag verabreden, da hatte sie spielfrei.

»Wir müssen uns nun wirklich auch ein Auto kaufen«, sagte Els, als sie heimwärts fuhren. »Ich hab das Jochen schon immerzu gesagt.«

»Au ja«, sagte Heiner. »Ein Auto! Das wäre prima.«

»Ich weiß auch schon, wo wir billig eins kriegen. Der Kobehn in Waren hat erst neulich mit mir darüber gesprochen.«

»Sei man vorsichtig, der ist der geborene Betrüger. Nimm lieber mich mit, wenn du ein Auto kaufen willst. Was für eins willst du denn?«

»Weiß ich nicht. So ein großes wie du können wir uns sowieso nicht leisten.«

Fritz fuhr einen großen Ford, der jetzt lautlos und rasch über die dunkle, enge Straße nach Südosten glitt.

»Kann ich mir eigentlich auch nicht leisten. Vater hat ziemlich geschimpft, als ich damit ankam. Aber ich hab nun mal Spaß an so einem flotten Ding. Mein Schwager in Berlin hat den Kopf geschüttelt. Kannst du denn nicht ein deutsches Auto kaufen, hat er gesagt. Er hat natürlich zwei Wagen, für privat einen Mercedes, und dienstlich fährt er einen riesigen Horch, mit Chauffeur.«

»Und Inga fährt auch damit«, sagte Elsgard.

»Du wirst lachen, sie fährt ein Mercedes Cabriolet, gehört ihr; sie hat den Führerschein gemacht.«

»Oh«, staunte Elsgard, und dann kicherte sie plötzlich. »Ist ja komisch.«

»Was? Daß sie einen eigenen Wagen hat?«

»Nee, daß das Führerschein heißt. Als wenn es was mit dem Führer zu tun hätte.«

Fritz lachte. »Wäre ich gar nicht draufgekommen. Aber der hat ja große Pläne, was Autos betrifft. Der Volkswagen, nicht? Haste sicher schon davon gehört. Der wird ganz billig, und dann kann jeder Mensch in Deutschland sich ein Auto leisten.«

»Das wäre schön.«

»Na ja, vielleicht. Mal abwarten, wann es soweit sein wird.«

»Der Führer schafft alles, was er will«, krähte Heiner von hinten.

Das war im Dezember 1937. Die Deutschen waren, bis auf einen unbelehrbaren Teil, höchst zufrieden mit ihrem Führer. Überhaupt nachdem die Olympischen Spiele im vergangenen Jahr ihnen weltweit Anerkennung gebracht hatten. Oder besser gesagt, eben ihrem Führer Adolf Hitler, der sie in wenigen Jahren wieder zu einem angesehenen und leidlich wohlhabenden Volk gemacht hatte. Daß Leute wie Max von Renkow und sein Sohn ihn nicht leiden mochten, darüber konnte man mit einem Achselzucken hinweggehen. Das waren eben Leute von gestern, wenn nicht von vorgestern. Der alte Renkow hatte sich ja auch in all den Jahren nicht mit der Ehe seiner Tochter abgefunden, so zufriedenstellend sie sich entwickelt hatte und wie reizend die Kinder waren, die Inga zur Welt gebracht hatte.

Wenn Max von Renkow sich in Berlin aufhielt, wohnte er niemals in der Villa der Familie Schwarz, obwohl Zimmer genug vorhanden waren und ausreichend Personal ebenso. Er wohnte immer im Hotel, und seine Söhne hielten es genauso. Darüber ärgerte sich Berthold Schwarz, und darüber grämte sich Inga.

»Wirklich, Vater! Ich verstehe dich nicht.«

»Schon gut, mein Kind. Ein hübsches Kleid hast du an. Gehn wir zu Kempinski essen?«

So spielte sich das ab, jedesmal, und Renkow kam oft nach Berlin. Daran mußte Fritz denken, als er an diesem Dezemberabend heimwärts fuhr. Eigentlich gab es wirklich nichts an diesem Berthold auszusetzen, besonders wenn man es von Ingas Seite sehen wollte. Warum nur konnte er den Kerl nicht ausstehen?

»Du warst noch nie in Berlin, Els?«

»Nein. Inga hat mich nicht eingeladen.« Das klang ein wenig gekränkt. »Ich sehe sie nur, wenn sie nach Hause kommt.«

Nach Hause war für Els immer noch das Gut.

»Na, dann müssen wir dich mal mitnehmen.«

Fritz drosselte das Tempo, es hatte angefangen zu schneien, die Sicht war schlecht, und noch schlechter wurde nun die Straße. Denn wenn der Führer auch großartige Autobahnen baute – die ersten Teilstücke waren schon zu befahren –, bis Mecklenburg war der Straßenbau noch nicht gekommen. Hier holperte man durch die Gegend wie vor hundert Jahren.

Das war der Abend des unheilvollen Tages, an dem Elsgard die Schlittschuhe für Karolinchen gekauft hatte.

Und dann rief das Kind eines Nachmittags, daß es jetzt mal ein richtig großes, weites Stück laufen wolle und darum zum großen See gehe.

»Ja, das tu man«, rief Elsgard, die gerade mit Dorte in den Stall wollte. Eins der Schweine benehme sich so merkwürdig, hatte Dorte gesagt. Lieber Himmel, sie würden doch nicht wieder Rotlauf im Stall bekommen? Es war Ende März. Es war nicht mehr so kalt.

Vermutlich hätten sie das Kind nie gefunden, wäre da

nicht das blaue Mäntelchen gewesen, das aus der weißen Fläche ragte. Es hatte sich an einer Ecke des Eises verfangen, ringsum war das Eis zerbrochen von den Kinderhänden, die sich festgekrallt hatten bei dem Versuch, Halt zu finden. Es mußte ein langer Todeskampf gewesen sein, und Elsgard erlebte ihn Tag und Nacht, Jahr auf Jahr, immer wieder mit. War sie verrückt gewesen? Es war ihre Schuld. Sie hatte gar nicht richtig zugehört.

Ich gehe mal zum großen See. Ich will ein weites Stück laufen. Richtig weit.

Es war Ende März. Der große See nicht mehr an allen Stellen fest gefroren.

Dann durfte von Karolinchen nicht mehr gesprochen werden. Kein Wort mehr. Nicht von Jochen, nicht vom Gesinde, auch nicht auf dem Gut.

Und nun ist da diese junge Frau, die ein langes blaues Kleid trug und im Wasser lag. Sie spricht mit Leidenschaft davon, wie sie das Kind töten wird, das sie in sich trägt.

»Ich geb's auf«, sagt sie, denn sie spricht mit großer Offenheit über sich und ihre Sorgen. »Ich habe alles getan, was man in dieser Situation tun kann. Spülungen und Chinin und die verrücktesten Sprünge und Verrenkungen, und schließlich das Veronal und damit ins Wasser. Mitten in der Nacht. Also, ich geb's auf. Ich muß warten, bis es kommt, und dann werde ich dem Ding mit Wonne den Hals umdrehn. Hätte ja sein können, ich treffe mal einen Arzt auf der Flucht. Sie werden lachen, auf dem Schloß, da war sogar einer. Der hat mich angesehen, als sei ich übergeschnappt. Bei den Nazis steht Zuchthaus auf Abtreibung. Als wenn das jetzt noch eine Rolle spielt. Ja, wenn ich Paul noch gehabt hätte, dem wäre sicher was eingefallen.«

Sie sitzt mit ihnen am Tisch. Im Bett habe sie nun lange genug gelegen, sagt sie.

»Anfangs habe ich es ja nicht gewußt. Ich bin so blöd und hab es nicht gemerkt. Die Regelblutung hat manchmal bei mir ausgesetzt, wenn ich schwierige Tanzfiguren geübt habe. Und nach einer Vergewaltigung erschien mir das ganz normal.«

Jochen ist das Gespräch peinlich. Man redet hier nicht so offen über diese Dinge. Aber die Fremde spricht ungeniert über alles und jedes, spricht mit ihrer tiefen, klangvollen Stimme. Sie ist Schauspielerin, das wissen sie inzwischen auch, und sie ist auf einem Gut in Ostpreußen vergewaltigt worden.

»Mein erstes Engagement. Und gleich Königsberg. So ein wundervolles Theater. Ich hab richtige Rollen bekommen. Die Luise. Und die Solveig. Singen kann ich nämlich auch ganz gut. Und wissen Sie, was ich als nächstes gemacht hätte? Die Cordelia. Sie wissen ja, wer die Cordelia ist.«

Trotz allen Unglücks hat die Fremde einen gesegneten Appetit. Von der Hühnersuppe ist nichts mehr da, Brot haben sie nicht, aber Els hat nun doch das Geräucherte hinter den Kohlen hervorgesucht, und Jochen hat Kartoffeln aus der Miete geholt.

Am Abend gibt es Fisch. Jochen war noch einmal auf dem See, er mußte schließlich das Boot wieder flottmachen, und er hat zwei prächtige Barsche gefangen.

»Schmeckt prima«, sagt die Schauspielerin und lächelt Els an. »Auf dem Gut haben wir immer sehr gut gegessen. Die hatten auch schöne Fische in ihren Seen. Ach, und so herrliches Gemüse. Ich esse furchtbar gern Gemüse.«

»Es ist erst Mai«, sagt Els, und es klingt wie eine Entschuldigung. »Wir haben auch gutes Gemüse. Aber jetzt noch nicht.« Und dann fällt ihr ein: »Ich habe irgendwo noch ein paar Kohlköpfe vergraben. Ganz hinten im Keller. Nein, im Gesindehaus. Die hole ich morgen.«

»Warum vergraben Sie denn alles Eßbare?«

»Na, wegen Plünderung und so. Wir wußten ja nicht, was alles passiert.«

»Der Krieg ist aus«, sagt die Schauspielerin. »Aus und verloren. Hitler ist tot. Endlich. Hätte er längst machen sollen.«

»Er ist an der Spitze seiner Truppen in Berlin gefallen«, sagt Jochen feierlich.

»Quatsch. Er hat sich das Leben genommen.«

»Aber im Wehrmachtsbericht hieß es …«

»Na klar. Das war ja noch während der Kämpfe in Berlin. Was sollten sie denn sagen? Haben Sie denn eigentlich kein Radio?«

»Das haben die Russen mitgenommen.«

»Das waren keine Bolschis. Das waren Marodeure. Die Bolschis sind jetzt Besatzung und brauchen Ihr Radio und Ihre Kohlköpfe nicht. Denen gibt jeder freiwillig, was sie haben wollen. Das werden Sie schon noch merken.«

Für eine, die sich vor drei Tagen zum Sterben entschlossen hat, ist sie mehr als lebendig. Els muß sie immer wieder ansehen, weil sie so hübsch ist. Sie haben keinen Strom seit Tagen, sie sitzen bei der Petroleumlampe, die stammt noch aus alten Tagen, als es keinen Strom im Haus gab. Die Leitung hat Fritz legen lassen. Ich kann doch meine kleine Schwester nicht im Dunkeln sitzen lassen, hat er damals gesagt.

Die Fenster haben sie aber noch immer verdunkelt, rein aus Gewohnheit. Auch aus Angst, daß einer sie von außen sehen könnte.

Die Petroleumlampe gibt ein warmes, mildes Licht, und das Gesicht der jungen Frau, schmal, mit den großen blauen Augen und dem langen dunklen Haar, könnte Els immerzu ansehen.

Eine Schauspielerin. Eine fremde Welt, eine Zauberwelt. Nicht, daß Els nie im Theater war. Zusammen mit Inga und den Brüdern, auch mit Max von Renkow, in Schwerin, in Rostock und zweimal sogar in Lübeck.

Und nun sitzt diese Schauspielerin hier bei ihnen am Tisch, ganz gelöst und fast heiter, sie ißt und sie redet.

Am ersten Tag war sie stumm gewesen. Sie lag in Heiners Bett und schlief. Später aß sie von der Hühnersuppe, die Els ihr brachte, und dann schlief sie wieder.

Mittags hat sie von dem Geräucherten gegessen und drei Kartoffeln, und nun ißt sie reichlich Fisch und fünf Kartoffeln.

Nur mit dem Getränk ist sie nicht einverstanden. Es steht nur Milch auf dem Tisch, und sie sagt: »Das paßt nicht zum Fisch. Dazu gehört ein Glas Wein.«

Hier im Haus haben sie selten Wein getrunken.

»Sie denken, daß der Führer sich das Leben genommen hat?« fragt Jochen, noch ganz benommen von dieser Mitteilung.

»Ich denke es nicht. Ich weiß es. Das weiß doch jeder. Sie

leben hier wirklich hinter dem Mond. Was hätte er denn machen sollen? Sich von den Russen gefangennehmen lassen? So blöd war er nun wirklich nicht.«

Sie redet von dem Mann, der seit Jahren ihr Leben bestimmt hat, an den sie glauben sollten und den sie fürchten mußten und der den Krieg über sie gebracht hat, mit größter Unbefangenheit und Respektlosigkeit. Das ist Theaterjargon, das ist ihre Herkunft aus Berlin.

Für Jochen klingt es ungeheuerlich. Nicht, daß er ein Nationalsozialist gewesen wäre, aber er hat sich nie für eine Partei interessiert, auch nicht für Politik. In seiner Jugend gab es den Kaiser in Berlin, fern und verehrungswürdig, dann gab es Krieg, und der Kaiser war nicht mehr da.

Wenn man es genau betrachtet, ist eigentlich dasselbe wieder passiert. Fünfzehn war Jochen, als der Weltkrieg endete. Sein Vater gefallen, zwei Jahre darauf starb der Großvater. Es blieb überhaupt keine Zeit, sich darum zu kümmern, was in Berlin geschah. Das Leben bestand nur aus Arbeit. In Berlin gab es alle paar Wochen eine neue Regierung, immer wieder einen neuen Reichskanzler, über die Jochen so gut wie nichts wußte. Woher auch? Radio gab es noch nicht, ins Kino kam er selten, und das Blättchen las er immer nur flüchtig am Abend, die Nachrichten aus dem Kreis, der Viehmarkt, Kosten und Preise, die Nachrichten über Verkäufe und Konkurse in seiner Umgebung. Davon gab es genug. Es ging den Bauern und den Gutsbesitzern schlecht.

Was er erfuhr über die Regierungen in Berlin, hörte er meist von den Renkows. Hindenburg war nach dem Kaiser der erste, der ihm Eindruck machte.

Max von Renkow zeigte ihm ein Bild des Reichspräsidenten in der Berliner Illustrierten. Das war in jenem Jahr, als Elsgard und Jochen heirateten.

»Ein bedeutender Mann«, sagte Max von Renkow. »Leider schon ziemlich alt. Der Sieger von Tannenberg. Du weißt ja, Jochen.«

Jochen wußte. Bei Tannenberg war sein Vater gefallen, 1914, gleich zu Anfang des Krieges.

Renkow betrachtete das Bild nachdenklich.

»Eine schwere Aufgabe, die der Feldmarschall übernommen hat. Ob er uns helfen kann? Es müßte wieder Ordnung in diesem Staat herrschen.«

Den Mann, der die Ordnung in diesem Staat herstellen würde, gab es schon im fernen München. Jochen hatte seinen Namen nie gehört, Max von Renkow ihn in der Zeitung gelesen, aber er hielt diesen Mann für so unwichtig, daß er ihn nie erwähnte.

Erst so zwei, drei Jahre später begann sich Renkow über ihn zu ärgern, aber er ärgerte sich genauso über Sozis und Kommunisten und sah in den Nazis keine Gefahr.

»So dumm sind die Deutschen nicht, daß sie sich von so einem hergelaufenen Österreicher kommandieren lassen«, das sagte er einmal zu Jochen, der bereitwillig nickte, aber immer noch nicht wußte, wovon eigentlich die Rede war.

Dann kam die Weltwirtschaftskrise, Anfang des Jahres 1930 gab es schon über drei Millionen Arbeitslose, und im September zogen die Nazis mit 207 Sitzen in den Reichstag ein.

»Das darf nicht wahr sein«, sagte Max von Renkow erschüttert. Kam noch hinzu, daß sich seine Tochter Inga im gleichen Jahr in einen von diesen Burschen verliebt hatte und ihn im Jahr darauf heiratete.

Nun kannte Jochen den Namen auch. Adolf Hitler hieß der Mann, und später einfach der Führer.

Jochen war dreißig, als Hitler an die Macht kam. Es bedeutete ihm immer noch nichts, er war weder dafür noch dagegen, es war ihm egal, wer da in Berlin regierte.

Renkow kniff die Augen zusammen und sagte: »Das kann nicht gutgehen.« Aber es ging gut, es ging erstaunlich gut. Die Bauern wurden auf einmal hoch gepriesen, sie hießen Reichsnährstand, das hörte sich großartig an, sie waren zu ganz wichtigen Gliedern dieses Staates geworden. Sie wurden nicht nur gepriesen und gelobt, es ging ihnen nun auch bald wirtschaftlich besser, Jochen merkte das am eigenen Leib, er konnte seinen Viehbestand fast verdoppeln, er hatte mehr Leute für die Arbeit auf dem Hof, er erzielte anständige Preise, und dafür setzte er sich auch einmal in Waren in eine Versammlung und hörte zu, was der Ortsbauernführer zu sagen hatte.

Max von Renkow ließ sich auf solchen Versammlungen nie blicken, nur Friedrich und Alexander gingen manchmal hin und brachten Giercke zum Schwitzen durch ihre höflichen und dabei heimtückischen Fragen.

»Diese Renkows werde ich mir noch mal vorknöpfen«, knurrte Giercke, aber davon konnte keine Rede sein, auch für einen glaubensfesten Nazi wie Giercke blieb der Herr von Gut Renkow ebenso unerreichbar wie der Graf von Groß-Landeck. Die Großgrundbesitzer lebten noch immer in ihrer eigenen Welt, sie wirtschafteten gut, und im Krieg erfüllten sie ihr Ablieferungssoll mehr als zufriedenstellend. Nach Groß-Landeck kamen oft hohe Gäste aus Berlin zu den Jagden. Denn der Landecker verstand sich gut mit den Nazis, auch wenn er keinen einflußreichen Schwiegersohn in Berlin hatte. Er war viel jünger als Max von Renkow, sie trafen selten zusammen, vermieden Gespräche über die Regierung. Jeder wußte vom anderen, was er dachte. Söhne, die der Krieg ihm rauben konnte, hatte der Landecker nicht, nur drei Töchter, zwei davon noch auf dem Schloß, die älteste in einem Pensionat.

An diesem Abend nun erfährt Jochen, daß der Graf nicht mehr da ist.

»Er ist weg?« fragt Jochen erstaunt.

»Schon seit zwei Wochen etwa. Er hatte ein Auto in der Scheune versteckt, Benzin offenbar auch, und eines Morgens war er verschwunden mitsamt seiner Frau und den Kindern. Da haben wir uns schon gedacht, daß es nicht mehr lange dauert. Er hat das Schloß und alles, was da liegt und steht, gewissermaßen den Flüchtlingen überlassen. Und seinen Dienern. Aber die sind auch auf und davon und haben mitgenommen, was sie tragen konnten.«

Sie wissen inzwischen, daß die Schauspielerin auf Groß-Landeck war, zusammen mit vielen anderen Flüchtlingen.

»Sie haben uns sehr freundlich aufgenommen. Wir konnten tun, was wir wollten, in jedem Salon rumsitzen, und schlecht zu essen gab es auch nicht. Na ja, er war sich wohl klar darüber, daß er abhaut. Da konnte es ihm ja schnurz und piepe sein, was wir da trieben. Und vor vier Tagen zogen die Russen da ein, ein General oder so was Ähnliches, da bin ich abgehauen. Und ich gehe auf keinen Fall zurück, das sage ich euch. Daß mich die Bolschis noch mal in ihre dreckigen Finger kriegen.«

Groß-Landeck ist ein riesiger Besitz, viel größer als das Gut der Renkows, und das Schloß ein prächtiger Bau, das schönste Schloß weit und breit.

Jochen sitzt mit offenem Mund.

Das gehört jetzt alles den Russen? Darf es so etwas geben? Das Ende des Krieges, der Ausgang des Krieges wird für ihn immer mehr zur Wirklichkeit. Die Russen, die hier vor ein paar Tagen durchzogen, die Bolschis, wie sie das nennt. Die Soldaten, die den Hund erschossen, die Uhr und das Bild seines Vaters von der Wand gerissen haben. Dann die tote Frau im Schilf. Der Führer, der sich das Leben genommen hat. Und nun – den Russen gehört Schloß Groß-Landeck.

Jochen starrt auf seinen Teller, er kann nicht mehr essen, er hat das Gefühl, er muß ersticken.

Und hier am Tisch sitzt die tote Frau, ißt mit Appetit, redet und lacht.

»Der Führer hat sich das Leben genommen«, spricht Jochen vor sich hin, fassungslos.

»Nun gewöhnen Sie sich langsam an diesen Gedanken. Und sagen Sie nicht immer der Führer, der Mann hieß Hitler. Es war am letzten Tag im April. Wir haben es im BBC gehört.« Und auf Jochens verständnislose Miene: »Das ist der englische Sender. Haben Sie den nie gehört? Ich war schon seit ungefähr vier Wochen auf dem Schloß. Mich hat unterwegs ein Mann aufgelesen, der den Grafen kannte. Erst waren wir ja ein richtiger Treck, und ich hatte noch ziemlich viel Gepäck. Ein Teil wurde mir geklaut. Und dann habe ich mich mit der Schwester des Freiherrn gekracht. Ich wäre schuld an seinem Tod, sagte sie. Stimmt ja auch irgendwie. Also nahm ich meinen letzten Koffer und machte mich selbständig. Die gingen mir sowieso alle auf die Nerven. Das war noch an der Oder, da kam ich sogar in einem kleinen Gasthof unter, war ganz nett da, ich verstand mich mit den Leuten.«

Sie lacht, fährt sich mit den Fingern durch das dunkle Haar. »Sie werden es nicht für möglich halten, an einem Abend saßen wir da und tranken furchtbar viel, und ich rezitierte Shakespeare-Sonette. Die waren ganz begeistert. Dann fragte mich der Wirt, ob ich denn auch was von Schiller könne. Klar, sagte ich und fing an mit dem ›Ring des Polykrates‹. Was glauben Sie, wie begeistert die waren. Der Wirt sagte dann, wir haben zwar kein Meer hier, aber wir würden ja gern alle Ringe, die wir haben, in die Oder schmeißen, um die Götter zu versöhnen. Wird aber nichts nützen. Das waren gebildete Leute in diesem Gasthaus. Ich wußte noch nicht, daß ich schwanger war, aber ein bißchen mulmig war mir schon. Doch die Wirtin sagte es mir auf den Kopf zu, sie sehe mir das an. Und übel wurde mir auch manchmal. Dann kamen die Russen immer näher, und dann war da Schluß.«

Elsgard sagt: »Das ist ja fürchterlich, was Sie alles erlebt haben.« Und Jochen, ein wenig abgelenkt von seiner Verzweiflung: »Und wie kamen Sie nach Groß-Landeck?«

»Das war ebendieser Mann, der mich gerettet hat. In dem Gasthof war einer aufgekreuzt, ein Herr mit Manieren, für die Situation sehr gut angezogen. Meiner Meinung nach war er ein desertierter Offizier. Natürlich hat ihn keiner gefragt. Er nannte sich Wegner, das kann stimmen oder nicht. Jedenfalls sagte er, als wir dort aufbrachen, das war schon Anfang März, und es war höchste Zeit, man konnte schon die Kanonen vom Iwan hören, also er fragte mich, ob ich mit ihm fahren wollte. Er hatte ein Motorrad mit Beiwagen. Da saß ich drin. War ein ganz schönes Geholper, aber ich dachte, das kann nur gut sein, da kriege ich vielleicht einen Abgang. Einmal wurde ich sogar bewußtlos. Er legte mich an den Straßenrand und wurde zärtlich. Na, war ja egal. Als ich wieder da war, fuhren wir weiter. Wir fuhren immer auf Nebenstraßen. Manchmal kreuz und quer durch den Wald und über die Heide. Er mußte sich gut auskennen in der Gegend. Er trieb auch immer was zu essen auf. Manchmal kaufte er was, Geld hatte er viel bei sich, das habe ich gesehen. Und manchmal klaute er, wo es noch was zu klauen gab. Wie gesagt, ich weiß nicht, wer er ist. Vielleicht auch ein dicker Nazi, der sich abgesetzt hat. Jedenfalls landeten wir auf dem Schloß, und der Graf, wie gesagt, kannte ihn. Manchmal wurden wir abends zum Essen eingeladen, noch ganz feierlich mit Diener und so. Und später hörten wir dann BBC. Das mit Hitlers Selbstmord. Und was in Berlin los war. Wir waren bestens informiert.«

»Was hat denn der Herr Graf dazu gesagt?« fragt Jochen.

»Eigentlich gar nichts.«

Die Schauspielerin hat ihren Teller leergegessen, bis zum letzten Bröckchen. Nun trinkt sie doch einen Schluck Milch.

»Das letztemal saßen wir in der Bibliothek, er stand auf, machte das Radio aus, füllte unsere Gläser wieder, wir tranken Rotwein, er sagte zu mir: ›Auf Ihr Wohl, gnädige Frau.‹ Er hob das Glas zu Wegner hin, sah seine Frau an, ging dann langsam, das Glas in der Hand, rundherum durch den Raum. Wunderbare Bücher hatte er da und herrliche Bilder. Ich nehme an, Sie kennen die Bibliothek auf dem Schloß.«

Jochen schüttelt den Kopf. »Ich bin nie im Schloß gewesen.«

»Der Graf machte eine weite Armbewegung über den Raum hin und sagte, es steht Ihnen alles zur Verfügung, gnädige Frau. Der ist gut, was? Am nächsten Morgen war er weg. Und der Wegner auch.«

»Die Frau Gräfin stammt aus der Gegend von Magdeburg«, wußte Els. »Vielleicht sind sie dorthin gefahren. Sie hat dort Geschwister, und die Ilse, ihre Älteste, ist auch dort.«

»Woher weißt du das, Els?«

»Dorte hat es mir erzählt. Ihr Bruder ist Melkmeister auf dem Schloß.«

»Sie heißen Els?« fragte die Schauspielerin.

»Ich heiße Elsgard. Aber man nennt mich meist Els.«

»Elsgard«, wiederholte die Schauspielerin mit ihrer klangvollen Stimme. »Ein schöner Name.« Und noch einmal, schwingend, es klingt wie gesungen: »Elsgard.«

Dann sieht sie Jochen an. »Und wie heißen Sie?«

»Jochen. Jochen Lumin.«

Sie betrachtet ihn eine Weile nachdenklich. »Sie haben mir das Leben gerettet, Jochen. Das Leben, das ich nicht mehr haben wollte. Es waren nur vier Tabletten, das war zuwenig. Ich bin offensichtlich ganz haltbar. Gut trainiert. Ich dachte, die Tabletten und dann ins Wasser, das müßte reichen. Aber ich bin nicht weit genug hineingegangen. Ich dachte noch, huch, ist das kalt, dann sind mir die Beine weggesackt, und statt zu ersaufen, bin ich eingeschlafen. Ich bin eine Niete.«

Und dann lacht sie, den Kopf zurückgeworfen, mit blitzend weißen Zähnen.

Sie trägt einen alten grauen Kittel von Els, der öffnet sich über der Brust, darunter trägt sie das weiße Spitzenhemdchen, das Els getrocknet hat.

»Ich werde euch etwas sagen, und ihr werdet denken, ich bin verrückt. Aber ich bin eigentlich ganz froh, daß ich lebe. Jetzt, da der Krieg aus ist. Trotz der ganzen Malaise. Ich weiß nicht, wie es weitergehen soll. Und wo ich hin soll. Aber wenn das nicht wäre«, und sie schlägt sich wieder mit Wucht auf den Bauch, »würde mir schon was einfallen. Wie soll ich das bloß loskriegen?«

Weder Jochen noch Els wissen eine Antwort.

Sie fährt sich wieder mit beiden Händen durch das Haar. »Ich muß ja schrecklich aussehen. So ganz ungeschminkt. Und die Haare müßte ich mir auch wieder mal waschen. Obwohl sie ja lange genug im Wasser gelegen haben.« Sie lacht wieder.

»Sie sind wunderschön«, sagt Els andächtig.

»Danke, Elsgard. Und eigentlich müßte ich mich ja bei Jochen bedanken, daß er mir das Leben gerettet hat. Ich will nämlich nicht mehr sterben.« Sie sieht die beiden mit großen Augen an. »Ist das nicht komisch?« Und als die beiden schweigen: »Ich meine, Menschen sind komisch. Weil sie einfach gern leben wollen. Trotz allem, was geschieht.«

»Und seit wann sind die Russen auf dem Schloß?« fragt Jochen.

»Seit vier Tagen. Vorher habe ich die Schloßherrin gespielt.«

»In Ihrem schönen blauen Kleid«, sagt Els.

»Sehr richtig. Das war so ziemlich das einzige, was ich noch anziehen konnte. Es war mein Bühnenkleid als Solveig. Eigentlich trägt die ja immer so eine Art Tracht. Aber unser Bühnenbildner meinte, ich müßte etwas langes Blaues tragen, weil es ja die Farbe der Treue ist, nicht? Und Solveig ist treu bis zum Tod. Und er fand auch, Blau passe zu meinen Augen.«

Sie merkt, daß Els und Jochen nicht wissen, wovon sie redet.

»Es ist ein Stück von Ibsen. Es heißt Peer Gynt, und Solveig ist das treue Mädchen, die den treulosen Peer liebt bis zu seinem Tod. Nicht gerade eine Rolle für mich, aber ich habe sie sehr gern gespielt. Und weil mir das Kleid so gut gefiel, habe ich es mitgenommen aufs Land und dann noch mit auf die Flucht. Verrückt, wie? Und zum Sterben, dachte ich mir, paßt es auch ganz gut.«

»Sie müssen aber ziemlich weit gelaufen sein in der Nacht«, sagt Els. »Vom Schloß bis zu unserem See.«

»Irgendwie war ich wie in Trance. Als die Bolschis kamen, mußten wir das Schloß räumen, die Flüchtlinge, die noch da waren. Und dann bin ich eben losmarschiert. Hätte ja sein können, ich falle unterwegs um und bin tot. Irgendwann kam ich an das Wasser. Ich dachte noch, komisch, so zu sterben. Ganz ohne Publikum.«

»Ich habe Ihr Kleid getrocknet. Und werde es bügeln. Es wird wieder sehr schön.«

»Ist ja prima. Der Fummel ist alles, was ich noch besitze. Kein Geld, keine Papiere, keine Lebensmittelkarten. Ich bin gar nicht mehr vorhanden. Habt ihr euch das schon mal überlegt?«

Wie kann man dazu kommen, etwas zu überlegen in Gegenwart dieser Frau. Während man sie ansieht und ihr zuhört.

Els steht auf, stellt die Teller zusammen und trägt sie in die Küche. Jochen wird sofort verlegen, als er mit der Fremden allein ist.

»Es tut mir leid, daß wir keinen Wein haben«, sagt er schwerfällig.

»Macht nix. Solange ich Schloßherrin war, habe ich jeden Abend Wein getrunken. Der Keller war noch gut gefüllt. Kriegen jetzt alles die Bolschis.«

Els kommt zurück, setzt sich wieder. »Wie kamen Sie denn da aufs Land?«

»Als die Theater schließen mußten, im Sommer '44, war ja Schluß. Auch so ein Schwachsinn. Wie soll man einen Krieg gewinnen ohne Theater. Dieser lahme Goebbels! Erst die dämliche Frage, wollt ihr den totalen Krieg. Und im nächsten Jahr macht er alle Theater dicht. Schauspieler sollten dann in der Fabrik arbeiten. So berühmt war ich ja noch nicht. Und nicht beim Film, die konnten sich drücken.«

»Und Sie haben dann auf dem Gut gearbeitet?«

»I wo. Nur so pro forma. Der Mann, dem das Gut in der Nähe von Goldap gehörte, war ein Verehrer von mir. Nicht so wie Sie denken, er war schon ein alter Herr. Er kam oft ins Theater nach Königsberg. Paul kannte ihn gut, sie gingen oft zusammen zum Essen. Und dann nahm Paul mich manchmal mit. Paul war mein Freund. Paul Burkhardt, Bariton. Eine herrliche Stimme. Sie hätten ihn als Rigoletto hören sollen. Einfach umwerfend. Als die Theater zumachten, ging Paul nach Bayern, an den Chiemsee. Seine Frau lebt da. Er hätte mich ja mitnehmen können, nicht?«

Und als keiner etwas sagt: »Ging wohl nicht. Und doch hätte ich so schlau sein müssen, mich westwärts zu begeben. Aber da war eben der Freiherr von Malzahn. Er sagte, kommen Sie zu mir, mein Kind. Wir werden schon irgendeine Art von Beschäftigung für Sie finden. Wir können zusammen reiten, und abends lesen wir Goethe. Klang doch nicht schlecht. Das war im Sommer '44. Wenn ich damals schon regelmäßig BBC gehört hätte, wäre mir das nicht passiert.«

»Und was ist aus dem … dem Freiherrn geworden?« fragt Els.

»Er ist tot. Die Bolschis haben ihn niedergeschossen. Er wollte mich beschützen. Sie waren sehr schnell da, wir hatten noch gar nicht mit ihnen gerechnet. Bißchen verkalkt war er ja wohl auch. Und seine Schwester, die mochte mich sowieso nicht leiden.«

Plötzlich wendet Jochen den Kopf, steht auf, geht zur Tür, lauscht.

»Was ist denn?« fragt Els.

»Es war mir so, als ob ich was gehört hätte. Ich geh mal eben vor das Haus.«

»Nein!« flüstert Els.

»Doch.«

»Soll ich das Licht ausmachen?«

»Wenn jemand draußen ist, hat er das Licht schon gesehen.«

Es ist eine klare Nacht, wieder ziemlich kalt. Alles ist ruhig, nur die Katze streicht um seine Beine.

Jochen geht langsam um das Haus, lauscht nach allen Seiten. Und er denkt, was er seit Tagen denkt: Morgen grabe ich das Gewehr aus. Und ich gehe zum Gut.

Auf einmal bleibt er stehen, wie erstarrt.

Ein wohlbekanntes, aufgeregtes Schnauben kommt aus dem Stall.

Er vergißt jede Vorsicht, rennt zum Pferdestall, reißt die Tür auf, es ist dunkel darin, aber nun kommt ein helles, hohes Wiehern.

Der Hengst.

Der Hengst ist wieder da.

Er geht in die Box, faßt mit beiden Händen in die dichte Mähne.

»Junge, wo kommst du denn her?«

Der Hengst schnobert mit den Nüstern an seinem Ärmel, dann an seinem Hals. Im Nebenstall wiehert nun auch die Stute.

Jochen legt sein Gesicht an den Hals des Pferdes, ein Schluchzen schüttelt ihn.

Eine verhexte Nacht

EINE WEILE SPÄTER schleichen Elsgard und die Schauspielerin über den Hof, Hand in Hand. Sie haben es mit der Angst bekommen, als Jochen nicht zurückgekommen ist, haben die Lampe gelöscht, eine Weile unter der Tür gelauscht, und dann stehen sie im Stall.

»Sag bloß«, beginnt Els.

»Er ist wieder da.«

»Und Wali? Ist der auch da?«

Das Strohlager neben der Box, auf dem der Ukrainer schlief, ist leer, er ist auch nicht in dem anderen Stall, sie umrunden die Ställe, das Wohnhaus, das Gesindehaus, stehen dann still und blicken über die leeren Wiesen hinüber zum Wald. Ihre Augen haben sich an die Dunkelheit gewöhnt, da ist nichts zu sehen, keine Bewegung, kein Schatten. Da ist nichts zu hören, kein Geräusch, kein Schritt.

Die Schauspielerin, angesteckt von der Erregung der beiden, schweigt auch. Doch dann flüstert sie: »Das ist hier wie am Ende der Welt.«

»Pscht!« macht Els, sie lauscht immer noch, blickt sich um, als müsse Waleri doch irgendwo versteckt sein. Es gibt viele Ecken und Winkel auf so einem Hof, die Scheune, der Heuboden, die Haferkammer, wenn Waleri sich verstecken will, kann er das, sie werden ihn in der Nacht nicht finden.

Dann stehen sie wieder bei dem Hengst im Stall.

»Was ist denn mit dem Pferd?« flüstert die Schauspielerin.

»Er war verschwunden. Und jetzt auf einmal ist er wieder da«, sagt Els. Und zu Jochen: »Wie sieht er denn aus?«

»Kann ich in der Dunkelheit nicht sehen.« Er streicht dem Pferd über die Flanken, greift unter den Bauch. Der Hengst ist jetzt ganz still, er steht, ohne sich zu rühren.

»Bißchen abgemagert«, sagt Jochen. »Ich werde ihm eine Schwinge Hafer geben.«

Sie stehen und hören zu, wie der Hengst den Hafer kaut, vom Nebenstall gluckst die Stute.

Sie gehen zu ihr, Jochen hat die Taschenlampe in der Hand, hält sie vorsichtig abgeschirmt, nun kann man die Pferde sehen.

»So viele Pferde«, staunt die Schauspielerin. »Ach, und da ist ja auch ein Fohlen. Das muß ich mir morgen genau ansehen.« Sie schnalzt mit der Zunge, die Stute steckt die Nase durch das Gitter.

»Du bist ein Goldfüchslein, wie ich erkennen kann, eine ganz hübsche.« Sie streicht der Stute zärtlich mit dem Finger über die Nüstern. »Und nicht mal ein Stück Zucker habe ich dabei. Zeiten sind das.« Zu Els und Jochen: »Reiten kann ich auch ganz gut.«

Was kann sie nicht, die Frau aus dem See?

»In Ostpreußen hatten sie auch schöne Pferde. Alles Trakehner. Was mag aus denen geworden sein? Sie haben sie angespannt zur Flucht, aber es war ja so kalt. Und diese überfüllten Straßen. Es ist ja schon schlimm genug, was die Menschen leiden müssen. Aber die Tiere auch noch. Sie sind schließlich unschuldig. Wissen Sie, wie viele Pferde umgekommen sind in diesem Krieg? Millionen und Millionen. Die Hunde mußten zurückbleiben, die Katzen, das ganze Vieh – ach, mich macht es ganz krank, daran zu denken. Ich hatte dort einen besonderen Freund, einen schwarzen Schäferhund, er hieß Prinz. Der hat mich immer begleitet.«

Elsgard denkt an Mutz.

»Unseren Hund haben sie erschossen.«

»Wer?«

»Na, die vor fünf Tagen hier waren. Die Bolschis, wie Sie sagen.«

Dann sind sie wieder im Haus, Elsgard zündet die Lampe an. Die Schauspielerin zittert jetzt, ihre Beine sind nackt unter dem Kittel, an den Füßen trägt sie ein paar alte Schlappen aus Heiners Jugendzeit.

»Mein Gott«, sagt Els. »Sie werden sich den Tod holen.«

Die lacht nur wieder. »Das wär's ja dann wohl, nicht?«

»Ich hole Ihnen die Decke.«

»Lassen Sie nur, Els. Ist schon wieder gut. Ich bin abgehärtet.« Haltbar, trainiert, abgehärtet. Sie ist nicht so schnell umzubringen, wie sich erwiesen hat.

Jochen ist stumm, noch immer ganz benommen. Wieso ist der Hengst da? Wo kommt er her? Und was ist aus dem Ukrainer geworden? Er lauscht immer noch, steht leicht vorgebeugt. Wartet, ob der große dünne Mensch nicht auf einmal zur Tür hereinkommt. Früher war er nie ins Haus gekommen, aber in letzter Zeit oft, Els hat ihm Essen gemacht, er hat es mit in den Stall genommen, zuletzt hat er mit ihnen am Tisch gegessen. Er ist ein Russe, haben sie gedacht, doch das hat er weit von sich gewiesen. Kein Russe, Ukrainer. Die Russen sind seine Feinde, und Stalin sein größter Feind. Das hat er ihnen zu erklären versucht, nachdem er nach und nach ein wenig Deutsch gelernt hatte.

»Ein Bolschi ist er auch nicht«, spricht Jochen vor sich hin. Els versteht sofort. »Du denkst, Wali ist hier doch irgendwo in der Gegend.«

»Muß er ja woll, nicht?«

»Das ist eine verhexte Nacht«, sagt Els und sieht die schöne Fremde an.

»Kommt mir auch so vor. Leider bin ich keine richtige Hexe, sonst wäre mir das nicht passiert.« Wieder ein Schlag auf den Bauch.

»Schlagen Sie doch nicht immer auf dem Kind herum«, sagt Els geradezu zornig.

»Na, Sie machen mir Spaß, Elsgard. Kind! Was für ein Kind?«

»Es ist schon ein richtiges Kind. Und es kann doch nichts dafür.«

»Ich vielleicht? Sind Sie eine Nazisse, Elsgard? Wollen Sie mir noch das Mutterkreuz an den Hals reden?«

»Entschuldigen Sie«, murmelt Els. Es läßt sich wohl nicht vergleichen mit dem Gefühl, das sie hatte, wenn sie ein Kind erwartete. Und dann sagt sie noch: »Es ist nur … ich meine, so viele sind tot.«

»Na und? Der Bastard soll leben?«

Sie stehen alle drei, Jochen noch an der Tür, lauschend.

Jetzt dreht er sich um, sieht die beiden Frauen an.

»Eine verhexte Nacht, hast du gesagt.« Er muß an seine Großmutter denken. Die glaubte an Hexen, in allem Ernst, und an Gespenster und übersinnliches Geschehen, sie kannte eine Menge Zaubersprüche, der Großvater hatte sie immer ausgelacht. Als kleiner Junge war Jochen sehr von den Geschichten der Großmutter beeindruckt. Nicht sehr lange, sie starb schon, als er gerade acht Jahre alt war.

Seltsam, daß er jetzt daran denken muß. Als sie auf dem Sterbebett lag und sie wußte, daß sie sterben würde, sagte sie: »Schad nix. Denkt nicht, daß ich nicht mehr da bin. Ich werde immer hier bei euch im Haus sein. Manchmal könnt ihr mich sehn. Manchmal nicht. Aber da bin ich immer.« Hat er Els eigentlich je davon erzählt? Nein, hat er nicht.

»Dann geh ich eben mal in den Keller«, sagt er. »Wer weiß, was morgen geschieht. Ich hab da noch 'ne Flasche Korn und zwei Flaschen Bier versteckt.«

»Nein!« staunt Els. »Davon weiß ich ja gar nichts. Wo denn?«

»Sag ich nicht.«

Wer weiß, was morgen geschieht, denkt er noch mal, als er die schmale Leiter zum Keller hinabklettert. An den Schnaps und das Bier hat er gar nicht mehr gedacht. Es ist eine verhexte Nacht, möglicherweise ist die Großmutter anwesend und wird sie beschützen. Noch heute nacht wird er das Gewehr ausgraben. Und am frühen Morgen in den Wald gehen und ein Stück Wild schießen. Sie müssen schließlich zu essen haben.

Elsgard holt nun doch eine Decke für die Beine der Schauspielerin, die steht bewegungslos, sie lacht nicht mehr.

Eins ist ihr klargeworden, sie muß diesen Bastard in ihrem Bauch zur Welt bringen, tot oder lebendig. Und dafür muß sie hierbleiben, hier in diesem Haus, bei diesen beiden Menschen, die ihr fremd sind und doch schon vertraut.

Abergläubisch ist sie auch, wie alle Theaterleute. Und für eine Art Hexe hält sie sich sowieso. Also war es Schicksal, daß sie gerade hier im Wasser lag und nicht tot war. Irgendein Schutzengel hat ihr diese beiden Menschen geschickt. Oder – wie nannte es der Führer weiland – die Vorsehung.

Sie spricht das Wort vor sich hin, in seiner rollenden Sprache, die Paul großartig imitieren konnte. Wenn sie ein Kind von Paul bekäme, das wäre etwas anderes. Aber dazu war Paul viel zu vorsichtig. Was würde er wohl sagen, wenn er sie sehen könnte, hier und heute, in diesem Zustand? Sie glaubt, seine Stimme zu hören, den vollen weichen Bariton. Halt durch, Mädchen. Du bist jung genug, um das Ende von diesem Schmierentheater abwarten zu können. Der Krieg kann nicht mehr lange dauern. Und Theater wird man immer spielen, auch wenn die Menschen nichts zu fressen haben. Goethe, Schiller und Shakespeare, Verdi, Wagner, Mozart und Rossini werden jeden Krieg überleben. Ich freue mich schon, wenn ich das nächstemal den Wolfram singe. Du bist herzlich zur Premiere eingeladen.

Solche Worte sagte er, als sie Abschied nahmen. Er ging nach Bayern, sie aufs Land.

So schlau wie er denkt, ist er auch nicht. Läßt mich einfach in Ostpreußen. Und ich weiß auch warum. Weil er immer eifersüchtig war auf Tenzel, meinen Regisseur, mit dem ich die Solveig gemacht habe. Der wollte mich gern. Ich sollte mit ihm nach Berlin gehen. In Berlin gibt es jede Menge Bomben, sagte Paul, geh lieber mit dem Freiherrn auf sein Gut. Sehr hübsch da, ich kenne es. Er dachte sich, daß der Alte mir nichts mehr tun würde.

Jetzt ist er tot. Meinetwegen. Ach, verdammte Scheiße. Scheißkrieg. Scheißwelt. Scheißhitler.

Ein wilder Zorn steigt in ihr hoch, sie kann nicht nur lachen und reden, sie kann zornig und böse sein. Und sie ist sich ganz klar über ihre Situation.

Mit den beiden hier muß sie sich gut stellen. Den Bastard wird sie genau dort ins Wasser schmeißen, wo Jochen sie herausgefischt hat. Und dann wird sie gehen, wohin, mit wem, das ist egal, ihr ist jedes Mittel recht. Sie wird Karriere machen. Nun gerade.

Heute ist eine verhexte Nacht. Walpurgisnacht mit Korn und Bier. Mal was Neues.

»Trinken wir auf unseren verblichenen Führer«, sagt sie, als sie da stehen, jeder ein Glas mit dem Schnaps in der Hand. »Möge die Hölle tief und grauenvoll genug sein, in der er gelandet ist.«

Jochen zuckt nicht mehr zusammen bei solchen Worten, er trinkt, sagt aber dann: »Daß es so ein Ende mit ihm nehmen mußte!«

»Na, was denn sonst? Er hat seinen großen Auftritt gehabt. Einen Sensationserfolg. Ist jahrelang im offenen Wagen durch eine jubelnde Menge gefahren, immer Hand rauf und runter. Mag ja sein, daß es allerhand Leute gab, die nicht am Straßenrand standen und Heil schrien. Aber die hat er nicht gesehen und gehört. Die da waren, genügten ihm durchaus. Wissen Sie, wer er war? Ein Herr Niemand aus dem Ausland. Aus Österreich, na schön. Die Österreicher haben uns schon den vorigen Krieg auf den Hals gehetzt. Wegen ihres ermordeten Thronfolgers mußten wir das erstemal in den Dreck geraten. Die hatten Erzherzöge genug. Außerdem können sie uns sowieso nicht leiden. Das weiß ich von Paul, der hat schon in Wien gesungen, der weiß Bescheid. Und er weiß auch, wer Herr Hitler war. Ein erfolgloser Maler. Ein depperter Schmierer. Das war er. Ein Nichts und Niemand.« Sie kippt ihren Schnaps mit einem Schluck. »Dantes Hölle wird nicht ausreichen.«

Jochen nimmt noch einen kleinen Schluck. Er hat lange keinen Schnaps getrunken. Und er hat noch viel vor in dieser Nacht.

»Gib mir noch einen Schnaps, Jochen.« Sie ist noch nicht fertig, sie muß loswerden, was sie denkt und fühlt.

»Und was tut dieser Schmierenheini? Kommt zu den Deutschen, und die sind begeistert. Jahrelang sind sie begeistert. Und was macht er dann? Er macht Krieg. Wieder ein Sensationserfolg. Die ganze Welt schaut und hört gebannt zu, was dieser Mensch sagt und tut. Millionen von Menschen müssen sterben. Ist das eine Rolle? Eine Bombenrolle ist das.«

»Es klingt schrecklich, wenn Sie so reden«, murmelt Els.

»Es war schrecklich, und es ist noch schrecklich. Eine Bombenrolle. Jahr um Jahr. Wie viele Jahre waren es? Von '39 bis '45, sechs Jahre lang starrt die Welt auf diesen Mann. Und vorher waren es auch schon sechs, von '33 bis '39. Zweimal sechs macht zwölf. Gar nicht so viel. Ein Dutzend Jahre. Andere Helden haben es länger geschafft, aber es ist noch keinem gelungen, in so kurzer Zeit ein ganzes Land in Trümmer zu legen. Napoleon haben sie auf eine Insel verbannt, erst auf die eine, dann auf die andere. Julius Caesar haben sie ermordet, und trotz allem, was darüber geschrieben wurde, und trotz aller Theaterstücke habe ich bis heute nicht verstanden, warum eigentlich. Und da gibt es noch eine Menge Namen, Cromwell und Robespierre und wen noch. Hitler ist der Star. So viele Tote wie er hat noch keiner produziert.«

»Und – was ist mit Stalin?«

»Der kann es auch gut. Aber er ist schlauer als unser großer Führer. Sehr gerissen ist er. Er hat Verbündete gefunden. Schau mich nicht so entgeistert an, Jochen! Warten wir erst mal ab, was wir in nächster Zeit noch zu hören bekommen. Was wir alles noch nicht wissen. Und was sie mit uns machen werden. Mir genügt es schon, was sie mit mir gemacht haben.«

Sie hebt wieder die Hand, um sich auf den Bauch zu schlagen, läßt sie sinken, lächelt Elsgard zu.

»Übrigens – ich heiße Constanze«, sagt sie dann, ganz friedlich und freundlich.

»Das ist auch ein schöner Name«, sagt Elsgard.

»Meine Mutter ist Sängerin. Und sie sang gerade die Constanze, als ich gezeugt wurde. Mein Vater war Historiker, dem hatte es wieder die Constanze von Sizilien angetan. Also waren sie sich ausnahmsweise mal einig. Constanze war die Mutter von Friedrich dem Zweiten.«

»Von unserem König?« fragt Jochen.

»Was für 'n König? Nee, nee, nicht der Alte Fritz. Friedrich der Staufer. Das war nun wieder ein Lieblingsheld meines Vaters. Von dem hat er mir stundenlang erzählt, als ich noch ganz klein war. Er hat sogar ein Buch über ihn geschrieben. Hat bloß keiner gelesen. Und um die Wahrheit zu sagen, mein Vater war auch von dem Hitler ganz angetan. Er hat Deutschland aus seiner Schmach gerettet, tönte er. Und dann palaverte er über das Tausendjährige Reich. Von wegen tausend Jahre! Zwölf im ganzen. Wenn das nicht ein Witz ist!«

Jochen trinkt noch einen Schnaps, ihm ist ganz wirr im Kopf.

Jetzt hat die auch noch ihre Familie ins Haus gehext. Und es ist ganz und gar unglaublich, wie sie über die Zeit spricht, die sie erlebt haben. »Das Tausendjährige Reich«, wiederholt Jochen dumm.

»So hieß das doch, nicht? Sie müssen nicht denken, daß mein Vater Professor war. Lehrer am Gymnasium. Und er verlangte doch wirklich, daß ich zu diesem dusligen BDM gehe, ausgerechnet ich. Mami war dagegen. Aber dann mußte ich doch, schon von der Schule aus. Ich hab mich meist gedrückt. Schauspielern konnte ich immer schon ganz gut. Ich hinkte fürchterlich, weil ich mir den Fuß verknackt hatte. Man kann sich schon wehren, wenn man etwas nicht tun will. Und er hat sich fürchterlich geärgert, daß ich das Abitur nicht gemacht habe. Aber ich stellte mich so dämlich, wie ich nur konnte, schaffte gerade mit Mühe und Not die Mittlere Reife. Und dann ging ich auf die Schauspielschule!«

»Ihre Mutter ist Sängerin?« fragt Els respektvoll.

»Sie war es, nicht sehr erfolgreich. Aber ihre Schwester ist eine berühmte Sängerin, Agnes Meroth, die singt in München an der Oper. Oder sagen wir mal, sie sang. Die Oper ist ja wohl auch zerbombt. Aber nun erzähl mir mal genau die Geschichte von dem Pferd und von dem Mann, den ihr sucht.«

»Wali und Widukind«, sagt Els und kichert, leicht betrunken.

»Er heißt eigentlich Waleri«, verbessert Jochen. »Wir nennen ihn Wali. Er ist Ukrainer.«

Constanze hört aufmerksam zu und trinkt dabei den vierten und fünften Schnaps und auch ein Glas Bier.

Wie Widukind auf den Hof kam, ein Jahr später Wali, wie die beiden Freunde wurden, wie die Stute tragend war und nun das Fohlen bekommen hat. Und daß Widukind und Waleri vor einer Woche etwa spurlos verschwunden sind.

»Ich wette, er ist hier in der Gegend, euer Wali. Wo soll er denn hin? Wir werden ihn morgen suchen. Sicher hat er Hunger.«

»Er ist bestimmt tot«, sagt Els.

»Warum soll er tot sein, wenn er doch heute nacht das Pferd zurückgebracht hat.«

»Vielleicht ist das Pferd von allein gekommen. Es kann den Weg gefunden haben.«

»Die Stalltür war zu«, sagt Jochen.

»Er ist bestimmt tot«, wiederholt Els und trinkt noch einen Schnaps. Nie in ihrem Leben zuvor hat sie Schnaps getrunken.

»Alle sind tot.«

»Also ihr lebt noch, ich lebe noch, und euer Pferd lebt

auch noch. Sind schon mal vier. Wie lange noch, ist natürlich die Frage.« Elsgards Kopf sinkt auf die Tischplatte, sie weint.

»Alle sind tot, alle.«

Constanze sieht Jochen an.

»Ich glaube, heute muß ich sie ins Bett bringen.«

»Ja, bitte, tun Sie das«, sagt Jochen freundlich. »Ich muß noch mal fort.«

Constanze stellt keine Frage, sie sieht ihn nur an.

»Ich habe etwas zu erledigen«, sagt er.

Constanze nickt. »Ich verstehe«, sagt sie.

Sie sieht Jochen nach, als er das Haus verläßt, die Nacht ist immer noch still, der Himmel klar, auch ihr Kopf ist klar. Ein paar Schnäpse machen ihr nichts aus.

Sie schließt die Tür, geht zurück in das Zimmer, wo Elsgard noch auf ihrem Stuhl sitzt, vornübergesunken, tränennaß das Gesicht. Sie scheint gar nicht gemerkt zu haben, daß Jochen gegangen ist.

»Na komm, kleine Els«, sagt Constanze, legt den Arm um sie und zieht sie vom Stuhl hoch. »Jetzt gehst du schön in dein Bettchen, wer weiß, wie lange du es noch hast, und schläfst erst mal. Morgen …«

Sie verstummt. Kann man überhaupt noch an morgen denken?

Sie schleppt Elsgard die Treppe hinauf, zieht ihr das graue Kattunkleid vom Körper, legt sie auf das Bett und deckt sie sorgfältig zu.

»Du bist richtig blau, mein Püppchen. Tut manchmal ganz gut.«

Sie ist viel jünger als Elsgard, aber sie fühlt sich jetzt fast als ältere Schwester.

Eine Schwester hat sie sich immer gewünscht. Oder einen Bruder. Sie bekam beides nicht, sie hatte nur zerstrittene Eltern. Eine Mutter, die eines Tages fortging.

»Du bist erwachsen, Constanze. Ich denke, daß ich nun gehen kann, wohin ich will.«

»Du hättest meinetwegen nicht so lange warten müssen, Mami.«

Constanze wußte, daß es einen anderen Mann gab, schon lange. Während des Krieges war Mami in Paris.

Constanze geht langsam die Treppe wieder hinab.

Was mochte aus ihrer Mutter geworden sein? Die Deutschen sind seit langem aus Paris verschwunden. Gehaßt, verachtet, verjagt.

In Königsberg hat sie manchmal ein Brief erreicht.

Auch mit ihrem Vater stand sie in Verbindung. Er war in Berlin, möglicherweise von Bomben erschlagen.

Alle sind tot, hatte Els gesagt.

Constanze ist nicht müde. Sie steht im Zimmer, trinkt das Bier aus, dazu noch einen Korn. Korkt die Flasche sorgfältig zu, der Rest muß vermutlich für lange Zeit reichen.

Sie ist nicht müde, geschlafen hat sie in den letzten Tagen genug. Alle sind tot.

Ich lebe. Das Ding in meinem Bauch auch, ich kann es spüren. Ich werde damit fertig werden und dann …

Sie geht vors Haus, die Nacht ist nicht mehr so dunkel, es sind Sterne am Himmel und nun der abnehmende Mond im Osten. Vor der Tür ist die Katze, Constanze bückt sich und nimmt sie auf den Arm. »Kätzchen, du wirst wissen, was geschieht. In jeder Katze steckt eine Hexe. Eine Hellseherin. Eine Zauberin. Wo werde ich sein nächstes Jahr im Mai, kannst du es mir nicht sagen?«

Sie geht wieder ins Haus, löscht das Licht, nimmt die Decke, setzt sich auf die Schwelle, wickelt sich die Decke um die Beine, nimmt die Katze auf den Schoß.

Sie wird warten, bis Jochen wiederkommt. Ob er wiederkommt. Es ist Ende Mai, es müßte bald hell werden.

Der Rebell

JOCHEN ERLEDIGT ALLES, was er sich vorgenommen hat. Es ist, als habe diese fremde Frau mit ihren aufrührerischen Gedanken, mit ihren seltsamen Reden einen anderen Mann aus ihm gemacht. Nur langsam sickert das alles in ihn ein, aber vergessen wird er es nie mehr. Es erfüllt ihn ein nie gekannter Mut, eine nie empfundene Kraft. Vielleicht ist es auch die Großmutter, die in dieser verhexten Nacht zugegen war.

Er gräbt das Gewehr aus, es geht alles etwas langsam mit dem lahmen Arm, und er denkt dabei, was er bisher nie gedacht hat: Dieser verdammte Hitler ist schuld, daß ich nur noch mit einem Arm arbeiten kann. Und wenn die Bolschis noch einmal zu mir ins Haus kommen, schieße ich sie nieder.

Dann pirscht er sich langsam in den Wald, schießt im ersten Büchsenlicht einen jungen Rehbock, versteckt ihn sorgfältig im Gebüsch, Els muß wieder mit der Karre kommen, damit sie ihn nach Hause bringen. Es gibt viel Arbeit, er muß aufgebrochen, abgezogen und zerlegt werden, und es muß bald geschehen.

Als er zurückkommt, sitzt die Fremde vor der Tür, die Katze auf dem Schoß. Sie schläft nicht, sieht ihm aufmerksam entgegen.

»Hast du ihn gefunden, Jochen?«

Er versteht sofort, was sie meint.

»Nein. Ich habe ihn auch nicht gesucht. Aber wir brauchen die Schubkarre wieder und ... schläft Els noch?«

»Sie schläft. Ich kann dir helfen.«

Sie steht auf, er betrachtet zweifelnd ihre nackten Beine und Heiners alte Schlappen.

Aber ehe er etwas sagen kann, deutet sie mit der Hand zum Waldrand. »Da!«

Unter den Buchen, am Waldrand, etwa an der Stelle, wo er das Gewehr ausgegraben hat, steht ein hagerer Mann. Über den Schultern trägt er den Bock, legt ihn vorsichtig nieder, legt die Hand an die Stirn und verschwindet im Wald.

»Ist er das?«

»Ja. Er muß mich beobachtet haben. Und hat mir das Stück gebracht, weil er weiß, daß ich es allein nicht tragen kann.«

»Du hast ihn nicht gesehen?«

»Nein. Nur gerade jetzt.«

»Und was macht er?«

»Ich weiß es nicht. Er versteckt sich in den Wäldern.«

»Aber er muß doch was essen.«

»Er weiß sich zu helfen.«

Jochen trägt das Gewehr ins Haus, macht sich nicht die Mühe, es zu verstecken, legt es einfach oben auf den Küchenschrank. Dann holt er die Schubkarre, zusammen mit Constanze holt er das Reh, bringt es in das leere Gesindehaus.

Das Tier schweißt noch, Constanze legt vorsichtig den Finger in die Wunde, es war ein tadelloser Blattschuß.

Sie betrachtet das Blut an ihrer Hand.

»Und was machen wir damit?« fragt sie mit Bedauern in der Stimme.

»Das weiß ich schon. Wir haben jedenfalls für die nächsten Tage zu essen. Zusammen mit den Kohlköpfen wird es für eine Weile reichen.«

Els erscheint im Stall, als er gerade dabei ist, die Kühe zu melken. Constanze hat gerade gesagt: »Das werde ich lernen«, da steht Els unter der Tür.

Sie trägt den alten Kittel, ihr Haar ist verwirrt, ihre Augen gerötet. »Aber ...«, sagt sie, »ich habe geschlafen.«

»Du hattest einen sitzen, Elsgard«, teilt ihr Constanze freundlich mit. »Wir haben inzwischen Verpflegung besorgt. Und euer Wali ist auch in der Gegend.«

Els übernimmt die anderen Kühe, ihr Kopf liegt an der Flanke des Tieres, sie ist noch wirr und verschlafen, aber die Milch fließt regelmäßig in den Eimer.

»Was machen wir mit der ganzen Milch?« fragt Constanze.

»Wir werden sie trinken, und wir werden Butter machen«, bescheidet sie Jochen. »Wir mußten zuletzt immer abliefern, es ist alles plombiert, aber ich weiß, wie ich das aufkriege. Und nun muß ich noch mal fort. Nur die Pferde müssen wir erst füttern.«

Els stellt keine Frage, Constanze hilft im Pferdestall. Bewundert die Stute, das Fohlen und den Hengst, der sich zutraulich an sie schmiegt, sich streicheln läßt. An die Menschen ist er gewöhnt, und es scheint, daß er ganz froh ist, wieder in seiner Box zu stehen.

»Schade, daß er uns nicht erzählen kann, was er erlebt hat«, sagt Constanze. »Kann man ihn reiten?«

»Ja, das kann man. Er ist sehr brav. Nur vor den Wagen spannen kann man ihn nicht.«

Sie stehen unter der Stalltür, blicken hinaus, es ist hell, die Sonne scheint, die Wiesen leuchten im Grün.

»Wenn man die Pferde hinauslassen könnte«, überlegt Jochen. »Aber ich wage es nicht.«

Constanze stimmt zu. »Besser nicht. Wer weiß, wer noch in der Landschaft herumstreunt. Und Pferde klaut sicher jeder gern.«

Sie schaut sich nach allen Richtungen um.

»Es ist wunderschön hier. Jochen, wie kommt es, daß ihr so abseits liegt?«

»Es war mal ein Vorwerk vom Gut, ein ziemlich großer Besitz, vierzig Hektar. Das Haus ist geräumig, die Ställe sind groß, und das Gesindehaus ist auch noch da. Ganz früher war es in Ordnung. Aber dann zog die Familie weg, das war im vorigen Jahrhundert. Verstehst du?«

Er duzt sie jetzt auch, es ist eine eigentümliche Vertrautheit entstanden in der vergangenen Nacht.

»Ja, und dann?«

»Dann hat es Herr von Renkow verpachtet. Der Vater vom jetzigen Renkow. Es war kein Vorwerk mehr, sondern ein Pachtbetrieb.«

»Aha«, sagt Constanze. »Und dann?«

»Die waren faul und ließen alles verkommen. Dann bekam es mein Großvater. Er war Großknecht auf dem Gut, er war sehr tüchtig und bekam es so gut wie geschenkt. Jetzt muß ich gehen.«

»Willst du nicht erst was frühstücken?«

»Später.«

Constanze sieht ihm nach, wie er wieder auf den Wald zustiefelt.

Er muß müde sein und hungrig, denkt sie. Aber er sucht diesen Ukrainer.

Jochen sucht Wali nicht. Er läuft unter dem jubelnden Morgenlied der Vögel den kleinen Pfad durch den Wald in Richtung Gut. Er muß wissen, was dort geschehen ist.

Er erfährt es gleich, als er an der Südkoppel ankommt.

Die Pferde sind draußen, das ist das erste, was er sieht. Und da ist auch einer der Knechte vom Gut, den er kennt. Er hat offenbar die Pferde herausgebracht, sitzt an den Zaun gelehnt und raucht eine Zigarette.

Während Jochen noch überlegt, was er machen soll, quer über die Koppel zu gehen oder außen herum den Weg zum Gut zu nehmen, hat Hinnerk ihn gesehen, kommt herangeschlendert.

»Was machst du denn hier?« fragt er.

Jochen runzelt die Stirn. Keiner der Knechte vom Gut hat ihn je geduzt.

»Das Gras steht gut«, sagt er.

»Ja, doch. Der Roggen auch. Bei dir doch sicher auch, was?«

»Ja.«

»Was willste denn?«

»Nichts. Nur mal kucken.«

»Wenn du zu dem Alten willst, den haben sie mitgenommen.«

»Was heißt das?«

»Ist Schluß mit den Junkern. Jetzt gehört alles uns.«

»Wem?«

»Na, uns. Dem Volk.«

Das sind bekannte Worte. Das Volk!

»Wer ist das?«

»Na, wir. Uns vom Gut gehört jetzt alles.«

»Wer sagt das?«

»So 'n Parteifunktionär. Der war hier und hat gesagt, jetzt gehört alles uns.«

»Wer ist uns?«

»Mensch! Verstehste nicht? Wir alle, die hier gearbeitet haben, uns gehört das jetzt.«

»Was für eine Partei?«

Hinnerk grinst. »Nicht mehr die Nazis. Ein Kommunist.«

»So, ein Kommunist. Wo kommt der denn her?«

»Der war eingesperrt. Und nu ist er da. Den mußte doch kennen.«

»Kenn ich nicht.«

»Kennste doch. Der hat früher schon immer hier Reden gehalten. Ehe sie ihn eingelocht haben.«

»Früher hat der Reden gehalten?«

»Eh die Nazis kamen«, Hinnerk grinst. »Der is nicht dumm. War mal Inspektor auf Groß-Landeck. Der Land-ecker hat ihn rausgeschmissen wegen seiner Reden. Weil er immer gesagt hat, die Junker müssen weg. Und denn war er eine Weile eingesperrt, und denn war er im Untergrund, wie er sagt.«

»Im Untergrund?«

»So nennt man das heute. Der bestimmt jetzt hier alles. War der bei dir noch nicht?«

»Bin ich ein Junker?«

»Nö, biste nicht. Du bist ein Bauer. Aber du mußt nun ma-chen, was der will.«

»Und was will der?«

»Wird er dir schon sagen. Willste 'ne Zigarette? Sind rus-sische. Schmecken ganz gut.«

»Ich rauche nicht«, sagt Jochen, legt die Hand über die Augen und späht in Richtung Gut.

»Den Alten haben sie mitgenommen, wenn du den suchst, hab ich doch schon gesagt.«

»Was heißt das, sie haben ihn mitgenommen?«

»Eingesperrt. Der hat hier nischt mehr zu sagen. Uns ge-hört das Gut.«

»Die Pferde auch?«

»Alles gehört uns.«

»Und wo ist Mareike?«

Mareike ist die alte Mamsell auf dem Gut. Jochen kennt sie seit seiner Kindheit.

»Die sitzt bloß da und flennt. Nützt nischt. Jetzt muß sie für uns kochen.«

»Und warum haben sie Herrn von Renkow eingesperrt?«

»Weil er 'n Junker ist. Ist doch klar, nicht?«

Jochen blickt auf die Pferde, die friedlich grasen.

»Jetzt können wir mal machen, was wir wollen«, sagt Hinnerk zufrieden und zündet sich eine neue Zigarette an.

»Na, denn macht das mal«, sagt Jochen und klopft Hinnerk

auf die Schulter. Er geht langsam zurück in den Wald, bleibt stehen, überlegt. Max von Renkow haben sie mitgenommen und eingesperrt. Wer? Die Russen? Die Bolschis? Oder dieser neue Parteifunktionär? Was hat sich denn geändert?

Max von Renkow ist ein Junker. Es ist sein Land, sein Gut. Seine Söhne sind tot.

Für Führer, Volk und Vaterland gefallen.

Jochen Lumin steigt wilde Wut in den Kopf. Es geht genauso weiter wie bisher. Schlimmer noch.

Die Junker. Die Bauern. War der denn noch nicht bei dir? Und dieser dreckige Knecht erlaubt sich, ihn zu duzen.

Von dieser Stunde an ist Jochen Lumin ein Rebell. Er weiß es noch nicht, aber er ist voller Wut, voller Widerspruch und auch voller Verzweiflung. Er steht im Wald und überlegt. Er könnte außenrum gehen, einen großen Bogen schlagen, dann käme er vorn zum Gutshaus. Aber der Renkow ist verschwunden, verhaftet, vielleicht schon tot.

Mit wem also soll er reden? Er geht tiefer in den Wald hinein, als die Bäume ihn verbergen, bleibt er stehen.

Wut und Zorn ersticken ihn fast. Da ist also einer, der bestimmt, was zu geschehen hat. Nicht die Russen, nicht die Bolschis, ein Parteifunktionär. Immer noch und schon wieder. Ein Kommunist. Er kennt keinen, der früher große Reden gehalten hat. Er hat sich um diese wie um jene nicht gekümmert. Er hatte gar keine Zeit dafür.

Er versucht, sich zu erinnern. Der alte Kumess fällt ihm ein, sein bester Knecht, fast ein Freund. Er kennt ihn, seit er lebt.

»So 'n rotes Großmaul ist das. Der Führer räumt mit diesen Burschen auf, da kann man sicher sein.«

So etwas Ähnliches hatte der mal gesagt, es ist lange her, und beachtet hat es Jochen damals nicht.

Wenn es der ist, den Kumess gemeint hat, dann hat der Führer nicht mit ihm aufgeräumt, er ist da. Vielleicht ist es auch ein anderer. Egal wer, Jochen denkt, was er nie in seinem Leben gedacht hat: Ich möchte weg aus diesem Land.

Ganz weit weg. Da war doch mal einer, der ist nach Amerika ausgewandert, einer aus Waren. Die Großmutter hatte von ihm erzählt. Aber in Amerika sind die Feinde.

Der Mann von Olga ist nach Afrika gegangen. Das ist auch schon lange her, man hat nie wieder von ihm gehört.

Olga! Nach ihr hätte er den dummen Hinnerk noch fragen müssen. Nein, mit dem redet er nie mehr ein Wort.

Ich lasse mir das nicht gefallen.

Jochen stapft mit großen Schritten durch den Wald.

Ich lasse mir das nicht gefallen. Ich mache das nicht mehr mit. Max von Renkow tot. Die Söhne, die so etwas wie Freunde waren, tot. Ich mache nicht mehr mit.

Olga ist auch die erste, nach der Elsgard fragt, als er zurückkommt. »Was ist denn mit ihr? Du hättest doch fragen müssen.«

»Ich rede mit dem Kerl nicht mehr.«

Sie sind in der Scheune, Jochen weidet mit grimmiger Miene das Reh aus. Els steht neben ihm, die Hände fassungslos zusammengeschlagen. Die Schauspielerin lehnt an der Wand.

Elsgard beginnt zu weinen. Monatelang hatte sie nicht geweint. Das erstemal wieder, als der Hund starb. Dann, weil sie betrunken war. Jetzt weint sie wegen Olga. Und wegen Max von Renkow, der wie ein Vater für sie war.

»Wer ist Olga?« fragt Constanze ruhig und legt den Arm um Elsgards Schultern.

»Sie ist …« Elsgard schluchzt, dann erfaßt auch sie der Zorn. »Wir müssen sie holen«, schreit sie Jochen an. »Ich gehe sofort rüber aufs Gut und hole sie.«

»Du bleibst hier«, schreit er zurück. »Du kannst dort nichts tun.«

»Das werden wir ja sehen.«

»Komm, beruhige dich«, sagt Constanze. »Erzähl mal! Dann werden wir überlegen, was wir tun.«

Wir sagt sie, ganz selbstverständlich.

»Ohne Olga wäre ich vermutlich nicht am Leben«, sagt Els, nachdem sie wieder sprechen kann. »Meine Mutter starb bei meiner Geburt. Ich war ein schwächliches Kind. Ich kam zu früh. Es muß sehr schwierig gewesen sein, ich meine, die Geburt. Meine Mutter starb.«

Constanze zieht sie etwas fester an sich. »Ja, das hast du schon gesagt. Und diese Olga hat also für dich gesorgt.«

»Sie hat für uns beide gesorgt, für Inga und für mich. Sie hat alles für uns getan, sie hat uns aufgezogen. Ich weiß gar nicht, wie wir ohne sie hätten leben sollen.«

Olga war selbst noch jung, als ihr die mutterlosen Kinder anvertraut worden waren. Sie war die Tochter eines Lehrers aus Waren, hatte mit achtzehn einen Jungen geheiratet, den Sohn eines total verschuldeten Gutsbesitzers aus der Gegend. Der Junge wurde dann Eleve bei Renkow, so kam Olga auf das Gut. Und dort blieb sie, nachdem ihr Mann sie verlassen hatte. Nicht im Bösen, sie sollte nachkommen, hieß es zunächst. Er ging nach Afrika. Deutsch-Ost, damals deutsche Kolonie. Man hörte nie wieder von ihm.

Olga, die selbst keine Kinder hatte, wurde für die Söhne auf Renkow und erst recht für die beiden kleinen Mädchen die Mutter.

»Sie ist doch schon alt«, sagt Elsgard später in der Küche, als sie Constanze die Geschichte erzählt hat. »Und sie kann schlecht laufen, ihre Knie sind krank.«

»Rheuma«, vermutet Constanze. »Dann wird ihr wohl keiner was tun, denke ich.«

»Ich muß sofort aufs Gut.«

»Du hast doch gehört, was Jochen gesagt hat.«

»Ich laufe durch den Wald«, sagt Els eigensinnig.

»Warte noch bis morgen. Vielleicht ist dann dieser Hinnerk nicht bei den Pferden. Und weißt du was? Ich komme mit. Dann bist du nicht allein.«

»Du?«

»Klar. Warum denn nicht? Und weißt du noch was? Ich binde mir noch ein Tuch um den Bauch, da sehe ich aus wie hochschwanger. Und du bindest dir auch ein Tuch um den Bauch, da siehst du genauso aus. Da wird uns schon keiner was tun.«

»Was dir alles so einfällt!« staunt Els.

»Du sagst einfach, ich bin deine Cousine.«

»Ich habe keine Cousine.«

»Vielleicht Jochens Cousine?«

»Er hat auch keine. Das wissen die doch.«

»Vielleicht eine andere Verwandte.«

»Wir haben keine Verwandten.«

»Ach, zum Teufel, mir fällt schon noch was ein.«

Sie gehen am nächsten Tag nicht durch den Wald, Jochen verbietet es. Auch nicht am übernächsten Tag, obwohl Elsgard pausenlos davon redet.

Die Tage vergehen in einer gespannten Unruhe, Jochen redet kaum, er arbeitet den ganzen Tag, im Stall, in der Scheune, richtet einen gebrochenen Zaun, geht auf die Felder hinaus, auf die Weiden, bringt für eine kurze Zeit die Pferde auf die Koppel, spannt sie in den leeren Dreschflegel, sie müssen schließlich bewegt werden. Wenn die Pferde draußen sind, bleibt er in der Nähe, das Gewehr unter dem Koppelzaun versteckt. Er ist von der wilden Entschlossenheit erfüllt, sich zu wehren gegen jeden, der kommen mag. Er reitet mit dem Hengst ein Stück in den Wald hinein, das Gewehr quer über dem Sattel. Führt die Stute und das Fohlen für kurze Zeit auch hinaus.

»Er ist verrückt«, sagt Elsgard voller Angst.

»Ich kann ja bei den Pferden bleiben«, bietet Constanze an.

Sie trägt jetzt auch ein Kopftuch, wenn sie ins Freie geht, und hat sich, wie angekündigt, ein Tuch um den Bauch geschlungen, sieht aus wie im neunten Monat.

»Da gewöhne ich mich wenigstens daran«, sagt sie und lacht dazu. Aber es ist ein verkrampftes Lachen.

Elsgard erledigt ihre Arbeit im Stall, bereitet aus den Kohlköpfen Gemüse und brät die ersten Stücke vom Reh.

Constanze hilft ihr, nimmt Belehrungen entgegen, denn endlich ist da etwas, was sie nicht kann: kochen.

Aber immerhin kann sie Kartoffeln schälen und den Kohl zerhacken. Das tut sie mit gemischten Gefühlen.

»Riecht komisch«, findet sie.

»Wenn er gekocht ist, wird er dir schmecken«, antwortet Els.

Die beiden Frauen verstehen sich großartig. Sie schweigen nicht, sie reden.

Elsgard lernt den Inhalt verschiedener Theaterstücke kennen, weiß nun, wer Rosalinde ist und Cordelia, Constanzes Traumrolle, und Constanze sagt: »Weißt du, was ich am allerliebsten gespielt hätte? Die Jungfrau.« Und auf Elsgards fragenden Blick: »Die Jungfrau von Orleans.« Und sie deklamiert: »Lebt wohl, ihr Berge, ihr geliebten Triften ...« Sie kann das auswendig von vorn bis hinten.

»Paul hat gesagt, das ist keine Rolle für mich. Na, warum denn nicht? Schiller, weißt du. Er meinte, eher wär's die Jeanne d'Arc von Shaw.«

Kann sie auch von vorn bis hinten, läßt den Kartoffelschäler sinken und bringt die Gerichtsszene aus der ›Heiligen Johanna‹.

»Was du alles gelernt hast«, sagt Elsgard respektvoll. »Alles auswendig.«

»Klar. Habe ich schon in der Schauspielschule gelernt.«

»Ich könnte mir das nie merken.«

Elsgard bereitet zunächst das Rehragout, erklärt dazu: »Eigentlich müßte der Bock noch ein paar Tage abhängen.«

»Wir sind ja auch noch lange nicht fertig damit«, findet Constanze. Sie trägt ein Paar Hosen von Heiner, eine alte Jakke von Els und ein Paar Schuhe von ihr. »So findet man sich«, stellt sie befriedigt fest. »Du hast Schuhgröße achtunddreißig, genau wie ich.«

Elsgard kennt auch Constanzes Lebensgeschichte, der Ärger mit ihren Eltern, die in Frankreich verschollene Mutter, deretwegen sich Constanze große Sorgen macht.

»Mami ist wunderbar. Sie hat nur den falschen Mann geheiratet.«

Constanzes Vater kommt in diesen Erzählungen nicht besonders gut weg. »Ein Spießer«, fertigt ihn seine Tochter ab. »Und von Hitler war er begeistert. Was er sich wohl gedacht hat, als die Bomben ihm auf den Schädel fielen?«

Genauso kennt sie Elsgards Lebenslauf. Das Gut, die Renkows, Inga, Jochen, Olga. Elsgard spricht sogar von Heiner, das erstemal seit er tot ist, und sie spricht von Karolinchen.

»Ich bin schuld«, sagt sie. »Laß sie auf den See hinauslaufen. Im März.« Das blaue Mäntelchen im Eis.

Constanzes blaues Bühnenkleid hängt gebügelt und wie neu am Schrank in Heiners Zimmer.

»Kaum zu glauben«, sagt Constanze und fährt mit den Fingern durch die blaue Seide. »Was die noch für gute Stoffe gehabt haben, mitten im Krieg. Das war das Werk von Goebbels. Ich war mal vor zwei Jahren in Berlin in der Scala. Diese Kostüme! Das Feinste vom Feinen. Die Artisten hatten ihre eigenen, klar. Aber der Chor. Das Ballett. Und die Beauties. Die hießen Beauties, mitten im Krieg. Standen nur auf den Treppen herum und waren schön.«

Kleine Pause. »Es gab schöne Frauen in Berlin.«

»Du bist auch schön.«

»War ich mal.«

Sie ist auch jetzt noch schön. Oder besser gesagt, reizvoll, apart. Auch in Heiners alten Hosen, das Tuch um den Bauch, das Kopftuch umgebunden.

So geht sie hinaus zu Jochen, stellt sich an den Koppelzaun. Sieht das Gewehr, er macht sich kaum die Mühe, es zu verbergen.

»Ich kann bei den Pferden bleiben. Mir tut keiner was.«

Schiefer Blick nach unten. »Schießen kann ich auch.«

Jochens finstere Miene erhellt sich leicht, wohl aus Höflichkeit. »Bleib du nur bei Els«, sagt er.

Und als er am Nachmittag mit Widukind vom Waldrand herübergeritten kommt: »Ich kann ihn auch bewegen.«

»Das mache ich«, weist Jochen sie zurück.

Dabei ist der Hengst sehr brav, er war nie schwer zu reiten, er liebt die Menschen, die zu ihm gehören.

Jochen ist abgesessen, streicht dem Hengst über den Hals.

»Geht nicht mit jedem Hengst so. Manche sind sehr ungebärdig. Auf dem Gut hatten sie einen, den konnte keiner reiten. Fritz ist oft mit ihm gestürzt.«

»Er hat eine gute Zeit bei euch gehabt, nicht? Er hat viel Liebe gekriegt. Das ist es wohl.«

»Auf dem Gut wurden die Pferde immer gut behandelt. Obwohl«, Jochen überlegt, »die Knechte waren vielleicht manchmal roh. Und ein Hengst ist ein Hengst. Er vergißt nie, wenn ihn einer geschlagen oder mit der Mistgabel trak-

tiert hat. Der hier war immer bei uns, seit seiner Jugend.«
Und da war der Ukrainer, der sein Freund war.

Jochen blickt hinüber zum Wald, und Constanze weiß sofort, was er denkt. »Hast du ihn gefunden?« fragt sie.

»Nein. Er ist in den Wäldern. Oder ans Meer. Oder ...«

Sie haben alle Ställe und Scheuern nach ihm abgesucht, nach einem Zeichen seiner Gegenwart. Nichts.

Und dann, drei Tage später, Constanze und Elsgard sind im Haus, Jochen ist auf die Felder gegangen, kommt der erwartete und befürchtete Besuch.

Constanze hat gerade Elsgard ein Tuch um den Bauch geschlungen, unter ihrem Kittel.

»Nun siehst du auch schwanger aus. Und morgen gehen wir zu deinem Gut und suchen deine Olga. Wäre doch gelacht, wenn wir das nicht fertigbrächten. Wir gehen einfach, wenn Jochen draußen ist.«

Elsgard hört das bekannte Knattern.

»Mein Gott«, sagt sie.

Im Hof steht der alte DKW, und davor steht der dicke Giercke.

»Tach, Elschen«, sagt er. Und dann: »Nanu, kriegst du denn ein Kind?«

»Herr Giercke«, sagt Elsgard fassungslos.

»Da staunste, was? Und du kriegst 'n Kind. Und ich hab das nicht gewußt. Na so was aber auch.«

»Herr Giercke«, wiederholt Elsgard dumm.

»Ich hab dir auch was mitgebracht.«

Unter der Tür ist Constanze erschienen, ohne das Tuch um den Bauch, aber wenigstens eins um den Kopf.

»Wer ist denn das?« fragt Giercke mißtrauisch.

»Meine ... meine Cousine«, stammelt Els.

»Du hast 'ne Cousine? Wußt ich gar nicht.«

»Sie kommt aus Berlin«, sagt Elsgard und blickt hilfesuchend zur Tür. Constanze kommt lässig näher, auch unter dem Kopftuch blitzen ihre Augen, funkelt ihr Lächeln.

»Ich bin ein Seitensprung«, sagt sie. »So was gibt's ja, nicht?«

Giercke steht und staunt. Constanze ordnet ihn sofort richtig ein. Streicht das Kopftuch hinunter, ihr Lächeln würde einen Eisberg zum Schmelzen bringen.

»'ne Cousine, so«, sagt Giercke benommen.

»Es gibt ja immer so dunkle Flecken in einer Familie. Wissen Sie doch, nicht? Ich hab Elsgard zwar nur selten getroffen. Aber als es so schlimm wurde mit den Straßenkämpfen in Berlin, bin ich hierhergekommen. Willst du mir den Herrn nicht vorstellen, Elsgard?«

»Das ist Herr Giercke«, sagt Els.

»Freut mich, Sie zu treffen, Herr Giercke.«

Auch ohne Schminke, auch in Heiners alten Hosen, ist sie eine umwerfende Erscheinung. Herr Giercke bringt so etwas wie eine Verbeugung zustande. Constanze reicht ihm die gehobene Hand, er küßt sie nicht, so weit geht es nicht, aber er ist sichtlich beeindruckt.

»Sie kommen aus Berlin«, sagt er respektvoll.

»Ja. War nicht mehr angenehm.«

Angenehm, sagt sie und fügt hinzu: »Ich bin ausgebombt. War schrecklich. Ich wußte nicht, wohin ich sollte. Aber hier ist es so schön friedlich. Eine wunderbare Luft.«

Giercke steckt die Nase hoch, nicht gerade, daß er schnuppert, aber beinahe.

»Eine schöne Luft«, wiederholt er dämlich.

»Wissen Sie, in Berlin stank es nur noch nach Rauch und Leichen. Schrecklich! Nicht auszuhalten.«

Sie denkt natürlich, es ist dieser Parteifunktionär, und sie ist entschlossen, ihn sofort zu einem Partner zu machen.

»Herr Giercke«, sagt Els, »ich dachte …«

»Du dachtest, ich bin nicht mehr da, Elschen. Ich bin da. Und jetzt erst recht. Ich bin ein alter Sozi. Weißt du das nicht?«

»Nein, Herr Giercke, das weiß ich nicht.«

»Nun weißt du es. Mich brauchen sie jetzt hier. Das mit den Nazis, das war nur so …«, er überlegt, kommt schließlich zu der Formulierung, »war Verstellung, weißt du. Man tut so als ob. Und so kommt man über die Runden.«

Constanze sieht Els an. »Sollten wir Herrn Giercke nicht

hereinbitten und einen Korn mit ihm trinken«, sagt sie. In der Flasche ist noch ein Rest, sie haben in den letzten Tagen nichts davon getrunken.

Giercke wirft einen Blick in die Runde.

»Eigentlich müßte ich mich hier ja mal umsehen«, sagt er. »Aber es hat sich ja wohl nichts geändert, wie? Wo ist Jochen?«

»Draußen«, sagt Elsgard.

Bei einem Korn wird das Gespräch dann sehr gemütlich. Constanze erzählt von Berlin, von den Straßenkämpfen, von den hereinrückenden Russen, als sei sie dabeigewesen. Und sie spricht mit aller Gelassenheit von Hitlers Selbstmord.

Herr Giercke nickt genauso gelassen.

»Konnte ja gar nicht anders kommen«, sagt er.

Elsgard greift sich mit beiden Händen an den Kopf, als er nach dem zweiten Korn gegangen ist.

»Das kann man nicht glauben«, sagt sie.

Immerhin hat er einen großen Schweinebraten dagelassen und einen Topf mit Schmalz. Und er hat versprochen, sich um Olga zu kümmern. Und Max von Renkow würde gar nichts passieren.

»Wir wissen schließlich alle, daß er kein Nazi war«, sagt er großartig. »Den bring ich bald raus.«

Constanze hebt die Flasche hoch.

»Fast leer. Ist offenbar wichtig. Wir hätten dem verflossenen Ortsbauernführer ... nicht, so hieß das doch? Also, wir hätten ihm sagen müssen, daß er uns das nächstemal eine Flasche Korn mitbringen soll.«

»Das nächstemal?«

»Du kannst sicher sein, daß er bald wiederkommt. Und solange sie ihn hier regieren lassen, wird es uns nicht schlechtgehen.«

»Ihn hier regieren lassen – wie meinst du das?«

»Elsgard, mein Schatz, daß der ein Nazi ist, sieht ein Blinder ohne Laterne. Sie werden ihm schon draufkommen.«

Aber zunächst ist er da und erweist sich als Freund. Schon am nächsten Tag kommt der DKW wieder auf den Hof geholpert, Giercke bringt Olga und wirklich eine Flasche Korn mit.

»Ich muß mich doch revanchieren«, grinst er und überreicht die Flasche Constanze.

»Für so 'ne hübsche Cousine tu ich alles«, charmiert er.

Elsgard fällt Olga um den Hals, die schiebt sie von sich
und betrachtet sie mißtrauisch.

»Du bekommst ein Kind, sagt Herr Giercke?«

Elsgard trägt heute einen weiten blauen Kittel, es sind sogar Blutflecke darauf, die stammen von dem Bock.

»Ja doch«, sagt Elsgard hastig. »Erzähl ich dir später.
Bleibst du hier?«

»Wenn ihr mich haben wollt.«

Sie hebt eine Kiste aus dem Auto, zwei junge Hühner sind
darin, und ganz hinten sitzt verschüchtert ein kleiner Hund.

»Das ist Theo, den konnte ich nicht dort lassen. Und die
Hühner habe ich mitgebracht, damit ich mal ein Ei bekomme.«

»Die können wir gut brauchen«, sagt Els. »Und das ist
dein Hund?«

»Ich hoffe, Mutz wird sich mit ihm vertragen.«

Constanze nimmt den Hund auf den Arm, legt ihr Gesicht
an seine kleine feuchte Schnauze.

»Gott, ist der süß. Herr Giercke!« Ihr strahlendes Lächeln.
»Sie kommen mir vor wie der Weihnachtsmann.«

»Darauf wollen wir gleich mal einen trinken«, sagt
Giercke mit breitem Lächeln und steuert mit Constanze und
dem Hund ins Haus.

»Und das ist also deine Cousine«, Olga sieht Elsgard
streng an.

»Erklär ich dir alles später. Wir müssen sehen, daß wir
den Weihnachtsmann bald loskriegen.« Elsgard kichert nervös. »Ich bin so froh, daß du da bist. Und was ist mit Mareike?«

»Die ist schon gestern fort. Zu ihrer Tochter. Sie kommt
erst wieder, wenn Herr von Renkow wieder da ist, hat sie
gesagt. Els! Was soll das alles bedeuten? Kriegst du wirklich
ein Kind?«

»Das sagen wir bloß so. Weil wir denken, daß man
schwangere Frauen nicht vergewaltigt.«

»Wer ist wir?«

»Constanze und ich.«

»Das ist die Cousine.«

»Was machen wir mit Giercke?«

»Der muß gleich wieder weg. Zu einer Parteiversammlung in Waren.«

»Ist er wirklich ein Sozi?«

»Er behauptet es. Ich kann mich nicht daran erinnern. Wo ist Jochen?«

»Draußen.«

Constanze und Giercke stehen im Wohnzimmer, jeder hat ein Glas in der Hand, der kleine Hund sitzt auf dem Sofa.

»Na, kommt schon!« ruft Constanze. »Herr Giercke erzählt gerade, wie er es fertiggebracht hat, daß die Nazis ihn nicht eingebuchtet haben. Und nun gründen sie die Sozialdemokratische Partei neu. Heute in ... in ... wie heißt das gleich?«

»In Waren«, hilft Giercke aus. »Wir lassen die Kommunisten nicht allein im Land herrschen. Nee, das denn doch nicht.«

»Wo bekommen Sie denn auf einmal so viele Sozis her, um eine Partei zu gründen?« fragt Elsgard.

»Da werden Sie staunen, wie viele sich da einfinden. Na, denn prost!«

Constanze hat noch zwei Gläser gefüllt, reicht eins Olga, das andere Elsgard.

»Prost«, sagt sie.

»Mit der Diktatur ist Schluß«, tönt Giercke. »Jetzt bekommen wir eine Demokratie.«

Olga nimmt Elsgard das Glas aus der Hand.

»Schwangere Frauen sollen keinen Schnaps trinken. Prost, Herr Giercke.«

»Na denn, auf gute Freundschaft, Frau Petersen.«

Olga Petersen zieht ein wenig den linken Mundwinkel hoch.

Die gute Freundschaft könnte er wohl gebrauchen. Er weiß, daß sie ihn nicht leiden kann, und sie weiß, daß er immer einen Bogen um sie gemacht hat.

Übrigens ist dies der letzte Besuch von Giercke, sie sehen ihn nie wieder. Die alten oder neuen Genossen in dieser oder jener Partei sind ihm wohl nicht auf den Leim gegangen.

Dafür kehrt Max von Renkow zwei Wochen später auf sein Gut zurück, und es geht dort alles weiter wie bisher. Auch die alte Mareike findet sich wieder ein.

Der Parteifunktionär, von dem Hinnerk sprach, ist wirklich ein echter alter Kommunist, und es stimmt, daß er früher einmal Inspektor auf Groß-Landeck war. Er weiß, was er von dem Gutsherrn auf Renkow zu halten hat, und das Wichtigste für ihn sind nicht Parteiquerelen, sondern die Arbeit. Hermann Broders, so heißt der Mann, will möglichst bald Ordnung im Land haben, und das Allerwichtigste ist die nächste Ernte. Das erklärt er Jochen bei seinem ersten Besuch auf dem Hof, der mehr als drei Wochen später stattfindet.

»Ich weiß, daß Sie immer gut abgeliefert haben.«

Er besichtigt den Hof genau, die Gebäude, die Ställe und die Scheuern, die Tiere, die Geräte und die veralteten Maschinen. Ein zweiter Mann, den er mitgebracht hat, schreibt alles genau auf.

»Sie werden Pferde bekommen«, verspricht Broders, »und Leute für die Arbeit. Es sind genügend Flüchtlinge in der Gegend, die arbeiten können. Platz haben Sie ja genug, Herr Lumin.«

Jochen schweigt, er sieht und hört sich das alles mit gemischten Gefühlen an. Das ist sein Hof, seines Vaters Hof, seines Großvaters Hof, hier ist noch keiner rumgelaufen und hat alles besichtigt und jedes Stück bis zum letzten Nagel notiert.

»Wieso haben Sie keine Schweine?« will Broders noch wissen.

»Wir haben sie vor zwei Jahren aufgegeben. Es blieben uns zu wenig Kartoffeln für die Fütterung«, erwidert Jochen mürrisch.

»Die Schweinezucht werden Sie wieder aufbauen«, das klingt wie ein Befehl. »Die Koben sind noch da, wie ich gesehen habe.«

Er steht eine Weile nachdenklich vor dem Hengst, dann gehen sie zu der kleinen Koppel hinter dem Haus, wo Dolka mit ihrem Fohlen weidet. »Wollen Sie weiter züchten?« fragt Broders.

Jochen zieht die Schultern hoch.

»Das sind keine Arbeitspferde«, stellt Broders fest. »Man müßte dem Hengst dann eine andere Stute zuführen.«

Jochen schweigt. Er ist versucht zu sagen, der Hengst und die Stute gehören Herrn von Renkow. Aber er sagt es besser nicht. Man muß sehr genau überlegen, was man sagen darf und was nicht, insoweit hat sich nichts geändert. »Die beiden sind nur unnütze Fresser«, so hat es Giercke ausgedrückt.

Hermann Broders kommt dann noch mit ins Haus, der Mann mit dem Notizblock bleibt draußen.

Elsgard arbeitet in der Küche. Constanze ist nicht da, sie ist an diesem Tag im Bett geblieben. Sie hat sich am Abend zuvor und auch an diesem Morgen mehrmals übergeben. Das ist neu, das ist bisher nicht geschehen, und Elsgard hat sie ängstlich gefragt: »Du hast doch nicht wieder was geschluckt?«

»Ach, laß mich in Ruhe! Ich habe nichts mehr zum Schlucken. Mir ist ganz von selbst zum Kotzen.« Sie kann nicht nur heiter und unterhaltsam, sondern auch unleidlich sein.

Olga gelingt es, die Atmosphäre etwas aufzulockern. Sie erinnert sich an diesen Mann, er ist ihr nicht unsympathisch mit seinem gefurchten Gesicht und dem eisgrauen Haar.

»Ich war mal mit Alexander von Renkow bei dem Grafen«, erzählt sie. »Es ging um das Jagdrecht. Die Jagdgäste des Grafen waren auf unser Gebiet gekommen und hatten dort ziemlich wahllos alles geschossen, was sie erwischen konnten.«

»Ich weiß es noch genau«, sagt Broders. »Es ging um Schwarzwild. Das war damals eine große Plage, es verwüstete die Felder. Und Herr von Renkow konnte eigentlich froh sein, wenn so viel wie möglich davon abgeschossen wurde.«

82

»Das hat er lieber selbst besorgt. Und es handelte sich nicht nur um Schwarzwild.«

Hermann Broders lächelt nun. Das hat er den ganzen Vormittag über nicht getan.

»Sie haben ein gutes Gedächtnis, Frau Petersen.«

»Sie aber auch, Herr Broders«, gibt Olga zurück.

»Es war 1932. Kurz darauf hat der Herr Graf mich entlassen.«

»Ja«, sagt Olga langsam. »Ich weiß auch, warum.«

Broders neigt den Kopf zur Seite und sieht sie fragend und gleichzeitig wohlwollend an.

»Wegen aufrührerischer Reden, die Sie dem Personal hielten. Oder Hetzreden, wie der Graf es nannte.«

»Er nannte es so, ja. Und ich hielt sie nicht dem Personal, sondern den umliegenden Bauern.«

»In den Dörfern und in der Stadt.«

Broders nickt. Elsgard hört ängstlich vom Herd aus diesem eigenartigen Gespräch zu.

»Es hieß, Sie wären ein Kommunist, Herr Broders«, sagt Olga.

Er nickt. »Das bin ich noch.«

»Na ja, dann liegen Sie jetzt ja richtig. Und wie haben Sie überlebt, Herr Broders?«

»Die Nazis haben mich zuerst in ein Konzentrationslager gesperrt«, sagt er freundlich. »Sie werden davon gehört haben?«

Olga schüttelt den Kopf. »Es war nie davon die Rede auf dem Gut.«

Broders blickt Olga, die ihm aufrecht gegenübersteht, eine kleine Weile in die Augen.

»Nun, ich denke, Sie werden jetzt öfter davon hören«, sagt er genauso freundlich wie bisher.

»Wollen Sie sich nicht setzen?« fragt Olga mit einem Lächeln und weist mit der Hand auf einen der Küchenstühle.

»Ich habe eigentlich keine Zeit«, erwidert er, aber er setzt sich doch.

Olga zu Jochen: »Haben wir nicht noch einen kleinen Korn für unseren Besuch?«

Jochen schweigt verbittert, doch Elsgard greift in den Schrank und bringt die Flasche von Giercke, die sie bisher nicht geöffnet haben.

»Seltene Schätze in diesen Tagen«, stellt Herr Broders fest. »Nein, danke.« Und zu Jochen gewandt, der immer noch wie angenagelt an der Tür steht: »Brennen Sie selbst, Herr Lumin?«

»Nein«, sagt Jochen widerwillig. »Das haben wir nie getan.«

Hermann Broders nimmt dann doch das Glas, das Olga gefüllt hat, und auf ihren herrischen Blick kommt Jochen zum Tisch und nimmt auch eins.

Olga hat auch sich selbst eingeschenkt, sie sagt: »Prost, Herr Broders. Auf gute Zusammenarbeit, so muß man wohl jetzt sagen.«

Ehe er trinkt, blickt er zu Elsgard am Herd.

»Bekommen Sie nichts, Frau Lumin?«

»Sie erwartet ein Kind«, sagt Olga in aller Gemütsruhe und übersieht Jochens erstaunten Blick. »Da darf sie nichts trinken.«

»Also dann, zum Wohl.«

Sie kippen alle drei den Schnaps, Jochen mit widerwilliger Miene, Olga lächelnd und Herr Broders mit geübter Hand.

»Wieso sind Sie hier, Frau Petersen?« fragt Broders, nachdem er sich ordentlich die Lippen abgewischt hat. »Sie waren doch immer auf dem Gut bei den Renkows.«

»Sie wissen ja wohl, daß Herr von Renkow eine Zeitlang nicht da war. Und Elsgard braucht mich jetzt.« Und wieder ihr Lächeln. Constanze könnte ihr, wenn sie diese Szene miterlebte, nur bescheinigen, daß sie auch eine gute Schauspielerin ist.

»Und wie sind Sie dann herausgekommen, aus diesem – wie nannten Sie es?«

»Konzentrationslager hieß diese Erfindung der Nazis.«

Olga legt den Kopf in den Nacken und scheint zu überlegen.

»Der Ausdruck ist mir nicht fremd. Konzentrationslager«, spricht sie pointiert aus. »Ist es nicht eine Erfindung der Engländer? Aus dem Burenkrieg?«

Nun ist es an Herrn Broders zu staunen.

»Kann sein, ja. Sie kennen sich gut aus in Geschichte.«

»So ist es. Nachdem die Kinder erwachsen waren, hatte ich viel Zeit zum Lesen. Herr von Renkow hat eine sehr gute Bibliothek.«

Nun muß Herr Broders sogar lachen. »Die gab es auf Groß-Landeck auch. Ich habe mir dort manchmal Bücher ausgeliehen. Obwohl der Herr Graf es nicht besonders gern sah.«

»Warum?«

»Nun, er meinte wohl, ein Inspektor habe wichtigere Dinge zu tun, als Bücher zu lesen. Doch ich bezweifle, daß die Lager der Briten so bösartig waren wie die der Nazis.«

»Jede Zeit hat ihre Gesetze«, sagt Olga ruhig. »Und die Menschen sind wohl seit der Jahrhundertwende nicht viel besser geworden. Wissen Sie, Herr Broders, ich habe mich dafür interessiert, weil mein Mann damals nach Afrika ging. In eine deutsche Kolonie namens Deutsch-Ost. Wissen Sie das?«

»Nein, das weiß ich nicht.«

Elsgard steht jetzt mit dem Rücken zum Herd, fasziniert von diesem Gespräch. Und sie denkt, was sie ihr Leben lang gedacht hat: Diese Olga, sie ist einfach wundervoll. Und das mit dem Burenkrieg hat sie uns auch erzählt, ich erinnere mich genau.

»Wenn das Lager bösartig war, wie sind Sie dann herausgekommen, Herr Broders?« fragt Olga.

Broders ist nun ganz gelockert, er nimmt ohne Widerspruch das nächste Glas entgegen, das Olga ihm reicht.

»1937 kam ich heraus, ein wenig demoliert, aber immerhin noch am Leben. Meine Organisation schleuste mich nach Norwegen.«

»Ihre Organisation?«

»Die kommunistische Partei.«

»Die gab es noch?«

»Aber gewiß doch.«

»Und dann?«

»Über Schweden kam ich nach Finnland. Während des Krieges.«

»Ach ja, der finnische Winterkrieg. Die Finnen waren sehr tapfer.«

»Gewiß, das waren sie. Aber es nützte ihnen nichts. Dann war ich eine Zeitlang in Moskau, aber da gefiel es mir nicht.«

»Gefiel es Ihnen nicht, Herr Broders? Aber da waren Sie doch an der richtigen Adresse.«

»Ich bin ein Landmensch, in der Stadt fühle ich mich nicht wohl. Ich ging dann ins Baltikum. Die baltischen Herren waren vertrieben. Oder wie es hieß: Hitler hatte sie heim ins Reich geholt. Aber die Güter mußten schließlich bewirtschaftet werden. Es war ein schönes Schloßgut in Estland nahe dem Meer, das ich leitete.«

»Und dann?« fragt Olga hartnäckig.

»Dort lernte ich unter anderem Russisch«, sagt Hermann Broders triumphierend.

»Das ist Ihnen sicher jetzt sehr nützlich.«

»Da haben Sie wohl recht.«

Elsgard blickt erschrocken nach oben. Sie hat ein Geräusch gehört. Hoffentlich kommt Constanze nicht gerade jetzt herunter.

»Das ist ja allerhand«, sagt sie, und es ist der erste Satz, den sie spricht, seit dieser Mann ihre Küche betreten hat. Broders lächelt ihr zu.

Und Olga, sie hat das Geräusch auch gehört, sagt: »Ein interessanter Lebenslauf. Was ein Mensch alles erleben kann in dieser Zeit.«

Der Satz gefällt ihr nicht, also steht sie auf, tritt an den Herd, blickt in die Töpfe.

»Bleiben Sie zum Essen, Herr Broders?«

Diesmal schmort ein Stück von dem Schweinebauch im Topf, den Giercke gebracht hat.

Broders steht auf.

»Nein, vielen Dank. Ich habe noch zu tun.«

Er streckt Elsgard die Hand hin, die sie zögernd ergreift.

»Alles Gute, Frau Lumin. Es ist vielleicht momentan noch alles ein wenig durcheinander. Aber nicht für Sie. Ihr Kind wird in einem gesunden, vernünftig regierten Staat aufwachsen.«

Jochen hat die Hände in den Hosentaschen, also macht Herr Broders keinen Versuch, ihm die Hand zu reichen. Dumm ist er nicht. Er kann sich die Gefühle des Bauern Lumin vorstellen.

Olga bringt ihn zur Tür, und Jochen folgt langsam.

»Das Ablieferungssoll wird höher sein als bisher, Herr Lumin«, sagt Broders zum Abschied. »Es gibt viel aufzubauen. Wir müssen die zerstörten Städte beliefern. Berlin vor allem.«

Jochen blickt dem Auto nach, als es vom Hof rollt. Seine Stirn ist gerötet, die Rebellion ist wieder da.

Es wird die Zeit kommen, in der er sich nach Hermann Broders zurücksehnt.

Die Cousine war diesmal nicht dabei.

Und auf dem Hof führt Olga nun Regie.

Olga

DIE FORMULIERUNG, daß Olga Regie führt, stammt natürlich von Constanze, der Schauspielerin. Und Olga erweist sich als guter Regisseur. Constanze bringt das Kind zur Welt, als sich die Ernte auf dem Höhepunkt befindet, da hat keiner Zeit, sich darum zu kümmern, was im Haus passiert. Es gibt zwei Pferde mehr im Stall, und im Gesindehaus wohnen nun fünf Männer, zwei jüngere, zwei ältere, Flüchtlinge aus Schlesien, aus Böhmen, einer stammt aus Brandenburg, über sein Dorf ist der Krieg, sind die einrückenden Russen in aller Härte hergefallen, sein Hof ist abgebrannt, seine Eltern sind umgekommen. Er ist noch jung, er ist verbittert, er redet kaum, aber er ist ein guter und fleißiger Arbeiter. Das einzige, was er sagt, immer wieder: »Lange bleib ich nicht hier, Herr Lumin. Ich will nie wieder einen Russen sehen.«

Von den Flüchtlingen hat nur einer eine Frau, die hat den Kuhstall übernommen.

Hermann Broders kommt einmal während der Ernte kurz vorbei.

»Läuft ja alles gut, Herr Lumin.«

Jochen nickt und schweigt. Er arbeitet selbst von vier Uhr früh bis in die Nacht.

Er ärgert sich über die Frauen und ihre Lügen. Was geschieht, geschieht gegen seinen Willen.

Olga hat wie gesagt die Regie übernommen. Als sie von dem ganzen Drama erfuhr, und das war am ersten Tag ihres Aufenthalts, hat sie sich nicht weiter dazu geäußert. Bis auf die seltsame Bemerkung bei dem ersten Besuch von Broders: »Sie bekommt ein Kind.« Was sich auf Elsgard bezog.

Sie weiß selber nicht genau, warum sie das gesagt hat. Schuld ist Constanze, die erzählt hat, wie sie sich Tücher um den Bauch gewickelt haben, um auch bei Elsgard eine Schwangerschaft vorzutäuschen. »Wir können ja so tun, als ob sie das Kind bekommt, nicht? Sie will ja nicht, daß ich mich umbringe. Und den Bastard töte ich ganz bestimmt.«

Und dann, und es ist ihr anzumerken, daß sie sich schon Gedanken gemacht hat: »Es gibt da ein Stück von Gerhart Hauptmann. Es heißt ›Die Ratten‹. Da täuscht eine Frau eine Schwangerschaft vor und nimmt sich dann das neugeborene Kind einer anderen Frau. Die heißt ...«

»Schon gut«, sagt Olga. »Ich kenne das Stück. Das ist eine verrückte Idee, Constanze.«

»Sie stammt nicht von mir. Von Gerhart Hauptmann.«

»Das kommt nicht in Frage. Wir sind hier nicht im Theater.«

»Diese Frau täuscht ja ihren Mann damit. Er soll glauben, sie bekommt ein Kind. Weil es nie geklappt hat. Und der Mann fällt darauf rein und dann ... Ich meine, Jochen wird ja nicht getäuscht. Er weiß Bescheid. Dann könnt ihr das Kind behalten, falls es denn lebendig zur Welt kommt, was hoffentlich nicht der Fall sein wird.«

Sie ist ganz verrannt in diese Geschichte, redet immer wieder davon. Es geht ihr nicht gut in dieser Zeit, sie ißt kaum, ist blaß und hohlwangig, die Heiterkeit nach ihrer Rettung aus dem See ist verschwunden.

Und dann also Olgas Bemerkung zu Broders: »Sie bekommt ein Kind.«

Jochen sagt: »Ich verbiete das.«

»Na gut, dann gehe ich wieder ins Wasser. Diesmal dort, wo mich keiner findet.«

Man sieht ihr die Schwangerschaft jetzt deutlich an, und sie schlägt sich wieder mit Wucht auf den Bauch.

Als die Leute auf den Hof kommen, die alle im Gesindehaus untergebracht sind, verläßt Constanze das Haus nicht mehr. Und Elsgard bindet sich wieder ein Tuch um den Leib.

Olga spielt nun mit. Doch sie sagt: »Erst mal abwarten, wie Sie sich fühlen, wenn das Kind da ist. Frauen empfinden anders, wenn sie ein Kind geboren haben.«

»Das denken Sie doch nicht im Ernst, Olga. Ich doch nicht.«

»Warten wir's ab.«

»Wie viele Kinder haben Sie denn geboren, Olga?«

»Ich habe nie ein Kind gehabt. Leider.«

Jochen schweigt verbissen zu diesen Gesprächen. Nur einmal sagt er: »Ich wünschte, ich hätte dich dort im See liegenlassen.«

»Wäre auch besser gewesen«, antwortet Constanze trotzig.

Einmal, ehe die Ernte beginnt, spannt er die Pferde vor die Kutsche und fährt mit Olga ganz öffentlich auf das Gut.

Olga will wissen, wie es Max von Renkow geht.

Es geht ihm schlecht, er sieht krank aus, elend geradezu.

»Haben Sie den Doktor nicht kommen lassen, Herr von Renkow?« fragt Olga.

Renkow macht eine unwirsche Handbewegung. »Wozu denn? Denken Sie, ich will noch länger leben? Je eher es aus ist mit mir, desto besser.«

»Ich komme zurück aufs Gut«, sagt Olga spontan.

»Nicht doch. Wie ich gehört habe, bekommt Els ein Kind.«

»Wer sagt das?« fragt Olga.

»Dieser Broders hat es erzählt, als er mal hier war. Gar kein so übler Kerl, auch wenn er Kommunist ist. Kommunisten oder Nazis, das ist für mich dasselbe.« Und zu Jochen: »Ihr habt euch viel Zeit gelassen.«

Jetzt könnte Jochen, dem das alles verhaßt ist, den Fall klären. Aber er schweigt, mit verschlossener Miene.

»Man weiß ja nicht, wie es weitergeht«, sagt Renkow. »Aber für Els ist es vielleicht ganz gut, ein Baby zu haben. Karoline und dann Heiner, das ist schwer für sie.«

Olga und Jochen sehen sich an, ihnen ist nicht wohl zumute. Beide sind sie keine Lügner.

»Haben Sie etwas von Inga gehört, Herr von Renkow?« fragt Olga.

Renkow schüttelt den Kopf.

»Sie wird tot sein wie die Jungen.«

»Das glaube ich nicht. Sie hat mir noch im Februar geschrieben, daß sie mit den Kindern nach Süddeutschland gehen will.«

»Das weiß ich. Aber ihr Mann wollte es nicht. Es sei Fahnenflucht, so nannte er das wohl. Sie wohnten weit ab von der Stadt, da draußen am Wannsee, es könne gar nichts passieren.«

»Wenn es ihn erwischt hat, macht es ja nichts«, sagt Olga ungerührt, »eingesperrt hätten sie ihn sowieso. Vielleicht hat er sich das Leben genommen wie sein geliebter Führer. Man muß abwarten, bis die Post wieder funktioniert.«

»Ja«, sagt Renkow müde. »Das muß man abwarten. Ich habe allerdings nicht mehr viel Zeit, um zu warten.«

»Ich komme zurück«, sagt Olga wieder.

»Nichts da. Kümmern Sie sich um Els. Mareike sorgt für mich. Und sonst sind sie ja alle wieder etwas gebändigt. Das Gerede vom Junker traut sich keiner mehr. Dieser Broders ist ziemlich energisch.«

»Darf ich mir ein paar Bücher aus der Bibliothek mitnehmen?« fragt Olga.

»Selbstverständlich«, antwortet Renkow.

Sie weiß, daß dort die Werke von Gerhart Hauptmann stehen. Sie muß das nachlesen.

Alle beide nun Lügner, verlassen sie das Gut. Die Pferde, noch nicht strapaziert, traben munter die Straße entlang, sie führt bis zum Dorf, dann kommt der schlechte Weg zum Lumin-Hof.

Kurz vor dem Dorf treffen sie einen Bauern, den Jochen kennt, mit dem er sich ganz gut versteht. Der winkt mit beiden Händen, also pariert Jochen die Pferde durch.

»Wie geht's euch denn so?« fragt der Bauer. »Du hast eine Menge Leute bekommen, habe ich gehört.«

»Fünf«, antwortet Jochen. »Und eine Frau.«

»Es wird eine gute Ernte geben. Ein prachtvoller Sommer.«

Das stimmt. Es hat genügend geregnet, und nun ist es warm und sonnig.

»Wenn wir keine gute Ernte haben, stecken sie uns alle ins Loch«, sagt der Bauer und lacht. »Broders kennt da kein Erbarmen. Aber er ist nicht übel, was?«

Es ist erstaunlich, obwohl ein Kommunist, ist Broders weitaus beliebter, als es Giercke war.

»Er kommt gut mit den Russen aus, das ist nun mal wichtig«, sagt der Bauer. »Sie sind jetzt bei den Lumins, Frau Petersen?«

»Für einige Zeit, ja.«

»Ich habe gehört, deine Frau bekommt ein Kind, Jochen.«

»Wer sagt das?« knurrt Jochen.

»Dorte hat es erzählt.«

»Und woher will die das wissen?«

»Weiß ich nicht. Erst hat sie gesagt, sie will wieder zu euch. Und wißt ihr, wo sie jetzt ist?«

»Weiß ich nicht.«

»Auf Groß-Landeck. Da sitzen ja die russischen Offiziere. Broders hat sie hingebracht. Er sagt, sie kann sich benehmen, und gut kochen kann sie auch. Hat sie wohl bei euch gelernt. Und Els hat es bei Mareike gelernt.« Er patscht dem Pferd, das neben ihm ist, auf das Hinterteil. »Dann macht's mal gut. Und grüßt Els von mir.«

Schweigend fahren sie weiter, auf dem Weg zum Hof können sie nur Schritt gehen.

»Was machen wir nun?« fragt Jochen nach einer Weile, ziemlich verzweifelt.

»Werden wir leben, werden wir sehen«, antwortet Olga. Das war ein Spruch, den Alexander oft gebrauchte.

Sie denkt: Wenn es schwierig wird bei Constanze, brauchen wir einen Arzt. Oder sie wird sterben.

Es wird nicht schwierig, es ist eine leichte und schnelle Geburt, obwohl Constanze schreit: »Was für ein Blödsinn! Was für ein hirnverbrannter Blödsinn!«

Das Kind kommt wohl etwas zu früh, es ist klein und schwächlich, und Constanzes Wunsch, es möge sterben, könnte leicht in Erfüllung gehen.

Olga jedoch tut alles, um es am Leben zu erhalten. Sie hat viele Geburten auf dem Gut erlebt, nicht nur die von Elsgard und Inga, auch wenn eine der Frauen des Personals ein Kind bekam, war sie meist dabei. Auf dem Hof ist keiner, sie sind alle auf den Feldern, niemand hat Constanzes wütende Schreie gehört.

Und die ist auch gleich wieder ganz da.

»Lebt der verdammte Bastard?« fragt sie, die Stimme noch heiser von ihrem Geschrei.

»Bis jetzt ja«, sagt Olga.

Sie hat das Kind abgenabelt, hält es im Arm.

»Es ist ein Mädchen«, sagt sie.

»Ist mir scheißegal«, röchelt Constanze. »Gerade gut für eine Vergewaltigung. Bringt es um!«

Dann sinkt sie zurück, stöhnt, und eine Weile später schläft sie.

Elsgard nimmt das Kind und trägt es in ihr Schlafzimmer.

»Es ist so klein«, sagt sie, und ihre Stimme zittert. »Karolinchen war viel größer.«

Olga sinkt auf den Bettrand, ihre Knie schmerzen, sie ist am Ende ihrer Kraft.

»Und es hat schon Haare«, redet Elsgard weiter. »Sieh mal, ganz schwarze Haare. Kleine Kinder haben manchmal gar keine Haare.«

»Kannst du mir ein Glas Wasser holen?« bittet Olga.

»O ja, gleich.«

Sie legt das Baby vorsichtig auf ihr Bett.

»Aber es rührt sich nicht«, sagt sie. »Und geschrien hat es auch nicht. Meinst du, es wird sterben?«

»Du hast ja gehört, was Constanze gesagt hat.«

Das Kind stirbt nicht, nicht an diesem Tag, es gibt sogar ein paar kleine maunzende Töne von sich.

»Wie ein junges Kätzchen«, sagt Elsgard gerührt.

Als Jochen am Abend mit der letzten Fuhre auf den Hof fährt, ist ein Baby im Haus. Er sieht es nicht an, er will es nicht sehen. Es wird die Zeit kommen, wo er das Kind in sein Herz geschlossen hat.

Abreise

DOCH BIS ES SOWEIT IST, sollen noch Jahre vergehen. Zunächst gibt es einen langen Kampf um sein Land, seinen Hof. Es ist ein Kampf zwischen Resignation und Rebellion, zwischen Hoffnung und Verzweiflung. Die Situation ist erträglich, solange Hermann Broders der Direktor im Landkreis ist. Er ist streng, aber gerecht, er stellt keine unerfüllbaren Forderungen an Mensch und Tier, schließlich hat er ein Leben lang auf dem Land gearbeitet. Auch mit den Russen auf der Kommandantur hat er gute Beziehungen, es kommt auf seinem Gebiet zu keinen Übergriffen.

Es ist Herbst, Anfang Oktober, als er wieder einmal bei den Lumins vorbeischaut. Er inspiziert Gebäude und Stallungen, spricht mit jedem, der hier wohnt und arbeitet, will von Jochen wissen, ob er zufrieden ist mit der Leistung jedes einzelnen.

Es ist noch ein Mann dazugekommen, ein junger Pole, er kam während der Ernte und bat um Aufnahme. Er wolle auf keinen Fall bei den Russen bleiben, erklärt er Jochen, lieber sei er bei den Deutschen.

»Aber wir haben auch Russen im Land«, sagt Jochen.

»Die Deutschen werden besser mit ihnen fertig werden, sie werden sich nicht demütigen lassen wie die Polen.«

Das ist eine erstaunliche Behauptung, nachdem die Deutschen gerade den Krieg verloren haben, und wie jämmerlich verloren, geschlagen von den Russen.

»Die Russen hätten das nie geschafft, wenn Amerika ihnen nicht die Waffen geliefert hätte. Das werden die noch bereuen.«

Jochen kann nur staunen über die Worte des jungen Mannes. Er spricht hervorragend deutsch, ist groß und dünn und kann gut mit Pferden umgehen. Er erinnert Jochen an Wali. Außerdem hat er Schmied gelernt, und das ist mehr als nützlich, denn die Eisen der Pferde sind verbraucht, sie benötigen immer öfter neuen Beschlag, jetzt ist ein Fachmann im Haus.

Das betont Jochen, als er Broders den Neuen vorstellt, der alle aufrührerischen Reden unterläßt, nur genau beschreibt, wieviel und welches Eisen er dringend für die Pferde braucht. Handwerkszeug hätte er dabei, doch wenn er einen eigenen Schmiedeblock bekommen könnte, brauchte kein Schmied mehr auf den Hof zu kommen.

Broders hört sich das still an. Er will wissen, woher der Pole kommt und wie er heißt.

Er heißt Andreas und kommt aus der Gegend östlich von Warschau. Seine Mutter ist Deutsche, erfahren sie noch.

»Und Sie wollen nicht zurück?« fragt Broders.

»Meine Eltern sind tot«, kommt die unbewegte Antwort, »meine Brüder auch. Meine Brüder haben die Deutschen getötet, meine Eltern die Russen.«

»Und Sie wollen wirklich hierbleiben?« fragt Broders.

»Bitte, ja, ich möchte hierbleiben.«

»Wissen Sie, was mit seiner Familie passiert ist?« fragt Broders, während sie hinübergehen zum Haus. Das Gespräch hat an der Koppel stattgefunden.

»Keine Ahnung«, sagt Jochen. »Er hat bisher nie davon gesprochen.«

»Ein guter Arbeiter?«

»Sehr gut, sehr fließig.«

Diesmal lernt Broders Constanze kennen, sie sitzt in der warmen Oktobersonne vor dem Haus auf der Bank. Doch ehe Jochen etwas von einer Cousine murmeln kann, tritt Elsgard aus dem Haus, das Baby auf dem Arm.

»Na, da ist es ja«, sagt Broders, begrüßt Elsgard und betrachtet das Kind.

»Alles gutgegangen, Frau Lumin?«

»Ja. Doch. Danke«, antwortet Elsgard und wird rot dabei.

»Ein hübsches Kind. Ein Junge oder ein Mädchen?«

Constanze steht schnell auf. Els und Jochen dürfen keinen Unsinn reden.

»Süßes kleines Mädchen, nicht?« sagt sie.

»Wie heißt es denn?« fragt Broders.

»Cordelia«, antwortet Constanze.

»Ah, Cornelia.«

»Nein, Cordelia«, berichtigt Elsgard. »Das ist von Shakespeare. Aus König Lear.« Das hat Constanze ihr beigebracht.

»So. Aha«, sagt Broders. Er hat niemals die Zeit gehabt, sich mit Shakespeare zu beschäftigen.

»Ich glaube, wir kennen uns noch nicht«, sagt Constanze. »Aber ich habe schon von Ihnen gehört. Sie waren mal Inspektor auf Groß-Landeck.«

Broders nickt und schweigt. Betrachtet die unbekannte Frau mit einem gewissen Erstaunen. Auch in den alten Hosen, in dem Hemd, die Ärmel aufgekrempelt, sieht sie umwerfend aus. Hübscher denn je. Die Geburt ist ihr gut bekommen, ihr Haar ist noch länger geworden und ringelt sich auf ihren Schultern.

»Sie wundern sich, warum ich das weiß? Nun, es wurde von Ihnen gesprochen. Ich habe nämlich längere Zeit auf Groß-Landeck gewohnt. Meine Mami ist eine Freundin der Gräfin. Wir haben uns oft in Berlin getroffen. Und als es so schlimm wurde mit den Bomben, hat die Gräfin mich eingeladen aufs Schloß. Hat mir sehr gut gefallen dort. Aber Sie wissen ja, dann kam der Krieg immer näher, dann waren die Bolschi … die Russen schon ganz in der Nähe, da sind die einfach abgehaun. Wie finden Sie das?«

»Etwas rücksichtslos, würde ich sagen.«

»Eben. Finde ich auch. Schlechte Manieren bei Grafens. Und dann, als Besatzung ins Schloß kam, da bin ich fortgelaufen. Herr und Frau Lumin waren so freundlich, mich aufzunehmen. Wir kannten uns schon. Wir sind uns manchmal beim Reiten begegnet.«

Sie lügt das Blaue vom Himmel herunter, nur würde sie

es nicht so nennen, sie spielt wieder mal eine Rolle, und sie ist sich klar darüber, daß sie diesen Mann, der offenbar viel zu sagen hat, für sich gewinnen muß.

»Übrigens, ich heiße Constanze Lindemann.«

Sie reicht Broders die Hand, dazu ihr strahlendes Lächeln. Broders nimmt ihre Hand, neigt leicht den Kopf.

»Na, und hier kam ich gerade zurecht, um Elsgard ein wenig zu helfen.«

Jochen wirft einen schnellen Blick auf Elsgard, doch die steht stumm und wiegt das Baby im Arm.

Kein Ausweg, kein Rückzug, Jochen Lumin hat eine Tochter. Sie heißt Cordelia. Er hat sich das aufgeschrieben, als er ins Dorf ging, um die Geburt anzumelden. Der Gemeindeschreiber hat ihn auch zunächst verbessert.

»Cornelia?«

»Nein. Cordelia. Mit d.« Den Hinweis auf Shakespeare hat er unterlassen, würde ihm sowieso kein Mensch glauben.

Das Kind muß noch getauft werden, ordentlich getauft in einer Kirche, darin sind sie sich einig, Jochen, Elsgard und Olga. Noch gibt es das. Constanze hat dazu nur mit den Schultern gezuckt.

Unschuldiger langer Blick aus tiefblauen Augen.

»Sind Sie wirklich ein Kommunist, Herr Broders?«

Seine Lippen werden schmal.

»Man hat ja in den letzten Jahren bei uns nie davon gehört. Mein Vater ist ein alter Sozialdemokrat. Also irgendwie …«, ihr Lächeln, »sind Sie ja auf derselben Linie.«

»Wie man's nimmt«, sagt Broders steif.

Olga, die hinter dem offenen Küchenfenster steht und den Dialog mithört, schüttelt den Kopf. Dieses Frauenzimmer! Hat das Kind geboren wie eine Katze, sieht es niemals an, bestimmt aber, wie es heißen soll. Milch, um das Kind zu säugen, hat sie nicht.

»Fehlte gerade noch«, hat sie gesagt. »Ich habe ja gerade genug getan, um den Bastard loszuwerden. Irgendein Ergebnis muß der ganze Aufwand ja haben. Und Milch ist schließlich genug im Haus.«

»Sind Sie wirklich ein Freund der Russen, Herr Broders?« fragt sie jetzt mit großem Augenaufschlag.

»Sie sind unsere Befreier«, spricht Herr Broders feierlich.

»So heißt das jetzt. Sie sind alle unsere Befreier, die Amerikaner, die Briten und sogar noch die Franzosen. Wissen Sie, Herr Broders, daß die Franzosen die Deutschen recht freundlich begrüßt haben, als sie 1940 kamen?«

Das weiß sie von Mami.

»Nein«, erwidert Herr Broders abweisend.

»Ich war kurz vor dem Krieg in Paris. Ein Onkel von mir, ein Bruder meiner Mutter, lebt dort. Er ist Journalist und ein großer Gegner der Nazis. Er hat auch nach '33 noch gewagt zu schreiben, was er dachte. Sie haben ihn für ein Jahr in ein Lager gesperrt, und sobald er frei war, ist er schleunigst nach Paris gereist. Oswald Meroth, vielleicht haben Sie den Namen mal gehört.«

Ihre Mutter hat gar keinen Bruder, das ist ihr nur gerade so eingefallen. Ihre Mutter hatte einen Freund in Paris, der war Physiker, dann Offizier.

»Sie hatten damals eine Volksfrontregierung in Frankreich.« Sie lächelt. »Sehr kommunistisch. Aber die Franzosen mochten das nicht besonders gern.«

»Die Résistance hat sich sehr erfolgreich gegen die Deutschen gewehrt.«

»Später, ja. Ich wäre gern in Paris geblieben, mir hat es gut gefallen. Aber meine Mami wollte, daß ich wieder nach Berlin komme. Na ja, ich war erst sechzehn. Jetzt mache ich mir allerdings große Sorgen um meine Eltern. Ich weiß nicht einmal, ob sie noch leben.«

»Sie haben keine Nachricht von Ihren Eltern, Fräulein Lindemann?«

»Das ist es ja. Ich habe natürlich geschrieben. Aber Sie wissen ja, wie es zur Zeit mit der Post ist. Ich habe keine Antwort bekommen.« Und nun spricht sie endlich aus, worum es ihr geht. »Das Dumme ist, als ich im Mai aus Groß-Landeck weglief – Hals über Kopf, mitten in der Nacht ...« Ihre Augen sind nun groß und voll Angst. »Ich hatte so Angst vor den Russen. Sie haben überall die Frauen vergewaltigt. Das wissen Sie doch bestimmt, Herr Broders.«

Das kann Broders nicht leugnen, er nickt stumm.

»Ich habe alles, was ich besaß, auf dem Schloß zurückgelassen. Meine Kleider, meine Schuhe und eben auch meine Papiere. Das ist mein Problem, Herr Broders. Ich hätte ja schon längst versucht, mich nach Berlin durchzuschlagen. Aber so, ohne jeden Ausweis. Sagen Sie selbst, Herr Broders, das ist zu gefährlich.«

»Sie waren nicht mehr auf Groß-Landeck?«

»Bei den Russen?« Das ist ein Aufschrei.

Olga hält es nicht länger im Haus.

»Wie geht es, Herr Broders?« fragt sie. »Wollen Sie nicht hereinkommen?«

»Danke, nein, Frau Petersen, ich habe noch zu tun.«

»Ich gehe zurück aufs Gut. Herrn von Renkow geht es schlecht nach der Haft.«

Es klingt vorwurfsvoll, doch Broders nickt.

»Ich weiß, ich habe ihn besucht. Es wird gut für ihn sein, wenn Sie wieder bei ihm sind, Frau Petersen. Herrn von Renkow wird nichts mehr geschehen, es ist bekannt, wie er zum Faschismus stand.«

Hermann Broders ist zwar ein alter Kommunist, doch ein ehrenwerter Mann, so hätte Constanze es frei nach Shakespeare ausgedrückt. Nur ist er durchaus nicht auf der Höhe der Zeit. Er wird schon ein Jahr später von seinem Posten abgelöst. In Berlin wird eine neue Partei gegründet, sie nennt sich SED, es ist nichts weiter als der Zusammenschluß von Sozialdemokraten und Kommunisten. Mitglieder sind vor allem die alten Genossen, die aus der Emigration heimgekehrt sind, und dazu noch jene, die, Marx weiß woher, in Windeseile aus dem Boden schießen. An der Spitze der neuen Partei stehen Grotewohl und Pieck, doch der Mann mit dem größten Einfluß heißt Ulbricht. An diesen Namen wird man sich gewöhnen müssen.

Immerhin hat Broders es geschafft, Constanze zur Fahrt nach Berlin zu verhelfen. Von Groß-Landeck bringt er ihre

Papiere, ihre längst verfallenen Lebensmittelkarten. Viel hatte sie sowieso nicht dabei, nur das blaue Theaterkleid hat Flucht, Kriegsende, den Tod im See überlebt und geht mit auf die Reise.

Bei der Gelegenheit kommen zum zweitenmal russische Soldaten, genauer gesagt Offiziere, auf den Lumin-Hof. Es sind drei noch junge Männer, die Broders bei der Übergabe von Constanzes Sachen begleiten. Sie sind sehr höflich, Broders macht sie ganz formell mit den Bewohnern des Hofes bekannt, er spricht wirklich russisch, es werden Hände geschüttelt, auch Constanze legt ihre Hand in eine Bolschi-Hand, sie lächelt, sie sagt danke, als sie ihre Habseligkeiten empfängt, in ihren Augen jedoch ist ein nervöses Flackern. Sie senkt die Lider, blickt zur Seite sie empfindet Haß. Die jungen Männer sind wohlerzogene Offiziere der Besatzungsarmee, sie haben nichts gemein mit den wilden Horden, die kriegsverdorben, siegestrunken in dieses Land kamen.

Außer den Papieren werden ihr noch zwei Paar Schuhe überreicht, ein Rock und ein fleckiger Pullover, ein dick wattierter Paletot. Rock, Pullover und Paletot hat sie auf der Flucht von Masuren getragen, es wird außer dem blauen Kleid ihre einzige Garderobe sein. Die Schuhe kennt sie nicht, sie haben wohl der Gräfin gehört. Aber sie passen.

Ende Oktober reist Constanze ab. Broders hat die Mitfahrt auf einem alten Laster organisiert, der Lebensmittel nach Berlin bringen soll. »Es sind zuverlässige Leute«, sagt er. »Man wird Sie sicher in Berlin abliefern, Fräulein Lindemann.«

»Ich weiß gar nicht, wie ich Ihnen danken soll, Herr Broders.«

Der Abschied von Elsgard und Jochen ist nach allem, was sie in diesem Haus erlebt hat, undramatisch.

»Dann macht's mal gut. Sobald ich kann, lasse ich was hören.«

Dem Kind schenkt sie keinen Blick.

Es wird eine lange, abenteuerliche Fahrt mit dem alten Kasten, der mehrmals den Dienst versagt. Aber die beiden

Männer, die ihn fahren, haben im Krieg Gelegenheit genug gehabt zu lernen, wie man keuchende Wagen wieder in Bewegung setzt.

In Berlin, das seit dem Juli vom Kontrollrat der vier Siegermächte verwaltet wird, findet Constanze ihren Vater unbehelligt in seiner Wohnung in der Prager Straße, die den Bomben getrotzt hat. Ringsherum sieht man nur Ruinen und Trümmer.

»Was für eine Ungerechtigkeit!« sagt Constanze statt einer Begrüßung. »Du hättest als erster eine Bombe auf den Kopf kriegen müssen.«

Das Verhältnis zwischen Vater und Tochter ist so unerfreulich wie eh und je. Oberstudienrat Lindemann hat fünf Leute in seine Vierzimmerwohnung aufnehmen müssen, eine Frau führt das große Wort und die Wirtschaft und, wie Constanze gleich herausbringt, er schläft mit ihr. Für Constanze wird widerwillig die ehemalige Kammer des Dienstmädchens freigemacht, wo bisher zwei Kinder schliefen.

»Vielleicht kommt Mami wieder?« sagt Constanze.

»Zu mir? Das kannst du doch nicht im Ernst erwarten«, antwortet ihr Vater.

»Nein. Ich würde es auch nicht verstehen.«

Wenn Mami bei Tante Agnes in Solln wäre, ginge es ihr sicher gut. Constanze kennt das Haus in einem Vorort von München, Agnes Meroth und ihr Mann sind liebenswerte Menschen.

Sobald es geht, beschließt sie, wird sie nach München fahren. Amerikanische Zone, keine Russen weit und breit, das ist erstrebenswert.

Trotzdem spielt sie bereits im Februar im russisch besetzten Gebiet Theater, bei einer kleinen Bühne, die sehr engagiertes Theater macht. Die Russen haben ein aktives kulturelles Leben aufgebaut, und das mit Windeseile, es erscheinen mehrere Zeitungen, es gibt Konzerte, es wird Theater gespielt, es wird auch bald gefilmt. Sie sind weitaus großzügiger in der politischen Beurteilung der Künstler als die Amerikaner; artista lautet das Zauberwort, bei dem nicht gefragt wird, ob einer den Nazis nahestand oder nicht. Schon bald hat Constanze einen Freund, einen Journalisten, eine Mischung aus Sozialdemokrat und Kommunist, ein sehr intelligenter und, was noch wichtiger ist, geschickter Mann, der es blendend versteht, sich in dieser Zeit zurechtzufinden. Schreiben kann er auch. Er öffnet Constanze viele Türen in dieser neuen, unbekannten Welt, sie findet Bekannte, Freunde, wird eingeladen, sie muß nicht hungern, sie wird auch keine Trümmerfrau, sie zieht schließlich zu ihrem Freund in die Wohnung, die nahe dem Kurfürstendamm in der Bleibtreustraße liegt, er hat keine Einquartierung, er hat sogar eine Putzfrau.

Er liebt sie, sie erwidert seine Zuneigung mit Maßen, aber schließlich ist sie eine gute Schauspielerin. Das Leben wird zunehmend interessant, sie ist auf die Füße gefallen, schon ein Jahr später dreht sie ihren ersten Film.

Sie vergißt, was hinter ihr liegt, vergißt Mecklenburg, die Lumins und erst recht das Kind.

Sie nennt sich Constanze Meroth.

In Mecklenburg hört man nie wieder von ihr.

Die Teilung

MAX VON RENKOW wird enteignet, das Gut ist ein Staatsbetrieb. Zwar haben die Knechte nun erst recht nicht die Leitung, ganz im Gegenteil, sie müssen härter arbeiten als je zuvor, und die Entlohnung ist gering, doch nun wagt keiner mehr zu mucksen. Das Ganze nennt sich Bodenreform.

Renkow wird noch einmal in Haft genommen, diesmal für fünf Monate. Als alter, gebrochener Mann kommt er zu den Lumins. Daß er das überhaupt darf, ist eine Vergünstigung, die er nur dem Direktor der Landwirtschaftlichen Genossenschaft zu verdanken hat. Die Vorschrift lautet, daß enteignete Junker sich mindestens dreißig Kilometer entfernt von ihrem bisherigen Besitz aufhalten müssen. Olga setzt es durch. Sie hat sich nie vor der Obrigkeit gefürchtet, nicht vor dieser noch vor jener.

»Sie sehen doch, daß dieser Mann sehr krank ist. Lassen Sie ihn wenigstens in Ruhe sterben.«

»Lange wird er sowieso nicht bleiben können«, bekommt sie zur Antwort. »Der Hof der Lumins gehört schließlich zum Gut. Er wird auch enteignet.«

»Der Hof ist seit über hundert Jahren im Besitz der Lumins. Werden die Bauern jetzt genauso behandelt wie die Junker?« ist ihre bissige Frage.

»Das wird sich finden.«

Sie geht bis nach Schwerin in die höhere Verwaltung, sie ist entschlossen und energisch, läßt nicht locker.

»Ich denke, wir leben jetzt in einem demokratischen Staat«, sagt sie. »Was würde Grotewohl zu dieser Ungerechtigkeit sagen? Ich werde in Berlin nachfragen.«

So ist Olga. Sie macht sich damit keine Freunde. Aber zunächst kann Renkow auf dem Hof bleiben, sie auch, und mit ihr der kleine Hund Theo und die Hühner, die sie mitgebracht hat.

Max von Renkow wird Ende 1947 sterben. Zuvor erfährt er noch, daß seine Tochter Inga und die Kinder am Leben sind.

Die erste Nachricht kommt aus Württemberg, Inga lebt in der Nähe von Stuttgart, sie beklagt sich über die Schwierigkeit und die Armseligkeit ihres Daseins, ihren Mann erwähnt sie mit keinem Wort.

Während der Nürnberger Prozesse gegen Kriegsverbrecher erwarten sie immer, den Namen Berthold Schwarz zu hören. Ein Radio ist ja wieder im Haus. Und eine Zeitung erscheint auch. Ist Berthold Schwarz eingesperrt, tot, hat er sich das Leben genommen wie sein Führer?

Doch dann plötzlich kommt ein Brief aus Spanien. Er war lange unterwegs, er ist geöffnet und zensiert worden, doch sie lesen, daß es Inga und den Kindern gutgeht. Am Schluß steht, klein hingekritzelt: Berthold läßt grüßen.

Berthold Schwarz, der offenbar doch das Pulver erfunden hat, ist in Spanien und befindet sich auf dem Weg nach Südamerika.

So jedenfalls interpretiert es Max von Renkow.

»Nach Südamerika?« fragt Elsgard staunend. »Wie sollen sie denn da hinkommen?«

»Vermutlich mit einem Schiff, mein Kind. Vielleicht bleiben sie auch in Spanien. Ich weiß nur, daß sich Berthold während des Bürgerkriegs oft in Spanien aufgehalten hat. Vielleicht hat er Freunde dort gefunden. Vielleicht auch Geld transferiert. Er ist eben ein gerissener Bursche und hat gewußt, wie es ausgeht.«

»In Spanien regiert doch Franco«, sagt Jochen.

»Richtig. Er hat gegen die Kommunisten gewonnen, die Deutschen haben ihm geholfen, und während des Krieges hat er sich sehr geschickt verhalten. Ihm tut heute keiner was. Sieh an, dieser Berthold.«

Es klingt nicht unzufrieden. Muß es Max von Renkow nicht recht sein, muß es ihn nicht freuen, daß seine Tochter lebt, daß seine Enkelkinder in einer besseren Welt leben werden?

»Sie hat sich ja gut mit ihm verstanden«, sagt Olga. »Es war eine glückliche Ehe.«

»Ja, so war es wohl. Ich konnte ihn nicht leiden, aber darauf kommt es ja nicht an.« Er legt den Kopf zurück und zieht fröstelnd die Schultern zusammen. »Vielleicht war ich nur eifersüchtig, weil er mein kleines Mädchen bekam.«

»Ja, so war es wohl«, sagt auch Olga, steht auf und wickelt ihm die Decke fester um die Beine. »Er war ja selten bei uns. Ich habe ihn nicht oft getroffen. Er war immer sehr höflich. Und freundlich.«

Renkow blinzelt unter müden Augenlidern. »Meine Schuld, wollen Sie sagen, Olga. Ich mochte ihn nicht, weil er war, was er war. Wenn man sieht, was heute aus uns geworden ist – die Leute, zu denen er sich bekannte, haben den Krieg zu verantworten.«

»Sie konnten ihn schon vorher nicht leiden, ehe der Krieg anfing, Herr von Renkow.«

»Das stimmt. Aber ich habe eben immer erwartet, daß es ein böses Ende nimmt mit diesem Hitler. Und ich hatte recht, nicht wahr?«

»In Spanien ist es sicher schön warm«, sagt Elsgard sehnsuchtsvoll.

Es ist der kalte Winter '46 auf '47, sie ersticken im Schnee, der Brunnen ist eingefroren, sie haben große Mühe, die Tiere zu tränken, das Haus ein wenig zu heizen.

»Mag sein«, sagt Renkow. »Was er dort wohl tun mag? Wovon leben sie?«

»Wenn er so ein gerissener Bursche ist, wie Sie sagen, Herr von Renkow, wird er wohl für Geld gesorgt haben.«

»Vielleicht kommt bald wieder ein Brief«, tröstet Els. »Und vielleicht reisen Sie selbst eines Tages nach Spanien, das wäre doch was.«

Es ist eine absurde Vorstellung, in der Welt und in der Zeit, in der sie leben, an eine Reise nach Spanien zu denken. Immerhin – die Familie Schwarz hat sie unternommen.

»Ich mache nur noch eine Reise, mein Kind«, sagt Max von Renkow. Dann streckt er die Arme aus. »Gib mir die Kleine.«

Cordelia, die neben Elsgard auf dem Sofa sitzt, wechselt auf seinen Schoß.

Sie schmiegt sich auch gleich zärtlich an ihn, wärmt seinen alten Körper, in dem das Blut nur noch langsam fließt.

Olga, die dicht neben dem kleinen Ofen sitzt, den sie mühsam mit Holz ein wenig heizen, betrachtet den alten Mann und das Kind. Sie weiß, wie gern er das kleine Mädchen hat. Sie kann sich nicht erinnern, daß er je seine Kinder, als sie noch klein waren, auf dem Schoß hatte. Auch nicht seine Enkelkinder, wenn sie auf dem Gut zu Besuch waren.

Sie beugt sich wieder über ihre Arbeit, alles ist alt und verbraucht, Neues gab es schon während des Krieges kaum zu kaufen, jetzt schon gar nicht. Sie flickt Jochens Hosen, soweit es an denen noch etwas zu flicken gibt. Es ist erstaunlich, Max von Renkow liebt dieses Kind. Cordelia ist freundlich und sanft, sie schreit nicht, sie weint selten, meist lächelt sie. Lächeln hat sie schnell gelernt, auch plappern kann sie schon ganz flüssig. Sie läuft gut, bewegt sich mit einer gewissen Anmut, gar nicht ungelenk und tappelig. Hat sie das von ihrer Mutter geerbt? Oder von wem sonst? Diese Gelenkigkeit, diese raschen Bewegungen?

Max von Renkow kennt die Wahrheit. Sie haben ihm schließlich erzählt, wie das Kind ins Haus kam. Auch Lügen werden mit der Zeit lästig. Und Elsgard konnte gerade ihn nicht belügen.

Sie hat mit Begeisterung von Constanze erzählt.

»Sie ist so schön.«

Das Kind hat dunkles Haar und dunkle, fast schwarze Augen.

»Vielleicht war es ein Kirgise«, hat Renkow duldsam gesagt. »Wie hat er denn ausgesehen?«

»Sie hat ihn nicht angesehen, und es war nicht nur einer«, antwortet Olga hart.

Sonst weiß kein Mensch auf dem Hof oder im Dorf, woher dieses Kind kommt. Obwohl jeder, der es sieht, sich wundern müßte, daß Jochen und Elsgard, die beide blond sind und helle Augen haben, seine Eltern sind. Doch was weiß man schon über die Vorfahren, auch in diesem Land lebt eine Mischbevölkerung, finden sich slawische Ahnen.

Auf jeden Fall ist es ein hübsches, liebreizendes Kind, der Bastard, den Constanze Meroth töten wollte.

Jochen allerdings sieht das Kind nicht an, er nennt es bei sich das Russenkind, doch als er das einmal ausspricht, fährt Elsgard wie eine Furie auf ihn los.

»Das darfst du nicht sagen! Ich verbiete es.«

»Stimmt es vielleicht nicht?«

»Es ist mein Kind.«

Jochen sieht sie schweigend an mit kalten Augen.

»Schließlich hast du es aus dem Wasser geholt.«

»Hätte ich es nur dringelassen. Mitsamt seiner Mutter.«

»Ich bin seine Mutter.«

Das Kind hat Elsgard verändert. Es ist viele Jahre her, daß sie ein Baby im Arm hielt, viele Jahre, daß sie ein junges Leben behüten, bewachen, versorgen konnte: seine Gesundheit, sein Weinen, sein Lachen, der erste Zahn, das erste Wort, die ersten Schritte. Die beiden Kinder, die sie geboren hat, sind tot. Gott hat ihr nun wieder ein Kind geschenkt, das sie vor dem Tod gerettet hat. Es ist mehr als nur ihr Kind, es ist eine Lebensaufgabe. So würde sie es nicht ausdrücken, aber so empfindet sie es.

Diese neue, unerwartete Aufgabe verändert nicht nur ihr Leben, es verändert ihr Wesen, sie wird trotzig, kämpferisch, vor allem gegen Jochen, der sich dem Kind verweigert. Es verändert ihr Zusammenleben, das immer harmonisch war. Sie ist herausfordernd, er kalt und abweisend, es findet keine Umarmung mehr zwischen ihnen statt.

Sie nimmt auch kaum Anteil an den Schwierigkeiten, mit denen sie fertig werden müssen. Die neuen Gesetze, die neuen Verordnungen, die Gründung der LPG, der Genossenschaft, die sie in eine Zwangsjacke einbindet, sie dürfen nicht mehr alleinverantwortlich sein für ihre Arbeit auf dem Hof. Wenn es neue Maschinen gibt, müssen sie die mit den anderen teilen, sie dürfen nicht mehr züchten, ihre Kühe kommen zu einem staatlichen Bullen, und schließlich wird ihnen der Hengst weggenommen.

Dolka bekommt wieder ein Fohlen, noch ehe es geboren wird, holt man Widukind aus seinem Stall. Er wird gewissermaßen verstaatlicht, darf nur im Rahmen der LPG zur Zucht verwendet werden. Jochens Zorn und Haß steigern sich ins Unermeßliche.

Er arbeitet mit verbissener Wut, arbeitet mehr denn je, die Anforderungen sind hoch, das Ablieferungssoll weitaus höher als im Krieg, zwar haben sie auf dem Land genug zu essen, doch in den Städten hungern die Menschen. Die Arbeit überfordert ihn, schließlich leistet er sie mit einem Arm, er bekommt, das ist im Sommer '48, eine Entzündung, kann den Arm kaum mehr bewegen. In der Klinik, wohin ihn der Arzt überweist, spricht man davon, daß man den Arm möglicherweise abnehmen müsse.

Er hat genügend Leute auf dem Hof, es sind zum Teil andere als im ersten Jahr nach dem Krieg. Der Direktor der LPG sieht sich die Entwicklung mit abwartender Gehässigkeit an.

»Es wird Zeit, daß wir dich enteignen, Genosse Lumin. Ich habe immer gesagt, der Hof gehört zum Gut, und du bist nicht mehr fähig, intensiv zu wirtschaften.«

Max von Renkow ist gestorben, Olga lebt noch mit ihnen, sie ist alt geworden, kann sich nur noch mühsam bewegen, und der Genosse Direktor meint, sie wäre am besten in einem Altersheim untergebracht. »Dann können wir ein tüchtiges junges Paar ins Haus setzen, das die Arbeit übernehmen kann.«

Die Welt hat sich wieder einmal verändert. Neue Gegnerschaft, ja Feindschaft ist entstanden. Es hat begonnen, was man im westlichen Teil der Erde ›Kalten Krieg‹ nennen wird. Die Partnerschaft der Sowjetunion mit den westlichen Staaten ist schnell zerbröckelt, zu groß sind die Gegensätze. Und zu töricht haben vor allem die Amerikaner gehandelt, als sie ihre Truppen zurückhielten und den Sowjets halb Europa, halb Deutschland auslieferten und sich auch nach dem Krieg noch aus Gebieten zurückzogen, die sie besetzt hatten. Nun ist die Feindschaft zwischen Ost und West offensichtlich geworden. Die Viersektorenstadt Berlin, bisher recht und schlecht von den Siegermächten verwaltet, wird nun endgültig geteilt. Rußland hat eine Blockade über die Stadt verhängt, sie bekommt keine Lebensmittel, kein Brennmaterial, keine Rohstoffe, die Menschen werden arbeitslos, sie hungern, sie frieren, als der Winter beginnt.

Anlaß dafür ist die neue Währung, die man in den drei westlichen Besatzungszonen eingeführt hat und die sich sehr bald als ungeheuer erfolgreich erweisen wird. Es beginnt ein atemberaubender wirtschaftlicher Aufstieg, der in wenigen Jahren zum sogenannten deutschen Wirtschaftswunder führen wird.

Wie groß war die Torheit der Amerikaner und Briten, das zertrümmerte Berlin preiszugeben, in der russischen Einflußsphäre liegenzulassen. Was konnte diese zerstörte Stadt, so hatten sie wohl gedacht, die einstige Hauptstadt des vernichteten Deutschen Reiches, noch bedeuten? Nichts. Für immer und alle Zeiten nichts.

Aber nun, gerade drei Jahre nach dem Ende des Krieges, nach der bedingungslosen Kapitulation Deutschlands, zeigt sich, welch ein Irrtum das war; ein Krieg war zu Ende, eine

Diktatur vernichtet, damit konnte man zufrieden den Sieg feiern. Wieso hatte man nicht bedacht, daß man eine andere, schon länger existierende Diktatur stark gemacht hatte?

Und nun geschah das Wunder, dem wohl die Historiker in hundert oder zweihundert Jahren genauso fassungslos gegenüberstehen werden, wie die Zeitgenossen es taten: Die Feinde von gestern werden Freunde. Die Zerstörer der zerstörten Stadt versuchen mit großer Mühe, hohen Kosten und unter Einsatz ihres Lebens den Menschen dieser Stadt zu helfen. Die Flugzeuge, die den Tod vom Himmel schickten, bringen Leben.

Es genügt nicht, um die Menschen in den westlichen Sektoren der Stadt satt zu machen, ihre Kinder am Leben zu erhalten, ihre Wohnungen zu heizen, ihre Fabriken arbeiten zu lassen. Aber es genügt, den Menschen Hoffnung und Mut zu geben. Und es genügt, und das ist eben das Wunder, eine neue Epoche, eine neue Zeit beginnen zu lassen. Keine friedliche Zeit, das ist wahr. Jahre und Jahrzehnte wird der kalte Krieg dauern, und stets wird er begleitet sein von der Angst, daß er sich zu einem neuen, weltweiten Krieg entwickeln wird. Er wird weiterhin Not und Flucht und Tod über die Menschen bringen, er wird Milliarden und aber Milliarden kosten, die sinnlos in bisher nicht vorstellbare Waffen gesteckt werden, er wird den Aufstieg, den Reichtum der einen fördern, die Armut und das Elend der anderen für Jahre und Jahrzehnte erhalten.

Ungerecht ging es von jeher auf dieser Erde zu. Einer lebt in Lübeck, der andere in Rostock, beides sind deutsche Städte, nicht allzuweit voneinander entfernt, doch nun ist eine Grenze dazwischen, eine gefährliche, eine todbringende Grenze. In München feiert man Fasching, in Köln Karneval, die ersten Fettbäuche brauchen eine Diät; in Leipzig, in Dresden, in Görlitz leben die Menschen mit geduckten Köpfen, sie werden überwacht, bespitzelt, sie flüstern, sie haben Angst, sie hungern. Breslau, die stolze Stadt an der Oder, ist eine gedemütigte Sklavin, die sich nie wieder befreien kann. Königsberg, die Stadt Kants am östlichen Meer, scheint überhaupt von dieser Erde verschwunden.

Hitlers Schuld? Gewiß.

Der Deutschen Schuld? Gewiß nicht.

Zwanzig Jahre hatte der letzte Krieg zurückgelegen, es lebten viele, die ihn erdulden mußten, die wußten, wie er ausgegangen war, was er verschuldet hatte, wie viele Menschen er getötet und verstümmelt hatte. Nie wieder Krieg, das war in den zwanziger, in den dreißiger Jahren immer wieder gesagt worden.

Auch dieser Führer, den sie sich teils aus Verblendung, teils aus Ahnungslosigkeit gewählt hatten, sagte es, wieder und wieder. Zweifellos hatte es genügend Menschen in Deutschland gegeben, die ihm mißtrauten, die ihn ablehnten, die ihn verabscheuten. Doch ehe es zur Abwehr, zur Tat kommen konnte, waren er und seine braune Horde zu stark, zu mächtig geworden, war auf leisem, aber raschem Weg eine Diktatur entstanden, der man sich nur durch Flucht aus dem Land entziehen konnte, solange es möglich war. Aber selbst die Juden, in erster Linie als Opfer gebrandmarkt, konnten sich oft zu dieser Flucht nicht entschließen.

Sie lebten seit langer Zeit als Deutsche in diesem Land, sie hatten als Soldaten, als Offiziere am vergangenen Krieg teilgenommen, sie waren zum großen Teil Träger der deutschen Kultur, sie liebten dieses Land, das ihre Heimat, ihr Vaterland war. Sie wollten nicht weg.

Der berühmte Satz, der am Anfang von Hitlers Regime überall die Runde machte: »So schlimm wird es schon nicht werden«, erwies sich als einer der tödlichen Irrtümer der Geschichte.

Hatten Menschen das nicht immer gedacht, gehofft, gewünscht? Trotz aller bitteren Erfahrung immer wieder und immer wieder gedacht, gehofft, gewünscht. Waren es nicht dieselben Hoffnungen, Wünsche und Gedanken gewesen im Jahr des Unheils 1917 in St. Petersburg, in Moskau, in Kiew? Im zwanzigsten Jahrhundert nach Christi Geburt, diesem herrlichen Jahrhundert des Fortschritts, der Technik, des wachsenden Wohlstands, war da überhaupt an Krieg, an Revolution zu denken?

Es geschah immer wieder das gleiche. Die Verzweiflung der Besiegten war ebensogroß wie die Torheit der Sieger.

Hatte nicht der blindwütige Haß der Franzosen den Keim gelegt zu neuem Unheil? Die Pariser Verträge, allgemein bekannt als Versailler Vertrag, hatten den Boden bereitet für Hitler.

Würden Völker je aus der Geschichte lernen?

Das Erstaunliche war: Sie hatten gelernt.

Was man angerichtet hatte bei den Konferenzen von Jalta und Potsdam, war nicht mehr zu revidieren. Doch der amerikanische Befehlshaber in Deutschland, General Lucius D. Clay, rettete die Berliner vor dem Verhungern und Berlin vor der tödlichen Umarmung der Sowjets.

Der von Haß und Rachegefühlen erfüllte Morgenthauplan verschwand sehr schnell von der Bühne, dafür trat der Marshallplan in Kraft, den George C. Marshall bereits 1946 an der Harvard-Universität verkündet hatte. Er sah weitgehende Hilfe für die Staaten Europas vor, nicht zuletzt für Deutschland.

Die Deutschen nutzten die gebotene Möglichkeit. Zu ihrem Glück hatten sie einen genialen Fachmann der Wirtschaft im eigenen Land, Ludwig Erhard, den Erfinder der sozialen Marktwirtschaft, zunächst Minister im bayerischen Landtag, dann Direktor der Wirtschaft in den Westzonen und schließlich Wirtschaftsminister der Bundesrepublik Deutschland, gegründet im Jahre 1949.

Berlin wurde weltweit ein Synonym für Freiheit. Jedenfalls ein Teil von Berlin.

Die Bundesrepublik ein demokratisches Land, ein bestaunenswertes Wunder an wirtschaftlichem Aufstieg.

In Mecklenburg hatte man keinen Anteil daran.

Eine Trennung, eine Teilung des deutschen Volkes war vollzogen, wurde Jahr für Jahr deutlicher und drückender. Das Wort Wiedervereinigung wurde geboren, jedoch nur in der Bundesrepublik ausgesprochen.

Das Ende vom Anfang

DER NÄCHSTE SCHLAG trifft die Lumins, als tatsächlich ein junges Paar auf den Hof eingewiesen wird, ausgestattet mit der Kompetenz zur Führung des landwirtschaftlichen Nebenbetriebs vom Gut, wie das jetzt heißt. Sie werden nicht im Gesindehaus untergebracht, sondern im Bauernhaus selbst. Elsgard muß die Küche mit ihnen teilen, das Badezimmer, die Fremden schlafen in Heiners Zimmer, Lumins bleiben ihr Schlafzimmer und die kleine Kammer, in der Olga mit Cordelia schläft, denn Jochen duldet das Kind nicht bei sich und Elsgard. Das gibt immer wieder Anlaß zu Auseinandersetzungen.

»Du siehst doch, daß man mich von hier vertreiben will. Also werde ich gehen, dann kannst du machen, was du willst«, sagt Jochen.

»Wo willst du eigentlich hin?« fragt sie aggressiv. »Über die grüne Grenze, nach dem Westen? Zu den Engländern? Die haben gerade auf dich gewartet.«

»Du meinst, weil ich ein Krüppel bin.«

»Jochen, hör damit auf«, fährt Olga dazwischen. »Du bist kein Krüppel. Es ist nur der Arm. Denk daran, was andere Männer in diesem Krieg erlitten haben. Du lebst, und du kannst arbeiten.«

Mit dem Arm geht es wieder besser, das ist wahr, und er versucht mit zusammengebissenen Zähnen die Behinderung zu verbergen.

»Lassen Sie man, Herr Lumin«, sagt der Neue, »ich mach das schon.«

Der Mann ist ganz umgänglich, er trumpft nicht auf, achtet Jochen als Bauern auf dem Hof. Die Frau hingegen kann bösartig sein. Sie möchte das Haus allein haben, sie legt sich mit Elsgard an, es geht um jeden Teller, um jeden Topf. Und Olga ist ihr sowieso ein Dorn im Auge.

»Was will die Alte eigentlich? Sie ist nur ein unnützer Esser.«

Das kann Elsgard nicht schweigend hinnehmen, es gibt Streit zwischen den Frauen, Olga sitzt mit unglücklichem

Gesicht in der Küche oder, wenn es warm ist, auf der Bank im Hof.

Die Neuen, sie heißen Käte und Willem, waren Knecht und Stallmagd auf einem Gut in Pommern, das jetzt hinter der neuen polnischen Grenze liegt.

»Bei den Polen wollten wir nicht bleiben«, sagt Käte, und ein giftiger Blick trifft Andreas, der ja Pole ist. »Soll'n doch die dort bleiben, die dort hingehören.«

Andreas läßt sich auf kein Gespräch mit ihr ein, er bewohnt eine kleine Kammer im Gesindehaus, ist für die Pferde zuständig. Daß Widukind aus dem Stall kam, hat auch ihn ins Herz getroffen.

Käte sagt auch: »Dafür ist die Bodenreform ja schließlich da. Dafür, daß wir hier angesiedelt werden. Dafür hat man die Junker enteignet, oder nicht?« Und: »Jeder kriegt jetzt sein eigenes Stück Land, so soll es sein.«

So ist es geplant: Sieben oder acht Hektar für jeden Neusiedler oder Vertriebenen. Doch davon kann man nicht leben, also braucht man die LPG, die Kolchosenwirtschaft wie in Rußland, die das Land zerstückelt und bei der sich keiner mehr verantwortlich fühlt.

Hier ist es anders, der Lumin-Hof gilt nun endgültig als Teil des Gutes, und Jochen hat nicht das kleinste Dokument in der Hand, mit dem er beweisen könnte, daß der Hof sein Eigentum ist. Wie auch? Als der Herr von Renkow, der Vater von Max, diesen abgelegenen Teil des Gutes als Vorwerk aufgab und verpachtete, weil es Ärger mit dem Pächter gegeben hatte, sagte er zu seinem Großknecht: »Jetzt übernimmst du die Sache mal, Lumin.«

So einfach ging das. Und war keineswegs hundert Jahre her, wie Olga kühn behauptet hatte, es war in den siebziger Jahren des vorigen Jahrhunderts erfolgt, und seitdem war das ehemalige Vorwerk eben der Lumin-Hof. Der Großvater hatte nichts bezahlt, es wurde nichts schriftlich festgehalten, aber für die Renkows und die Lumins und für alle, die rundherum lebten, war es ein klarer Fall gewesen und geblieben bis zum Ende des Krieges. Jetzt ist gar nichts mehr klar. Auch die Neuen können nicht damit rechnen, wenn es ihnen gelingen sollte, die Lumins zu vertreiben, den Hof als Ganzes behalten zu können.

Sie sind natürlich stramme Kommunisten oder tun jedenfalls so, sie gehen zu jeder Versammlung und preisen die Sowjetunion und Stalin im fernen Moskau.

Immerhin ist Willem ein tüchtiger Mann, versteht seine Arbeit, sie ist nicht anders als in seiner Heimat, Saat und Ernte verlaufen nach den gleichen Gesetzen. Aber die Stimmung im Haus ist gereizt, es ist ein unfreundliches Zusammenleben, es liegt vor allem an den Frauen.

Elsgard ist es nicht gewohnt, auf so engem Raum zu leben. Sie muß nun alles, die Wäsche, das Geschirr mit der neuen Frau teilen. Der einzige Raum, für eine Zeitlang tabu, ist das Wohnzimmer, das größte Zimmer im Haus, eingerichtet auf höchst feudale Weise: ein runder Tisch mit einer Hängelampe darüber, ein Sofa, schöne ledergepolsterte Stühle, ein richtiger Bücherschrank, in dem auch Bücher stehen, ein Büffet mit dem guten Porzellan und ein großer Lehnstuhl, alles Hochzeitsgeschenke für Elsgard vom Gut.

Hier, an dem runden Tisch, haben sie mit Constanze gesessen und zu Abend gegessen. Nun betritt Elsgard das Zimmer nicht mehr, sie essen in der Küche. Da traut sich auch Käte lange Zeit nicht hinein, bis Elsgard sie eines Tages dort antrifft, breit hingefläzt in den Lehnstuhl. Wie sie Jochen gegenüber später berichtet, ohne was zu tun, als so dazusitzen und Elsgard mit unbewegtem Gesicht entgegenzusehen.

Elsgard wirft sie hinaus, mit lauten, bösen Worten, Käte schreit zurück, sie habe genauso ein Recht, in diesem Zimmer zu sitzen.

»Hier sitzt keiner. Auch wir nicht. Das Zimmer gehört Herrn von Renkow.«

Käte tippt sich an die Stirn. Daß Max von Renkow tot ist, weiß sie schließlich.

»Kommt er vielleicht als Gespenst hierher, wat?«

Der Kampf um das Wohnzimmer zieht sich lange hin. Elsgard findet sogar den Schlüssel und schließt die Tür ab.

Jochen schweigt dazu.

Wenn man bedenkt, was hinter ihnen liegt, eine Diktatur,

ein Krieg, der sechs Jahre lang dauerte, eine vernichtende Niederlage, millionenfacher Tod, unbeschreibliches Leid, und wenn man bedenkt, was sie nun haben, eine andere Diktatur, Hunger, Elend und Not und ein Land, das in Trümmern liegt, kann man es lächerlich finden. Aber für Elsgard wird es zu einer Lebensfrage. Es ist ein Kampf, genauso einer wie der, den sie gegen Jochen um das Kind führt. Und für Käte soll es die Bestätigung sein, daß sie hierhergehört, auf diesen Hof, in dieses Haus und erst recht in dieses Zimmer.

Das Kind wird immer wieder zu einer hilfreichen Vermittlerin. Cordelia ist drei, dann vier Jahre alt, auch Käte kann sich ihrem Zauber nicht entziehen. Sie hat selbst noch kein Kind geboren, und sie möchte das Kind von diesen Leuten, das Kind der hochmütigen Elsgard nicht gern haben. Aber es fällt schwer, Cordelia zu widerstehen, ihrer Anmut, ihrer tänzerischen Beweglichkeit, ihrem Lächeln, das so sehr an Constanzes Lächeln erinnert, und ihren angstvollen Augen, wenn sie laute, unfreundliche Worte hört.

»Na, laß man, Lütte«, sagt Käte. »Da, nimm dat!«

Sie hat Kuchen gebacken, steckt Cordelia ein Stück in die Hand. Nicht, daß Cordelia der Kuchen schmeckt, sie ist eine mäklige Esserin, wie Olga es nennt, sie ißt nur wenig und nur das, was ihr schmeckt, und Elsgards Kuchen ist nun mal besser. Aber sie sagt artig danke, beißt ein kleines Stück von dem Kuchen ab, geht hinaus und verfüttert den Rest an Theo. Der führt auch ein klägliches Dasein, die Neuen haben einen Hund mitgebracht, einen großen schwarzen Mischling, der Theo eben gerade duldet, auf dem Hof und in Olgas Kammer. In die Küche darf der Kleine nicht mehr, dann knurrt der Große warnend.

Und dann kommt eine Nachricht für Max von Renkow, die ihn nicht mehr erreichen kann. Hinnerk bringt sie, es ist ein heller Frühlingsabend, als er überraschend auftaucht, einen schmutzigen Wisch aus der Tasche zieht.

Die Lumins sind allein, Käte und Willem sind in Waren bei irgendeiner Parteiversammlung. Jochen weigert sich nach wie vor, daran teilzunehmen. Es schadet ihm, das weiß er, genauso wie er weiß, daß es wenig nutzen würde, sich zu den anderen in den Saal des sogenannten Parteihauses zu setzen. Der gleiche Raum, in dem Giercke früher seine dummen Reden hielt.

»Man schade, daß der alte Herr nichts mehr davon gehört hat«, sagt Hinnerk.

Olga ist anderer Meinung.

»Es ist gut, daß ihm dieser Kummer erspart geblieben ist. Der Tod kann ein besserer Freund sein.« Und als Elsgard und Jochen betroffen schweigen, fügt sie hinzu: »Als solch eine elende Art von Leben. Wenn man es denn Leben nennen will.«

Sie erfahren, daß Alexander von Renkow am Leben ist und sich in russischer Kriegsgefangenschaft befindet. Es kann nicht die erste Nachricht von ihm sein, Olga studiert die Zeilen noch einmal genau, daraus ergibt sich, daß er schon vorher geschrieben haben muß. Es gehe ihm soweit ganz erträglich, schreibt er. Und am Schluß heißt es: »Bleib gesund, Vater. Wir werden uns wiedersehen.«

Die Amerikaner und Briten haben längst alle Kriegsgefangenen entlassen, abgesehen von denen, die man zur Arbeit nach Frankreich verpflichtet hat. Die Russen denken offenbar nicht daran, ihre Gefangenen heimkehren zu lassen.

Olga gibt Jochen den Zettel wieder.

»Das war das vorige Mal auch so«, erinnert sie sich. »Sie kamen lange aus Sibirien nicht zurück. Die meisten gar nicht. Da hat ihre großartige Revolution nichts daran geändert. Kann sich unsereiner vorstellen, was Sibirien ist? Kann er nicht.« Und zu Elsgard: »Schließ mal auf.«

Elsgard nimmt den Schlüssel aus der Schürzentasche, sie trägt ihn bei sich, nachts hat sie ihn unter dem Kopfkissen, und schließt die Tür zum Wohnzimmer auf.

Sie gehen hinein, Olga holt den alten Atlas aus dem Bücherschrank, er stammt noch aus der Jugend der Renkow-Kinder. Sie schlägt die große Weltkarte auf, legt eine Fingerspitze auf einen winzigen Punkt.

»Das sind wir. Das ist Deutschland. Das heißt, das waren wir früher. Nach dem ersten Krieg hat man uns einige Stükke weggenommen und nach diesem noch ein Stück. Und das hier«, sie nimmt drei Finger zu Hilfe, »ist Europa. Aber alles, was dahinter kommt«, und nun braucht sie beide Hände, und die reichen nicht, »ist Rußland. Oder die Sowjetunion, wie das heute heißt. Und hier«, sie rückt die Hände weiter, »das ist Sibirien. Kann man sich wirklich nicht vorstellen. Sogar Amerika ist nur ein Klacks dagegen. Wir werden uns wiedersehen, schreibt er. Ach Gott, der arme Junge!«

Olga beginnt zu weinen. Das hat noch keiner bei ihr erlebt. Sie weint bitterlich in Gedanken an Alexander, der zwei Jahre alt war, als sie aufs Gut kam. Fritz war fünf, die beiden Mädchen noch nicht geboren. Die Kinder vom Gut waren ihre Kinder. Bisher haben sie gedacht, Alexander sei tot wie sein Bruder, der im Sand der Cytenaika begraben liegt. Und der Tod wäre vermutlich ein besserer Freund, leichter zu ertragen als die Qual der Gefangenschaft in Sibirien. Nun weint auch Elsgard; und das Kind, als es die Tränen sieht, beginnt in angstvollem Nichtverstehen mit zu weinen.

Jochen steht da, den Fetzen Papier in der Hand, Hinnerk steht an der Tür, sogar seine Augen sind feucht, keine Spur von Bosheit mehr in seinem Gesicht, die haben die letzten Jahre ihm ausgetrieben.

Jochen blickt von einem zum anderen, dann beugt er sich zu Cordelia, hebt sie hoch.

»Nu weine man nicht, Deern. Du doch nicht.«

Es ist das erstemal, daß er das Kind anspricht, daß er es auf dem Arm hält. Cordelia schlingt auch sofort getröstet die Arme um seinen Hals, schmiegt ihr Gesicht an seine Wange.

Jochen schluckt. Hält das Kind fest an sich gepreßt.

Alexander! Er ist zwei Jahre jünger, der Sohn vom Gut Renkow, sie waren Freunde.

Olga wischt sich die Tränen aus dem Gesicht, putzt sich die Nase und registriert sofort das ungewohnte Bild: Jochen hat Cordelia auf dem Arm. Der gequälte, elende Gefangene im fernen Sibirien hat das bewirkt, der arme gepeinigte Mann, der vielleicht längst nicht mehr am Leben ist.

Wie immer fängt sie sich rasch, sie war seit je ein Mensch, der sich in jeder Situation beherrschen konnte. »Hört auf zu heulen«, sagt sie laut. »Das hilft keinem. Wir werden uns wiedersehen, schreibt er. Seinen Vater nicht. Und mich vermutlich auch nicht. Aber euch vielleicht.«

»Und wenn er wirklich kommt«, sagt Jochen. »Was ist dann?«

»Da ist er genauso ein Junker wie sein Vater und genauso enteignet. Wenn sie ihn entlassen, sollte er am besten gleich in den Westen gehen.«

»Ja«, sagt Jochen entschieden, immer noch das Kind auf dem Arm. Und ich gehe auch, das denkt er wieder einmal. Ich gehe, morgen oder übermorgen. Wenn ich nur zwei gesunde Arme hätte …

Er denkt es nun schon seit Jahren, aber vom Denken zum Entschluß ist ein weiter Weg, zwischen Wünschen und Wollen bis zur Tat liegt eine Wüste, ein Meer, eine Welt.

So gut wie enteignet ist auch er, eigentlich nur noch ein Knecht auf seinem Hof. Seit sie ihm den Hengst weggenommen haben, ist er entschlossen zu gehen.

Er und Elsgard würden schon durchkommen, aber nun haben sie noch das Kind. So hat er bisher gedacht. Doch heute kommt ein neuer Gedanke dazu: Sie soll hier nicht aufwachsen, in dieser Finsternis, in dieser Lüge, in dieser Bedrohung.

Sie wissen kaum, wie es da drüben aussieht, im eigenen Land, das nur wenige Stunden von ihnen entfernt liegt. Es ist nicht Sibirien, es ist nur gerade so groß wie die Fingerspitze von Olga. Es ist Deutschland, hier wie dort. Was in ihrer Zeitung steht, was in ihrem Radio zu hören ist, muß man nicht glauben, das war schließlich schon vorher so. Aber man trifft immer mal wieder einen, der drüben war. So einen wie den Landmaschinenhändler Grube zum Beispiel. Der ist alle naslang in Berlin, in Lübeck, und sogar in Hamburg war er schon. Da könne man nur staunen, erzählt er, was die schon alles wieder haben. Sie haben eine Regierung mit einem Bundeskanzler, der Adenauer heißt, und eine Demokratie ist das auch. Und das neue Geld funktioniert ganz großartig, man kann in jeden Laden gehen und kaufen, was man will. Das erzählt Grube, und man muß es ihm glauben, wenn man seine Stiefel sieht und seinen neuen Anzug. Und neulich, Jochen traf ihn im Dorf, wo die LPG um die Anschaffung neuer Maschinen verhandelte, hat Grube ihm zugeflüstert, daß er eines Tages nicht zurückkommen würde, ganz bestimmt nicht. »Mir tun sie ja nichts, mich brauchen sie ja. Woher wollen sie denn in ihrem maroden Laden eine neue Mähmaschine bekommen, wenn nicht von mir? Und woher soll ich sie bekommen, wenn nicht von drüben? Die Russen haben ja alles mitgenommen, was nicht niet- und nagelfest war, nicht nur die Maschinen, Gott bewahre, jede Axt und jede Lampenschnur. Die Herren Offiziere auf Groß-Landeck in ihren feinen Uniformen haben das großzügig übersehen. Und du kannst man froh sein, daß der Herr Direktor sich auf dem Gut niedergelassen hat und höllisch aufpaßt. Du gehörst zum Gut, und drum habt ihr noch einen Melkeimer im Haus. So ist das nämlich. Du kannst dich gar nicht beklagen.«

»Mir gehört ja nichts mehr«, hatte Jochen geantwortet.

»Niemand gehört mehr was. Die werden schon merken, was sie damit anrichten. Menschen, denen nichts gehört, die arbeiten auch nicht für das Nichts. In Berlin sieht es noch ein bißchen anders aus. Viele Ostberliner gehn nach Westberlin arbeiten. Grenzgänger nennt man die. Die kassieren Westgeld. Und wenn es einem nicht mehr paßt, dann bleibt er drüben.«

»Und was macht er da?«

»Er arbeitet schwarz. Arbeitslose gibt es natürlich viele. Und wenn man die Schwarzarbeiter erwischt, werden sie ausgeflogen.«

»Und dann?«

»Kommt drauf an, wie schlau einer ist. Und was er kann. Kannste dich an Johann erinnern?«

»Johann, den Schmied?«

»Der. Er hat mir neulich geschrieben. Weißte, wo der ist? In Frankfurt am Main. Das ist die amerikanische Zone. Der hat jetzt eine Autowerkstatt. Autos kriegen die nämlich wieder. Drüben. Sind ja meist alte Karren, noch aus der Vorkriegszeit. Die sind oft ziemlich schlapp. Johann repariert sie, macht sie wie neu. Das konnte der schon immer gut. Wenn ich hier abhaue, dann geh ich erst mal zu dem. Der wird schon wissen, wie man es macht.«

»Und wann willst du gehn?«

»Weiß ich noch nicht. Sie brauchen mich ja hier. Aber soll mir bloß mal einer dumm kommen, schon bin ich weg. Hat mich der Direktor neulich gefragt, ob ich nicht in die Partei eintreten will. In was für 'ne Partei, habe ich ganz dämlich gefragt. Hättste mal sehen sollen, wie der mich angeblitzt hat.«

Jochen setzt Cordelia vorsichtig auf das Sofa, blickt um sich wie erwachend. Olga hat inzwischen Theo geholt, der winselnd vor der Haustür saß. Der Große steht unter der Küchentür und knurrt.

Olga streicht ihm über den Kopf.

»Schon gut, Schwarzer. Genügt es nicht, wenn die Menschen so böse miteinander umgehen?«

»Willste 'nen Schnaps, Hinnerk?« fragt Jochen.

Hinnerk nickt.

Das ist das einzige, was sie ausreichend im Haus haben, dafür sorgt schon der Herr Direktor, der Vorsitzende der LPG. Schnaps wird im Land gebrannt und großzügig verteilt. Auch Wodka haben sie schon bekommen, der kommt von den Russen.

Sie trinken alle vier ihren Schnaps, Theo sitzt neben Cordelia auf dem Sofa. Wenn Hinnerk gegangen ist, wird Elsgard das Wohnzimmer wieder abschließen.

Eines Tages wird es Käte doch gehören.

Es wird noch Jahre dauern, bis sie gehen, quälende Jahre. Die Atmosphäre auf dem Hof wird nicht besser, eher schlimmer, denn Willem, von Käte, von der Partei aufgehetzt, ist schließlich eingetreten, ist nun ein Genosse, spielt sich als Chef auf und behandelt Jochen oft ruppig.

Sie sprechen immer wieder davon, was sie machen werden, wie sie es machen werden, sie sprechen nur, wenn sie allein sind, und auch dann flüstern sie nur. Cordelia darf ebenfalls nichts hören, denn sie würde nicht verstehen, was sie aufschnappt, und könnte in aller Harmlosigkeit davon reden.

Geredet wird sowieso hier und da, denn hier und da ist plötzlich einer verschwunden, oft eine ganze Familie, im Dorf, in Waren, meist sind es junge Leute, die hinüber wollen in den goldenen Westen.

»Wenn man jung ist und arbeiten kann«, sagt Jochen und versucht die linke Faust zu ballen. Das übt er immer wieder.

Einmal fährt Olga nach Schwerin, sie hat Bekannte da, Freunde von Fritz und Alexander.

Sie kommt zurück und berichtet: »Sie sind weg. Schon seit einem halben Jahr.«

»Und wo sind sie hin?« fragt Elsgard.

»Keine Ahnung. Ich habe in dem Laden gefragt, wo sie immer eingekauft haben. Aber da sind nun auch andere Leute, die wußten nichts. Oder haben es mir nicht gesagt.«

Von nächtlicher Flucht über die grüne Grenze wird gemunkelt, aber Olga sagt eines Tages: »Das ist nichts für uns. Man muß nach Berlin.«

Nach Ostberlin kann man reisen, wenn man das Geld dafür hat.

»Und dann?« fragt Elsgard.

»Mit der S-Bahn in den Westen. So machen es viele.«

»Und wenn man geschnappt wird?«

»Die S-Bahn fährt ununterbrochen. Man kann nicht alle kontrollieren, die da drin sitzen.«

Olga kennt Berlin. Sie hat Inga während des Krieges einige Male besucht, hat im Gegensatz zu Ingas Vater und den Brüdern bei der Familie Schwarz gewohnt, Berthold hat sie kaum zu Gesicht bekommen, er war in Spanien, später in Prag, doch Inga hat sich immer sehr gefreut, wenn Olga kam, hat ihr Berlin gezeigt, den Kurfürstendamm, oder ist Unter den Linden mit ihr spazierengegangen.

»Das Schloß ist so schön«, erinnert sich Olga. »Und das Denkmal vom Großen Kurfürsten.«

Ulbricht hat das Schloß inzwischen sprengen lassen, aber das wissen sie nicht.

»Und sie hat ganz großartig da gewohnt, draußen im Grunewald. Dort ist sie auch immer mit ihrem Pferd spazierengeritten.«

Von Inga ist keine Nachricht mehr gekommen, weder aus Spanien noch von sonstwoher.

»Sie könnte doch wenigstens mal schreiben«, sagt Olga.

»Wer weiß, ob Post aus dem Ausland uns erreicht. Sie lassen das sicher nicht herein«, sagt Jochen.

Das letztemal war Olga im Jahr '42 in Berlin, da gab es zwar Luftangriffe, aber Inga hat nur gelacht.

»Berlin ist groß. Und hier draußen bei uns passiert bestimmt nichts. Mit denen werden wir schon fertig.«

Aber nun denkt Olga an Rosmarie, Ingas Freundin aus dem Pensionat. Die wohnte in Dahlem, in einem schönen Haus, eine alte Villa mit einem großen Garten.

Die Frage ist, ob Rosmarie noch lebt, ob das Haus noch steht, es ist viele Jahre her, daß Olga dort einmal zu Besuch war, und die allerschwierigste Frage ist, wie man diesen Brief am besten auf den Weg bringt. Sie wird ihn nicht im Dorf aufgeben, muß wieder einmal nach Schwerin fahren.

Es ist ein knapper, sachlicher Brief, sie wolle bloß einmal hören, wie es so gehe und was die Kinder machen. Die Schwierigkeit besteht darin, welche Adresse sie selbst angeben soll. Es wird keine Antwort kommen, aber wenn eine käme, könnte der Brief nicht auf dem Lumin-Hof abgeliefert werden.

»Wir leben wie in einem Gefängnis«, sagt Olga erbost, als sie den Brief abgefaßt hat und über die Adresse nachgrübelt.

Aber Olga wäre nicht Olga, wenn ihr nicht etwas einfiele. Da ist ein Junge, der bei ihrem Vater in die Schule ging, in die gleiche Klasse wie sie, also muß er heute so alt sein wie sie. Den Weltkrieg hat er überlebt, sie hat ihn später manchmal getroffen, er war bei einer Bank angestellt. Jetzt wird er wohl pensioniert sein. Falls er noch lebt. Und falls die Adresse stimmt.

Es ist alles nicht so leicht zu bewerkstelligen. Ein Auto haben sie nicht, die Pferde werden selten eingespannt, schon gar nicht während der Ernte. Aber nun ist es Oktober, und Olga sagt zu Willem: »Ich muß zum Arzt nach Waren. Nehmen Sie mich mal mit?«

»Klar doch«, sagt Willem. »Wenn ich das nächstemal rein-fahre.«

Den Jugendfreund gibt es noch, und er lacht nur, als Olga ihn fragt, ob es ihm sehr unangenehm wäre, wenn er einen Brief aus Berlin erhielte.

»Mir doch nicht. Mir können sie nichts mehr tun. Ich war kein Nazi, und jetzt bin ich noch auf meine alten Tage in die SED eingetreten.«

»Wirklich?«

»Na, warum nicht? Ich sitze in der Rechnungsabteilung der Partei, rechnen kann ich noch immer gut. Kann nicht jeder.«

Olga betrachtet ihn mißtrauisch.

»Man muß mit den Wölfen heulen. Damals – das wird nicht lange dauern, hat unser Pastor gesagt. Aber jetzt – weißt du, das bleibt eine Weile so, jedenfalls solange ich lebe. Soll es mir deswegen schlechtgehen?«

Der Pastor ist tot, einen neuen gibt es nicht. Neu ist die zweite Frau des Jugendfreunds, die erste ist gestorben.

Sie lädt Olga zum Kaffee ein, Muckefuck natürlich, und fragt: »Wen haben Sie denn in Berlin?«

»Ach, eine alte Freundin. Ich möchte bloß mal hören, wie es ihr geht.«

Jetzt könnten der Jugendfreund und seine zweite Frau fra-gen, warum Olga den Brief nicht an ihre Adresse schicken läßt, aber sie fragen nicht. Manche Fragen sind unnötig, weil man die Antwort gar nicht hören will.

Olga geht auch wirklich noch zu einem Arzt, es ist ein neuer, den sie nicht kennt, sie bekommt ein paar Pillen für ihr Rheuma und den guten Rat, die Beine zu schonen.

Dann fährt sie mit Willem in der Kutsche mit den beiden Braunen zurück, die Kutsche ist klapprig, die Braunen trot-ten müde dahin, es ist eine lange Fahrt, es ist schon ziemlich kühl, der Wind bläst durch die Plane, und Olga erkältet sich. Ziemlich schwer sogar, es ist eine ausgewachsene Grippe, so daß sogar Willem nach ein paar Tagen fragt: »Soll ich den Doktor holen?«

»Nicht nötig«, sagt Olga heiser, »sterben kann ich auch al-lein.«

Sie stirbt nicht, erholt sich langsam, und bereits eine Woche später kommt ein Volkswagen mit dem Jugendfreund auf den Hof gerollt und bringt die Antwort aus Berlin.

Von Rosmarie Helten.

Sie lebt, es geht ihr gut, den Kindern auch, und sie würde sich freuen, Olga wiederzusehen. Besuchen Sie uns doch, schreibt sie.

Das ist der Anfang vom Ende, oder der Anfang eines neuen Anfangs, wie man es nennen will, Elsgard und Jochen haben nichts mehr zu melden, Olga nimmt die Sache in die Hand.

Sie liegt auf dem Sofa im Wohnzimmer, Theo auf dem Schoß, noch etwas schwach, aber voller Tatendrang.

Das Wohnzimmer ist inzwischen aufgesperrt, Käte ist hochschwanger und hat den Schlüssel von Elsgard gefordert. Im Dezember wird sie ihr Kind bekommen, einen Sohn, und fortan wird der Korb mit dem Baby im Wohnzimmer stehen.

Doch vorher sind sie eine Weile ungestört, Käte bekommt das Kind nicht im Haus, sondern in der Klinik in Schwerin.

»So wie Sie«, hat sie zu Elsgard gesagt, »einfach ein Kind im Haus zu bekommen, also, das ist voriges Jahrhundert.«

Die kurze Woche, in der Käte nicht im Haus ist, genießen alle, auch Willem. Sie sitzen abends zusammen, besprechen die Auflagen für das kommende Jahr.

»Wir müssen das Soll erfüllen«, sagt Willem eifrig. »Wir müssen es übertreffen. Aber wir brauchen neue Pferde.«

»Wir haben doch neue Maschinen«, erwidert Jochen unlustig.

Die Pferde, das ist ein ewiger Streitpunkt. Daß Elsgard nach wie vor, wenn sie Zeit hat, mit Dolka ausreitet, erbost Käte nun seit Jahren. »Wo gibt es denn so was! Eine Bauersfrau, die spazierenreitet. Das haben die Junker getan.«

»Ich habe es immer getan«, erwidert Elsgard kühl.

»Na, Sie sind ja auch bei den Junkern aufgewachsen.«

Willem hat Dolka bei der Ernte angespannt, seitdem lahmt sie. Dolkas erstes Fohlen, der kleine Hengst, ist längst abgeholt worden. Das zweite ist ein Stutfohlen, ein zierliches Tier, bestimmt nicht zur Feldarbeit zu gebrauchen.

Dojana ist Cordelias ganzes Glück. Sie sitzt bei dem Pferd

in der Box, sie tollt mit ihm auf der Koppel herum, sie umschlingt mit beiden Armen seinen goldfarbenen Hals und lacht, wenn das junge Pferd sich freischüttelt und sie im Gras landet.

»Später kannst du sie reiten«, sagt Jochen und lacht.

»Ja, o ja!« ruft Cordelia.

Jochen lacht eigentlich nur noch, wenn er mit Cordelia zusammen ist. Zwischen den beiden hat sich eine Zuneigung entwickelt, die Elsgard eifersüchtig macht. Jahrelang hat er das Kind nicht angesehen, und nun ist es nur noch dort zu finden, wo Jochen ist. Vati nennt sie ihn und wird nie erfahren, daß er nicht ihr Vater ist.

Auf einem Pferd hat Cordelia schon gesessen, Elsgard hat sie manchmal auf Dolka reiten lassen. Aber nun, weil Dolka lahmt, kann sie nur noch geführt werden.

»Dann müssen wir sie eben schlachten lassen«, sagt Willem einmal ganz harmlos, und Cordelia fährt ihm mit beiden Händen ins Gesicht, ihre Nägel sind hart wie Krallen.

»Nein, nein!« schreit sie.

Willem hält ihre Hände fest. »So ist das nun mal. Ein nutzloses Tier kann man nicht gebrauchen.«

»Muß man denn alles nur gebrauchen können?« fragt Cordelia am Abend. Sie sitzen in der Küche, sie hat ihr Essen nicht angerührt.

Sie ist sechs. Im nächsten Jahr kommt sie in die Schule.

Olga betrachtet sie nachdenklich.

»Ja«, sagt sie, »Menschen und Tiere. Sie werden gebraucht und verbraucht. Auf dem Land ist es so. Und es ist auch wieder nicht so. Es kommt darauf an ...« Olga schweigt.

Ist sie gebraucht und verbraucht worden? Nein, sie kann es so nicht sehen. Im nächsten Jahr wird sie siebzig. Zeit zum Sterben.

Aber da ist noch viel für sie zu tun. Wenn keiner ein besseres Leben haben soll, dann soll es dieses Kind haben, das sie mit zur Welt gebracht hat. Inga lebt, und vielleicht geht es ihr gut. Fritz ist tot. Alexander lebt. Und vielleicht kommt er eines Tages wieder, vielleicht nicht.

Wenn ich in Berlin bin, werde ich schreiben. Nach Sibirien. Von Berlin aus kann man vielleicht nach Sibirien schreiben. Vielleicht. Das ganze Leben ist ein einziges Vielleicht.

»Willst du nicht doch etwas essen?« fragt sie sanft. Cordelia zieht die Mundwinkel herunter, und Olga sagt: »Mir zuliebe.«

»Ja, ich weiß schon«, antwortet Cordelia widerborstig. »Ein Löffelchen für Vati, ein Löffelchen für Mutti. Und ein Löffelchen für dich.«

»So ist es«, sagt Olga. Und Cordelia nimmt unlustig den Löffel.

Im Januar, mitten in der größten Kälte, macht sich Olga auf den Weg nach Berlin.

»Du bist verrückt«, sagt Jochen.

»Vielleicht«, antwortet Olga.

Es geht ganz leicht, sie fährt mit der S-Bahn nach dem Westen, sie hat sich sehr ordentlich angezogen, ihren Pelzmantel, einen braunen Biber, den Max von Renkow ihr mal zu Weihnachten geschenkt hat. Sie hat ihn kaum getragen, er ist wie neu. Dazu trägt sie ein fesches kleines Hütchen. Eine distinguierte alte Dame, von der kein Mensch etwas will. Außerdem geht sie an ihrem Stock. Sie denkt, das macht sich gut.

Das Haus in Dahlem steht unversehrt, es ist gemütlich eingerichtet, Rosmaries Schwiegereltern wohnen jetzt da, er war Bankdirektor in Neuruppin, bei den Kommunisten wollte er selbstverständlich nicht bleiben, und er ist, Währungsreform oder nicht, vermögend, es geht Rosmarie und den Kindern nicht schlecht. Der Sohn und die Tochter, fünfzehn und zwölf Jahre alt, sind nette, wohlerzogene Kinder. Olga wird von allen freundlich begrüßt, bekommt Abendessen, denn es ist Abend, bis sie ankommt, es ist dunkel und kalt draußen, das Haus ist warm geheizt, und ein Zimmer für Olga ist auch da.

Das einzig Traurige in diesem Haus: Albert Helten, Rosmaries Mann, lebt nicht mehr. Er ist ganz zu Ende des Krieges noch gefallen, bei den Straßenkämpfen in Berlin.

»Es ist ein Wunder, daß wir es überhaupt erfahren haben«, sagt Rosmarie. »Es sind viele in den Straßen von Berlin umgekommen, von denen man nie erfahren hat, was aus ihnen geworden ist.«

Rosmaries Mann war Anwalt, er war Ende Vierzig, als der Krieg begann, man hat ihn zunächst nicht eingezogen, aber am Ende dann doch, zum Volkssturm.

»Ich hätte nicht gewußt, was aus ihm geworden ist«, wiederholt Rosmarie. »Aber unser Nachbar, der war bei ihm, von ihm habe ich es erfahren.«

Sie erzählt es erst, nachdem Olga gegessen hat. Denn Olga war durchfroren, müde und hungrig, als sie ankam.

»Ich wollte Ihnen den Appetit nicht verderben«, sagt sie und küßt Olga auf die Wange. »Schön, daß Sie da sind, Frau Petersen. Es ist ein Gruß aus der Heimat.«

Rosmarie war manchmal in den Ferien auf dem Gut, ein hübsches, lebhaftes Mädchen, das allerdings nie dazu zu bringen war, sich auf ein Pferd zu setzen, obwohl Inga es immer wieder versuchte. Olga erinnert sich gut daran.

Rosmarie lacht. »Dafür reitet meine Tochter heute mit großer Begeisterung. In dem Stückchen Grunewald, das uns geblieben ist.«

Sie ist genauso lebendig wie damals, sieht auch noch gut aus, läßt keine trübe Stimmung aufkommen.

Nur eine Bemerkung macht sie noch: »Mein Mann war ein leidenschaftlicher Gegner der Nazis. Es ist so ungerecht, Berthold Schwarz lebt. Sie sind in Argentinien.«

»In Argentinien?«

»Ja, in irgendeinem Ort da, ich kann mir den Namen nicht merken. Ist ja auch egal.«

»Inga hat Ihnen also geschrieben?«

»Ja. Aber ich habe nicht geantwortet. Es ist so ungerecht.«

»Ja«, sagt Olga. »Ungerechtigkeit ist wohl die einzige Sicherheit, die Menschen auf dieser Erde haben.«

Der ehemalige Bankdirektor nickt. Albert war sein einziger Sohn. »Ich nehme an, Sie wollen im Westen bleiben, Frau Petersen«, sagt er.

»Für diesmal nicht. Es ist gewissermaßen eine Probefahrt.«

Sie erzählt von Elsgard, die Rosmarie ja kennt, von Jochen

und vom Lumin-Hof. Und von Cordelia, Elsgards und Jochens Tochter. Diese Lüge muß bleiben.

»Sie müssen weg. Und sie wollen weg. Es ist nur schwer, diesen Entschluß zu fassen. Jochen hängt an seinem Land, nur – es gehört ihm nicht mehr. Und sie machen ihm das Leben schwer. Cordelia kommt bald in die Schule. Im Dorf gibt es keine Schule mehr, sie muß nach Waren. Man kann sie nicht hinfahren. Es gibt zwar einen Bus, aber der fährt nur vom Dorf ab. Es wurde uns schon nahegelegt, sie in Waren unterzubringen, es gibt da ein Landschulheim, natürlich streng von Genossen geleitet. Dann ist ihr Leben vorbestimmt.«

»Wenn Sie alle herüberkommen wollen«, sagt der Bankdirektor Helten, »dann müssen Sie getrennt reisen. Ich kenne diese Fälle. Eine Familie erregt immer Argwohn bei den S-Bahnkontrollen.«

»Ich werde wohl nicht mitkommen«, sagt Olga.

»Klar werden Sie das!« ruft Rosmarie energisch. »Wollen Sie allein dort zurückbleiben?«

»Ich bin alt.«

»Sie sehen großartig aus, Frau Petersen.«

Olga seufzt und bewegt ihre Knie, die weh tun nach dem langen, kalten Tag.

»Meine Beine«, sagt sie, »ich habe Rheuma, ich kann nur noch mühsam laufen.«

»Das ist kein Problem«, sagt Rosmarie. »Wir werden Sie zur Kur schicken. Nicht, Papi?«

»Das werden wir«, sagt Herr Helten. »Wir sind hier in Berlin auf einer verlassenen Insel. Keiner von uns weiß, wie lange das gutgehen wird. Aber Sie werden nach München fliegen und dann nach Badgastein zur Kur fahren. Wir waren da früher schon ein paarmal, meine Frau und ich. Es wird Ihnen gefallen. Vielleicht kommen wir sogar mit.«

Olga ist gerührt. Ein Flug nach München, eine Kur in Österreich. Das ist wie ein Märchen.

Aber noch ist harte Wirklichkeit.

»Natürlich kann die Familie Lumin nicht in Berlin bleiben«, sagt Herr Helten. »Als Flüchtlinge aus der Sowjetischen Zone müssen sie in das Lager Marienfelde. Und dann werden sie ausgeflogen.«

»Wohin?« fragt Olga verzagt.

»Das wird sich finden. Das Leben in der Bundesrepublik ist schon ganz geordnet. Was sie an Unterstützung finden«, er hebt die Schultern, »das weiß ich nicht. Aber sie können arbeiten, sie sind ja noch nicht alt.«

Olga denkt an Jochens Arm, doch sie spricht nicht davon. Es wird sich finden. Erst einmal müssen sie hier sein, im Westen.

»Es ist auch wegen Alexander«, sagt sie.

»Alexander?« fragt Rosmarie. »Sprechen Sie von Alexander von Renkow?«

Olga erzählt von Alexanders Schicksal.

»So ein flotter Bursche«, sagt Rosmarie. »Ich war so verliebt in ihn. Albert hat mich immer mit ihm aufgezogen, wenn ich von ihm schwärmte. Der bestaussehende Mann, den ich in meinem Leben getroffen habe.« Und nach einem Blick auf die Schwiegermama: »Außer Albert natürlich.«

Es wird ein langer Abend, die beiden Teenager sitzen dabei, hören interessiert zu, geben auch mal einen Kommentar dazu.

»Wir werden sie rüberbringen«, sagt Albert junior.

»Wir?« fragt seine Mutter spöttisch.

»Frau Petersen wird es tun«, sagt seine Schwester überzeugt. »Ich freue mich schon auf die Cordelia. So ein hübscher Name. Wie bei Shakespeare, nicht?«

Olga schaut sie überrascht an.

»Ja, Shakespeare, König Lear.«

»Habe ich schon gelesen. Toller Name. Ich werde sie von Kopf bis Fuß neu einkleiden. Lager oder nicht Lager. Wäre doch zum Lachen, wenn wir das nicht hinkriegen.«

Wer es hinkriegen muß, ist Olga. Es ist spät in der Nacht, als sie ins Bett kommt, sie ist todmüde und sehr erregt, aber sie schläft gut, in einem hübschen warmen Zimmer, Rosmarie bringt ihr noch ein Glas Milch.

»Wir werden morgen weiter darüber reden«, sagt sie.

Reden ist leicht. Handeln ist schwer.

Aller Ärger, aller hilfloser Zorn ändert nichts an der Tatsache, daß es ihre Heimat ist, die sie verlassen wollen. Hier sind sie geboren, hier sind sie aufgewachsen, hier taten sie ihre Arbeit, hier ist ihr Haus, hier sind ihre Tiere, ihre Felder, ihre Wiesen. Es gehört ihnen nicht mehr, das ist wahr.

So ganz nebenbei wurde der Lumin-Hof, als zum Gut gehörend, enteignet, Käte und Willem haben nun das Sagen, schließlich sind sie Parteigenossen. Die Lumins sind mehr oder weniger geduldet auf dem Hof.

Kommt dazu, daß sie im Westen nichts anderes mehr sein werden als Flüchtlinge. Das ist ein bekannter Begriff geworden in den vergangenen Jahren. Millionen von Flüchtlingen haben das Land überschwemmt, sind gekommen, geblieben, weitergezogen. Sie wurden vertrieben, geschändet, beraubt. Arme, schutzlose, heimatlose Menschen, verzweifelte Menschen, dem Elend ausgeliefert. Rechtlos. Der eine oder andere fand Unterkommen, Arbeit, eine Möglichkeit, ein neues Leben zu beginnen. Doch viele waren vernichtet, zerstört für immer, ihnen blieb nur die Not, der Tod. Wird man je ihre Zahl erfahren, ihr Leid ermessen können?

Ihr Leiden ist so alt wie die Geschichte der Menschheit. Vertrieben, verfolgt, geschändet, getötet. Wer hat nur gedacht, geträumt, daß es jemals anders werden könnte? Der Herr über dieses armselige Menschengeschlecht, der Krieg, hat es immer wieder neu hervorgebracht. Entwicklung, Wissenschaft, Fortschritt, haben sie den Lauf des Schicksals ändern können?

Wer immer den Krieg wollte, wer ihn begann, wer schuld daran war, das konnte den Menschen, deren Leben vernichtet wurde, gleichgültig sein!

Als Alexander der Große aufbrach, um Persien zu erobern, als Napoleon Europa beherrschen wollte, als Hitler den ›Lebensraum‹ für die Deutschen erweitern wollte, haben sie je an die Menschen gedacht, die ihre Opfer wurden?

Warum geschieht das alles? Warum eigentlich?

Wurde die Frage je beantwortet?

Sie müssen nicht gehen, die vom Lumin-Hof, man wird sie noch eine Weile dulden, überflüssig wie sie geworden sind.

Olga ist es immer wieder, die treibt. Seit sie in Berlin war, seit sie mit den Heltens gesprochen hat, als so etwas wie eine Zukunftsvision auftauchte, nicht für sie, doch für Jochen, für Els, für das Kind, ist sie von dem Gedanken an diese Zukunft beherrscht.

Doch auch für sich selbst denkt sie an eine Zukunft. Sie ist alt, trotzdem ist es so. Sie war immer aktiv, immer mutig.

»Es wird ein anderes Leben für euch sein. Ihr müßt es wagen.«

So redet sie immer wieder. So reden sie alle drei, heimlich, leise. Manchmal voller Wagemut, meist voll Verzagtheit. Sie sind jedoch beherrscht von Angst. Nicht nur von der Angst, was sein wird, auch von der Angst vor der Flucht.

Dabei sind es immer mehr, die gehen, die eines Tages verschwunden sind. Man hört es hier und da.

»Je länger wir warten, desto schwieriger wird es«, sagt Olga. »Denkt an die Blockade. Noch haben wir Berlin als Weg in die Freiheit.«

Sie spricht es aus, das ungeheuerliche Wort: Freiheit.

Wissen sie eigentlich, was das ist?

Wissen sie, was es heute bedeutet?

Sie haben Freiheit nie vermißt, so wie sie gelebt haben, war Freiheit für sie kein Begriff.

Olga denkt auch an Alexander. Sie hat ihm von Berlin aus geschrieben, er hat nun Rosmaries Adresse. Er wird antworten, wenn er kann. Er wird kommen, wenn er lebt.

Er wird mich brauchen, wenn er kommt. In was für einem Zustand wird er sein, das denkt sie, und ihr nächster Gedanke, ich bin alt, ich werde nicht mehr leben, falls er wirklich eines Tages kommen sollte.

Sie wird noch lange leben, Rheuma bringt einen Menschen nicht um, sie wird wirklich am Stock gehen, doch ihr Kopf bleibt klar, sie wird neunundachtzig Jahre alt, und was sie denkt und sagt, wird immer für die Lumins hilfreich sein.

Alexander ist schon da, als sie schließlich kommen, er ist noch vor ihnen im Westen, denn daß er in seine Heimat nicht mehr kann, weiß er sehr genau. Er geht nach Essen, wo die Frau, genauer die Witwe seines Bruders Friedrich lebt. Die Ruhrpottprinzessin, wie sein Vater sie nannte.

Zuletzt ist Elsgard daran schuld, daß ihre Ausreise, ihre Flucht sich verzögert.

Der Schulbeginn für Cordelia rückt näher, sie ist angemeldet, das hat Olga vorgeschlagen.

»Nur nicht auffallen«, hat sie gesagt.

»Aber vorher müssen wir weg sein«, drängt Jochen.

Wenn das Kind erst mal in die Schule geht, wird es schwierig sein. Und ich werde immer älter, das denkt Jochen auch.

Doch dann geschieht etwas Unvorhergesehenes: Eine Parteimieze kommt auf den Hof, um Cordelia kennenzulernen. Sie ist sehr freundlich zu dem Kind, legt ihm den Arm um die Schultern.

»Du bist aber ein hübsches Mädchen, Cordelia. Du hast so schöne schwarze Haare. Und ganz dunkle Augen. Du wirst unseren Kindern gut gefallen.«

Elsgard steht daneben, mit finsterem Gesicht.

»Was für Kindern?« fragt sie aggressiv.

Die Jugendbetreuerin der Partei gibt ihr zunächst keine Antwort, die Einstellung der Lumins ist bekannt.

»Du kommst zu uns ins Heim. Du wirst sehen, Cordelia, es gefällt dir. Ihr lernt zusammen und könnt zusammen spielen. Wir singen schöne Lieder und ...«

»Und ihr werdet schön zusammen marschieren«, unterbricht Elsgard, »das hatten wir alles schon. Meine Tochter wird nicht in diesem Heim wohnen.«

»Und warum nicht?« fragt die Dame freundlich. »Der Weg nach Waren ist zu weit. Es wäre für Cordelia eine unnötige Anstrengung. Wir wollen doch alle, daß sie eine gute Schülerin wird. Nicht, Cordelia?«

Cordelia lächelt die Fremde vertrauensvoll an.

Das kann Elsgard nicht ertragen. »Ich will nicht, daß ihr als Kind schon das Hirn verbogen wird.«

»Was meinen Sie damit, Genossin?« fragt die Dame, noch immer freundlich, doch mit einem kleinen warnenden Unterton, und dabei zieht sie Cordelia noch ein wenig enger an sich heran.

»Ich bin nicht Ihre Genossin«, ruft Elsgard wütend. »Man hat uns alles weggenommen und fremden Leuten gegeben, hergelaufenem Gesindel, das nie einen eigenen Hof hatte.« Ein Seitenblick streift Käte, die unter der Tür steht, ihren kleinen Sohn auf dem Arm. Soll die ruhig hören, was sie denkt. Der jahrelang aufgestaute Zorn raubt Elsgard jede Vernunft.

»Ha!« macht Käte. »Da siehst du mal, Genossin, wie die über uns denkt. Ist ja auch kein Wunder, schließlich stammt sie von den Junkern ab. Dieser Renkow soll ja ihr Vater gewesen sein.«

Diese Äußerung läßt Elsgard für einen Moment verstummen. Nie zuvor hat jemand so etwas gesagt.

Sie starrt Käte mit offenem Mund an. Max von Renkow, der wirklich wie ein Vater für sie war, wird verunglimpft, ihre Mutter, die sie nicht kannte, wird herabgesetzt, und ihr toter Vater, den sie immerhin als Kind kannte und liebte, wird beleidigt.

Sie weiß, daß diese gemeine Lüge verbreitet wird, und sie sollte wissen, daß dieses üble Gerücht nur dazu dienen soll, ihnen das letzte Recht auf den Hof abzusprechen. Sie könnte mit einem höhnischen Lachen darauf antworten, aber sie stürzt sich mit erhobenen Händen auf Käte.

Die Jugendbetreuerin tritt energisch dazwischen, stößt Elsgard zurück. »Aber ich bitte dich, Genossin! Frau Lumin! Denken Sie doch an das Kind!«

Cordelia steht da mit weitaufgerissenen Augen, sie zittert am ganzen Leib.

Elsgard sollte wissen, wie empfindsam, wie sensibel das Kind ist. Für eine Weile stehen die drei Frauen wie erstarrt. Die Jugendbetreuerin hält Elsgard am Arm, selbst verwirrt von dem Haß, der hier zum Ausdruck kam. Elsgards Gesicht ist verzerrt, Käte versucht zu lächeln.

»Na, da siehst du mal, Genossin«, wiederholt sie.

Cordelia hat nun die Augen voller Tränen.

Darum wendet sich die Jugendbetreuerin wieder ihr zu, legt ihr wieder den Arm um die Schulter.

»Weine nicht, Cordelia. Weißt du, Menschen streiten sich manchmal, und dann vertragen sie sich auch wieder. Wir müssen uns alle vertragen, anders geht es nicht. Wir gehören doch zusammen. Du wirst sehen, mit Kindern geht es leichter. Die Erwachsenen ...«, sie schweigt. Was soll sie dem Kind erklären?

Die Erwachsenen haben zuviel mitgemacht, zuviel erduldet und erlitten, Verständliches und Unverständliches. Und die, die jetzt leben, wünschen sich eine bessere Welt.

Zu irgend etwas muß dieser Krieg doch gut gewesen sein.

So denkt die Genossin Marga. Sie stammt aus Berlin. Ihr Vater war Kommunist, ihr Mann war Kommunist, die Nazis haben ihn in einem Lager umgebracht. Man hat sie während der Luftangriffe mit ihrem Sohn und mit ihrer Tochter, die zwei Jahre älter ist als Cordelia, nach Mecklenburg gebracht. Hier ist sie nun, hat eine Aufgabe gefunden, die sie ernst nimmt. Doch sie leidet unter dem Haß zwischen den Menschen.

Sie nennt es nicht Haß. Sie nennt es Nichtverstehen. Und natürlich muß sie einen Bericht machen.

Olga war nicht da, um das Schlimmste zu verhindern. Jochen war draußen bei den Koppeln.

Elsgard verabschiedet sie mit den Worten: »Meine Tochter bekommen Sie nicht. Die Pferde haben sie uns gestohlen. Meine Tochter nicht.«

Der Bericht, den die Genossin Marga über die widerspenstige Frau Lumin erstattet, hat Folgen. Einige Tage später bekommt Elsgard einen Brief, in dem steht, daß man ihr die freudige Mitteilung machen könne, sie sei für einen mehrwöchigen Erholungsaufenthalt ausgewählt worden, den zweifellos viele Frauen nach all den schweren Jahren nötig hätten, aber das ginge nur nach und nach und mit der Zeit. Elsgard Lumin, geborene von Renkow, möchte sich bitte für den 12. Juli bereithalten, dann werde sie abgeholt.

Elsgard steht wie erstarrt; der mehrwöchige Erholungsaufenthalt, die geborene von Renkow. Was hat das zu bedeuten?

Sie wirft einen kurzen Blick auf Käte, die am Herd steht und in einem Topf rührt. Cordelia und Olga sind auch in der Küche, es ist Anfang Juli, draußen regnet es an diesem Tag.

Die Männer sind unterwegs. Olga hat den kleinen Hund auf dem Arm, Theo ist alt und schwach auf den Beinen, und der Tierarzt sagte, als er das letztemal bei den Kühen war, daß Theo ein krankes Herz habe.

Es war nicht mehr der alte Sellmer, es war ein junger Arzt. Er kraulte Theo liebevoll hinter den Ohren und sagte: »Lange macht er es nicht mehr.«

Olga sieht Elsgard an, die regungslos dasteht, den Brief in der Hand. »Ich kuck mal, ob's noch regnet«, sagt sie und geht zur Küche hinaus, durch den Flur zur Haustür.

Daß es noch regnet, kann man durch das Küchenfenster auch sehen.

»Ich komm mit«, ruft Cordelia, und Elsgard folgt den beiden.

Käte blickt ihnen neugierig nach. Da ist was mit dem Brief, aber darüber wollen sie nicht sprechen. Weil sie es nicht hören soll. Vielleicht wieder von dem feinen Junker, den die Russen viel zu früh entlassen haben und der jetzt dick und satt im Westen sitzt.

»Da woll'n die woll auch hin, dat kann ick mir denken«, murmelt Käte böse vor sich hin. »Dat wern wir euch versalzen.«

Schweigend reicht Elsgard den Brief Olga hin.

»Meine Brille«, sagt Olga.

»Ich hol sie«, ruft Cordelia.

»Auf dem Küchentisch, neben der Zeitung.«

»Ja, ja, ich weiß. Ich hab gesehen, wo sie liegt.«

»Mich kriegen die nicht. Mich nicht«, stößt Elsgard hervor. »Auch nicht auf diese miese Art. Ich laufe fort. Verstehst du? Heute noch.«

»Jetzt beruhige dich mal. Laß mich den Brief erst lesen.«

Cordelia kommt mit der Brille, und Olga, sicher, daß sie vom Küchenfenster aus beobachtet werden, steckt die Brille in die Tasche ihres Kittels und sagt: »Es ist naß hier. Gehn wir mal zu Dolka und fragen sie, wie es ihr und der Kleinen geht.«

»Au ja«, ruft Cordelia und läuft voraus.

»Mich nicht«, wiederholt Elsgard, laut diesmal.

Im Stall liest Olga den Brief. Cordelia ist zu der jungen Stute in die Box gekrochen.

»Es regnet«, erzählt sie ihr. »Wenn die Sonne wieder scheint, kommst du hinaus. Und ich komme mit.«

»Hm«, macht Olga, nachdem sie gelesen hat. »Was mag das bedeuten?«

»Ich weiß genau, was es bedeutet. Sie wollen mich kleinkriegen. Umerziehung heißt das. Ich habe neulich gehört, wie Jürgens und seine Frau davon sprachen.«

Jürgens ist der Krämer im Dorf.

»Sie machen das auf die sanfte Tour. Hintenrum, verstehst du. Ich laufe fort. Heute noch.«

»Und wie stellst du dir das vor? Wir bleiben hier, Jochen wird eingesperrt, ich auch, und Cordelia kommt in ein Waisenhaus. Stellst du dir das so vor? Haben wir nicht oft genug besprochen, daß wir es vorsichtig anfangen müssen?«

»Und eine geborene von Renkow bin ich jetzt ganz offiziell. Sind die verrückt?«

»Das kann ich mir auch nicht erklären. Schließlich hast du ganz normale Papiere, seit dem Tag deiner Geburt.«

»Diese Käte hat das neulich mal gesagt, aus Gemeinheit. Aber daß eine Behörde darauf hereinfällt …«

»Es handelt sich hier um keine Behörde. Aber es dient wohl dem Zweck … ja, es dient dem Zweck, euch alle Rechte auf dem Hof zu nehmen.«

»Was soll ich tun?«

»Du kannst nichts tun. Wenn du Theater machst, wird aus dem Erholungsaufenthalt ein Gefängnis. Vielleicht versuchst du es mal auf die andere Tour.«

»Was heißt das?«

»Vielleicht kannst du dich ein bißchen beliebt machen.«

»Hach!« schreit Elsgard. »Lieber bring ich mich um.«

Die Stalltür geht auf, Willem kommt herein.

»Dat is'n Regen, wat? Brauchen wir eigentlich jetzt nicht mehr.« Er lacht die beiden Frauen freundlich an, geht dann zu Dolkas Box. »Na, geht ja wieder gut mit ihrem Bein.«

»Ja, falls Sie sie nicht wieder zur Ernte anspannen«, sagt Elsgard böse.

»Mach ich nich wieder. Nu können Sie wieder mit ihr spazierenreiten.« Wenn Käte nicht zugegen ist, kann Willem
ganz umgänglich sein. Olga hat den Brief wieder in ihren
Kittel gesteckt. Elsgard steht mit gesenktem Kopf.

Es ist alles zu Ende. Ob sie bleiben oder gehen, ob sie sich
beliebt macht oder nicht, es ist alles aus. Wenn sie in den
Westen gehen, wenn die Flucht gelingt, muß sie Dolka verlassen. Wenn die Flucht nicht gelingt, muß sie die Stute erst
recht verlassen, dann wird sie nie auf den Hof zurückkehren
können.

Also sich beliebt machen, wie Olga das nennt, bei Käte,
bei Willem, bei der Partei, und schön den Mund halten, solange man sie auf dem Hof noch duldet.

Sie blickt zu Dolka. Das Bein ist keineswegs wieder richtig
gut, man kann sie nicht reiten, höchstens spazierenführen.
Aus der Nebenbox reckt Dolkas Tochter neugierig die Nase.
Willem geht zu ihr und krault sie.

»Hübsch, die Kleine«, sagt er.

»Die darf ich später reiten, wenn sie erwachsen ist«, ruft
Cordelia übermütig. »Vati hat mir das versprochen.«

»Ja, ich weiß, das hast du mir schon oft erzählt.«

Elsgard steht da, schaut das Kind an und Willem, die beiden Pferde, sie denkt auf einmal an Widukind, an seinen
Sohn, sie sind beide nicht mehr da, nur seine Tochter dort.
Auf einmal fällt ihr auch Wali wieder ein. Wie lange ist das
her, daß er hier auf dem Hof gearbeitet hat. Sie haben nie
wieder von ihm gehört, die Russen werden ihn eingefangen
und erschossen haben. Es ist alles so sinnlos geworden. Und
all diese Pläne, die sie jetzt seit Jahren beschäftigen, die
Flucht in den Westen, das neue Leben, das sie dort finden
werden, sinnlos, sinnlos. Sie werden es nie tun. Sie werden
sich alles gefallen lassen, wie sie sich immer alles haben gefallen lassen, ob es nun diese oder jene Diktatur war, ob es
Krieg gab oder nicht, Heiner haben sie getötet, Jochen hat einen lahmen Arm, Fritz ist tot. Max von Renkow ist tot, so alt
war er noch gar nicht, er hätte gut noch ein paar Jahre leben
können. Tränen steigen in ihre Augen.

»Ich möchte sterben«, sagt sie leise.

136

»Das mußt du sowieso«, erwidert Olga ebenso leise.

»Wir werden es nie tun. Und wir können es gar nicht tun.«

Willem ist aufmerksam geworden, er wendet sich von den Pferden ab und sieht die Frauen an.

»Jetzt erholst du dich erst mal. Das hast du dringend nötig. Was man alles erlebt hat in den letzten Jahren ... nicht, Willem, das kostet Nerven.«

»Klar doch«, antwortet Willem unsicher.

»Deshalb freu ich mich, daß Elsgard endlich mal eine Weile in eine andere Umgebung kommt und richtig ausschlafen kann. Wir werden das hier schon schaffen ohne dich. Sie denkt nämlich, wir schaffen das nicht.«

So hat Olga also wieder einmal Regie geführt.

Am 12. Juli morgens kommt pünktlich ein Auto, um Elsgard abzuholen. Ein Mann sitzt am Steuer, neben ihm die Genossin Marga, die Cordelia besucht hat.

Wie erwartet ist sie es, die hinter dieser Geschichte steckt.

Olga küßt Elsgard zum Abschied, Cordelia, der man das Unternehmen in rosigen Farben geschildert hat, ist entsprechend vergnügt, sogar Käte, die eigentlich nicht weiß, was sie von dem Ganzen halten soll, ringt sich ein Lächeln ab.

Nur Jochen läßt sich nicht blicken. Er steht unter dem Vordach des Geräteschuppens und sieht mit finsterer Miene dem Auto nach. Er weiß so gut wie Olga und Elsgard, was das bedeutet. Es ist der Beginn neuer Schikanen, so wird es weitergehen.

Das Erholungsheim befindet sich in der Nähe von Bad Doberan, es ist in einem ehemaligen Gut untergebracht, und in gewisser Weise erinnert es Elsgard an das Gut Renkow. Nur hatte sie in ihrer Kindheit ein eigenes Zimmer, hier muß sie es mit drei Frauen teilen, das geht ihr auf die Nerven. Eine junge und eine ältere Bauersfrau, die junge ist schwanger und erzählt ihnen gleich am ersten Abend, daß ihr Mann sie verlassen hat und in den Westen gegangen ist. Und er soll bloß nicht denken, daß sie sich das gefallen läßt, sobald das Kind da ist, fährt sie hinterher.

»Wissen Sie denn, wo er ist?« fragt Elsgard, nur um etwas zu sagen.

»Ich kann's mir denken. Wir hatten Einquartierung auf dem Hof, im Krieg, als drüben die Bomben fielen. Von der war er damals schon ganz hin und weg, da ist er hin, jede Wette. Den krieg ich schon.«

Damals, als die Bomben fielen, war der Geflüchtete gerade neunzehn und mit einem Lungendurchschuß aus dem Krieg gekommen. Die Schwangere war Magd auf dem Hof, geheiratet haben sie vor zwei Jahren.

»Er wollte gar kein Bauer werden. Er wollte nach Schwerin und in einer Buchhandlung arbeiten. Bücher waren für ihn das Wichtigste im Leben. Aber sein Bruder ist gefallen, und sein Vater ist dann auch gestorben, gleich 1945. Das heißt also, die Russen haben ihn niedergeschlagen, weil er nicht zulassen wollte, daß sie alles mitnehmen, und daran ist er dann gestorben.«

Sie hält sich die Hand vor den Mund. »Aber das darf man ja heute nicht mehr sagen. Jedenfalls konnten sie froh sein, mich zu haben, Karl und seine Mutter, meine ich, sie war sowieso tütterich, nachdem das alles passiert war, und er hatte keine Lust, auf dem Hof zu arbeiten.«

Bis sie das Licht ausmachen, kennen sie die ganze Geschichte von Karl und Detta, so heißt die Schwangere. Elsgard ist die einzige, die gelegentlich ein Wort dazu sagt. Die ältere Frau im Zimmer brabbelt nur immer unverständliches Zeug vor sich hin, sieht keinen an, hört keinem zu. Die vierte Frau heißt Dr. Elisabeth Lenk, sie kommt aus Rostock. Sie hat sich vorgestellt, später redet sie kein Wort mehr, und so bleibt es für den Rest der Zeit.

Elsgard sitzt ihr auch beim Essen gegenüber, die Frau ist etwa fünfzig, sie hat ein kluges Gesicht, hat studiert, sie ist Anwältin, und Elsgard wüßte gern, warum sie hier ist, was für Gedanken hinter dieser hohen Stirn wohnen. Aber die andere spricht nicht davon, und fragen kann man nicht.

Es sind Frauen aus allen Schichten hier, auch eine Ärztin, eine Hotelbesitzerin aus Boltenhagen, der man das Hotel weggenommen hat, zwei Lehrerinnen, eine singt pausenlos ein Loblied auf Stalin, die andere blickt sie dabei so haßerfüllt an, daß man erwartet, sie würde ihr jeden Augenblick an die Kehle springen.

Seltsam ist es schon für Elsgard. Dieser sogenannte Erholungsaufenthalt, zu dem sie ja gewissermaßen gezwungen wurde, bringt sie zum Nachdenken. Sind die anderen auch nicht freiwillig hier? Und warum sind sie hier?

Und es ist eine neue Erfahrung für Elsgard, denn sie war nie in Gesellschaft anderer Frauen. Die Leute vom Gut, das Gesinde auf dem Hof, das war eine andere Situation. Olga, Inga, Jochens Mutter, das waren andere Beziehungen. Jetzt auf einmal wird sie zur Beobachterin, sie forscht verstohlen in Gesichtern, hört auf Gespräche. Die allerdings spärlich sind. Solche Offenbarungen, wie sie die Schwangere in ihrem Zimmer gemacht hat, bleiben die Ausnahme. Hier und da redet eine über dies und das, meist über einen Mann, über Kinder, seltener über den Beruf, den meisten dieser Frauen haftet etwas Verstocktes an, und Elsgard kommt zu der Erkenntnis, daß sie eben doch nicht freiwillig hier sind, daß es nicht nur um Erholung, sondern um Beeinflussung geht, um das, was der Krämer im Dorf Umerziehung nannte.

So weit mit ihren Überlegungen gekommen, kräuselt Elsgard spöttisch die Lippen. Mit mir doch nicht, denkt sie. Herr Giercke hat keine Nationalsozialistin aus mir gemacht, einfach deswegen, weil mich das nicht interessiert hat. Und ihr werdet keine Kommunistin aus mir machen, weil ich nicht will. So ist das.

Sie ist ein Mensch zwischen den Welten. Keine einfache Bauersfrau, das haben ihre Jugend auf dem Gut, ihre Erziehung, ihr Umgang mit den Renkows mit sich gebracht, und ohne daß sie es wußte oder wollte, ohne daß sie sich klar darüber ist, hat sie das Leben auf dem Lumin-Hof auf ihre Weise geprägt.

Aber sie denkt nun auch über sich und Jochen nach. Warum hat sie sich eigentlich so von ihm entfernt? War es etwa ihre Schuld? Es hat angefangen nach dem Krieg. Seine starre Haltung, seine Abwehr gegen das, was sich entwickelte, war von vornherein da.

Hat er sich eigentlich gegen die Nationalsozialisten, gegen die Faschisten, wie das heute heißt, auch so abwehrend verhalten? Er ist zu keiner Versammlung gegangen, nur wenn es sich gar nicht umgehen ließ, er mochte Giercke auch nicht, aber ihr Leben wurde nicht behindert. Die Landwirte standen in hohem Ansehen, bekamen reichlich Förderung, es gab einen Reichsbauernführer, der manchmal durch die Lande reiste und erhebende Worte sprach, es ging ihnen besser, es ging ihnen gut. Dann war Krieg, man mußte viel abliefern, aber keiner hat gesagt, du bist ein Bauer, du bist ein Junker, du wirst enteignet, du hast auf deinem Hof nichts mehr zu sagen, wir nehmen dir die Pferde weg.

Natürlich haben sie Pferde weggenommen für den Kriegseinsatz. Elsgard erinnert sich an den jungen braunen Wallach, den sie '40 gekauft hatten von dem Pferdehändler Grobbin aus Waren. Ein zauberhaftes Pferd, freundlich, schmusig, immer bereit, sich zärtlich in eine Menschenhand zu schmiegen. Beste Zucht, hatte Grobbin gesagt, die Mutter eine Trakehnerin, der Vater Oldenburger. Mit dem könnt ihr alles machen, reiten, fahren, ernten, der macht das aus reinem Spaß.

Als der Rußlandfeldzug begann, wurde der Braune als erster beschlagnahmt. Kastanienbraun war er, ein leuchtendes hellbraunes Fell, schwarze Mähne und langer schwarzer Schweif.

Wie mochte er wohl umgekommen sein, wie elend mochte er gestorben sein, und wie schwer mochte es ihm gefallen sein, die Menschen zu verstehen? Das sind so Gedanken, die Elsgard durch den Kopf gehen, wenn sie herumsitzt oder im Park spazierenläuft. Gedanken, Erinnerungen. Das Pferd, ihr Sohn, der Hund Mutzi, Fritz, Max von Renkow. Sie denkt nicht an die Lebenden, sie denkt an die Toten. Sie denkt nicht an die Zukunft, an irgendeine Zukunft, sie denkt an die Vergangenheit. Die Gegenwart ist ihr sowieso verhaßt.

Sie werden freundlich behandelt, bekommen gut zu essen, gelegentlich auch eine Tasse Bohnenkaffee, sie hören Vorträge, man zeigt ihnen Filme vom wunderbaren Leben in der Sowjetunion. Das findet in der großen Halle statt, die Elsgard an das Gut Renkow erinnert. Nur ist es hier viel aufwendiger eingerichtet, bequeme Sessel, Stehlampen, ein gutes Radio, sogar ein Flügel steht hier.

Man will die Leute gewinnen, man braucht sie und ihren guten Willen.

»Sie werden sehen, Genossinnen«, sagt der Vortragende, »daß wir endlich in einer Gemeinschaft leben, in der alle Menschen gleich sind. Keiner ist oben, und keiner ist unten. Jeder Mensch hat die gleichen Rechte. Und natürlich auch die gleichen Pflichten. Wir gehören alle zusammen.«

»Ein Volk, ein Reich, ein Führer«, platzt Elsgard giftig dazwischen. »Das hatten wir schon.«

»Sie haben erlebt, was daraus geworden ist, Genossin. Wir wollen keinen Krieg. Wir wollen Frieden, Freiheit und Freude für unsere Menschen. Wir wollen, daß sie Freunde sind, gemeinsam arbeiten und gemeinsam feiern, hier in unserem Land, unter Mecklenburgs leuchtender Sonne.«

Die Sonne scheint wirklich, es ist hoher Sommer, und Elsgard denkt: Sie sind bei der Ernte.

Sie freundet sich mit keiner der Frauen an, sie ist abweisend und verschlossen, sie denkt nicht daran, sich beliebt zu machen, wie Olga es ihr geraten hat.

Es gibt nur eine, mit der sie manchmal ein paar Worte wechselt, die Tochter des Apothekers aus Waren. Sie kennen sich flüchtig, denn Elsgard kauft dort manchmal ein.

Es beginnt damit, daß die Apothekerstochter fragt: »Wie geht es denn Olga Petersen?«

»Eigentlich ganz gut. Nur ihr Rheuma …«

»Ja, ja, ich weiß.«

Sie gehen an einem Vormittag nebeneinander im Park spazieren.

»Warum sind Sie denn hier?« fragt Elsgard neugierig.

Das Mädchen schweigt, sieht sie an, überlegt.

»Weil ich wohl verrückt bin. Ich habe offiziell meine Ausreise beantragt.«

»Gibt es denn das?«

»Offensichtlich nicht. Ich habe ein ausführliches Schreiben verfaßt, habe dargelegt, daß ich in Tübingen studieren möchte …«

»In Tübingen?« staunt Elsgard.

»Ja. Daß mein Onkel dort lebt, er hat auch eine Apotheke, und daß ich bei ihm wohnen könnte. Und jetzt bin ich hier. Und ich kann noch froh sein, daß sie meinen Vater nicht eingesperrt haben. Als man mich vernommen hat, habe ich natürlich gesagt, daß er nichts davon gewußt hat.«

»Was wollen Sie denn studieren?«

»Medizin. Hier darf ich ja nicht. Ich habe das Abitur noch im Krieg gemacht, da wohnte ich bei meiner Großmutter in Schwerin. Dann wurde ich sofort dienstverpflichtet bei der Wehrmacht, zuletzt war ich in Berlin. Das war furchtbar. Aber wäre ich nur dort geblieben. Ich wollte meine Eltern nicht im Stich lassen, und nun sitze ich hier. Und wenn ich abhaue, müssen es meine Eltern büßen, so ist das.«

Sie ist ein hübsches Mädchen, in ihren Augen blitzt die Wut, genau wie in Elsgards Augen.

»Sie haben nur noch mich. Mein Bruder ist gefallen.«

»Vielleicht dürfen Sie doch studieren, wenn Sie ...«, Elsgard schluckt, »wenn Sie sich hier beliebt machen.«

»Ich würde daran ersticken«, sagt das Mädchen heftig. »Ich käme schon hinaus, auf irgendeine Weise. Aber meine Eltern! Sie würden meinem Vater die Apotheke wegnehmen. Ganz zu schweigen, was ihm sonst noch passieren würde. Ich bin eine Gefangene. Verstehen Sie, Frau Lumin? Ich bin eine Gefangene. Dazu braucht man diese Zäune nicht.«

Sie weist mit der Hand auf die hohen Zäune, die den Park umgeben. Sie dürfen hier spazierengehen, aber die Zäune sind hoch, und sie sind bewacht, Männer mit Hunden patrouillieren da.

»Ein Gefängnis ist das hier auch«, sagt Elsgard.

»Ja, das ist es. Ein einigermaßen freundliches Gefängnis. Die Vorstufe gewissermaßen. Eine Warnung. Wenn ich mich beliebt machen würde, wie Sie sagen, in die Partei eintreten und so tun, als ob ich mitmache, vielleicht könnte ich dann studieren, vielleicht auch nicht. Aber ich will einfach nicht hier leben. Wir können nur auf einen neuen Krieg hoffen.«

»Auf einen neuen Krieg?« fragt Elsgard erschrocken.

»Was denn sonst? Wissen Sie denn nicht, wie sich das

Verhältnis zwischen Amerika und der Sowjetunion entwickelt hat? Es gibt wieder Krieg. Und nur der kann uns befreien. Und lieber möchte ich sterben in diesem Krieg, als hier mein Leben zu verbringen.«

Elsgard schweigt. Bisher hat sie sich nur mit ihrem eigenen Ärger, mit ihrer eigenen Wut beschäftigt. Weiß sie denn, was diese Frauen, die hier sind, denken, was sie wollen, wovon sie träumen und was sie bewegt. Sie bleibt stehen. »Wir wollen auch weg«, sagt sie.

»Kann sein«, erwidert das Mädchen. »Aber ihr habt doch euren Hof, da hat sich doch nicht soviel verändert.«

»Alles hat sich geändert. Es ist nicht mehr unser Hof. Wir sind dort nur geduldet. Der Hof gilt als Teil vom Gut und ist enteignet. Die Leute, die dort jetzt regieren, na, ich kann Ihnen sagen ...«

Sie sind wieder nahe dem Haus, es ist Zeit zum Mittagessen.

»Seien Sie vorsichtig, Frau Lumin. Wir werden beobachtet. Und reden Sie nicht mit jedem wie mit mir. Hier sind überall Spitzel.«

Es wird, wie gesagt, viel getan, um die Frauen in diesem Haus zu unterhalten. Nicht nur Vorträge werden gehalten, es gibt manchmal auch einen Film. Und so sieht Elsgard zum erstenmal Constanze wieder. Ein DEFA-Film, und Constanze Meroth spielt die Hauptrolle.

Elsgard sitzt mit großen Augen. Das ist sie, schön, charmant, mit ihrem hinreißenden Lächeln, eine Liebesgeschichte, sie spielt in Berlin, ein paar Trümmer sind noch zu sehen, aber sie sind alle voller Hoffnung, voller Zuversicht, das Leben ist doch wunderbar. Oder nicht?

Ein bekannter Filmschauspieler ist dabei, den Elsgard von früher kennt. Sie war nicht oft im Kino, sie mußten dafür extra nach Waren fahren, und Jochen machte sich nichts aus Kino. Aber da ist dieser Schauspieler, an den sie sich erinnert, und da ist Constanze, sie lacht, sie girrt, sie ist unglaublich reizvoll, es gibt ein wunderbares Happy-End.

Sie hat es also geschafft, diese Constanze, die sie aus dem Wasser gezogen haben.

Elsgards Gefühle sind nicht freundlich. Sie denkt nicht: Fein, daß du es geschafft hast, Constanze.

Sie denkt: Du Luder. Du wirst dich immer zurechtfinden, du Luder. Bei den Nazis, bei uns und bei den Bolschis, jetzt machst du ihre Filme und verdienst sicher eine Menge Geld damit.

Elsgard sitzt noch auf ihrem Platz, nachdem das Licht ausgegangen ist. Du bist dort, Constanze, und wir sind hier. Da liegt eine Welt dazwischen. Eine Welt, die nun sieben Jahre alt ist.

Vergewaltigt, nun gut, das ist vielen Frauen passiert. Das denkt Elsgard ganz locker. Cordelia ist da, und sie ist mein Kind.

»Geh zum Teufel«, sagt sie laut, als sie den Vorführraum verläßt. Genosse Litt, der für die Unterhaltung zuständig ist, hat höflich an der Tür auf sie gewartet.

»Hat dir der Film nicht gefallen, Genossin?« fragt er.

»Nein«, antwortet Elsgard. »Übrigens, mein Name ist Lumin.«

Es ist wirklich schwer, sie umzuerziehen, und beliebt macht sie sich schon gar nicht.

Die Apothekerstochter ist eines Tages beim Mittagessen nicht da, am Abend auch nicht.

Sie haben sie also weggebracht, und so schnell, daß sie sich nicht einmal verabschieden konnte.

Was haben sie mit ihr gemacht?

Ihr Vater? Die Apotheke in Waren? Der Onkel in Tübingen? Sie wollte Ärztin werden.

Was haben sie mit ihr gemacht?

Ich würde daran ersticken, hat sie gesagt.

Ich auch, denkt Elsgard, ich auch. Sie haben uns den Hof weggenommen, sie haben Widukind und seinen Sohn weggenommen, sie werden mir Cordelia wegnehmen.

Ein paar Tage später hat sie eine Begegnung, die sie endlich einmal von ihren düsteren Gedanken ablenkt.

Eine Kammermusikgruppe aus Schwerin kommt, um für die Frauen zu musizieren. Sie spielen Mozart und Brahms, und vorher wird genau erklärt, was es zu hören gibt. Manche

Zuhörerinnen kennen diese Musik, andere haben nie davon gehört und finden es langweilig. Gelegentlich sollen sie auch selber singen, nicht nur das Loblied der Sowjetunion, sondern alte Volkslieder. Elsgard schweigt mit zusammengepreßten Lippen, obwohl sie die Lieder kennt. »Am Brunnen vor dem Tore …« oder »Guter Mond, du gehst so stille …«

Sie haben früher manchmal auf dem Gut gesungen, Olga hat auf dem Klavier begleitet, und als Elsgard bei ihr einigermaßen Klavierspielen gelernt hatte, durfte sie auch begleiten.

Olga sang sehr schön und bemühte sich, die Tonart zu halten. Max von Renkow brummte vor sich hin, Fritz sang lauthals, und Inga sang überhaupt wunderschön. Alexander machte alberne Bemerkungen dazwischen, und falls Mareike gerade in der Nähe war, sang sie laut und falsch mit.

Eines Abends kommen von der Musikschule in Rostock zwei junge Künstler, ein Bratscher und ein Klavierspieler.

»Ihr hört heute Musik von Paul Hindemith«, erklärt Genosse Litt.

»Von den Faschisten wurde er vertrieben und ging ins Ausland. Seine Musik war verboten. Heute könnt ihr seine Musik wieder hören. Und daß ein Bratscher uns heute die Freude macht zu spielen, hat gute Gründe. Hindemith spielte auch Bratsche.«

Die jungen Männer spielen erst zusammen, Bratsche und Klavier, dann spielt der Bratschist eine Sonate; klangschön und weich, trifft sie sogar Elsgard ins nicht musikgewöhnte Ohr und Herz. Sie hat gar nicht gewußt, was eine Bratsche ist. Sie kennt die Geige von ländlichen Festen her, vom Erntedankfest oder wenn sie zum Tanzen gingen, und Alexander rief dann wohl: »Na, der Junge fiedelt aber wirklich gut.«

Alexander war musikalisch. Außer dem Klavierspiel, das er bei Olga gelernt hat, blies er Trompete, laut und fröhlich, wie ein Junge das tut. Nach dem Konzert, beim Essen, und diesmal gibt es sogar Wein, sitzt Elsgard neben dem jungen Künstler.

»Sie haben sehr schön gespielt«, sagt sie befangen.

»Vielen Dank«, sagt er und lacht sie an. »Freut mich, daß

es Ihnen gefallen hat. Haben Sie denn schon einmal Hindemith gehört und seine Bratsche?«

Elsgard gesteht, daß Hindemith ihr kein Begriff ist, und was eine Bratsche ist, sei ihr auch unbekannt gewesen.

Das bringt den jungen Mann in Schwung. Sie erfährt, daß eine Bratsche eigentlich Viola heißt und man sie früher Viola d'amore nannte, eben wegen ihres sanften, zärtlichen Tons.

»Eigentlich habe ich Violine gelernt, also Geige«, erzählt der junge Mann. »Aber die wurde bei uns zu Hause nicht gebraucht. Meine Mutter spielt Geige, mein Bruder auch und mein Vater Violoncello. Was wir brauchten, war eine Bratsche. Wir machen viel Musik zu Hause, eigentlich seit ich auf der Welt bin. Für Quintette haben wir auch einen Pianisten, meinen Onkel.«

»Und jetzt?« fragt Elsgard schüchtern. »Sie studieren Musik, wurde vorhin gesagt. Sie können es doch schon sehr gut.«

»Nochmals danke schön«, sagt er. »Aber ich muß noch viel lernen. Wissen Sie, wenn man Musik machen will … man lernt nie aus, man kommt nie ans Ziel. Und später einmal …«, er schweigt.

Elsgard schiebt den letzten Bissen ihrer Fleischportion in den Mund, es ist eine Art Gulasch, es hat ihr nicht besonders geschmeckt, Mareike hat besser gekocht, und sie hat es schließlich von ihr gelernt. Der Bratschist hat alles aufgegessen, blickt sich nun um. Lauter Frauen, die milde Miene des Abendbetreuers, und Genossin Marga ist heute auch da und strahlt Wohlwollen aus.

»Was ist das eigentlich hier?« fragt er.

Elsgard lacht kurz. Er gefällt ihr, die Musik hat die Verkrampfung ein wenig gelöst, in der sie lebt.

»Es heißt, ich bin zur Erholung hier. Genaugenommen will man versuchen, eine gute Kommunistin aus mir zu machen. Zunächst mal auf … na ja, einigermaßen freundliche Weise.«

Der junge Mann sieht sie an und nickt.

»Verstehe«, sagt er. Hebt sein Glas mit dem Wein und trinkt ihr zu. »Auf Ihr Wohl, Genossin.«

Elsgard trinkt auch und sagt: »Man hat mich gewarnt, mit jemand zu reden.«

»Wer ist jemand? Ich? Wenn Sie nicht reden wollen, dann werde ich Ihnen erzählen, was ich machen werde. Ich lerne jetzt noch. Aber wenn ich genug kann, bin ich auch schon weg. Ich möchte mal in einem wirklich guten Orchester spielen. Haben Sie schon mal von den Berliner Philharmonikern gehört?«

Elsgard blickt etwas unsicher in das lächelnde Gesicht neben ihr.

»Oder von Furtwängler? Oder von Karajan? Sehen Sie, das ist es, da will ich hin.«

Der junge Mann schickt wieder einen Blick in die Runde. »Sobald ich genug gelernt habe, verschwinde ich von hier.«

»Wohin?« fragt Elsgard naiv.

»Na, raten Sie mal.«

»Aber Sie werden doch hier ausgebildet.«

»Das ist das wenigste, was die für mich tun können.«

Elsgard flüstert jetzt. »Sie ... Sie wollen in den Westen?«

»Wer will das nicht?«

»Daß Sie sich das zu sagen trauen.«

»Zu Ihnen? Ich kenne Sie nicht. Aber warum sind Sie denn hier? Außerdem will das jeder. Glauben Sie vielleicht, die wissen das hier nicht?« Nun blickt er sich noch einmal um, mit abweisender Miene. »Das ist ein Verein von Lügnern, die das Theater hier veranstalten. Die glauben selber nicht an den ganzen Quatsch. Es ist genauso wie bei den Faschisten.«

»Mein Mann sagt, Faschisten gab es nur in Italien und in Spanien.«

»Es ist so ein Sammelbegriff. Was macht denn Ihr Mann?«

»Er ist Bauer. Wir haben einen Hof und gehörten zu einem großen Gut. Wir sind enteignet. Meinen Vater haben sie eingesperrt, und nun ist er tot.«

Sie spricht auf einmal mit großer Selbstverständlichkeit das Wort Vater aus, wenn sie von Max von Renkow spricht. War er nicht wie ein Vater für sie? Waren Friedrich und Alexander nicht ihre Brüder?

Das Gespräch wird nun unterbrochen, der Abendbetreuer steht auf und ergreift das Wort, bedankt sich bei den Künstlern für den großen Genuß, den der Abend ihnen beschert hat. Nicht ohne zu erwähnen, was für große Musiker die Sowjetunion hervorgebracht hat.

»Musik verbindet uns«, schließt er. »Es ist eine Sprache, die alle verstehen. Und nun lassen Sie uns auf das Wohl unserer Genossen Künstler trinken.«

Er kommt zu ihrem Platz, der Klavierspieler auch, sie heben die Gläser, sie trinken, auch Elsgard darf mittrinken.

Genosse Litt sieht sie freundlich an, sie hatte schon einige Male das Gefühl, daß er sie leiden mag.

Das kann man von der Genossin Marga nicht sagen. Sie kommt nun auch, drängt sich in das Gespräch, entführt den Bratschisten. Vorher fragt sie noch honigsüß: »Du interessierst dich für Musik, Genossin Lumin?«

»Aber sehr«, sagt die Genossin Lumin emphatisch. »Ich habe früher mal mit Begeisterung Klavier gespielt.«

»Das kannst du hier auch. Du siehst doch, dort steht der Flügel.«

»Auf unserem Gut hatten wir nur ein Klavier«, sagt Elsgard genauso honigsüß. »Aber auf dem Flügel werde ich morgen mal probieren, was ich noch kann.«

»Das ist prima. Wir versuchen es gleich morgen. Dann kann Cordelia auch Klavier spielen lernen, wenn sie bei uns ist.«

Da ist der bekannt drohende Unterton. Doch Elsgard lächelt. Werden wir leben, werden wir sehen, das war Alexanders Lieblingsweisheit.

Er ist da, er ist im Westen, und wenn sie irgendeinen Pfeiler brauchen, an dem sie sich festhalten können, dann ist es er. Elsgard weiß nicht, wie es ihm geht, was er macht. Aber Alexander steht für Optimismus, für Lebensfreude. Er ist ein Lebenskünstler, sagte sein Bruder Friedrich oft.

Später am Abend, die Reihen haben sich gelichtet, trifft Elsgard noch einmal den Bratschisten.

»Sie spielen Klavier?« fragt er.

»Früher mal, als ich ein Kind war. Das ist lange her.« Etwas anderes interessiert sie mehr. »Sie wollen wirklich in den Westen?«

»Nicht so laut.« Er grinst. »Wer will denn hier schon leben? Wir alle wollen weg. Meine Eltern, mein Bruder. Und Sie nicht, Genossin?«

»Aber Sie sind doch hier berühmt.«

»Was verstehen Sie unter berühmt? Daß ich hier mal in eurem sogenannten Erholungsheim spielen darf? Wo sich zwei Drittel sowieso nicht für das interessieren, was ich spiele.«

»Das dürfen Sie nicht sagen.«

»Na gut, ein Drittel. Sicher kann ich einmal, wenn ich gut bin, in Dresden spielen. Oder meinetwegen in Moskau. Aber ich will alles haben, die ganze Welt. Für Künstler darf es keine Grenzen geben. Sie haben doch gehört, was der Knabe vorhin gesagt hat. Musik ist eine Sprache, die alle verstehen.«

Der Bratscher zieht eine Packung Zigaretten aus der Tasche, bietet Elsgard an, eine zu nehmen.

»Nein, danke. Ich rauche nicht.«

»Ich darf?«

»Natürlich.«

Sie sind an diesem Abend vertraut miteinander geworden. Sie kennen sich erst seit zwei Stunden, aber sie kennt ihn länger, denn da war zuvor die Musik.

Es ist seltsam, in gewisser Weise schließt dieser verhaßte Erholungsaufenthalt unbekannte Türen für sie auf. Furtwängler, Karajan, irgendwie, irgendwann hat sie diese Namen gehört, ohne ihnen Aufmerksamkeit zu schenken. Was hat sie denn von Musik gehört, geschweige denn verstanden? Abgesehen von der Jugend auf dem Gut, war es das Radio. »Heimat, deine Sterne ...« Oder Zarah Leander: »Ich weiß, es wird einmal ein Wunder geschehen ...« Und Willi Forst: »Du hast Glück bei den Fraun, bel ami ...«

»Wie ... wie wollen Sie denn da rüberkommen?« fragt sie leise.

»Vermutlich mit einem Schiff«, sagt er lässig.

Das erstaunt Elsgard ungeheuer.

»Mit dem Schiff?« wiederholt sie flüsternd.

»Ja. Über die Ostsee. Das haben schon viele versucht,

manchen ist es gelungen, vielen nicht. Noch haben die das hier nicht so richtig kapiert. Da sind sie noch zu langsam.«

»Wo haben Sie denn ein Schiff her?«

Er nimmt sie am Arm, sagt laut: »Es ist ein wunderschöner Sommerabend. Wollen wir nicht ein paar Schritte hinausgehen?«

Sie gehen an Marga vorbei, die bei einer Gruppe von Frauen steht und das große Wort führt.

Sie macht: »Na, na«, als Elsgard und der Bratschist vorbeigehen, kann ihnen aber im Moment nicht folgen.

»Die alte Schreckschraube«, sagt Elsgard, als sie draußen auf den Stufen stehen, die in den Park hinabführen.

»Sie war aber ganz nett.«

»Hach, die!« sagt Elsgard. »Die will mir meine Tochter wegnehmen.«

»Erzählen Sie.«

»Nein, das ist eine blöde Geschichte. Erzählen Sie zuerst von dem Schiff.«

»Na ja, das Schiff ist nur ein größeres Boot, man kann damit segeln, es hat aber auch einen Motor. Wir sind schließlich ein Quartett, wir müssen alle damit reisen, meine Eltern, mein Bruder und Onkel Gustav, den Pianisten brauchen wir auch. Übrigens sollte ich mich wohl erst einmal vorstellen.«

»Aber Ihr Name stand auf dem Anschlag. Sie heißen Ralph Collant.«

Er nickt. »So ist es. Wir stammen von Hugenotten ab. Falls Sie wissen, was das ist.«

»Ganz so dumm, wie ich aussehe, bin ich nicht.«

Wer die Hugenotten sind, hat sie von dem Hauslehrer erfahren, der die Kinder auf dem Gut unterrichtet hat.

»Meine Familie stammt aus Berlin. Aber mein Großvater war verrückt auf Schiffe. Als junger Mann ist er zur See gefahren, und dann hat er sich in den Kopf gesetzt, eine Werft zu besitzen und Schiffe zu bauen. Das war noch zu Kaiser Wilhelms Zeiten, und Seefahrt spielte ja damals eine große Rolle.«

Elsgard nickt. Auch das hat sie gelernt.

»Ja, also, wir hatten eine Werft in Warnemünde, und wir

haben schöne Schiffe gebaut. Keine großen Überseedampfer, sondern Yachten, Segelboote, Motorboote, Sportboote. Nun ist mein Vater enteignet worden, denn er ist schließlich ein Kapitalist. Ich durfte das Abitur nicht machen, dabei war ich schon in der Sekunda. Mein Bruder ist siebzehn und darf das Abitur auch nicht machen. Doch er will studieren.«

»Medizin?« platzt Elsgard heraus.

»Wie kommen Sie darauf? Aber Sie haben recht, er will Medizin studieren. Liegt in der Familie. Onkel Gustav ist Arzt. Schiffe, Medizin, Musik, das ist unsere Familie. Daß ich die Musikschule besuchen darf, habe ich meinem ehemaligen Lehrer zu verdanken. Er hat sich mächtig für mich eingesetzt. Er ist natürlich in die Partei eingetreten, und ich tue auch so, als ob mich das Kommunistische Manifest wahnsinnig interessiert.«

Er schweigt eine Weile, sie gehen jetzt unter den dunklen Bäumen im Park, es ist wirklich ein wunderschöner Sommerabend, eine warme, duftende Sommernacht.

»Sehen Sie, das ist das Schlimme«, er spricht unwillkürlich lauter. »Wir werden alle zu Lügnern erzogen. Das war bei den Nazis so, sagt mein Vater, der selbstverständlich in keiner Partei war oder ist, nicht in der verflossenen und erst recht nicht in der zusammengestoppelten von heute, der sogenannten SED.« Er spricht die drei Buchstaben ganz betont und langsam aus. »Die Sozialdemokraten sollten sich schämen, sagt mein Vater.«

»Pst!« macht Elsgard. »Nicht so laut.«

»Die Bäume haben möglicherweise Ohren, nicht wahr?« Er spricht nun wieder leise. »Ich denke eben, oder besser gesagt, ich hoffe, daß es drüben bei den anderen Deutschen anders ist. Es geht ihnen ja anscheinend recht gut, und sie sind sehr selbstbewußt. Sonst hätte Adenauer nicht Stalins Angebot abgelehnt.«

Elsgard schweigt verwirrt.

»Ich nehme an, Sie wissen, wovon ich spreche.«

»Nicht so genau.«

»Stalin ist schlau. Er hat der Bundesrepublik Deutschland, wie die drüben heißen, das Angebot gemacht, sich mit uns zu vereinigen. Damit wir wieder ein Volk und ein Reich werden, friedlich und freundlich, betreut von der wohltätigen Sonne der Sowjetunion. Dann hätten sie ganz Deutschland in der Faust, und die Leute von hier würden nicht immerzu weglaufen. Der Bundeskanzler von drüben hat kühl abgelehnt. Sie wissen das nicht? Lesen Sie keine Zeitung? Hören Sie kein Radio?«

Sie stehen jetzt mitten auf der Wiese, die naß ist vom Tau. Der Himmel ist voller Sterne.

»Wenig«, sagt Elsgard. »Mein Mann sagt, es ist ja doch nur alles Schwindel.«

»Wir sind ganz gut informiert. Wir hören vieles über Funk.«

»Und wo ist eigentlich Ihr … Ihr Schiff?«

»Ich werde Ihnen nicht erzählen, wo wir es versteckt haben und wer uns hilft.«

»Trauen Sie mir nicht?«

Der junge Mann lacht. »Je weniger man weiß, desto besser.«

»Und wann wollen Sie …«

»Bald. Wir brauchen nur eine andere Nacht. Keinen Sternenhimmel, keinen Mond, es muß eine trübe, möglichst neblige Nacht sein. Am besten eine Regennacht.«

»Es ist gefährlich.«

»Sicher. Das ganze Leben ist gefährlich, das haben wir ja ausführlich erfahren. Ein Boot führen kann jeder von uns. Und unsere Instrumente müssen mit, meine Bratsche, die Geigen. Das Klavier natürlich nicht. Und falls das nicht geht…«, er hebt beide Hände, »das, was ich kann, nehme ich auf alle Fälle mit. Wenn sie uns erwischen, ist das Leben vorbei. Für uns alle.«

Sie gehen langsam über die Wiese wieder auf das Haus zu.

Auf den Stufen stehen die Genossin Marga, der Genosse Litt und der Klavierspieler.

»Der Rest vom Fest. Sehen Sie dort, den Genossen Klavierspieler? Er ist ganz anderer Meinung als ich. Ihm gefällt es in diesem Staat.«

»Bei den Bolschis«, sagt Elsgard.

»Wie nennen Sie das?«

»Ach, ich kannte mal jemand, der nannte die Russen Bolschis.«

Die glückliche, die erfolgreiche Constanze, die sie neulich in einem Film gesehen hat.

»Wenn wir jetzt da hinaufkommen, können Sie mich verraten.«

»Reden Sie keinen Unsinn.«

»Würden Sie mir Ihren Namen sagen? Nur den Vornamen.«

»Ich heiße Elsgard.«

»Klingt sehr musikalisch.«

»Meine Mutter war Dänin.«

»Es besteht die Möglichkeit, daß wir in Dänemark an Land gehen. Falls wir überhaupt irgendwo an Land gehen, falls die Nacht zu dunkel ist, und vielleicht stürmisch ist … es ist kein sehr großes Boot.« Nun klingt Verzweiflung in seiner Stimme.

Er hat Angst, das erkennt Elsgard auf einmal. Wie auch nicht? Es ist ein gefährliches Abenteuer. Nein, es ist mehr als ein Abenteuer, es geht um Leben oder Tod. Wie mag seine Mutter darüber denken, sein Vater? Wie alt sind sie? Wir haben bloß immer darüber nachgedacht, wie wir es machen. Wie viele Menschen in diesem Land denken wohl pausenlos darüber nach, wie sie es machen werden? Flüchtlinge, nichts als Flüchtlinge in den vergangenen Jahren. Und so viele sind ums Leben gekommen. Und nun wollen wir freiwillig Flüchtlinge werden. Wohin wollen wir denn fliehen? Und warum?

Die Genossin Marga lächelt. »Nun? War es ein schöner Spaziergang?«

»Wunderschön«, sagt Elsgard übertrieben. »Endlich konnte ich mich wieder einmal über Musik unterhalten. Herr Collant ist wirklich ein großer Künstler.« Sie spricht den Namen jetzt französisch aus, das hat sie schließlich auch einmal gelernt. »Und morgen werde ich den Flügel ausprobieren. Eine Mozart-Sonate bringe ich schon noch zustande. Hoffentlich haben Sie ein paar Noten hier.«

Und damit rauscht sie an der verblüfften Genossin vorbei ins Haus.

Ralph Collant lacht. »Ich wünsche Ihnen alles Gute, Elsgard. Vielleicht sehen wir uns eines Tages wieder. Wenn ich bei den Philharmonikern spiele, die erste Bratsche links.«

Er bringt sie bis zur Treppe, nimmt ihre Hand, neigt den Kopf darüber und küßt sie.

Im Zimmer angekommen, zieht Elsgard das hellblaue Sommerkleid über den Kopf, es ist immer noch ihr bestes Stück, auch wenn es schon zehn Jahre alt ist.

Die Schwangere schläft, bei der Alten weiß man nie, ob sie schläft oder nur dahindämmert, in ihren Mundwinkeln steht Speichel. Ihr kann es egal sein, wie es weitergeht.

Die Anwältin liegt im Bett, die Arme hinter dem Kopf verschränkt. Elsgard hat sie im Konzert gesehen und bleibt nun bei ihr stehen. »Es war ein schönes Konzert, nicht?«

Überraschenderweise bekommt sie Antwort.

»Sehr schön, ja. Nur hat es mich traurig gestimmt.«

»Warum?«

»Mein Bruder war Bratschist. Er hat an der Musikhochschule in Berlin studiert, Hindemith hat dort unterrichtet. Zuletzt spielte mein Bruder bei den Berliner Philharmonikern.«

»Oh!« staunt Elsgard. Sie weiß ja nun, was das bedeutet.

»Er ist tot. Als Furtwängler sich damals für eine Zeit zurückzog, weil er nicht mit den Nazis zusammenarbeiten wollte, da konnte er meinen Bruder nicht mehr schützen. Ich muß annehmen, daß er tot ist. Ich habe nie mehr von ihm gehört.« Frau Dr. Elisabeth Lenk blickt aus großen dunklen Augen zu Elsgard auf, die vor Schreck verstummt ist.

»Wir sind Juden. Wissen Sie das nicht?«

Elsgard schüttelt den Kopf.

»Meinen Mann haben sie umgebracht. Ich war auch in einem Lager. Die Russen haben mich befreit, mehr tot als lebendig.«

»Und nun?« fragt Elsgard nach einem bangen Schweigen.

»Man hat mir die Kanzlei in Rostock wiedergegeben, die ich mit meinem Mann zusammen hatte. Ich müßte dankbar sein, nicht wahr? Aber sie können trotzdem keine Kommunistin aus mir machen. So oder so, es ist alles vorbei. Ich bin zu alt.«

»Vielleicht«, Elsgard flüstert nun, »vielleicht sollten Sie in den Westen gehen.«

»Es lohnt nicht mehr. Ich bin allein, und es ist vorbei. Gehn Sie schlafen, Kind. Vielleicht gelingt es Ihnen.«

»Was?«

»Eins von beiden. Hier zu leben oder fortzugehen.«

Die Schwangere dreht sich stöhnend in ihrem Bett, hebt den schweren Bauch, stöhnt wieder.

»Es werden Kinder geboren, die hier aufwachsen. Sie werden anders empfinden können als ich. Gehn Sie schlafen, Elsgard.«

Sie kennt meinen Namen, denkt Elsgard, als sie im Waschraum verschwindet. Sie stellt sich unter die Dusche, lang und ausdauernd. Ich möchte auch eine Dusche haben, denkt sie. Wasser ist wunderbar. Auf dem Hof haben sie nur eine Badewanne, und wenn sie baden wollen, muß der Ofen jedesmal vorher geheizt werden. Ihre gute Laune ist verflogen. Das Wasser rinnt lau, dann kühl über ihren Körper.

Mit dem Schiff nach Dänemark fahren. Und dann? Und dann? Es ist keiner da, der ihr helfen kann. Vater! Mutter! Die Mutter, die sie nicht kennt. Der Vater, an den sie sich kaum erinnert. Jochen? Er ist kein Mann der Tat, das weiß sie nun auch. Er ist zu alt, denkt sie erbarmungslos.

Bis Elsgard zurückkehren darf, ist die Ernte vorbei, die Schule hat begonnen, das haben sie ganz raffiniert gemacht. Jochen konnte nicht verhindern, daß man Cordelia in das Heim in Waren brachte.

»Dann hätten sie mich wohl eingesperrt«, sagt er. Sein Arm schmerzt wieder.

»Geht es Ihnen jetzt besser, Frau Lumin?« fragt Käte höhnisch.

»Mir geht es großartig«, antwortet Elsgard.

Und zu Jochen und Olga: »Wir müssen Cordelia holen. Wir müssen sie sofort holen.«

»Das können wir nicht«, sagt Olga.

»Ich weiß jetzt, wie wir es machen. Wir müssen über die Ostsee fliehen.«

Kaum zu Hause, ist Elsgard so hysterisch wie zuvor. Olga hat alle Mühe, ihre Ausbrüche zu verhindern. Es sind viele neue Leute im Haus, die sie kaum kennen. Andreas, der Pole, ist nicht mehr da. Eines Tages war er verschwunden. Keiner weiß, was ihm geschehen ist oder was er unternommen hat.

»Wie unser Wali«, sagt Elsgard. »Alle verlassen uns. Nur wir sind noch hier. Wenn wir ein Schiff bekommen ...«

»Hör auf mit dem Gefasel von der Ostsee!« sagt Olga. »Das ist viel zu weit von uns entfernt. Und wo willst du denn ein Boot herbekommen? Keiner von uns kann damit umgehen.«

»Warum denn nicht? Jochen hat ein Boot auf dem See.«

»Es bleibt dabei, wie wir es besprochen haben. Und ich weiß nun auch, wie wir es machen.«

Es ist Abend, September, sie sind auf der Koppel, denn sie wagen es nicht mehr, im Haus von ihren Plänen zu sprechen.

»Weihnachten«, sagt Olga. »Da werden viele Leute in Berlin vom Osten in den Westen fahren und umgekehrt, um ihre Verwandten zu besuchen. Wir werden kleine Päckchen in der Hand haben, das sieht nach Weihnachtsbesuch aus. Ich werde einen Kuchen backen und ihn in einem Korb verpacken, der oben offen ist, damit ihn jeder sehen kann. Sonst kein Gepäck.«

»Du meinst, wir müssen alles hierlassen?« fragt Jochen verzagt.

»Alles. Cordelia hat dann Ferien, sie wird hier sein, und wir werden ihr sagen, wir besuchen meine Cousine in Schwerin.«

»Cousine?« fragt Jochen blöd. Auf einmal taucht wieder eine Cousine auf. Hat er schon mal gehört.

»Du hast doch keine Cousine in Schwerin.«

»Warum nicht? Ich werde schon nächste Woche nach Schwerin fahren, um meine Cousine ...«, sie überlegt. »Um meine Cousine Martha zu besuchen. Ich werde wiederkommen und allen erzählen, daß sie krank ist und daß ich sie nun öfter besuchen werde. Und ihr Mann, der eh ... eh, Theo, ist überhaupt gelähmt und sitzt im Rollstuhl.«

Theo, der Hund, ist gestorben, während Elsgard nicht da war.

Olga sagt: »Theo, der Mann meiner Cousine, hat mir vor zehn Jahren zu meinem Geburtstag den Hund geschenkt.«

Hat Olga jemals soviel Fantasie entwickelt, sich solche Geschichten ausgedacht? Auf einmal kann sie es. Eine außergewöhnliche Situation bringt ungeahnte Talente zum Vorschein.

»Du hast doch keine Cousine in Schwerin«, flüstert Elsgard.

»Wer kann das wissen? Sind doch lauter fremde Leute auf dem Hof. Jetzt werde ich davon reden. Und dann fahren wir Weihnachten alle hin, um Martha und Theo zu besuchen. Für sie backe ich den Kuchen. Wir fahren nach Berlin. Und dann mit der S-Bahn nach Westberlin. Ich wette, die S-Bahn ist voll am ersten Feiertag. Wir ziehen uns fein an, haben den sichtbaren Kuchen auf dem Schoß und noch ein paar Päckchen. Jochen fährt allein in einem anderen Zug. Und hat einen Blumentopf in der Hand.«

»Einen Blumentopf?«

»Ja, oder ein paar Tannenzweige mit Lametta dran. Lametta haben wir noch im Haus. Es muß aussehen wie ein Besuch.«

»Und das ist alles, was wir mitnehmen?« fragt Jochen noch einmal.

»Das ist alles.«

Elsgard blickt Dolka an, die friedlich grast. Die kleine Stute, ihre Tochter, hopst übermütig auf der Koppel herum.

Alles muß sie verlassen, was sie liebt. Das Haus, in dem sie nun so viele Jahre gelebt hat. Bedrängt und verärgert in den letzten Jahren. Aber die Tiere! Meine schöne Dolka, mit dem lahmen Bein, was werden sie mit dir machen.

»Wenn es nicht klappt«, sagt Olga, »dann ist es sowieso aus mit uns. Dann sperren sie uns ein. Für immer und alle Zeit.«

157

Es klappt. Sie landen alle vier in Westberlin, zuerst bei den Heltens, dann im Lager Marienfelde, dann werden sie ausgeflogen. Nicht nach Schleswig-Holstein, wie Jochen es sich gewünscht hat, sondern nach Bayern.

Sie verlieren alles, was bisher ihr Leben war. Sie gewinnen das, was man Freiheit nennt.

Nur, was fängt man damit an?

Freiheit ist ein ungewohntes, ein hartes Pflaster.

II

DER WESTEN

Die Schauspielerin

CONSTANZE WAR WEDER glücklich noch erfolgreich. Der Film, den Elsgard gesehen hatte, war vor drei Jahren gedreht worden, es war der zweite, andere folgten. Bedeutend waren sie alle nicht. Sie spielte einige Nebenrollen an kleinen Bühnen, bekam ein kurzes Engagement am Deutschen Theater, Hilperts ehemaliger Bühne, die nun wieder Reinhardts Deutsches Theater hieß. Gustav von Wangenheim war zunächst Intendant, wurde dann von Wolfgang Langhoff abgelöst. Ein festes Engagement erhielt sie nicht, es gab so viele Schauspieler in Berlin, berühmte Namen, die alle spielen wollten und spielen mußten, um die besseren Lebensmittelkarten zu bekommen.

Im Frühjahr '46 kehrte Gründgens zur Freude der Berliner zurück in die Stadt. Die Russen hatten ihn inhaftiert, nicht aus politischen Gründen, nur weil er den Titel Generalintendant trug, und das klang für sie militärisch.

Gustaf Gründgens also spielte zunächst Sternheim, später ein russisches Stück, schließlich Wedekind, dann Sophokles, den ›König Ödipus‹. Immer waren es Erfolge, die Berliner feierten ihn begeistert. Im Westen verhielt sich die amerikanische Administration zurückhaltend, die Amerikaner waren zunächst mit ihren Entnazifizierungen beschäftigt, wodurch vielen Schauspielern erfolgversprechende Engagements entgingen.

Für die Russen galt immer noch das Zauberwort: Artista.

Doch schon im Frühling '47 erfuhr man, daß Gründgens Berlin verlassen würde, er ging als Generalintendant nach Düsseldorf. Eine herbe Enttäuschung für die Berliner, auch für die Russen, denn sie wollten gern die guten und besten Künstler für ihre Welt behalten.

»Siehst du«, sagte Constanze zu ihrem Freund Eugen, »wer will denn schon bei den Bolschis bleiben. Sie streuen ihm hier Rosen auf den Weg. Aber er will in den Westen.«

Das war auch ihre ständige Rede: Ich will in den Westen.

»Dir geht es hier viel besser«, sagte Eugen. »Drüben drehen sie dich erst mal durch die Mühle. Entnazifizierung, Fragebogen und was sich die Amis so alles ausgedacht haben.«

»Erstens sind in Düsseldorf die Engländer. Und ich war in keiner Partei.«

»Ich denke, beim BDM?«

»Das wollte mein Vater, und das verlangte die Schule. Na, da gibt es wohl keinen in meiner Generation, der da nicht hinmußte. So doof können die Amerikaner oder die Engländer nicht sein, daß sie das inzwischen nicht wüßten.«

»Und was war mit der Reichstheaterkammer? Warst du da nicht drin?«

Constanze überlegte. »Das weiß ich gar nicht.«

»Sonst hättest du doch das Engagement in Königsberg nicht bekommen.«

Zu der Zeit war ihre Beziehung zu Eugen noch erträglich. Keine Liebe. Erträglich war das richtige Wort, sie ertrug ihn. Weil sie ihn brauchte. Doch es hinderte sie nicht daran, ihre Abneigung gegen das Leben bei den Bolschis, wie sie immer noch sagte, deutlich zum Ausdruck zu bringen. Auch bei gesellschaftlichen Anlässen, zu denen er sie anfangs mitnahm, später nicht mehr.

Denn er machte Karriere. Schon im Mai 1946, kurz nach der Gründung der SED, trat er der neuen Partei bei.

»Du bist ein übler Opportunist«, sagte sie. »Vermutlich hast du auch mit den Nazis gekungelt.«

»Das müßte mir erst einmal jemand nachweisen«, erwiderte er ruhig. Tatsache war, daß Constanze kaum etwas über sein früheres Leben wußte. Er habe Geschichte und Philosophie an der Friedrich-Wilhelm-Universität studiert, ließ er verlauten, Ende der zwanziger Jahre habe er Deutschland verlassen.

Wo er sich in den folgenden Jahren aufgehalten, was er getan hatte, darüber sprach er nicht. Nur über seine Zeit in Indien sprach er gern, davon konnte er anschaulich erzählen, sogar ein Buch hatte er darüber geschrieben.

»Warum ausgerechnet Indien?« fragte Constanze.

»Warum nicht? Es ist ein höchst bestaunenswerter Teil unserer Erde.«

»Das gehört doch den Engländern.«

»So würde ich es nicht ausdrücken. Es ist ein Teil des Commonwealth, und vermutlich nicht mehr lange. Die Briten sind sehr geschickt im Umgang mit den fernliegenden Teilen ihres Weltreichs. Die Maharadschas leben ziemlich unbehindert mitsamt ihrem Reichtum. Aber ändern wird es sich. Großbritannien ist kein Weltreich mehr. Auch das hat Hitler fertiggebracht. Er hat die Welt stärker verändert, als wir es heute übersehen können.«

»Der Krieg.«

»Ja, der Krieg. Und das, was vorher geschah und nun geschehen wird. Es gibt nur noch ein Weltreich, die Sowjetunion.«

»Und Amerika.«

»Ich nehme an, du sprichst von den Vereinigten Staaten. Sie sind dekadent und töricht.«

»Aha. Im Gegensatz zu Herrn Stalin und seinen Bolschis.«

Das waren so Gespräche, die sie führten, manchmal zeigte er Ärger, doch selten, meist nahm er sie dann in die Arme und küßte sie.

»Du bist auf der richtigen Seite, meine Schöne. Warte nur ab!«

Sie wußte nichts über seine Herkunft, über seine Eltern, ob er noch Familie hatte.

»Irgendwo mußt du doch geboren sein.«

»In Berlin, wo sonst.«

Doch er berlinerte nicht, seiner Aussprache haftete eine gewisse fremdartige Härte an, was Constanzes geschultem Ohr nicht entging. Er kam wohl aus der Tschechoslowakei, aus Polen, vielleicht sogar aus Rußland. In all den Jahren, die sie mit ihm zusammenlebte, erfuhr sie nichts über seine Kindheit, seine Jugend, wo er die Schule besucht hatte und womit er sein Studium finanziert hatte. Und wovon hatte er auf seinen Reisen in den fremden Ländern gelebt? Er sprach fließend russisch, das war das einzige, was ihr auffiel, anfangs, als er sie manchmal zu seinen Besuchen bei den Bolschis mitnahm.

Wenn sie ihn mit Fragen belästigte, was sie manchmal tat, machte er die Augen schmal, und einmal sagte er: »Weißt du, was Leuten geschieht, die zu viele Fragen stellen? Sie bekommen Lügen zu hören.«

Das regte ihre Fantasie an. Mußte ja alles nicht wahr sein, was er erzählte, er konnte genausogut im Gefängnis, im Zuchthaus, in einem Lager gesessen haben. Es gab weder über das Studium noch über seine Vergangenheit irgendwelche Papiere.

»Ist alles verbrannt, als ich ausgebombt wurde.«

Immerhin war er Mitte der dreißiger Jahre wieder in Deutschland, doch auch zu jener Zeit, als es keine Devisen mehr gab, hatte er sich viel im Ausland aufgehalten.

Das brachte Constanze auf den kühnen Gedanken: Vielleicht ist er ein Spion gewesen.

Doch für wen? Für die Nazis? Für die Kommunisten, die ihn jetzt so bereitwillig in ihre Reihen aufnahmen?

Immerhin hatte er am Frankreichfeldzug teilgenommen, war sogar verwundet worden, ein Oberschenkeldurchschuß, dessen Narbe sie betrachten konnte. Später war er in Jugoslawien eingesetzt gewesen, nun als Kriegsberichterstatter. Schreiben konnte er, das mußte sie zugeben.

Auch sie erzählte nicht viel von ihrem Leben. Nicht, daß ihr Vater in der NSDAP gewesen war, doch das wußte er, wie sich herausstellte. Und schon gar nicht sprach sie über die Vergewaltigungen, über das Kind, das sie geboren hatte. Und das wußte er nicht. Sie sprach von ihrer Mutter, von ihrem seltsamen Verschwinden.

»Wir werden Verbindung zu deiner Tante nach München bekommen«, sagte er gutmütig. »Vielleicht erfahren wir dann, was aus deiner Mami geworden ist. Ich weiß bis jetzt nur, daß der Mann, mit dem sie in Paris zusammenlebte, ein Hauptmann der Deutschen Wehrmacht war und ein Gegner Hitlers. Kann sein, er hat den 20. Juli '44 nicht überlebt.«

Solche Bemerkungen brachten sie zum Verstummen, machten ihr auch angst. Wer war dieser Mann? Woher wußte er solche Details? Welche Rolle hatte er gespielt, spielte er jetzt?

Im Oktober '46 wurde der sogenannte Interzonenpaß eingeführt, mit dem es möglich wurde, von der Sowjetischen Besatzungszone in die Westzonen zu reisen. Sie bekam keinen. Eugen verhinderte es, und im Grunde hatte sie auch Angst vor einer Reise ins Ungewisse, ins Nirgendwo, denn hier hatte sie immerhin eine Bleibe, und keine schlechte, sie bekam zu essen, sie war versorgt, sie arbeitete. Und da war dieser Mann, der für sie sorgte, den sie nicht liebte, doch den sie brauchte.

»Du bist hier, und du bleibst hier. Was mit dir geschieht, bestimme ich.«

Solche Bemerkungen machten sie wütend, doch am meisten ärgerte es sie, daß sie vom Kurfürstendamm nach Pankow umzogen.

»Wir können wohnen, wo wir wollen.«

»Sicher, das können wir. Aber in Pankow ist nun mal das Zentrum der Partei, und wir gehören dazu.«

»Du vielleicht. Ich nicht.«

Eines Tages verließ er die Zeitung und arbeitete nur noch für die Partei, verkehrte mit Grotewohl und Pieck, vor allem mit Ulbricht, der zunehmend eine wichtige Rolle in der SBZ zu spielen schien.

Was er aber wirklich tat, worin diese Arbeit bestand, wußte Constanze nicht. Er sprach darüber so wenig wie über sein vergangenes Leben. Und so kam es auch, daß er ihr unheimlich wurde, daß sie Angst empfand. Angst vor dem Mann, mit dem sie zusammenlebte, dessen Umarmungen sie erduldete.

»Was willst du eigentlich werden?« fragte sie spöttisch. »Ministerpräsident? Nach eurem Wahlergebnis besteht da wohl wenig Aussicht.«

Bei der Wahl zum Stadtparlament, die im Oktober '46 stattfand, hatte die SED sehr schlecht abgeschnitten. Die meisten Stimmen bekam die SPD, selbst die neue Partei CDU lag noch vor der SED.

»Das wird beim nächstenmal schon anders aussehen«, antwortete Eugen.

Es würde kein nächstes Mal geben, es waren die letzten freien Wahlen in der Sowjetischen Besatzungszone, der späteren DDR, für lange, lange Zeit gewesen.

Ab und zu verreiste er jetzt, für einige Tage, auch für längere Zeit, er erwähnte Hamburg, Köln und einmal sogar Rom.

»Wieso fährst du nicht mal nach Moskau? Es wird Zeit, daß du Väterchen Stalin besuchst«, sagte sie bösartig.

Er nannte Städtenamen, mehr erfuhr sie nicht.

Von einer Reise nach Mailand brachte er ihr blaßgrüne Seide, reine Seide, für ein Kleid mit, und goldene Sandalen, die sogar paßten.

Er ist eben doch ein verdammter Spion, dachte sie, eines Tages werden sie ihn umbringen oder einsperren, hier oder dort. Und es wird mir so was von egal sein.

»Ich werde froh sein, wenn ich ihn los bin«, sagte sie zu Gila. Constanze hatte auf einmal etwas, was sie nie gehabt hatte, eine Freundin.

Gila arbeitete auch bei der DEFA, in der Kostümabteilung, die mit recht spärlichen Mitteln arbeiten mußte.

»Bei der UFA hatten wir noch jede Menge Material«, erzählte Gila, »dafür hat Goebbels gesorgt, daß es uns an nichts fehlte. Was noch da war, haben die Russen erst mal abgeräumt. Einen Kostümfilm könnten wir heute nicht machen.«

»Wozu auch? In dem nächsten Schinken spiele ich eine Landmaid, die einen Traktor fährt. Und das mir!«

Gila lachte. »Das Kopftuch wird dir gut stehen. Ich kenne das Buch, eine tolle Geschichte. Du bist ein armes Flüchtlingsmädchen, das fleißiger als alle anderen arbeitet, und am Schluß heiratet dich der Neubauer, dem man in Mecklenburg ein paar Hektar aus einer enteigneten Domäne zugewiesen hat. Obwohl er zunächst ziemlich pampig zu dir ist.«

»Ja, wirklich eine tolle Geschichte. Er kann mich nicht leiden, weil ich ein Bourgeois bin, die Tochter eines Fabrikbesitzers aus Schlesien. Ich bin gebildet, weißt du, und manchmal entstehen kluge Sätze unter meinem Kopftuch. Ich zitiere Goethe, das haben sie sich so ausgedacht. Am Golde hängt, zum Golde drängt doch alles, ach, wir Armen. Da läßt er die Sense sinken und blickt mich mißtrauisch an. Was für ein Blödsinn, sagt er. Und ich, von oben herab: ›Das ist aus dem Faust. Aber das kennst du wohl nicht, Genosse.‹ Und ich zitiere weiter, er schreit mich wütend an. ›An die Arbeit! Hör auf mit dem Gefasel!‹«

»Ja, und dann ist er doch beeindruckt, und am Ende lest ihr zusammen Goethe. Na, wenn das kein Film wird!«

Sie lachten beide.

Mit Gila konnte Constanze offen reden, denn die träumte denselben Traum: in den Westen zu entkommen.

Gila bewohnte eine armselige Bude hinter dem Nollendorfplatz, das einzige Fenster mit einem Brett vernagelt, ein schmales Lager, ein paar Nägel in der Wand. Trotzdem saß Constanze gern bei ihr, lieber als in der einigermaßen nett eingerichteten Wohnung in Pankow. Constanze brachte zu essen mit, denn dank Eugen war sie gut versorgt. Sie kochten eine Suppe oder machten sich Bratkartoffeln und redeten von der wunderbaren Zukunft, die sie erwartete – im Westen.

»Mehr zu fressen als wir haben sie dort auch nicht«, sagte Gila. »Es sei denn, man hat einen amerikanischen Freund. Elfi hat mir geschrieben. Mir geht's gut, schreibt sie, ich habe einen süßen Ami, ich kriege Schokolade und Nescafé. Und Nylonstrümpfe hat er mir auch mitgebracht. Und Zigaretten, soviel ich will, dafür kann ich alles auf dem Schwarzen Markt bekommen. Hier«, Gila hob den Brief und las vor: »Wann kommst du denn endlich? Du kriegst auch einen Ami, und dann sieht das Leben gleich ganz anders aus. Er will mich heiraten, aber das geht noch nicht. Ist mir auch nicht so wichtig. Ich brauche ihn jetzt.«

Gila ließ das Blatt sinken. »Wie findest du das?«

»Wir verkaufen uns alle. Ich an einen Kommunisten, du an einen Amerikaner.«

Gila lachte. »Erst muß ich dort sein und einen haben. Von Liebe wollen wir besser gar nicht reden.«

»Die gibt es nicht mehr. Was ist denn das, Nescafé?«

»Muß so eine Art amerikanischer Kaffee sein. Ich habe

hier auch schon davon gehört. Wenn ich das nächstemal zum Bahnhof Zoo gehe, werde ich fragen, ob die so was haben.«

»Ich habe Paul geliebt«, sagte Constanze verträumt. »Dann haut er ab und läßt mich einfach in Ostpreußen sitzen.«

Von der Vergewaltigung hat sie Gila erzählt, aber nicht von dem Kind. Das hat sie aus ihrem Leben verdrängt. Sie wollte weder daran denken noch davon sprechen.

»Erzähl mir von Elfi«, bat sie.

»Sie ist sehr niedlich; blond und zierlich, mit blauen Puppenaugen. Ich glaube, das ist der Typ, den die Amerikaner lieben. Ich hab mal Filme gesehen mit Jean Harlow.«

»Ja, hab ich auch. Die liefen in den kleinen Kinos in den Nebenstraßen von der Tauentzien. Ich habe auch Marlene Dietrich gesehen in amerikanischen Filmen. Das ist eine wunderbare Frau. Hast du sie auch gesehen?«

»Ja, habe ich. Früher hatten wir auch alle ihre Platten. Mein Vater schwärmte von ihr.«

Gila begann zu singen. »Allein in einer großen Stadt, und man ist so allein … kennst du das?«

Constanze schüttelte den Kopf. »Mein Vater schwärmte für Zarah Leander.«

»Das war auch eine tolle Frau. Ich hatte gerade bei der UFA angefangen, als sie ihre letzten beiden Filme drehte. Und dann ist sie stillvergnügt nach Schweden abgehauen. Die konnte rotzig sein zu Leuten, die ihr nicht paßten. Wie die den Goebbels behandelt hat, wie eine Laus.«

»Sie hatte eine tolle Stimme.«

»Na ja, schon. Aber kein Vergleich mit Marlene Dietrich.«

Und Gila legte noch einmal los. »Ich bin von Kopf bis Fuß auf Liebe eingestellt, denn das ist meine Welt, und sonst gar nichts.«

Sie kannte den ganzen Song auswendig, Constanze hörte zu. Sie waren beide erwachsene Frauen, aber wenn sie zusammen waren, glichen sie Backfischen, vor allem wenn sie von den männlichen Stars schwärmten, die sie bewundert hatten. Das ging zurück bis in ihre Kindheit.

»Karl Ludwig Diehl«, sagte Constanze, »das war ganz mein Typ.«

»Für mich war es Willy Birgel. Paß mal auf, die kommen alle wieder. Wenn die Amerikaner fertig sind mit ihrer dämlichen Entnazifizierung, dann spielen die auch wieder.«

»Denkst du?«

»Bestimmt. Nicht hier, im Westen natürlich.«

Solche Gespräche führten sie, manchmal spät am Abend, nach den Dreharbeiten. Trotzdem wagte es Constanze nie, bei Gila zu übernachten, sie wußte nie, wann Eugen von seinen geheimnisvollen Reisen zurückkehrte. Und im Grunde, das kam so mit der Zeit, hatte sie immer mehr Angst vor ihm. Angst war es überhaupt, was das Leben in der Stadt prägte. Theater, Konzerte, viele Zeitungen, viel mehr als im erträumten Westen, aber da war ein Druck, eine Furcht, die ständig vorhanden war und immer weiter wuchs.

Nach Pankow kam Gila nie.

»Will ich nicht. Genügt mir, wenn ich bei der Arbeit die Schnauze halten muß. Sonst will ich mit denen nichts zu tun haben.«

Wenn Constanze nach Pankow fuhr, dachte sie über diese Gespräche nach. Warum hatten sie bloß über Liebe gesprochen? Liebe? Das würde es für sie nie mehr geben. Blieb eigentlich nur die Erinnerung an Paul Burkhardt, er war nicht nur ihr Liebhaber, sondern auch ihr Lehrmeister gewesen.

»Wir Sänger haben eine große Hilfe, das ist die Musik«, hatte er ihr erklärt, »damit kann man manches zudecken. Du hast nur die Sprache. Und deinen Körper. Sei locker, Carmencita.«

Er nannte sie oft Carmencita, der Escamillo war die erste Rolle gewesen, in der sie ihn gesehen hatte, und sie behauptete später, sie habe sich sofort in ihn verliebt, weil er so prachtvoll ausgesehen und gesungen habe.

»Sei locker, aber niemals lässig. Du mußt immer genau wissen, was du mit deinem Körper machst. Und deine Arme und deine Beine gehören zu deinem Körper. Benutze sie mit Bedacht, aber nicht zu viel. Dein Gesicht, deine Stimme sind wichtig. Es muß von innen kommen. Deine Luise war ziemlich verkitscht.«

Das ärgerte sie, aber sie hatte viel von ihm gelernt. War das nun Liebe gewesen?

Bei ihm sicher nicht, er war einfach fortgegangen. Er konnte sie nicht geliebt haben, zu dieser Erkenntnis kam sie jetzt. Und sie würde nicht mehr an ihn denken. Aus, vorbei. In dieser Stimmung kam sie eines Abends ziemlich spät nach Hause. Der Heimweg war immer noch mühsam, die U-Bahn an manchen Stellen nach wie vor zerstört, man mußte aussteigen, ein Stück laufen. Eugen war da.

»Wo kommst du denn her, so spät am Abend?«

»Vorbesprechungen für den nächsten Film.«

»Und?«

»Uninteressant. Nicht der Rede wert. Und du? Wo kommst du her?«

»Diesmal wirklich aus Moskau.«

»Und?«

»Uninteressant«, wiederholte er ihre Worte. »Nicht der Rede wert. Aber ich habe Krimsekt mitgebracht. Magst du ein Glas?«

»Warum nicht?«

Sie tranken den Sekt, der süß war. Auf dem Gut hatten sie Champagner getrunken. Auch auf Schloß Groß-Landeck noch, doch davon sprach sie nicht. In ihrer Jugend hatte es weder Sekt noch Champagner gegeben. Ihr Vater trank Bier, manchmal ein Glas Rotwein. Was hatte eigentlich Mami getrunken? Am liebsten weißen Wein, erinnerte sie sich.

Eugen legte den Arm um sie, küßte sie.

»Ich bin froh, wieder bei dir zu sein«, sagte er. Es klang liebevoll.

»Hast du mich in Moskau nicht betrogen?«

Er lachte. »Keine Zeit und keine Lust. Ich bin nicht für flüchtige Abenteuer. Eine Frau muß man kennen und haben.«

»Hast du mich?« fragte Constanze spöttisch.

»Ich denke schon.«

Nachdem die Flasche ausgetrunken war, hob er sie hoch

und trug sie aufs Bett. Sie hatten ein gemeinsames Schlafzimmer, das war etwas, was Constanze haßte.

Ein Männerkörper auf ihrem Körper. Es war nicht wie damals, keiner riß ihr die Kleider vom Leib, keiner drang brutal in sie ein. Eugen war zärtlich, streichelte sie, küßte sie, und als er auf ihr lag, war es normal wie zwischen jedem Mann und jeder Frau.

Es liegt an mir, dachte Constanze, die Augen weit geöffnet. War es denn mit Paul anders gewesen?

Es liegt an mir. Sie seufzte, schloß die Augen, gab sich hin. Nein, sie gab sich nicht hin, sie erduldete es. Das war der große Unterschied. Eine Weile später schlief er.

Es liegt an mir. Ich weiß nicht mehr, was Liebe ist.

Dieses Kind, das sie geboren hatte, es war ein Mädchen. Würde dieses Mädchen denn je erfahren, was Liebe ist?

Nicht mehr daran denken, nicht mehr daran denken. Es ist nie geschehen. Es ist nicht wahr.

Als sie endlich Verbindung zu ihrer Tante in München hatte, erfuhr sie, daß ihre Mutter in Amerika sei, in Mexiko.

»In Amerika? Jetzt? Wie kommt sie dahin?« fragte sie ratlos.

Es stellte sich heraus, daß Eugen darüber nun auch Bescheid wußte.

»Der Freund deiner Mutter war nicht nur ein Gegner der Nazis, nicht nur Offizier der Besatzung in Paris. Von Beruf ist er Physiker, und offenbar ein sehr begabter.«

»Woher weißt du das?« schrie sie wütend. »Und wenn du es weißt, warum sagst du es mir nicht?« Dann begann sie zu weinen.

Er nahm sie in die Arme. »Deine Mutter hat dich schon einmal im Stich gelassen. Viel kannst du ihr nicht bedeuten. Schade, daß er nicht zu uns gekommen ist, der Hauptmann Carlsen. Wir hätten ihn gern aufgenommen. Begabte Leute kann man brauchen.«

»Zu euch? Zu den Bolschis?« schluchzte sie. »So blöd wird er wohl nicht sein. Sonst würde Mami ihn nicht lieben.«

Zum erstenmal, seitdem sie seine Wohnung verlassen hatte, suchte sie ihren Vater auf.

»Deine Mutter? Ich habe dir schon öfter mitgeteilt, daß sie eine Verräterin ist. Obwohl«, Oberstudienrat Lindemann verzog den Mund zu einem schiefen Lachen, »diesmal hat sie wenigstens die richtige Seite gewählt.«

»Du weißt, wo sie ist?«

»Sie hat mir geschrieben. Und möchte deine Adresse haben. Falls ich sie weiß.«

»Und das teilst du mir nicht mit?«

»Weiß ich, wo du bist?«

»Aber du mußt meinen Namen doch gelesen haben. Ich habe Theater gespielt, es gibt Filme mit mir.«

»Du denkst doch nicht im Ernst, daß ich mir den Blödsinn ansehe, den die Kommunisten verzapfen? Und bei denen bist du ja wohl inzwischen gelandet. Dein Freund ist der vielgelesene Chefreporter der ›Berliner Zeitung‹.«

»Er ist nicht mehr bei der Zeitung. Und meine Adresse hättest du herausbekommen können, wenn du gewollt hättest.«

»Fragt sich, ob ich will. Ich verkehre nicht mit Kommunistenpack. Du wirst es noch bereuen. Wenn die Amerikaner erst zuschlagen, dann geht es andersherum.«

Die Amerikaner! Das war das Hoffnungswort hier, das Reizwort dort. Das war sehr schnell gegangen, nur nahm es in der Not dieser Zeit keiner sehr ernst. Die Menschen waren viel zu sehr mit sich selbst, mit ihrem Überleben, beschäftigt.

In Berlin, dieser Trümmerwüste, regierte das Elend. Im ersten Winter nach dem Krieg waren viele Menschen verhungert, alte und junge, in irgendwelchen Löchern, denn viele hatten kein Dach über dem Kopf, waren auf der Straße zusammengebrochen und nicht mehr aufgestanden. Die Zuteilung der Lebensmittel war völlig unzureichend, davon konnte keiner leben, ganz gewiß nicht, wenn er zur Karte Nummer I verdammt war. Die Frauen räumten Trümmer, damit sie wenigstens die Nummer II bekamen. Darüber redete ihr Vater eine Weile und fügte hinzu: »Aber dir geht es wohl ganz gut.«

»Wenn du meinst, ob ich genug zu essen habe, ja, das habe ich. Wir bekommen die Karte Nummer V.«

»Sieh an, sieh an«, ihr Vater nickte, wieder mit dem schiefen Grinsen im Gesicht.

»Ich habe überhaupt nicht gehungert«, sagte Constanze aggressiv. »In Königsberg gab's noch gut zu essen. Dann auf einem Gut in Ostpreußen, da mußte man nicht hungern, dann war es ein Schloß in Mecklenburg, da war es überhaupt ganz toll. Und zuletzt auf einem Hof in Mecklenburg, da ließ es sich auch leben.«

»Da bist du also immer in der Obhut der Russen gewesen. Und darum gefällt es dir immer noch.«

»Und jetzt kriege ich die Fünf, weil ich Künstlerin bin. Alle Theater sind ausverkauft.«

»Nur Gründgens ist euch abgehauen. Recht hat er. Mal sehn, wie lange es bei euch gutgeht.«

Ihr Vater griff in ein Kästchen, das neben ihm stand, und bot ihr eine Zigarette an. Amerikanische, wie sie sah.

Dann sagte er: »Kaum zu glauben. Der Iwan war kaum hier, Berlin rauchte noch, da ließen sie Theater spielen und Konzerte veranstalten. Es dauerte damals im Mai nur ein paar Tage, da machten sie in Kultur.«

»Na ja«, sagte Constanze, friedlicher gestimmt, das machte die Zigarette aus, »sie sind eben ein altes Kulturvolk.«

»Muß wohl so sein.«

Der Oberstudienrat Lindemann sah schlecht aus, er war mager und alt geworden. Constanze empfand plötzlich Mitleid. Er war ihr Vater. Gab es denn sonst noch einen Menschen, der zu ihr gehörte?

»Du hast doch immer gern Dostojewski gelesen.«

»So ist es.«

»Wenn ich dir mal etwas bringen darf, ich meine, was zu essen oder so …«

»Bemüh dich nicht, Tochter. Wir kommen schon durch. Dora ist recht tüchtig. Und der Schwarze Markt funktioniert sehr gut.«

Dora war die Frau, mit der er jetzt lebte.

Sicher war es gut, daß sie für ihn sorgte. Wovon lebte er eigentlich? Seinen Beruf durfte er als ehemaliger Parteigenosse nicht mehr ausüben, und eine Pension bekam er vermutlich auch nicht.

»Wenn ich dir helfen kann«, begann sie noch einmal …

Er nahm einen tiefen Zug aus seiner Zigarette, seine Wangen waren hohl, totenbleich.

»Wenn die Amerikaner erst kommen und uns befreien«, sagte er, »dann wird sich alles ändern.«

»Und was bedeutet das? Wieder Krieg?«

»Kann sein«, sagte ihr Vater gleichmütig.

»Soviel ich weiß, konntest du die Amerikaner ja früher nicht besonders gut leiden.«

»Es ändert sich manches. Ich jedenfalls möchte nicht für den Rest meines Lebens in einem kommunistischen Staat leben.«

»Das möchte ich auch nicht.«

»Womit wir ausnahmsweise mal einer Meinung wären. Willst du noch eine?« Er bot ihr wieder die Zigaretten an.

»Danke, nein. Nicht so schnell hintereinander.«

Sie hatte noch nichts gegessen an diesem Tag, die hastig gerauchte Zigarette war ihr zu Kopf gestiegen. Eugen hatte auch amerikanische, doch meist rauchte er russische.

Dann kam die Frau ins Zimmer, die jetzt das Regiment in dieser Wohnung und über ihren Vater führte. Constanze hatte sich schon gewundert, daß sie so lange mit ihm allein hatte sprechen können. Dora sah ganz wohlgenährt aus, auch ihre Kinder, wie Constanze noch feststellen konnte, ehe sie ging. Doch in der Wohnung ihrer Eltern fehlten die Bilder, fehlten die Bücher, und sicher auch, dachte sie, Mamis Kleider und Mamis Pelze.

Aber die brauchte sie nun wohl nicht mehr.

»Würdest du mir bitte die Adresse meiner Mutter geben?« fragte sie.

»Ich habe sie nicht mehr. Ich habe sie weggeschmissen.«

»Gib mir ein Stück Papier«, sagte sie.

Der Oberstudienrat sah seine Dora an. »Haben wir ein Stück Papier?«

»Wozu denn?« fragte sie überheblich.

Constanze blickte sich um. »Ich kann mir nicht vorstellen, daß es in der Wohnung meines Vaters keinen Fetzen Papier gibt«, sagte Constanze zornig.

»Papier ist knapp«, bekam sie zur Antwort.

Constanze ging zum Schreibtisch ihres Vaters, schlug ein Buch auf, das dort lag. Zu ihrer Überraschung war es von Hemingway. Sie nahm den Bleistift, der ebenfalls auf dem Schreibtisch lag, und schrieb auf die Titelseite des Buches ihre Adresse.

»Schmier nicht meine Bücher voll«, sagte ihr Vater.

»Nur meine Adresse. Du kannst sie wieder ausradieren, wenn du ein anderes Stück Papier gefunden hast. Wir wohnen jetzt in Pankow.«

»Warum nicht gleich in Karlshorst?« fragte ihr Vater höhnisch.

In Karlshorst residierte die russische Kommendatura.

Immerhin brachte er sie zur Tür.

»Und …«, fragte er leise, »geht es dir gut?«

»Nein«, erwiderte sie ebenso leise, »gut geht es mir nicht. Ich muß sehen, wie ich durchkomme. Und, Vater, eine Kommunistin bin ich nicht. Ich werde nie eine werden.« Sie beugte sich zu ihm, flüsterte: »Und sobald ich kann, gehe ich in den Westen.«

»Ja, ich denke auch, daß du das tun solltest.«

»Und du, Vater?«

»Für mich ist es zu spät. Ich muß hier auf die Befreiung warten.«

Befreiung!

Das Wort blieb ihr im Ohr, als sie zurückfuhr in den Osten.

Befreit worden sind wir im Mai 1945. Und nun warten wir schon wieder auf eine Befreiung.

Und er spricht von Krieg.

Dann kam die Blockade, die Flucht in den Westen rückte in weite Ferne. Die Trennung dieser Erde in zwei Teile war nun deutlich und schrecklich sichtbar geworden.

Doch ein anderes Ereignis trieb Constanze vollends in Panik: Sie wurde schwanger.

Nein, nicht noch einmal, das nicht.

»Wir könnten heiraten«, schlug Eugen vor. »Ich hätte gern ein Kind mit dir.«

Constanzes Augen funkelten, wie sie damals auf dem Lumin-Hof gefunkelt hatten, plötzlich war alles wieder da.

»Ein Kind? In dieser Zeit?«

»Was hast du an der Zeit auszusetzen? Es geht uns gut.«

»Ein Kind für die Kommunisten? Nicht mit mir.«

»Sei nicht albern, meine Schöne.«

»Ich will in den Westen, das weißt du doch.«

»Dann geh mal in deinen Westen. Lange gibt es den sowieso nicht mehr. Diese korrupten Amerikaner werden bald die Nase voll haben von Deutschland.«

»Sie fliegen jede Nacht. Sie bringen den Menschen zu essen und Kohlen.«

Er lachte. »Genug, um zu verhungern. Die Menschen haben keinen Strom, denn der kommt von uns. Sie haben nichts zu essen, sie sind arbeitslos. Die Zukunft liegt hier. Hier bei uns. Was denkst du, wie lange sich Stalin das noch ansieht. Dann schnappen wir uns ganz Berlin, und was darum liegt, gehört uns sowieso. Siehst du, wie dumm deine Amerikaner sind? Sie haben uns alles gegeben, nur so. Und das bißchen Deutschland, das noch da drüben liegt, das holen wir uns auch. Was denkst du, wie schnell sie umfallen, wenn wir kommen. Die haben nicht einmal Soldaten.«

»Die Amerikaner …«

»Ach, hör auf mit deinen Amerikanern. Zunächst haben sie alles kaputtgemacht: erst die Bomben, dann die Besatzung, als nächstes die Entnazifizierung, dann die Demontage. Dieses Land da drüben, dieses Restdeutschland, wird niemals auf die Beine kommen, die taugen nichts. Wenn die Rote Armee einmarschiert, werden sie alle den Schwanz einziehen, und als erstes deine Amerikaner.«

»Sie haben die Atombombe.«

»Denkst du, Stalin hat sie nicht? Aber wer auch immer sie hat, die ersten, die daran glauben müssen, sind wir.«

»Wer wir?«

»Die Deutschen.«

»Also wir auch. Du bist doch Deutscher. Ist es dir so gleichgültig, was aus deinem Vaterland wird?«

»Sagtest du Vaterland?«

»Ja, das habe ich gesagt.«

»Seltsame Töne aus deinem Mund. Wenn Deutschland den Krieg gewonnen hätte, wenn Hitler nicht so dumm gewesen wäre und sich wirklich mit Stalin verbündet hätte, dann hätten wir heute die Herrschaft über die Welt.«

»Die Weltrevolution, ich weiß. Eine Welt unter kommunistischer Herrschaft.«

»Schau, meine Schöne, sei auch du nicht so dumm. Es ist doch egal, wie das heißt. Die Bolschewiken, deine Bolschis, oder die Nazis, die sich ja auch Sozialisten nannten, wo ist denn da der Unterschied? Sie sind sich nicht nur ähnlich, sie sind gleich. Nur euer Hitler war zu dumm, um das zu begreifen.«

Euer Hitler hatte er gesagt. Nicht unser Hitler.

Constanze senkte die Lider, blickte auf ihre zitternden Hände. Sie war krank, sie war kaputt. Sie wollte nicht mehr.

Wo kam er her, dieser Mann, mit dem sie nun seit drei Jahren zusammenlebte? Wer war er? Was tat er?

»Es kommt nur auf die Macht an«, sprach Eugen weiter. »Und die hat nun mal die Sowjetunion. Schau dir doch mal einen Globus an. Die Sowjetunion, China und alles, was drumherum und darunter liegt, das gehört alles uns. Deutschland? Das ist voriges Jahrhundert. Japan, da draußen? Für alle Zeit zerstört. Du bist hier auf der Seite der Sieger. Hitler hätte dabeisein können, doch das hat er verpatzt. Schade um unser schönes Land, schade um Berlin, das sage ich auch. Aber warte nur, wie das in zehn, in zwanzig Jahren hier aussieht. Wir sind keine Russen. Wir werden einen wunderbaren Staat hier aufbauen.«

»So lange kann ich nicht warten«, sagte Constanze traurig.

»Brauchst du nicht. Du bekommst erst mal das Kind, und dann werde ich dir ein Engagement im Berliner Ensemble besorgen. Falls du dann noch willst.«

»Was soll das heißen, wenn ich dann noch will?«

»Frauen ändern manchmal ihre Meinung, sogar ihr ganzes Leben, wenn sie ein Kind geboren haben. Vielleicht willst du dann gar keine Schauspielerin mehr sein, sondern lieber Mutter.«

»Ich glaube, du spinnst.«

Sie warf ihm einen haßerfüllten Blick zu, dann reichte sie ihm ihr Glas. Sie tranken keinen Wodka, sondern Whisky.

»Werdende Mütter sollten nicht soviel Alkohol trinken«, warnte er.

Damals habe ich viel getrunken, dachte Constanze, erst auf Schloß Groß-Landeck, Wein und Champagner, dann bei den Lumins Korn und Wodka. Der Bastard ist trotzdem auf die Welt gekommen.

»Ich bin keine werdende Mutter.«

»Ungewohnte Rolle, wie? Du wirst dich daran gewöhnen.«

»Das denkst du.«

»Ich denke beispielsweise, daß es gut sein wird, wenn ein Kind in unserer schönen neuen Welt aufwächst. Ich denke in historischen Dimensionen. Wir haben immer nur Europa gesehen. Aber seit Napoleon das Heilige Römische Reich Deutscher Nation zerstört hat, ist alles anders geworden. Das neunzehnte Jahrhundert? Ein Vorspiel, alles reifte dem Untergang entgegen. Der Erste Weltkrieg? Ein Schlußakkord. Wenn sie nur nicht so dumm gewesen wären, die Sieger jenes Krieges. Dann hätte es keinen Hitler gegeben. Aber es gab die Sowjetunion, sie war eine Geburt des Krieges, die das Habsburger Reich, das Deutsche Reich, die preußische Vorherrschaft zerstörte. Also, wenn er nicht so dumm gewesen wäre, dein Hitler, dann hätte er zu den Siegern gehört.«

»Er ist nicht mein Hitler«, sagte Constanze wütend. Sie stand auf und füllte ihr Glas diesmal selbst, bis zum Rand.

Eugen lächelte, legte beide Arme um sie und küßte sie auf den Mund. »Vielleicht hast du recht, meine Schöne. Kein Kind, keine Heirat, keine Bindung. Es ist übrigens unsere letzte Flasche Whisky. Wir müssen Jonathan bitten, uns Nachschub zu bringen, wenn er das nächstemal kommt.«

Jonathan war Eugens Freund, der einzige Freund, wie er immer betonte. »Der einzige Mensch, dem ich vertraue«, hatte er einmal gesagt, als Constanze wissen wollte, wer dieser Jonathan eigentlich sei, was er tue. Doch darüber erhielt sie keine Auskunft. Sicher war Jonathan auch nicht sein richtiger Name. Erstaunlicherweise wohnte er im Westen, war aber manchmal hier zu Besuch, und aus den Gesprächen der Männer konnte Constanze entnehmen, daß dieser Freund nicht zu den Genossen gehörte.

Eine Woche später ließ Constanze abtreiben, Eugen nahm es schweigend zur Kenntnis. Es ging ihr einige Zeit lang nicht sehr gut, sie fühlte sich krank und elend, mußte eine Rolle, für die man sie verpflichtet hatte, absagen.

Es kam zu keiner Umarmung mehr, Eugen war liebevoll zu ihr wie immer, doch er verstand, daß sie nicht mit ihm schlafen wollte.

Er ließ sogar die Wohnung umräumen, sie hatte jetzt ihr eigenes Zimmer. Manchmal lag sie lange wach, sie war unglücklich und verzagt, auf einmal hatte sie Angst vor der Zukunft. Wie lange würde es dieser Mann noch mit ihr aushalten? Und was war aus der erträumten Karriere geworden? Alle Rollen, die sie gern gespielt hätte, waren in weite Ferne gerückt, sie mußte dankbar sein, wenn man sie wieder einmal für einen albernen Film verpflichtete, denn inzwischen waren jüngere, hübschere Mädchen in den Studios. Die Blockade war vorüber, aber Constanze sagte nicht mehr: Ich will in den Westen.

Auch Gila sprach nicht mehr davon, denn sie hatte nun einen amerikanischen Freund, ihr ging es gut, sie bekam eine neue Wohnung und schien mit ihrem Leben zufrieden zu sein.

»Wir sind nun mal in diese Scheißzeit hineingeboren«, sagte sie.

»Man muß versuchen, das Beste daraus zu machen. Ich höre bei der DEFA auf, Jack ist dagegen, daß ich dort arbeite.«

»Und was wirst du machen? Von ihm leben?«

»O nein, bestimmt nicht. Man weiß ja nie, wie lange so ein Verhältnis dauert. Er nennt es Liebe. Sehr schön, aber wenn er morgen zurückbeordert wird nach Seattle, ist er weg, nicht wahr? Also!«

»Und also was?«

»Ich verhandle mit dem Schloßparktheater, mit Barlog. Ich kenne einen netten Jungen, der ist dort Dramaturg. Wenn ich in der Kostümabteilung arbeiten könnte oder bei den Bühnenbildnern, meinetwegen auch als Schneiderin, ich kann das ja. Man wird sehen.«

Gila war kein Trost mehr. Und dann auf einmal reiste Constanze doch in den Westen, ganz plötzlich, von heute auf morgen.

Eugen war wieder einmal verreist, seit mehreren Wochen schon, und Constanze zählte das Geld, das knapp geworden war.

Es war ein heißer Tag im August des Jahres 1951. Seit einem Jahr war Walter Ulbricht Generalsekretär des Zentralkomitees der SED, ein Ereignis, das Constanze gar nicht zur Kenntnis genommen hatte, es interessierte sie nicht.

Da erschien eines Morgens unangemeldet Jonathan. Constanze war gerade erst aufgestanden, sie blieb jetzt immer lange im Bett, sie war träge, unlustig, ein Zustand, der im Grunde nicht zu ihr paßte.

»Pack deine Sachen, Constanze. Nur das, was du dringend brauchst. Ich habe einen Flug bei der Air France nach München für dich gebucht. Heute nachmittag.«

»Was hast du? Einen Flug nach München? Heute noch? Aber das geht doch gar nicht.«

»Das geht schon, wenn ich das mache. Ohne weitere Formalitäten, ich werde dir genau sagen, was du tun mußt. Du wolltest doch immer in den Westen.«

»Um Gottes willen, Jonathan.« Sie griff sich in altgewohnter Art ins Haar, hob es hoch.

»Mach dich gut zurecht. So wie du jetzt aussiehst, geht es nicht.«

Das war nicht freundlich gesprochen, sie blickte in den Spiegel. Sie war blaß, ihre Wangen hohl. Sie hatte viel getrunken, viel geraucht in letzter Zeit, und das Gesicht, das ihr aus dem Spiegel entgegensah, gefiel ihr selbst nicht.

»Also entschuldige, ich bin gerade aufgestanden …«

»Es ist elf Uhr. Also komm, Constanze, reiß dich zusammen. Du bist eine berühmte Schauspielerin, die ein Engagement in München antritt. Und so mußt du aussehen. Du hast doch Verwandte in München.«

»Ja, meine Tante. Eine Sängerin.«

»Na bitte. Also, beeil dich!«

Agnes Meroth, die Schwester ihrer Mutter. Sie hatte sie seit zehn Jahren, seit zwölf Jahren nicht gesehen. Vielleicht war es auch schon länger her. Eine Vorstellung im National-theater, Agnes Meroth sang die Isolde. Sie war mit Mami in der Oper gewesen, und ein wenig hatte sie sich gelangweilt. Sie war fünfzehn damals.

»Aber das geht doch nicht so schnell. Wann komme ich denn zurück?«

»Überhaupt nicht. Du wolltest doch in den Westen, oder?«

»Sicher. Ich komme nicht zurück? Und wenn Eugen kommt?«

»Er kommt auch nicht zurück. Er hat die Seiten gewech-selt. Er ist in Kanada.«

»In Kanada?«

»Bis auf weiteres, ja.«

»Er hat die Seiten gewechselt? Was soll das heißen?«

»Stell dich nicht so dumm.«

Du bist auf der Seite der Sieger. Hatte er das nicht gesagt?

»Los, pack, und dann schmink dich! Du mußt erstklassig aussehen.«

»Er kommt nicht zurück.«

»Constanze, wir haben keine Zeit. Tatsache ist, das mußt du doch wissen, daß Eugen sich mit Ulbricht nicht vertragen hat.«

»Ich weiß es nicht.«

»Dann weißt du es jetzt. Du mußt weg. Sie werden dich abholen und verhören. Sie wissen, daß du mit Eugen zusam-mengelebt hast, sie werden Fragen stellen. Sie werden dich einsperren.«

»Mich?«

»Ja, dich. Ich weiß auch erst seit drei Tagen von Eugens Streit mit Ulbricht. Ich konnte ihm zur Ausreise verhelfen. Das Zentralkomitee weiß, wer du bist, also beeil dich.«

»Er kommt nicht zurück«, wiederholte sie töricht. Und dann, total verwirrt: »Ich habe kein Geld.«

»Ich gebe dir, was du für die erste Zeit brauchst. Und deine Tante, falls sie noch lebt und da ist, wird dir wohl was zu essen geben. Nun mach schon.«

Es war der erste Flug ihres Lebens, aber sie kam nicht dazu, Angst zu haben. Geschminkt, in ihrem elegantesten Kostüm saß sie in der ersten Klasse. Die Stewardeß servierte ihr lächelnd Champagner.

»Merci«, flüsterte Constanze. »Merci bien.« Sie dachte nicht an Mami, nicht an ihren Vater, auch nicht an Gila. Sie dachte nur: Er ist eben doch ein verdammter Spion.

Die Tänzerin

MITTEN IM GRAND BATTEMENT ließ sie die Stange los, sank mit einem leisen Seufzer zu Boden und blieb regungslos liegen.

Die Mädchen unterbrachen die Übungen, Sorell lachte spöttisch.

»Ah, pauvre petite! Bald wird sie tot sein wie er.«

Madame Lucasse klopfte mit dem Stock auf den Boden.

»Ksch!« machte sie, es klang wie das Zischen einer Schlange. »Attention! Marguerite, dein rechtes Bein hängt durch. Continuez!« Ein scharfer Blick ließ Sorells Lachen verstummen. »Votre echapé est impossible. Encore!«

Die Mädchen griffen wieder nach der Stange. Sorell sprang. Madame Lucasse ging zu Cordelia, tippte leicht mit dem Stock auf ihre Schulter. »Steh auf!« sagte sie leise.

Cordelia war nicht bewußtlos, sie hatte sich nur fallen lassen, überwältigt von Schmerz, als sie wieder das entsetzliche Bild vor sich sah. Wie er zusammensank, getroffen von der tödlichen Kugel.

»Steh auf!« wiederholte Madame Lucasse energisch.

Cordelia blickte mit tränengefüllten Augen zu ihr auf.

»Er darf nicht tot sein«, flüsterte sie.

»Er ist tot. Komm mit!«

Cordelia stützte sich auf den rechten Arm, als würde sie nie mehr aufstehen können, sie war wie gelähmt.

Diesmal war es ein Schlag mit dem Stock. Cordelia richtete sich mühsam auf.

Madame griff nach ihrer Schulter, schob sie vor sich her aus dem Saal. Im Vorraum schubste sie das Mädchen auf eine Bank. Aus dem Saal hörte man Bonzos hämmerndes Klavierspiel. Über Cordelias Wangen liefen Tränen.

»Er ist tot. Ich bin auch traurig. Wir sind alle traurig.«

Sie blieb vor Cordelia stehen, tupfte ihr mit dem Finger die Tränen von den Wangen. Dann zog sie das kleine Taschentuch aus ihrer Gürtelschnalle. »Hier.«

Daran ist nur das verdammte Fernsehen schuld, dachte sie. Weil man es so genau gesehen hat. Wenn man es nur in der Zeitung lesen würde … Dann wäre er auch tot. Aber zu sehen, wie er, noch umtost vom Jubel der Menge, seitwärts auf Jackies Schoß sank, wie sie auf das Heck des Wagens kletterte, wie der Leibwächter in den Wagen sprang, wie sie ihn auf der Bahre ins Krankenhaus schoben – es war wie ein Film. Doch es war kein Film, es war Wirklichkeit.

Später, im Flugzeug, sah man die Blutflecken auf Jackies rosa Kostüm, als Johnson vereidigt wurde.

Sensation! Sensation!

Das Fernsehen machte es möglich, daß man es sah, es miterlebte. Das Attentat auf den Mann, den die ganze Welt liebte.

Die ganze Welt? Madame Lucasse schüttelte den Kopf. Sicher nicht. Es mochte viele geben, die ihn geliebt hatten, geliebt, bewundert, geachtet. Aber es mußte auch solche geben, die ihn gehaßt hatten, sonst hätte man nicht auf ihn geschossen. Von einem Dach aus. Einfach so. Geschossen und getroffen, während die Menschen ihm zujubelten.

Es war nun eine Woche her, und es schien immer noch unfaßbar.

Was mochte sich in Chruschtschows Kopf abspielen? Sicher auch Trauer. Oder Triumph über einen geschlagenen Gegner?

Madame Lucasse schüttelte den Kopf. Wer konnte in die Seelen der Menschen sehen, konnte ihre Gedanken lesen? Gerade das Fernsehen konnte es nicht.

Madame Lucasse konnte das Fernsehen nicht ausstehen. Ihre Welt war das Theater, die Bühne, der Übungssaal. Fernsehen war ihrer Meinung nach vulgär. Es verdummte die Menschen. Ihr Publikum saß da unten. Menschen, die Menschen sehen sollten, keine gestellten törichten Bilder. Nur war es nicht gestellt gewesen, es war wirklich geschehen. Würde das jetzt immer so sein? Mußte man das ertragen, es über sich ergehen lassen?

Cordelia, dieses dumme Geschöpf, hatte John F. Kennedy geliebt. Das hatte sie ausgesprochen, und es war in Madames Augen nichts als kindische Schwärmerei eines jungen Mädchens.

Im Juni, als er durch Berlin fuhr, stehend im offenen Auto, und dann seine Worte vor dem Schöneberger Rathaus: Ich bin ein Berliner ... Sicher, das hatte sie alle beeindruckt.

Und Cordelia sagte hingerissen: »Ich liebe ihn.«

Dieses Mädchen war zu sensibel, bestand nur aus Gefühl. Madame Lucasse wußte es gut genug.

Ein scharfes Wort, ein kleiner Tadel genügten, sie wurde blaß, die schwarzen Augen weiteten sich vor Angst. Das kleinste Lob jedoch ließ sie aufblühen, zauberte dieses strahlende Lächeln in ihr Gesicht, dieses Lächeln, dem keiner widerstehen konnte.

Dann wurde ihre Arbeit besser, ihre Pirouetten immer schneller, ihre Sprünge immer höher, sie schien schwerelos zu sein, sie fühlte keinen Schmerz. Wenn sie am Ende ihre Ballettschuhe auszog und das Blut an ihren Füßen sah, machte sie staunend: »Oh!«

Anfangs war es nur eine Schwärmerei für den amerikanischen Präsidenten gewesen, aber nachdem ihr Onkel nicht mehr da war, steigerte sie sich immer mehr hinein, nannte es Liebe. Die Mädchen neckten sie.

»Wenn du erst berühmt bist«, sagte Marguerite und verdrehte die Augen, »so richtig weltberühmt, dann gastierst du in Washington, und dann kriegst du ihn. Aber beeil dich gefälligst, sonst bist du zu alt. Er kann jede kriegen, die er haben will.«

»Er hat eine so schöne Frau«, sagte Cordelia.

»Du bist viel schöner.«

»Aber du wirst es nie lernen, zu verführen einen Mann«, gab Sorell seinen Senf dazu.

»Du hast es gerade nötig«, sagte Marguerite. »Das Mädchen, das dich verführen kann, wird wohl nie geboren werden.«

Solche Gespräche fanden niemals vor Madames Ohren statt, sie hielt nicht nur auf Ordnung und Disziplin, sondern verlangte Anstand und Sittsamkeit von ihren Tänzern.

Cordelia mochte diese Gespräche auch nicht.

»Du darfst nicht so über ihn reden.«

»Was heißt das? Es spricht doch für einen Mann, wenn die Frauen verrückt nach ihm sind.«

»Er ist der Präsident«, sagte Cordelia andächtig.

»Na und? Deswegen ist er trotzdem ein Mann. Und das gerade ist ja der Gag dabei. Oder denkst du, jemand würde sich für Adenauer oder Herrn Heuss einen Schuh ausziehen? Oder für diesen Russen? Wie heißt der doch gleich? Ich kann mir das immer nicht merken.«

Madames Blick haftete auf der kahlen Wand über Cordelias Kopf. Es würde vorübergehen, auch ein noch so sentimentales Mädchen konnte auf die Dauer nicht einen toten Präsidenten lieben, den es nicht einmal gekannt hatte.

Aber Madame Lucasse kannte den Zusammenhang. Erst war es der Onkel, und nachdem der so oft weg war, mußte es der Präsident der Vereinigten Staaten sein. Angenommen, der von Rußland, dieser Chruschtschow, wäre etwas attraktiver …

Schluß jetzt! Ein Ende mit diesen verrückten Gedanken.

Es kam darauf an, Cordelia wieder auf die Erde zu holen. Wenn wir erst anfangen, die Giselle zu probieren, dann wird sie wieder zu sich kommen. Sie müßte sich mal in einen normalen jungen Mann verlieben. Madame Lucasse widerrief den Gedanken sofort. Ein normaler junger Mann würde es sowieso nicht sein, nicht bei diesem Mädchen. Es müßte wieder ein besonderer Mann sein, und wenn sie liebte, dann würde es eine Katastrophe geben.

Sie seufzte nun auch. Sie kannte das nun lange genug.

Cordelia hatte keinen Freund. Die Verehrer, die vor der Bühnentür auf sie warteten, schaute sie kaum an, sie nahm die Blumen, warf ein paar Handküsse in die Luft, schob die Hand unter den Arm ihres Onkels und ging mit ihm davon.

Jedenfalls war es so bis zum Mai. Dann verschwand der Onkel. Er hatte sich sehr höflich von Madame Lucasse verabschiedet.

»Ich gehe für einige Zeit nach London. Ich treffe dort einen sehr guten Freund. Und dann kommt das Rennen in Ascot und noch verschiedenes andere, was mir Spaß macht. Sie passen gut auf Cordelia auf, nicht wahr?«

Was mir Spaß macht, der Ausdruck war Madame im Gedächtnis geblieben. Tat dieser fabelhafte Onkel eigentlich noch irgend etwas anderes als das, was ihm Spaß machte?

War er sich eigentlich klar darüber, was sein Verschwinden für Cordelia bedeutete? Madame Lucasse hatte zweimal nach ihm gefragt und hatte jedesmal den verlorenen Ausdruck in Cordelias Augen gesehen, nun fragte sie nicht mehr. Genaugenommen war John F. Kennedy der Ersatz für den geliebten Onkel gewesen.

Dabei hatte Cordelia viele Verehrer. Schon als sie nur im Corps tanzte, war man auf sie aufmerksam geworden, nicht nur die Kenner des Balletts, auch Kollegen und Kritiker. Dieser schmiegsame, biegsame Körper, dem man die Kraft nicht anmerkte, dieses schier endlose Verweilen auf der Spitze, ihr hingegebener Ausdruck und dann, manchmal, ihr Lächeln. Die anderen Mädchen waren oft neidisch, sparten nicht mit Bosheiten, doch das kam bei Cordelia gar nicht an, sie zeigte weder Ärger, noch gab sie unfreundliche Antworten.

Sie war ein Traumgeschöpf, das nicht nur auf der Spitze tanzte, sondern eigentlich über der Erde.

Der Neid der anderen hatte sich gesteigert, als Madame sie Ostern die Aurora tanzen ließ. Bei der zweiten Aufführung hatte sich die Primaballerina den Fuß verknackst, weil Zomas sie zu hart aufsetzte.

Es gab einen Riesenkrach, nachdem der Vorhang gefallen war. Ginette humpelte mit schmerzverzerrtem Gesicht von der Bühne.

»Das 'at er mit Absischt getan, diese Cochon. Isch werde ihn umbringen.« Zomas widersprach mit wilden Worten, sie warfen sich gegenseitig ihre Fehler an den Kopf. Tatsache war, sie konnten sich nicht ausstehen. Ginette Durans ließ nur Paris gelten, Zomas berief sich auf seine Eltern, die am Marientheater in St. Petersburg getanzt hatten. Nur dort könne man überhaupt richtig tanzen lernen.

»Die russische Schule ist die einzige wahre Schule für Tanz«, rief er emphatisch. »Mein Vater hat mich gelernt, wie man in St. Petersburg tanzt.«

»Wie alt ist dein Vater denn? Neunzig? Die Stadt heißt seit fast fünfzig Jahren Leningrad.«

»Mein Vater war vierzehn, als die Revolution begann. Und er hat im Kinderballett im Marientheater getanzt. Dort hat er tanzen gelernt.«

»Vor eine Zigeunerwagen 'at dein Vater tanzen gelernt. Problemt, er 'at ausgemistet das Stall.«

Man mußte ›Dornröschen‹ absetzen, das war bedauerlich. Es war eine gelungene Choreographie, ein wunderhübsches Bühnenbild, und die Vorstellung am 10. April, dem Ostermontag, war ausverkauft.

Noch mal ›Parsifal‹ ging nicht, erstens war es nur eine sehr mittelmäßige Aufführung, und zweitens konnte man weder dem Orchester noch den Sängern eine Wiederholung am nächsten Tag zumuten. Wer den ›Parsifal‹ hören wollte, war am Ostersonntag dringewesen. Der ›Zigeunerbaron‹ also? Der lief schon seit Oktober und war sogar im Abonnement schon durch. Die ›Carmen‹ vielleicht? Eine sehr gelungene Aufführung, nur war Eva Barth zu ihren Eltern nach Berlin geflogen, eine andere Carmen hatten sie nicht. Vielleicht wäre sie ja zu erreichen, aber Koller, der den Don José sang, war fürchterlich erkältet. Man hatte schon die ›Traviata‹ am Ostersonnabend durch den ›Figaro‹ ersetzen müssen.

»Vielleicht geht es dem Koller inzwischen besser«, überlegte der Intendant. »Und wenn wir Eva in Berlin erreichen können, kommt sie vielleicht rechtzeitig.«

»Reichlich knapp«, sagte Bensen, der Dramaturg, »Koller ist stockheiser. Ich bezweifle, ob er singen kann.«

Das Gespräch fand am Vormittag des Ostersonntag statt, bisher hatte man immer noch gehofft, daß sich die Verletzung der Durans als nicht so schwerwiegend herausstellen würde. Tänzer waren aus Eisen. Sie tanzten mit verstauchten Füßen und mit gebrochenen Rippen.

»Ich hätte einen Vorschlag«, sagte Madame Lucasse, die bei der Besprechung im Intendantenbüro dabei war.

»Und der wäre?« fragte der Intendant.

»Es bleibt bei ›Dornröschen‹. Cordelia Lumin kann die Aurora tanzen.«

»Aber meine Beste! Sie ist sechzehn. Sie steckt im Corps. Das Haus ist ausverkauft.«

»Von einem Publikum, das Ballett sehen will; Cordelia ist siebzehn. Sie hat die Aurora. Sie kann es.«

»Das gibt einen Skandal.«

Der Meinung waren die anderen Herren auch, bis auf Hasse, den zweiten Kapellmeister. Er dirigierte den ›Zigeunerbaron‹, in dem Cordelia ein Solo hatte, er wußte, was sie konnte.

Das Publikum war zunächst enttäuscht, es kam wegen Ginette Durans ins Ballett, nicht wegen einer unbekannten Anfängerin.

Hinter der Bühne zitterte alles vor Aufregung, am meisten zitterte Cordelia.

Am Morgen hatte sie an der Stange gearbeitet, wie immer. Dann hatte Madame Lucasse die Aurora mit ihr durchgenommen, von vorn bis hinten. Sie mußte todmüde sein.

»Ich kann es nicht. Ich kann es nicht«, flüsterte sie in der Garderobe.

Sie hauchte es noch vor sich hin, als sie im Kulissengang stand.

»Du kannst es«, sagte ihr Onkel hinter ihr und legte die Hand beschwörend auf ihren Arm.

»Und ob du es kannst«, sagte der Inspizient und spuckte ihr über die Schulter.

Sie konnte es, sie war hinreißend, nach dem großen Pas de deux mit Zomas raste das Haus vor Begeisterung.

Am Ende dann noch ein Vorhang, noch ein Vorhang, an Zomas' Hand sank sie immer wieder in einen tiefen Knicks, den Kopf mit dem hochgesteckten Haar gesenkt, dann blickte sie auf, ihr strahlendes Lächeln.

Alexander von Renkow, der mit Beatrice in der Intendantenloge saß, lächelte auch. Was da auf der Bühne geschah, war sein Werk. Er hatte den Weg für dieses Kind gewählt. Beatrice von Renkow streifte ihn mit einem Blick von der Seite. Sie wußte genau, was er empfand.

Der Intendant faßte mit Daumen und Zeigefinger der rechten Hand seine Nasenspitze, immer ein Zeichen großer Zufriedenheit bei ihm. Hasse, der Dirigent, küßte Cordelias Hand, als er vor den Vorhang kam. Und nach dem letzten Vorhang nahm er sie in die Arme.

»Du bist ein Wunder, Mädchen. Du kannst nicht nur tanzen, du hast Musik im Blut. Tschaikowsky muß an dich gedacht haben, als er das schrieb.«

Und Zomas sagte, nachdem er sich den Schweiß aus dem Gesicht gewischt hatte: »Man tanzt wie auf einer Wolke mit ihr. Sie ist viel besser als Ginette.«

»Das sollten Sie Ginette besser nicht hören lassen«, sagte Hasse.

Die Durans erfuhr es natürlich doch. Seltsamerweise ertrug sie es mit Fassung.

»Die Kleine ist mir schon aufgefallen«, sagte sie. »Ich 'abe mir gedacht, daß sie nicht lange bleibt im Corps.«

Ginette Durans war fast vierzig. Sie hatte seit zwei Jahren einen Freund, Besitzer mehrerer Kaufhäuser. Der Mann bewunderte sie, liebte sie, sprach immer wieder von Heirat. Er war vermögend.

Ginette entschloß sich noch in diesem April des Jahres '63, daß sie ihn heiraten würde, und zwar möglichst bald. Solange sie noch *die* Durans war. Es würde ein glanzvoller Abschied von der Bühne sein. Vielleicht holten sie ihr zuliebe noch einmal ›Schwanensee‹ aus der Versenkung. Die Inszenierung war zehn Jahre alt, es war ihr erster großer Auftritt in dieser Stadt gewesen, ein rauschender Erfolg, über Nacht kannte man ihren Namen. War sie *die* Durans.

Noch einmal ›Schwanensee‹? Schon als sie darüber nachdachte, wußte sie, daß sie es nicht mehr schaffen würde.

Also irgendein schönes Solo im Rahmen dieser Abschiedsvorstellung. Und dann mußte sie für immer hierbleiben, in diesem Land, in dieser Stadt. Mit einem Ehemann, ihren beiden Katzen, in dem schönen Haus in Meerbusch. Konnte sie sich mehr wünschen?

Der Traum, nach Paris zurückzukehren, war längst vergangen. Wer war sie dort, heute?

Sie hatte ein schweres Leben hinter sich, eine unfrohe Jugend, ewig zerstrittene Eltern, Ballettausbildung seit der Kindheit, das harte Training, im Corps, dann die ersten Solopartien, dann Krieg.

Der Vater kam in deutsche Kriegsgefangenschaft, die Mutter sagte, daß sie froh sei, ihn loszusein, und ging mit einem neuen Freund nach Bordeaux. Ginette war sehr allein, der Übungssaal, das Theater ihre Heimat. Und die erste große Liebe, ein junger Leutnant der deutschen Besatzung. Er wurde von der Résistance getötet, sie wurde später als Kollaborateurin beschimpft, von der Bühne und von den Kollegen verjagt. Es folgten harte Jahre, sie tingelte für die Amerikaner, erst in Paris, später im Midi, dann ging sie nach Deutschland.

Sie war eine gute Tänzerin, sie hatte eine erstklassige Ausbildung, aber sie verschlampte. Wo und wann es ging, arbeitete sie an der Stange, doch es fehlte die Unterweisung, die Möglichkeit, Neues zu lernen, und vor allem fehlte die Kontrolle.

Das Engagement an dieses Theater im Ruhrgebiet und Madame Lucasse waren wohl die letzte Chance, die sich ihr bot. Sie arbeitete bis zur Erschöpfung. Manchmal, wenn sie von den Proben oder nachts nach einer Vorstellung nach Hause kam, ließ sie sich einfach auf den Boden fallen und blieb liegen, regungslos, eine Stunde, zwei Stunden lang.

Der Erfolg von ›Schwanensee‹ festigte ihre Stellung, sie bekam nun alle großen Rollen, sie war gut, aber es kostete sie alle Kraft, die sie aufbringen konnte. Es war nicht nur, weil sie älter wurde, es war alles, was sie erlebt hatte, der Kummer, das Leid, die Demütigungen, sie kam nie davon frei. Sie reagierte auf Kleinigkeiten mit Bosheit, sie war nicht beliebt im Theater. Und sie war so müde. Das wußte keiner, höchstens Madame Lucasse.

Männer hatte es dann und wann gegeben, aber niemals war es Liebe, so wie damals im Krieg in Paris.

Nun wurde ihr Liebe gegeben. Und Ruhe und Frieden angeboten. Sie betrachtete ihre Situation und ihr Verhältnis zu diesem Mann ganz sachlich. Sie empfand Dankbarkeit, sie würde versuchen, ihm eine gute Frau zu sein.

Deswegen gab es keinen Ärger, als sie von Cordelias Erfolg hörte. Wenn sie jemand die Aurora gönnte, dann diesem Mädchen mit den großen, leicht schräggestellten schwarzen Augen, das jedesmal knickste, wenn es der Primaballerina begegnete.

Cordelia tanzte noch zweimal die Aurora, dann war die Durans wieder gesund. Aber Cordelias Name war nun in der Stadt bekannt, jedenfalls bei den Liebhabern des Balletts. Sie tanzte nach wie vor im Corps, in der ›Traviata‹, in der ›Carmen‹ und ihr Solo im ›Zigeunerbaron‹. Im Mai hatten sie Premiere mit dem ›Walzertraum‹, sie bekam wieder ein Solo und sogar einen kleinen Pas de deux mit Sorell.

Das bekam Onkel Alexander nicht zu sehen, da war er schon in England. Während der Theaterferien war er für kurze Zeit wieder da und brachte sie zu ihren Eltern ins Münsterland.

Ihre Mutter, immer geschäftig, zu laut für Cordelias empfindsame Ohren, ihr Vater, immer still, glücklich mit seiner Arbeit und glücklich, wenn Cordelia da war. Und Olga, hager, aber noch ungebückt, saß in der Sonne und hatte wieder einen kleinen Hund im Schoß, den sie Theo nannte.

Am liebsten war Cordelia bei den Pferden. In den Ställen, auf der Koppel, sie liebkoste die Fohlen, die in diesem Jahr geboren worden waren, sie streichelte die Stuten und redete mit den beiden Hengsten. Allzu ausgiebig durften die Ferien nicht sein. Die Übungen an der Stange durften nicht lange unterbrochen werden, obwohl sie auch hier, die Hand auf dem Koppelzaun, täglich arbeitete.

Als die Spielzeit begann, war Alexander wieder nicht da. Diesmal war er in Amerika.

»Ich muß immer daran denken«, sagte Cordelia an diesem Vormittag, »daß ihm etwas passiert.«

»Es ist kaum anzunehmen, daß jemand auf deinen Onkel ein Attentat verübt«, sagte Madame Lucasse trocken.

»Aber es kann soviel passieren. Mit dem Auto. Er fährt immer so schnell.«

»Das darf er in den Staaten gar nicht.«

»Er fährt überallhin, weil er den Markt studieren muß. Das hat Beatrice gesagt. Und dann fliegt er ja auch viel. Ein Flugzeug kann abstürzen.«

»Ist denn deine Tante nicht mitgefahren?«

»Beatrice ist nicht meine Tante«, sagte Cordelia abweisend.

»Soviel ich weiß, ist er ja auch nicht dein Onkel«, sagte Madame Lucasse vorsichtig.

»Nein. Ich nenne ihn nur so. Damals, als er nach Bayern kam, sagte er zu mir: Ich bin dein Onkel Alexander.« Nun lächelte Cordelia. »Er hat es gar nicht gern, wenn ich ihn Onkel nenne.«

Madame Lucasse sah das Lächeln und seufzte erleichtert. Jetzt waren sie von dem Präsidenten Kennedy glücklich bei dem Onkel gelandet, der kein Onkel war. Ganz genau kannte Madame die Verhältnisse auch nicht. Soviel sie wußte, war Alexander von Renkow ein Jugendfreund von Cordelias Mutter.

Sie legte ihren Zeigefinger an Cordelias Schläfe.

»Wie ist es? Möchtest du arbeiten oder lieber nach Hause gehen?«

»Ich möchte arbeiten. Aber nun werden sie alle wieder über mich lachen.«

»Il n'y a pas de rire«, sagte Madame Lucasse. »Und ich werde euch jetzt gleich verkünden, daß wir für den Karneval eine Premiere planen. Ich denke an die ›Puppenfee‹.«

»Nicht ›Giselle‹?« fragte Cordelia enttäuscht.

»›Giselle‹ paßt nicht in den Karneval. Doch die ›Puppen-fee‹ kann man ganz schön lustig und bunt machen. Da seid ihr alle beschäftigt. Und als Puppenfee wirst du mit Sophia alternieren.«

»Und Madame Durans?«

»Ich glaube nicht, daß sie Wert auf diese Rolle legt.«

»Erst auf die ›Giselle‹, nicht wahr?«

»Die ›Giselle‹ machen wir nächste Spielzeit. Du wirst die Giselle tanzen, vorausgesetzt, du bist sehr, sehr fleißig.« Eine überflüssige Bemerkung, wie Madame Lucasse wußte, flei-ßig war dieses Kind immer. »Und Madame Durans tanzt die Königin der Willis, die Myrtha. Die Rolle wird ihr liegen. Und nun komm! Gehn wir arbeiten. Und wehe, wenn einer zwei Füße auf dem Boden hat.«

Cordelia hatte eine hübsche Wohnung, gar nicht so klein, drei Zimmer, nicht weit vom Theater entfernt, das hatte Alex-ander mit Hilfe von Beatrice arrangiert, und sie bezahlten die Wohnung auch. Und wann immer sie heimkam, zu jeder Ta-ges- oder Nachtzeit, wurde sie von Wilma erwartet. Sie bekam ein Bad eingelassen, Wilma massierte ihr den Rücken oder die Füße, und sie hatte gekocht, kräftige böhmische Küche.

»Sie muß ordentlich essen, Wilma«, so Alexander. »Sie ar-beitet sehr hart, sie verbraucht viel Kalorien. Und Nerven dazu. Du mußt dafür sorgen, daß sie reichlich und mit Muße ißt. Das ist deine Hauptaufgabe.«

Nicht nur die Wohnung, auch Wilma war von Alexander besorgt worden, er hatte sie in der Kantine der Fabrik ent-deckt, wo sie leergegessene Teller und Tassen abräumte und später in der Küche am großen Abwaschtrog stand. Immer mit demselben starren, unbewegten Gesicht. Dabei war sie eine hübsche Frau, Mitte Vierzig etwa. Alexander erkundig-te sich im Personalbüro nach ihr.

Sie war ein Flüchtling aus Böhmen, lebte ganz allein. Erst einige Zeit später, als er sie engagiert hatte, erfuhr er die ganze Geschichte. Ihr Mann war bei der Vertreibung von Tschechen erschlagen worden, ihre kleine Tochter auf der Flucht gestorben, ein Kind von vier Jahren, erschöpft, ver-hungert.

Cordelia war gerade fünfzehn geworden, als Alexander ihr die Wohnung mietete. Er hatte nicht genug Zeit, sie jeden Tag zu den Proben und Vorstellungen zu fahren, es war genug, wenn er sie so oft wie möglich abends abholte. Damals durfte sie schon manchmal im Corps mittanzen und selbstverständlich im ›Nußknacker‹, darin bekam sie ihre erste größere Partie.

Für Wilma begann ein neues Leben, sie hatte für ein Kind zu sorgen, lebte in einer hübschen Wohnung, die sie sorglich pflegte, und sie konnte wieder böhmisch kochen. Auch sie liebte Onkel Alexander.

Alexander I

ALEXANDER VON RENKOW wurde bereits 1950 aus russischer Gefangenschaft entlassen. Er hatte den Krieg relativ gut überstanden, er war, wie sein Bruder Friedrich immer gesagt hatte, ein Lebenskünstler.

Als Soldat war er bis Odessa gekommen und hatte schließlich an der blutigen und schweren Eroberung Sewastopols unter Generalfeldmarschall Manstein teilgenommen. Hier wurde er das einzige Mal verwundet, nicht schwer, ein Streifschuß im Nacken, der nicht einmal zu einem Heimaturlaub reichte.

Er lag einige Zeit in einem Lazarett an einem Kap am Schwarzen Meer, Juni 1942, strahlendblauer Himmel, warm und sonnig, und er sagte zu der hübschen ukrainischen Schwester, die ihn betreute: »Hier könnte ich es für einige Zeit aushalten.«

Der Rückzug blieb ihm erspart, er bekam ein Kommando nach Minsk, bildete hierher verlegte Truppen aus, wurde auch als Dolmetscher beschäftigt, denn seine Sprachkenntnisse waren von Nutzen. Seine Mutter Tanja war Russin gewesen, er hatte die Sprache schon als Kind im Ohr gehabt, und die Babuschka, die seine Mutter einst aus St. Petersburg mitgebracht hatte, sprach überhaupt nur russisch, deutsch lernte sie nie.

In Gefangenschaft geriet er erst auf polnischem Boden, er kam nicht nach Sibirien, sondern in ein Offizierslager in der Nähe von Smolensk, und die Jahre danach waren verglichen mit dem, was andere Gefangene erleben mußten, für ihn leidlich erträglich.

Dennoch war er schwach und mitgenommen, mit den Nerven am Ende, als er schließlich wieder in der Heimat ankam. Der Rücktransport war lang und umständlich gewesen, er kam von einem Lager ins andere, zu essen gab es wenig, und die Angst vor dem, was ihn erwartete, raubte ihm den Schlaf.

Deutschland lag in Trümmern, war zerstört, und nach Mecklenburg konnte er nicht zurück. Daß sein Vater tot war und sein Bruder gefallen, wußte er. Was aus seiner Schwester Inga geworden war, wußte er nicht.

Er beantragte, nach Hamburg entlassen zu werden, in der Hoffnung, dort vielleicht seinen Freund Harald ausfindig zu machen. Allerdings hatte er keine Ahnung, wo der sich befand, ob er nach Hamburg zurückgekehrt war. Hamburg hatte jedoch Zuzugssperre. Auch Berlin war unmöglich.

Also blieb nur Beatrice von Renkow, seine Schwägerin. Er hatte sie nur zweimal im Leben gesehen, bei Friedrichs Hochzeit und dann im Jahr '43 nach Friedrichs Tod. Er erinnerte sich an das prächtige Haus im Ruhrtal, mitten im Grünen gelegen, was die Mecklenburger damals sehr verwunderte, denn sie hatten gedacht, die säßen dort mitten in Rauch und Ruß.

Beatrice hatte einen Vater und zwei Brüder, wohlhabende Leute, oder jedenfalls waren sie es, als Alexander sie kennenlernte. Ob sie noch lebten, was aus ihnen geworden war, das alles wußte er nicht. Die Firma hieß Maschinenbau Kettwig-Ruhr, auch daran erinnerte er sich auf dem verworrenen Weg seiner Rückkehr in ein unbekanntes Deutschland.

Er war am Ende seiner Kräfte, als er schließlich vor dem Haus stand, in dem sie damals, im Herbst '38, die Hochzeit mit der Ruhrpottprinzessin, wie sein Vater die unerwartete Schwiegertochter nannte, feierten. Als er schließlich am Tor der Villa stand, war er drauf und dran, umzukehren. Ihm war schwindlig, er war hungrig und müde, und obwohl es Juni war, schüttelte es ihn vor Kälte.

Irgendwo würde es wohl ein Lager für entlassene Kriegsgefangene geben, hier hatte er nichts verloren.

Er stand und starrte auf das Haus, das er durch die blühenden Bäume nur undeutlich sah.

Egal, wohin, nur weg. Es war eine Zumutung, fremde Leute einfach zu überfallen, sie erinnerten sich seiner wohl kaum, er kannte sie ja auch nur flüchtig.

Er stützte sich mit einer Hand auf das schwere Gitter des Tores, aller Mut, alle Kraft hatten ihn verlassen.

Doch dann kam auf einmal auf dem Weg vom Haus her ein Mann, öffnete weit den einen Torflügel, neigte den Kopf und sagte: »Willkommen, Herr von Renkow.«

Es kostete Alexander Mühe zu sprechen.

»Sie kennen mich?«

»Selbstverständlich, Herr von Renkow. Und wir haben immer gehofft, daß Sie eines Tages kommen würden.«

»Wieso ... wieso wissen Sie, daß ich hier bin?«

»Ich war im ersten Stock und sah Sie durch das Fenster. Bitte, treten Sie ein, Herr von Renkow.«

Wie im Traum ging Alexander den Weg zwischen den blühenden Büschen entlang, trat ins Haus, nachdem der Diener auch diese Tür vor ihm weit öffnete. Die große Halle mit den antiken Säulen erkannte er wieder, und es fiel ihm ein, was Fritz damals, bei der Hochzeit, gesagt hatte. Ziemlich kitschig, was? Die haben eine Großmannssucht hier, Junge, da kannste nur staunen.

»Es ist leider zur Zeit niemand im Haus«, sagte der Diener. »Der Chef ist noch im Werk, und die gnädige Frau ist bei den Pferden.«

Wieder öffnete sich eine Tür.

»Bitte, nehmen Sie Platz, Herr von Renkow. Was darf ich servieren?«

Alexander schüttelte nur stumm den Kopf, doch der Diener brachte nach einer Weile Kaffee, Cognac und eine Flasche Wasser, plazierte alles sorgfältig auf einem runden Tisch.

»Darf es auch eine Kleinigkeit zu essen sein?«

»Danke, nein.«

Doch der Diener erschien kurz darauf wieder, brachte einen Teller mit Schnittchen und sagte: »Die Köchin meint, ein kleiner Imbiß wäre zu empfehlen. Es ist erst fünf, und es wird nie vor acht Uhr gegessen. Manchmal noch später.«

Alexander sah den Mann erst jetzt genauer an, ein schmales Gesicht unter schütterem Haar, und in seinen Augen las Alexander Mitgefühl. Keine Neugier, Mitgefühl. Er trug einen korrekten blauen Anzug, ein weißes Hemd und einen dunklen Schlips.

Ich muß aussehen wie ein Landstreicher, dachte Alexander, die verschmutzte Kleidung, die Haare ungepflegt, ein Dreitagebart.

»Ich wundere mich, daß Sie mich erkannt haben. Und daß Sie mich hereingelassen haben, so wie ich aussehe.«

»Verzeihen Sie, Herr von Renkow, in meinem Beruf lernt man es, einen Menschen nach seinem Gesicht zu beurteilen, nicht nach seiner Kleidung. Außerdem kenne ich Sie. Die gnädige Frau hoffte immer, daß Sie eines Tages kommen würden. Übrigens, mein Name ist Beatus.«

Das fiel Alexander nun auch wieder ein.

»Richtig, Beatus. Ein seltener Name.«

»Darf ich Ihnen Kaffee eingießen, Herr von Renkow? Zucker? Etwas Milch?«

»Danke, sehr freundlich. Ja, bitte, Zucker und Milch, falls es das gibt.«

»Das gibt es.«

Alexander hob die Tasse und trank, seine Hand zitterte ein wenig.

Dann griff er nach einem Schnittchen mit Schinken. Beatus neigte den Kopf, lächelte zufrieden und ging aus dem Zimmer.

Ein Wunder. Es muß ein Wunder sein, daß ich hier sitze, dachte Alexander. Vielleicht ist es auch nur ein Traum.

Beatus sagte zu der Köchin: »Er ist genau so ein hübscher Mensch wie der selige Gatte von der gnädigen Frau.«

»An dem kann ich nichts Hübsches entdecken«, sagte das Hausmädchen, die den Auftritt Alexanders beobachtet hatte.

»Halt deinen dummen Mund«, wies Beatus sie zurecht, »das verstehst du nicht.«

Das Mädchen war noch nicht lange im Haus, aber die Köchin und der Diener konnten sich gut an die Hochzeit erinnern und hatten damals schon festgestellt, daß die Brüder Renkow einander ähnlich sahen.

»Nicht direkt«, hatte die Köchin gesagt. »Aber in der Art, wie sie stehen und gehen. Und wie sie den Kopf tragen, nicht?«

Am allerbesten hatte ihnen der alte Herr von Renkow gefallen, der Schwiegervater der gnädigen Frau.

»Wenigstens einer ist noch übrig«, sagte die Köchin. »Das ist ja schon viel heutzutage. Wir werden ihn schon aufpäppeln.« Und zu dem Mädchen: »Was stehst du noch herum, du Trampel? Geh hinauf und mach das Gastzimmer fertig für Herrn von Renkow. Das große, das Eckzimmer. Und sieh dich genau im Bad um, ob alles da ist.«

Eine Stunde später kam Beatrice. Kühl und beherrscht, wie es ihre Art war, begrüßte sie Alexander, keine Tränen, keine großen Worte. Ihre Gelassenheit erleichterte Alexander den Einstieg in das neue Leben. Ein neues Leben? Eine neue, andere Welt. Ein großes, gut eingerichtetes Zimmer, ein eigenes Bad, von der Badewanne konnte sich Alexander in den ersten Tagen kaum trennen.

Beatrice hatte ihm drei Anzüge gebracht.

»Sie gehören meinem Bruder Fred. Du bist so dünn, sie müßten dir passen.«

»Und was sagt Fred dazu?«

»Der ist nicht da, er studiert in München.«

»So, in München.«

»Da wollte er partout hin. Da sind die Amerikaner, und zu denen wollte er. Er studiert Germanistik und Literatur und Theaterwissenschaft und so was alles. Zu Papas Ärger. Wir sprechen besser nicht von Fred. Und von meinem kleinen Bruder, von dem wird überhaupt nicht gesprochen.«

Alexander sah sie fragend an.

»Er ist '43 in Essen bei einem Luftangriff ums Leben gekommen. Er stand kurz vor dem Abitur, und wir hatten immer Angst davor, daß er nach der Schule eingezogen werden würde. Na ja, und dann …«

Am Abend die Begegnung mit Oscar Munkmann; er war freundlich, er duzte Alexander vom ersten Moment an, legte ihm die Hand auf die Schulter. »Dich kriegen wir schon wieder hin«, sagte er.

Er war nicht überrascht, Beatrice hatte ihn telefonisch verständigt. Der erste Abend war dennoch schwierig. Alexander war nun gebadet und rasiert und gut gekleidet, doch seine Hände zitterten, zu essen fiel ihm schwer.

Der dritte Abend ging schon besser. Die erste Nacht hatte Alexander nicht schlafen können, er lag in dem breiten, sauberen Bett, er zitterte von Kopf bis Fuß, dann weinte er.

Er war allein. Er war allein übriggeblieben. Sein Vater, sein Bruder, seine Schwester, Olga … Sie jedenfalls lebte noch, sie hatte ihm geschrieben. Doch sie war da drüben, auf der anderen Seite der Weltkugel. Da war sein Gut, da war sein Land, die Pferde, die Hunde … alles verloren.

Der Krieg, die Gefangenschaft, ein verlorenes Leben.

Am Nachmittag des dritten Tages ging er mit Beatrice in dem großen Garten spazieren, rundherum blühte es in leuchtenden Farben.

»Daß hier alles so unbeschädigt geblieben ist«, sagte er. »Man hält es kaum für möglich.«

»Wir liegen weit genug von den Städten entfernt. Die Fabrik hat es schon erwischt. Aber nicht so schwer, daß sie nicht weiterarbeiten konnte. Wir bekamen jede Hilfe, unsere Produkte wurden gebraucht. Alles und jedes wurde gebraucht in diesem ausgebluteten Land.«

Unten auf den Uferwiesen spielten ein paar Jungen Fußball, einer davon war Friedrichs Sohn, den Alexander inzwischen kennengelernt hatte.

»Hier sind alle fußballverrückt«, sagte Beatrice. »Das war schon immer so. Daran hat der Krieg nichts geändert.«

Es war ein milder Sommerabend, nach dem Essen saßen sie auf der Terrasse, und Oscar Munkmann redete von seiner Fabrik und im besonderen von der Demontage.

»Konnte uns gar nichts Besseres passieren. Es war alles alt

und verbraucht. Schon vor dem Krieg, und erst recht im Krieg konnten wir nichts Neues anschaffen. Ich wünsche den Engländern viel Spaß mit dem Schrott. Wir können jetzt modernisieren. Du sollst mal sehen, wie es hier in ein paar Jahren aussieht. Wir haben eine vernünftige Regierung, Adenauer ist ganz ein Mann nach meinem Herzen. Und dazu der Marshallplan, ha, du wirst staunen, was wir machen werden.«

Endlich hatte Oscar Munkmann wieder ein Opfer, mit dem er über das reden konnte, was sein Leben erfüllte. Das Werk.

»Wir hatten nie mit Kohle zu tun, nie mit Stahl, woran jeder zuerst denkt, wenn vom Ruhrgebiet die Rede ist. Bei uns waren es immer Maschinen. Weißt du, womit mein Urgroßvater angefangen hat? Er war ein ganz gewöhnlicher Schlosser. Und eines Tages hat er Dampfmaschinen gebaut. Wenn wir nachher hineingehen, zeige ich dir sein Bild, es hängt im Herrenzimmer.«

»Ich habe es schon gesehen«, sagte Alexander. »Eine imponierende Erscheinung, der Urgroßvater.«

»Dampfmaschinen! Die hatten zuerst nur die Engländer. Die mußten importiert werden. Und noch dazu die Leute, die sie bedienen konnten. Mit Dampfmaschinen begann das Industriezeitalter. Und was tat das Volk? Die Menschen zeterten, sie wehrten sich, wie sie sich ja immer gegen alles Neue wehren. Die Dinger würden die Luft verpesten, würden die Menschen krank machen, umbringen. Man hat immer wieder Maschinen zerstört, hat die Hersteller und Arbeiter, die daran arbeiteten, beschimpft und verprügelt. Und wie ist das heute? Heute lächeln wir über Dampfmaschinen, heute sind sie Museumsstücke. Aber sie standen am Anfang, mit ihnen begann der Wohlstand.«

Oscar Munkmann lehnte sich zufrieden zurück und zündete sich eine Zigarre an.

»Und der Maschine gehört die Zukunft, jetzt erst recht. Die Kohle, natürlich ist sie wichtig. Aber Maschinen und Chemie, das ist es, was wir brauchen werden.«

Beatrice lächelte und seufzte ein wenig, sie kannte das alles auswendig. Seit ihre Brüder nicht mehr da waren, mußte sie sich meist die Vorträge ihres Vaters anhören.

»Und weißt du, was ich jetzt machen werde«, fuhr Oscar fort, »wenn der ganze Schrott weggeräumt ist und wenn wir neu anfangen können? Baumaschinen! Das ist die Zukunft. Deutschland liegt in Trümmern. Die Leute werden bauen, bauen, bauen. Häuser, Wohnungen, Geschäfte, Warenhäuser, Fabriken, Bahnhöfe, Flugplätze – über und unter der Erde werden sie bauen, die Stadt, der Staat und jedermann. Und sie werden nicht mit Hacke und Schaufel bauen. Sondern mit Maschinen. Überleg mal, Alexander. Uns ist es bis jetzt nicht schlechtgegangen, aber wir werden soviel Geld verdienen, daß wir nicht mehr wissen, wohin damit.«

»Ach, Papa! Jetzt geht die Fantasie mit dir durch.«

»Fantasie? Hab ich nie gehabt. Bei mir ist alles Wirklichkeit. Klar durchgerechnete Wirklichkeit. Der Krieg? Die Nazis? Alles erledigt. Wartet mal ab, wie das hier in zehn Jahren aussieht.« Er zog an seiner Zigarre und fügte wütend hinzu: »Verdammter Idiot!«

Beatrice sah Alexander an und zog die Brauen hoch. Sie wußte, wem das galt.

»Ich spreche von meinem Sohn«, knurrte ihr Vater. »Zwei Jahre haben wir um ihn gezittert und gebangt. Er war in Italien, hat den ganzen Rückzug mitgemacht. Dann wurde er Gott sei Dank verwundet, nicht zu schwer, ein Steckschuß in der Hüfte. Lag erst dort im Lazarett, und dann konnte ich organisieren, daß er nach Hause kam. Wurde hier operiert, und ich habe dem Arzt und dem ganzen verdammten Krankenhaus Lebensmittel besorgt, daß sie daran platzen konnten. Jawoll, die Verbindungen hatte ich. Damit es möglichst lange dauert. Damit sie möglichst lange an ihm herumbasteln. Er fand das auch ganz gut, mein Herr Sohn. Sprach plötzlich nur noch italienisch. Oder das, was er darunter verstand.«

»Er spricht recht gut italienisch«, warf Beatrice ein. »Er nahm Unterricht, während er im Bett lag und später, als er hier bei uns lag. Bei Giordano. Der hat bei uns im Werk gearbeitet.«

»Ein tüchtiger Mann, erstklassiger Ingenieur. Ich habe ihn aus dem Kriegsgefangenenlager geholt, nachdem die Italiener umgeschwenkt hatten. Jetzt ist der Döskopp zurück zu den Itakern. Aber ich hoffe, daß er wiederkommt, bei denen ist es jetzt auch nicht so rosig. Ich könnte ihn gut gebrauchen.«

»Fred war ganz besessen von italienischer Musik«, erzählte Beatrice. Da sie nun schon von ihm sprachen, konnte sie ein paar Erklärungen dazu abgeben. »Er kannte den ganzen Rossini auswendig.«

»Auch schon was«, sagte der Alte. »Kann ja sein, Rossini hat gute Musik gemacht. Ob Fred das kann, ist eine andere Frage.«

»Bestimmt nicht die Art von Musik, die Rossini gemacht hat. Aber jedenfalls haben wir ihn gut über den restlichen Krieg gebracht. Er wollte Musik studieren.«

»Ja, wollte er. Angeblich. Nur weil er ein bißchen Klavier spielen kann.«

»Er spielt sehr gut«, verteidigte Beatrice ihren Bruder. Sie blickte besorgt auf Alexander, sie sah, daß er totenblaß war, daß seine Hände zitterten.

»Na gut, und was macht er jetzt?« fragte Oscar Munkmann.

»Jetzt will er zum Theater.«

»Er will Schauspieler werden?« fragte Alexander höflich. Er war müde. Der schwere Rheinwein, den sie tranken, stieg ihm zu Kopf. Er konnte immer noch nur wenig essen.

»Schauspieler!« schnaubte Oscar. »Dazu braucht man keine Universität, oder?«

»Er will Regisseur werden, am liebsten bei der Oper«, berichtete Beatrice. »Ins Theater ist er immer gern gegangen. Ich übrigens auch.«

Alexander schwieg. Was sollte er auch dazu sagen? Fred lebte, vielleicht hinkte er ein wenig, da war er als Regisseur zweifellos besser dran als auf der Bühne. Alexander sprach es nicht aus. Es war zuviel von ihm verlangt, sich um die Zukunft von Fred Munkmann zu sorgen.

»Warten wir es ab«, sagte Beatrice friedlich.

»Abwarten! Abwarten! Dazu haben wir keine Zeit. Ich bin auch nicht mehr der Jüngste.«

Er mochte Mitte Sechzig sein, nur mittelgroß, doch sehr kräftig, kein graues Haar war in seinem dunklen Schopf.

Der Diener Beatus hatte inzwischen eine neue Flasche aufgezogen, füllte die Gläser wieder.

»Prost!« sagte Oscar Munkmann.

Alexander nahm widerwillig einen Schluck. Er war dankbar, daß er hier sitzen konnte, in der milden Sommerluft auf der Terrasse über der Ruhr. Doch er sehnte sich nach seinem Bett. Nach diesem wunderbaren sauberen Bett. Er sehnte sich nach Ruhe, nach Alleinsein.

Das war nicht der Alexander von einst. Das war der Alexander von heute. Der Alexander von morgen? Den gab es nicht. Noch nicht.

Von dem anderen Sohn, dem jüngsten, von Dieter, wurde nicht gesprochen.

Alexander sagte: »Was immer Fred auch machen wird, Herr Munkmann, sind Sie nicht froh, daß er überlebt hat?«

Oscar Munkmann gab ihm einen schiefen Blick.

»Warum redest du mich immer noch so feierlich an, Herr Schwager. Du gehörst doch jetzt zur Familie.«

Beatrice lachte. »Er ist mein Schwager, Papa. Und zu mir sagt er auch noch Sie.«

»Das ist die norddeutsche Steifheit«, sagte Oscar Munkmann. »Hier sind wir nicht so. Du hast nicht zufällig irgend etwas Brauchbares gelernt, Herr Schwager?«

»Ich war Offizier, erst bei der Reichswehr. Dann bei der Wehrmacht. Und ich habe auf einem Gut gearbeitet. Und ein paar Semester Nationalökonomie studiert, in Göttingen.«

»Na, das ist ja schon was. Ich kann dich zum Verkaufsdirektor machen.«

»Jetzt ist aber Schluß, Papa«, sagte Beatrice.

»Ich wünschte, Fred würde so was studieren.« Er trank sein Glas aus bis zum letzten Schluck, winkte Beatus, blickte auf Alexanders Glas.

»Schmeckt dir der Wein nicht? Willst du lieber ein Bier?«

»Der Wein schmeckt großartig. Ich bin … ja, ich bin es nur nicht mehr gewöhnt, Wein zu trinken.«

»Du wirst dich wieder daran gewöhnen. Wenn ich bloß an früher denke, an 1920. Die Ruhrbesetzung, die Kämpfe, die Aufstände. Die verdammten Franzosen haben uns fertiggemacht. Sie nur sind schuld an dem, was passiert ist. Sie gehörten nach Nürnberg. Ohne den Versailler Vertrag hätte es keinen Hitler gegeben. Habe ich das nicht immer gesagt, Beatrice?«

»Ja, Papa, das hast du gesagt.«

»Es kam, wie es kommen mußte. Diesmal haben uns die Briten und die Amerikaner fertiggemacht. Haben uns die verdammten Bomben auf den Kopf geschmissen. Du weißt ja nicht, wie es hier überall aussieht. Aber nicht mehr lange, das verspreche ich dir. Wir werden aufbauen. Und wie wir aufbauen werden!«

»Die Städte, die Häuser, die Fabriken«, sagte Alexander leise. »Die Menschen nicht.«

»Tot ist tot«, sagte der Alte wütend. »Du weißt doch, was das heißt bei euch zu Hause. Oder nicht?«

Beatrice legte ihre Hand sanft auf Alexanders, die verkrampft auf der Sessellehne lag.

»Jetzt gehen wir schlafen«, sagte sie. »Und morgen fahren wir zu den Pferden. Oder möchtest du lieber nicht?«

»Doch«, sagte Alexander mühsam. »Ich möchte gern deine Pferde sehen.«

Er hatte so viele sterbende und tote Pferde gesehen. Und an die Pferde daheim mochte er nicht denken. Was wohl aus ihnen geworden war. Tot, verreckt, erfroren, verhungert, zusammengeschossen auf dem Marsch nach Rußland. In diesem Augenblick hatte er das Gefühl, daß er sich niemals, nie und nie wieder in seinem Leben zurechtfinden könnte.

Fast hatte er Sehnsucht nach dem Lager, nach dem Schachspiel mit Iwan Petrowitsch, nach dem Appell am Morgen und am Abend, nach der dünnen Suppe, nach dem Gedanken, dem Gefühl, es ist alles vorbei. Laßt mich endlich sterben.

»Übrigens«, sagte Oscar Munkmann und drückte seine Zigarre im Aschenbecher aus, »will ich dir gleich etwas mitteilen. Nur damit du Bescheid weißt. Ich war auch in der Partei. Ging gar nicht anders. Sie haben sich große Mühe gegeben, daß ich da eintrat. Den Engländern ist das ziemlich egal, sie machen nicht so einen Zirkus draus wie die Amis. Stört dich das?«

»Nein«, sagte Alexander, »es ist mir auch egal.«

Dann lag er endlich in diesem wunderbaren Bett. Das Fenster war weit geöffnet, die Luft war rein und klar. Und in dieser Nacht schlief er zum erstenmal tief und fest.

Alexander II

ER HATTE WIRKLICH ein leichtes Leben gehabt. Zwar war seine Mutter gestorben, als er drei Jahre alt war, er hatte kaum eine Erinnerung an sie. Doch das Leben auf dem Gut war festgefügt, ging seinen gewohnten Gang, da war sein Vater, war sein älterer Bruder, die kleine Schwester, das bewährte Personal, und vor allem war da Olga. Die Babuschka blieb noch ein paar Jahre, sprach nur russisch und weinte viel, doch sie liebte die Kinder, die Kinder ihrer Tanja. Dann brachte man sie zurück nach St. Petersburg, kurz ehe der Krieg begann.

Max von Renkow hatte Tatjana als junger Mann kennengelernt, während einer der üblichen Bildungsreisen in St. Petersburg. Sie war die Tochter eines bekannten Wissenschaftlers, Professor der Chemie, an der Universität von St. Petersburg, zudem Mitglied der Akademie der Wissenschaften in Berlin. Max war zutiefst beeindruckt von der Stadt an der Newa, von ihren Palästen, ihren Brücken, ihren Theatern. Das kannte er von Mecklenburg nicht. Aber am meisten beeindruckte ihn die zarte Tatjana. Er kam zurück und erklärte seinem Vater: »Ich will sie heiraten.«

Das war vor der Jahrhundertwende, die Beziehungen zu Rußland waren, dank Bismarck, die besten.

Tanja war siebzehn, und es dauerte noch zwei Jahre, bis er sie heiraten durfte.

Sie beklagte sich nie, daß sie das glanzvolle St. Petersburg mit einem schlichten Gut in Mecklenburg eintauschen mußte. Es war Liebe auch bei ihr, es wurde eine glückliche Ehe.

Zwei Söhne hatte sie schon geboren, doch dann starb sie bei der Geburt ihrer Tochter Inga.

»Sie war wie ein Windhauch«, sagte Max von Renkow später, »sie hätte kein drittes Kind bekommen dürfen.«

Das machte er sich später zum Vorwurf. Darum wohl behütete er sorglich seine Tochter Inga, die genau so ein zartes Geschöpf war wie die Mutter, und darum auch konnte er sich mit dem kraftstrotzenden Nazi als Schwiegersohn nicht abfinden.

Der Versailler Vertrag erlaubte den Deutschen ein Heer von hunderttausend Mann, es war nicht leicht, darin aufgenommen zu werden, selbstverständlich hatten die alten Familien den Vortritt. Friedrich quittierte den Dienst nach einem Jahr, er wurde auf dem Gut gebraucht. Doch Alexander war ganz gern Soldat. Als er Leutnant geworden war, kam das Kommando nach Rußland.

Das Deutschland der Weimarer Republik und die Sowjetunion unterhielten zu jener Zeit gute Beziehungen, die allerdings begleitet waren von gegenseitigem Mißtrauen. Doch was sie beide wollten, brachte sie einander näher: moderne Waffen.

Die Deutschen durften sie nicht haben, die Russen konnten sie nicht haben nach dem verheerenden Ausgang des Krieges.

Es war eine dubiose Verbindung, die schließlich nach langwierigen geheimen Verhandlungen, von denen die übrige Welt nichts wissen sollte, zustande kam. Hohe Offiziere und Politiker waren daran beteiligt, auf der einen Seite herrschte noch der alte preußische Geist, auf der anderen Seite die nachrevolutionäre Unsicherheit. Man traute einander nicht so recht, aber man wollte es gern versuchen.

Offiziere der Reichswehr quittierten den Dienst und hielten sich als Zivilisten in Moskau auf. Später kamen Soldaten und junge Offiziere ins Land, auch sie trugen keine Uniform. Auf russischem Boden, unter russischem Himmel, in russischen Gewässern sollten Panzer, Flugzeuge und Schiffe getestet und ausprobiert werden.

Ein schwieriges Unternehmen.

Die Waffen, das heißt Teile davon, wurden auf deutschem Boden gebaut, zerlegt, in Kisten verpackt und auf umständlichen Wegen nach Rußland verbracht, manches wurde dort mit deutscher Hilfe konstruiert. Es war kaum anzunehmen, daß die Alliierten nichts davon wußten. Doch in dieser komischen Sowjetunion Lenins sahen sie keine Gefahr, und in den Deutschen, zerstört und vernichtet nach diesem Krieg, schon gar nicht.

Lenin allerdings lebte nicht mehr, es gab mehrere auf Macht versessene Männer bei den Sowjets, einer davon war Stalin, der immer mehr Einfluß gewann. Für Alexander war diese Zeit die interessanteste. Er verbrachte fast ein Jahr in einem Camp am Kasansee, sie übten auf neuen Panzern, die Kameraden aus Deutschland und die Rote Armee, sie verstanden sich gut, sie tranken und sangen zusammen, an Krieg dachten sie nicht. Ob sie in der Lüneburger Heide übten oder unter russischen Birken, machte keinen großen Unterschied. Sein Aufenthalt dort verhalf Alexander, seine fast vergessenen russischen Sprachkenntnisse aufzufrischen, außerdem verliebte er sich in ein Mädchen aus Kasan, das wundervoll die Balalaika spielte und ohne weiteres seine Geliebte wurde, denn bei den Sowjets propagierte man die freie Liebe.

Als er zurückkam, erklärte er seinem Vater: »Ich werde heiraten.«

»Eine Russin?« fragte Max von Renkow.

»Du hast auch eine Russin geheiratet, Vater.«

»Gewiß. Nur war das eine andere Zeit. Wie willst du sie herausbringen?«

Alexander brachte sie nicht heraus, und dann vergaß er das Mädchen vom Kasansee sehr schnell.

Er quittierte den Dienst und studierte ein paar Semester in Göttingen.

Das war eine heitere, unbeschwerte Zeit, die nicht allzusehr mit Arbeit belastet wurde. Er genoß es, vom militärischen Drill befreit zu sein, er fand Freunde, sie bummelten, fuhren hinauf zum Stadtwald und ritten an den Hängen des Harzes.

Besonders einer war es, mit dem sich Alexander gut verstand, er hieß Harald, kam aus Hamburg und war der Sohn eines Bankiers. Sie lachten sich zu, wenn sie nebeneinander auf weichen Waldwegen galoppierten, abends saßen sie in einer Kneipe, zusammen mit anderen, oft aber auch allein. Alexander besuchte Harald in Hamburg und war beeindruckt von seinem prachtvollen Elternhaus an der Elbchaussee, doch Harald kam auch nach Mecklenburg, es gefiel ihm ausnehmend gut auf dem Gut, sie ritten auch hier zusammen, schwammen an warmen Sommertagen in ihrem See.

Harald hatte zwei Brüder, einer volontierte in einer New Yorker Bank, der jüngste studierte in Oxford. Die Atmosphäre in dieser Familie atmete einen Hauch der weiten Welt, und das imponierte Alexander.

»Wenigstens war ich in dem Kaff in Rußland«, sagte er zu seinem Vater. »Sonst hätte ich gar nichts von der Welt gesehen.«

»Ich bin sehr froh, daß du heil aus Rußland zurück bist. Ganz geheuer war mir das nicht, wie du weißt.«

Mit Harald bekam Alexander nun doch etwas von der Welt zu sehen, sie reisten zusammen nach London, und was es da zu sehen und zu erleben gab, imponierte ihm noch mehr. Das Bankhaus Raven in Hamburg und Harald selbst hatten viele Bekannte, sie wurden eingeladen in verträumte Landhäuser und feudale Schlösser, sie durften Jagden mitreiten.

»Demnächst schippern wir mal nach Amerika«, sagte Harald.

Und Alexander darauf: »Das kommt teuer.«

»Nicht für uns. Mein Onkel ist Reeder. Und in New York ist Henry, da sind wir eingeladen.«

Es war ein Jahr nach dem großen Börsenkrach, die wirtschaftlichen Verhältnisse waren weltweit höchst unsicher.

Von seiner nächsten Reise nach England kam Alexander mit der Ankündigung zurück, er werde heiraten.

»So, diesmal eine Engländerin«, sagte sein Vater.

»Eine Tänzerin vom Sadler's Wells Ballett. Sie ist hinreißend.«

»Und wo will sie hier tanzen? Bei unseren Kühen auf der Weide?«

»Sie hat eine große Karriere vor sich.«

»Aha. Und was machst du dabei?«

Friedrich lachte. »Er wird ihr Impresario, falls sie wirklich berühmt wird. Da hat er gleich was zu tun. Sonst tanzt sie hier für uns und lernt vielleicht auch, die Kühe zu melken.«

»Du Idiot«, konterte Alexander. »Als ob wir nicht genug Leute hätten zum Kühemelken.«

»Es wird knapp, auch bei uns, lieber Bruder. Wir befinden uns mitten in einer Weltwirtschaftskrise. Du studierst doch so was Ähnliches, da müßtest du doch schon mal davon gehört haben.«

»Selbstverständlich habe ich das. Und was geht uns das an?«

»Mehr, als du denkst. Wir haben mehr Schulden als Gras auf unseren Weiden.«

Alexander machte ein dummes Gesicht, und sein Vater sagte: »Da wir gerade davon reden, dein Studium kann ich nicht weiter finanzieren, und große Reisen nach England ebenfalls nicht.«

»Ach so«, sagte Alexander perplex.

»Und was soll eigentlich aus dir werden?« fragte sein Vater.

Eine Antwort fiel Alexander nicht gleich ein, sein Bruder nahm sie ihm ab.

»Was soll schon aus ihm werden? Zum Professor ist er offenbar nicht geeignet. Vielleicht kann er wieder Dienst nehmen, und sonst bleibt er halt hier und hilft uns.«

Das Studium wurde abgebrochen, Alexander arbeitete auf dem Gut, hin und wieder besuchte er Freund Harald in Hamburg, und manchmal fuhren sie zusammen nach England, von der Heirat mit der Tänzerin war nicht mehr die Rede.

Inga hatte inzwischen ihren Nazi geheiratet, und dann auf einmal hatten sie nicht nur einen Nazi in der Familie, sie wurden von den Nazis regiert.

»Ein wenig«, war Friedrichs Kommentar gewesen, »leben wir wohl doch hinter dem Mond. Hättest du das erwartet, Vater?«

»Doch«, sagte Max von Renkow. »Hitler hat viele Anhänger hier im Land, und noch mehr weiter ostwärts, in Pommern und in Ostpreußen. Das ist die Folge des verlorenen Krieges und derer, die mit der Niederlage nicht fertig geworden sind. Und es ist die Folge der Pariser Verträge. Ich muß nur ein Wort sagen: polnischer Korridor. Gerade über den konnte Hitler gut vorankommen.«

»Als ob er, als Österreicher, gewußt hätte, was der bedeutete.«

»Das war nicht schwer zu lernen.«

Im Sommer '34, während der Ernte, war Harald aus Hamburg zu einem Besuch aufs Gut gekommen.

Einige Zeit zuvor hatte Hitler seinen Kampfgefährten Röhm umbringen lassen und damit die zu stark gewordene SA entmachtet. Abends, auf der Veranda, sprachen sie über das Ereignis.

»Ich denke«, sagte Friedrich, »wir müssen uns auf einige Zeit mit Herrn Hitler abfinden. Der weiß, was er will.« Eine gewisse Anerkennung war seinen Worten zu entnehmen.

»Kann ich mir nicht vorstellen«, sagte der Vater widerwillig.

»Er hat sich von den Funktionären befreit, die ein russisches System hier einführen wollten. Sie haben ihn an die Macht gebracht, seine alten Kämpfer, und nun hat er sie über die Klinge springen lassen. Irgendwie imponiert mir das. Das ist nicht neu in der Geschichte. Denkt mal an Napoleon. Wie radikal der die Revolutionäre abgehalftert hat.«

»Eine schöne Revolution. Erst köpfen sie den König und den Adel, und dann macht er sich zum Kaiser.«

Alexander lachte unbeschwert. »Na, das fehlt ja gerade noch, daß aus Adolf Hitler Wilhelm der Dritte wird. Das wäre ein Schlager der Weltgeschichte.«

»Das wird er nicht tun. Hat er gar nicht nötig. Doch er wird uns zunächst jedenfalls erhalten bleiben.«

»Nein«, widersprach Max von Renkow. »Es gibt schließlich tapfere und mutige Männer in Deutschland. Das wird nicht lange dauern.«

»Na ja«, sagte Harald, »man kann nicht wissen. Bis jetzt ist er sehr erfolgreich. Und nachdem das Volk … ach, nonsens, was heißt schon Volk, das ist sowieso dumm. Aber nachdem seine Anhänger die Verhaftungen am Tegernsee und sonst auch weithin im Land widerspruchslos hingenommen haben, sitzt er ganz sicher im Sattel. Ich jedenfalls habe nicht die Absicht zu warten, bis man mit Steinen nach mir schmeißt.«

»Was geht es dich an, wenn Hitler seine wildgewordenen SA-Männer zur Räson bringt?« sagte Alexander. »Ist doch nur gut, wenn sie sich gegenseitig umbringen.«

Harald lächelte, auf seine lässige, charmante Art.

»Du siehst mich hier und heute bis auf weiteres zum letztenmal, Alexander. Ich fahre nach England und bleibe dort.«

»Was soll das heißen, du bleibst dort? Wegen Joan?«

Joan war die Tänzerin.

Harald lachte. »Bist du etwa eifersüchtig? Joan tanzt zur Zeit in Amerika. Und ich … Mensch, Alexander. Ich bin Jude. Ich habe in Deutschland nichts mehr verloren.«

»Du bist Jude?« fragte Alexander höchst erstaunt.

Friedrich lachte. »Mein Bruder ist ein Lebenskünstler, Harald. Tatsachen finden für ihn nicht statt.«

»Um so einen Blödsinn habe ich mich nie gekümmert«, verteidigte sich Alexander. »Du siehst doch nicht wie ein Jude aus. Du bist ein richtiger Hamburger. Du bist blond und hast hellgraue Augen.«

Harald schüttelte nur den Kopf. »Du bist wirklich ein Kindskopf, Alexander. Nicht alle Juden sehen so aus, wie Julius Streicher sie abbildet.«

»Du denkst doch nicht, daß dieses Rassengequatsche ernst zu nehmen ist?«

»Kann sein, kann nicht sein. Man wird leben, man wird sehen. Ich gehe nach England, Kläuschen studiert dort,

mein großer Bruder ist in New York, du brauchst dir keine
Sorgen um mich zu machen, für mich ist gesorgt. Ich habe
meinem Vater schon empfohlen, die Bank zu verkaufen
oder sich wenigstens einen arischen Teilhaber zu suchen.
Bedauerlicherweise ist er genauso harmlos wie du. Es wird
nicht lange dauern, sagt er, und so schlimm wird es schon
nicht werden. Er war Offizier im Krieg, er hat sogar das Ei-
serne Kreuz I. Klasse, darauf ist er stolz. Aber Hitler ist
nicht Friedrich der Große. Außerdem, im Vertrauen gesagt,
wackelt die Bank ganz erheblich. Die Krise, nicht wahr.
Aber mein Vater …«, Harald hob die Hände, »mein Vater
ist nicht zu belehren. Er ist der beste Deutsche, den es je gegeben hat. Für ihn ist Bismarck immer noch der Größte.
Und genauso der Alte Fritz.«

Sie schwiegen alle drei eine lange Weile. Über dem Mecklenburger Land dämmerte der Abend herein.

»Das ist disgusting«, sagte Alexander.

»Genau so ist es«, nickte Harald. »Mein Vater sagt, die
Nazis werden sich die Hörner abstoßen, und dann kommt
etwas Besseres nach. Gebe Gott, daß er recht hat. Dann lasse
ich mich gern auslachen. Ich jedenfalls bleibe bis auf weiteres im Ausland.«

»Ich bin der Meinung, daß Sie richtig handeln«, sagte
Max von Renkow, der dem Gespräch schweigend zugehört
hatte. »Hitler ist Österreicher. Und der Antisemitismus war
in Österreich schon immer zu Hause. Seltsamerweise.
Österreich unter den Habsburgern war ein Vielvölkerstaat
und hat einen großen Teil seines Reichtums den Juden zu
verdanken. Aber der Aufstand, der in diesem Jahr stattfand,
fast kann man es eine Revolution nennen, gibt zu denken.
Der Bundeskanzler Dollfuß wurde ermordet. Muß man das
nicht ernst nehmen? Und dann, im Juni, Röhm und die SA.
Ich denke, daß Sie recht haben, Harald. Diese Bücherver-
brennungen, die Reden, das Geschreibe, mit denen man das
Volk aufhetzt … gewiß, Sie haben recht, das Volk ist
dumm, es schreit immer dasselbe, Hosianna oder kreuzige
ihn. Das ist wirklich keine neue Geschichte, viel älter als
Napoleon.«

»Tut mir leid«, sagte Alexander ärgerlich. »Ihr macht ein Theater von der Hitlerei, ich kann das nicht so ernst nehmen. Wie viele Regierungen haben wir in den letzten Jahren gehabt, mal diese, mal jene. Wer nimmt denn diesen Hitler schon ernst?«

»Sicher, es geht alles mal vorbei. Auch Hitler wird es nicht lange machen. Dann komme ich wieder. Hamburg ist meine Heimat. Nur sehe ich nicht ein, warum ich mich hier dämlich anreden lassen soll.«

»Schließlich ist der Feldmarschall auch noch da. Er wird schon dafür sorgen, daß in Deutschland Ordnung herrscht.«

»Hindenburg ist alt«, sagte Friedrich. »Vielleicht auch müde. Er ist nicht gern Reichspräsident geworden. Und das Theater in Potsdam hat mir schon zu denken gegeben.«

»Hört bloß auf, alles mieszumachen«, rief Alexander. »Was uns hier fehlt, sind ein paar hübsche Mädchen. Dann könnten wir über etwas anderes reden. Die ganze Politik hängt mir zum Hals heraus. Hitler, wer ist das schon? Hol deine Badehose, Harald. Wir gehen runter zum See und schwimmen.«

»Ja, geht mal«, sagte Friedrich. »Wir haben Ernte, ich muß mich um die Leute kümmern.«

»Das Wetter ist doch prächtig, und nun sind ja wohl alle da. Gib eine Runde aus und laß sie in Ruhe.«

Das unter anderem war ein Abend, an den sich Alexander erinnerte, als er in der Munkmannschen Villa in seinem schönen Bett lag.

War das hundert Jahre her, tausend Jahre? Was mochte aus Harald geworden sein, aus seinem Vater, seiner Mutter, seinen Brüdern? Gab es noch einen Weg vom Damals ins Heute? War die Welt untergegangen oder nur ein wenig zur Seite gerutscht? Menschen lebten damals, und Menschen leben heute, nur waren viele tot, deren Zeit zum Sterben eigentlich noch nicht gekommen war.

Beatrice

AUCH IN FRIEDRICHS LEBEN hatten Frauen immer eine Rolle gespielt, er hatte große und kleine Affären, doch von Heirat war nie die Rede gewesen, im Gegensatz zu Alexander, der Hochzeiten ankündigte, ob er nun aus Rußland oder England kam, das Thema jedoch immer wieder schnell beiseite legte. Max hätte es gern gesehen, wenn einer seiner Söhne sich für eine Tochter von einem der umliegenden Güter entschieden hätte, eine ordentliche Ehe und Enkelkinder, das stellte er sich vor. Wenn er eine Andeutung in dieser Richtung machte, fand er keinen Beifall.

»Lieselotte, falls du die meinst«, kam beispielsweise eine Antwort von Friedrich, »kommt nicht in Frage. Sie hat dicke Beine.«

»Ach, nee?« staunte sein Vater. »Ich habe sie bisher nur in Reithosen gesehen. Sie ist eine hervorragende Reiterin.«

»Zugegeben. Aber das ist nicht alles, was man beachten muß.«

»Woher kennst du denn ihre Beine?«

»Wir waren doch mal an der Ostsee, Vater. In Heiligendamm, weißt du nicht mehr?«

Max überlegte. »Das ist eine Ewigkeit her. Du warst noch ein kleiner Junge.«

»Ich war sechzehn.«

»Na und?«

»Lieselotte war mit ihren Eltern und ihren Brüdern auch da.«

»Na und?«

»Daher kenne ich ihre Beine.«

»Lieselotte kann damals höchstens ... na, sagen wir, zehn Jahre alt gewesen sein. Meinst du nicht, daß ihre Beine sich inzwischen entwickelt haben? Schließlich ist sie gewachsen seither.«

»Beine bleiben meist, wie sie sind. Aber ich kann sie ja gelegentlich mal zum Tanzen mitnehmen, da hat sie vielleicht keine Reithosen an. Ich werde dir Bescheid geben.«

Von Lieselottes Beinen wurde nicht mehr gesprochen, immerhin heiratete sie mit zweiundzwanzig. Friedrich war sechsunddreißig, als er seinen Vater mit der Neuigkeit überraschte, daß er heiraten werde. Die Ruhrpottprinzessin, die Max erst bei der Hochzeit kennenlernte.

Daß Friedrich sich öfter mit einer Frau traf, vornehmlich auf Rennplätzen, daraus hatte er kein Geheimnis gemacht, aber weder Max noch Alexander hatten eine ernsthafte Affäre dahinter vermutet.

»Die kennst du doch kaum«, sagte Max.

»Ich kenne sie gut genug, um eine Ehe mit ihr zu wagen. Sie ist eine rassige Person, selbständig und gescheit. Und sie haben viel Geld, das ist für uns ganz nützlich.«

Das war ein überzeugendes Argument.

»Aber«, wandte Max ein, »sie kommt aus einer ganz anderen Gegend. Wird es ihr denn bei uns gefallen? Du hättest sie zuerst mal einladen können, damit sie sich bei uns umsieht.«

»Sie wird kaum bei uns leben.«

»Sie wird … was wird sie? Nicht hier bei uns leben?«

»Sie hat einen Rennstall. Sie züchtet Vollblüter und hält sich viel auf Rennplätzen auf. Während der Saison.«

»Einen Rennstall, so. Und du? Wirst du dann bei ihr und ihren Pferden wohnen?«

»An meinem Leben ändert sich nicht sehr viel, Vater.«

Max schüttelte den Kopf. »Das kann ja eine komische Ehe werden.«

Es wurde tatsächlich nicht viel aus der Ehe, sie heirateten im September '38, ein Jahr darauf begann der Krieg.

Eine prachtvolle Hochzeit. Oscar Munkmann, seine Söhne, Verwandte, Freunde und Bekannte feierten ein großes Fest, die Mecklenburger waren nur zu dritt. Max von Renkow, Alexander und Inga, die aus Berlin angereist war, kamen sich etwas verloren vor. Berthold war nicht dabei, er war in Berlin unabkömmlich.

Beatrice war sehenswert, schlank und groß gewachsen, selbstsicher, überlegen.

»Sie hat wirklich Rasse«, konstatierte Alexander am Abend, als die Feier überstanden war.

»Sie ist hochmütig«, sagte Inga.

»Sie ist nicht hochmütig, sie ist hochnäsig«, korrigierte Max. »Und das ist eine Attitüde. Vielleicht ging ihr das ganze Theater auf die Nerven, was ich verstehen kann. War ziemlich laut, was?« Er gähnte, fügte dann hinzu: »Sie sind eben hier anders als wir. Ich gehe jetzt schlafen.«

Sie bewohnten jeder ein Gastzimmer in der Villa Munkmann, die war groß und höchst elegant eingerichtet, mit echten Teppichen und wertvollen Bildern. Und es gab reichlich Personal.

»Komisch, daß sie keine Hochzeitsreise machen«, sagte Inga.

»Du hast ja gehört, sie werden in nächster Zeit zu uns kommen.«

Inga kicherte. »Und du meinst, da können sie in Ruhe flittern? Bin ich nur gespannt, was Olga dazu sagen wird. Und Mareike. Das wird ein Spaß.«

»Sie müssen sehr viel Geld haben«, sagte Alexander beeindruckt. »Und sie sind ein schönes Paar. Ich habe gar nicht gewußt, was für einen gutaussehenden Bruder ich habe. Sie ist fast so groß wie er. Ob das eine gute Ehe wird, Vater?«

Max hatte auch seine Zweifel, doch er sagte: »Fritz ist alt genug, er muß wissen, was er tut.«

Am nächsten Tag lernten sie eine andere Beatrice kennen, weder hochmütig noch hochnäsig, sondern gelöst, heiter in der Umgebung, in der sie sich wohl fühlte, bei ihren Pferden.

Sie fuhren in das Gestüt im Münsterland.

Fritz erzählte, wie er Beatrice in Hoppegarten kennengelernt hatte. Es war nach einem Rennen, das ein junger schwarzer Hengst aus dem Rennstall Rottenbach gewonnen hatte, und Beatrice hatte beide Arme um den Hals des Pferdes geschlungen und glücklich gelacht. Das Bild erschien später in mehreren Zeitungen, und Fritz vergaß den Anblick nicht, die junge Frau, ihr Lachen, den edlen Kopf des Hengstes.

»Ja, das ist Sixtus II. Er hat noch in Köln gewonnen und in München. Kommenden Sommer läuft er mindestens fünfmal mit, ich habe einen großartigen Jockey, ein Engländer, die zwei können fliegen. Später nehme ich Sixtus in die Zucht. Auch sein Vater war schon sehr erfolgreich.«

Die Pferde waren das Wichtigste in Beatrices Leben, sie kannte jedes Fohlen, jeden Jährling, jede Stute mit Namen, und sie konnte auch ungeniert zu jedem der Zuchthengste in ihren abgetrennten Laufrasen gehen.

Das alles führte sie der neuen Familie am Tag nach der Hochzeit vor, und die Liebe zu ihren Pferden, die Begeisterung strahlte ihr aus den am Tag zuvor so kühl blickenden Augen.

Max von Renkow dachte, daß er seinen Sohn nun viel besser verstand.

Rottenbach hieß das Gestüt, nach ihrer Mutter, genauer gesagt, ihrer Stiefmutter, die es von ihrem Vater übernommen hatte. Beatrices Mutter starb an einer Lungenentzündung kurz nach dem Krieg, Beatrice war fünf Jahre alt. Oscar Munkmann heiratete zwei Jahre später wieder, eine junge, außerordentlich hübsche Frau, Hella Rottenbach. Es war während der schweren Zeit der Ruhrbesetzung, es kam zu Unruhen, Aufständen, Kämpfen, aber das alles war für die zweite Frau Munkmann nicht von großer Bedeutung. Das Wichtigste in ihrem Leben waren die Pferde, war das Gestüt, das vor allem durch diese Zeit gebracht werden mußte. Sie gebar zwei Söhne, sie stand dem Haus vor, gab Oscar das Gefühl, gut versorgt zu sein; erst wohnten sie noch am Stadtrand von Essen, später wurde das Haus im Ruhrtal gekauft, kein Neubau, ein stolzer, schloßartiger Bau aus der Gründerzeit.

Hella war die beste Mutter, die Beatrice sich wünschen konnte. Ein wenig scheu war sie der fremden Frau begegnet, doch Hella, fröhlich, aufgeschlossen und immer ganz erfüllt von dem, was sie tat, gewann das Herz des Kindes mühelos. Sie war liebevoll und zärtlich, sie beteiligte Beatrice uneingeschränkt an ihrem Leben. Das waren in erster Linie die Pferde, aber sie ging auch gern ins Theater, am liebsten in die Oper, und wo immer ihre Pferde liefen, in Berlin, in Leipzig, in Köln oder München, verbrachte Hella mindestens einen Abend in irgendeiner Vorstellung; die Portiers der erstklassigen Hotels, in denen sie wohnte, wußten das schon und hielten immer Karten für sie bereit.

Soweit die Schule es erlaubte, begleitete Beatrice sie auf diesen Reisen, nach dem Ende der Schulzeit sowieso.

Hella Munkmann starb im Winter '37 bei einem Unfall, sie geriet auf Glatteis, ihr Wagen überschlug sich, als man sie aus dem Wrack herausholte, war sie schon tot.

Beatrice war tief unglücklich, sie hatte nicht nur eine Mutter, auch ihre beste Freundin verloren. Doch sie weinte nur, wenn sie bei ihren Pferden war, nur bei ihnen fand sie Trost, bei Hellas Pferden, die nun ihre Pferde waren.

Vielleicht war die Trauer um die Mutter auch ein Grund, daß sie bereit war, Friedrichs Liebe anzunehmen. Bisher war sie trotz vieler Bewerber jeder Bindung zu einem Mann aus dem Weg gegangen. Es gab Freunde aus der Jugendzeit, hier und da einen oberflächlichen Flirt, Hella und die Pferde füllten ihr Leben aus.

Als sie das erstemal mit einem Mann schlief, wurde es ein Fiasko. Es war während der Rennwoche in Iffezheim, sie hatten zwei Sieger unter ihren Pferden, drei waren gut plaziert, an einem Abend wurde lange gefeiert, man tanzte nach dem Essen, und der Kavalier, der sich um Beatrice bemühte, gefiel ihr gut.

Sie ließ sich die Hand küssen, die Wange beim Tanz, und sie wollte es endlich wissen, sie war zweiundzwanzig.

Hella und sie wohnten nicht im Hotel, sondern wie immer bei einem Freund der Familie Rottenbach in dessen Villa. Hella, geübt im Flirt und ihrem Mann nicht immer treu, war irgendwann in der Bar verschwunden, möglicherweise auch anderswo.

Beatrice ging mit ihrem Tänzer auf sein Zimmer, und was sie dort erlebte, verdarb ihr das, was man Liebe nannte, gründlich und für lange Zeit. Der Mann deflorierte sie auf rücksichtslose, ja brutale Weise, es war mehr eine Vergewaltigung als ein Liebesakt. Sie sträubte sich, war entsetzt, sie schrie, er hielt ihr den Mund zu, tat es zum zweitenmal, stieß ihr das von ihrem Blut beflecktes Glied in den Mund, und sie floh zutiefst angewidert spät in der Nacht aus dem Hotel, unbekleidet. Ein Nachtwächter fand sie bewußtlos unter einem Busch in der Lichtenthaler Allee. Man brachte sie in ein Krankenhaus.

Hella kam am nächsten Morgen und machte sich die größten Vorwürfe. Das hätte sie ja nicht gedacht, sagte sie, und sie kenne diesen Kerl, und wie könne Beatrice sich nur mit so einem Burschen einlassen. Sie nahm Beatrice in die Arme, tröstete sie und brachte sie zurück in die Villa ihres Freundes.

Ein kleiner Skandal wurde es doch, denn der ungeschickte Liebhaber redete darüber.

Beatrice mied Baden-Baden in den nächsten Jahren, ein Mann durfte ihr nicht näherkommen. Glücklicherweise war sie nicht schwanger geworden.

Das alles konnte Friedrich nicht ahnen, als er um sie warb. Sie sahen sich selten, sie trafen sich auf Rennplätzen, sie gingen abends zum Essen, auch in die Oper, aber wenn Friedrich sie in die Arme nehmen wollte, wehrte sie ihn ab.

Dabei hatte sie ihn gern, freute sich, wenn er kam, und schließlich, an einem Sommerabend in Berlin, wagte sie den zweiten Versuch.

Zwei ihrer Pferde waren in Hoppegarten gelaufen, leider erfolglos, davon sprach sie den ganzen Abend.

Friedrich sagte: »Nun hör auf, dich zu grämen. Man kann nicht immer siegen. Florestan ist ein großartiges Pferd. Es fehlt ihm nur noch die Erfahrung. Er ist kein Sieger auf kurzer Strecke, er ist ein späterer Sieger auf langer Strecke. Das sage ich dir.«

»Er ist miserabel geritten worden. Ich brauche unbedingt einen Jockey. Price war ein guter Mann, die Konkurrenz hat ihn mir weggeschnappt. Dieser verdammte Kerl …«

Er nahm ihre Hand, küßte sie. »Schluß jetzt. Wollen wir noch einen kleinen Spaziergang machen? Oder möchtest du lieber tanzen?«

»Möchte ich nicht.«

Sie wohnten im Eden an der Budapester Straße, was für Friedrich eigentlich zu teuer war, aber natürlich dachte er sich etwas dabei, wenn er im gleichen Hotel wie sie wohnen wollte.

Sie schlenderten am Zoo entlang, kamen an der Gedächtniskirche vorbei und gingen ein Stück über den Kurfürstendamm.

Vor der Tür zu einer Bar, die er kannte, blieb er stehen.

»Noch einen Schluck zum Abschied?«

»Ich mag nichts mehr trinken. Was heißt zum Abschied?«

»Ich fahre morgen nach Hause. Alexander ist in London, er besucht wieder mal seinen Freund Harald. Und bei uns beginnt die Ernte.«

Sie standen voreinander, er nahm behutsam ihr Gesicht in seine Hände. »Darf ich dich küssen? Zum Abschied?«

Sie hielt still, und dann, für sie selbst unerwartet, erwiderte sie seinen zärtlichen Kuß.

Er küßte sie wieder, als sie vor der Tür ihres Zimmers standen, hielt sie fest.

»Darf ich bleiben?« fragte er.

»Zum Abschied?« fragte sie leise zurück.

»Nein. Zum Beginn. Ich möchte dich nämlich fragen, ob du dich entschließen könntest, mich zu heiraten.«

Eine Weile blieb sie stumm, sah ihn nur mit großen Augen an. Sie, diese selbstsichere junge Frau, wirkte hilflos in dem Moment.

»Mein Gott, Friedrich!« sagte sie dann, es klang mehr entsetzt als erfreut.

»Ich weiß, du bist ein vielbegehrtes Mädchen, und ich bin nur ein armer Gutsbesitzer aus Mecklenburg. Keine gute Partie.«

Da lachte sie plötzlich. »Ich brauche keine gute Partie zu machen. Ich kann jeden Mann heiraten, den ich will.«

»Jeden?«

»Vielleicht … doch …«, sie stockte, legte ihre Stirn an seine Wange.

»Nun?«

»Vielleicht doch dich.«

Sie hatte wieder Angst, als er bei ihr im Zimmer war, aber die Angst war unnötig, Friedrich war ein erfahrener und behutsamer Liebhaber. Er reiste nicht am nächsten Tag, er blieb noch drei Tage, und dann hatte sie das schreckliche Erlebnis von Baden-Baden vergessen.

»Wie soll sich denn eine Ehe zwischen uns abspielen?« fragte sie, als sie am Tag seiner Abreise zusammen frühstückten. »Du weißt, daß ich bei meinen Pferden sein muß.«

»Sollst du ja. Wir werden das schon arrangieren«, sagte er leichtherzig. »Ich werde so oft wie möglich bei dir sein. Schließlich ist mein Vater der Herr auf dem Gut und noch in bester Verfassung. Und Alexander ist auch da, er hat ja sonst nichts zu tun. Mein Vater will nicht, daß er Dienst in Hitlers Wehrmacht nimmt, also bleibt er zu Hause. Wenn wir ihn ab und zu mal nach England fahren lassen zu seinem Freund, ist er ganz zufrieden mit seinem Leben.«

»Wir werden zusammen fahren. Ich brauche wieder einen englischen Jockey.«

So konnte Friedrich seinen Vater mit der Nachricht überraschen, daß er heiraten würde, und zwar noch im gleichen Jahr, im September.

Nach der Hochzeit verbrachte Beatrice vierzehn Tage auf dem Gut, sah sich alles an, ließ sich alles genau erklären und fand die Heimat ihres Mannes sehr schön. Es war Jagdzeit, sie ritt einige Jagden mit, wobei sie die Nachbarn kennenlernte, und eine gute Reiterin war sie auch, wie alle feststellen konnten. Sie kam auch auf den Lumin-Hof, um Widukind kennenzulernen. Elsgard war höchst beeindruckt von dieser attraktiven Fremden, die Fritz geheiratet hatte, Jochen nicht minder.

Herbst 1938. Es blieb ihnen so wenig Zeit. Beatrice, erlöst aus ihrer Scheu, war eine glückliche, liebende Frau.

Sie kam ein zweitesmal auf das Gut, um Max mitzuteilen, daß sie ein Kind erwarte. Friedrich war zu jener Zeit schon beim Afrikacorps. Sie war mit dem Wagen angereist, sie fuhr einen schwarzen Ford V 8, ein Cabrio, und Max von Renkow stand auf den Stufen vor der Tür und sah ihr nach, als sie abgefahren war. Olga stand neben ihm.

»Hoffentlich geht alles gut«, sagte sie. »Und Fritz ist nicht bei ihr. Was tun wir eigentlich in Tripolis?«

Dort waren deutsche Truppen vor kurzem gelandet.

»Daran ist nur der verdammte Mussolini schuld. Erst muß er sich in Griechenland aufspielen und kriegt natürlich eins aufs Dach, und wir müssen da jetzt auch noch hin. Sah alles so hoffnungsvoll aus im Sommer '40. Nun geht das weiter.«

Da ahnten sie noch nichts von ›Barbarossa‹, vom Beginn des Feldzugs gegen Rußland. Als das geschah, am 22. Juni 1941, da sah Max von Renkow keine Hoffnung mehr.

»Das ist Hitlers Untergang«, sagte er.

»Und wir?« fragte Fritz, der gerade auf Urlaub war.

»Wir werden mit ihm untergehen. Wenn es keine mutigen Männer mehr unter den Offizieren gibt!«

»Das sagst du, Vater?«

»Ja, das sage ich.«

»Wir haben einen Eid geschworen.«

»Wem? Ich habe schon einen Krieg erlebt, der zu lange dauerte, der zu viele Schauplätze hatte. Und diesmal sind es noch mehr. Wo sollen wir die Menschen hernehmen? Die Waffen? Die Versorgung?«

Alexander war dabei auf dem Marsch nach Rußland, und Fritz sagte: »Wir werden ihn nicht wiedersehen.«

Max von Renkow erhielt brieflich die Nachricht, daß er einen Enkel bekommen habe, John mit Namen.

»John von Renkow«, sagte er zu Olga. »Klingt nicht schlecht. Ein englischer Name, und das mitten im Krieg. Sie traut sich was.«

Max von Renkow lernte seinen Enkel John niemals kennen, auch Friedrich seinen Sohn nicht.

Nun war Alexander in diese fremde Familie, in dieses fremde Haus geraten, es konnte ihm in dieser Zeit nichts Besseres passieren.

Er erholte sich ziemlich rasch, das gute Essen, die freundliche Umgebung erleichterten ihm das neue Leben. Beatus und die Köchin verwöhnten ihn. Und genaugenommen waren es die Pferde, Beatrices Pferde vom Gestüt, die ihn zu sich selbst zurückfinden ließen. Und natürlich auch der erstaunliche, kaum zu erklärende Aufschwung der fünfziger

Jahre. Bereitwillig besichtigte er mit Oscar Munkmann das Werk, ließ sich alles erklären, auch wenn es ihn im Grunde nicht interessierte.

»Das wird schon«, sagte Oscar, »du wirst es lernen.«

Zunächst hielt sich Alexander viel auf dem Gestüt auf. Es war ein großes Gelände, ein ehemaliger Gutshof lag da, der jedoch nicht mehr als Gut genutzt wurde, er diente nur als Mittelpunkt des Gestüts, der Gestütsleiter und die Trainer wohnten dort, und Alexander kam gut mit ihnen aus. Obwohl er sich mit den Regeln für das Leben der Vollblüter zunächst nicht abfinden konnte.

»Man kann keinen Zweijährigen trainieren und in Rennen schicken, es sind noch Kinder. Wir haben unsere Pferde in diesem Alter höchstens longiert.«

Ein Rennstall war kein Gut in Mecklenburg. Mit der Zeit lernte Alexander die neuen Bedingungen verstehen.

Auf dem Gestüt wurde er gebraucht, denn es fehlte an Personal. Fast all die Leute, die Beatrice auf dem Gestüt beschäftigt hatte, waren eingezogen worden, viele davon nicht zurückgekommen.

Für Alexander war es in dieser Zeit eine reine Freude, Pferde zu putzen, sich um Fohlen zu kümmern, die Mutterstute und ihr Fohlen auf die Koppel zu führen und sich mit den Hengsten anzufreunden. Für all das hatte er eine glückliche Hand. Und es machte ihn wieder gesund.

Beatrice verstand das sehr genau, und sie wußte, was sie tat, als sie ihm vorschlug, die meiste Zeit bei ihren Pferden im Münsterland zu verbringen.

»Ich habe gedacht«, sagte Oscar Munkmann, »wir können ihn vielleicht im Werk beschäftigen.«

»Später, Papa. Laß ihn erst mal wieder Mensch werden.«

»Mensch? Was heißt das?«

»Mensch oder Mann. Es war eine lange Zeit, die er vergeudet hat.«

»So ein Unsinn. Das haben andere auch. Und was schaffen sie schon wieder.«

»Er arbeitet viel. Und er tut es für mich.«

Oscar betrachtete seine Tochter mißtrauisch.

»Willst du sagen, du magst ihn?«

»Sicher. Du nicht?«

Beatrice und Alexander verstanden sich gut, sie wurden Freunde. Es wäre naheliegend gewesen, daß ihre Freundschaft zu einer engeren Bindung geführt hätte. Doch da war immer noch, oder wieder, Beatrices Scheu vor Männern, die kurze Zeit mit Friedrich hatte da nichts grundsätzlich verändert.

Und Alexander, früher sehr leichtherzig im Umgang mit Frauen, sah in ihr die Frau seines Bruders, die Mutter seines Neffen John. Auch er scheute vor einem Liebesverhältnis zurück.

Eine Frau aber brauchte er, das gehörte zu seinem neuen Leben, zu dem Heilungsprozeß nach Krieg und Gefangenschaft.

Da war eine Witwe aus einem Dorf nahe dem Gestüt, eine hübsche junge Münsterländerin. Sie bewirtschaftete einen Hof, ihr Mann war gefallen, sie hatte einen kleinen Sohn. Sie lieferte Hafer auf das Gestüt. Arbeitskräfte konnte sie sich nur wenige leisten, sie war ständig mit der Arbeit auf dem Hof überfordert.

Alexander half ihr, sooft es ging, und daraus entwickelte sich eine Bindung, schließlich ein Verhältnis. Es dauerte zwei Jahre, dann gab sie den Hof auf und zog in die Stadt, wo inzwischen das Wirtschaftswunder unaufhaltsam auf dem Vormarsch war.

Beatrice hatte es gewußt. Es störte sie nicht. Anfangs. Dann doch. Denn wenn sie je wieder einen Mann wollte, dann war es dieser, Friedrichs Bruder.

Eine wirkliche Lebensaufgabe fand Alexander erst, nachdem die Lumins in Bayern gelandet waren.

»Ich muß ihnen irgendwie helfen«, sagte er zu Beatrice. »Elsgard ist so gut wie meine Schwester. Und Jochen kenne ich, seit ich auf der Welt bin. Und Olga … na, du weißt ja.«

Beatrice lächelte. Sie wußte. Sie kannte inzwischen Alexanders Lebensgeschichte.

»Natürlich werden wir ihnen helfen. Ich finde es sehr mutig, daß sie es gewagt haben herüberzukommen. Was deine Olga geschrieben hat, klingt ja wirklich höchst dramatisch. Und ein Kind haben sie auch noch.«

»Ja. Wer hätte das gedacht, daß Els noch ein Kind bekommt. Heiner ist gefallen, und das arme Karolinchen ...«

Auch das wußte Beatrice genau. Nichts in Alexanders Leben war ihr unbekannt.

Das Gespräch fand draußen bei den Koppeln statt. Beatrice hatte die Arme auf den Koppelzaun gestützt, es war der Sommer '53, das Wirtschaftswunder blühte.

»Mein Vater hofft, daß du mal eine Position im Werk übernimmst«, sagte sie.

»Ich weiß. Und ich bin auch bereit, wenn er meint, ich kann es. Schließlich kann ich mich nicht die ganze Zeit von euch ernähren lassen.«

»Du hast genug gearbeitet auf dem Gestüt. Das sieht Papa ein. Er hätte nur gern einen Erben im Werk. Sein Herz macht mir Sorgen. Er hat sehr viel gearbeitet in den letzten Jahren. Und Fred ... na, du weißt ja. Wie auch immer, er ist ein Spinner«, fuhr Beatrice erbarmungslos fort. »Er hat schon wieder gekündigt und will nach Italien. Als ob sie dort auf ihn gewartet hätten. Und nun komponiert er auch noch. Eine Katastrophe.«

Alexander kannte seinen Schwager Fred inzwischen, der war sehr charmant, doch kein Erbe für das Werk. Ein ständiges Ärgernis für Oscar Munkmann.

»Also wollen wir doch mal ganz klar reden«, sagte Beatrice, die Kluge, die Realistin. »Dir geht es gut, du bist in Ordnung, du mußt mit Papa arbeiten.«

Sie wandte sich vom Koppelzaun ab, sah Alexander an.

»Ich tue alles, was du willst«, sagte er. »Wenn du mir nur glaubst, daß ich dich liebhabe.«

»Sprichst du von Liebe?« fragte sie kühl.

»Davon spreche ich. Du warst Friedrichs Frau. Und ich bin bloß der dumme kleine Bruder, der nie etwas geleistet hat. Dort nicht und hier nicht. Ich tauge nicht viel, Beatrice. Ich bin zwar ein Lebenskünstler, wie mein Bruder es nannte, aber eigentlich ein Nichtsnutz.«

Beatrice lachte. »Das ist kein hübsches Wort. Ach, wenn ich denke, was wir so alles erlebt haben. Und überlebt haben. Dann ist es eigentlich doch ein hübsches Wort.«

Sie lachte, legte den Kopf in den Nacken. Die Stute Indra war an den Zaun gekommen und stupste sie sacht mit den Nüstern an.

Alexander breitete die Arme aus und rief impulsiv wie früher: »Du bist schön, die Pferde sind schön, und ich liebe dich wirklich.«

Beatrice strich der Stute über den Hals, dann ging sie die zwei Schritte, die sie noch von Alexander trennten, und ließ sich in seine Arme fallen.

Er küßte sie, und sie hielt still.

Es war so viele Jahre her, daß ein Mann sie umarmt hatte. Dann bog sie den Kopf zurück und blickte hinauf in den blauen Münsterländer Himmel.

»Und nun fährst du mal nach Rosenheim und schaust nach, was sie dort machen«, sagte sie. »Sie beklagen sich ja nicht, aber der Brief von Elsgard klang wirklich recht trübsinnig.«

Sie fuhren am Nachmittag zurück ins Ruhrtal, und obwohl es erst sechs Uhr war, stand Oscars Wagen in der Einfahrt.

»Nanu, ist mein Vater schon da?« fragte Beatrice, als Beatus ihnen die Tür öffnete.

»Ja, schon seit einer Stunde. Er fühlt sich nicht wohl, klagt über Herzschmerzen.«

»Dann müssen wir Doktor Mertens anrufen.«

Beatus blickte sie vorwurfsvoll an. »Das habe ich sofort getan. Der Herr Doktor ist gerade oben bei ihm.«

»Ihr Vater sollte sich ein wenig schonen«, sagte der Arzt, ehe er ging. »Wiederaufbau, alles sehr schön. Aber was hat er davon, wenn er eines Tages umkippt. Keller ist aus dem Krieg nicht zurückgekehrt, er war sein bester Mitarbeiter. Und Fred, na ja, wir wissen es.«

Doktor Mertens war seit vielen Jahren Hausarzt der Familie, auch Alexander kannte ihn, nach seiner Heimkehr war er einige Zeit lang mit Aufbauspritzen behandelt worden.

»Ihnen geht es jedenfalls wieder recht gut, Herr von Renkow«, sagte er, »Sie sehen blendend aus.«

»Mir geht es gut, Herr Doktor, das stimmt. Und ab sofort werde ich versuchen, mich im Werk wenigstens etwas einzuarbeiten.«

»Ich werde dich dabei begleiten«, sagte Beatrice. »Ich weiß schließlich ganz gut Bescheid. Im Krieg habe ich auch mitgeholfen. Wissen Sie, Doktor, wir beide haben uns in den letzten Jahren eigentlich nur mit den Pferden beschäftigt. Ich war sehr rücksichtslos meinem Vater gegenüber.«

Der Arzte nickte. »Scheint mir auch so. Kinder, es ist unbegreiflich, es ist ein Wunder, was die Menschen in unserem Land leisten. Sie arbeiten und arbeiten, sie bauen auf, daß man seinen Augen nicht trauen kann. Gerade mal fünf Jahre ist das neue Geld alt. An allen Ecken und Enden wird geschafft, und es ist diese Kriegsgeneration, von der man annehmen müßte, sie sei für alle Zeit erledigt und zerstört. Zerstört wie die Häuser und die Städte. Manchmal frage ich mich, wo nehmen sie nur die Kraft her. Die Kraft und den Mut.« Er sah Alexander nachdenklich an. »Hier bei uns. Drüben in Ihrer Heimat, Herr von Renkow, ist wohl für alle Zeit alles verloren.«

»Meine Heimat ist verloren, da haben Sie recht, Herr Doktor. Aber meine Heimat soll jetzt hier sein.« Er griff nach Beatrices Hand. »Und ich will dafür nun endlich etwas tun.«

»Das höre ich gern. Ja, dann gehe ich jetzt. Und bitte, Beatrice, ich möchte deinen Vater morgen und übermorgen hier vorfinden, wenn ich komme. Wehe, er ist nicht da. Dann habt ihr mich zum letztenmal gesehen.«

Sie brachten den Arzt zur Tür, Beatus stand schon vor dem Munkmannschen Mercedes und hielt die Tür auf. Er würde den Arzt nach Hause fahren, er hatte ihn auch geholt, denn der Arzt-VW hatte wieder einmal gestreikt.

»Also erstens werden wir dafür sorgen, daß Doktor Mertens ein neues Auto bekommt«, sagte Beatrice, als der Wagen weggefahren war. »Und morgen fahren wir beide ins Werk. Mülli ist lieb, er wird keine Schwierigkeiten machen und wird sich große Mühe geben, uns alles zu erklären, was wir vorerst wissen müssen. Und zweitens gehe ich jetzt hinauf und werde Papa die Order des Doktors mitteilen. Und daß wir beide umgehend zu Fred nach Rom fahren, um auch zu komponieren, wenn er nicht pariert. Wäre ja gelacht, wenn ich nicht könnte, was mein Urgroßvater konnte. Schließlich sollen Frauen jetzt gleichberechtigt sein. Und dümmer als Männer sind sie sowieso nicht.«

Auf der Treppe drehte sie sich noch einmal um.

»Bist du einverstanden, Schwager?«

Alexander breitete die Arme aus.

»Ich bin mit allem einverstanden, was du vorhast.«

Sie lief die Treppe wieder hinab und geradewegs in seine Arme. »Du weißt noch, was du heute gesagt hast?«

»Ganz genau. Ich habe gesagt, ich liebe dich. Und ich werde alles lernen, was man vom Maschinenbau lernen kann. Schnellstens werde ich es lernen.«

Sie lachte, bog den Kopf zurück. Ließ sich küssen.

Dann stand sie still, blickte nachdenklich zur Tür.

»Wir beginnen ein neues Leben. Was sagst du dazu? Fünf Jahre ist die Währungsreform her, hat der Doktor gesagt. Und seit acht Jahren ist der Krieg zu Ende. Und mir ist es nie und nie, in all der Zeit, Krieg und Nachkriegszeit, jemals schlechtgegangen. Ich denke gerade darüber nach. Womit habe ich das verdient?«

Alexander strich leicht mit der Hand über ihr Haar.

»Verdient? Wer hat den Tod verdient, wer das Leid, wer, daß er ein Krüppel ist, wer, daß er verhungert ist? Und wer, daß er alles gut überstanden hat? Wir sind ausgeliefert.«

»Wem?«

»Dem Schicksal, dem Zufall.«

»Du sagst nicht, Gottes Hand?«

»Das fällt mir schwer, nach allem, was geschehen ist. – Ich hätte es früher gesagt. Aber jetzt …«

Sie ging die Treppe hinauf, Alexander sah ihr nach.

Sie war katholisch, ging manchmal zur Messe. Das war ihm fremd. Seltsam, daß sie Friedrich geheiratet hatte, der aus einem evangelischen Haus kam.

In seiner Kindheit, daran erinnerte er sich, waren sie öfter mal in die Kirche gegangen, später nicht mehr. Das Patronat hatte Groß-Landeck, die Renkows brauchten den Pastor nur bei Taufen und Beerdigungen. Für Hochzeiten war er natürlich auch da, aber keiner von ihnen hatte geheiratet. Die Trauung von Beatrice und Friedrich hatte in einer katholischen Kirche stattgefunden, und die Mecklenburger waren etwas hilflos gewesen.

Alexander trat vor den großen Spiegel, der in der Halle hing. Da war er nun. Alles verloren, die Heimat, den Vater, den Bruder, das Gut. Daß Inga irgendwo in der Welt lebte, wußte er von Olga. Womit hatte er sein gutes Leben hier verdient? Schicksal, Zufall, Gottes unverständliche Hand? Er mußte sich um die Lumins kümmern.

Er verzog den Mund.

Doch er hatte noch des Doktors Worte im Ohr. Es ist unbegreiflich, was die Menschen arbeiten, was sie schaffen.

Was hatte er getan? Er kümmerte sich um das Gestüt Rottenbach. Nächsten Sonntag würden zwei Pferde in Köln laufen. Das war es, was ihn bisher interessiert hatte.

Doch nun mußte er sich beweisen, irgendwie und irgendwann mußte es ihm gelingen. Seine Heimat sei jetzt hier, hatte er gesagt. Keine Heimat, in die er hineingeboren worden war, eine, die er sich erobern mußte.

Müller, den Beatrice Mülli nannte, war der Prokurist im Werk. Ein alter Mann. Alle waren sie alt, die jetzt wieder soviel arbeiteten.

Der Prokurist, die Ingenieure, Beatus hier im Haus, die Köchin … das brachte unvermeidlich die Gedanken zurück. Was mochte aus Mareike geworden sein, aus den Knechten und Mägden, einen Verwalter hatten sie sich schon lange nicht mehr leisten können.

Er sah sein Bild im Spiegel, sah es nicht, sah einen fremden, einen anderen Mann, der ein wenig Angst hatte vor dem, was man von ihm erwartete. Er war siebenundvierzig. Kein Alter für einen Mann, schon gar nicht in dieser Zeit.

Beatrice kam die Treppe wieder herab, und er wandte sich ihr zu. Er wußte, er konnte es sich nur mit ihrer Hilfe verdienen.

»Er schläft«, sagte sie. »Mertens hat ihm wohl irgend etwas gegeben. Ich schaue später wieder mal nach. Sein Herz schlägt ganz normal.«

»Ich hätte Doktor Mertens ja auch nach Hause fahren können«, sagte Alexander.

»Er wohnt irgendwo mitten in Essen, du hättest den Weg sowieso nicht gefunden. Beatus macht das schon.«

»Beatus und Beatrice«, sagte er erstaunt. »Seltsam, nicht? Ich habe noch nie darüber nachgedacht.«

»Das war Hella. Sie hat ihn engagiert, Anfang der zwanziger Jahre. Er war arbeitslos, er kam aus Oberschlesien, das sich die Polen ja damals widerrechtlich angeeignet hatten. Frag ihn mal, er hat als Junge auf einem Gut gearbeitet. Und dann war er im Krieg. Ich weiß eigentlich selber nicht, wie er hierhergekommen ist. Das waren damals diese Ruhrkämpfe, Schlageter und so. Hella ging mit ihrem Hund im Stadtwald spazieren, wir wohnten ja damals noch dort, und fand ihn unter einem Baum sitzend. Er blutete aus einer Kopfwunde. Hella sagte, fehlt Ihnen etwas, kann ich Ihnen helfen? Sie war so, weißt du. Sie brachte ihn mit nach Hause, verband die Wunde und holte Doktor Mertens, den gab es damals schon, ein junger Arzt aus der Nachbarschaft. Und dann blieb er da. Hella fand das großartig. Er heißt Beatus, sagte sie, das paßt doch gut zu unserem kleinen Mädchen.«

»Du hast Hella gern gehabt?«

»Ich habe sie geliebt. Meine Mutter kannte ich ja kaum. Und Hella war … ja, wie soll man das beschreiben. Sie war so heiter, so … irgendwie selbstverständlich mit allem, was sie tat oder sagte. Es gibt so Menschen, weißt du. Die sind wie der Sonnenschein. Es war für mich ein Glück, daß Vater sie heiratete. Ich glaube, auch für ihn. Ich weiß nicht, ob er sie verstanden hat. Siehst du, das weiß ich eben nicht. Aber sie hatte ihre Pferde, die dann meine Pferde wurden. Wenn du jetzt davon redest, frage ich mich, was eigentlich aus mir geworden wäre ohne Hella. Wir fuhren manchmal ans Meer, auf eine Insel, die Insel Sylt. Und Hella stürzte sich mit Begeisterung in die heranbrandenden Wellen. Ich hatte immer

Angst. Sie rief, komm schon, ich paß schon auf dich auf. Wellen sind dazu da, daß man ihnen trotzt. So war sie.«

»Es war schlimm für dich, als sie starb.«

»Sie ist immer zu schnell gefahren. Autofahren war für sie wie die Wellen des Ozeans. Bloß konnte sie ihnen nicht trotzen.«

Beatrice schwieg, Alexander streckte ihr die Hand entgegen.

»Es war sehr schlimm für mich, daß sie nicht mehr da war. Mein Vater, meine kleinen Brüder, na gut. Doch sie erfüllte mein Leben. Es gibt …«, sie stockte, »es gibt einfach Menschen, die wichtig sind für ein Leben.«

Alexander hielt sie fest, zog sie zu sich heran.

»Kann ich es nicht werden? Wichtig für dein Leben.«

In dieser Nacht schlief er mit Beatrice.

Die Reise nach Bayern

DURCH ALEXANDERS VERSUCH, sich im Werk vertraut zu machen, zu lernen, um mit der Zeit eine brauchbare Kraft, eine Hilfe für Oscar Munkmann zu werden, verschob sich die geplante Reise nach Bayern.

Oscar war entzückt, daß sich der Herr Schwiegersohn, wie er Alexander fortan nannte, für das Werk interessierte, und obwohl er kein sehr geduldiger Mensch war, gab er sich Mühe, Alexander auf verständliche Weise in seine Arbeit, auch seine Arbeitsweise, einzuführen. Zwei Tage und das darauf folgende Wochenende blieb Oscar zu Hause, dann war er nicht mehr zu halten. Es gehe ihm großartig, erklärte er, und zu dem kleinen Anfall wäre es überhaupt nicht gekommen, wenn er sich an jenem Tage nicht so sehr über einen neuen Mitarbeiter hätte ärgern müssen.

Dennoch paßten Beatrice und Alexander auf, daß er sich nicht überanstrengte. Einer von beiden fuhr Punkt sechs mit dem Wagen in den Hof der Fabrik, um Oscar heimzukutschieren. Beatrice war der Meinung, der zunehmende Verkehr belaste ihren Vater zusätzlich. Und er müsse unbedingt um sieben zu Hause sein, in Ruhe sein Bier trinken, in Ruhe essen und nicht zu spät schlafen gehen.

»Wenn du noch ein Kind brauchst«, sagte Oscar bissig, »dann mußt du eins kriegen. Son Theater kannst du mit mir nicht veranstalten.«

Doch gerade sein Enkel John, der immer von Oscar streng behandelt worden war, beteiligte sich mit großer Anteilnahme an der Aufsicht über den Großvater.

»Wenn du einmal mein Erbe sein willst, dann mußt du dich bewähren. Dann mußt du zeigen, was in dir steckt. Und nicht so ein Lahmarsch werden wie dein Onkel Fred«, so Oscars Worte.

»Ist doch klar. Ich werde nicht komponieren. Aber ich werde studieren und die tollste Maschine erfinden, die du je gebaut hast.«

»Was für 'ne Maschine?«

»Weiß ich noch nicht, eine, die dringend gebraucht wird.«

»Mir liegt daran, daß er lange lebt«, erklärte John seinem Onkel Alexander. »Es eilt mir nicht so mit dem Erben. Und ich bin heilfroh, daß du jetzt die Nase in das Werk steckst. Ich brauche nämlich allerhand Zeit, um zu studieren und zu erfinden.«

»Mach erst mal das Abitur, und dann werden wir feststellen, wieviel Zeit du dir lassen kannst.«

»So dumm bist du ja nicht«, sagte John. »Bis in fünf, sechs Jahren müßtest du eigentlich soweit sein, Großvater zu ersetzen. Und dann habe ich noch locker zehn Jahre Zeit, um dich aufs Altenteil zu schicken.«

»Du bist ganz schön frech, Bengel«, sagte Alexander und lachte. Er verstand sich gut mit dem Jungen, und er war immer wieder erstaunt und betroffen, wenn er bemerkte, wie sehr er Friedrich ähnlich sah.

Als er einmal zu Beatrice davon sprach, erwiderte sie: »Er könnte genausogut dein Sohn sein. Denn du und Friedrich, ihr seid der gleiche Typ. Die Mecklenburger Linie hat sich durchgesetzt.«

Alexander war nun voll beschäftigt, denn auch das Gestüt

durfte nicht vernachlässigt werden, und in der Sommersaison wurden viele Rennen gelaufen, bei denen er sich stets mit Beatrice einfand.

So kam es, daß er sich erst im Oktober auf den Weg nach Bayern machte. Er fuhr in Beatrices Ford, der aus der Vorkriegszeit stammte, aber nach wie vor ein brauchbares Auto war. Beatrice hatte inzwischen für ihren Vater einen Chauffeur eingestellt, einen zuverlässigen Mann mittleren Alters. Er war im Krieg gewesen, hatte ihn überlebt, nur seine Frau und seine Kinder waren bei den Luftangriffen auf Dresden ums Leben gekommen. Er war bereits kurz nach Kriegsende ins Ruhrgebiet gekommen, hatte immer wieder Arbeit gesucht, in verschiedenen Berufen, ohne irgendwo Fuß zu fassen. Ein stiller, einsamer Mann, höchst zufrieden mit dem neuen Posten.

Beatus, der ja Ähnliches erlebt hatte, schlug vor, Gustav könne doch auch im Haus wohnen, sie hätten Platz genug, dann brauchte er nicht jeden Tag von Essen herauszufahren, wo er sowieso nur eine bescheidene möblierte Bude hatte.

Es zeigte sich, daß Gustav dem Haus sehr nützlich war. Im Krieg war er in einer Sanitätskompanie gewesen, er hatte gelernt, Wunden zu verbinden, Kranke und Sterbende zu versorgen, und hatte einen scharfen Blick für jedes Anzeichen einer Krankheit. Auch er beobachtete den Zustand von Oscar Munkmann sehr aufmerksam und brachte es fertig, dessen Konsum schwerer Zigarren einzuschränken, zumindest, während sie im Auto saßen.

Er kurbelte dann einfach das Fenster herunter, und wenn Oscar brummte: »Jetzt zieht's aber«, antwortete Gustav bestimmt: »Zieht nicht. Ist 'ne wunderbare Luft draußen.«

»Na, da sind Sie der erste, der feststellt, daß wir hier gute Luft haben.«

»Die Schlote können wir nicht abstellen«, sagte Gustav.

Oscar machte: »Hm!« und warf die Zigarre zum Fenster hinaus.

Zu alledem beschäftigte sich Gustav in freien Stunden und am Wochenende mit Hingabe im Garten, was einen neuen Gärtner ersparte, denn der Mann, der als Gärtner gearbeitet hatte, war im vergangenen Jahr gestorben.

»Sie verstehen es gut mit den Rosen«, sagte Beatus einmal. »Hatten Sie damals zu Hause auch einen Garten?«

»Hatten wir. Aber in Dresden werden nie wieder Rosen blühen.«

Beatus schwieg darauf. Viel mehr sprach Gustav nie von seinem vergangenen Leben.

Von den Lumins hatten sie lange nichts gehört, und als Alexander den Rhein entlangfuhr, fragte er sich, ob die Adresse in Rosenheim überhaupt noch stimmte.

Er hatte seinen Besuch nicht angekündigt, weil er sich ganz plötzlich zu der Reise entschloß, nachdem Beatrice gesagt hatte: »Nun fahr schon! Wer weiß, wie es ihnen geht.«

Telefonisch konnte man die Lumins nicht erreichen, und auf seinen letzten Brief hatte Alexander keine Antwort erhalten.

Den Lumins ging es schlecht. Sie waren sehr unglücklich.

Als sie sich zur Flucht entschlossen, auf Olgas Drängen, gefördert von Elsgards Wut nach ihrem sogenannten Erholungsaufenthalt und schließlich aus Angst um das Kind, das weitgehend ihrem Einfluß entzogen war, galt nur eine Devise: nach dem Westen! Nach dem goldenen Westen, in ein anderes, in ein besseres Leben.

Das Leben war anders hier, aber keinesfalls besser.

Zu Hause, das war eben trotz allem Ärger, aller Schikane der Lumin-Hof gewesen. Das war ein eigenes Haus, auch wenn sie es nun mit anderen teilen mußten. War ein Bett für jeden, waren Teller, Tassen und Töpfe, waren Wäsche und Kleidung, waren Wiesen, Wälder und Seen und waren ihre Tiere.

Alles hatten sie verlassen. Sie waren auf einmal, was sie bisher zwar von vielen Menschen gesehen und gehört, aber nicht erlebt hatten: Sie waren Flüchtlinge.

In Bayern hatte man die Flüchtlinge, die in Strömen ins Land gekommen waren, nie sonderlich gemocht. In ihren

Städten waren zwar viele durch die Zerstörung ihrer Häuser und Wohnungen arm und obdachlos geworden, in den Kleinstädten aber, auf dem Land hatte man alles behalten. Und wer besitzt, sieht immer mit Verachtung auf die anderen herab, die nichts besitzen. Egal, aus welchem Grund auch immer sie besitzlos, heimatlos geworden sind.

Auch dies eine Geschichte so alt wie die Menschheit.

Außerdem konnten die Bayern Fremde sowieso nicht leiden; sie waren ein eigenwilliges Volk, stolz auf ihr Brauchtum, ihre Tradition, und vor allem wollten sie in Ruhe gelassen werden.

Zwar waren die Männer durch den Krieg auch in fremden Ländern herumgekommen, hatten gesehen, daß fern der Isar und der Donau Menschen lebten, die ihnen ähnlich waren, die Fremde war immer größer, immer weiter geworden, Italien, Jugoslawien, Afrika und schließlich Rußland auch für sie, aber wer es überlebt hatte und zurückgekommen war, hätte viel lieber in der früher so bewährten Beschaulichkeit weitergelebt. Das neue Gebilde, die Bundesrepublik, erfreute sich keineswegs großer Zuneigung, man wollte in Bayern für sich bleiben.

Man leistete sich eigene Parteien, es gab die CSU, es gab die Bayernpartei, und es gab sogar eine monarchistische Partei, die am liebsten wieder einen Wittelsbacher als König gesehen hätte. Und von Preußen wollte man schon gar nichts wissen, und Preußen waren alle, die von nördlich der Donau kamen.

In München ertrug man es mit Fassung. Nein, auch das war schon zuviel gesagt, auch hier mochte man die Preußen nicht besonders, doch man mußte sie dulden und ertragen, zu viele von ihnen waren da.

In Rosenheim hatte man die Flüchtlinge im Barackenlager am Brückenberg untergebracht, recht und schlecht, und im Laufe der Jahre waren viele verschwunden, hatten anderswo Arbeit und eine kärgliche Bleibe gefunden. Nur die Alten, die Kranken, die Mutlosen, die Geschlagenen waren geblieben. Daß nun schon wieder, zwar nicht so viele, aber immerhin doch einige kamen, ärgerte die Rosenheimer.

»Mir langt's«, sagte der Krugwirt erbost, wenn Neueingänge zu verzeichnen waren. »Ham wir's vielleicht nicht durchgefuttert all die Jahre? Jetzt muaß amal a Ruh sei.«

»Mei«, sagte der Gschwendner-Bauer, der hier täglich seine Maß trank, »tätst du denn bei die Russen lebn wolln?«

»Hättens halt nausschmeißen müssen.«

»Hätten wir lieber den Hitler aussigschmissen«, sagte der Schreiner Huber, »eh er uns den ganzen Schlamassl angerichtet hat'.«

Der Krugwirt schwieg verbissen. Er war mit dem Hitler sehr einverstanden gewesen. Jedenfalls anfangs.

»Wann's ihm net den Krieg aufgehalst hätten«, murrte er.

»Am End' willst immer noch net zugem, daß mir angfanga ham.«

»Ham wir net. Die anderen hat's nur gewurmt, daß es uns besser gangen is. Drum.«

»Und wann wir net die Juden umbracht hätten ...«

»Geh, hör mir auf mit deine Juden. Dem Lederer hat keiner was tan. Oder? Da, wo du jetzt sitzt, hat er gsessen, und vertragen ham wir uns immer. Der konnt' einen Schafkopf spieln ... mei, o mei. Besser als der konnt's keiner. Naa, ich werd' dir sagn, wer schuld is. Die depperten Amis, die dem Iwan gholfen ham. Waffen gliefert und alles dazua. Mir wärn leicht mit die Russen fertig worn. San's net gelaufen am Anfang? Glaufen san's wie die Hasen.«

Der Huber schüttelte den Kopf. Er war schließlich auf dem Vormarsch in Rußland dabeigewesen.

»Naa, so war's net. Im ersten Winter, da warn mir schon aufgeschmissen. Nix Gscheits anzuziehen, keine warmen Stiefel. Das muaßt erlebt ham, wennst mitreden willst.«

Der Huber wußte, wovon er redete, er hatte sich die Füße erfroren, daran litt er heute noch.

»Der Hitler hat halt denkt, bis zum Winter is eh' vorbei.«

»So. Hat er das denkt. Da hat er falsch denkt. Die Russen warn guate Soldaten. Ich werd dir sagn, was der Hitler war. Bleed war der.«

»Is doch überall schnell ganga.«

»Scho. Nur ist Rußland a bisserl größer. Daran zum Beispiel hätt er denken müaßen, dei Hitler.«

»Sei stad. Er is net mei Hitler.«

Der Huber grinste, nahm einen großen Schluck aus der neuen Maß, die die Zenzi vor ihn hingestellt hatte, wischte sich den Schaum vom Mund und sagte: »Kann sein, jetzt nicht mehr.«

So oder so ähnlich verliefen die Gespräche überall im Land. Bei alledem hatten die Bayern wenig Grund, unzufrieden zu sein, sie waren relativ gut durch die tausend Jahre gekommen.

Solche bayerischen Reden bekamen die Lumins nicht zu hören, sie saßen in der engen Baracke, schäbig gekleidet, im Winter frierend, angeschlagenes Geschirr auf dem wackeligen Tisch, und sie hätten nicht hungern müssen, wenn sie nur Geld gehabt hätten, um zu kaufen, was sie satt machte.

Jochen fand keine Arbeit, sosehr er sich auch bemühte. Da war sein lahmer Arm, sein zurückhaltendes Wesen. Er versuchte eine Zeitlang, auf einem Bau zu arbeiten, aber das schaffte er einfach nicht mehr. Bei einem Bauern im Umland, wo er gern gearbeitet hätte, kam er nicht unter, die hatten Leute genug.

»Wir hätten es nicht tun dürfen«, sagte er einmal.

Olga und Elsgard wußten, was er meinte.

»Du machst mir Vorwürfe?« fragte Olga.

»Nein«, fuhr Elsgard dazwischen. »Ich bin froh, daß wir hier sind. Es wird schon besser werden. Ich bin froh, daß ich Käte und Willem nicht mehr sehen muß, auch wenn ich ihnen die Pest an den Hals wünsche, weil sie nun alles haben, was mir gehört hat. Aber sie hätten es sowieso bekommen. Und uns hätten sie eines Tages rausgeworfen, das weiß ich, und mich hätten sie eingesperrt; ich bin froh, daß wir hier sind. Und sie haben mir Cordelia weggenommen.«

Elsgard fand dann für einige Zeit Arbeit bei einem Metzger, sie mußte den Laden, die Räucherkammer und den Boden putzen, aber sie brachte nun oft ein Stück Fleisch nach Hause, und der Gemüsehändler, ein paar Häuser weiter, gab ihr billig Kartoffeln und Gemüse. Ihm tat die blasse Frau leid, die niemals lächelte.

Seine Frau war gestorben, sein Sohn gefallen, seine Tochter mit einem Ami nach München hinein verschwunden. Und zudem war er einer, der den Hitler nie gemocht hatte.

Bei ihm hielt sich Elsgard manchmal eine Weile auf, wenn er gerade Zeit hatte, es war der erste Einheimische, mit dem sie ins Gespräch kam, und da er sich für ihre Herkunft und ihr Schicksal interessierte, erzählte sie ihm davon. Er lernte auch Cordelia kennen und war, wie jeder, von dem anmutigen Zauber des Kindes beeindruckt.

Cordelia war die unglücklichste von den vieren. Sie hatte ja nicht gewußt, was beabsichtigt war, als man in Berlin in die S-Bahn stieg. Und sie fand sich in dem neuen Leben nicht zurecht. In der Schule und auch in dem Heim in Waren hatte es ihr gefallen, man war nett zu ihr gewesen, zum erstenmal in ihrem Leben war sie mit Gleichaltrigen zusammengekommen, sie spielten, sie lernten gemeinsam, vor allem der Turnunterricht hatte ihr Spaß gemacht, und wenn man sie lobte, weil ihr jede Übung, jeder Sprung gut gelang, strahlte sie und gab sich noch mehr Mühe.

Politischer Einfluß wurde auf die Erstkläßler nicht ausgeübt, es ging darum, die Kinder aneinander zu gewöhnen und ihnen Freude an der Schule zu vermitteln. Als dann die Weihnachtsferien kamen, war sie froh, wieder für einige Zeit daheim zu sein, ihre Pferde wiederzusehen, auch Käte und Willem waren für sie keine Feinde, sie gehörten für sie in das vertraute Leben, und zu ihr waren ja auch diese beiden immer lieb und freundlich gewesen.

Und dann plötzlich eine ganz andere Welt, alles fremd, alles unverständlich, das Lager in Berlin, der Flug, die elende Baracke und die abwehrende, manchmal feindliche Umgebung. Sie ging in die Fürstätt-Volksschule, sie war ein Fremdling unter den anderen, wurde zurückgewiesen, verspottet, verlacht. Das kam allein schon durch die Sprache. Die Kinder sprachen bayerisch, und Cordelia verstand sie nicht. Die Kinder wiederum spotteten über Cordelias Art zu reden. Dabei sprach sie eigentlich recht gut hochdeutsch. Sie hatten sich zwar oft in Mecklenburger Platt unterhalten, das konnten sie selbstverständlich, aber durch Olga, die schon auf dem Gut dafür gesorgt hatte, daß man das Platt gewissermaßen nur als Feiertagssprache benutzte – Friedrich und Alexander beispielsweise konnten eine große Runde damit unterhalten –, waren Elsgard und dann auch Cordelia mit Hochdeutsch aufgewachsen.

Auf jeden Fall aber klang es anders, und auf keinen Fall bayerisch, was Cordelia sprach.

Kam noch dazu, daß Cordelia zunehmend fremdartig aussah. Die schräggestellten tiefschwarzen Augen, die betonten Backenknochen, das schwarze Haar ließen sie wirklich wie eine Fremde aussehen.

»Wo kommst du nachert her?« fragte Annamirl, die das frechste Mundwerk in der Klasse hatte. »Schaugst grad aus wier a Zigeinerin. Hams di vielleicht im Trab verlorn?«

Die Klasse lachte. Cordelia senkte die Lider, zog den Kopf zwischen die Schultern.

»Des hab i mir eh scho denkt«, kam der Kommentar von einem Buben. »Zeig amal dei Händ! Sans am End a schwarz. Kann sein, a Neger is dei Vater. Net wahr? So was gibt's ja jetzt.«

Die Lehrerin, eine verknöcherte alte Jungfer, war auch keine Hilfe. Cordelia bekam zunehmend Angst vor der Schule, die Sprüche, die man ihr nachrief, gelegentlich auch ein Puff, verstörten sie immer mehr. Entsprechend schlecht wurden ihre Leistungen, sie machte so ziemlich alles falsch, was man falsch machen konnte, also sank ihr Ansehen immer mehr, sie verlor jedes Zutrauen, wurde ein scheues, ängstliches Kind. Ihr strahlendes Lächeln war längst erloschen.

Nun war sie nicht nur eine Zugereiste, sie war auch eine Dumme. Und sie glaubte es schließlich selbst.

Das war die Situation, die Alexander antraf, als er im Oktober kam.

Eine unglückliche, verstörte Familie, ein verzweifeltes Kind.

Er allerdings sagte: »Was für ein reizendes kleines Mädchen. Sie ist nur so still.«

Cordelia hatte einen Knicks gemacht, als er ihr die Hand

reichte. Das hatte Olga ihr beigebracht. Aber sie wagte kaum, ihn anzusehen.

»Sie hat Schwierigkeiten mit der Schule«, erwiderte Elsgard. »Es ist alles so neu für sie. Ich kann das gar nicht begreifen. Sie ist doch drüben gerade ein Vierteljahr in die Schule gegangen. Und schließlich lernen sie hier das gleiche.« Elsgard sprach jetzt in aller Selbstverständlichkeit von ›drüben‹, das tat Jochen nicht. Er sprach überhaupt wenig, er beklagte sich nicht, aber die Mutlosigkeit war ihm ins Gesicht geschrieben, und vor diesem gutgekleideten Herrn, der im eigenen Wagen vorgefahren war, empfand er Scheu.

Nur einmal sagte er: »Wir konnten nichts dafür. Das Gut wurde enteignet, und wir waren auf dem Hof auch nur noch geduldet.«

»Aber das weiß ich ja, daß ihr nichts dafür könnt. Unsere Heimat ist verloren, damit müssen wir uns abfinden.«

Alexander sah, daß das Kind Tränen in den Augen hatte.

»Warum weint sie?« fragte er.

»Sie hat Heimweh«, sagte Olga.

»Aber sie ist ja noch so klein. Für sie muß es doch leicht sein, sich hier zurechtzufinden.«

Daß die Schule das größte Hemmnis war, wußte er nicht, genausowenig wie die anderen, denn Cordelia sprach nicht von ihren Schwierigkeiten. Denn das hatte sie begriffen: daß das Leben für sie alle, für ihren Vater, ihre Mutter und erst recht für Olga, die ebenfalls sehr niedergeschlagen schien, schwer war.

Von Elsgard erfuhr Alexander, was sich alles auf dem Lumin-Hof und auf dem Gut zugetragen hatte, natürlich gab es auch einen ausführlichen Bericht über den sogenannten Erholungsaufenthalt.

»Sie hätten mich eingesperrt«, rief Elsgard wild. »Uns alle. Und Cordelia hätten sie zu einer Kommunistin erzogen. Das konnten wir doch nicht zulassen.«

»Nein, selbstverständlich nicht. Ich weiß Bescheid, wie es drüben zugeht.«

Er sagte auch ›drüben‹. »Und es wird noch schlimmer werden. Und bei uns hier geht es aufwärts. Vor allen Dingen müßt ihr aus dieser scheußlichen Baracke heraus. Es muß doch eine Wohnung für euch zu finden sein. Ich werde mich darum kümmern.«

»Das können wir uns nicht leisten«, sagte Elsgard. »Ich bin die einzige, die hier etwas verdient. Und nicht viel. Ich bin froh, wenn wir zu essen haben.«

Auch Jochen hielt den Blick gesenkt. Es war für ihn etwas Neues, von seiner Frau ernährt zu werden. Es war eine Demütigung.

»Er findet keine Arbeit«, sagte denn auch Elsgard erbarmungslos. »Er ist ein Bauer, nicht wahr? Und dann sein Arm.« Elsgard sprach viel und laut, sie war nie ein schüchternes Mädchen, keine bescheidene Frau gewesen, doch nun hatte sich in ihr ein neues Selbstbewußtsein entwickelt. Schließlich war sie es, die ein gewisses Erfolgserlebnis zu verzeichnen hatte. Denn vor kurzem hatte sie der Gemüsehändler eingestellt. Den Laden mußte sie hier auch putzen, doch sie durfte auch im Verkauf helfen, und da ihr neuer Chef ihr zur Seite stand, kam sie ganz gut mit den Kunden aus. Der Lohn war gering, doch er war alles, was sie hatten, und der Chef gab ihr manchmal was mit.

»Ich bin schuld«, sagte Olga. »Ich wollte, daß wir fortgingen. Von heute aus gesehen …«, sie senkte nicht den Blick, sie sah Alexander an.

»Ich hätte in ein Altersheim gehen und dort die paar Monate verbringen können, die mir noch bleiben.«

Das klang nicht nach Olga, wie Alexander sie kannte.

»Ach, hör auf, Olga, dich anzuklagen«, sagte Alexander und zündete sich eine Zigarette an. »Ich hatte ja keine Ahnung, wie es hier aussieht. Ihr habt mir das nicht richtig geschrieben. Von Geld wollen wir nicht reden, ihr werdet Geld bekommen. Ich arbeite jetzt in der Fabrik von Munkmann. Gut, ich fange erst an. Ich muß das lernen.« Er lachte unbekümmert. »Es ist für mich auch eine neue Welt. Und sehr tüchtig war ich nie, das weißt du, Olga. Aber sie sind eigentlich alle sehr nett zu mir. Trotz allem, ich meine, was sie so denken über mich, na ja, ich bin für sie ein Junker von irgendwo da drüben. Aber sie haben mich freundlich aufgenommen. Vor allem der Vater von Beatrice ist wirklich sehr anständig zu mir. Seht mal, ich war ja für die auch ein Herr Niemand. Als ich aus der Gefangenschaft kam ... wo hätte ich denn hingehen sollen?«

»Ich finde es sowieso sehr beachtenswert, daß dir das eingefallen ist«, sagte Olga, und es klang wieder ein wenig nach der Olga von früher.

»Friedrichs Frau. Ich habe sie zweimal im Leben gesehen.«

»Ich verstehe mich gut mit ihr«, sagte Alexander. »Und vor allem, wie gesagt, mit ihrem Vater. Er ist nun mal der Boß.« Er lachte wieder. »So ist das eben. Ich habe zwei Jahre überhaupt nichts getan, mich nur um die Pferde von Beatrice gekümmert, das hat mir gut gefallen. Aber wenn ich nun dort bin, dann muß ich sehen, daß ich irgendwie mit ihnen auskomme.«

»Du willst dort bleiben?« fragte Olga.

»Kannst du mir sagen, wo ich sonst hin soll?«

Das waren die Gespräche während der zwei Tage, die Alexander in Rosenheim verbrachte, eine Wohnung hatte er nicht gefunden, als er wieder abfuhr, doch die armselige Baracke blieb ihm im Gedächtnis. Immerhin gelang es ihm, Cordelia aus ihrem Gefängnis ein wenig zu befreien.

»Komm mal zu mir«, sagte er am zweiten Abend. »Sieh mich an!«

Cordelia hob langsam die Lider, die Angst aller Welt war in ihren Augen. Und schon wieder standen Tränen darin.

»Du bist ein hübsches Mädchen«, sagte Alexander und nahm sie in die Arme. »Du hast Heimweh? Wirklich?«

»Meine Pferde«, flüsterte Cordelia.

»Ja, ich weiß. Ich habe auch Heimweh nach meinen Pferden.« Die toten, geschundenen, erschossenen Pferde.

»Da, wo ich jetzt bin, Cordelia, gibt es auch Pferde. Sehr schöne Pferde. Andere als unsere, weißt du. Vollblüter. Das ist ...« Er verstummte, es war unsinnig, dem Kind zu erklären, was Vollblüter waren, woraus ihr Leben bestand.

»Ich bin dein Onkel Alexander, Cordelia. Wirst du dir das merken? Und ich werde darüber nachdenken, was mit euch geschieht. Verstehst du? Ich kenne dich jetzt. Und ich werde dich nicht mehr vergessen. Paß mal auf, wie es weitergeht. Ich werde dafür sorgen, daß du nicht mehr weinen mußt.«

Und nun Cordelias Lächeln, die Tränen noch in den Augen. Ein Bund war geschlossen, das ahnten sie beide noch nicht. Später, Elsgard brachte Alexander zu seinem Auto, sagte er: »Was für ein bezauberndes Kind. Wie habt ihr das gemacht?«

Elsgard blickte zurück über die Schulter, Olga und Jochen waren in der Baracke geblieben, denn sie hatte energisch gesagt: »Ich möchte noch ein paar Worte mit Alex allein sprechen.«

Olga hatte Alexander umarmt und geküßt, auch sie hatte Tränen in den Augen. Die Männer gaben sich die Hand, Jochen schwieg, nahm Alexanders Hand, den Blick zu Boden gesenkt.

Jetzt sagte Elsgard: »Ich kann es dir erklären. Aber du darfst nie darüber sprechen. Nicht zu Jochen. Auch nicht zu Olga.«

»Was heißt das?«

»Ich bin vergewaltigt worden von einem Russen. Daher habe ich das Kind.«

»Els!«

»Du darfst nie davon sprechen, ja? Das versprichst du mir, ja? Zu keinem Menschen. Auch Cordelia darf es nie erfahren. Ich wollte abtreiben, aber … Versprichst du mir, daß du nie darüber sprechen wirst? Nie!«

»Els! Um Gottes willen!«

»Gib mir die Hand, und versprich es mir.«

Sie streckte ihm die Hand hin, er nahm sie. »Ich verspreche es. Jetzt verstehe ich auch …«

»Was verstehst du?«

»Na ja, Jochen benimmt sich so seltsam. So fremd. Mein Gott, Els.« Er nahm sie in die Arme, hielt sie fest.

Er hatte eine ansehnliche Summe Geld zurückgelassen, Jochen hatte es nicht angesehen, Elsgard hatte es eingesteckt. Auf der Rückfahrt ins Ruhrgebiet hatte Alexander viel nachzudenken.

Eine neue Aufgabe war ihm zugefallen, die Lumins.

Das Gestüt, das Werk, die Munkmanns. Bis jetzt hatte er sich durchfüttern lassen und sich wohl gefühlt. Trotz allem, was er erlebt hatte, war ein Teil seiner Unbekümmertheit zurückgekehrt. Werden wir leben, werden wir sehen, Haralds Devise, hatte er sich zu eigen gemacht.

Ob er es je schaffen würde, eine ernst zu nehmende Arbeitskraft in der Fabrik zu werden, bezweifelte er. Sehr tüchtig bin ich nie gewesen, hatte er zu Olga gesagt. Gerade so, als ob man sich darauf etwas einbilden könnte. Und als ob er sich auf dem, was er erlebt hatte, Krieg und Gefangenschaft, für den Rest seines Lebens ausruhen könnte. Krieg und Gefangenschaft hatten andere auch erlebt. Auch heute noch hielten die Russen viele deutsche Soldaten gefangen, und die meisten von ihnen würden die Gefangenschaft nicht überleben. Er hatte auch in diesem Fall Glück gehabt, er war nicht nach Sibirien gekommen, seine Kenntnisse der russischen Sprache waren hilfreich gewesen und Iwan Petrowitsch, der Lagerleiter, mit dem er sich gut verstand und mit dem er Schach spielte; Iwan Petrowitsch war auch damals bei den Übungen am Kasansee dabeigewesen, er behauptete immer, sich an Alexander zu erinnern.

Bei Koblenz hielt er an, vertrat sich die Beine. Hier fließt die Mosel in den Rhein und bildet das sogenannte Deutsche Eck. Das hatte er schon bei seinem Hauslehrer gelernt. Stand hier nicht ein Denkmal von Kaiser Wilhelm? Von welchem? Der Erste? Der Zweite? Der Kaiser war nur noch eine Erinnerung aus der Kinderzeit. »Der Kaiser ist ins Exil gegangen«, hatte sein Vater gesagt. Da war Alexander zwölf gewesen.

Was hatte sein Vater dazu noch gesagt?

Es fiel ihm nicht ein. Was mochte er empfunden haben? Ärger, Scham? Ein verlorener Krieg auch damals, ein demütigender Vertrag, der Deutschland arm machte, Teile des Landes verloren. Nur daß es sie damals nicht betroffen hatte, Land und Gut blieben ihnen erhalten, wenn auch schwere Zeiten kamen. Dem Kaiser sollte es recht gutgegangen sein im holländischen Exil, er heiratete sogar noch einmal und lebte friedlich und ohne Not bis zu seinem Tod im Jahr 1941.

Das war kaum zu glauben! Alexander stand da und starrte auf den Rhein, groß, breit und mächtig, wie er die Mosel in sich aufnahm, auch sie ein beachtlicher Strom.

Darüber hatte er noch nie nachgedacht. Der Kaiser hatte alles miterlebt, die Weimarer Republik, den Hitler und schließlich noch einen Krieg. Nein, nicht miterlebt, er hatte es gemütlich aus naher Ferne mit angesehen.

Darüber, zum Beispiel, hätte Alexander jetzt, heute, gern mit seinem Vater gesprochen. Oder mit seinem Bruder.

Und plötzlich wurde ihm bewußt, daß es keinen Menschen mehr gab, der wirklich zu ihm gehörte. Beatrice, Oscar, der Junge, sein Neffe, Fremde waren es im Grunde doch. Blieben Olga, Elsgard und Jochen.

Jetzt verstand er auch, warum Jochen so verbittert war, warum er ihm nicht in die Augen geblickt hatte.

Das Kind. Els war vergewaltigt worden.

»Du darfst nie darüber sprechen. Versprichst du es?«

Alexander seufzte tief auf. Das alles war viel schwieriger, als er es sich vorgestellt hatte. Vier Menschen mußte er versorgen. Eine alte Frau, der er viel zu verdanken hatte, einen gedemütigten Mann, eine geschändete Frau und ein Kind. Ein unschuldiges Kind, verängstigt, von Heimweh erfüllt. Wie mochte Jochen das Kind behandeln? War es deswegen so scheu, so unsicher, hatte die Augen voller Tränen?

Das Kind hatte gelächelt, als er es umarmte. Und wie stand Els zu dem Kind? Verabscheute sie es? Behandelte sie es schlecht? Haßte sie dieses Kind?

Alexander blickte hinauf zu der Burg, deren Namen er nicht kannte. Es begann zu dämmern, er mußte fahren.

In Remagen stieg er dann doch noch einmal aus.

Hier hatte die Brücke gestanden, auf der die Amerikaner den Rhein überquerten. Der Wehrmachtsbericht hatte es nicht deutlich gesagt, nur so drum herum geredet. Sie hatten es dennoch gewußt. Es gab bereits Straßenkämpfe in Köln, nur über den Rhein waren sie dort nicht gekommen, die Brücken waren alle gesprengt.

Alexander stand regungslos und starrte in den Strom. Es war nun dunkel, das Wasser schimmerte silbern, ein erleuchtetes Schiff fuhr langsam stromabwärts.

»Der Rhein. Deutschlands Strom, nicht Deutschlands Grenze soll er sein.« Das hatte ihr Hauslehrer damals gesagt. 1915 wurde er eingezogen, sie hatten nie wieder von ihm gehört, vermutlich war er gefallen. Im Schützengraben vor Verdun ermordet worden. Später gingen sie in Schwerin ins Gymnasium, Friedrich und er. Vom Rhein war da keine Rede, der war weit weg.

In der Schule war Alexander keine Leuchte gewesen, er lernte zwar leicht, doch er arbeitete kaum. Die Weimarer Republik. Wie hatten sich eigentlich die Lehrer dazu verhalten? Sie waren konservative Leute, ihr Unterricht kaum anders als zwanzig Jahre zuvor. Wenn von Politik gesprochen wurde, ging es meist um den Osten, die widerrechtliche Landnahme der Polen, die gefälschte Option, der polnische Korridor. Der lag ihnen näher als der Rhein. Kommunisten? Waren bestimmt nicht dabei. Kaum Sozialdemokraten, es waren alles ältere, sogar alte Männer, die auf dem Katheder saßen.

Wann mochte es die ersten Nazis in Mecklenburg gegeben haben? Auch heute noch erschien es ihm unwahrscheinlich, daß sie plötzlich Nazis im Land hatten. München war weit weg, noch weiter als der Rhein.

»Ich bin Jude«, hatte dann eines Tages Harald gesagt. »Weißt du das nicht?«

Zum Teufel, nein. Nichts hatte er gewußt.

In Göttingen hatte Harald ihm das Häuschen an der Promenade gezeigt, in dem der junge Bismarck wohnte, als er studierte.

»Er war der Beste, den wir in Deutschland je hatten. Sagt mein Vater.« So Harald.

Alexander hatte gegrinst und mit dem Kopf genickt.

Durch Bonn fuhr er durch, das kannte er schon. Von hier aus wurde dieses Land, das sich Bundesrepublik Deutschland nannte, jetzt regiert. Beatrice hatte ihn durch die Stadt geführt, er war nicht sehr beeindruckt.

»Ziemlich klein für eine Hauptstadt«, hatte er gesagt. »Wenn ich da an Berlin denke.«

»Das ist vorbei. Für immer. Es bestand eine große Neigung, Frankfurt zur Hauptstadt zu machen. Aber Adenauer hat sich durchgesetzt, er wollte am Rhein bleiben.«

Das hatte Alexander nicht miterlebt, nicht einmal davon gehört. Bonn also. Na ja, konnte ihm nicht imponieren.

Köln kannte er auch, ihre Pferde waren dort gelaufen, und den Dom hatte er unter Beatrices Führung besichtigt.

Am besten gefiel es ihm in Düsseldorf. Dort waren gut geführte Geschäfte mit eleganter Ware, es gab gute Lokale, und besonders liebte er einen Bummel durch die Altstadt, wo man schließlich auch wieder am Rhein landete.

»Es ist viel kaputtgegangen«, hatte Beatrice gesagt und erklärt, welches Haus da und dort gestanden hatte, wo man einst besonders gut essen konnte, wo es das beste Alt gab.

»Friedrich ist auch gern hier herumgebummelt. Ich erinnere mich noch, als er das letztemal auf Urlaub kam und als wir …« Sie war verstummt, hatte auf einen Haufen Trümmer geblickt, der früher ein Haus gewesen war, in dem sie mit Friedrich gesessen hatte. »War 'ne besonders hübsche Kneipe hier.« Alexander schob seinen Arm unter ihren.

»Komm, laß uns gehen. Du sollst nicht traurig sein. Du hast wenigstens mich. Ich tauge zwar nicht viel, und gegen meinen Bruder bin ich ein Nichts. Konnte ich nicht tot sein und er leben?«

»Du hast eben gesagt, ich soll nicht traurig sein. Ich kenne noch eine andere hübsche Kneipe, die ist stehengeblieben.«

Sie fuhren manchmal zu einem Abendbummel nach Düsseldorf hinein, von der Villa aus war es ein Weg von etwa einer dreiviertel Stunde. Sie waren auch zweimal in Düsseldorf im Theater gewesen, bei Gründgens natürlich. Und einmal waren sie in der Oper.

Sie hatten ein Ballett gesehen, Alexander war begeistert. »Ich liebe Ballett. Ich war mal sehr verliebt in eine Tänzerin vom Sadler's Wells in London. Ich wollte sie heiraten.«

»Und?«

»Sie wollte nicht.« Er lachte.

Nun, nachdem Alexander im Werk arbeitete, täglich von acht Uhr früh bis abends um sechs, und manchmal länger, blieb wenig Zeit für einen Abendbummel. Oft fuhren sie abends noch ins Münsterland zum Gestüt, am Wochenende sowieso. Und bei dem Gestüt blieben Alexanders Gedanken denn auch hängen. Wenn nicht dort, wo dann?

Es war ziemlich spät in der Nacht, als er ankam. Beatrice hatte auf ihn gewartet. Sie saß in Hellas Salon, wie das mit Kirschbaummöbeln und geblümten Sesseln ausgestattete Zimmer hieß, in dem sich Hella am liebsten aufgehalten hatte.

»Endlich!« sagte Beatrice. »Ich habe mir schon Sorgen gemacht.«

»Um mich?« fragte er und nahm sie in die Arme, ließ sie gleich wieder los. »Entschuldige! Ich habe den ganzen Tag im Wagen gesessen, ich stinke vermutlich.«

»Du stinkst nicht. Und selbst wenn es so wäre, wärst du mir auch stinkend willkommen. Hauptsache, du bist da.«

Der Tod hatte so lange ihr Leben begleitet, sie fühlte ihn immer noch nahe. Und der Gedanke, daß er stinken könnte, war noch immer ein Relikt aus seiner Gefangenschaft.

Er umarmte sie wieder und küßte sie.

»Also gut«, sagte er dann, bog sich zurück und blickte in ihre Augen. »Ich werde gleich duschen. Aber vorher muß ich dir etwas Wichtiges sagen.«

»Ja?«

»Ich bin froh, wieder bei dir zu sein. Und ich liebe dich.«

War er nun am Ende einer langen Reise angekommen? Ein Haus, in dem er sich wohl fühlte, eine Frau, die er liebte. Und schließlich und endlich Arbeit, die auf ihn wartete und an die er nun mit voller Energie herangehen wollte.

Es war eine lange Fahrt gewesen an diesem Tag, von Bayern ins Ruhrgebiet, der letzte Teil seiner Reise durch ein bewegtes Leben. Er hatte viel nachgedacht. Jetzt wollte er endlich zeigen, was er konnte, sich endlich das gerettete Leben wirklich verdienen.

»Einen Drink?« fragte sie.

»Am liebsten ein Bier.«

»Und zu essen habe ich für dich auch noch etwas vorbereitet.«

»Essen will ich eigentlich nicht.«

»Doch, wirst du. Und dann wirst du mir erzählen.«

Er trank das Bier, das sie ihm reichte, mit zwei Schlucken aus.

»Ich bin glücklich, bei dir zu sein. Und ich habe nie gedacht, daß ich noch einmal in meinem Leben glücklich sein würde.«

Sie lachte. »Schön, das zu hören. Und nun wasch dich und mach schnell.«

»Papa schläft?«

»Ich hoffe. Es ging ihm heute wieder nicht besonders gut. Morgen muß er zu Hause bleiben. Wir werden beide ins Werk fahren. Es gibt nämlich eine angenehme Überraschung. Du erinnerst dich an den Italiener, von dem Papa erzählt hat? Dieser Ingenieur? Er ist wieder da. Er rief heute abend an, und er will wieder bei uns arbeiten. Ein sehr fähiger Mann. Aber ich habe Papa nichts davon erzählt. Giordano kommt morgen um neun ins Werk, wir beide, du und ich, werden mit ihm reden.«

Später erzählte er ihr von den Lumins, wie er sie vorgefunden hatte, in welch erbärmlichem Zustand sie lebten.

»Sie haben noch so ein kleines Kind? Das hast du nie erwähnt.«

»Ich habe es nicht gewußt.«

Er war nahe daran zu erzählen, was Elsgard ihm anvertraut hatte. Doch er hörte noch ihre flehentliche Bitte: Du darfst nie davon sprechen. Versprich es mir! Versprichst du es?

»Ich möchte sie herholen«, sagte er. »Alle vier.«

»Mein Gott, Alexander. Wir können doch nicht deine ganze Sippe hier aufnehmen.«

»Es ist nicht meine Sippe. Wir sind nicht verwandt. Aber sie gehören in mein Leben. In meine Jugend. Ich kann sie dort nicht verkommen lassen. Und dieses kleine Mädchen … Sie heißt Cordelia. Klingt hübsch, nicht? Wie sie bloß auf diesen Namen gekommen sind?«

»King Lear«, sagte Beatrice, »wirklich erstaunlich.«

»Ich habe mir gedacht, wir könnten Jochen auf dem Gestüt beschäftigen. Er hat sein Leben lang mit Pferden zu tun gehabt.«

»Alexander, ich bin mit dem neuen Gestütsmeister sehr zufrieden.«

»Weiß ich. Aber es wird für Jochen doch Arbeit auf dem Gestüt geben.«

»Ich kann ihn schließlich nicht als Pferdepfleger anstellen.«

»Warum nicht? Es wird auf jeden Fall besser sein als das, was er jetzt tut. Er hat keine Arbeit. Er findet dort keine.«

»Und wo sollen sie wohnen?«

»Auf dem Gut. Da ist doch Platz genug. Neumann wohnt dort mit seiner Frau und den Kindern.« Neumann war der Gestütsleiter.

»Es ist ein großer Wohnraum da, den könnten sie gemeinsam benutzen. Die Zimmer für die Trainer, falls sie da sind. Es sind schon noch ein paar Räume da, die sich herrichten lassen. Ich muß mir das überlegen.«

»Meine Prinzessin! Du bist ein Engel.«

»Weder noch. Keine Prinzessin und kein Engel. Und was machen wir mit dem Kind? Die Kleine muß doch in die Schule gehen.«

»Die Kinder von Neumann gehen doch auch in die Schule.«

»Eine Volksschule, immerhin elf Kilometer entfernt. Frau Neumann fährt sie morgens mit dem Wagen hin. Und holt sie auch wieder ab.«

»Und warum soll Cordelia nicht mitfahren? Es ist sowieso schwierig für sie, wenn sie nun schon wieder die Schule wechseln muß. Aber da hätte sie doch gleich Anschluß.«

»Neumann hat zwei Jungen. Und sie sollen später in die höhere Schule gehen.«

»Darüber können wir uns jetzt nicht den Kopf zerbrechen. Werden wir leben, werden wir sehen. Darf ich noch ein Bier trinken?«

»Warum nicht?«

»Es wäre die dritte Flasche.«

»Nachdem du brav gegessen hast, darfst du auch eine dritte Flasche Bier trinken. Und dann gehen wir schlafen. Wir müssen um neun im Werk sein.«

Als Liebhaber war Alexander in dieser Nacht nicht zu gebrauchen. Kaum lag er im Bett, da schlief er schon.

Ein neues Leben

ES VERGINGEN JEDOCH noch einige Monate, bis die Lumins von Bayern ins Münsterland umsiedeln konnten.

Zunächst kam es vor allem darauf an, die Neumanns auf die Veränderung vorzubereiten, es durfte keine neue Situation Käte und Willem entstehen.

»Platz ist genug da«, sagte Beatrice. »Ich werde die unbenutzten Räume herrichten lassen.«

Bereits am folgenden Wochenende erfuhren die Neumanns, was ihnen bevorstand.

Es war ein trüber Herbsttag, es regnete, der November kündigte sich an. Beatrice und Alexander gingen mit dem Gestütsleiter durch die Stallungen. Es war warm, die Tiere standen in sauberem Stroh, doch sie langweilten sich ein wenig und streckten die Nasen heraus, damit möglichst jemand, der vorbeikam, stehenblieb und mit ihnen sprach.

Die Stallgasse war breit und sauber gefegt, und Alexander dachte, daß die Pferde wie die Fürsten lebten, wenn man bedachte, wie erbärmlich noch immer viele Menschen leben mußten, geschweige denn, wie sie in den vergangenen Jahren gelebt hatten.

Der Pferdepfleger, der an diesem Nachmittag und in der Nacht Stallwache hatte, kam vorüber und grüßte. Die anderen waren heimgefahren in die umliegenden Dörfer.

Am Ende des großen Stutenstalls befand sich die Kammer des Pflegers, die Tür stand offen, und Alexander blickte hinein. Ein bequemes Lager, eine Zeitschrift auf dem Tisch neben der Teekanne, ein Radio spielte leise. Es war auf jeden Fall gemütlicher als die Baracke der Lumins.

Bei der Stute Jessica blieben sie stehen. Sie ließ den Kopf hängen, ihr Mittagessen in der Krippe war unberührt.

»Jessi! Liebling!« lockte Beatrice. »Komm doch mal her!«

Sie ging hinein in die Box, strich der Stute über den Hals, nahm ihren Kopf in die Hände.

»Sie hat immer noch trübe Augen.«

»Ja«, sagte Neumann, »sie hat sich von dem Husten nicht erholt. Doktor Klinger war gestern wieder da, sie bekommt jetzt Aufbauspritzen. Und wir führen sie jeden Tag eine halbe Stunde in der Halle herum.«

Die Stute hatte im Frühjahr verfohlt, auch nicht wieder aufgenommen. Beatrice holte zwei Stück Zucker aus ihrer Jackentasche. Die Stute nahm sie vorsichtig von ihrer Hand. »Du wirst bestimmt wieder gesund, Jessi. Du hast so schöne Kinder bekommen. Und dein Jüngster wird nächstes Jahr das Derby gewinnen, daran mußt du immer denken.«

Die Männer lachten, und Jessica, wie um zu beweisen, daß sie verstanden hatte, ging zu ihrer Krippe, um ein wenig am Hafer zu knabbern.

»Schade, daß ich Sie hier nicht als Pfleger beschäftigen kann, gnädige Frau«, sagte Neumann. »Sie verstehen die Sprache der Pferde.«

»Und die Pferde verstehen mich.«

Später, sie saßen bei Kaffee und selbstgebackenem Kuchen im Wohnzimmer der Neumanns, auch die beiden Jungen waren dabei, kam Beatrice ohne Umschweife zur Sache. Anschließend erzählte Alexander, wie er die Lumins in Bayern vorgefunden hatte.

»Olga Petersen hat ein Leben lang für uns gesorgt. Für meinen Vater, für meine Schwester und meinen Bruder. Meine Mutter starb, als ich drei Jahre alt war.«

Und er sprach auch von dem verängstigten, weinenden Kind. »Sie muß ungefähr in deinem Alter sein, Klaus.«

Klaus war ein Jahr jünger als Cordelia und ging in die erste Klasse. Er war groß für sein Alter, ein kräftiger Junge, wie sein älterer Bruder Jürgen.

Karl Neumann stammte aus Hamburg, er hatte als Stalljunge auf der Rennbahn in Horn gearbeitet, auch gut reiten gelernt und wäre am liebsten Jockey geworden, doch er wuchs und wuchs, er wurde zu groß. Dann träumte er davon, später einmal Trainer zu werden, aber sein Schicksal war genauso wie das von vielen seiner Generation; erst Arbeitsdienst, dann die Wehrmacht und unmittelbar danach der Krieg. Es blieb ihm keine Zeit für eine Ausbildung, für einen Beruf.

Ilse Neumann war Münsterländerin, er lernte sie kennen, als er '38 im Münsterland Dienst tat. Sie war gerade neunzehn, als sie heirateten.

Sie hatte weder Vertreibung noch Flucht erlebt, aber immerhin den Bombenkrieg. Während der Angriffe auf Hamburg im Sommer '43 war sie wie viele andere in die Alster gesprungen auf der Flucht vor den Phosphorflammen, die durch die Straßen rasten. Karl Neumann war im Winter '42 schwer verwundet worden, das hatte ihm Stalingrad erspart, aber später mußte er wieder hinaus, er machte den ganzen Rückzug mit, und als er im Juni '45 nach Hamburg kam, fand er nur noch eine Ruine, wo früher seine Wohnung gewesen war, genauer gesagt, die Wohnung seiner Eltern, denn bei ihnen war er mit seiner jungen Frau eingezogen.

Er fand Ilse bei ihren Eltern in Telgte wieder, auch seine Mutter war da. Sein Vater war während eines Angriffs von einem herabstürzenden Balken am Kopf getroffen worden, an den Folgen dieser Verletzung war er gestorben.

Ilse Neumann sagte: »Mein Bruder hat geheiratet und ist ausgezogen. Bei meinen Eltern wäre schon Platz.«

»Das ist eine gute Idee, Frau Neumann«, sagte Alexander. »Aber es geht ja auch darum, daß Herr Lumin Arbeit hat. Und die hätte er natürlich am besten bei Pferden.«

»Wir haben Vollblüter«, gab Neumann zu bedenken. »Was hatten Sie denn für Pferde auf Ihrem Gut, Herr von Renkow?«

»Keine Vollblüter, das ist wahr. Aber wir hatten wunderschöne Pferde, Trakehner vor allem.«

Es waren auch grobschlächtige Bauernpferde gewesen,

Arbeitspferde eben, die vor dem Pflug gingen oder die Erntewagen zogen. Das zu erläutern war jetzt überflüssig.

»Ach ja, Trakehnen!« sagte Neumann traurig. »Herr von Amstetten hat mich einmal nach Trakehnen mitgenommen, da war ich sechzehn. War das schön dort. Das haben jetzt die Russen.«

Beatrice nickte. »Ich kenne Herrn von Amstetten. Meine Mutter war gut mit ihm befreundet. Unsere Pferde liefen ja auch immer in Hamburg-Horn.«

Eine Weile sprachen sie über das Derby in Hamburg.

Dann kam Ilse Neumann zur Sache, sie waren inzwischen bei Bier und Genever angelangt.

»Sie meinen also, dieser Herr Lumin könnte hier auf dem Gestüt arbeiten.«

»Ja, das meine ich«, sagte Alexander. »Er wird es lernen, mit Vollblütern umzugehen. Gezüchtet hat er auch.« Folgte die Geschichte von Widukind.

»Man hat ihm den Hengst einfach weggenommen?« fragte Neumann bestürzt.

»Es ist Jochen sehr nahegegangen. Er hatte auch eine edle Fuchsstute. Mein Vater hatte sie Frau Lumin geschenkt, weil sie gern ritt. Wie sie mir erzählt haben, hat die Stute gerade zu Kriegsende ein Fohlen gebracht. Er durfte den Hengst nicht behalten. Die Zucht wird nur noch … also, wie heißt das denn gleich? Also von Staats wegen betrieben.«

»Vier Leute«, sagte Ilse Neumann nachdenklich.

»Wollen wir doch mal ernsthaft reden«, übernahm Beatrice wieder die Führung des Gesprächs. »Jochen Lumin braucht Arbeit und ein Dach über dem Kopf. Um genau zu sein, eine neue Heimat. Sicher fände ich bei uns im Werk einen Posten für ihn, wir sind ja im Aufbau. Und ich würde auch eine Wohnung auftreiben, mein Vater hat schließlich gute Beziehungen. Sie wären hier auf dem Land aber besser aufgehoben. Und bei meinen Pferden. Und es ist genug Platz im Haus.« Jetzt war ihr Blick herrisch. »Es gibt genügend Räume, die man herrichten kann. In Telgte würde Herr Lumin sicher keine Arbeit finden. Wir können sie keiner feindseligen Situation aussetzen, das haben sie schon mitgemacht.«

»Ich bin nicht feindselig gegen Menschen, die Hilfe brauchen«, erwiderte Ilse Neumann, ihr Blick war nicht weniger herrisch. Doch sie wußte sehr gut, was sie der Herrin des Rottenbach-Gestüts zu verdanken hatte.

»Vier Leute«, wiederholte sie.

»Zwei Leute, die arbeiten können. Eine alte Frau und ein Kind.«

Beatrice ließ die Handwerker kommen, um die bisher unbenutzten Nebenräume des Guts zu renovieren. Das ging schnell, noch war ja jeder froh, Arbeit zu bekommen. Zu Anfang des Jahres war das Asyl für die Mecklenburger fertig.

Wer Schwierigkeiten machte, war Jochen.

»Ich will nicht bei fremden Leuten unterkriechen«, sagte er widerborstig.

»Na schön«, sagte Elsgard. »Solange mich Strauß nicht hinausschmeißt, haben wir ja was zu essen.«

Strauß war der Gemüsehändler, bei dem sie noch immer arbeitete. Das Geschäft ging, jahreszeitlich bedingt, schlecht. Und für sie war es täglich ein weiter Weg.

Cordelia saß am Tisch und machte ihre Schularbeiten, wie immer mühsam und unlustig. Die Gespräche der Erwachsenen hörte sie, es gab ja nur das eine Zimmer für sie alle.

»Wenn es da doch Pferde gibt«, sagte sie leise.

»Mach deine Arbeiten und kümmere dich nicht um das, was wir reden«, fuhr Elsgard sie an.

Weihnachten verbrachten sie noch in der Baracke am Brückenberg. Es war nun genau ein Jahr her, daß sie die Sowjetzone verlassen hatten, und das letzte Weihnachtsfest hatte immerhin für Aufregung und Spannung gesorgt, diesmal befanden sie sich nun in trübseliger, um nicht zu sagen, verzweifelter Stimmung.

Elsgard, die sich seit neuestem das Rauchen angewöhnt hatte, drückte die Zigarette im Aschenbecher aus und zündete sich gleich die nächste an.

»Rauch nicht soviel«, sagte Olga. »Die Luft ist schlecht genug hier drin.«

»Hör auf, mich rumzukommandieren. Wozu brauchen

wir denn Luft? Die hatten wir früher mal, nicht? Jetzt brauchen wir keine mehr.«

Olga sagte: »Ich bin schuld.«

»Nein«, schrie Elsgard. »Ich wollte weg.«

Sie schrie jetzt oft. Jochen litt darunter, auch Cordelia.

»Es wird besser werden. Wenn Jochen Arbeit findet ...«

»Er wird nie mehr arbeiten können«, schrie Elsgard.

Damit hatte sie nicht unrecht. Da Jochen den Arm kaum benutzte, war er immer schwächer geworden, erschlafft.

»Wir hätten bleiben sollen, wo wir waren«, sagte er müde.

»Nein«, schrie Elsgard, noch lauter. »Ich wollte weg. Erholungsaufenthalt, daß ich nicht lache. Ein Umerziehungslager nennt man das. Und wenn sie gesehen hätten, daß sie mich nicht umerzogen haben, was hätten sie dann mit mir gemacht? Wie? Könnt ihr mir das sagen? Und was hätten sie mit euch gemacht, wie? Dich in ein Altersheim gesteckt, Olga. Und Jochen in ein Heim für Versehrte oder so was. Und Cordelia? Sie wäre demnächst hinter einer roten Fahne hermarschiert.«

»Schrei nicht so, Elsgard!« sagte Olga. Ihr Mund bebte, ihre Augen waren voller Verzweiflung. Sie war durch das Leben, das sie führten, durch den ewigen Streit zermürbt.

Cordelia hielt den Kopf gesenkt, das dunkle Haar fiel über ihre Wangen. Sie war froh, eine Weile dem Gespött der Klasse entronnen zu sein, aber hier konnte sie sich auch nicht wohl fühlen. Ein empfindsames Kind war sie immer gewesen, jetzt war sie scheu und verängstigt, immer bereit, sich zu ducken. Sehnsüchtig nach Liebe, aber ohne Zuversicht, sie zu finden.

Sie würde dieses Gefühl der Angst nie verlieren, ein Leben lang, die endlos lange Zeit eines Lebens, in dem das Glück ihr immer wieder aus den Händen gleiten würde. Daran konnte Erfolg nichts ändern, es würde sich steigern in den Jahren des Mißerfolgs. Und immer würde sie nach Hilfe suchen. Nach einer hilfreichen Hand.

Jetzt murmelte sie: »Aber Onkel Alexander hat doch gesagt ...«

»Halt den Mund! Mach deine Schularbeiten!«

Elsgard zog heftig an der Zigarette und goß sich einen Schnaps ein aus der Flasche Enzian, die der Gemüsehändler ihr zu Weihnachten geschenkt hatte.

Cordelia senkte den Kopf noch tiefer. Es waren Weihnachtsferien, und es waren keine Schularbeiten zu machen. Olga hatte ihr am Nachmittag ein kurzes Diktat gegeben, das sie voller Fehler abgeliefert hatte. Nun mußte sie es noch einmal schreiben, möglichst ohne Fehler. Sie kritzelte in ihrem Heft herum, ihre Gedanken waren woanders. Ich bin dein Onkel Alexander. Er hatte sie in die Arme genommen. Und angesehen.

Er allein bedeutete Hoffnung auf ein besseres Leben. Das hätte sie gedacht, wenn sie so etwas hätte denken können. Doch sie fühlte es.

Im Februar 1954 siedelten die Lumins und Olga in das Münsterland um. Wieder eine weite Reise, wieder eine neue Welt. Nur waren diesmal hilfreiche Hände da. Und ein wenig ähnelte es doch der alten Heimat, der weite Himmel, das offene Land.

Beatrice hatte genaue Anweisungen gegeben, wie alles vor sich gehen sollte.

»Hier ins Haus kommen sie nicht, ein und für allemal. Ist das klar, Alexander? Das ist keine Unfreundlichkeit, es geht nicht. Das können wir Papa nicht zumuten.«

»Schon gut, ich verstehe. Es ist genug, daß du Papa mich zugemutet hast.«

»Red keinen Blödsinn!«

Er war ziemlich niedergeschlagen zur Zeit, denn auf seinem Weg, der Karriere eines Managers, wie das neuerdings hieß, hatte er wenig Erfolge vorzuweisen. Oscar war oftmals unzufrieden mit ihm und verschwieg das nicht. Giordano, der Italiener, hatte mittlerweile im Werk mehr zu sagen als er.

Alexander dachte manchmal, Friedrich hätte es sicher besser gemacht als er. Es war wirklich ein Verhängnis, daß er lebte und Friedrich nicht mehr.

»Es spielt sich folgendermaßen ab«, bestimmte Beatrice. »Sie fahren nach München hinein, setzen sich dort in den

Zug nach Essen. Ich habe mir den Fahrplan angesehen, das geht ohne weiteres, wenn sie früh genug aufstehen. Und früh aufstehen sind sie ja wohl gewöhnt.«

Alexander nickte.

»Ich schicke ihnen die Fahrkarten vom Reisebüro, und du wirst ihnen genau schreiben, wie das geht. Man sollte meinen, erwachsene Menschen können das.«

Alexander nickte wieder. Er dachte, vielleicht könnte er auch hinfahren und sie auf dieser Reise begleiten. Besonders scharf war er nicht darauf. Es war eine lange Reise.

»Sie werden ziemlich spät am Abend ankommen. Du wirst sie am Bahnhof abholen, und Gustav wird dich begleiten. Dann fahrt ihr hinaus zum Gestüt. Und dann …«

Auch Beatrice hatte ihre Zweifel, wie sich das abspielen sollte. Es war Februar, es war kalt, die Nächte waren lang.

»Die Neumanns sind vorbereitet.«

»Du bist wunderbar«, sagte Alexander.

»Bin ich nicht. Ich weiß, was du denkst. Aber kannst du mir sagen, wie wir das sonst machen sollen?«

Ich bin ein Feigling, das dachte Alexander manchmal auch. Lebensuntüchtig, das ist es, was ich bin. Das hat Friedrich auch gesagt. Und dann, bereit, die Dinge wie immer leichtherzig zu nehmen, dachte er, daß es wohl das russische Erbteil sein mußte.

Immerhin, nicht alle Russen waren so.

Stalin zum Beispiel und Peter der Große waren sehr tüchtige Leute gewesen, beide waren tot. Stalin, der Quäler der Welt, nun glücklich auch.

»Stalin ist tot«, sagte er laut.

»Bitte, was?«

»Entschuldige! Meine Gedanken haben sich verirrt.«

»Ja, das merke ich«, sagte Beatrice verärgert. »Hast du mir überhaupt zugehört? Was faselst du von Stalin?«

»Ich habe genau zugehört, Prinzessin. Gustav und ich holen sie in Essen ab, und vorher schreibe ich ihnen genau, was sie machen sollen. Schade, daß es schon dunkel sein wird, wenn sie den Rhein entlangfahren.«

Beatrice schüttelte den Kopf.

Sie kamen wirklich an, wie geplant, der Einzug auf dem Gestüt fand spät in der Nacht statt. Doch es ging alles besser als erwartet. Die Neumanns waren freundlich, und Cordelia war es zu verdanken, daß sie nicht nur freundlich, sondern auch hilfsbereit waren. Dieses Kind mit den angstvollen Augen, das sich verstört umschaute in der neuen Umgebung, das jedesmal erschrak, wenn man es ansprach, das war eine Aufgabe für Ilse Neumann. Und die alte Frau, die so schwach war, daß Alexander sie in ihr Bett tragen mußte. Und dieser Mann, der kaum wagte, sie anzusehen.

Einzig Elsgard hatte die Reise unbeschadet überstanden, sogar genossen. Sie war noch nie in einem so großen Zug gefahren, hatte noch nie eine so lange Reise gemacht. Sie benahm sich an diesem ersten Abend musterhaft, bewunderte das Haus, die neuen Räume, aß, was man ihr vorsetzte, und bedankte sich artig.

»Bin ja neugierig, wie das gehen wird«, sagte Ilse, als ihr Mann nach einem letzten Gang durch die Stallungen ins Schlafzimmer kam. »Die Frau Lumin ist eigentlich ganz nett. Und das kleine Mädchen ist ja süß. Und die alte Dame? Die wird wohl nicht mehr lange leben.«

Karl Neumann gähnte und zog sich die Stiefel aus. Wäre er Alexander gewesen, hätte er wohl gesagt: Werden wir leben, werden wir sehen. So sagte er nur: »Morgen ist ein neuer Tag.« Auch das war eine uralte Erkenntnis.

Die schwierigste Aufgabe erwartete wohl Cordelia. Denn sie mußte gleich, ohne weitere Vorbereitung, in die Schule gehen. In eine fremde Schule mit fremden Kindern. Doch sie hatte diesmal Beschützer, die beiden Jungen von Neumanns. Sie hatten damals das erste Gespräch mit angehört, und inzwischen hatte ihnen Olga, die sich schnell erholte, die Lage erklärt. »Ihr müßt das verstehen. Jetzt kommt sie zum drittenmal in eine Schule. Meint ihr, daß ihr ein wenig helfen könnt?«

Und ob sie das konnten! Zwei stämmige Jungs, die in Sicherheit aufgewachsen waren.

Sie begleiteten Cordelia am ersten Tag in ihre Klasse, die auch die Klasse von Klaus war.

Es war mitten im Schuljahr, auch Jürgen kannte die Lehrerin, die hier unterrichtete. Ihm gelang eine formvollendete Vorstellung, auch das war Olgas Werk.

Er sagte: »Das ist unsere Freundin Cordelia Lumin. Sie wohnt jetzt bei uns. Und sie muß erst mal sehen, wie das bei uns hier so geht, woll? Also, ich meine, man muß ihr mal so 'n bißchen helfen. Ist ja alles neu, woll?«

Cordelia, an der Hand von Klaus, marschierte zum Pult. Die Klasse schwieg. Die Lehrerin lächelte, sie war informiert. Elsgard war, von Ilse Neumann begleitet, bei ihr gewesen, und man hatte beschlossen, daß es am besten sei, Cordelia wieder in die erste Klasse aufzunehmen.

»Sie hat dann nichts nachzuholen. Was wir hier lernen, kann sie sicher schon, das wird ihr Selbstvertrauen geben. Wir machen weiter kein Aufhebens davon, sie wird nicht mit Fragen belästigt.«

Jetzt sagte sie: »Guten Tag, Cordelia. Fein, daß du da bist. Wir werden uns schon anfreunden.«

Sie blickte auf die Klasse, legte einen Arm um Cordelias Schulter. »Es ist schwer, in eine andere Schule zu kommen«, sagte sie. Sie war eine hübsche junge Frau, und die Schüler hatten sie gern. »Ihr habt das noch nicht erlebt, wie das ist, wenn man in eine neue Schule gehen muß. Ich denke mir, wir werden Cordelia nach und nach erklären, was wir gelernt haben. Was wir können und was wir noch nicht können. Es wäre schön, wenn ihr Cordelia helfen wollt.«

Ein kurzes Schweigen, dann kamen drei Stimmen, die ja sagten. Die Lehrerin lächelte und schwieg. Dann rief die Klasse im Chor: »Ja.«

Die Lehrerin nickte Jürgen zu, der an der Tür stehengeblieben war.

»Das hast du gut gemacht, Jürgen. Und da du ja schon größer bist, kannst du Cordelia vielleicht manchmal bei den Schularbeiten helfen.«

Cordelia blickte hilflos in die Gesichter der fremden Kinder. Keiner konnte sich vorstellen, wieviel Angst sie hatte. Doch diesmal ging es besser. Sie sprachen zwar auch anders, aber sie sprachen nicht bayerisch. Und ein bißchen weiter war sie ja auch schon als die Erstkläßler.

Bald aber war die Schule sowieso nicht mehr wichtig, denn Onkel Alexander bestimmte über ihr Leben.

Auch Jochen fand sich schnell zurecht. Er putzte sorgfältig die schönen Pferde, ihr seidiges Fell war wie eine Liebkosung. Seine Hände begannen zu leben, wenn er die Pferde berührte, selbst sein lahmer Arm bekam neue Kraft. Er hielt den Stall sauber, er mistete aus, er führte die Pferde am Zügel oder am Halfter in der Bahn oder bei gutem Wetter im Freien spazieren, damit sie Bewegung hatten, brachte sie auf die weit verstreuten Koppeln, als die warme Jahreszeit begann. Er hatte keine Schwierigkeiten mit den Hengsten, er beobachtete die tragenden Stuten und half bei der Geburt der Fohlen.

Alles in allem, und das ging recht schnell, wurde Jochen ein glücklicher Mann, jedenfalls glücklicher denn je. Wenn man sein Leben als Ganzes betrachtete, hatte er es nie so gut gehabt. Schon als Junge hatte er schwer arbeiten müssen, und in allen folgenden Jahren auch, dann kam der Krieg, die Auflagen zu erhöhter Ablieferung, seine Zeit an der Front, die Verwundung und dann die noch mühsamere Arbeit auf dem Hof, erst Giercke, dann die Kommunisten, dann die Rechtlosigkeit, die Verdrängung von seinem Land und seinem Hof.

Jetzt war er in einem fremden Land unter fremden Menschen. Er kam, nachdem er seine anfängliche Scheu, sein Mißtrauen abgelegt hatte, gut mit ihnen zurecht. Immer öfter sah man Jochen Lumin lachen. Landwirtschaftliche Arbeit gab es auch genug. Das Gestüt beziehungsweise das ehemalige Gut verfügte noch über ein größeres Waldstück und über ausgedehnte Weiden. Der Wald mußte durchgeforstet, altes Holz geschlagen, das Wild beobachtet werden. Das alles tat Jochen im Einvernehmen mit dem zuständigen Förster, und als der bemerkte, daß Jochen schießen und treffen konnte, durfte er den Förster auch in anderer Gegend zur Jagd begleiten. Das Gras auf den Weiden mußte gedüngt, der erste und zweite, manchmal sogar ein dritter Schnitt bei guter Witterung mußte zur rechten Zeit erfolgen. Und Jochen saß zumeist selbst auf dem Traktor, wenn sie Heu einfuhren.

Karl Neumann, der von landwirtschaftlicher Arbeit nichts verstand, überließ Jochen schon vom Frühling an das Kommando. Übrigens bezeichnete er Jochen gleich als Stallmeister. Eine gewisse Rangordnung war immer gut, das hatte Karl Neumann beim Militär gelernt.

Alexander beobachtete Jochens Wandlung mit Wohlgefallen. Einmal, es war im Juni, waren sie auf dem Gut, Beatrice und er, da kam Jochen mit dem vollbeladenen Heuwagen auf den Hof gefahren, sprang vom Traktor, lachend, kam auf sie zu, und das Lachen stand noch in seinen Augen, als er sie begrüßte. Nun, ohne den Blick zu senken.

»Das haben wir gut gemacht, wie?« sagte Alexander später zu Beatrice.

»Sieht so aus. Er ist ein tüchtiger Mann.«

»Nun wird er auch das ganze Unglück vergessen können.«

Beatrice nickte und ging auf die erste Koppel zu, wo die· Stuten, die dieses Jahr gefohlt hatten, mit ihren Kindern standen.

Alexander dachte bei seinen Worten auch an das Geheimnis, das Elsgard ihm anvertraut hatte. Er hatte sein Wort gehalten, und er würde nie darüber sprechen. So wie er nie erfahren würde, daß Elsgard gelogen hatte.

Dann kam Cordelia aus dem Haus gelaufen und flog auf ihn zu. Ja, sie flog mehr, als sie lief, leicht, beschwingt, den Boden kaum berührend. Alexander breitete die Arme aus und fing sie auf. Auch sie kein scheues, ängstliches Kind mehr, in der Schule ging es gut, die Neumann-Jungen waren ihre Freunde, und jeden Tag waren da die Pferde, ihr ganzes Entzücken.

Alexander hielt sie eine Weile, und sie rief: »Ich kann jetzt schon ganz gut reiten. Ich bin erst zweimal runtergefallen.«

»Paß gut auf! Du weißt, ich habe anderes mit dir vor. Und das geht jetzt gleich los. Nächste Woche.«

»O ja«, rief Cordelia, weder ängstlich vor etwas Neuem noch sehr beeindruckt von einer Sache, von der sie nichts wußte. »Ich tue alles, was du willst. Und nun komm«, sie griff nach seiner Hand, »du mußt dir unsere Fohlen ansehen.

Denk mal, die ganz Kleine da, sie steht gerade am Zaun mit ihrer Mutter, die haben sie Cordelia genannt.«

»Na, was für eine Ehre für das Pferdchen.«

»Aber nein!« Sie lachte übermütig. »Eine Ehre für mich. Sie ist ganz schwarz, siehst du, so wie ich. Und sie hat einen kleinen weißen Stern auf der Stirn.«

»Den bekommst du auch, wenn du erst die Schwanenprinzessin bist.«

Das haben wir gut gemacht, hatte er zu Beatrice gesagt. Das traf auch auf Olga zu. Ihre alte Standfestigkeit war zurückgekehrt, und ihr kluger Kopf war so klar wie eh und je. Davon profitierten die Kinder, Cordelia und die beiden Neumann-Jungen. Olga erzählte, las vor, nicht nur Märchen und Geschichten, auch Gedichte und Novellen. Alexander mußte die Bücher mitbringen, die sie sich wünschte, auch für ihre eigene Lektüre sorgte er, denn auf dem alten Gut gab es keine Bücher. Olga sprach auch über Geschichte, Geographie, ein Atlas kam ins Haus, und schließlich studierte sie sehr genau die Umgebung, in der sie jetzt lebte, sie besuchte die Schlösser und Burgen des Münsterlandes, auch Münster selbst, das von Bomben so sehr verwüstet worden war.

Anfangs fuhr Alexander dann und wann mit ihr durchs Land, aber viel Zeit hatte er nicht, doch bald war es Ilse Neumann, die gern an solchen Ausflügen teilnahm. Sie war eine gute Autofahrerin, Olga saß neben ihr, die drei Kinder hinten, einmal sagte sie: »Ich lerne viel Neues über meine Heimat.«

Denn Olga war immer gut vorbereitet, sie hatte genau nachgelesen, welche Bauten, welche Besonderheiten es zu sehen gab, welche geschichtlichen Ereignisse stattgefunden hatten, also beispielsweise, daß in Haltern sich einst die alten Römer getummelt hatten oder daß die Bischöfe von Münster den Ort als ›Grenzbefestigung‹ benutzt hatten. Und selbstverständlich besuchte man Ilses Familie in Telgte, der ehemaligen Hansestadt, einem berühmten Wallfahrtsort zudem. Sie fuhren durch die Telgter Heide, und Olga sagte andächtig: »Was für ein schönes Land!«

Und gewann damit endgültig Ilses Herz. Am schönsten

fanden es die Kinder natürlich bei den Wildpferden im Merfelder Bruch.

Am schwersten hatte es Elsgard. Sie bemühte sich zwar, ruhig und umgänglich zu sein und Ilse bei der Arbeit zu helfen. So hatte sie sich angewöhnt, das Frühstück zu bereiten, sie standen alle früh auf, und Ilse fuhr dann die Kinder zur Schule, das konnte Elsgard zu ihrem Ärger nicht, sie hatte nie Auto fahren gelernt. Sie zeigte sich auch im Stall und bot ihre Hilfe an, die kaum gebraucht wurde, bei der Heuernte half sie beim Abladen, und im Garten des Gutshofs pflanzte und pflegte sie das Gemüse und die Kräuter.

Sie war eifersüchtig, weil Ilse viel mehr mit Cordelia zusammen war als sie selbst, bei den Fahrten zur Schule, den Ausflügen, die sie machten. Man hatte sie zwar einmal aufgefordert mitzukommen, aber sie hatte abgelehnt.

»Ihr habt ja keinen Platz.«

Das stimmte, Ilse fuhr einen Volkswagen, nur zu den Kindern im Fond hätte sie sich quetschen können, aber Elsgard wollte gar nicht mitgenommen werden. Und eifersüchtig war sie schließlich auf Jochen. Einmal, weil ihn seine Arbeit so ausfüllte, und dann, weil Cordelia, sooft es ging, in seiner Nähe zu finden war, sei es in den Stallungen, sei es auf den Koppeln. Und am glücklichsten war Cordelia, wenn Onkel Alexander auftauchte, ihm wich sie nicht von der Seite.

Elsgard lebte ständig in der Angst, Alexander könne eines Tages verraten, was sie ihm anvertraut hatte. Und mit dieser Lüge zu leben, bedrückte sie zusätzlich.

Wenn sie ihn einmal allein erwischte, kam sofort ihre Frage: »Du hast es niemand erzählt? Du hast es mir versprochen.«

»Ich halte mein Versprechen.«

»Du hast es auch nicht deiner Beatrice erzählt?«

»Sie dürfte das kaum interessieren. Warum nennst du sie meine Beatrice?«

»Denkst du, daß ich dumm bin?«

»Bist du nicht.«

»Du hast dich mitten ins warme Nest gesetzt.«

Alexander runzelte die Stirn. »Ich bemühe mich, dafür etwas zu leisten.«

»Das meine ich. Ich nehme an, die Dame ist mit deinen … Leistungen zufrieden.«

»Früher hast du nie boshafte Reden geführt. Du warst so ein liebes Mädchen.«

»Man ändert sich eben, wenn man Böses erlebt.«

»Dieses warme Nest, wie du es nennst, ist ja auch für euch von Nutzen.«

»Für Jochen vielleicht.«

»Für Jochen, für dich, für Olga und für Cordelia.«

»Ja, ja, ich weiß, sie ist für dich die Hauptperson.« Unversehens kam ihr ein Wort in den Sinn, das sie längst vergessen hatte.

»Dieser Bastard!«

Alexander schwieg eine Weile. Sie standen bei den Angus-Rindern, die es seit neuestem auf dem Gelände gab, sie waren auf Jochens Vorschlag hin angeschafft worden. Es sei Weidefläche genug vorhanden, hatte er gemeint, und da die Pferde sowieso öfter umgestellt wurden, war für eine kleine Rinderherde ausreichend Weide vorhanden.

Es waren prachtvolle Tiere, ihr schwarzes Fell glänzte in der Sonne, schien die Sonne widerzuspiegeln.

Alexander sagte: »Ganz ohne Rindvieh ging es für Jochen nicht.«

»Ja, ja, es ist alles da, was er braucht. Pferde, Rinder, zwei Hunde, Katzen. Hühner haben wir jetzt auch. Und eben einen Bastard im Haus.«

Geradezu mit Genuß, Herausforderung im Ton, wiederholte sie das Wort, das Constanze damals gebraucht hatte.

»Ich kann verstehen, daß du das Kind nicht liebst«, sagte Alexander. »Obwohl es ja nichts dafür kann, daß dir so etwas geschehen ist. Und ich könnte verstehen, wenn Jochen sich ablehnend verhalten würde. Aber soweit ich sehe, kommen sie gut miteinander aus. Sie nennt ihn Vati.«

»Wie soll sie ihn denn sonst nennen?«

»Was mich betrübt ist, daß *ihr* nicht mehr gut miteinander

auskommt, Jochen und du. Ist es nur wegen dieser Sache? Ihr habt euch doch mal geliebt.«

»Was heißt schon Liebe. Das ist lange vorbei. Und nicht nur deswegen.«

»Aber warum dann?«

»Ach, ist ja egal. Ich sehe ihn sowieso kaum. Er ist in den Ställen, auf den Koppeln, beim Heumachen, mit dem Förster unterwegs, und wenn er im Haus ist, sitzt er bei Neumann im Büro und studiert die Bücher und Bilanzen. Und er lernt die Stammbäume der Pferde auswendig bis ins vorige Jahrhundert. Er weiß jetzt schon genau, was der Hafer kosten darf und wo das beste Stroh herkommt, und er rechnet aus, was es morgen kosten wird. Er arbeitet unentwegt.«

»Aber das ist doch gut für ihn, Els. Siehst du das nicht ein? Er hat schließlich früher auch in eigener Verantwortung einen Hof geführt, er mußte sich auch mit Rechnungen, Bilanzen und Kosten beschäftigen. Das hat zu seinem Leben gehört.«

»Ja, ich weiß, du hast immer für ihn Partei ergriffen.«

»Das ist doch Unsinn, Els. Du warst meine kleine Schwester, du bist bei uns aufgewachsen. Olga dürfte dich nicht hören.«

»Olga dürfte manches nicht hören, was ich rede.«

Wie sich erwies, war es von höchstem Nutzen, daß sich Jochen so intensiv der Arbeit im weitesten Sinn widmete. Fünf Jahre später kehrte Karl Neumann mit seiner Familie nach Hamburg zurück, man bot ihm in Horn eine gute Position an.

Cordelia, heimatlos

ALEXANDER WAR ES, der Cordelia die neue Heimat nahm, gerade als sie anfing, sich heimisch zu fühlen. Seine Zuneigung zu dem Kind, gepaart mit Mitleid, weil er glaubte, es werde lieblos behandelt, und schließlich die fixe Idee, Cordelia müsse Tänzerin werden, bestimmten ihr Leben. Ehe sie dazu kam, ein eigenes Leben zu haben.

Für Tanz und Ballett hatte er sich immer interessiert, verstand auch einiges davon.

»Du mußt doch zugeben«, sagte er zu Beatrice, »sie ist die geborene Tänzerin.«

Beatrice nahm das zunächst nicht ernst. Nachdem die Familie Lumin etabliert war und alles auf dem Gestüt gutzugehen schien, beschäftigte sie sich nicht weiter mit den Mecklenburgern. Immerhin stimmte sie Alexander zu.

»Du hast recht, sie ist der Typ für das Ballett.«

»Siehst du! Sie muß Ballettunterricht haben.«

Zu der Zeit lebten die Lumins gerade ein Jahr im Münsterland.

»Und wo soll sie den kriegen? Auf den Dörfern draußen?«

»Wir müssen Verbindung aufnehmen mit den Theatern in der Region, Essen, Düsseldorf, Duisburg …«

»Du bist verrückt. Sie ist ein Kind«, sagte Beatrice.

»Als Kind muß man anfangen zu tanzen, wenn man später eine Ballerina werden will. Es ist bei ihr schon fast zu spät. Sie müßte sehr, sehr fleißig sein.«

Eine Ballerina! Cordelia konnte es nicht wollen, sie wußte gar nicht, was man darunter verstand. In einem Theater war sie noch nie gewesen. Sie war glücklich auf dem Gestüt, bei den Pferden; in der Schule ging es recht gut.

In diesem Sommer trat der zweite Mann in ihr Leben, der Schicksal spielen sollte. Fred Munkmann, der Musik- und Theaterkenner, kam für ein paar Wochen ins Vaterhaus, in Rom war es derzeit sehr heiß.

Er war mit Alexander einer Meinung, nachdem er Cordelia kennengelernt hatte. Und er wußte auch, wo sie die Anfangsgründe des klassischen Tanzes erlernen konnte.

»Falls die Llassanowa noch lebt«, sagte er. »Sie war eine berühmte Frau. Sie hat in St. Petersburg getanzt und später am Bolschoi. Dio mio, sie kann nicht mehr leben, sie muß uralt sein.«

»Und woher kennst du diese Russin?« fragte Alexander.

»Durch Susi, meine erste Liebe. Ein süßes Mädchen, sag ich dir. Sie nahm bei Kyra Llassanowa Unterricht, denn sie wollte eine berühmte Tänzerin werden. Was mag aus Susi geworden sein?«

»Und wo ist deine Russin?«

»Weiß ich auch nicht. Das war vor dem Krieg. Sie kann gar nicht mehr leben. Sie ist nicht etwa vor der Revolution geflüchtet, sie hat für Lenin getanzt und später für Stalin. Erst später, bei einem Gastspiel in London, hat sie sich abgesetzt. Sie hat dann weltweit gastiert, irgendwann auch mal in unserer Gegend, und dann wurde sie krank und konnte nicht mehr auftreten. Da blieb sie hier.«

»Wo?«

»Sie wohnte in einem winzigen Häuschen am Rande von Werden. Aber man wußte von ihr, sie gab Unterricht. Sie spricht nicht deutsch, nur russisch und französisch. Ich brachte Susi hin zu den Stunden und holte sie wieder ab. Den Unterricht gab die Llassanowa in einer alten Scheune, die ein Bauer ihr überlassen hatte, als er in die Stadt zog. Das ist jetzt fünfzehn Jahre her. Länger noch. Sie kann wirklich nicht mehr leben.«

Die Llassanowa war wirklich uralt, aber sie lebte noch. Sie sprach auch jetzt nur wenige Brocken deutsch, aber das machte nichts, Alexander sprach russisch mit ihr. Sie hatte wirklich einige Schülerinnen, blutjunge Mädchen, und bei ihr lebte die russische Tänzerin Sonja, die während des Krieges mit einem Offizier nach Deutschland gekommen war. Der Offizier war eines Tages verschwunden, ein Engagement bekam Sonja nicht mehr, aber sie tanzte noch gut und konnte den Mädchen die Figuren vortanzen. Die Llassanowa konnte nur noch kommandieren, und zwar sehr energisch. Sie tat es nicht mehr in der alten Scheune, sondern im Saal einer leerstehenden, baufälligen Gastwirtschaft, einem relativ großen Raum, es gab einen riesigen Spiegel darin und eine Stange über die Längswand des Saales.

An dieser Stange lernte Cordelia die fünf Positionen, Battement und Battement tendu und brachte es bald zu einer vollendeten Arabesque. Ihre Sprünge waren schon zu dieser Zeit hoch und grazil, ihre Füße schmerzten, ihre Gelenke waren schwach, doch sie gab sich große Mühe, sie nahm, was mit ihr geschah, als von Gott gewolltes Schicksal, besser gesagt von Onkel Alexander gewolltes Schicksal hin, sie liebte ihn stürmisch, sie tat, was er wollte. Sie hatte keinen eigenen Willen.

Aber sie war überfordert. Vormittags die Schule, nachmittags die Übungen an der Stange, beide Orte lagen weit auseinander. Alexander fuhr sie mit seinem Wagen, manchmal Fred, wenn er da war, oder Gustav, wenn er seinen Dienst erledigt hatte. Cordelia war schmal, blaß, übermüdet.

Sonja sagte zu Alexander: »Sie nicht hat Kraft für das Beruf.«

Im zweiten Jahr stürzte sie bei einem ehrgeizigen Sprung, der zu hoch geraten war und den sie nicht auffangen konnte, und verstauchte sich den Fuß.

Sie lag am Boden und wimmerte, das tat sie noch, als Alexander sie abholen kam.

Die Llassanowa schüttelte tadelnd den Kopf, Sonja sagte: »Sie ist zu schwach.«

Alexander nahm sie auf die Arme und trug sie ins Auto, fuhr sie nicht den weiteren Weg zum Gestüt, sondern brachte sie in die Villa Munkmann.

Beatrice war verärgert, als sie aus der Fabrik nach Hause kam.

»Ich habe dir gesagt, deine Sippe kommt mir nicht ins Haus.«

»Es ist nicht meine Sippe, es ist Cordelia.«

Sie hatten den ersten ernsthaften Streit miteinander. Gustav, der ehemalige Sanitäter, machte währenddessen Umschläge um Cordelias Fuß, nachdem er festgestellt hatte, daß er nicht gebrochen war. Am nächsten Tag holte er verschiedene Kräuter aus der Apotheke, mixte daraus einen Saft und legte ihr Wickel an.

Cordelia blieb fünf Tage im Hause Munkmann, Oscar bekam sie nicht zu sehen, Beatrice nur einmal flüchtig.

Dann fuhr Alexander sie zurück zum Gestüt, und Elsgard sagte: »Das kommt von der dämlichen Hopserei.«

Alexander blitzte sie wütend an. »Ich kenne deine Einstellung zu dem Kind. Wenn du sie nicht behandelst, wie ich dir erklärt habe, bringe ich sie in eine Klinik.«

»Nur zu, laß dich nicht aufhalten. Ich habe hier gerade genug zu tun.«

Olga machte dann die Umschläge mit Gustavs Medizin, und Jochen saß abends bei Cordelia und streichelte ihr dunkles Haar.

Der Fuß heilte bald, der Unterricht bei der Llassanowa ging weiter. Cordelia bemühte sich, viel zu essen, um kräftiger zu werden, sie setzte ihre Füße ganz präzise, sie lernte es, Sprung und Schwung zu kontrollieren.

Sie beherrschte schon die Grundbegriffe, als Madame Lucasse sie in die Ballettschule der Oper aufnahm. Ihre Gelenke waren aber immer noch zu schwach, und ihre Füße bluteten häufig.

Sie arbeitete unermüdlich, mit großem Fleiß und letzter Hingabe. Denn sie wollte das werden, was Onkel Alexander von ihr erwartete: eine berühmte Tänzerin, eine Ballerina.

München

AUCH IN MÜNCHEN waren Bomben gefallen, sah man noch Ruinen. Doch die Stadt lebte, war voller Betrieb, bot jede Art von Unterhaltung, ohne die Hektik, die Unruhe, das ständige Gefühl von Angst, das die Berliner begleitete. In München amüsierte man sich und ließ sich wohlgefällig auf den Wellen des wachsenden Wirtschaftswunders tragen, das noch nicht jeden beglückte, aber immerhin deutlich sichtbar das Leben verschönte. Man leistete sich eine eigene Partei in Bayern, die CSU, mit der man sehr zufrieden war, und wenn man zusammensaß, sprach man vom letzten Fasching, vom letzten Presseball, von den letzten Premieren und Konzerten und von der Modenschau des bekanntesten Couturiers der Stadt.

An diesem Sommerabend des Jahres 1953 sprachen sie von dem Oberbürgermeister Thomas Wimmer, den sie liebevoll Wimmer Damerl nannten und der sie immer wieder mit kernigen Aussprüchen erfreute. Und dann kam man auf das Thema Urlaub und wohin man am besten im Sommer fahren sollte.

Der Aufstand der Berliner Arbeiter, der von den sowjetischen Panzern erstickt wurde, war noch keine vierzehn Tage her.

»Manche Leut' fahren ja mit großer Begeisterung wieder nach Italien. Das haben die Münchner schon immer getan«, sagte Agnes Meroth, die Sängerin. »Die Frau Enger war vergangenes Jahr in Rimini, da hat es ihr ausnehmend gut gefallen. Und jetzt ist sie wieder losgebraust, mit dem Auto. Ohne ihren Mann. Dem ist es in Italien zu laut, ihm gefällt's besser im Gebirge.«

»Sie ist allein gefahren?« wunderte sich der Professor.

»Ja, denk dir. Sie sagt, die italienischen Männer sind so rasant, da hat sie mehr davon, wenn sie solo ist.«

»Möchtest du denn gern wieder mal nach Italien fahren? Am Ende auch allein?«

Agnes lachte. »Ich war oft genug allein da. Wenn ich in der Scala gesungen habe. Aber zum Urlaubmachen? Nein, gewiß nicht. Schöner als in unserem Garten kann es nirgendwo sein.«

»Nun also, da hast du weiß Gott recht«, sagte ihr Kollege, der Sänger Heinrich Ruhland, der an diesem Abend zu Gast war.

»Schönere Rosen als die euren habe ich auf der ganzen Welt nicht gesehen.«

Der Hausherr, Professor Seefellner, lächelte geschmeichelt und nickte. Die Rosen waren sein Werk.

»Ich hab's auch mal mit Tomaten versucht«, sagte er. »Die waren gar nicht schlecht.«

Darüber lachte die Frau Kammersängerin. »Mei, Ferdl, ganz reif sind's nie geworden.«

»Na ja, nicht so wie italienische, das stimmt. Man mußte sie halt noch eine Weile hinter die Fensterscheibe in die Sonne legen, dann waren sie genießbar.«

»Du mit deinen Tomaten, wir hatten auch ohne sie immer

genug zu essen. Und wenn man ausreichend Zigaretten zum Tauschen hatte, war es überhaupt kein Problem. Und die hatten wir ja bald, dank Mary.«

Daraufhin sprachen sie von den Amerikanern, mit denen sie sehr gut ausgekommen waren, denen hatte es in München und Bayern sehr gut gefallen.

»Die wußten bald nicht mehr, was sie gegen uns haben sollten. Weißt noch, Ferdl, der fesche Captain, der immer zu Besuch kam, damit ich ihm etwas vorsinge. Er hatte mich an der Met gehört und war ganz beglückt, mich hier zu finden. Sooft er konnte, saß er im Prinzregententheater, eine Oper nach der anderen hörte er sich an. Wagner liebte er besonders. Mei, war der traurig, als er zurück mußte in die Staaten. In Michigan, sagte er, hab ich keine Oper.«

An dieser Stelle lachte Constanze, die mit an diesem Tisch saß.

»Wenn man euch so reden hört«, sagte sie, »könnte man annehmen, der Krieg habe vor fünfzig Jahren stattgefunden. Für euch ist das wie eine hübsche Erinnerung an eine etwas abenteuerliche Zeit. In Berlin sind zu jener Zeit die Menschen verhungert.«

»Du hast recht, mein Kind, wir reden etwas leichtfertig darüber«, sagte der Professor, wischte sich sorgfältig mit der Serviette die Lippen ab und trank den letzten Schluck Wein aus seinem Glas. »Auch hier haben Menschen gehungert. Wir saßen in unverdienter Geborgenheit. Denk nicht, daß ich das nicht weiß. Und daß der Krieg noch nicht lange her ist, das merkt man in der Stadt. Wie sieht mein schönes München aus! Ich mag gar nicht mehr hineinfahren.«

»Ich finde, es sieht in München schon wieder ganz ordentlich aus«, sagte der Sänger. »Und Sie müßten ja gewöhnt sein, mit Ruinen umzugehen, lieber Professor.«

Der Professor schüttelte den Kopf. »Das läßt sich nicht vergleichen. Der Bombenkrieg ist eine Schande für die Menschheit. Dieses anonyme Töten aus dem Nichts in das Nichts muß für alle Zeit die Moral eines Menschen zerstören.«

»Was für einen Menschen meinst du?« fragte seine Frau. »Der auf den Knopf drückt und die Bombe fallen läßt?«

»Er kann ja nicht sehen, was er anrichtet. Ich weiß nicht, ob es viel moralischer ist, in das Gesicht eines Menschen zu schießen, der vor einem steht.«

»Oder von irgendwoher eine Granate loszuschicken, von der man ja auch nicht weiß, wo sie landen wird«, gab der Sänger zu bedenken.

Der junge Mann, der ebenfalls ihr Gast war, lächelte spöttisch.

»Es hebt auch nicht unbedingt die Moral, wenn man über die zerquetschten Reste von Kameraden hinwegsteigt, die von Panzern zermalmt wurden. Nicht etwa aus Versehen, sondern absichtlich.«

»Geht's, hört auf«, sagte die Frau Kammersängerin. »Ihr verderbt euch nachträglich den Appetit. Der Krieg ist keine fünfzig Jahre her, Constanze. Aber man soll nicht soviel davon reden. Schließlich ist er vorbei. Es ist nur acht Jahre her, aber uns geht's doch gut. Auch in der Stadt sieht's schon wieder ganz ordentlich aus, da hat Ruhland recht.«

»Nun also«, sagte der Tenor, »nehmt alles nur in allem, dann werdet ihr zu der Erkenntnis kommen, daß der Krieg in jedem Fall ein unmoralisches Unternehmen ist. Früher so gut wie in unserer Zeit. Nur ist er nicht auszurotten.«

»Für mich«, sagte der junge Mann und klopfte lässig auf seine Beinprothese, »war er glücklicherweise sehr schnell vorbei.«

Er war bereits '41 in Rußland verwundet worden, da gab es noch einen raschen Abtransport in die Heimat und ausreichend Platz im Lazarett. Den Rest des Krieges hatte er bei seinen Eltern im Allgäu verbracht, keine Bomben, keine Granaten, keine Panzer. Seit dem Beginn des Sommersemesters studierte er in München und lebte im Haus Meroth-Seefellner.

Constanze hatte ihn bisher kaum gesehen, abends war sie nie dagewesen, doch nun war ihr Engagement beendet, das kleine Theater, in dem sie zuletzt aufgetreten war, schloß den Sommer über. Sie war wieder einmal ohne Arbeit.

Es war Ende Juni, der Abend noch hell, und sie sah durch das breite Fenster die blühenden Rosen im Garten.

»Fünfzig Jahre, das ist eine lange Zeit«, sagte der Sänger.

»Bis dahin leben wir alle lange nicht mehr. Außer euch jungen Leut natürlich.«

»Wir auch nicht, Herr Ruhland«, sagte Constanze. »Bis dahin ist längst der nächste Krieg gelaufen, moralisch oder nicht.«

»Alle Menschen, die aus Berlin kommen, sind so pessimistisch«, sagte der Sänger. »Das paßt gar nicht zu den Berlinern.«

»Vielleicht, weil der Krieg bei uns eben doch noch nicht so lange vorbei ist. Wir haben die Bolschis in der Stadt. Und rundherum um Berlin ist Bolschiland. Und die Blockade, falls Sie davon gehört haben, hatten wir auch. Und jetzt dieser Aufstand am 17. Juni, das ist doch …«

»Schluß jetzt!« sagte Agnes Meroth energisch. »Wir werden die Weltgeschichte nicht ändern. Ihr verderbt euch nur nachträglich das Essen. Es hat euch doch geschmeckt?«

Alle versicherten, daß es großartig geschmeckt habe, und Agnes blickte wohlwollend auf die leeren Schüsseln und Teller auf dem Tisch.

»Die Mary wär todunglücklich, wenn was übriggeblieben wäre.« Immerhin, die Zeit für Diäten war noch nicht gekommen.

Eigentlich hieß die Köchin im Haus Maria, doch seit sie mit einem amerikanischen Sergeanten befreundet war, wollte sie Mary genannt werden.

»Was macht's denn, wenn deine Mary ihren Boyfriend heiratet?« fragte der Sänger.

»Das wäre eine Katastrophe. Ich habe nie kochen gelernt.«

»Dafür warst du die beste Isolde, mit der ich je auf der Bühne stand«, sagte der Sänger galant.

Agnes lächelte. »Das Kompliment kann ich zurückgeben. Du warst mein bester Tristan.«

»Nun also«, sagte der Sänger. »Das übt sich.«

Agnes nickte dem Mädchen zu, das an der Tür stand.

»Du kannst abräumen, Anschi. Den Mokka trinken wir nebenan.«

Die Sängerin, der Sänger und der Professor gingen voran,

Constanze und der einstige Leutnant und heutige Student Johannes Seefellner folgten langsam.

»Sie gehen eigentlich ganz normal«, sagte Constanze unbefangen.

»Nun also, wie Tristan sagen würde, das übt sich.«

»Aber es gab eine Zeit, in der Sie gelitten haben.«

Es war keine Frage, es war eine Feststellung.

»Gewiß. Und ich will nicht behaupten, daß alles vorbei sei. Aber wie wir wissen, seit Einstein, ist alles im Leben relativ. Ohne das zerschossene Bein wäre ich wohl vor Stalingrad verreckt, wie so viele andere. Und meine Mutter, wissen Sie, sie hat mir soviel Kraft gegeben. Ein Glück, hat sie gesagt, was für ein Glück, daß du da bist, Bub. Schließlich habe ich es selber geglaubt. Mein Bruder ist gefallen, gleich in Polen. Und sie hat soviel Angst um mich ausgestanden. Mein Vater natürlich auch. Wegen dem Bein, hat sie gesagt, wenn schon. Hauptsache, du lebst und bist da. Soll der Hitler seinen depperten Krieg ohne dich führen. Schad um das Bein. Aber mit dem Bein wärst net da. Sehen Sie, Fräulein Meroth«, der Leutnant lachte leise, »das ist auf die Dauer unwiderstehlich. Und das nicht vorhandene Bein hat mir nun auch den Studienplatz verschafft. Es ist schwer, an der Münchner Uni anzukommen.«

»Sie studieren Romanistik und Geschichte, habe ich gehört.«

»Ja, vor allem Geschichte. Von der Antike bis zur Neuzeit. Die Zeit werde ich mir nehmen. Man muß doch wissen, was passiert ist. Zum Beispiel das Unmoralische, von dem wir gerade gesprochen haben. Dabei gibt es soviel Moral. Die Moral des eigenen Gewissens, wenn wir damit anfangen wollen. Bloß, was fängt man im Krieg damit an? Die Moral des Christentums, des Judentums, des Islam. Sie sind alle sehr moralisch auf dem Papier. Dennoch haben sich die Menschen immer gegenseitig umgebracht, mehr oder weniger effektiv. Nicht zuletzt aus religiösen Gründen. Und was ist eine Ideologie anderes als eine Art Religion. Töten, immer wieder töten. Und nun also mit den Bomben aus dem Nichts in das Nichts, wie mein Onkel es nannte.«

»Und Sie denken, Sie werden es begreifen, wenn Sie lange genug studieren?«

»Das bezweifle ich. Und Sie reden ja auch schon wieder vom nächsten Krieg.«

»Die Bolschis …«

»Sie meinen die Bolschewiken damit, die Kommunisten, die SED, wie es jetzt da drüben heißt. Der gute alte Vater Marx, er hatte keine Ahnung, was er anrichtet. Wir allerdings wissen, was Churchill und Roosevelt in Jalta und Potsdam angerichtet haben. Und die Briten und Amerikaner wissen es inzwischen auch. Zu spät. Die Bolschis sind da, und nicht zu knapp.«

»Das kann man sagen. Und das kapieren die Leute in Bayern nicht.«

»Mein Vater stand den Nazis immer skeptisch gegenüber. Aber ich war ein begeisterter Hitlerjunge. Wir haben ein hübsches kleines Hotel in einem hübschen kleinen Ort im Gebirge. Keiner wollte von uns was. Es ging uns ganz gut, Hitler oder nicht Hitler. Irgendwie …«

Sie standen unter der Tür, die in den Salon führte, die anderen saßen schon, Mary höchstpersönlich servierte den Mokka, in Eile, denn sie hatte noch ein Date mit ihrem Sergeanten. Was sie jedoch nie daran hindern würde, ein vorzügliches Essen zu bereiten und den Mokka zu servieren. Und das Lob entgegenzunehmen, das ihr gebührte.

»Irgendwie …?«

»Irgendwie haben wir gar nicht gewußt, was vorgeht.«

»Das kann ich von Berlin nicht sagen. Mein Vater allerdings mochte die Nazis sehr gern. Dafür gefiel es mir im BDM nicht.«

»Ihr Vater mochte die Nazis, meiner nicht. Es spielt keine Rolle, das eine wie das andere, sie waren nun mal da. Ihr Vater mag sie gewählt haben, meiner nicht. Das geht so halbehalbe durch das Volk, glaube ich. Früher gab es keine Wahlen. Aber es gab Nero, und Napoleon und schließlich Hitler. Letzterer mit Wahl.«

Constanze lachte. »Da haben Sie aber einen großen Sprung durch die Geschichte gemacht, von Nero bis Napoleon.«

»Stimmt«, sagte er selber erstaunt. »Ziemlich dilettantisch, nicht? Es wird dazwischen noch ein paar Monster gegeben haben.«

»Was sagt Ihr Vater denn heute?«

»Er hat seine Meinung nicht geändert. Es geht uns nicht schlecht. Er hat das Hotel schon vor dem Krieg modernisiert. Die Flüchtlinge, die man uns hereingesetzt hatte, sind weg, es kommen wieder Gäste.«

»Wo bleibt ihr denn, Kinder?« rief Agnes Meroth. »Der Mokka wird ja kalt.«

»In diesem Haus ist es«, sagte Constanze, »als habe der Krieg nie stattgefunden.«

»Hat er auch nicht. Geld war da, die Stimme von Agnes hat die Nazis genauso beeindruckt wie ihre Vorgänger, Söhne, um die man bangen mußte, gab es nicht. Sehen Sie, da haben wir es schon, Moral oder nicht. Es ist vor allem die Ungerechtigkeit, mit der Menschen leben müssen. An manchen ist der Krieg ziemlich spurlos vorübergegangen. Kam ganz darauf an, in welcher Gegend man lebte. Auf dem Land oder in der Stadt, in Schlesien oder in Bayern, in Ostpreußen oder in Württemberg.«

»Die Ungerechtigkeit reicht über den Krieg hinaus. Es kommt auch heute noch darauf an, wo einer lebt, in Brandenburg oder in Bayern.«

»Meine Eltern hat es getroffen, gleich, wo sie lebten. Sie haben einen Sohn verloren, der andere ist ein Krüppel. Tante und Onkel gehören zu den glücklich Verschonten. Er trauert um das zerbombte München, sie um die zerstörte Oper. Aber sie spielen im Prinzregententheater, das hat eine hervorragende Akustik. Das Repertoire ist reichhaltig.«

»Ja, ich weiß. Ich war schon zweimal drin. Aber seit neuestem tritt sie ja nicht mehr auf.«

»Sie zieht sich von der Bühne zurück, gibt ab und zu einen Liederabend, und sie hat Schüler. Die kommen aus der Stadt heraus, um bei ihr zu lernen, wie man singen soll, um so berühmt zu werden wie sie. Ein hübsches Mädchen ist dabei, eine Sopranistin. Klingt ganz hübsch, wenn sie singt.«

»Sie gefällt Ihnen? Ja, ich habe sie schon gesehen. Sie ist wirklich niedlich.«

Constanze verspürte so etwas wie Eifersucht. Das Mädchen war höchstens zwanzig, sie wurde im nächsten Jahr dreißig. Auf die junge Sängerin wartete eine Karriere, möglicherweise. Ihr war die Karriere durch die Finger gerutscht. All die wunderbaren Rollen, die sie spielen wollte. Sollte Königsberg der einzige Höhepunkt ihrer Laufbahn gewesen sein? Und daran war eben doch der Krieg schuld. Die zehn Jahre, die Frau Meroths Schülerin jünger war, machten viel aus. Bei Kriegsende war sie etwa zwölf Jahre alt. Und konnte ihr Leben beginnen. Bekam wenig zu essen, aber vielleicht hatten ihre Eltern auch über Geld und Zigaretten verfügt. Sie konnte Bombennächte erlebt haben. Ihr Vater konnte gefallen sein, aber vielleicht war ihre Mutter wie Mary und bekam genügend Zigaretten. Ebensogut konnte sie ein Flüchtling sein.

Unwillig schüttelte Constanze den Kopf über sich selbst. Was für blödsinnige Gedanken, was ging sie dieses Mädchen an? Aber sie war so unglücklich, so unbefriedigt, obwohl sie in diesem gepflegten Haus lebte und sich eigentlich keine Sorgen machen mußte.

Aber sie machte sich Sorgen, sie ärgerte sich, sie quälte sich, die verfehlte Karriere, die Tatsache, daß sie von der Gnade fremder Menschen abhing.

Fremde Menschen! Das dachte sie zornig, auch wenn es sich bei Agnes um die Schwester ihrer Mutter handelte.

Die letzten Monate hatte sie wenigstens das Engagement gehabt. Sie hatte in einem Zimmertheater in Schwabing gespielt, eine kleine, aber ganz aparte Rolle in einem amerikanischen Stück. Das größte Problem war, täglich von Solln nach München und nachts zurück von München nach Solln zu kommen. Meist fuhr kein Zug mehr, und sie übernachtete in der Kulisse oder auf einigen zusammengeschobenen Stühlen im sogenannten Zuschauerraum. Das taten andere auch. Ein Zimmer in München zu bekommen war unmöglich, sosehr sie sich auch bemühte.

Abgesehen davon – wovon sollte sie es jetzt bezahlen? Der Himmel wußte, wann sie wieder Arbeit finden würde.

Theater gab es zwar in München mehr als genug, neben den großen Bühnen, den Kammerspielen, dem neuerbauten Residenztheater, dem Gärtnerplatztheater, viele kleine Behelfsbühnen, Stadtrandtheater, Hinterhoftheater, Zimmertheater, überall wurde gespielt, probiert und gespielt mit nie versagendem Enthusiasmus. Nicht zu vergessen, die Cabarets. Denn auch Schauspieler gab es in München mehr als genug, berühmte Namen darunter. Alles drängte in diese Stadt, in der es sich derzeit am besten leben ließ. Das brauchte man nicht am eigenen Leib im Hause Meroth zu erleben, das hatte sich herumgesprochen.

Abwesend blickte Constanze auf die drei Menschen, die dort friedlich bei Mokka und Cognac saßen. Sie hatten ihre Karrieren gehabt, jeder auf seine Weise, es ging ihnen gut, sie hatten nichts verloren, weder ihr Leben noch ihr Heim, noch ihre Gesundheit.

»Sie haben eben Glück gehabt, daß sie hier draußen wohnten«, murmelte sie. »Hier sind keine Bomben gefallen.«

»Warum auch? Dies ist ein stiller Vorort mit hübschen alten Häusern. Hier wohnen pensionierte Beamte, emeritierte Professoren wie mein Onkel, ein wenig Adel und nun auch noch ein paar Ausgebombte, denen es hier nicht allzu schlecht geht.«

»Und so ein paar Übriggebliebene, so ein paar Unbrauchbare wie ich zum Beispiel.«

»So ist es«, sagte der Leutnant mitleidlos. »Und dafür kann man dankbar sein.«

»Wenn sie einen Sohn gehabt hätte … Aber Agnes hatte ja nur ihre Karriere im Kopf. In ihrem Leben war kein Platz für Kinder.«

»Sie hat ja auch erst spät geheiratet. Einen umgänglichen Professor der Archäologie, der gern in die Oper ging und sie bewunderte. Früher war er viel auf Reisen, Griechenland, Ägypten und so, wo es halt was auszubuddeln gibt. Als ich ein kleiner Bub war, habe ich ihn immer sehr bewundert, wenn er uns besuchte und von seinen Reisen erzählte. Heute buddelt er in seinem Garten und züchtet Rosen. Ihre Mutter ist doch auch Sängerin, wie ich gehört habe.«

»Sie war es. Und ihr war die Karriere nicht so wichtig wie ihrer Schwester. Sie ist genauso ein Versager wie ich.«

»Um unsere Tante zu zitieren: Verderben Sie sich nicht nachträglich das gute Essen.«

Johannes griff nach ihrer Hand. »Freuen Sie sich darüber, daß Sie im gelobten München sind. Sie werden schon wieder ein Engagement bekommen. Und der Weg in die Stadt und wieder heraus wird auch für uns bald besser. Ich habe einen Kommilitonen, besser gesagt, einen Kriegskameraden, dessen Vater hat eine Autowerkstatt, und der baut mir zur Zeit ein Auto um, das man auch mit einem Bein fahren kann. Dann fahren wir zusammen.«

Constanze lächelte und gab ihm einen raschen Kuß auf die Wange.

»Schönen Dank inzwischen. Aber ich mache Sie darauf aufmerksam, die Vorstellung ist meist nicht vor zehn, halb elf zu Ende.«

»Ich werde mir die Zeit schon vertreiben.«

»Wo bleibt ihr denn, Kinder?« rief Agnes Meroth noch einmal. »Der Mokka wird kalt.«

Im August des vergangenen Jahres war Constanze in München eingetroffen, verwirrt durch die hastige Abreise aus Berlin, verstört von Jonathans Worten, daß ihr Gefahr drohe, nachdem Eugen über Nacht verschwunden war.

Vom Flugplatz aus hatte sie angerufen.

Erst war Mary am Apparat und keineswegs bereit, die Frau Kammersängerin bei ihrem Mittagsschlaf zu stören.

»Ich kann ja später wieder anrufen«, sagte Constanze eingeschüchtert. »Ich bin die Nichte von Frau Meroth.«

»Ach, die aus Berlin«, ließ sich Mary vernehmen. Und dann, nach einem kleinen Zögern, fügte sie gnädig hinzu: »Wait a minute, please.«

Diesen Satz konnte Mary alias Maria inzwischen perfekt aussprechen. Nach einer Weile kam Agnes.

»Habe ich richtig verstanden? Bist du es, Constanze?«

»Ja, ich bin es.«

»Das ist lieb, daß du anrufst. Ich habe lange nichts von dir gehört. Wie geht es dir denn?«

»Ich bin in München.«

»Nein! Davon weiß ich ja gar nichts. Seit wann denn?«

»Seit einer halben Stunde. Ich bin auf dem Flugplatz.«

»Na so was! Warum meldest du dich nicht an? Ist irgend etwas geschehen?«

»Ich bin gewissermaßen aus Berlin geflohen. Ich würde ja in ein Hotel gehen, aber ich habe wenig Geld.«

»Das klingt ja höchst dramatisch. Nimm dir ein Taxi und komm heraus zu uns. Die Adresse weißt du ja wohl noch.«

Während der Taxifahrt dachte Constanze mit schlechtem Gewissen daran, daß sie schon lange nicht mehr an Agnes geschrieben hatte, nicht, seit sie in Pankow wohnte. Und warum? Weil es ihr peinlich war, bei den Bolschis gelandet zu sein. Darum.

Sie war erfüllt von Wut auf den Mann, mit dem sie in den vergangenen Jahren zusammengelebt hatte. Ein verdammter Spion, sonst nichts. Und der andere verdammte Spion hatte sie in ein Flugzeug gesetzt, hatte sie verschickt wie ein Paket. Angeblich, um ihr das Leben zu retten.

Was war bloß aus ihr geworden? Wer hatte hier wen verraten? Sie, sie hatte sich selbst verraten.

Am liebsten hätte sie das Taxi halten lassen, wäre ausgestiegen und verschwunden auf Nimmerwiedersehen. Wie sollte sie erklären, was geschehen war? Wie sollte sie erklären, was sie selbst nicht wußte und verstand?

Zunächst brauchte sie nichts zu erklären, Agnes stellte keine Fragen. Denn obwohl ihre Nichte chic gekleidet und gut geschminkt war, wie Jonathan es verlangt hatte, sah Agnes ihre angstvollen Augen und den bebenden Mund.

»Tut mir leid, daß ich dich so überfalle«, sagte Constanze. »Ich wollte eigentlich in ein Hotel ...«

»Schon gut, Constanze. Schön, daß du da bist. Mit Hotels sind wir noch etwas schwach besetzt. Und wir haben Platz genug.«

Anschi hatte inzwischen den Koffer des Besuchs ergriffen und blickte die Hausherrin fragend an.

»Bringst es hinauf in das Gastzimmer, ja.«

»Das ist mein ganzes Gepäck«, sagte Constanze und versuchte zu lächeln. »Alles andere habe ich in Berlin gelassen. Es ging so plötzlich … weil, ich wußte gar nicht …«

»Komm in mein Zimmer, ja. Nehmen wir einen Drink zum Empfang. So sagt man jetzt.« Sie schickte einen lächelnden Blick zu Mary, die ebenfalls in der Diele stand und den Auftritt der Berliner Nichte genau beobachtete. »Ich habe eine gute Lehrmeisterin im Haus, weißt. Mary bringt mir bei, wie man sich zeitgemäß ausdrückt. Magst du einen Cognac? Oder lieber einen Whisky?«

Constanze lächelte mühsam. »Einen Whisky nehme ich gern.«

Das trug ihr ein beifälliges Nicken von Mary ein.

»Zuerst hatten wir Einquartierung im Haus«, plauderte Agnes, während sie in den Salon gingen, »wie fast alle Leute hier. Flüchtlinge halt. Und Ausgebombte. Doch dann besuchte mich eines Tages ein flotter amerikanischer Offizier, der hatte mich an der Met gehört und war ganz begeistert, mich hier wiederzutreffen. Ich hatte gerade die ›Leonore‹ gesungen, und das hatte er in der Zeitung gelesen. Da waren wir die Einquartierung los.«

»Artista«, sagte Constanze. »Das war das Zauberwort bei den Russen auch.«

Agnes füllte Whisky in die Gläser.

»Dazu habe ich die Eroberer nicht gebraucht. Ich mag das greisliche Zeug, seit ich es in Amerika kennengelernt habe. Immer nur ein kleines Schluckerl. Den Ferdl schüttelt es. Er trinkt nur Wein.«

»Ich bin auch so eine Art Flüchtling«, sagte Constanze. »Ich kann dir nur nicht erklären, warum. Ich weiß es selber nicht.«

»Bist du vor den Russen geflüchtet?«

»Vor unseren Kommunisten. Ich habe gestern noch nichts davon gewußt. Ich kann dir ja mal erzählen, was heute passiert ist. Und was vorher war.«

Und dann fing sie wirklich an zu weinen.

Drei Tage später saßen sie vor dem breiten Fenster in dem gleichen Zimmer, und Constanze las den letzten Brief ihrer Mutter an Agnes.

»Das hört sich sehr unglücklich an.«

»Das hat sie vor einem halben Jahr geschrieben, aber nun antwortet sie nicht mehr. Es hört sich sehr unglücklich an, da hast du recht.«

»Sie hat Heimweh, schreibt sie. Heimweh nach dem zerstörten Deutschland. Das verstehe ich nicht. Es muß ihr doch in Amerika viel besser gehen.«

»Wieso denkst du das? Sie ist eine Fremde dort. Erst Frankreich, jetzt Amerika. Warum soll sie kein Heimweh haben? Sie kann zu mir kommen, wann immer sie will.«

»Mit diesem … diesem Mann?«

»Ich weiß es nicht, Constanze. Sie ist noch mit ihm zusammen, aber es geht ihm anscheinend gesundheitlich nicht gut. Sie drückt sich so unklar aus. Ach, Annette und ihre Männer! Das ist schon eine Crux.«

»Mami hat eben nicht so viel Glück gehabt wie du.«

»Was heißt Glück? Ich habe gearbeitet. Und ich wußte, was ich wollte.«

»Du hattest deine schöne Stimme.«

»Unsinn! Eine Stimme ist nur Rohmaterial. Alles andere ist Arbeit, Disziplin, Willen. Annette hatte einen wunderschönen Koloratursopran. Und sie sah reizend aus. Sie hätte genauso viel erreichen können wie ich. Statt dessen fällt sie auf diesen Spießer herein und läßt sich zwei Kinder machen.«

»Ich bin das einzige Kind.«

»Das denkst du. Sie hat es dir nie erzählt, das sieht ihr ähnlich.«

»Sie ging fort, als ich gerade siebzehn war«, sagte Constanze leise. »Sie war mit Vater nicht glücklich.«

»Das habe ich ihr gleich prophezeit.«

»Was ist das für ein Kind?«

»Sie war noch am Konservatorium, da lief ihr Herr Lindemann über den Weg. Wir bekamen beide Gesangsunterricht, weil unser Vater meinte, wir müßten Karriere machen. Er war total opernverrückt. Unsere Mutter hatte auch eine hübsche Stimme, und Vater spielte hervorragend Klavier. Wir sind mit Musik aufgewachsen. Kannst du dich an deinen Großvater nicht erinnern?«

»Doch. Ich sehe ihn vor mir, wie er am Flügel sitzt und spielt. Falls wir mal in München zu Besuch waren. Zu uns kam er ja nie.«

»Er hielt nicht viel von Herrn Lindemann.«

»Was war das für ein Kind?« wiederholte Constanze ihre Frage.

»Sie war neunzehn. Lindemann verführte sie, und sie wurde schwanger. Sie war ein so ahnungsloses Äffchen, da sie zunächst an so etwas gar nicht dachte. Dann versuchte sie abzutreiben. Erfolglos. Aber immerhin mit dem Erfolg, daß sie im sechsten Monat eine Fehlgeburt hatte. Lindemann führte sich auf wie ein Verrückter. Vater warf ihn hinaus und ließ Annette nicht mehr aus den Augen. Sie war krank und elend und erfüllt von Schuldgefühlen. Immerhin nahm sie ihr Studium wieder auf. Ich war zu der Zeit schon im Engagement. In Breslau. Die hatten eine schöne Oper. Ich war so glücklich dort. Schöne Partien. Und verliebt war ich auch. Eine herrliche Zeit.«

Agnes blickte hinaus in den Garten.

»Eine lebendige Stadt war das. Ein Jammer, daß wir sie verloren haben. Verteidigt bis zum letzten Schuß, wie es hieß. Und was noch übrig ist, haben die Polen. Ach, dieser verdammte Hitler!«

Plötzlich sprang sie auf und riß das Fenster auf. Sie hatte ihre Katze entdeckt, die zwischen den Büschen herumstromerte. »Keine Vögel, Bibi!« rief sie mit ihrer klangvollen, tragenden Stimme hinaus in den Garten. »Du weißt Bescheid, Bibi. Keine Vögel!«

Bibi hob den Kopf und blickte zu Frauchen hinauf, den Schwanz steil emporgerichtet.

»Alles, was singt und zwitschert, wird nicht gefressen, Bibi. Das ist ausgemacht, ja.«

Constanze mußte lachen.

»Vielleicht solltet ihr euch lieber einen Hund halten.«

»Hatten wir auch schon. Der war sehr musikalisch. Wenn ich Scalen übte, sang er mit. Seine Lieblingsoper war ›Tannhäuser‹. Wenn ich das Gebet der Elisabeth sang, legte er den Kopf schief und jaulte in den höchsten Tönen. Jedesmal wenn wir Gäste hatten, sagten die, los Agnes, sing die Elisabeth. Es war ein Riesenerfolg.«

»Und die Isolde? Sang er da auch mit?«

»Bis ich bei der Isolde angelangt war, befand sich Toni schon im Hundehimmel. Ich war so traurig, daß ich drei Tage keinen Ton singen konnte. Als ich das nächstemal die Elisabeth gesungen habe, saß ich nach dem Gebet in der Kulisse und heulte. Ruhland, der den Tannhäuser hatte, tröstete mich. Aber dann mußte er ja bald raus. Ach ja! Damals habe ich mir geschworen, nie wieder einen Hund.«

Bibi war nicht mehr zu sehen. Agnes schloß das Fenster und kehrte zu ihrem Sessel zurück.

»Eigentlich braucht Bibi keine Vögel zu fressen«, sagte Constanze. »Ich habe gesehen, was für großartige Menüs sie von Mary bekommt.«

»Es geht nicht ums Fressen, es geht ums Jagen. Und wir haben halt so viele Vögel im Garten. Ferdl füttert sie im Winter, da kommen sie immer wieder.«

»Und wie ging es weiter nach der Fehlgeburt meiner Schwester oder meines Bruders?« nahm Constanze das Thema wieder auf.

»Es wäre ein Bruder gewesen. Und das hat Lindemann so wütend gemacht. Er wollte einen Sohn haben.«

»Der wäre wohl dann jetzt im Krieg gefallen.«

»Ja, das ist anzunehmen. Und dann, nachdem Annette sich einigermaßen erholt hatte, sang sie wieder, und keiner von uns dachte noch an Herrn Lindemann. Logischerweise nahmen wir an, sie hätte die Nase voll von ihm und wäre froh, ihn nie wiederzusehen. Da hatten wir uns getäuscht. Frag mich nicht, ob man das Liebe nennen soll. Sie war ein gefühlsduseliges Dummchen, so nenne ich das. Und Lindemann wollte es uns zeigen. Vater war nicht gerade freundlich mit ihm umgegangen. Verbindungen kommen auf die komischste Weise zustande. Mir soll doch kein Mensch was von Liebe erzählen. Das machen wir auf der Bühne besser.«

Constanze nickte. »Da hast du recht. Auf der Bühne und möglichst mit Musik macht sie sich am besten.«

Agnes gab ihrer Nichte einen schrägen Blick.

»Du hast ja jetzt auch deine Erfahrungen mit der sogenannten Liebe gemacht.«

»Von Liebe kann keine Rede sein. Es war Feigheit von mir, ich brauchte irgendeine Hilfe. Schutz.«

»Warum?«

»Der Krieg. Die Nachkriegszeit.«

»Na und? Du bist jung und hübsch. Und begabt, wie ich hoffe. Du hast in Berlin gespielt, du hast bei der DEFA gefilmt.«

»Dank seiner Beziehungen.«

»Und du meinst, du hättest es allein nicht geschafft?«

Constanze hob die Schultern. »Ich weiß nicht.«

Es war schwer, in diesem Haus, in dieser Geborgenheit von den Zuständen im Nachkriegsberlin zu erzählen. Von der Wohnungsnot, von den Lebensmittelkarten.

»Ich hätte bei meinem Vater unterkriechen müssen. Das tat ich ja auch die erste Zeit. Ich kann ihn nicht leiden. Und da war eine Frau bei ihm. Ich hätte Trümmerfrau werden können, klar, wie so viele andere. Zugegeben, es war Berechnung, daß ich mit diesem Mann zusammenlebte. Und irgendwie war ich ...« Sie war nahe daran, von den Vergewaltigungen zu berichten, von ihrer Zeit in Mecklenburg. Sie unterließ es. Sie wollte nicht davon sprechen, weil sie nicht mehr daran denken wollte. »Es war in Berlin eben anders.«

»Du hättest gleich zu mir kommen können.«

»Das war unmöglich. Man kam aus Berlin nicht heraus.«

Sie schwiegen eine Weile. Noch immer war Constanze befangen, der dritte Tag in diesem Haus des Friedens, und alles, was geschehen war, blieb so unverständlich wie zuvor.

Sie stieß ein kurzes Lachen aus. »Weißt du, es ist komisch, ich war nur in einen Mann verliebt bisher. Ein Kollege von dir. Paul Burkhardt, er ist Bariton.«

»Nein?« staunte Agnes. »Aber ich kenne ihn. Wir haben

in Wien zusammen gesungen. Eine prachtvolle Stimme. Der war in Königsberg engagiert?«

»Ein großartiger Rigoletto.«

»Kann ich mir vorstellen. Nur war ich keine Gilda. Das wäre eine Rolle für Annette gewesen. Doch er war einmal mein Wolfram.«

»So?«

»Ja.«

Sie blickten beide aus dem Fenster. Es war sehr warm gewesen an diesem Tag, doch nun hatte sich der Himmel bezogen, sehr rasch.

»Es wird ein Gewitter geben«, sagte Agnes.

»Und dieser Mann, der dann kam, dieser Carlsen, den hat Mami doch geliebt.«

»Sie hat es behauptet. Jedenfalls hat sie das gleiche getan wie das erstemal. Sie hat ihr ganzes Leben weggeworfen und ist mit ihm gegangen. Und nun hat sie Heimweh.«

»Und du meinst, sie hätte Karriere machen können wie du?«

»Warum denn nicht? Sie bekam ihr erstes Engagement in Braunschweig. Das fand ich lustig und machte br, br, als ich in den Theaterferien zu Hause war.«

»Br, br?« fragte Constanze.

»Als Schauspielerin müßtest du ein Ohr dafür haben. Breslau, Braunschweig, nicht wahr? Beides fängt mit Br an. Es war meine letzte Spielzeit in Breslau, ich ging dann nach Dresden. Das war schon allerhand. Unsere Mutter sagte immer, sie wünsche sich nichts so sehr, als mich eines Tages hier in unserer Oper singen zu hören. Sie hat es nicht mehr erlebt.«

»Und daß ich auf die Welt kam, hat sie das noch erlebt?«

»Gerade noch. Herr Lindemann war in Braunschweig aufgetaucht, und da meine Schwester nun mündig war, heiratete sie ihn. Und bekam ein Kind. Dich. Vorhang.«

»Vorhang für ihre Laufbahn als Sängerin? Das verstehe ich nicht. Sie hätte doch weitermachen können.«

»Wie denn? In Braunschweig? Zunächst war sie ja mal schwanger. Daß sie in Berlin ein Engagement bekommen würde, war ausgeschlossen, so weit war sie noch nicht.«

Wieder Schweigen.

»Und dann kam also irgendwann Herr Carlsen.«

»Nicht irgendwann, sondern sehr bald. Ich weiß nicht, ob sie deinen Vater betrogen hat. Beziehungsweise ab wann sie ihn betrogen hat. Ich weiß nur, wann sie mir von Christian Carlsen erzählt hat. Es war 1931, da habe ich in Berlin an der Staatsoper gastiert. Sie saß bei mir in der Garderobe und heulte.«

»Damals schon?«

»Das sei nun die große Liebe ihres Lebens, erklärte sie mir. Und sie wisse nicht, was sie tun solle. Und er sei ein ganz anderer Mann, ein wunderbarer Mann, so klug, so verständnisvoll. Und ein Genie obendrein. Na ja!«

Ein Blitz zuckte über den Himmel, gar nicht weit entfernt, dann kam der Donner.

Und da erschien auch schon Bibi auf dem Fensterbrett. Agnes ließ sie herein und fuhr mit dem Finger um das Schnäuzchen der Katze.

»Kein Blut? Gut, dann darfst du hierbleiben.«

»Ein Genie also«, sagte Constanze. »Er war Physiker, hat mir mein Verflossener erzählt. Aber dann war er als Offizier in Frankreich.«

»Er war bei der Kaiser-Wilhelm-Gesellschaft. Als Physiker, sehr richtig. Max Planck war damals der Direktor. Er trat 1936 von diesem Posten zurück. Ob er nicht mehr mit den Nazis arbeiten wollte oder die nicht mit ihm, tut mir leid, ich weiß es nicht. Meine Welt, Constanze, war eine andere Welt. Ich weiß nichts darüber. Carlsen verließ das Institut dann auch. Was er gemacht hat, weiß ich auch nicht.«

»Im Sommer '38«, sagte Constanze, »waren wir hier, in diesem Haus. Wir haben dich gerade zwei Tage gesehen, dann mußtest du nach Bayreuth. Die Festspiele begannen. Und dann kam dein Mann aus Damaskus und erzählte irgendwas von alten Syrern oder so. Er blieb nur einen Tag, dann fuhr er auch nach Bayreuth. Bald darauf verließ uns Mami.«

»Na, siehst du, du weißt es besser als ich.«

Noch ein Blitz, ein Donner. Bibi schmiegte sich schnurrend auf Agnes' Schoß in die streichelnde Hand.

»Es blieb wohl keine Zeit, um wichtige Dinge zu besprechen«, sagte Constanze leise. »Man könnte sagen, du hast
dich um deine Schwester nicht viel gekümmert.«

»Sie war schließlich ein erwachsener Mensch. Und wichtig? In Bayreuth die Isolde zu singen war für mich auf jeden Fall wichtiger als Annettes blöde Liebesgeschichte. Ich
dachte, sie wird schon wieder zu Verstand kommen. Sie
hatte Mann und Kind. Und schließlich war das Genie verheiratet.«

»Carlsen war verheiratet?«

»Gewiß doch. Und soviel ich weiß, ist sie heute noch mit
deinem Vater verheiratet. Und Carlsen möglicherweise mit
seiner Frau.«

Constanze legte die Hände an ihre Schläfen. »Das ist
schrecklich. Was für ein Chaos in Mamis Leben. Gib mir
noch einen Whisky, bitte. Dasselbe Chaos wie in meinem Leben. So etwas vererbt sich offenbar.«

»Mehr oder weniger befindet sich dieses Land, in dem wir
leben, in einem Chaos. Kann sein, es bessert sich, immerhin
sieht es jetzt so aus. Die meisten Menschen haben Schlimmeres erlebt als eine mißglückte und zweifelhafte Liebesaffäre.«

»In deinem Leben«, sagte Constanze, »hat es nie ein Chaos gegeben.«

»Nein«, erwiderte die Sängerin und streichelte die Katze.
»Diese Art von Chaos nie. Ich war mal verliebt, mehr oder
weniger. Wichtig war nur der Beruf. Natürlich gibt es mal einen Abend, an dem man nicht in Bestform ist und sich über
einen Patzer ärgert.«

In Constanze mischten sich Bewunderung mit Abneigung; diese verdammte Sicherheit. Für diese Frau hatten weder die Nazis noch der Krieg etwas an ihrem Leben verändert. Eine Künstlerin, die über allem stand.

»Es war immer nur dein Beruf, der dich erfüllt hat.«

»So ist es. Die Musik ist eine herrische Gebieterin, sie duldet keine anderen Herren neben sich. Und das ist auch richtig so. Nur so kann man etwas erreichen.«

Draußen fing es an zu regnen, heftig, wild.

»Schön«, sagte Agnes. »Ich liebe den Regen. Die Erde lebt

dann erst richtig. Nur der Ferdl wird um seine Rosen bangen.«

Da öffnete sich auch schon die Tür, und der Professor erschien.

»Es regnet«, sagte er vorwurfsvoll.

»Wir sehen es. Tut gut. Ein kurzer Sommerregen, keine Bange, morgen scheint die Sonne wieder.«

»Was trinkt ihr denn da? Ach, ich seh schon. Euren Whisky. Meinst du, es ist noch Sherry im Haus?«

»Sicher. Im Eckschrank im Wohnzimmer.«

»Ich wollte einen Tee haben, aber Mary ist nicht da.«

»Sie ist mit ihrem Mike zum Starnberger See gefahren, zum Baden.«

Der Professor blickte aus dem Fenster und schüttelte den Kopf.

»Bei dem Wetter!«

»Bis jetzt war das Wetter doch sehr schön. Und vielleicht sind sie auch schon fertig mit dem Baden und sitzen irgendwo in einem Wirtshaus draußen am See. Mike liebt die bayerischen Wirtshäuser. An einem Holztisch, eine Maß Bier und eine Schweinshaxe. Das kriegt er in Alaska nicht.«

»Kommt er denn aus Alaska?« fragte der Professor erstaunt.

»Es kann auch Alabama sein. Irgendwas mit A.«

»Seltsam, daß er so lange hierbleiben darf.«

»Gott gebe, daß er weiterhin bleibt. Sonst geht Mary mit ihm, das wäre furchtbar. Sie liebt ihn nämlich wirklich. Siehst du«, das galt Constanze, »wir haben eben darüber geredet. Es gibt sie halt doch, die Liebe. Mary braucht von ihm weder Zigaretten noch Nylonstrümpfe. Nicht mehr. Die kriegt sie hier jetzt auch.«

»Ihr habt über die Liebe geredet?« fragte der Professor.

»Unter anderem. Meinst du, du findest den Sherry?«

»Sure, um mit Mary zu reden. Wenn sie den Sergeanten nicht hergeben will, müssen wir ihn halt adoptieren.«

»Gar keine schlechte Idee. Er könnte unser Chauffeur werden.«

»Chauffeur? Wir haben doch gar kein Auto.«

Die Frau Kammersängerin legte den Kopf auf die Seite. »Wir werden uns eins kaufen. Ich möchte auch mal an den Starnberger See fahren oder nach Garmisch hinein. Dort habe ich gute Freunde, wie du weißt. Und wenn ich abends ausgehen will, brauche ich ein Auto und einen Chauffeur.«

Der Professor murmelte: »Na, dann such ich mal den Sherry. Und dann werde ich noch etwas arbeiten. Du sagst mir, wenn es Abendessen gibt?«

»Heute gibt es nur kalt.«

»Ach, richtig, Mary badet im Starnberger See.«

An der Tür blieb der Professor stehen und zog die Brauen hoch. »Hoffentlich ersäuft sie nicht.«

»Er wird sie schon retten.«

Constanze lächelte etwas trübsinnig. So etwas gab es also auch, Liebe hin und her, eine freundliche, wenn nicht gar glückliche Ehe. Eine berühmte Frau, selbstsicher, selbständig, ein in seinem Beruf erfolgreicher Mann, der nun an einem Buch schrieb über die Arbeit seines Lebens. Sie war erst drei Tage in diesem Haus, doch sie hatte schon begriffen, wie harmonisch das Leben hier ablief. Arme Mami!

Agnes lachte vor sich hin, nachdem ihr Mann gegangen war. »Ich kann gar nicht Auto fahren«, sagte sie heiter. »Mußte ich nie lernen, es war immer ein Chauffeur da. Oder ein Verehrer, der mich transportierte. Und der Ferdl ist in meinen Augen ein mäßiger Fahrer. Wenn er mich vor dem Krieg mal nach der Vorstellung abgeholt hat, war ich immer froh, heil zu Hause gelandet zu sein.«

»Und im Krieg hattet ihr kein Auto mehr?«

»Ich hätte den roten Winkel schon gekriegt, wenn ich darauf bestanden hätte. Unser Gauleiter war immer sehr charmant und fragte mich stets, was er für mich tun könne. Vielen Dank, sagte ich dann, nett von Ihnen. Aber ich habe alles, was ich brauche, meine Stimme und die Oper. Als dann die Theater schließen mußten, war ich sehr wütend.«

»Der dämliche Goebbels«, sagte Constanze. »1944 war das. Als ob man ohne Theater diesen Krieg hätte gewinnen können.«

»Genau. Das habe ich dem Wagner auch gesagt. So hieß unser Gauleiter. Er war ein ziemlich ungebildeter Mensch. Aber was unsere Oper, was überhaupt Musik für die Menschen bedeutete, wußte er schon. Glauben Sie, sagte ich, Sie werden den Krieg gewinnen, wenn Sie den Menschen das letzte bisserl Freude nehmen?«

»Und was sagte er darauf?«

»Er grinste dämlich, wie du das nennen würdest, und sagte, aber liebe gnädige Frau, wir müssen nun alle Kräfte zusammennehmen für den Endsieg. Na, dann mal zu, sagte ich. Erwarten Sie, daß ich in eine Fabrik gehe und Granaten herstelle? Aber Sie doch nicht, liebe, gnädige Frau. Es ist nur für kurze Zeit, dann werden wir Sie wieder hören und sehen, in alter Frische. Bisserl kleinlaut war er da schon.«

Agnes lehnte sich zurück, streichelte ihre Katze, sah hinaus, der Regen fiel immer noch, nicht mehr so wild, sondern ruhig und stetig.

»Stört es dich, wenn ich mal das Fenster aufmache?«

»Aber gar nicht«, erwiderte Constanze.

»Ich höre so gern, wie der Regen in den Blättern rauscht. Das ist wie Musik. Die Sonne ist stumm, nicht wahr? Stumm, gewalttätig, oft grausam, bösartig. In manchen Ländern jedenfalls. In einem Land, in dem es regnet, da kann man leben.«

»Und was machen wir nun mit Mami?« fragte Constanze, nachdem sie eine Weile dem Rauschen des Regens in den Bäumen zugehört hatte.

»Wir werden ihr schreiben. Das heißt, du wirst schreiben. Daß du jetzt bei mir bist und daß wir uns freuen würden, wenn sie käme.«

»Allein?«

»Ob allein oder nicht, das werden wir ja dann sehen. Hast du schon mal daran gedacht, daß dieser Carlsen aus ihrem Leben verschwunden sein könnte?«

»Aber wovon lebt sie dann, um Himmels willen?«

»Wovon lebt er? Der letzte Brief kam aus Kalifornien. Irgendwo in der Gegend von Los Angeles. Da wohnen die Filmstars, müßtest du ja wissen.«

»Wie du redest«, sagte Constanze unglücklich. »Mami wird kaum ein Filmstar geworden sein.«

»Nein. Aber es hat sehr viele Deutsche dorthin verschlagen. Emigranten.«

»Mami ist keine Emigrantin.«

»Vielleicht doch. Kann sein, sie hat einen Job gefunden. Sie spricht deutsch, sie spricht französisch, inzwischen sicher auch gut amerikanisch. Warum sollte sie keine Arbeit gefunden haben?«

»Dann hätte sie es wohl in ihrem Brief erwähnt.«

»Da hast du recht. Und sie ist keine Kämpferin, sie ist eine Träumerin.«

Das klang erbarmungslos, und Constanze haßte Agnes in diesem Moment.

Auf den Brief kam keine Antwort. Es vergingen zwei Jahre, bis Constanze etwas vom Leben ihrer Mutter erfuhr. Es war Jonathan, der ihr berichtete.

Erst im Winter bekam Constanze wieder ein Engagement, ein recht gutes diesmal, eine interessante Rolle in einem Boulevardtheater. Sie hatte monatelang alle einschlägigen Agenten besucht, jede Intendanz, hatte bei der Bavaria in Geiselgasteig antichambriert. Tagsüber saß sie oft im Operncafé in der Maximilianstraße, das als eine Art Schauspielerbörse galt. Unten war ein Cabaret, darüber das Café, in ihm trafen sich Schauspieler, Starlets und solche, die es werden wollten, und nicht jeder Mann, der sich hier an ein Mädchen heranmachte, hatte mit Theater oder Film zu tun. Constanze, immer gut geschminkt und dank der Großzügigkeit ihrer Tante mit eleganter Garderobe versehen – denn noch immer arbeiteten die besten Schneider der Stadt gern für die Frau Kammersängerin und nun auch für ihre Nichte –, Constanze hätte Gelegenheit genug gehabt, einen Freund, einen Liebhaber zu finden, aber sie war zurückhaltend, abweisend. Was sie mit Eugen erlebt hatte, genügte ihr, ganz zu schweigen von dem, was sie vorher durchgemacht hatte. Sie hatte einfach kein Verlangen nach einem Mann, schon gar keine Lust auf ein flüchtiges Abenteuer.

»Worauf warten Sie eigentlich, Signorina?« fragte einmal ein gutaussehender Beau, in diesen Kreisen bekannt für seine wechselnden Liebschaften. »Auf einen Multimillionär aus Chicago?«

»Gute Idee. An so etwas habe ich noch gar nicht gedacht. Sehen Sie einen hier, Signore?«

»Man sieht es den Burschen nicht immer an, was sie auf dem Konto haben. Und meist sind sie ziemlich alt. Ich habe ein Haus am Tegernsee. Hätten Sie nicht Lust, ein Wochenende mit mir dort zu verbringen?«

»Ach, wissen Sie, der Tegernsee. Wenn Sie ein Haus in der Bretagne hätten, da möchte ich wieder mal hin.«

Das brachte den Playboy, so nannte man diese Männer neuerdings in München, zum Verstummen.

»So, so. In der Bretagne. Ist es da nicht ziemlich kühl?« fragte er dann dußlig.

»Eine herrliche Landschaft. Eine wunderbare Luft. Und das Meer! Wissen Sie, ich liebe das Meer.«

»Sie kennen Frankreich?« fragte der junge Mann beeindruckt.

»Ich bin in Paris aufgewachsen«, erwiderte Constanze. »Und in den Ferien waren wir oft an der Küste. Natürlich auch an der Côte d'Azur. Aber die bretonische Küste gefällt mir besser. Der Wind und die Luft. Das stürmische Meer«, sie schlug den Blick schwärmerisch nach oben, »das ist es, was ich wiedersehen möchte.«

Der junge Mann dachte nach, legte seine Hand dabei auf ihr Knie.

»Wenn ich nun ein Haus an der bretonischen Küste kaufen würde, kämen Sie dann mit mir?« fiel ihm schließlich ein.

»Kann sein.«

»Aber die Franzosen mögen uns nicht besonders.«

»Wie kommen Sie darauf? Ich habe nie Schwierigkeiten in Frankreich.«

»Na ja, eine schöne Frau wie Sie. Demnach sprechen Sie perfekt französisch.«

»Naturellement.«

Wenn er jetzt mit mir französisch spricht, bin ich blamiert, dachte Constanze, denn ihre Sprachkenntnisse stammten aus der Schule, und das meiste hatte sie längst vergessen.

Der junge Mann sprach nicht französisch, doch immerhin brachte dieser Dialog Constanze das Engagement an der ›Komödie‹ ein. Als sie nach einer Weile ging, kam eine Dame ihr nach und sprach sie auf der Straße in fließendem Französisch an. Constanze verstummte verlegen, die Dame lachte.

»Das habe ich mir schon gedacht. Sie haben den guten Camillo großartig abserviert. Er heißt eigentlich Karl und nennt sich jetzt Camillo. Ein paar Brocken italienisch hat er sich zugelegt. Aber ein wenig französisch sprechen Sie doch?«

»Ich kenne die Aussprache.«

»Das genügt. Ich kenne Sie auch, Constanze Meroth. Sie haben bei uns schon vorgesprochen.«

Constanze blickte erstaunt.

»Bei meinem Mann. Er ist der Intendant der ›Komödie‹. Ich war dabei. Sie sind gut. Und wir bringen ein Stück, Anfang des Jahres, in das Sie vom Typ her gut hineinpassen würden. Schon gut«, die Dame hob die Hand. »Das ist nur eine Anregung. Die Rolle, an die ich denke, ist nur eine Nebenrolle. Aber man muß ein paar französische Brocken einstreuen. Wollen Sie noch einmal bei uns vorbeikommen? Morgen vormittag so gegen elf?«

Das war eine Hoffnung, eine unter vielen. Constanze bekam die Rolle, und sie wurde ihr erster Erfolg in München. Nur ihren Namen hatte man geändert.

»Sie können hier nicht unter dem Namen Meroth auftreten«, sagte der Intendant des Theaters. »Jeder verbindet das hier mit dem Namen Agnes Meroth. Sind Sie mit ihr verwandt?«

»Sie ist die Schwester meiner Mutter«, sagte Constanze. Die Bezeichnung Tante wäre ihr albern vorgekommen.

»Und Sie leben draußen bei ihr in Solln?«

»Das wissen Sie?«

»Nun, man weiß manches über berühmte Leute. Ich kenne Agnes Meroth. Sie ist ein Traum. Schade, daß sie nicht mehr auftritt.«

»Sie hat die ersten Jahre nach dem Krieg noch im Prinzregententheater gesungen.«

»Ich weiß. Und nun leider nicht mehr. Können Sie singen?«

Constanze lachte nervös. »Nicht sehr gut.«

»Es wäre nur ein Chanson, ein kleines sentimentales Chanson, französisch gesungen. Trauen Sie sich das zu?«

»O ja«, sagte Constanze.

Von da an begann sie ernsthaft zu arbeiten, die Lähmung, die sie seit der Flucht aus Berlin befallen hatte, wich. Sie sang wieder, sorgfältig beraten von Agnes, sie ging in eine Tanzschule, um wieder geschmeidig zu werden, und sie besuchte einen Französischkurs.

Die Premiere war im Januar, das Stück war amüsant, sie hatte Partner mit bekannten Namen, und sie war fast wieder die Constanze von früher. Sie bekam gute Kritiken, und bald darauf meldete sich die Bavaria bei ihr für Probeaufnahmen. Und dann, Anfang März, kam eines Abends nach der Vorstellung Tenzel in ihre Garderobe.

»Mensch, Ralph!« rief Constanze überrascht. »Du bist es wirklich?«

»Meine schöne Solveig«, sagte er in seiner gelassenen Art, »was für eine Freude, dich wiederzusehen. Constanze Morvan, ich konnte ja nicht ahnen, daß du das bist.«

Er nahm sie in die Arme und küßte sie auf beide Wangen. Sie hob sich auf die Zehenspitzen und küßte ihn auf den Mund.

Er war sehr groß, groß und hager, mit Falten in seinem ausdrucksvollen Gesicht.

Sie wandte sich zu der Kollegin Mira, mit der sie die Garderobe teilte. »Er war mein Regisseur in Königsberg.«

»Sag bloß, du hast die Solveig gespielt.«

»Aber ja. Und noch viele andere Rollen.«

Tenzel stellte sich vor. »Sie war ein begabtes Mädchen«, sagte er.

»Königsberg«, sagte Mira. »Das ist lange her.«

»Zehn Jahre«, sagte Constanze. »Es ist kaum zu glauben. Ich freu mich so, Ralph, daß es dich noch gibt.«

»Das ist in Zeiten wie den unseren nicht selbstverständlich«, sagte er.

Später saßen sie in einer Kneipe in Schwabing.

»Warum hast du deinen Namen geändert?« fragte Tenzel.

»Du kennst den Namen Agnes Meroth?«

»Eine Sängerin, soviel ich weiß.«

»Meine Tante. In München sehr bekannt. Darum konnte ich unter diesem Namen nicht auftreten. Man hat mich sowieso immer gefragt, ob ich ihre Tochter bin.«

»Constanze Morvan, klingt auch nicht schlecht.«

»Morvan ist ein Teil von Burgund, haben sie mir erklärt, und da ich hier eine Französin spiele, paßt es ganz gut.«

»Und wie geht's weiter?«

»Das wissen die Götter. Ich habe lange kein Engagement gehabt. Vielleicht klappt es jetzt mit einer Filmrolle. Es ist schwer, in München anzukommen.«

»Hm. Ich erinnere mich an die großen Rollen, die du spielen wolltest. Die Julia zum Beispiel, die Cordelia.«

»Das ist vorbei. Dafür bin ich zu alt.«

»Du wolltest die Jungfrau spielen. Und die Maria Stuart. Zu alt? Kennst du die Wilson noch? Die hat mit vierzig noch die Julia gespielt. Hat ihr jeder abgenommen. Wenn du willst, kannst du gute Rollen bei mir spielen. Die Katharina in ›Widerspenstigen‹, die müßte dir liegen.«

»Davon haben wir damals schon gesprochen.«

»Siehst du! Und wie wäre es mit der Blanche in ›Endstation Sehnsucht‹? Oder die Colombe?«

»Wovon redest du eigentlich?«

»Ich habe für die nächste Spielzeit ein Engagement in Bochum. Als erster Regisseur. Ich kann einige Schauspieler meiner Wahl mitbringen. Wenn du willst ...«

»In die Provinz?«

»Wenn du große Rollen spielen willst, kannst du es nur in der Provinz. Ich mache eine große Schauspielerin aus dir.«

»Das hast du in Königsberg schon gesagt.«

»Und? War es nicht gut, was wir gemacht haben?«

»In die Provinz. Und auch noch ins Ruhrgebiet. Ich bin gern in München.«

»Ja, ja, ich weiß. Das seid ihr alle. Lieber in München eine Charge gespielt als in der sogenannten Provinz die Hedda Gabler.«

»Wie kommst du auf die Hedda Gabler?«

»Weil ich gerade gedacht habe, es wäre eine passende Rolle für dich. Ich habe als blutjunger Kerl noch Louise Dumont als Hedda gesehen. In Düsseldorf. Kann ich nie vergessen. Aber es muß nicht Ibsen sein. Es gibt eine Menge interessante amerikanische und englische Stücke, die wir gar nicht kennen. Fabelhafte Rollen für eine Frau, wie du es bist.«

Sie blickte ihn mit großen Augen an. »Du weißt nicht, was du redest. So hat kein Mensch mehr mit mir gesprochen. Seit Jahren nicht.«

»Ich mache eine große Schauspielerin aus dir«, wiederholte er. »In fünf Jahren werden sich die Kammerspiele um dich reißen. Oder Barlog in Berlin.«

»Ich geh nicht wieder nach Berlin.«

»Warum? Du bist doch Berlinerin.«

»In Berlin sind die Bolschis. Die Russen, die Kommunisten. Ich will damit nichts mehr zu tun haben.«

Er betrachtete sie eine Weile schweigend.

»Was hast du erlebt in Berlin?«

»Darüber rede ich nicht.«

Als er wieder schwieg und sie nur ansah, erinnerte sie sich daran, daß es schon immer seine Art gewesen war zu schweigen und nur mit Blicken zu fragen.

»Nichts weiter«, sagte sie ärgerlich. »Ich habe nur ein paar unwichtige Rollen gespielt, ein paar alberne Filme bei der DEFA gemacht. Und ich hatte es einem Mann zu verdanken, der es mit den Kommunisten gut konnte.«

»Aha. Und wo ist dieser Mann jetzt?«

»Weg.«

»Und er fehlt dir?«

»Nicht die Bohne. Ich bin froh, daß ich ihn los bin. Letzten Endes muß ich ihm dankbar sein, denn er war der Anlaß, daß ich Berlin verlassen habe und nach München gekommen bin.«

»Das ist die ganze Geschichte?«

»Im Moment ja.« Ablenkend fragte sie: »Was machst du eigentlich in München?«

»Ich mache eine Art Rundreise durch Deutschland. Von Theater zu Theater. Ich will sehen, was los ist, wer wo spielt, was für Stücke gespielt werden, wer sie inszeniert hat. Und, wie Beispiel zeigt, ob ich alte Freunde wiederfinde.«

»Du mußt viel Geld haben, wenn du dir so eine Rundreise leisten kannst.«

»Habe ich nicht. Ich wohne überall bescheiden, hier in einer kleinen Pension in der Brienner Straße. Zwei Jahre habe ich bei einer Landesbühne gearbeitet, vorher war ich auf Tournee. Wie man sich eben so durchgeschlagen hat. Daß ich jetzt ein Engagement in Bochum bekommen habe, verdanke ich Hans. Er ist der Intendant dort. Wir kennen uns von früher, ich habe als Regieassistent bei ihm gearbeitet. Das war vor Königsberg. Weil ich in der nächsten Spielzeit ein festes und dazu gutes Engagement habe, leiste ich mir diese Reise. Möchtest du noch ein Glas Wein?«

»Ich müßte längst weg sein. Ich wohne in einem Vorort, und es ist immer schwierig, da hinauszukommen. Es fährt zwar eine Bahn, aber um diese Zeit nicht mehr. Johannes, der mich meist in seinem Wagen mitnimmt, hat Semesterferien und ist bei seinen Eltern. Er will Ski fahren. Verrückt.«

»Wer ist Johannes, und warum ist es verrückt, wenn er Ski fährt?«

»Er hat nur ein Bein. Seine Eltern leben im Allgäu, und er sagt, dort gibt es um diese Zeit noch jede Menge Schnee.«

»Er ist dein Freund?«

»Er ist der Neffe meiner Tante. Oder genau gesagt, der Neffe ihres Mannes. Und er wohnt auch in dem Haus, in dem ich wohne. In dem ich wohnen darf, gnädigerweise. Und ich habe kein Verhältnis mit ihm, falls du das meinst.«

»Also dann trinken wir noch ein Glas. Möchtest du nicht eine Kleinigkeit essen?«

Sie hätte gern etwas gegessen, aber nach allem, was er berichtet hatte, verfügte er wohl nicht über viel Geld.

»Nein, danke«, sagte sie artig.

Er war ein kluger, ein einfühlsamer Mann. Einmal hatte sie zu Paul Burkhardt gesagt: Der kann Gedanken lesen.

Das bewies Ralph Tenzel auch jetzt.

»So schlecht geht es mir auch wieder nicht. Und Hunger habe ich jedenfalls. Sieh mal, der Dicke dort hinter dem Tresen dürfte wohl der Wirt sein. Zu dem gehe ich jetzt und frage, was er uns zu essen machen kann.«

Sie lächelte ihm nach, als er durch den Raum ging. Zehn Jahre! Aber er war ihr so vertraut. Er war ein sehr strenger Regisseur gewesen. Und sie hatte gewußt, daß er sie gern hatte. Aber Paul Burkhardt hatte gut auf sie aufgepaßt. Und in den war sie verliebt. Damals.

Als er zurückkam, sagte er: »Wir bekommen Schnitzel und Bratkartoffeln. Macht er höchstpersönlich. Und schlafen kannst du heute nacht bei mir. Es ist nur ein kleines Zimmer, aber ich habe ein ziemlich breites Bett.«

»Ich kann mir auch ein Taxi nehmen.«

Er lächelte. »Das kannst du.«

»Gibt es denn ... ich meine, gibt es denn keine Frau in deinem Leben?«

»Wenn es eine gäbe, ist sie jedenfalls nicht hier.«

»Ich habe keine Zahnbürste.«

»Dann müssen wir schlimmstenfalls einen Apotheker herausklingeln, der Nachtdienst hat. Falls ich dir meine nicht anbieten darf.«

»In der Garderobe habe ich eine«, sagte Constanze. Sie lächelte, ihre Augen waren voll Erstaunen. »Ich bin nicht auf die Idee gekommen, sie mitzunehmen.«

Er nahm ihre Hand und küßte sie.

»Man kann nicht an alles denken. Aber ich hätte es dir natürlich sagen müssen.«

»Wieso?«

»Weil ich schon daran dachte, als ich dich auf der Bühne sah. Aber es hätte ja sein können, daß jemand nach der Vorstellung auf dich wartet.«

Dann kamen die Schnitzel und die Bratkartoffeln, sie aßen mit Appetit und sprachen miteinander, als hätte es diese schlimmen zehn Jahre nicht gegeben. Sie redeten quer durcheinander, vom Krieg, von der Nachkriegszeit, und immer wieder vom Theater, von diesen und jenen Rollen, von diesen und jenen Stücken, die sie gesehen hatten oder noch sehen wollten. Manchmal hielt er ganz versunken ihre Hand und sah sie nur an.

»Du singst doch recht nett, habe ich heute abend ja gehört. Und als Solveig hast du wirklich wunderschön gesungen.«

»Das hat mir damals Paul beigebracht.«

»Ich überlege gerade – Musical, das wäre doch auch was für dich. Du kannst singen, du kannst tanzen, du hast Temperament. Ich denke da an ein bestimmtes Stück. Die ›Widerspenstige‹ als Musical, ›Kiss me, Kate‹. Eine hinreißende Musik. Von Cole Porter. '49 am Broadway uraufgeführt. Die Rolle ist dir auf den Leib geschrieben. Das machen wir bestimmt. Wir müssen nur einen tollen Mann als Partner für dich finden. Kennst du es wirklich nicht?«

Er begann leise zu singen. »Wunderbar, wunderbar, what a perfect night for love …«

Constanze betrachtete ihn fasziniert, ihre Augen strahlten wie einst. Er nahm ihr Gesicht in die Hände und küßte sie. »Das ist der Beginn.«

»Was für ein Beginn?« fragte sie, mitgerissen von seiner Begeisterung.

»Du und ich. Der Beginn deiner Karriere. Ich werde noch einmal jung mit dir. Zehn Jahre! Was sind schon zehn Jahre. Sie können kurz sein oder lang. Mir erscheinen sie manchmal als eine endlos lange Zeit. Verlorene Zeit. Verlorenes Leben. Für viele endgültig verloren. Aber wir leben noch. Wir fangen jetzt erst richtig an. Du wirst viel arbeiten müssen bei mir.«

Sie lachte. »Kommt mir bekannt vor, dieser Ausspruch.«

»Wie bist du eigentlich damals aus Königsberg rausgekommen? Hat Burkhardt dich mitgenommen?«

»Nein. Er reiste zu Weib und Kindern nach Bayern. Er vermachte mich dem Freiherrn, den kennst du ja auch. Ich sollte auf seinem Gut so pro forma irgendwas arbeiten. Denn das mußte ich ja, sonst hätten sie mich in eine Rüstungsfabrik gesteckt. Aber ich blieb nicht lange dort, ich schlug mich nach Berlin durch.«

Nein, sie würde ihm nicht erzählen, was geschehen war. Sie würde nie und nie davon sprechen. Zu keinem Menschen.

»Dann hast du das Kriegsende in Berlin erlebt?«

Sie nickte.

»Muß schlimm gewesen sein.«

»Ja, sehr schlimm. Aber das Haus, in dem wir wohnten, blieb einigermaßen heil.« Immer wieder Lügen, das blieb ihr wohl nicht erspart. Sie sprach hastig weiter: »Mein Vater ... ich weiß nicht, ob du dich erinnerst, ich verstand mich nicht besonders mit ihm. Deswegen bin ich dann bald nach Kriegsende weggezogen.«

»Ah ja, der verschwundene Kommunistenfreund. Ich verstehe. Apropos verschwunden – hatte deine Mutter, Mami, wie du immer gesagt hast, deinen Vater nicht verlassen?«

»Ja. Schon lange vorher, da ging ich noch in die Schauspielschule. Und ich habe sie seitdem nicht wiedergesehen.«

»Aber sie lebt noch?«

»Ja. Sie ist in Amerika.«

Doch darüber wollte sie jetzt nicht sprechen. Deshalb fragte sie: »Wie ist es dir denn ergangen, als in Königsberg Schluß war?«

»Ich mußte natürlich ran. Ich war zu Anfang des Krieges schon mal eingezogen, aber sie ließen mich wieder laufen. Ich hatte Asthma und war nicht kriegstauglich. Zum Schluß spielte das keine Rolle mehr, da war jeder gut genug.«

»Asthma? Davon habe ich nie etwas gemerkt.«

»Das Klima in Königsberg war gut für mich. Ich kam zu einer Sanitätskompanie und begleitete Transporte von Verwundeten, die gingen westwärts, südwestlich genauer gesagt. Nicht über die Ostsee. Da sind ja noch viele Menschen umgekommen. Ich landete in Thüringen, und da geriet ich dann in die amerikanische Gefangenschaft.«

»Nach Amerika?«

»Leider nicht. Wir lagen bloß so in der Gegend herum und hungerten. Und als es mit dem Asthma wieder losging, ließen sie mich auch laufen.«

»Das ist ungeheuerlich. Ich meine, was wir alles so erlebt haben. Du mußt mir das noch genau erzählen.«

»Nicht jetzt. Diese endlos lange Zeit von zehn Jahren wollen wir vergessen. Jedenfalls heute nacht. Ich bin dafür, wir gehen jetzt. Siehst du, wir sind sowieso schon die letzten Gäste.«

Sie schlief in dieser Nacht in der Pension in der Brienner Straße.

»Es ist wirklich ein erstaunlich breites Bett für so ein kleines Zimmer«, sagte sie, als sie dort eintrafen. Sie war unsicher, geradezu verlegen. Es war eine ganze Weile her, daß sie mit einem Mann geschlafen hatte. Und sie entdeckte plötzlich, daß es mit einem total Fremden leichter wäre als mit einem alten Freund.

Freund? Er war nicht ihr Freund, sondern ihr Regisseur gewesen. Wie alt mochte er damals gewesen sein? Fünfunddreißig, achtunddreißig? Sie wußte es nicht. Paul Burkhardt war älter, nur bei ihm ...

Sie blickte sich verloren in dem Raum um. Was sollte sie jetzt tun?

»Ein erstaunlich breites Bett«, wiederholte er und betrachtete sie prüfend. »Sie denken sich eben etwas bei einer kleinen Pension in der Stadtmitte.«

Darüber mußte sie lachen, und er nahm sie in die Arme.

»Das soll uns jetzt nicht kümmern. Mach die Augen zu und laß dich küssen. Und wenn du nicht willst ...«

»Ach, sei still«, sagte sie heftig, »ich will ja. Wen denn sonst, wenn nicht dich.«

»Es ist eine alte Geschichte ...«, fing er an.

Und sie fuhr fort: »Doch bleibet sie ewig neu.«

Dann schloß sie wirklich die Augen, überließ sich seinen Armen, seiner Zärtlichkeit.

Nur nicht denken. Nicht denken, was früher geschehen war. Es war besser als mit Eugen. Sie konnte sich auf einmal hingeben, konnte die Umarmung eines Mannes genießen, konnte seine Zärtlichkeit, seine Liebe erwidern.

Liebe. Wer spricht denn von Liebe? Das dachte sie noch, ehe sie einschlief, geborgen in seinen Armen, den Kopf auf seiner Schulter.

»Ich wußte gar nicht, wie groß du bist«, murmelte sie, schon halb im Schlaf.

»Du hast es damals leider nicht ausprobiert«, erwiderte er.

»Ich hatte viel zu viel Respekt vor dir. Du hast mich ganz schön schikaniert, als ich die Eliza probierte und …«

Sie schlief.

Er schlief noch lange nicht, lauschte auf ihren Atem, spürte ihren Körper an seinem Körper. Die kleine Anfängerin von einst, in viel zu schwierigen Rollen eingesetzt, das hatte er damals gewußt. Er hatte sie herausgefordert, das stimmte. Und ihr Verhältnis mit dem Bariton hatte ihn geärgert. Eine dumme Mädchenschwärmerei, das hatte er auch gewußt. Es war Burkhardts letzte Spielzeit in Königsberg, er war für die nächste Saison nach Hamburg verpflichtet. Nur, es gab keine nächste Saison. Es gab den Krieg. Es gab schwere, mühselige Jahre.

Sein Atem ging schwer, das Asthma. Nein, nicht jetzt. Er durfte nicht aufstehen, das Spray lag auf der Kommode. Es begann ein neues Leben. Sein Engagement an einer guten Bühne, und sie würde er mitnehmen.

Er dachte über die Rollen nach, die sie spielen konnte. Es war nicht so, daß sie in Bochum auf ihn gewartet hätten. Ohne die alte Freundschaft zu dem Intendanten hätte er das Engagement nicht bekommen. Sie brauchten auch Constanze nicht unbedingt, sie hatten gute Schauspieler in diesem Haus. Hans mußte kommen und sie in dieser Rolle sehen. Morgen mußte er sich erkundigen, wie lange das Stück noch lief. Er würde noch einige Male hineingehen und sie ansehen. Es gab einiges zu verbessern an ihrer Darstellung. Er mußte ihr beibringen, daß sie in der zweiten Szene …

Er lächelte in der Dunkelheit und bekämpfte den würgenden Atem in seiner Kehle.

Auch er war unsicher gewesen, als sie das kleine Zimmer mit dem breiten Bett betraten. Es gab keine Frau in seinem Leben, es hatte lange keine gegeben. Nur flüchtige Abenteuer in solchen Zimmern wie diesem. Ein Mann durfte nicht aus der Übung kommen. Ein Mann durfte nicht versagen.

Mit einer schönen jungen Frau durfte man sich nicht blamieren.

Er hätte aufstehen mögen, wenigstens eine Schlaftablette nehmen. Er schlief schon lange nicht mehr ohne Tabletten. Doch er lächelte in die Dunkelheit. Zehn Jahre. Im nächsten Jahr wurde er fünfzig. Ein wenig Zeit noch, Herr im Himmel. Und dann schlief er endlich doch. Er wachte auch früher auf als sie. Sie dehnte sich, streckte sich, drehte sich um, breitete die Arme aus, spürte ihn. Und dann war sie wach.

»Oh!« sagte sie. Und dann: »Na, so was!«

Ihre Augen waren strahlend blau wie einst.

Sie richtete sich auf. Sah ihn erstaunt an.

»Ich habe sehr gut geschlafen«, sagte sie. »Bei dir. Mit dir. Du auch?«

»Ja«, sagte er und strich leicht mit dem Zeigefinger über ihre morgenfrische Wange. »Deine Tante wird sich wundern, daß du heute nacht nicht nach Hause gekommen bist.«

»Ich habe oft in der Stadt übernachtet, im Theater, wenn kein Zug mehr ging. Seitdem Johannes das Auto hat, ging es ja besser. Und weil Johannes zur Zeit nicht da ist ...«

»Er ist Ski fahren, ich weiß. Du wirst mir alles noch genau erzählen, von deiner berühmten Tante und von diesem Johannes, und alles, alles, was du erlebt hast in diesen letzten Jahren.«

»Du willst alles wissen?« fragte Constanze, reckte wieder die Arme über den Kopf, sie war nackt, ihre Brüste jung und fest, auf einmal mochte sie auch ihren Körper wieder.

»Alles, alles«, sagte er.

Sie ließ sich zurückfallen, lachte.

»Geht das gleich los?« fragte sie.

»Nein. Ich werde erst zu unserer charmanten Wirtin gehen und für uns Frühstück holen.«

»Läuft das hier so?«

»Es gibt ein Frühstückszimmer. Wenn man will, bringt sie es auch. Und heute hole ich es.«

»Da wird sie sich etwas denken.«

»Wird sie. Aber ich glaube nicht, daß sie es sonderlich erschüttert.«

»Willst du damit sagen, du hast auch hier schon mit einer anderen Frau geschlafen?«

»Habe ich nicht. Und das weiß sie.«

»Sie ist charmant?«

»Etwa Anfang Fünfzig, oder sagen wir Mitte Vierzig, um meinerseits charmant zu sein.«

»Was in diesem Fall bedeutet, galant zu sein.«

»Der Mann ist gefallen. Und sie hat dann nach dem Krieg aus ihrer Wohnung eine Pension gemacht. Es gibt auch ein paar schöne große Zimmer. Die Wohnung war, bis auf die Fenster, unbeschädigt, und sie hatte glücklicherweise reichlich Möbel, sagt sie. Die Betten hat sie so nach und nach auf dem schwarzen Markt besorgt. Ich kümmere mich jetzt um das Frühstück. Wo das Bad ist, weißt du ja.«

Constanze stand eine Weile am Fenster und blickte auf die belebte Straße hinab. War das nun der Beginn eines neuen Lebens, wie er es nannte?

Anfang August, es waren zwei Jahre vergangen, nachdem sie Berlin verlassen hatte, klopfte Mary am Nachmittag an ihre Tür. »Da ist ein Mr. Jones am Telefon, der Sie sprechen möchte.«

Constanze vermutete, es sei die Bavaria, die sich endlich bei ihr meldete. Doch es war Jonathan.

»Wo kommst du denn her?« fragte sie mäßig begeistert.

»Ich bin in München, und ich möchte dich gern sehen.«

»Willst du mich wieder auf eine Reise schicken?«

»Nein. Ich möchte mit dir essen gehen. Paßt es dir heute abend?«

»Heute abend?« fragte sie gedehnt. »Was ... was ist denn los?«

»Nichts. Ich will mit dir sprechen. Es ist jetzt fünf Uhr, ich hole dich gegen sechs Uhr ab.«

»Du wirst es nicht finden, es ist ziemlich weit draußen. Ich muß dir das erklären ...«

»Nicht nötig, ich finde es schon. Es soll da draußen an der Isar ein paar hübsche Lokale geben, hat man mir im Hotel gesagt. Also dann um sechs.«

Er hatte aufgelegt, ehe sie antworten konnte.

Lokale an der Isar? Sie war hier draußen nicht zum Essen gegangen, nicht mit Agnes und ihrem Mann. Einmal mit Johannes, da waren sie zum Kloster Schäftlarn gefahren.

Sie ging zu Mary in die Küche. »Ein Bekannter holt mich um sechs Uhr ab. Er möchte gern mit mir irgendwo an der Isar essen gehen. Gibt es denn hier ein hübsches Lokal?«

»Sure«, erwiderte Mary. »Kommt er mit dem Wagen?«

»Das nehme ich an.«

»Alsdann, da wärn die Bürgerbräuterrassen in Pullach, das is gar net weit von uns. Oder Sie fahrn nüber ans andere Ufer, nach Grünwald, da gengans zum Grünwalder Weinbauer. Very nice indeed. My friend likes that place. Oder …«

Mary hatte noch viel anzubieten, Constanze lauschte und nickte mit dem Kopf. Die Köchin kam zweifellos viel herum und wußte gut Bescheid.

Constanze war in München und Umgebung so gut wie gar nicht ausgegangen, mal mit Kollegen auf ein Glas nach der Vorstellung. Und solange Tenzel dagewesen war, blieben sie immer in der Stadt, und meist hielten sie sich in dem kleinen Pensionszimmer auf. Sie hatten beide wenig Geld.

Agnes und der Professor waren an diesem Nachmittag nicht da, sie waren eingeladen bei Freunden in Garmisch und würden dort auch übernachten.

Constanze war nervös, unruhig. Was wollte dieser Mensch von ihr? Was würde sie erfahren? Sie hatte jetzt eine Zukunft, im September würde sie in Bochum ihr Engagement antreten. Sie wollte keine Vergangenheit mehr haben. Gar keine.

Eine Weile stand sie vor dem Kleiderschrank, sehr groß war die Auswahl nicht. Sie zog erst ein Kostüm an, es war zu warm. Dann ein blaues Kleid, schließlich nahm sie das sportliche Weiße mit dem spitzen Ausschnitt.

»Nehmens auf alle Fälle ein Jackerl mit«, riet Mary, »falls ihr draußen sitzt.«

Sie blickte zum Fenster hinaus. »Here we go«, sagte sie dann, »da ist er schon.« Sie nickte anerkennend mit dem Kopf. »Ein Caddy.«

Ein großer amerikanischer Wagen, Jonathan war ausgestiegen, stand da, schlank, drahtig, mit seinem gebräunten Gesicht und den hellen Augen. Er sah genauso aus wie früher.

Früher, dachte Constanze. Dabei war es gar nicht so lange her, daß er sie in das Flugzeug nach München gesetzt hatte. In den Jahren zuvor war er hin und wieder aufgetaucht, meist unangemeldet. Eugen hatte sich immer gefreut, ihn zu sehen, und sie eigentlich auch.

Mary war mit herausgekommen und beschrieb dem Besucher in breitem Amerikanisch den Weg zu den Bürgerbräuterrassen. Wenn ein Mann einen Cadillac fuhr, mußte man auch in einer ihm geläufigen Sprache mit ihm reden, dachte sie. Jonathan grinste und antwortete in bestem Amerikanisch.

Das gefiel Mary. Endlich hatte das Fräulein einen gescheiten Mann erwischt.

»Alsdann«, sagte sie, »have a nice evening.«

»Wer war das denn?« fragte Jonathan, als sie abgefahren waren. »Du hast mich mit der Dame nicht bekannt gemacht.«

»Es ist die Köchin meiner Tante. Sie heißt Mary. Eigentlich Maria, aber da sie seit langem mit einem Amerikaner befreundet ist, nennt sie sich nun Mary. Und englisch reden kann sie auch, wie du gehört hast.«

»Englisch würde ich das nicht unbedingt nennen. Aber ich kann mich auch als Ami ausgeben, wenn es verlangt wird.«

Mary war ein guter Einstieg, erleichterte ihr das Wiedersehen mit der Vergangenheit.

»Und was bist du nun? Ein Amerikaner? Oder Engländer?«

Er lächelte ihr flüchtig zu. »Mein Vater ist Ungar, meine Mutter Deutsche. Ich bin ein Bürger der Vereinigten Staaten von Amerika.«

»Und Jonathan ist natürlich nicht dein richtiger Name.«

»Du hast es erraten.« Mehr erfuhr sie nicht, doch sie dachte, wie damals schon: Es sind alles verdammte Spione, der genauso wie Eugen.

Es war noch früh am Abend, sie bekamen einen guten

Platz auf der Terrasse, direkt an der Brüstung, und hatten einen prachtvollen Blick hinab ins Isartal, nach beiden Seiten, flußaufwärts, flußabwärts.

»Es ist wirklich ein hübscher Platz. Kommst du oft hierher?«

»Ich bin heute zum erstenmal hier.«

Es klang knapp und abweisend. Er blickte sie kurz an, dann studierten sie die Speisekarte, und er bestellte als erstes ein Bier. Constanze wollte lieber Wein.

»Du wohnst in einem schönen Haus, wie ich gesehen habe. War es nicht nett von mir, dich nach München zu verfrachten?«

»Verfrachten ist der richtige Ausdruck. Ich bin mir schon ziemlich blöd vorgekommen.«

»Kann sein, sie hätten dir nichts weiter getan. Aber man kann bei den Kommunisten nicht wissen, was sie tun. Sie hätten dich auf jeden Fall verhört, nachdem Eugen verschwunden war. Vielleicht auch für eine Weile eingesperrt, das wollte ich dir ersparen.«

»Warum zum Teufel sollten sie mich einsperren? Ich hatte nichts mit ihnen zu tun.«

»Auf jeden Fall hast du immer sehr deutlich deine Meinung gesagt, was die Bolschis betrifft, wie du sie nanntest. Du denkst doch nicht im Ernst, daß sie das nicht wußten? Eugen hat es ja gar nicht mehr gewagt, mit dir irgendwohin zu gehen.«

»Das stimmt. Ich habe meine Meinung immer gesagt. Aber er konnte es doch sehr gut mit denen. Oder nicht? War er wirklich nichts anderes als ein verdammter Spion?«

»Aber nein, Constanze, das war er nie. So, jetzt wollen wir erst mal einen Schluck trinken. Es gefällt mir hier, dieser Blick hinab und dazu noch ein frisches bayerisches Bier, was will man mehr. Hast du dir etwas ausgesucht?«

Er gab die Bestellung auf, lächelte ihr dann zu.

»München wäre eine Stadt, in der ich auch gern leben würde«, sagte er.

»Ich werde nicht mehr lange hier sein. Ich gehe ins Ruhrgebiet, ich habe ein Engagement dort an einem Theater.«

»Wirklich? Erzähle.«

»Ich kann mir nicht vorstellen, daß dich das interessiert«, sagte sie aggressiv.

»Aber ja.«

»Damit du es Eugen erzählen kannst?«

»Ich habe ihn lange nicht gesehen. Er ist kein Spion, Constanze. Er war immer ein überzeugter Kommunist. Einer von den Gutgläubigen. Er gehörte nur nicht zur roten Elite, die die Nazizeit in Moskau verbracht haben. So wie Ulbricht und Konsorten. Und mit denen hat er sich zunehmend nicht vertragen. Deine Kritik an den Bolschis, die, sagen wir mal, aus dem Bauch kam, kam bei ihm aus dem Kopf. Und das war für ihn schwer zu ertragen.«

»Ich wußte wenig über sein Leben.«

»Das ist nicht wahr. Oder sagen wir mal so, du hast es ihm nicht leichtgemacht, über das zu reden, was ihn bewegte. Du warst oft ziemlich abweisend.«

Das stimmte. Sie hatte mit ihm gelebt, von ihm, von seinem Geld, seiner Protektion.

Jetzt blickte sie hinab ins Isartal, Tränen verdunkelten ihren Blick.

»Er hat dich geliebt, Constanze, das weiß ich. Und er sagte einmal zu mir: Sie macht sich im Grunde nichts aus mir.«

»Das hat er zu dir gesagt? Das paßt gar nicht zu ihm.«

»Das denkst du, und das hast du damals gedacht. Ich gebe zu, er konnte seine Gefühle schlecht ausdrücken. Und dazu kam die zunehmende Belastung in der Partei. Er war viel klüger als Ulbricht. Und er war ein brillanter Schreiber, das mußt du zugeben. Er und Ulbricht, das ging auf die Dauer nicht. Und ich sah es kommen.«

»Und dann ist er einfach abgehauen.«

»Das habe ich arrangiert. Um sein Leben oder zumindest seine Freiheit zu retten. Ah, hier kommt unsere Suppe.«

Sie aßen eine Weile schweigend. Dann legte Constanze den Löffel hin.

»Du willst also sagen, ich habe es falsch gemacht.«

»Was heißt falsch oder richtig. Es war eine irre Zeit. Und nach allem, was du erlebt hast …«

»Was habe ich erlebt?« fuhr sie auf.

Er hob abwehrend die Hand. »Ich weiß es nicht. Aber etwas muß gewesen sein, das dich verstört hat. Du mochtest deinen Vater nicht, deine Mutter war verschwunden, deine Arbeit, die dir Freude gemacht hatte, mußtest du aufgeben. Siehst du, das ist es, was ich weiß. Eugen hat dir, für die damalige Zeit, ein angenehmes Leben bereitet, und dafür hast du ihn gehaßt.«

»Ich habe ihn nicht gehaßt. Aber ich konnte nicht … ach, lassen wir das doch. Ich will nicht mehr davon reden. Du willst sagen, er mußte so plötzlich verschwinden, sonst hätte man ihn verhaftet?«

»Ja, das denke ich. Er hatte sich ernsthaft mit Ulbricht gestritten. Und sich sehr abfällig über Stalin geäußert. Das Ideal, das er in der kommunistischen Partei gesehen hatte, früher einmal, das hatte man seiner Ansicht nach verraten. Und das sprach er aus.«

»Und warum ging er nach Kanada?«

»In die Staaten hätte er keine Einreise bekommen. Mit Kanada ließ sich das leichter machen. Jetzt ist er in den Staaten. In einer kleinen Stadt in Ohio. Er arbeitet bei einer Zeitung, nur kann er nicht so eloquent auf englisch schreiben, wie er das auf deutsch konnte. Er hat es nicht leicht.«

»Er war also kein Spion. Ein Kommunist. Einer von der edlen Sorte, falls es so was gibt. Das ist schwer zu verstehen. Wo kam er denn wirklich her?«

»Aus Polen. Sein Vater ist nach dem Ersten Weltkrieg eingewandert. Seine Eltern kamen nach Berlin, und es war ein schweres Leben. Seine Mutter, eine polnische Jüdin, verließ Mann und Kind, sie ließ sich scheiden, das war schon Anfang der zwanziger Jahre. Was für Eugen nur gut war. Sein Vater heiratete dann eine Berlinerin, mit der er gut zusammenlebte. Sie hatten ein kleines Geschäft, einen billigen Kleiderladen in Moabit, das rettete sie gerade vorm Verhungern. Eugen war neun, als sie nach Berlin kamen. Er ging dort zur Schule, und sein Vater tat alles, damit der Junge später studieren konnte.«

»Das war also nicht gelogen.«

»Nein, durchaus nicht. Sehr früh trat er der kommunistischen Partei bei, was sein Vater gar nicht gut fand. Der hatte inzwischen die deutsche Staatsangehörigkeit und tat alles, um in Deutschland anerkannt zu werden. Und dann also die Nazizeit, da mußten die kommunistischen Töne verstummen, obwohl Eugen sich immer noch mit seinen alten Freunden, den Genossen, heimlich traf. 1939 wurde er dann eingezogen, er hat den Frankreichfeldzug mitgemacht, aber später nur noch als Kriegsberichterstatter gearbeitet. Weil er, wie ich schon sagte, brillant schreiben konnte. Den Rest kennst du. Seine Ideale wurden nicht verwirklicht. Heute ist er kein Kommunist mehr. Vielleicht, wenn er zurückkäme, nach Deutschland, in den Westen natürlich, könnte er hier wieder arbeiten, bei der Presse, beim Funk, etwas in der Art.«

»Will er das denn?«

»Ja. Das will er.«

Constanze lachte kurz auf. »Das paßt ja sehr gut. Wir haben eine ganze Menge ehemaliger Kommunisten bei der Presse, die vor den Bolschis weggelaufen sind. Soweit ich weiß, haben die ganz gute Chancen hier.«

Die Kellnerin brachte das Essen. Die Terrasse war inzwischen gut besucht, ein schöner warmer Sommerabend an der Isar.

»Ich bin froh«, sagte Constanze nach einer Weile, »daß er kein Spion ist.«

Jonathan lächelte. »Ich dachte mir, daß es gut wäre, dir einmal die Geschichte von Eugen zu erzählen.«

»Falls du mich nicht belogen hast.«

»Warum sollte ich das tun?«

»Und du? Was bist du eigentlich?«

Er hatte das Messer auf den Tellerrand gelegt, zerteilte mit der Gabel den großen Knödel, schnitt das Fleisch, legte wieder das Messer auf den Tellerrand. Das war so Sitte in Amerika, wußte Constanze.

»Du bist also eine Mischung aus deutsch und ungarisch, ansonsten ein richtiger Amerikaner.«

»So kann man es nennen.«

»Und bist du wenigstens ein Spion?«

Er lachte. Schob ein Stück von dem Knödel in den Mund.

»Schmeckt großartig. Nicht direkt ein Spion. Ich arbeite in geheimer Mission.«

»Klingt ja toll. Beim FBI?«

»Das ist eine andere Organisation. Was du meinst, heißt CIA. Aber ich gehöre keiner Organisation an. Ich bin ein einsamer Jäger. A lonely hunting wolfe. Für mich gibt es bestimmte Aufgaben. Nur für mich allein. Ich spreche außer ungarisch und deutsch, englisch und amerikanisch auch noch französisch. Und wo immer ich auftauche, weiß man nicht genau, wer ich bin.«

Er lächelte ihr zu. »Zufrieden?«

»Ich kann mir schwer etwas darunter vorstellen.«

»Das ist ja der Gag bei der Sache, daß man sich nichts darunter vorstellen kann. Ich erzähle dir das nur, damit du mich nicht so mißtrauisch ansiehst. Für einen Mann meiner Art gibt es eine Menge interessanter Aufgaben.«

»Ist es nicht gefährlich?«

»Doch. Kann es sein. Ich war während des Krieges in Deutschland, auch in Wien. Ich muß niemanden verfolgen und keinen verraten, ich muß nur Berichte über die Situation über bestimmte Menschen sammeln. Und weitergeben. Nach und nach hat diese Arbeit ihre Schwierigkeiten. Ich wage mich jetzt auch nicht mehr in die DDR. Höchstens wenn es wieder einen gibt, den man retten muß.«

»Kein Verräter, kein Spion. Ein Retter. Klingt ja höchst edel.«

»Sagen wir so, ich versuche zu helfen, falls es nötig ist. So wie dem Eugen. Und dir.«

»Und wer finanziert deine ... eh Tätigkeit?«

Er schwieg.

»Und du heißt natürlich auch nicht Jonathan.«

»Du kannst mich Steven Jones nennen, wenn dir das besser gefällt.«

»Jonathan gefällt mir ganz gut. Und Steven bedeutet eigentlich Stephan und kommt aus Ungarn.«

»Du bist ein kluges Kind.«

»Ich könnte ja noch fragen, wohnst du irgendwo, hast du

eine Frau, hast du Kinder, aber du würdest mir doch nicht die Wahrheit sagen.«

»Ich habe dir eine ganze Menge gesagt. Weil du mir gefällst. Ich habe in Berlin sehr wohl gemerkt, daß du unglücklich warst. Ich wollte dich deswegen wiedersehen, damit ich dir von Eugen erzählen kann. Damit du nicht im Bösen an ihn denkst. Er hat dich wirklich geliebt.«

»Das hast du schon gesagt. Und ich hoffe, du hast nicht die Absicht, mir ihn wiederzubringen.«

»Keineswegs. Ich habe ihm eine sehr nette Frau besorgt, sie hat in Harvard studiert, wurde dann Lehrerin, und jetzt ist es ihre Aufgabe, seine Sprachkenntnisse zu verbessern, damit er auch in Amerika so gut schreiben kann wie früher hier.«

»Und die liebt er nun?«

»Das weiß ich nicht. Es ist ein Zweckbündnis. Genau wie du es mit ihm eingegangen bist.«

Er sah sie gerade an, hielt ihren Blick fest.

»Wenn du es so nennen willst«, murmelte sie.

»Es war üblich in jener Zeit. Manche Frauen haben sich einen Ami genommen, damit sie besser leben konnten. Und du einen Kommunisten mit guten Beziehungen.«

»Und ohne deine Hilfe hätten sie erst ihn und dann mich eingesperrt.«

»Vielleicht.«

»Dann muß ich dir also dankbar sein.«

»Wenn du willst. Es geht dir doch ganz gut in München, nicht wahr?«

»Nein. Ich war lange ohne Engagement. Dieses Jahr habe ich wenigstens vier Monate eins gehabt.«

»Ich nehme an, es gibt auch einen Mann, den du liebst.«

»Es gibt einen Mann.«

»Das dachte ich mir. Wenn es ihn nicht gäbe, würde ich dich fragen, ob du mich nicht nach Kalifornien begleiten möchtest.«

»Was soll ich in Kalifornien?«

»Nun, vielleicht gibt es eine Möglichkeit für dich in Hollywood. Du bist eine schöne Frau, du hast bereits gefilmt.«

»Ich gehe im September ins Engagement, das habe ich dir schon gesagt. In Hollywood werden sie kaum auf mich gewartet haben.«

»Ich habe ganz gute Beziehungen zu den Studios durch meinen Vater.«

»Den Ungarn.«

»Richtig. Er hat bei Metro-Goldwyn-Mayer gearbeitet, als Regisseur. Zu meinem großen Kummer ist er im vergangenen Jahr gestorben. Er hätte bestimmt eine Rolle für dich gehabt. Er ist ein wohlhabender Mann geworden und hat mir ein hübsches Haus in Malibu vererbt. Meine Mutter wohnt darin. Und ich habe die Absicht, mich nun öfter dort aufzuhalten. Ich habe zwanzig Jahre lang dieses verrückte Leben geführt, ich habe genug davon. Du bist hiermit herzlich eingeladen, uns zu besuchen.«

Die Kellnerin kam, räumte ab und fragte nach weiteren Wünschen.

»Für mich noch ein Bier und für die Dame ein Viertel Wein. Und dann wollen wir schauen, was es zum Nachtisch gibt, Fräulein.«

Er lächelte dem hübschen Mädchen im Dirndl zu, sie lächelte zurück. Der Amerikaner gefiel ihr. Daß er ein Amerikaner war, daran gab es keinen Zweifel, man hatte in den letzten Jahren gelernt, sie zu erkennen. Außerdem stand unten vor dem Lokal ein Cadillac.

»Du kannst ja mal darüber nachdenken«, sagte er nach einer Weile, als Constanze immer noch schwieg.

»Vielen Dank für die Einladung. Aber du hast doch gehört, daß ich ins Engagement gehe.«

»Und da ist dieser Mann, den du liebst.«

Sie hob ablehnend die Hand. »Hör auf, ewig von Liebe zu reden.«

Liebte sie Tenzel? Komisch, diese Frage hatte sie sich bisher nicht gestellt. Seit drei Monaten hatte sie ihn nicht gesehen, und wenn sie an ihn dachte, betraf es nur die Arbeit, die auf sie wartete. Die Zusammenarbeit mit ihm. Das war die Bindung. Sie war ganz gern mit ihm ins Bett gegangen, aber sie vermißte es jetzt nicht. Und nachdem sie zweimal seine

Asthmaanfälle miterlebt hatte, fiel es ihr schwer, an weitere Umarmungen zu denken.

Die Kellnerin brachte das Bier, den Wein und die Speisekarte. »Wir haben einen Süßspeiser aus Wien. Der könnte Ihnen Zwetschgenknödel machen.«

»Das ist ja fabelhaft. Aber erst wenn ich mein Bier ausgetrunken habe, ja?«

Er hob sein Glas, sagte: »Cheers, Darling.« Er trank, setzte das Glas ab, blickte wieder ins Isartal hinab, der Fluß glänzte silbern, es war fast dunkel. »Willst du dir nicht dein Jäckchen umhängen?« fragte er. Ohne eine Antwort abzuwarten, stand er auf, trat hinter ihren Stuhl, nahm die Jacke und legte sie um ihre Schultern. Dabei beugte er sich herab und küßte sie auf die Wange. Und als sie überrascht den Kopf wandte, küßte er sie auf den Mund.

»Das wollte ich schon den ganzen Abend tun«, sagte er, als er ihr wieder gegenübersaß. »Ich denke, jetzt ist es dunkel genug. Und nun verlier bitte nicht die Fassung.«

»Wegen deinem Kuß? Deswegen verliere ich die Fassung bestimmt nicht.«

»Nein, das meine ich nicht. Es ist nämlich so, ich habe dir noch etwas mitzuteilen. In dem Haus in Malibu, in dem meine Mutter wohnt, befindet sich zur Zeit ein Gast. Jemand, den du kennst.«

»Aha! Eugen. Darum diese langwierigen Vorbereitungen.«

»Nein. Nicht Eugen. Deine Mutter.«

»Meine ... meine Mutter?«

»Mrs. Annette Lindemann. Ich habe mich noch einmal als Retter betätigt. Diesmal ganz unpolitisch. Sie war sehr verzweifelt, sehr allein.«

»Woher weißt du das? Woher kennst du sie? Wie ... ich verstehe das nicht.«

»Ich werde dir der Reihe nach genau berichten. Trink noch einen Schluck.«

Aber Constanzes Hand zitterte, sie konnte das Glas nicht heben.

»Ich wußte, was ich anrichte«, sagte er bekümmert. »Ich

wollte uns den Abend nicht verderben. Aber du mußt es schließlich wissen.«

»Wir haben ewig nichts von ihr gehört. Sie hat auf keinen Brief mehr geantwortet. Und wo … wo ist er denn?«

»Doktor Carlsen ist in einer psychiatrischen Anstalt. Man kann nicht sagen, er sei ein leichter Fall.«

»Großer Gott!« Constanze legte beide Hände vor ihr Gesicht. »Darum also hat man nichts von ihr gehört. Was hat sie denn gemacht all die Jahre?«

»Das hat sich bei ihm wohl erst in den letzten beiden Jahren entwickelt. Ich erzähle es dir noch genau, jedenfalls, soweit ich es weiß. Darling! Schau mich an!«

»Mami!« flüsterte Constanze.

»Sie ist bei meiner Mutter gut aufgehoben, die beiden verstehen sich, sie reden deutsch miteinander. Das war offenbar sehr wichtig für deine Mutter. Meine Mom ist eine lebenstüchtige und auch resolute Frau, sie wird Annette wieder Mut zum Leben machen. So, das reicht für den Augenblick. Es ist schon ganz dunkel, siehst du. Jetzt essen wir die Zwetschgenknödel von dem Österreicher und trinken eine Tasse Kaffee dazu. Dann gehen wir ein Stück spazieren. Falls du magst. Und dabei erzähle ich dir alles, was ich weiß.«

Annette Lindemann hatte Christian Carlsen schon Anfang der dreißiger Jahre kennengelernt. Er war verheiratet, sie war verheiratet. Sie hatte ein Kind, er zwei Kinder. 1917 war er ziemlich schwer verwundet worden, konnte aber später sein Studium fortsetzen. Er war Physiker, galt als höchst begabt, arbeitete dann bei der Kaiser-Wilhelm-Gesellschaft, gehörte dem engsten Kreis um Max Planck an, kannte Einstein gut, Lise Meitner, Otto Hahn, Max von der Laue, die großen Namen jener Zeit. Carlsen schien eine blendende Zukunft vor sich zu haben, was ihm jedoch fehlte, war die Widerstandskraft, um sich bei den Nationalsozialisten zu behaupten. Es gab nichts an ihm auszusetzen in den Augen der Partei, er war arisch, Weltkriegsteilnehmer, ein anerkannter Wissenschaftler. Und was in den Instituten erforscht und erfunden wurde, gefiel den Nazis außerordentlich.

Carlsen jedoch reagierte verletzt, verärgert, schließlich empört, als seine jüdischen Kollegen und Freunde aus den Instituten vertrieben wurden und in die Emigration gingen.

1936 legte dann Max Planck sein Amt als Direktor der Kaiser-Wilhelm-Gesellschaft nieder. Von da an widerstrebte Carlsen die Arbeit im Institut, er wußte ja, woran man arbeitete, Kernspaltung, die Freisetzung des Atoms, 1938 war es Otto Hahn gelungen, die Vorbedingungen zur Herstellung der Atomenergie zu schaffen.

»Ich kann es dir nicht wissenschaftlich erklären«, sagte Jonathan, »du verstehst es so wenig wie ich. Du weißt nur, wo es endete. Bei der Atombombe, mit der wir nun leben und an der wir möglicherweise auch sterben werden, wie die Menschen von Hiroshima.«

Carlsen verließ das Institut, übersensibel schon damals, geplagt von Zukunftsangst, denn er hatte begriffen, wohin das Naziregime steuerte: in einen Krieg.

Alle Forschungen auf seinem Gebiet wurden nun für den Krieg intensiviert, und er weigerte sich, dabei weiter mitzuarbeiten. Was ihn zunächst in Gefahr brachte. Dazu kam sein verworrenes Privatleben. Sein Verhältnis zu Annette Lindemann dauerte nun über sieben Jahre, und so, wie beide geartet waren, nahmen sie es sehr ernst. Es gab Szenen bei ihm zu Hause, seine Frau hetzte die Kinder gegen ihn auf, der Sohn war Fähnleinführer bei der Hitlerjugend und wandte sich gegen den Vater, der nicht nur die Frau betrog, sondern auch den Führer verriet, indem er seine Arbeit niederlegte. Der Sohn bedrohte den Vater, der jüngere Sohn, erst neun Jahre alt, wurde von dem Großen beeinflußt. Carlsen sah sich von Wut und Haß umgeben, er flüchtete sich in die Krankheit. Der einzige Mensch, der zu ihm hielt, der nun ganz zu ihm kam, war Annette.

»Tuberkulose. Er war am Ende. Ein labiler Mensch war er wohl immer gewesen. Die beruflichen Schwierigkeiten zusammen mit den privaten brachten den körperlichen Zusammenbruch. Alles, was ich dir erzähle, habe ich von deiner Mutter erfahren. Es tat ihr gut, sich endlich einmal auszusprechen. Und das Wichtigste war für sie, daß ich ihr von dir erzählen konnte. Sie fühlt sich schuldig, weil sie dich verlassen hat. Denn sie verließ euch, dich und deinen Vater, und ging zu Carlsen, als er krank wurde.«

Ein schwerer Entschluß für Annette. Sie verließ ihre Tochter und ging zu dem Mann, den sie seit so vielen Jahren liebte und dessen seelische Not sie genau kannte. Nun kam die Krankheit dazu. Allerdings dachte Annette nicht daran, daß es eine Trennung für so lange Zeit sein würde. Sie lebten etwa zwei Jahre im Riesengebirge, in einer kleinen, bescheidenen Hütte, und Carlsen wurde von einem Freund aus der Jugendzeit behandelt, der in der Gegend ein Sanatorium leitete. Erfolgreich behandelt, denn bereits 1940 meldete er sich freiwillig zur Wehrmacht und wurde angenommen. Er kam nicht an die Front, sondern zur Besatzung nach Frankreich.

»Ja, von dort hat Mami oft an mich geschrieben«, sagte Constanze nachdenklich. »Ich wußte, daß sie mit einem Mann zusammenlebt, daß sie mit diesem Mann von uns weggegangen ist. Aber was wirklich geschehen war, wußte ich nicht, und sie schrieb es mir nicht. Obwohl ich ja langsam erwachsen war. Und mit Vater konnte ich sowieso nicht darüber reden.«

»In Berlin hatte man nicht vergessen, wer Christian Carlsen war. Er wurde nach Peenemünde beordert, wo ja, wie du weißt, an den V-Waffen und an der Atombombe gebastelt wurde. Wernher von Braun ist dir ja sicher ein Begriff.«

Nach Peenemünde wollte Carlsen auf keinen Fall. Er desertierte. In einer Nacht ging er mit Annette über die Demarkationslinie ins unbesetzte Frankreich. Er wußte von einem früheren Kollegen, der emigriert war und in der Provence lebte. Hier versteckten sie sich, fielen später der Résistance in die Hände, die beschützten sie, nachdem dann ganz Frankreich besetzt war.

»Ich kann dir das nicht genau erzählen. Der Bericht deiner Mutter geht kreuz und quer durcheinander. Offenbar war sie zu jener Zeit herzkrank. Sie mußten immerfort ihren Aufenthaltsort wechseln, verbargen sich in den Bergen, denn wenn man sie geschnappt hätte, wäre es zumindest für ihn das Todesurteil gewesen.«

»Ich dachte immer, daß sie tot ist. Und dann schrieb sie eines Tages aus Amerika. An meine Tante. Dann auch an meinen Vater.«

»Die Franzosen hatten sie erst einmal eingesperrt und dann an die Amerikaner ausgeliefert, die Carlsen sofort für seine Arbeit haben wollten. Die Russen haben ja damals auch jeden halbwegs fähigen Wissenschaftler mitgenommen.«

Für Carlsen bedeutete das New Mexico, weitere Forschung an der Kernspaltung, doch die Bombe, die in Hiroshima gefallen war, konnte er nicht vergessen.

»Frag mich nicht, was sie in den letzten Jahren gemacht haben. Annette arbeitete einige Zeit als Kellnerin in einem Nachtclub.«

»Das darf nicht wahr sein.«

»Not macht erfinderisch. Sie hat so etwas Herzanrührendes, doch, das muß man sagen. Sie gab sich als Emigrantin und Naziverfolgte aus, das brachte ihr Sympathien. Sie soll sogar dort manchmal kleine deutsche Lieder gesungen haben.«

»Warum sind sie nicht zurückgekommen?«

»Das wollte er nicht. Sie hatten sicher nicht das Geld für ein Ticket. Das kann sie jetzt von mir haben, aber sie will es nicht. Sie will in seiner Nähe bleiben. Er ist seit zwei Jahren in dieser Anstalt, das ist in der Nähe von Los Angeles. Sie besucht ihn jede Woche.«

»Und wie hast du das alles herausbekommen?«

»Deinetwegen. Du hast ja öfter von deiner Mami gesprochen. Und ich habe mich vor Jahren schon mit Eugen darüber unterhalten, wie man herausfinden könnte, was aus Carlsen geworden ist. Sein Name war ja in einschlägigen Kreisen bekannt. Vor einem Jahr nahm ich die Spur auf. Und ich fand ihn. Und dann sie.«

Jonathan griff im Gehen nach Constanzes Hand. Er würde ihr nicht erzählen, wie er ihre Mutter gefunden hatte, in einem elenden Kellerloch wohnend, nachts arbeitete sie in einer miesen Spelunke als Putzfrau.

Sie waren längst wieder in Solln, gingen die Straße auf

und ab, der Cadillac stand nicht weit entfernt, wo Mary ihn natürlich entdeckt hatte. Wenn Agnes Meroth und der Professor nicht zu Hause waren, ging sie nicht aus, dann war Mike bei ihr. Eine Weile standen sie am Fenster und beobachteten, wie das Fräulein und der Ami durch die stille Straße spazierten, immer hin und her.

»Why don't they come in?« fragte Mike.

Das wußte Mary nicht. Sie kannte den Amerikaner nicht, sie hatte ihn heute zum erstenmal gesehen.

Es war ziemlich spät, als Constanze und Jonathan Abschied nahmen. Zuletzt hatte Constanze geweint.

Er nahm sie in die Arme und küßte sie.

»Du bist eingeladen, vergiß das nicht. Ich setze deine Mami auch in ein Flugzeug und schicke sie dir. Das habe ich ihr schon vorgeschlagen. Sie schämt sich vor dir, sagt sie.«

Constanze legte den Kopf zurück und blickte hinauf in den klaren Sternenhimmel.

»Da, schau«, sagte sie, »eine Sternschnuppe. Da darf man sich etwas wünschen.«

»Und? Hast du dir etwas gewünscht?«

»Ich weiß nicht, was ich mir wünschen soll. Es ist alles so maßlos traurig. Mamis Leben ...«, und nun weinte sie wieder. Er küßte ihr die Tränen von den Wangen.

Als sie vor dem Tor standen, kamen Mary und Mike heraus.

»Verdammt noch mal«, sagte Constanze. »Ich weiß nicht, was ich tun soll.«

»Ich habe noch ein paar gute Verbindungen durch meinen Vater. Vielleicht könnte es klappen mit Hollywood.«

»Hi«, sagte Jonathan.

»Hi«, erwiderte der Sergeant.

Bibi war auch da und strich um Constanzes Beine.

»Keine Vögel, das weißt du ja, Bibi«, sagte Constanze.

Mary betrachtete sie besorgt, der Sergeant ging langsam zu seinem Jeep, der ein Stück entfernt am Straßenrand stand.

»Ich danke dir, daß du dich um Mami kümmerst. Vielleicht komme ich.«

»Ich bin für eine Woche in Berlin. Wenn du mit mir fliegen willst ... hier ist die Nummer, unter der du mich erreichen kannst.«

Er drückte ihr eine Karte in die Hand, lächelte Mary zu.
»Bye, Mary. Please, look at her.«

Constanze und Mary gingen zusammen ins Haus, und
Mary fragte: »Can I help you?«

»Mir kann niemand helfen.«

»Ist er verheiratet?« fragte Mary teilnahmsvoll.

»Das weiß ich nicht.«

»Das muß man aber wissen.«

»Er lebt bei seiner Mutter. Und es handelt sich um keine
Liebesgeschichte.«

»Nein?« fragte Mary enttäuscht.

Agnes Meroth brachte am nächsten Tag Constanzes Welt
wieder in Ordnung.

»Ich denke, du gehst ins Engagement. Und auf einmal faselst du mir etwas vor von diesem Jonathan und deiner Mutter. Was willst du eigentlich? Du bist reichlich spät dran,
wenn aus dir noch etwas werden soll.« Agnes schüttelte den
Kopf. »Erinnerst du dich nicht, was ich dir gesagt habe? Eine
Künstlerin muß zuerst und dann wieder, und dann wieder
an sich und ihre Arbeit denken. Herr Tenzel bietet dir eine
große Chance. Kann sein, die letzte in deinem Leben. Wenn
du jetzt das Engagement sausen läßt, bekommst du nie wieder eins, das garantiere ich dir.«

Sie hatte Ralph Tenzel kennengelernt und ihn nicht unbedingt als Liebhaber für Constanze, aber als fähigen Theatermann akzeptiert. Dafür hatte sie ein Gespür.

»Annette kannst du nicht mehr helfen. Sie hat ihr Leben
verkorkst, und das von Anfang an. Sie ist jetzt in guten Händen, vielleicht kommt sie endlich zu sich. Ich werde ihr
schreiben, wir haben ja jetzt die Adresse. Wenn sie will, kann
sie zu mir kommen.

»Sie kommt nicht. Nicht, solange er lebt.«

»Dann kann man ihr nur wünschen, daß er bald stirbt«,
sagte Agnes hart.

»Es ist erstaunlich, daß sie überhaupt noch lebt. Wenn du

denkst, was die beiden alles durchgemacht haben. Erst jahrelang in Berlin der ganze Ärger, sie mit Vater, er mit seiner Frau und den Kindern. Das wußten wir ja gar nicht. Dann wird er auch noch lungenkrank. Bei der Atomspaltung will er nicht mehr mitarbeiten, er geht nach Frankreich zur Besatzung, dann fliehen sie und müssen sich verstecken, und schließlich ist Mami herzkrank.«

»Sie war immer ein kleines, zierliches Ding. Und dann muß sie auch noch mit nach Amerika. Warum ist er nicht zurückgekommen? Max Planck ist nach dem Krieg noch einmal Präsident der Kaiser-Wilhelm-Gesellschaft geworden, da war er schon sehr alt und sehr krank. 1947 ist er gestorben. Das hat mir der Ferdl neulich erzählt.«

»Und was machen wir nun?« fragte Constanze unglücklich.

»Du gehst in dein Engagement, ich werde an Annette schreiben.«

»Vielleicht kann ich nächsten Sommer, in den Theaterferien, nach Amerika fliegen«, versuchte sich Constanze zu trösten.

Ein Flug nach New York war teuer, nach Los Angeles würde es noch teurer sein. Und im nächsten Sommer würde sie genau wie jetzt das Geld für die Reise nicht haben. So hoch war ihre Gage nicht.

Die Reise erübrigte sich. Annette Lindemann, geborene Meroth, starb im Frühling folgenden Jahres an einem Herzanfall.

Jonathan befand sich gerade in Vietnam, wo der erbitterte Kolonialkrieg ein Jahr zuvor ein vorläufiges Ende gefunden hatte. Die Partisanenarmee des Vietminh hatte die Festung Dien Bien Phu erobert und dort der französischen Kolonialmacht die entscheidende Niederlage zugefügt. Im Norden des Landes etablierte sich die kommunistische Regierung unter Ho Chi Minh, in Südvietnam übernahm Ngo Dinh Diem die Macht. Unterstützt von den feindlichen Großmächten Sowjetunion und USA, rüsteten beide Landesteile auf, und wenige Jahre später würde die Welt vom nächsten, noch viel grausameren Vietnamkrieg erschüttert werden.

Jonathan erfuhr erst von Annettes Tod, als er sich einige Wochen später in Hongkong aufhielt. Er telefonierte mit seiner Mutter, die ihm kurz davon berichtete. Auch daß sie Annettes Schwester in München verständigt habe.

»Ist jemand gekommen?«

»Nein. Nur ein Brief mit der Anfrage, wie hoch die Beerdigungskosten seien.«

Jonathan mußte lachen. »Auch gut. Und er?«

»Er merkt davon nichts mehr. Er hat auch schon lange ihre Besuche nicht mehr wahrgenommen.«

Jonathan erwog flüchtig, nach Deutschland zu fliegen, um Constanze zu besuchen. Aber es gab so viel zu tun. Die Welt zündelte, brannte, loderte an vielen Ecken. Deutschland, jedenfalls die Bundesrepublik, war ein höchst friedlicher Teil dieser Erde.

»Nächstes Jahr«, sagte er seiner Mutter über das Meer hinweg, »setze ich mich zur Ruhe.«

»Das glaubst du doch selber nicht«, kam die Antwort aus Malibu.

Constanze empfand eigentlich keine Trauer, als sie vom Tod ihrer Mutter erfuhr, eher Erleichterung. Es war zu viel Zeit vergangen, der Abgrund war zu tief.

»Sie hat mich verlassen«, sagte sie zu Tenzel. »Ich bin treulos, weil ich nicht zu ihr gefahren bin.«

»Nein, sie war treulos.«

»Nicht ihm. Aber mir.«

Sie vergaß ihre Mami nun wirklich, verdrängte sie aus ihrem Leben. Es gab soviel Arbeit, es gab so wundervolle Rollen für sie. Im Jahr darauf, zu Silvester, war es tatsächlich die Lilli in »Kiss, me, Kate«, es wurde ein Riesenerfolg für sie. Und Thomas Ashton, der tolle Mann, den Tenzel als Partner für das Musical ausgesucht hatte, wurde zunächst ihr Liebhaber, später heiratete sie ihn. Sie filmten auch zusammen.

Sie spielte niemals die Julia, niemals die Cordelia und ebensowenig die ›Jungfrau von Orleans‹. Das waren Träume aus einer lang vergangenen Zeit, eine endlos lange Zeit war es her, wie Ralph Tenzel es nannte.

Er starb Anfang der sechziger Jahre an seinem Asthma. Sein Tod ging Constanze viel näher als Mamis Tod im fernen Kalifornien.

Harald

IN DEN JAHREN DER Gefangenschaft hatte Alexander oft an Harald gedacht, bis die Erinnerung an die unbeschwerte Zeit der Jugend verblaßte und die Not des Tages alles überwucherte. Vor dem Krieg hatte er Harald in London besucht, es bestand auch eine briefliche Verbindung, die abriß, als Harald nach New York übersiedelte.

Er hatte Beatrice von seinem Freund erzählt und fragte sie: »Sag mal, weiß er eigentlich, daß Fritz dich geheiratet hat?«

Darüber mußte Beatrice lachen.

»Das weiß ich doch nicht. Ich kann mich nur daran erinnern, daß Friedrich einmal sagte, Alexander ist mal wieder nach England abgehauen. Da ist er zu gern. Und dann erzählte er mir von deinem Freund.«

»Ja, Harald war dann in London, sein kleiner Bruder studierte in Oxford, der große war bereits in Amerika. Nur die Eltern waren noch in Hamburg. Ob sie überlebt haben? Nachdem man jetzt weiß, was alles mit den Juden passiert ist … Gott, waren wir dämlich auf unserer Klitsche. Wir hatten keine Ahnung.«

»Mit Friedrich habe ich durchaus davon gesprochen. Wir hatten ja viele jüdische Freunde hier und wußten, was los war. Nicht, wie es endete, das haben wir erst nach dem Krieg erfahren. Vaters bester Freund war ein jüdischer Bankier aus Düsseldorf. Der wartete nicht ab, er verschwand, so, ja, warte mal, wann war das mit den Nürnberger Gesetzen? Ich glaube '35, nicht?«

»Wie schon gesagt, wir waren reichlich doof auf dem

Land da draußen. Ich kann mich noch erinnern, wie Harald eines Tages sagte, ich gehe nach London und komme nicht wieder, und ich wunderte mich, und er sagte, ich bin doch Jude, weißt du das nicht?«

»Und du wußtest es wirklich nicht?«

»Keinen blassen Schimmer. Und Friedrich lachte und sagte, mein Bruder ist ein Lebenskünstler. Das war ziemlich früh, schon zu Anfang der Nazizeit.«

In Hamburg ging Alexander zu der Stelle, wo sich das Bankhaus Raven befunden hatte. Jetzt stand dort ein Neubau, von einer Bank konnte keine Rede sein. Schließlich fuhr er hinaus zur Elbchaussee, wo die Ravens gewohnt hatten. Das Haus stand noch, aber es wohnten andere Leute darin, die nichts von einer Familie Raven wußten. Harald mochte am Leben sein, die Brüder sicher auch. Die Eltern? Dann vergaß Alexander es wieder, weitere Nachforschungen stellte er nicht an.

Was er nicht wissen konnte: Auch Harald dachte an den Jugendfreund, auch ihn beschäftigte die Frage, was aus ihm geworden sein könnte. Hatte er den Krieg überlebt? Sein Vater, sein Bruder? Die schöne Inga in Berlin, die mit dem Nazi verheiratet war?

Er sprach mit seinen Brüdern darüber, und Henry, inzwischen ein bekannter Anwalt in Washington D. C. und dazu mit besten Verbindungen zum Weißen Haus, sagte: »Wenn du es partout wissen willst, werden wir es herausbekommen. Dort in der DDR werden sie wohl nicht mehr sein; da hat man sie sicher rausgeworfen.«

Trotzdem ging Haralds erster Brief an das Gut Renkow in Mecklenburg, darauf bekam er nie eine Antwort.

»Das werden wir ja sehen«, sagte Henry energisch. »Die Roten können uns schließlich nicht für dumm verkaufen.«

Diesmal war es ein offizielles Schreiben vom State Department an den Botschafter der UdSSR in Ostberlin.

Und diesmal kam eine Antwort. Das Gut sei enteignet, Max von Renkow gestorben, seine Söhne gefallen.

»Also doch«, sagte Harald erbittert. »Dieser verdammte Hitler! Hätte ich Alexander doch in London behalten!«

Es vergingen einige Jahre, ehe es sich ergab, daß Klaus Raven, seinerzeit Kläuschen genannt, nach Hamburg kam, in einer Erbschaftssache eines Klienten. Er war ebenfalls Anwalt geworden und Partner einer großen, angesehenen Kanzlei in New York.

Hamburg, eine lang vergessene Heimat. Doch ein wenig wehmütig stimmte es ihn schon, die veränderte Stadt wiederzusehen.

»Was wollen Sie denn«, sagte der Kollege, mit dem er beim Essen in den ›Vier Jahreszeiten‹ saß. »Ist doch schon wieder alles fabelhaft. Sie hätten Hamburg 1945 sehen müssen.«

Am letzten Tag seines Aufenthalts fuhr er hinaus nach Horn, gerade fand das Derby statt. Und hier war eigentlich alles wie früher, die Pferde, die Jockeys, Frauen in eleganten Kleidern und feschen Hüten, und Klaus dachte, was jeder dachte, der von drüben kam: diese Deutschen! Wie haben sie das nur geschafft, in so kurzer Zeit. Er dachte wirklich: Diese Deutschen! Denn inzwischen fühlte er sich ganz als Amerikaner. Er hatte auch keine Ressentiments, denn er hatte genau wie sein Bruder Henry die Nazis nicht miterlebt.

Abends im Hotel, er wohnte im ›Atlantic‹, saß er am Fenster und blickte hinaus auf die im Abendlicht schimmernde Alster. Dann blätterte er noch einmal in dem Programm des Renntages herum, er las den Namen des Hengstes, der das Derby gewonnen hatte, und daneben stand Gestüt Rottenbach, und darunter stand Beatrice von Renkow.

Im Moment konnte Klaus Raven nichts damit anfangen, nur ein vager Gedanke: Den Namen habe ich doch schon mal gehört. Erst am nächsten Tag, er saß schon in der Maschine nach New York, fiel es ihm ein. War das nicht der Name, den Harald genannt hatte? Leider hatte er das Programm im Hotel zurückgelassen, aber er erzählte Harald davon.

»Vielleicht Verwandte von deinem Freund?«

»Ich weiß nichts von Verwandten, die ein Gestüt hatten. Kann ja noch mehr Leute dieses Namens geben.«

Doch nun war es ganz einfach. Harald schrieb an die

Rennleitung, er bekam die Adresse des Gestüts, und im Herbst des gleichen Jahres trafen sich Alexander und Harald in Hamburg.

Es war in der Halle des ›Atlantic‹, sie konnten beide zunächst nicht sprechen. Eine endlos lange Zeit schien es auch in diesem Fall zu sein.

»Mensch, bin ich froh, daß du lebst«, sagte Harald.

Alexander hatte Tränen in den Augen.

»Wie hast du das bloß fertiggebracht?«

»Tja, die Pferde, nicht wahr? Sie sind immer noch unsere besten Verbündeten. Und die verdammten Schweine haben mir mitgeteilt, du seist tot.«

»Friedrich ist tot.«

Sie standen beide mitten in der Halle des Hotels, klopften sich auf die Schultern, bezwangen mühsam ihre Rührung. Zwei erwachsene Männer Mitte der Fünfzig.

Später saßen sie lange in der Bar, tranken einen Whisky nach dem anderen, und es war immer wieder die gleiche Frage: Weißt du noch? Die unbeschwerte Studienzeit in Göttingen, ihre gemeinsamen Ritte im Stadtwald, Bismarcks kleines Häuschen, der Abend in einer Kneipe.

»War für meinen Vater viel zu teuer, mich studieren zu lassen. War ja auch rausgeschmissenes Geld. Es wurde doch nichts aus mir.«

»Du hast deinen Vater nicht wiedergesehen«, sagte Harald traurig.

»Friedrich auch nicht. Und Inga ebenfalls nicht.«

»Wo ist sie?«

»Ich weiß es nicht.«

»Seit jenem Brief aus Spanien nichts wieder?«

»Nein. Olga vermutet, sie sind nach Südamerika gegangen. Vielleicht sind sie auch noch in Spanien.«

»Aber sie hätte doch schreiben können.«

»An wen? Du hast doch auch keine Antwort aus Mecklenburg bekommen. Und sie wird denken, daß wir tot sind. Denn zunächst wurde ja mein Tod für Führer und Vaterland bekanntgegeben. Daß ich in Gefangenschaft war, wußte keiner. Erst später, als ich schreiben konnte. Mein Vater hat nicht mehr erfahren, daß ich lebe.«

»Gefangenschaft bei den Sowjets! Wie entsetzlich. Und nun sitzt du hier. Und du siehst großartig aus.«

»Na ja, ich hab's ganz gut getroffen. Andere waren schlimmer dran. Aber schlimm war es schon. Natürlich. Adenauer hat ja erst vor drei Jahren die letzten rausgeholt.«

»Du mußt mir davon erzählen.«

»Ich denke nicht daran. Ich will gar nicht mehr daran denken.«

So ging es den ganzen Abend lang. Harald betrieb ein Immobiliengeschäft in New York.

»Geht ganz gut. Aber nicht so gut wie bei euch. Hier wird ja gebaut und gebaut, daß einem schwindlig wird.«

»Wir hatten es nötig. Und für mich ist es ja auch so eine Art Job geworden.«

Er erzählte vom Werk Munkmann und daß er versuchte, dort einen einigermaßen nützlichen Posten auszufüllen.

»Baumaschinen! Das muß doch das Geschäft des Jahrhunderts sein.«

»Ist es auch. Und wir haben großartige Maschinen. Wir exportieren auch schon.«

»Das wird noch besser werden. Laß mich mal machen.«

Harald bestellte noch zwei Whisky, echten schottischen. Aus Bourbon machte er sich nicht viel.

Schließlich hatte Alexander auch die Frage nach Haralds Eltern gestellt.

»Das war schwierig. Mein alter Herr war nun mal ein leidenschaftlicher Deutscher. Aber dann setzten wir uns alle drei hin, Henry, Kläuschen und ich, und schrieben einen Brief. Wenn sie nicht sofort kommen würden, mit dem nächsten Dampfer, dann kämen wir alle drei zurück nach Deutschland und meldeten uns direkt bei Hitler. Da kamen sie denn. Es war höchste Zeit, es war im Frühjahr '38. Du weißt, was am 9. November passierte?«

»Ich weiß. Sie kamen also?«

»Widerwillig. Mein Vater hatte ja schon längst die Bank

an einen Arier übergeben müssen. So hieß das doch damals.«

»So hieß es. Und willst du mich deswegen jetzt verdammen?«

»Ach, Quatsch! Ich kannte die Ansichten deines Vaters. Und du warst nun mal ein ahnungsloser Lebenskünstler, nicht? Ich sehe heute noch dein dummes Gesicht vor mir, als ich sagte, daß ich Jude sei. Du mußt doch diesen Unsinn nicht so ernst nehmen, hast du gesagt, irgend so was. Und dein Vater sagte, er tut das Richtige. So ungefähr, nicht? Vorher hatten wir über den Röhm-Putsch gesprochen. Wie der Hitler da seine treuen Mannen umbringen ließ. Flugs, flugs, ohne Zögern. Er war gar nicht so dumm, dieser Mann. Aber er hat es nicht zu Ende gedacht. Die Welt hat ihn bewundert. Wenn er keinen Krieg gemacht hätte, sie hätten ihm alles nachgeschmissen. Niemand wollte Krieg.«

»Wir auch nicht.«

»Bestimmt nicht. Der letzte war ja noch nicht lange her. Weißt du, wir sehen das heute mit einem gewissen Abstand. Der erste Krieg, der zweite Krieg, sie gehören zusammen, es war gewissermaßen eine Fortsetzung. Ein Historiker kann das heute sehr gut beschreiben. Nur die Menschen haben es nicht begriffen, dort nicht und hier nicht. Hitler wäre leicht einzufangen gewesen. Wenn er nur nicht diese Judenhetze angefangen hätte. Das war sein großer Fehler.«

»Er war Österreicher.«

»Ja, das wissen wir inzwischen alle. Der Antisemitismus hatte in Österreich eine lange Tradition. Genau wie in Polen. Deswegen war es so unsinnig von ihm, Polen anzugreifen.«

»Der polnische Korridor war ein großes Thema bei uns.«

»Gewiß. Aber den hätte er auch bekommen. Den zweiten großen Fehler hat er gemacht, als er in Prag einmarschierte. Nicht mal das Sudetenland, da hatte er noch gewisse Sympathien. Aber Prag war zuviel. Da wurde die Welt aufmerksam. Und dann ließ man ihm nichts mehr durchgehen.«

»Wir haben es teuer bezahlt.«

»Die zerbombten Städte.«

»Und die vielen toten Menschen. Und das Land, das wir wiederum verloren haben. Meine Heimat.«

Sie schwiegen eine Weile. Es war sehr schwer, in einem Gespräch, in einem im Grunde unbeschwerten Gespräch zwischen alten Freunden, der Wirklichkeit gerecht zu werden.

Diesmal bestellte Alexander zwei Whisky.

»Wir werden uns besaufen«, sagte Harald. »Aber das ist in Ordnung bei solch einem Wiedersehen.«

»Erzähl mir noch von deinen Eltern.«

»Mein Vater starb im April '45. Er hat noch erlebt, daß Hitler geschlagen war. Und mit ihm Deutschland. Aber er hat sich furchtbar aufgeregt über die Angriffe auf Dresden. Das muß doch nicht mehr sein, das muß doch nicht mehr sein, sagte er immer wieder, es ist doch vorbei. Meine Mutter stammt aus Dresden, weißt du. Sie haben in dieser Stadt ihre junge Liebe erlebt. Und mein Vater liebte diese Stadt. Ja, und dann ist er gestorben.«

»Und deine Mutter?«

»Es geht ihr ganz gut. Nächstes Jahr wird sie achtzig. Henry ist verheiratet und hat zwei Kinder. Und Kläuschen sogar drei. Das beschäftigt sie.«

»Und du?«

»Keine Frau, keine Kinder. Irgendwie hatte ich keine Lust.«

Alexander lachte. »Genau wie ich. Abgesehen davon, daß es mir an der Gelegenheit gefehlt hat.«

»Aber Beatrice? Du hast vorhin von ihr gesprochen.«

»Sicher«, sagte Alexander auf seine altgewohnte, leichtfertige Weise. »Wir verstehen uns gut. Sie war mit Friedrich verheiratet. Und das genügt ja wohl, oder? Aber ich habe so etwas Ähnliches wie eine Tochter. Ein Kind, um das ich mich kümmere. Das mir nahesteht.«

Und nun hörte Harald das erstemal von einem Kind namens Cordelia, zu der Zeit dreizehn Jahre alt.

Dabei erinnerten sie sich auch wieder an ihre gemeinsame Liebe zu der Tänzerin Joan vom Sadler's Wells Ballett.

»Gott, ist das lange her«, sagte Harald. »Sie muß schon eine alte Dame sein.«

»Aber ich bitte dich! Was sind wir denn dann? Sie war ungefähr in unserem Alter, vielleicht sogar etwas jünger.«

Sie lachten beide.

»Ich bin ihrem Namen noch einige Male begegnet. Sie tanzte dann bei einer amerikanischen Compagnie. Also bitte, keine alte Dame. Aber tanzen kann sie bestimmt nicht mehr. Die Laufbahn einer Tänzerin ist meist kurz.«

»Denk doch an die Pawlowa! Die hat mit fünfzig noch ihren ›Sterbenden Schwan‹ getanzt. Wir haben sie gesehen.«

»Das war aber auch alles, was sie noch getanzt hat. Sie gehörte zu Diaghilews berühmter Truppe. Und mit fünfzig war sie schon tot.«

»Wirklich?«

»Sie starb ein Jahr vor ihrem fünfzigsten Geburtstag. Sie war weltberühmt. Aber verbraucht wie jede Tänzerin. Es ist ein mörderischer Beruf. Warum tust du dem Kind das an, wenn du es so gern hast, wie du sagst.«

Das stimmte Alexander für eine Weile nachdenklich.

»Sie ist sehr zart. Und sehr hübsch, auf eine seltsame fremdartige Weise.« Einen Moment lang war er versucht, Harald zu erzählen, auf welche Weise Cordelia gezeugt worden war. Die Vergewaltigung, der unbekannte Russe. Doch da war das Versprechen, das er Elsgard gegeben hatte. Und schließlich wollte er an diesem Abend nicht mehr von Krieg und Nachkriegszeit reden. Er lebte, Harald lebte, sie führten beide ein gutes Leben, man mußte sich an der Gegenwart, auf die Zukunft freuen. Bloß nicht immer das Vergangene aufwühlen, es war vorbei. Man hatte es begraben. Das Gut, das Bankhaus Raven, die Väter, seinen Bruder.

»Ja, du hast recht. Das Leben einer Tänzerin ist hart. Und falls sie Erfolg hat, ich meine, wenn sie eine Primaballerina wird, bleibt sie es nur für kurze Zeit.«

»Das beste ist, sie heiratet rechtzeitig«, sagte Harald nüchtern, »und zwar einen Mann mit einem guten Einkommen, dann ist sie versorgt. Ein paar Möglichkeiten gibt es schon, wenn sie älter ist, kann sie Ballettmeisterin werden, sie kann Unterricht geben und, last not least, sie kann Choreographin werden. Aber das ist schon schwieriger, das machen meist Männer.«

»Darüber brauchen wir uns heute abend den Kopf nicht zu zerbrechen. Sie ist ein Kind. Sie geht ja noch zur Schule. Also, ich meine nicht nur in die Ballettschule, auch in eine richtige Schule. Wer weiß, wie lange ihr das Tanzen Spaß macht. Und wie weit sie es bringt. Ich werde sie gewiß nicht übermäßig mit meinem Ehrgeiz quälen.«

»Ausgerechnet du, der nie Ehrgeiz besaß.«

Alexander seufzte. »Ich sehe, du kennst mich noch ganz gut.«

Das war der Wiederbeginn ihrer Freundschaft, und für Alexander bedeutete es, wieder reisen zu können, nicht nur nach Hamburg, Köln oder München zu Renntagen.

Schon im Jahr darauf flog er das erstemal in die Staaten, wurde von Harald herzlich empfangen und in seinen Freundeskreis eingeführt, genau wie einst in London, sah Kläuschen wieder und lernte Henry kennen.

Es blieb nicht die einzige Reise, auch Beatrice begleitete ihn einmal, und Harald war sehr entzückt von ihr.

»Sehr schade um deinen Bruder. Er hat eine großartige Frau geheiratet.«

»Sage ich ja immer«, erwiderte Alexander. »Er hätte am Leben bleiben sollen. Auf mich hätte man leicht verzichten können.«

Sie trafen sich in London und immer wieder in den USA, und mit der Zeit, als der Export sich rasant entwickelte, konnte Alexander diese Reisen mit der Arbeit für das Werk verbinden. Was Oscar Munkmann sehr befriedigte.

»Hab ich doch gleich gesehen, daß der Herr Schwager ein tüchtiger Mann ist.«

Cordelia allerdings litt unter diesen Reisen. Wenn er nicht da war, kam sie sich verlassen vor. Und begleiten konnte sie ihn nicht, sie war viel zu fest gebunden durch ihre Arbeit, Tag für Tag, Abend für Abend, ein Sklavendasein. Ohne das sie nicht mehr leben konnte. Es war schon soweit, daß sie sich ein anderes Leben nicht vorstellen konnte.

Die Lumins

ZEHN JAHRE SIND VERGANGEN, seit Elsgard und Jochen ihre Heimat, Haus und Hof verlassen haben. Geblieben ist die Erinnerung, sie sprechen manchmal davon, aber immer seltener. Sie sind mit ihrem Leben höchst zufrieden.

Mit wachsendem Wohlstand in der Bundesrepublik entwickelt sich auch der Rennbetrieb, sie haben oft Gäste im Haus, sogar internationale, und Elsgard ist eine vorbildliche Gastgeberin, umsichtig, aufgeschlossen, freundlich. Das Kind, das junge Mädchen, auf Renkow aufgewachsen und gut erzogen, an Manieren gewöhnt, zeigt sich wieder.

Sie sieht gut aus, ist etwas voller geworden, kleidet sich mit Geschmack, geht jede Woche zum Friseur. Sie kommt mit den Leuten im Stall gut aus, ist beliebt im Umkreis, hat ein Hausmädchen.

Sie muß nicht saubermachen, kein Geschirr abspülen, keine Wäsche waschen, dafür gibt es eine Waschmaschine. Sie hat weniger Arbeit als damals auf dem Hof. Und das alte Gutshaus auf dem Gelände des Rottenbach-Gestüts ist fast wie ein eigenes Haus, groß und komfortabel, mit Radio und Fernsehen. Elsgard hat sogar inzwischen ein paar eigene Möbelstücke eingekauft, einen bequemen Lehnsessel für Olga und ein ähnliches Sofa, wie es zu Hause in der Wohnstube stand. Und schließlich eine neue Stehlampe, sie hat in ihrer Jugend gern gelesen, sie tut es wieder, wenn sie Zeit hat.

Olga, die das mit Wohlwollen betrachtet, bringt sie dazu, ihr den Inhalt der Bücher zu erzählen, manchmal liest Elsgard ihr vor.

Olga hat Schwierigkeiten mit den Augen, sie bekommt immer wieder eine neue Brille, doch das nutzt nicht viel. Man müsse die Augen operieren, sagt der Augenarzt, doch davon will Olga nichts wissen. Sie ist nie operiert worden, abgesehen von dem Rheuma hat sie nie einen Arzt gebraucht. Trotzdem ist ihr Leben nicht langweilig, sie nimmt Anteil an allem, was geschieht, Elsgard und Jochen berichten ihr, und sie hat die Tiere, ihren kleinen Hund, die beiden großen Hunde, die frei herumlaufen, die drei Katzen, alle besuchen Olga gern, sommers im Garten, winters im Haus. Außerdem gibt es noch Hühner und zwei Ziegen, die ebenfalls frei herumlaufen, und schließlich einen Esel, den einer der Bauern aus der Gegend eines Tages bringt. Seine Hunde und der Esel vertragen sich nicht, die Hunde bellen und beißen, der Esel schreit.

Auf dem Gut vertragen sich alle Tiere, die Hunde sind gut erzogen, und wenn sie auch um die Ziegen einen Bogen machen, tun sie ihnen doch nichts. Außerdem sind die Ziegen am liebsten in den Stallungen, sie haben dort ihre kleine Stallbox für sich, die Pferde mögen sie. Die Katzen braucht man, um die Ställe mäusefrei zu halten. Der Esel bekommt auch seine Unterkunft, er bewundert die schönen Pferde und geht ihnen vorsichtig nach, wenn sie vorbeikommen.

»Das ist ja wie im Paradies hier«, sagt Beatrice an einem Sommertag, als sie die Idylle betrachtet, die Tiere im Hof, die Pferde auf den Koppeln, eine Katze auf dem Zaun, die Hunde faul ins Gras hingestreckt, die Angus-Rinder auf der Weide. Das gab es früher hier nicht.

»Was kommt denn noch, Herr Lumin? Eine Schafherde?«

Jochen lacht unbeschwert, und Elsgard, die Kaffee und selbstgebackenen Kuchen auf dem Gartentisch serviert, lacht auch und sagt: »Wir haben hier alles, was wir brauchen.«

Fragt sich nur, wie lange sie es behalten können. Das ist die Frage, die sich Jochen manchmal stellt. Seine Arbeit füllt ihn aus von früh bis abends. Er kennt jedes seiner Pferde genau und ist immer wieder aufs neue betrübt, wenn die kaum Zweijährigen zum Training fortgebracht werden. Manche kommen später wieder; falls sie erfolgreich waren, für die Zucht, oder wenn sie verletzt sind, den Husten haben, lahm gehen, hypernervös geworden sind. Oder einen Herzschaden bekommen haben, wie die Stute Valera, deren Geburt Jochen miterlebt hat. Ihre Laufbahn war kurz, als Rennpferd ist sie nicht geeignet. Man müßte sie töten, aber Jochen wehrt sich dagegen, sie sei noch jung, sagt er, vielleicht geht es ihr bald wieder besser. Sicher, Rennen wird sie nicht mehr laufen können, man müßte sie decken lassen und abwarten, ob sie ein gesundes Fohlen zur Welt bringt.

Das sind die Sachen, die er mit Beatrice aushandelt, sie entscheidet über Leben und Tod. Alexander unterstützt ihn in diesem Fall.

»Irgendwie erinnert sie mich an die Fuchsstute, die Vater euch geschenkt hat. Wie hieß sie gleich?«

»Dolka«, antwortet Jochen. »Elsgard ritt immer mit ihr spazieren. Man konnte sie auch vor den Wagen spannen. Sie hat zwei hübsche Fohlen bekommen.«

Valera wird behandelt, sie wird gedeckt werden, und dann wird man weitersehen. Natürlich weiß ein Bauer so gut wie ein Rennstallbesitzer, daß Tiere nach ihrem Gebrauchswert beurteilt werden.

Jochen kommt gut mit den Leuten zurecht, er führt ein strenges Regiment, streng, aber gerecht. Sein Arm hat sich nicht verschlechtert, schwere Arbeit muß er nicht leisten, er braucht mehr den Kopf als die Arme, er muß wissen, wo er günstig einkauft, was er für die Pferde und die Ställe braucht, und daß er sich mit den Münsterländer Bauern mit der Zeit recht gut versteht, kommt ihm dabei zugute. Mecklenburg dort, das Münsterland hier, beides Gegenden mit ruhigen, etwas schwerfälligen Menschen, sie sind nicht so sehr verschieden.

Natürlich gibt es auch mal Ärger, Stallburschen sind nicht mehr so leicht zu bekommen wie in der Nachkriegszeit. Tiere machen viel Arbeit, benötigen viel Zeit. Die jungen Leute gehen lieber in die Stadt, sie ziehen Fabrikarbeit der Arbeit bei Tieren vor. Es gibt da schon gelegentlich Engpässe.

Im Spätherbst, nach dem Ende der Saison, kommt Karl Neumann zu Besuch. Sie waren in Telgte, haben seine Mutter und Ilses Mutter besucht, der es gesundheitlich nicht sehr gutgeht. Ilse ist dort geblieben, Karl kommt aufs Gestüt. Er erzählt, daß Jürgen in diesem Jahr sein Abitur gemacht hat, ein sehr gutes Abitur, wie er stolz berichtet.

»Und was wird er nun machen?« fragt Elsgard.

»Erst mal seinen Dienst bei der Bundeswehr, wie sich das gehört. Und dann wird er studieren.«

336

»Oh! Und was?«

»Er will Bauingenieur werden.«

»Na, dann kann er später ja mal bei den Munkmanns arbeiten«, sagt Elsgard. »Das wäre doch was.«

Neumann hebt die Schultern. »Das braucht noch viel Zeit.«

»Dem alten Munkmann soll es nicht sehr gutgehen.« Das
weiß Elsgard von Alexander. »Er hat's mit dem Herzen. Er
hat ja auch viel gearbeitet. Im Krieg und danach. Das Werk
exportiert sehr viel. Aber seine Baumaschinen sollen ganz
erstklassig sein. Und der Markt ist nach wie vor sehr aufnah-
mefähig.«

So nennt es Alexander, der jetzt wirklich so eine Art Verkaufsdirektor geworden ist und sich immer öfter im Ausland aufhält.

»John studiert noch. Der Enkel, wissen Sie?«

Neumann nickt, er weiß, wer John von Renkow ist.

»Er studiert jetzt in Berlin. Er sagt, dort ist es interessant.«

»Das ist Ansichtssache«, erwidert Neumann kühl.

Durch Berlin ist eine Mauer gebaut. Mag sein, daß man es
interessant findet, wenn man jung ist. Das andere Deutschland ist Ausland geworden. Schlimmer als Ausland, eine
feindselige Welt. Verschlossen. Versperrt.

»Wenn das damals schon gewesen wäre«, sagt Elsgard,
»wären wir nicht herausgekommen.«

»Als Familie wohl kaum. Obwohl es immer wieder Menschen gibt, die es versuchen. Und es oft mit ihrem Leben bezahlen müssen.«

Später gehen Jochen und Neumann durch die Ställe, und
Jochen kann loswerden, was ihn bedrückt.

»Ich bin jetzt sechzig«, sagt er.

»Na und? Soweit ich sehe, klappt doch alles gut. Sie wollen sich doch nicht zur Ruhe setzen, Herr Lumin?«

»Nein. Ich möchte nicht. Aber wenn ich noch älter werde …«

Neumann lacht. »Was wohl nicht zu verhindern ist. Hat
Frau von Renkow eine Andeutung gemacht?«

»Nein, nein. Aber irgendwann muß ich damit rechnen,
daß sie einen jüngeren Mann sucht.«

»Ich würde mich darum kümmern, daß sie einen guten Gestütsmeister bekommt. Aber es eilt ja nun wirklich nicht.«

Jochen wird gut bezahlt, aber seine Sozialversicherung ist noch jung, viel jünger als er.

Und er denkt manchmal darüber nach, was geschehen wird, wenn er diesen Posten räumen muß. Und damit auch das Haus, in dem sie leben. Wo sollen sie eigentlich hin? Er spart, so gut er kann, er hat ein kleines Bankkonto inzwischen, für sich selbst verbraucht er so gut wie nichts. Seine Garderobe ist bescheiden, für Elsgard muß es hin und wieder ein neues Kleid sein. Das braucht sie, um bei guter Laune zu bleiben, und er ist froh, daß sie nun meist wieder guter Laune ist. Fast die Elsgard von früher.

Er bekommt hin und wieder eine Prämie, wenn Pferde gesiegt haben. Trotzdem werden sie nicht viel haben, falls sie noch eine Weile leben. Hier in der Gegend müßten sie eine Wohnung finden, auf einem Hof, in einem kleinen Ort. Wenn er noch zehn Jahre arbeiten könnte, würde die Sozialversicherung besser aussehen.

Darüber denkt er manchmal nach. Jetzt spricht er es zum erstenmal aus. Mit Alexander hat er nie darüber gesprochen.

»Es wäre schrecklich für mich, keine Pferde mehr zu haben«, fügt er noch hinzu.

»Nun warten Sie erst mal ab. Machen Sie sich keine Sorgen, Herr Lumin. Kommt Zeit, kommt Rat.«

Und Jochen muß wieder einmal an Alexanders Worte denken: Werden wir leben, werden wir sehen.

Und er denkt: Ist es nicht schon ein Wunder, daß wir leben? Nach allem, was geschehen ist, was wir erlebt haben, überlebt haben. Und daß ich hier bin und tun kann, was ich tue. Heute und morgen noch.

»Nein, ich mache mir keine Sorgen, ich denke nur manchmal darüber nach.«

»So wie ich Frau von Renkow kenne, brauchen Sie sich keine Sorgen zu machen. Wenn sie etwas ändern will, wird sie es … ja, sagen wir mal, wird sie es auf faire Weise tun.«

Den Munkmanns gehören viele Häuser, in Essen, in den Vororten, im Ruhrtal. Das weiß Karl Neumann sehr genau.

Der alte Munkmann war immer auf Besitz aus, vor dem Krieg, im Krieg, nach dem Krieg. Eine Bleibe für die Lumins wird es bestimmt geben. Beatrice von Renkow ist eine reiche Erbin. Der Bruder gleichfalls. Und John? Es bleibt abzuwarten, was aus ihm wird.

Eine Weile stehen sie bei der Fuchsstute Valera. Neumann kennt die Geschichte schon.

»Ein hübsches Pferdchen«, sagt Neumann. »Aber für die Rennbahn nicht geeignet. Ich war dabei, als sie nach einem Rennen zusammengebrochen ist. Es war in München, in Riem. Wir dachten, wir müßten sie gleich töten. Aber sie hat sich dann schnell erholt. Wie geht es ihr jetzt?«

»Ganz gut. Sie war viel auf der Koppel, sie frißt mit gutem Appetit, sie hat blanke Augen, sehen Sie ja. Wir werden sie im Frühjahr decken lassen.«

Jochen streicht der Stute leicht über die Nase, zieht einen Apfel aus der Tasche. Äpfel frißt sie besonders gern. Er ist nahe daran, von Dolka zu erzählen, der kleinen Fuchsstute daheim, die so ähnlich aussah.

Aber er läßt es. Wozu von vergangenen Zeiten reden? Doch dann ist es Neumann, der von vergangener Zeit etwas weiß.

»Sie sagten vorhin, es fehlen Stallburschen?«

»Ja. Einer hat im Sommer aufgehört und jetzt vorige Woche wieder einer. Ich muß mich umschauen. Es wird immer schwieriger, gute Leute zu finden. Die wollen alle nicht mehr arbeiten. Der im Sommer wegging, wollte vier Wochen Urlaub haben. Er wollte mit seiner Freundin nach Italien. Ich sagte, bist du verrückt? Ich habe in meinem Leben noch keinen Urlaub gemacht. Und er sagte, daß ist Ihre Sache, Herr Lumin. Das war vielleicht früher mal so. Heute ist es anders. Und dann verschwand er.«

»Hm«, macht Neumann. »Ich wüßte vielleicht einen guten Mann für Sie. Können Sie sich an einen gewissen Waleri Lukonow erinnern?«

»Waleri? Wali? Unser Ukrainer?«

»Richtig. Wali nennt er sich selber. Sie erinnern sich an ihn?«

Jochen steigt das Blut in den Kopf.

»Wali? Er lebt?«

»Der lebt. Ich war kürzlich bei einer Jagd in der Lüneburger Heide. Schönes Gelände. Ein kleiner Stall, aber es waren allerhand Leute da, bis von Hamburg kamen sie. Mich hatte ein Bekannter mitgenommen. Und dieser Wali fiel mir gleich auf, sehr groß und dünn und immer lachend. Er sattelte die Pferde, er beruhigte sie. Und nach der Jagd führte er sie trocken, beruhigte sie wieder, und ein Wallach hatte sich das Bein an einem Hindernis aufgeschlagen, das behandelte er gleich. Ich fragte den Jagdherrn, wer das denn sei. So 'n komischer Russe, sagte der. Er zieht hier von Stall zu Stall, behalten will ihn keiner, er hat keine Papiere. Später, nach dem Jagdessen, ging ich noch mal in den Stall, da saß er auf dem Boden, den Kopf an die Box gelehnt. Er sprang auf, und ich fragte, ob er denn zu essen bekommen habe. Ja, ja, sagte er, vielen Dank. Wie heißen Sie denn? fragte ich. Und er wurde auf einmal viel kleiner. Sie sind von Polizei? Aber nein. Ich war Jagdgast hier. Dann nannte er seinen Namen, und ich erinnerte mich daran, daß Ihre Frau mal von einem gewissen Wali erzählt hatte.«

»Das ist ja unglaublich«, sagte Jochen. »Wir dachten, er ist tot.«

»Als ich den Namen Lumin nannte, strahlte er wie ein Kind zu Weihnachten. Meine Lumins, rief er. Meine Lumins. Vielleicht wäre das ein Mann für Sie. Mit Pferden kann er umgehen, das habe ich gesehen. Man müßte das bloß mit den Papieren regeln.«

Elsgard ist begeistert.

»Unser Wali! Er hat also überlebt. Wie hat er das nur geschafft.«

Ja, wie hat er das geschafft? Auf abenteuerliche Weise. Er spricht inzwischen gut deutsch und schildert ausführlich, wie er sich damals wochenlang in den Wäldern herumtrieb, nachdem er Widukind zurückgebracht hatte. »Er war hungrig. Und Gras gab es noch wenig im Mai.«

Mai '45. Das ist auf einmal wieder da, als Wali davon

spricht. Er schlich durch die Wälder, immer westwärts, immer sichernd, ob er auf die russischen Besatzungstruppen stoßen könnte. Wovon er sich ernährt hat? Dazu lacht er nur.

»Geht schon irgendwie«, sagt er.

Als er in die Nähe von Lübeck kam, versteckte er sich weiter. Die Briten, die Amerikaner würden ihn an die Russen ausliefern, das wußte er. Und das wäre sein Tod gewesen. Arbeit war damals schwer zu finden. Schließlich kam er bis Hamburg. In einer Großstadt, in einer zerstörten Stadt, konnte man sich leicht verstecken. Er spricht nicht davon, aber er muß bis zum Skelett abgemagert gewesen sein. Am Hafen war auch keine Arbeit zu finden, die Werften waren zerbombt. Aber dann fand er in der Hafengegend einen Landsmann, der bei Aufräumungsarbeiten beschäftigt war, eine kleine Kammer bewohnte und ihn aufnahm. Der besorgte ihm dann später auch die falschen Papiere. Das war ein Fiasko, die Papiere waren schlecht, und obwohl er nun auch in den Trümmern arbeitete, wurde er verhaftet und eingesperrt. Aber wenigstens nicht mehr an die Russen ausgeliefert.

Nach der Haftstrafe, sie war nur kurz, war er wieder auf sich selbst gestellt. Und trieb sich in der Gegend herum, immer auf der Suche nach Pferden.

»Menschen waren nicht böse. Menschen waren gut. Alle wußten, was passiert war. Keiner hat mich angezeigt.«

Dann ging er in die Lüneburger Heide. Er arbeitete mal am Bau, manchmal bei einem Bauern, sein Wesen, sein Lachen machten es ihm leichter. Und inzwischen war allen klar, daß der Osten, daß Rußland ein Feind war, wieder aufs neue gefährlich.

Hier und da gab es auch wieder Pferde, nicht zuletzt die Reste der geretteten Trakehner und ihre ersten Nachkommen.

Walis große Stunde kam, als er bei der Geburt eines Fohlens, das quer lag, helfen konnte, mit Erfolg. Man hatte die Stute samt dem Fohlen schon töten wollen, aber Wali schaffte es, das Fohlen zur Welt zu bringen und die Stute wieder auf die Beine. Der Veterinär, der aufgeben wollte, war von

Wali beeindruckt und beschäftigte ihn eine Weile. Aber da war immer noch die Sache mit den nicht vorhandenen Papieren, und vorbestraft war Wali nun auch.

Als Beatrice die ganze Geschichte hörte, brachte sie Ordnung in Walis Leben. Die Firma Munkmann war angesehen genug, mit so einem Fall fertig zu werden.

Wali war bei seinen Lumins und bei Pferden.

»Manchmal«, sagt Elsgard, »gibt es auch Gutes in unserem schrecklichen Jahrhundert.«

Seit sie Bücher liest, spricht sie vom Jahrhundert, vom zwanzigsten Jahrhundert. »Zwei Kriege«, sagt sie beispielsweise, »zwei verlorene Kriege. Und Deutschland lebt immer noch.«

»Krieg hat es immer gegeben«, erwidert Jochen. »Und die Menschen haben trotzdem überlebt.«

»Manche«, sagt Olga darauf. »Zur Zeit spricht keiner von den Toten.«

»Tot ist tot«, sagt Elsgard darauf hart.

»Ja, so ist es wohl. Ich habe mir immer Kinder gewünscht. Und heute bin ich froh, daß ich keine bekommen habe. Sie wären im ersten Krieg gestorben, und falls es Enkel gegeben hätte, im zweiten Krieg. Und nun warten wir auf den nächsten Krieg.«

»Ach, Quatsch«, sagt Elsgard. »Die Amerikaner haben die Atombombe, da traut sich keiner ran.«

Ob die Russen inzwischen vielleicht auch die Bombe haben, wissen sie nicht. Möglich ist es.

»Kann ja sein«, sagt Olga. »Man hört es doch immer von den Überläufern.«

Das ist ein Thema, das die Zeitungen beschäftigt. Es gibt Leute, die Atombomben von West nach Ost transportieren, zumindest die Rezepte dazu.

Die Amerikaner! Das ist das große Wunderwort der Zeit. Sie können alles, sie machen alles, und vor allem beschützen sie die Deutschen. Von den Briten spricht kein Mensch mehr. Doch Amerika wird die Welt retten, daran glauben sie alle. Die jedenfalls, die abseits der großen Entwicklungen leben. Amerika, sagen sie und meinen die Vereinigten Staaten von

Amerika. Die Welt ist groß. Aber dieser Teil, der auch ein Feind war, ist zum Freund geworden. Das ist so schnell gegangen, es begann nicht erst mit der Blockade, es begann schon vorher. Jochen, der selten etwas zu diesen Gesprächen äußert, sagt: »Wenn sie nicht gegen uns gekämpft hätten.«

»Das mußten sie. Schon wegen der Juden.«

Elsgard weiß das inzwischen. Sie hat nie in ihrem Leben einen Juden kennengelernt. Vielleicht gab es mal einen Viehhändler, einen Landmaschinenhändler, sie weiß es nicht. Man hat das Wort Jude nie erwähnt. Sie kennt es auch von Gut Renkow nicht.

Aber Olga weiß es. Auch wenn sie nicht mehr gut sehen kann, ihr Gedächtnis ist in Ordnung.

»Wir hatten einen Pferdehändler. Ein Kenner erster Klasse. Herr von Renkow sagte immer, der ist mit Pferden aufgewachsen. Nie ein Betrüger, immer erstklassige Pferde. Und dann war er eines Tages verschwunden.«

»Das ist lange her«, sagt Jochen.

Es ist lange her, es ist alles so lange her. Das Gut Renkow, der Hof Lumin, die Pferde. Widukind wird nicht mehr leben.

»Wie kann man das Leben nur ertragen«, sagt Jochen an diesem Abend.

Das ist ein seltsamer Ausspruch von ihm, denn das Leben, das er führt, ist sehr leicht zu ertragen.

Besonders, seit Wali zu seiner Mannschaft gehört.

Was fehlt bei diesen Gesprächen, was fehlt am Tisch, ist Cordelia. Dieses Kind, von der Geburt an im Haus, Elsgards Kind, ist nicht mehr da.

Seltsamerweise vermißt Jochen sie mehr als Elsgard. Durch ihre Lüge hat sie sich von dem Kind getrennt. Jochen freut sich über jeden Tag, den Cordelia bei ihnen verbringen kann. Auch wenn sie immer an dem Koppelzaun herumturnt.

Alexander hat sie zweimal mitgenommen in die Oper. Sie haben Cordelia im ›Nußknacker‹ gesehen und als kleinen Schwan, als Ginette Durans zum letztenmal ›Schwanensee‹ tanzte.

»Das wird eines Tages ihre große Rolle werden«, sagt Alexander. »Sie wird die Schwanenprinzessin tanzen.«

Für Jochen ist es eine total fremde Welt. Elsgard, die immerhin in ihrer Jugend schon einige Male im Theater war, gibt sich sachverständig. Von Ballett allerdings versteht sie nichts. Sie hat nur miterlebt, wie das Kind geschunden wurde, als es ständig hin- und herfuhr, von zu Hause, von der Schule, zu der alten Russin, wie das Kind todmüde zusammensank, wenn es heimkam.

Sie fragt an einem Abend, es ist Silvester, als sie nach der ›Fledermaus‹, in der Cordelia natürlich auch mithopsen mußte, nach Hause fahren: »Was soll eigentlich daraus werden?«

Die Aufführung hat Elsgard ausnehmend gut gefallen.

In der ersten Pause hatte sich Alexander blicken lassen, zusammen mit Fred Munkmann, der wieder einmal im Vaterhaus weilte.

Er spendierte Sekt für Elsgard und Jochen und sagte: »Wir schauen uns den zweiten Akt an, dann müssen wir zurück, wir haben Gäste im Haus.«

»Und was für Gäste!« strahlte Fred, der sich übrigens seit neuestem Alfredo nennt. »Ich hab meine Freundin mitgebracht aus Rom, schicke Puppe. Mein Vater ist ganz hingerissen. Sie spricht leider kein Wort deutsch. Aber wir haben Giordano eingeladen, das ist der Werksdirektor bei uns, der kann für Unterhaltung sorgen, während wir nicht da sind.«

»Können wir Cordelia nicht mitnehmen?« fragte Jochen.

»Nein, sie hat morgen nachmittag Vorstellung. Ein bißchen feiern werden sie nachher auch, wenn sie fertig sind, und Madame Lucasse paßt schon auf, daß die Kinder nicht zuviel trinken und rechtzeitig zu Bett gehen. Ich gehe jetzt für eine Weile hinter die Bühne und kümmere mich um Cordelia. Im dritten Akt gibt es nur noch am Schluß einen kurzen Auftritt.«

Es ist wichtig, daß Alexander das Jahresende in der Familie Munkmann feiert. Oscar legt Wert darauf, denn schließlich ist Alexander nun der Leiter des Exportgeschäftes, das sich gut entwickelt. Nur das Verhältnis zwischen Beatrice und Alexander ist manchmal gespannt. Er ist viel auf Reisen, auch im Ausland, es gibt hier und da eine andere Frau in seinem Leben. Obwohl er nun älter ist, kann er auf anregende Abenteuer dieser Art nicht verzichten. Er war immer so.

Es sind noch mehr Gäste im Haus, außer Giordano und seiner Frau ein paar Freunde von Munkmann, und aus Berlin ist John gekommen mit zwei Kommilitonen.

Eine Weile halten sich Alexander und Fred bei den Tänzerinnen in der Garderobe auf, flachsen herum, spendieren eine Kiste Piccolo.

»Aber nur für jede ein Fläschchen, das habt ihr mir versprochen.«

»Haben wir das?« gurrt Marguerite. »Habt ihr vielleicht so ein Versprechen vernommen?«

Cordelia schlingt die Arme um seinen Hals.

»Mußt du wirklich weg?«

»Leider, Kleines. Ich komme morgen. Nach der Nachmittagsvorstellung. Abends bist du ja frei. Wir können zusammen essen gehen. Wilma ist in der Vorstellung, sie wird dich dann nach Hause begleiten.«

Er hätte Cordelia gern mitgenommen ins Haus Munkmann, aber das erlaubt Beatrice nicht. Außerdem wäre es wirklich unvernünftig, wo sie doch morgen um drei wieder auf der Bühne stehen soll mit dem ›Nußknacker‹.

Der Abendregisseur hat kurz hereingeschaut und die Stirn gerunzelt, dann der Ballettdirektor und schließlich auch Madame Lucasse. Es ist nicht gestattet, daß die Mädchen Besuch in der Garderobe empfangen. Aber Alexander von Renkow hat nun mal einen Sonderstatus an diesem Theater.

»Bitte, meine Herren!« sagt Madame Lucasse tadelnd.

»Wir sind schon weg, Madame. Wir bitten vielmals um Verzeihung, aber ich mußte unserer Kleinen doch einen guten Rutsch wünschen.«

Er umarmt Cordelia, küßt sie auf die Wange. Madame bekommt einen formvollendeten Handkuß.

»Meine besten Wünsche für Sie, Madame. Hoffen wir, daß 1964 für uns alle ein gutes Jahr wird.«

Es ist noch nicht einmal sechs Wochen her, daß John F. Kennedy in Texas ermordet wurde. Cordelia trauert immer noch um ihn, sie hat sich erst ein wenig getröstet, seit Onkel Alexander aus Amerika zurück ist, seit sie ihn wieder häufig sieht; ganz kurz mal nach der Morgenarbeit, bei Proben, wenn sie auftritt abends im Theater.

In Bonn regiert Ludwig Erhard, dem sie das Wirtschaftswunder zu verdanken haben, und gegen Ende des Jahres '64 wird es in der Sowjetunion einen Wechsel geben, kein Attentat, Nikita Chruschtschow wird abgesetzt, ganz sang- und klanglos, ihm folgt Kossygin auf den russischen Thron. In der DDR behauptet sich nach wie vor Ulbricht, die Mauer steht unverrückbar in Berlin, Besucher stehen auf einem Podest und schauen neugierig hinüber in das fremde Land, auf den verödeten Potsdamer Platz. Doch es ist nicht nur Berlin, durch ganz Deutschland, von der Ostsee bis nach Franken zieht sich die bösartige, die tödliche Grenze. Tödlich für die, die sie überwinden möchten. Nach wie vor versuchen viele zu fliehen. Über die Ostsee, durch die Wälder, durch die Minenfelder, denn die DDR will ihre Bürger lieber durch Minen in die Luft jagen, als ihnen die Freiheit zu lassen, in die Freiheit zu gehen, wohin sie wollen. Das hat es nicht einmal bei den Nazis gegeben, verreisen, wohin er wollte, ob mit der Absicht wiederzukommen oder nicht, durfte jeder.

Dafür gibt es jetzt raffinierte Möglichkeiten, die Flucht über andere kommunistische Länder zu versuchen, über Polen, die Tschechoslowakei und weiter über Ungarn oder Rumänien. Das erfordert viel Mut und vor allem viel Geld. Das ist bei den sogenannten Fluchthelfern zu bezahlen, ein zeitgemäß einträglicher Beruf. Andere graben Tunnel unter der Berliner Mauer. Wieviel wird da gewagt! Und wieviel Unglück, wieviel Leid und wie viele Tote gibt es, von denen die Welt nichts erfährt.

Doch inzwischen hat sich neues Unheil entwickelt. Deutschland ist nicht das einzige geteilte Land auf der Erde. Da war schon Korea, und nun ist es Vietnam, das ehemalige Indochina. Es gibt sowohl Südvietnam als auch Nordvietnam, und letzteres wird kommunistisch regiert. Diem ist ermordet worden, auch im gerade beendeten Jahr, nur daß sein Tod nicht soviel Aufsehen erregte wie der Mord an Kennedy.

Und nun beginnt wieder einmal ein Krieg, ein langer, barbarischer Krieg, den die USA, auch wieder einmal, in einem fernen, fremden Land zu führen haben. Oder glauben, führen zu müssen, im Kampf gegen den Kommunismus.

Es sagt sich leicht: Alles Gute für 1964.

Wie immer auf dieser törichten Erde gibt es Krieg, gibt es Elend und Tod für unschuldige Menschen.

Doch wenn Elsgard auf der Heimfahrt ins Münstertal die Frage stellt: »Was soll eigentlich daraus werden?«, denkt sie an Cordelias Leben.

Am nächsten Tag holt Alexander Cordelia nach dem ›Nußknacker‹ ab, wie versprochen. Sie tanzt immerhin jetzt die Klara, sie hat sie schon oft getanzt, alternierend mit Marguerite, beide machen sich nicht viel aus dieser Partie.

Auf die ›Giselle‹ muß Cordelia noch warten, sie ist erst für nächstes Jahr vorgesehen, eventuell. Dies ist ein Stadttheater, das Ballett spielt eine Nebenrolle darin.

Alexander fährt mit ihr zum Abendessen in einen Landgasthof, zwischen Essen und Düsseldorf, der sehr beliebt ist, man muß hier immer rechtzeitig einen Tisch bestellen. Auch an diesem Neujahrstag ist das Lokal bis auf den letzten Platz besetzt, die Deutschen essen wieder mit großem Vergnügen, auch wenn sie nun oft über Zunahme an Gewicht klagen.

An einem größeren Tisch sitzt eine vergnügte Runde. Die schöne, lebhafte Frau, den gutaussehenden Mann erkennt Cordelia sofort.

»Das ist Constanze Morvan«, flüstert sie Alexander zu. »Und er ist Thomas Ashton. Der letzte Film mit den beiden war toll. ›Sieger fallen vom Himmel‹ heißt der. Er ist da ein Flieger, weißt du, aber er ist natürlich nicht abgestürzt, er erzählt es ihr bloß, damit sie ihn pflegt. Weil sie nämlich …«

Er unterbricht sie. »Deine Suppe wird kalt.«

»Weil sie nämlich«, fährt Cordelia fort, den Löffel schon

in der Hand, »einen reichen Industrieboß heiraten will. Aber er kriegt sie natürlich zum Schluß, der Flieger. Und dann stellt sich heraus, er ist noch reicher, sein Vater ist ein amerikanischer Millionär. Sie ist so schön, nicht?«

»Sie ist eine rasante Person«, gibt Alexander zu. »Übrigens haben die beiden gestern abend in Düsseldorf gastiert, mit einem Musical.«

»Alle Leute schauen zu ihr hin, siehst du? Ob ich auch mal so berühmt werde?«

»Vielleicht«, sagt er. Er könnte hinzufügen, daß Tänzerinnen, selbst wenn sie eine Primaballerina sind, selten so berühmt werden wie eine Filmschauspielerin. Weil mehr Leute ins Kino gehen als ins Ballett. Es ist immer nur ein kleiner Kreis, der Tanz sehen will, der Verständnis hat.

Die Schauspielerin sprüht vor Leben, ihr Lachen ist mitreißend. Sie ist nicht nur eine schöne Frau, sie ist eine Persönlichkeit.

Cordelia wirkt immer noch wie ein Kind. Sie trägt das Haar heute offen, ihr Gesicht ist blaß wie eh und je, ihr Lächeln scheu. In diesem Jahr wird sie neunzehn.

»Vielleicht wenn ich einmal die Schwanenkönigin tanzen werde«, fügt sie hoffnungsvoll hinzu.

Dazu besteht wenig Aussicht, das weiß er auch. Das Theater hat ›Schwanensee‹ zehn Jahre auf dem Spielplan gehabt, so schnell wird es keine Neuproduktion geben.

Sie müßte die Bühne wechseln, überlegt er. Aber wie und wohin? Berühmt ist sie nicht. Und ob sie je eine Primaballerina werden wird, bezweifelt er nun manchmal auch.

Unter dem Tisch hat Cordelia die Schuhe ausgezogen. Die großen Zehen sind geschwollen und schmerzen, gestern haben sie wieder geblutet. Ihre Fußgelenke schmerzen. An diesem Morgen an der Stange hat sie gedacht: Ich schaffe es nicht. In der Nacht hat sie schlecht geschlafen, ist mehrmals aufgewacht, hat Umschläge um die Füße gemacht. Der ›Nußknacker‹ heute nachmittag war eine Pein. Und wenn sie jetzt wirklich die ›Giselle‹ probieren … Mit einem Seufzer legt sie den Löffel hin.

»Schmeckt es dir nicht?«

»Doch, sehr gut.«

»Dann iß bitte die Suppe auf. Du weißt doch, daß du ordentlich essen mußt. Du brauchst Kraft für deine Arbeit.«

Sie nickt. Und löffelt die Suppe weiter.

Als dann der Teller mit der gebratenen Ente vor ihr steht, blickt sie mit leichter Verzweiflung darauf nieder. Wie soll sie das nur schaffen?

Wie soll sie es nur schaffen?

Begegnung I

DIESER NEUJAHRSTAG hat für Constanze eine besondere Bedeutung, denn in dem Jahr, das nun beginnt, muß es in ihrem Leben eine Veränderung geben. Dazu ist sie wild entschlossen. Sie ist weder glücklich in ihrem Privatleben noch zufrieden mit ihrer Arbeit. Sie verbirgt das hinter einem strahlenden Lächeln, kaschiert es mit lebhaftem Geplauder. Doch sie hat genug von Ashton, und sie möchte wieder ein Engagement an einer guten Bühne.

Erst hat man sie in Bochum beurlaubt für die Filmarbeit, dann mußte sie das Engagement aufgeben, sie stand für Proben nicht mehr zur Verfügung.

Film war dennoch wichtig, er hat ihr Geld und Popularität gebracht, sie ist durchaus erfolgreich, doch die Streifen, die sie dreht, und ihre Rollen darin gefallen ihr nicht. Diesen letzten Film ›Sieger fallen vom Himmel‹ nennt sie selbst eine dämliche Schnulze, und als man ihr bei der DIOVA einen neuen Vertrag vorlegte, hat sie hochmütig erklärt, für ähnlichen Schwachsinn wolle sie nicht mehr arbeiten. Die Produktion hat das mit einem Achselzucken zur Kenntnis genommen. Der deutsche Film stagniert, das Geschäft geht schlecht, viele Hallen in Geiselgasteig stehen leer. Außerdem gibt es genügend Mädchen, die zum Film drängen, jüngere als sie.

Man hat in den letzten Jahren große amerikanische Filme gesehen, und seit einiger Zeit kommen bedeutende Filme auch aus Italien und aus Frankreich. Besonders die Franzosen machen von sich reden, nouvelle vague, neue Welle nennt sich das, was sie produzieren, sie bieten interessante Stoffe, haben fähige Regisseure und hervorragende Schauspieler.

Die Produzentin in München erklärte kühl, diese Art von Filmen komme in Deutschland nicht an. Und warum, will Constanze wissen, gehen die Leute ins Kino, wenn diese Filme gespielt werden, warum sind alle Zeitungen, alle Illustrierten, auch die Fachblätter voll des Lobes über diese Filme.

Als erstes waren es schon vor Jahren ›Die Kinder des Olymp‹, die Constanze tief beeindruckt hatten. ›Les enfants du Paradis‹ mit Barrault und Brasseur und der wunderbaren Arletty. Sie hat den Film noch zusammen mit Tenzel gesehen und begeistert gesagt: »So was möchte ich machen.«

Tenzel hatte Bedenken. »Wer sollte das hier machen«, sagte er mit Bedauern.

»Soviel ich weiß, war der deutsche Film einmal weltberühmt.«

»Ja, war er einmal.«

Alain Resnais brachte vor vier Jahren den Film ›Hiroshima, mon amour‹ in die Kinos, ein neues Zeitalter der Filmkunst begann. Constanze kennt die wichtigen Namen genau – Godard, Chabrol, Truffaut, unter solchen Regisseuren möchte sie spielen, aber es führt für sie kein Weg nach Paris, so bekannt ist sie nicht.

Dann will sie lieber wieder Theater spielen. Doch den Weg zurück an eine große Bühne hat sie sich selbst verbaut mit diesen albernen Filmen. Mit dem Partner vieler ihrer Filme, der nun auch ihr Ehemann ist, kann sie sich über dieses Thema nicht verständigen. Ihm geht ihr ewiges Gemeckere, wie er es nennt, auf die Nerven. Ihm gefallen sein Leben und sein Erfolg. Er ist ein ausnehmend attraktiver Mann mit viel Charme, die Frauen schwärmen für ihn, er bekommt ständig Liebesbriefe. Am Abend zuvor quoll seine Garderobe über von Blumen.

»Ach, mein Schönster«, hat sie spöttisch gesagt, »wie viele Herzen hast du heute wieder gebrochen?«

»Für einen Mann ist das Leben eben einfacher«, hat er kaltschnäuzig gesagt, ehe sie zu der Silvesterfeier mit den Kollegen gingen. »Du wirst langsam zu alt für diese Rollen, meine Liebe.«

Sie beherrscht sich. Die Anspielung auf ihr Alter macht er nun schon zum zweitenmal. Er nämlich hat den Vertrag für den neuen Film unterschrieben, seine Partnerin wird eine junge Nachwuchsschauspielerin sein, die in diesem Film ihre erste Hauptrolle spielt.

Und in dem Zusammenhang kam von ihm schon die Bemerkung: »Sie paßt ja auch altersmäßig besser für die Rolle.«

Beim Neujahrsessen nippt Constanze nur am Wein, sie hat in der Nacht zuviel getrunken, sie trinkt jetzt manchmal zu viel, besonders wenn sie sich ärgert.

Sie weiß, daß er recht hat. Sie wird in diesem Jahr vierzig. Für eine große Schauspielerin ist das kein Alter, für sie eben doch. Er ist siebenunddreißig.

Mit den beiden Musicals sind sie nun lange genug durch das Land gezogen, es ist immer noch ›Kiss me, Kate‹, später ist Paul Burkhards ›Feuerwerk‹ dazugekommen. Beide Rollen gehen in ihrem Alter noch. Für die Eliza in ›My fair Lady‹, das einen beispiellosen Siegeszug angetreten hat, ist sie nun wirklich zu alt.

Musical ist in Deutschland überhaupt kein großes Geschäft, die erfolgreichen Stücke kommen aus Amerika. Autoren und Komponisten, die es hierzulande versuchen, kommen damit nicht weit.

Constanze hat einen Freund, der ihr seit Jahren erklärt: »Ich schreibe dir einen Erfolg auf den Leib, wie du ihn noch nie erlebt hast.«

Aber es gelingt ihm nicht. Constanze sagte, als sie seinen letzten Entwurf begutachtete: »Du solltest dich lieber an Schiller orientieren, Dossi, und nicht an amerikanischen Songs.«

Er hat diese sozialkritische Ader, alles gerät ihm zu anspruchsvoll, zu bitterernst.

Dossi nennt er sich, denn der Unglückswurm ist auf den Namen Adolf getauft worden. Das ist ein verpönter Name,

auch wenn Dossi-Adolf bereits 1921 auf diesen Namen getauft worden ist, als noch keiner an einen gewissen Hitler
dabei dachte.

»Schließlich hat sich Cole Porter an Shakespeare orien-
tiert«, erwiderte Dossi beleidigt. »Warum geht das denn?
Und ich orientiere mich an Bert Brecht.«

»Das ist auch eine vergangene Zeit. Außerdem konnte er
es besser als du. Und dieser Junge, der dir die Musik
schreibt, ist kein Kurt Weill.«

Constanze hat ein paar Songs probiert, sie sind einfach
langweilig, zünden nicht, soviel versteht sie von dem Metier.

Vierzig! Ein Menetekel, wenn man nicht an einer großen
Bühne engagiert ist. Wenn man seinen Ruf mit törichten Filmen verplempert hat. Aber ehrlich, wie sie ist, gibt sie zu:
Ich habe das Geld gebraucht. Ich wollte frei sein, unabhän-
gig.

Ist sie das? Thomas Ashton zu heiraten war ein Irrtum,
das weiß sie auch. Damals, als Tenzel ihn für ›Kiss me, Kate‹
engagierte, war er ein Nichts. Sie immerhin eine erfahrene
Schauspielerin, unter Tenzels Leitung immer besser geworden. Tenzel hatte die Affäre mit dem Partner, dann ihre Ehe
mit schweigender Mißbilligung ertragen. Sie hat ein schlechtes Gewissen, wenn sie an ihn denkt.

Thomas scharmuziert derweil mit der jungen Schauspielerin, die der Regisseur Braun mitgebracht hat.

Sie erzählt ganz beglückt, daß sie in der nächsten Spielzeit
die Julia machen wird, und Ashton sagt albern: »Der Romeo
war immer meine Traumrolle.«

Constanze sagt nicht, dazu bist du zu alt, sie sagt lächelnd: »Dann wird es aber Zeit, Schatz.«

Eigentlich sitzt Constanze wegen des Regisseurs Roderich
Braun hier am Tisch. Er ist ein fähiger Mann, gewissermaßen
Tenzels Nachfolger in Bochum, und sie hat gedacht, daß sie
möglicherweise mit ihm über neue Aufgaben an diesem
Theater sprechen könnte, an dem sie viele gute Rollen ge-
spielt hat.

Noch während des Essens gibt sie den Plan wieder auf.
Das junge Mädchen ist offenbar seine Freundin, und zwei

andere ehemalige Kollegen aus Bochum, die dabei sind, sprechen ebenfalls von den Rollen, die sie in der laufenden und in der nächsten Spielzeit machen werden. Das liegt anscheinend schon alles fest, das ist wie bei Tenzel, der hat auch immer lange vorausgeplant, zusammen mit dem Intendanten.

Außerdem soll man nie zurückgehen. Man muß vorwärts gehen. Gerade in ihrem Fall wäre es lächerlich, nach Bochum zurückzukehren. Wie ist sie bloß auf diesen blödsinnigen Gedanken gekommen?

Kurz ehe sie gehen, sagt Braun zu ihr: »Haben Sie das junge Mädchen gesehen da drüben an dem Ecktisch? Sie ist total fasziniert von Ihnen, Frau Morvan. Sie kann den Blick nicht von Ihnen wenden, sie muß Sie anschauen immerdar.«

Constanze lacht. »Ja, die Kleine ist mir schon aufgefallen. Apartes Kind. Wissen Sie, wer sie ist?«

»Eine Tänzerin. Sie ist beim Ballett. Sehr begabt. Ich habe sie zufällig letztes Jahr als Aurora gesehen.«

»Eine Tänzerin? Ja, der Typ ist sie. Und der distinguierte Herr an ihrer Seite, ist das ihr Liebhaber oder ihr Vater?«

»Das weiß ich nicht. Er hat irgendwie mit Industrie zu tun. Ich habe ihn mal bei einem Empfang in Düsseldorf getroffen.«

Als sie gehen, kommen sie an dem Tisch vorbei, und Constanze lächelt dem jungen Mädchen zu.

»Hast du gesehen?« fragt Cordelia fassungslos. »Sie hat gelächelt. Sie hat mich angesehen und gelächelt.«

»Hm, ja«, antwortet Alexander. »Es ist ihr wohl aufgefallen, daß du sie die ganze Zeit angestarrt hast.«

Eine Begegnung?

Was wäre geschehen, wenn Braun den Namen der jungen Tänzerin genannt hätte?

In der Nacht gibt es Streit zwischen Constanze und ihrem Mann. »Also gut«, sagt sie schließlich resigniert und müde, »wir werden uns scheiden lassen.«

»Aber warum denn, meine Liebe? Das würde unsere Fans sehr enttäuschen.«

»Eine Scheidung ist mindestens so interessant wie eine Heirat. Stoff für die Käseblätter auf jeden Fall.«

»Und was wäre der Scheidungsgrund?«

»Das ist doch naheliegend. Eine jüngere Frau. Nachdem du mir immerzu mein Alter vorschmeißt.«

Er lacht und nimmt sie in die Arme. »Verzeih mir noch einmal, es soll nicht wieder vorkommen. Ich liebe dich, das weißt du doch. Was wäre ich ohne dich?«

Auf diese Art beendet er meist einen Streit. Und er weiß, was er ihr zu verdanken hat. Er ist nicht sehr intelligent und nicht begabt. Was er kann, hat er von ihr gelernt. Und das Erstaunliche: Trotz seines guten Aussehens und seines Erfolgs bei Frauen ist er kein stürmischer Liebhaber, er ist ihr sogar treu. Er ist genaugenommen an Frauen nicht besonders interessiert, er spielt nur die Rolle des Verliebten, des Eroberers. Constanze kennt ihn gut genug. Und genaugenommen könnte sie sich damit zufriedengeben, es ist eine sehr bequeme Ehe.

Es wird ein gutes Jahr für Constanze Morvan. Es wird eins der besten. Später wird sie sogar sagen: das beste Jahr meines Lebens.

Es beginnt damit, daß sie sich etwas überflüssig vorkommt.

Ab Februar dreht Ashton den neuen Film, in dem mitzuspielen sie großartig abgelehnt hat. Abends muß sie sich anhören, was er von den Dreharbeiten erzählt.

»Ohne dich«, sagt er, »macht es keinen Spaß. Diese Doris ist eine unbegabte Kuh.« Doris, seine neue Partnerin. »Kein Temperament, kein avec, kein gar nichts. Wir hatten heute eine Liebesszene, also, ich bin bald eingeschlafen. Wenn ich denke, wie so was mit dir läuft. Himmel, da führt kein Weg hin.«

Constanze lächelt nachsichtig: »Sie muß es eben erst lernen. Du mußt ihr helfen.«

»Ich? Wie komme ich dazu?« fragt er empört. »Ich habe Roskoy gefragt, wie er auf die Idee kommt, die Rolle mit dieser lahmen Ente zu besetzen.«

»Das hat nicht er getan, sondern die Produktion, nicht? So ein junges Ding, wo soll sie es denn herhaben?«

Sie könnte hinzufügen, daß immer sie es war, die das Temperament mitbrachte und eine Liebesszene zum Glühen brachte. Er gewiß nicht.

»Wenn ich denke, wie wir das zusammen machen würden, das wäre kein schlechter Film. Aber mit dieser Holzpuppe, nein, alles, was recht ist.«

Er sitzt ihr gegenüber und ißt mit gutem Appetit. Betty hat Kalbsragout gekocht mit reichlich Champignons in der Soße und ihre selbstgemachten Spätzle, die ißt er besonders gern. Dazu trinkt er zwei Flaschen Bier. Constanze trinkt Wein. Betty ist eine gute Köchin, ihr Repertoire ist zwar beschränkt, doch nachdem Constanze ihr das Mehl in den Soßen ausgeredet hat, schmeckt es ganz gut, was sie auf den Tisch bringt.

Thomas lädt sich eine zweite Portion Spätzle auf den Teller, nimmt reichlich Soße darüber. Constanze müßte sagen, iß nicht soviel, denn er hat zugenommen im Laufe der letzten Jahre. Jetzt, in dem bequemen Hausanzug, fällt es nicht so auf, aber seine Hosen und Sakkos sitzen knapp, und für den Film hat er sich einen neuen Smoking machen lassen müssen.

»Vielleicht solltest du mal mit ihr schlafen«, schlägt sie vor.

»Ich? Mit wem?« Er blickt irritiert von seinem Teller auf.

»Na, mit Doris.«

»Da sei Gott vor. Wie kommst du bloß auf so eine Idee. Du solltest dich schämen.«

Constanze lacht.

Er nimmt den Löffel zu Hilfe, schiebt sich die letzten Spätzle, den letzten Bissen Fleisch und alle Soße in den Mund.

»Ich dachte halt. Im Interesse des Films. Hat sie denn keinen Freund?«

»Weiß ich nicht. Interessiert mich auch nicht.«

Er trinkt sein Bier aus. »Ich muß Betty nachher loben. Sie kocht wirklich gut. Und du? Was hast du heute gemacht? Ist dir nicht langweilig?«

Ist ihr langweilig? Doch, ein wenig schon. Sie liest sämtliche Zeitungen, sie liest Drehbücher, die man ihr schickt, und die neuesten Theaterstücke.

»Ich war lange mit Tobias spazieren, das Isartal rauf und runter.«

»Da liegt doch noch Schnee«, sagt er unwillig.

»Eben. Das ist ja gerade das Schöne. Du hättest Tobias sehen sollen. Er ist wie ein Verrückter durch den Schnee gekugelt.«

Tobias ist der Hund, den sie zärtlich liebt. Eine verwegene Mischung aus mindestens drei Rassen, er ist mittelgroß, hat ein schwarzes Fell und ein weißes Hemd auf der Brust, ein Ohr steht hoch, das andere klappt herunter. Er liebt sie nicht weniger als sie ihn. Und wenn sie zusammen sind, kann das Leben keinesfalls langweilig sein.

Er ist ihr im vergangenen Sommer zugelaufen, auf dem Hochweg über der Isar, er war allein, ohne Halsband, und als sie ihn ansprach, kam er mit. Und gab von Anfang an zu verstehen, daß er bei ihr bleiben wollte.

Constanze hat in der ganzen Gegend herumgefragt, keiner kannte ihn, sie hat sogar eine Annonce aufgegeben, keine Antwort darauf. Also blieb der Hund bei ihnen, sie nennt ihn Tobias, auch Tobby, er ist gehorsam, sauber und immer fröhlich.

Sie wohnen in einem hübschen Haus mit Garten in Grünwald, einem Vorort von München, sie leben in einem Luxus, wie Constanze ihn vorher nicht gekannt hat. Abgesehen vielleicht von den zwei Jahren, die sie bei Agnes Meroth lebte. Auch für Thomas Ashton, der eigentlich Thomas Alber heißt, ist es ein ungewohntes Dasein, sein Vater war Briefträger in einem kleinen Ort in Brandenburg, die Mutter hat er früh verloren. Als die Russen über Brandenburg herfielen, verloren Vater und Sohn die Wohnung, waren eine Zeitlang in einem Lager, heute wohnt der Vater in Berlin-Tempelhof bei seiner Schwester. Thomas kann ihn finanziell unterstützen, das tut er auch.

Thomas hat Glück gehabt. Er hatte schon den Gestellungsbefehl in der Tasche, da brach er sich das Bein bei einem Sprung über eine Mauer.

»Daran war ein Junge schuld, mit dem ich früher in der Schule war, Willy. So ein richtig wilder Hitlerjunge. Der hatte mich schon immer auf dem Kieker, weil ich nicht mitmarschieren wollte. Der war schon Gefreiter oder Unteroffizier oder so was, er war auf Urlaub da und schrie, na warte, jetzt kriegen wir dich, du fauler Sack. Wir werden dich richtig zwiebeln. Er wollte mich packen und hinschmeißen, das hat er früher schon immer getan, da lief ich weg und sprang über die Mauer. Die Mauer war um den Hof von unserem Kohlenhändler. Erst war es eine kleine Mauer, doch dann hat er sie höher gemacht, weil sie immer seine Kohlen klauten. Und ich brach mir das Bein. So ein Glück.«

Diese Geschichte erzählt er gern und oft, es gibt keinen, der mit ihm zu tun hat, der sie nicht kennt.

Manchmal fügt er hinzu: »Der war bloß eifersüchtig. Weil ich aussehe, wie ich aussehe.« Zweifellos, er muß ein hübscher Junge gewesen sein. Aber keineswegs ein Draufgänger und Marschierer. Constanze kann sich gut vorstellen, wie er mit sechzehn, siebzehn ausgesehen hat. Und vielleicht auch damals schon eine Art hatte, die die Altersgenossen reizte.

»Ich möchte ja wissen, ob dieser Willy überlebt hat. Und ob er mich jetzt manchmal im Film sieht. Er würde platzen.«

Später ging Thomas Alber nach Berlin, und dank seines Aussehens beschäftigte ihn die DEFA in der Statisterie. Und noch später fand er einen Gönner, dem gefiel die Stimme des jungen Mannes, der mit Begeisterung die amerikanischen Schlager sang, die der Rundfunk nach dem Krieg sendete. Thomas bekam von ihm Gesangsunterricht. Sein gutes Aussehen, die geschmeidigen Bewegungen, die Stimme verschafften ihm wieder Arbeit, in den Casinos der Amerikaner, beim Theater, beim Film, bis Tenzel ihn entdeckte und als Partner für Constanze engagierte.

Er hat wirklich Glück gehabt, denkt Constanze, als sie eine Weile später ihren Mann beobachtet, der vor dem Fernseher sitzt, die dritte Flasche Bier, einen Korn und eine Zigarette zur Gesellschaft.

Ob er auch mit Männern geschlafen hat, überlegt sie. Sie hat sich mal erkundigt, was für ein Mann sein Gönner war. Schon alt, erzählte Thomas, ehemaliger Operettensänger aus der Provinz, aber er hatte eine ganz hübsche Stimme. Es ging ihm nicht besonders gut.

»Das kennst du ja. Die Theater geschlossen, kein Engagement mehr. Und für ihn keine Aussicht auf ein neues. Da war nichts mehr mit dem ›Zarewitsch‹. Das war seine Glanzrolle.« Und dann begann Thomas zu singen. »Es steht ein Soldat am Wolgastrand, hält Wache für sein Vaterland.«

Er konnte das ganze Lied noch auswendig und sang es mit Gefühl.

»Mein armer Benno! Zu schade, daß er nicht mehr erlebt hat, wie es mit mir weiterging.«

Selbstverständlich würde Thomas ihn auch unterstützen, falls Benno noch lebte, das fügt er jedesmal hinzu.

»Ich habe ihm viel zu verdanken. Genau wie dir, mein Liebling.«

Sie haben hin und wieder Streit, es gibt Szenen, denn ein Star ist er nun doch, aber ansonsten leben sie ganz friedlich zusammen.

Liebe? Das war zu Beginn mal ganz hoffnungsvoll, aber vielleicht war es auch damals mehr ihr Temperament. Eine innige Zärtlichkeit, eine Übereinstimmung wie mit Tenzel war es nie, nur der war krank, und der andere war jünger und gesund. Er macht sich eben nicht so viel aus Sex, weder mit Frauen noch mit Männern, er wird auch nicht mit Doris schlafen, es gibt auch keinerlei Männer in ihrer Umgebung, für die er sich interessiert. Er hat es gern, so wie an diesem Abend bei ihr zu sitzen, über alles zu reden, was er erlebt hat am Tag, zu essen, zu trinken, ein paar Stunden fernzusehen und dann ins Bett zu gehen. Morgen im Atelier wird er angeben, wird sich aufspielen als großer Star, das kann er gut.

Constanze betrachtet ihn von ihrem Sessel aus, denkt darüber nach, ob sie heute mal versuchen soll, ihn zu verführen. Aber sie hat auch keine Lust dazu.

Und sie denkt weiter: Liebe ist nicht für mich bestimmt,

Paul, ja. Eugen, na ja, das habe ich vermasselt. Tenzel, ja. Und jetzt hier mein Schöner.

Sie ist nicht ungerecht, auch für ihre Karriere war er nützlich. Die Frage ist nur, wie wird es weitergehen? Mit Tobias spazierengehen, Drehbücher lesen, sich faul zu Hause herumräkeln, das ist kein Leben. Morgen wird sie über die Isar fahren und Agnes Meroth besuchen. Die ist immer noch dieselbe wie vor zehn Jahren.

»Sänger«, sagt sie, »sind nicht so schnell umzubringen. Wir haben schließlich atmen gelernt.«

Agnes hat Schüler, gibt immer noch Gesangsunterricht, sitzt nach wie vor in jeder Premiere, München hat jetzt seine Oper wieder, das Nationaltheater wurde aufgebaut, ist so prächtig wie früher. Nur der Ferdl ist ein bißchen wackelig geworden. Johannes hat sich habilitiert, er ist jetzt Dozent. Geheiratet hat er auch. Mary ist nicht mehr da. Mike hat sie mitgenommen nach Amerika und geheiratet.

»Ein echtes Happy-End«, hatte Tante Agnes gesagt. »Nur für uns ein schwerer Schlag.«

Mary ist nicht so leicht zu ersetzen, es gab einigen Wechsel in den letzten Jahren, jetzt ist eine Walburga da, etwas bärbeißig, leicht beleidigt, aber wenigstens ehrlich und anständig, kochen kann sie einigermaßen. Und es wird bestimmt keinen Mike geben, der sie entführt.

»Worüber lachst du?« fragt Thomas, der zur ihr hinblickt.

»Ich bin froh darüber, daß wir unsere Betty haben. Sie ist ordentlich und fleißig. Vor allem selbständig, man muß ihr nicht sagen, was sie tun soll. Und sie liebt Tobias.«

Der Hund steht auf, als er seinen Namen hört, kommt zu Constanze und legt den Kopf an ihr Knie, blickt sie mit seinen dunklen, schimmernden Augen an. Sie legt die Hand auf seinen Kopf und streichelt ihn sacht.

»Und das Essen schmeckt dir auch. Du wolltest sie übrigens heute noch loben.«

»Mach ich gleich«, er springt auf und geht zur Tür.

»Falls sie noch nicht schlafen gegangen ist.«

Betty stammt aus dem Chiemgau, eigentlich heißt sie Babette, aber man hat sie auch daheim immer schon Betty genannt. In ihrem Leben gab es auch einen Mike, doch der hat sie nicht geheiratet, ist eines Tages verschwunden, in Amerika hatte er bereits Frau und Kinder.

Betty haßt nun die Amis, denn sie hat ein Kind bekommen. Der Bub wächst auf dem Hof ihres Bruders in Seeon auf, die Eltern haben sie rausgeworfen, sie ging nach München.

Das alles weiß Constanze nicht, denn Betty spricht nicht davon. Thomas kommt zurück.

»Sie ist noch wach, und ich habe ihr gesagt, wie gut es mir geschmeckt hat. Sie sind schuld, Betty, hab ich gesagt, wenn mir meine Anzüge nicht mehr passen. Da hat sie mich mit großen Augen angeschaut. Glaubst du, sie ist in mich verliebt?«

»Aber sicher doch. Wer ist nicht in dich verliebt?«

»Du nimmst mich nicht ernst, das weiß ich schon.«

Er setzt sich wieder vor den Fernseher. Constanze geht ins Nebenzimmer, wo ihr Plattenspieler steht. Sie hört lieber Musik. Das Fernsehen hat auch schon mal bei ihr angefragt, ob sie nicht an einer Rolle interessiert sei. Das hat sie weit von sich gewiesen. So tief wird sie nicht sinken, daß sie Fernsehen macht. Sie ahnt noch nicht, was für eine Rolle dieses Medium in Zukunft spielen wird.

So vergeht der Rest vom Februar, der März. Doch dann erhält Constanze einen Anruf aus Berlin.

Ein Mann, der sich Borgward nennt, will wissen, ob sie sich an ihn erinnert.

Constanze überlegt kurz, dann fällt es ihr ein.

»Doch. Sie waren Regieassistent am Schiffbauerdamm.«

»Richtig. Ich bin jetzt in Westberlin.«

»Gratuliere.«

»So ist es. Ich habe ein Theater am Kurfürstendamm übernommen. Wir machen gutes Boulevard und hier und da ein gutes, interessantes Stück. Und ich möchte Sie haben, Constanze Morvan.«

»Mich?«

»Ja. Ich kann mir nicht vorstellen, daß Sie auf Dauer auf diese Art weiterfilmen wollen.«

»Weder auf Dauer noch auf diese Art«, antwortet Constanze, und sie ist sich sofort klar darüber, daß dies ein wichtiges Gespräch ist.

»Ich möchte Sie in Berlin vorstellen, nächsten Herbst. In einer großen, einer bedeutenden Rolle. Zeitgeschichte. Sie werden in der Zeitung gelesen haben, was für ein Erfolg der ›Stellvertreter‹ ist. Sehen Sie, in dieser Art plane ich eine weitere Arbeit. Der Krieg ist jetzt fast zwanzig Jahre her, man kann daran gehen, schwierige Themen aufzugreifen. Wenn es Ihnen recht ist, komme ich demnächst zu Ihnen nach München. Noch besser wäre es, Sie kämen nach Berlin. Sie könnten dann gleich mein Theater kennenlernen.«

Constanze hat atemlos zugehört, ihre Hand umklammert fest den Telefonhörer.

»Ich wollte …«, beginnt sie.

»Ja?«

Ich wollte nie mehr in Berlin arbeiten, nie mehr dort leben, hatte sie sagen wollen.

Doch nun fragt sie: »Ein neues Stück?«

»Ja. Ein begabter Dramatiker. Er arbeitet noch an dem Stück. Das heißt, um genau zu sein, er schreibt erstmals für die Bühne, bisher hat er Romane geschrieben. Vielleicht kann eine versierte Schauspielerin den einen oder anderen Rat geben, was den Dialog betrifft. Damit er echt und lebendig wird. Gut sprechbar, für jemand, der so gut sprechen kann wie Sie.«

Constanze lacht kurz. »Das wissen Sie doch gar nicht, ob ich eine gute Sprecherin bin.«

»Selbstverständlich weiß ich das, ich habe Sie einige Male auf der Bühne gesehen, als Tenzel so hervorragend mit Ihnen gearbeitet hat.«

»Sie kannten Ralph Tenzel?«

»Ich kannte ihn. Sie haben einmal die Rosalinde bei ihm gemacht. Ich sehe Sie noch zwischen den Bäumen herumturnen. Und ich höre Sie sprechen. Es war ein Genuß, Sie sprechen zu hören.«

Constanze schluckt und schweigt.

»Nun, wie ist es?« fragt er, als sie weiter schweigt. »Darf ich Sie in München besuchen?«

»Ich komme nach Berlin«, sagt sie schnell. »Ich will Ihr Theater sehen, Ihren Dramatiker kennenlernen. Und wir sind …«, sie bricht wieder ab. Wir sind ungestört, wollte sie sagen. Sie braucht Thomas nicht bei diesen Gesprächen. »Und ich kann dann gleich in den ›Stellvertreter‹ gehen«, fügt sie hinzu.

»Sehr schön. Wann darf ich Sie erwarten?«

»Nächste Woche.«

Sie wirft den Hörer auf die Gabel, dreht sich im Kreis, einmal, zweimal. Sie weiß schon, daß etwas auf sie wartet, auf das sie so lange gehofft hat.

Dann kniet sie nieder, schlingt beide Arme um Tobias.

»Das Dumme daran ist nur, daß ich dich verlassen muß, wenn ich in Berlin Theater spiele, weißt du. Dahin kann man nur fliegen, und da kannst du nicht mitkommen. Aber es wäre erst im Herbst. Und du kommst ja gut mit Betty aus.« Sie preßt den Hund fest an sich, dann springt sie auf. »Verdammt, verdammt«, schreit sie laut. »Ich wußte es. Glaube mir, Toby, ich wußte es. Jetzt gehen wir spazieren, ganz weit. Es ist schon wie Frühling draußen, siehst du.«

Constanzes freudige Erwartung wird nicht enttäuscht. Mit Borgward versteht sie sich auf Anhieb, sie erinnert sich auch daran, daß Tenzel sie einmal mit ihm bekannt gemacht hat. Der Autor ist ein Mann Anfang Vierzig, sie kennt seinen Namen, auch wenn sie noch kein Buch von ihm gelesen hat.

»Ich habe eine Weile bei der Gruppe 47 mitgemacht, aber das war mir auf die Dauer zu steril. Wir Deutschen neigen dazu, ewig und drei Tage über das Schreiben zu schreiben, nur zu wirklichen Taten kommt es nicht. Erlebt haben wir gerade genug, aber das Palaver darüber bringt nichts. Ich habe mich in die Vergangenheit geflüchtet, habe einen Roman geschrieben, der um die Jahrhundertwende spielt, der Titel war ›Dekadente Träume‹. Sie werden davon gehört haben.«

Constanze nickt unsicher, der Autor lacht.

»Haben Sie nicht, es war ein Mißerfolg. Dann kam mir die Idee mit dem Theater. Ich bin immer viel ins Theater gegangen. Ich bilde mir ein, es wird mir gelingen. Und es muß ein Stoff aus unserer Zeit sein, aus unserer erlebten Zeit. Wir haben Angst davor. Einerseits verständlich, andererseits töricht. Hochhuth hat es gewagt, er hat viel Kritik bekommen, aber auch viel Zustimmung. Mein Stoff nun …«

Er unterbricht sich, schaut sie ernst an, und Constanze denkt: Du gehst mit viel zuviel Bedenken dran, du bist ein Theoretiker wie die meisten. Du machst es genau wie Dossi.

Aber sie schweigt und wartet.

»Sie wissen, was mit den Juden geschehen ist. Und wieviel Unglück es gab in den sogenannten Mischehen. Wir wissen auch inzwischen, daß es in vielen Fällen gutgegangen ist, wenn der sogenannte arische Partner zu dem jüdischen Partner hielt, wenn er ihn nicht im Stich ließ. Ich habe einen Jugendfreund, er ist Jude, seine Frau hat ihn nie verlassen, sie haben beide überlebt. Aber schwierig war es, wenn es sich um Prominente handelte. Sie wurden unter Druck gesetzt. Sie kennen die tragische Geschichte von Joachim Gottschalk, ein guter, vielbeschäftigter Schauspieler. Man verlangte von ihm, er solle sich von seiner jüdischen Frau scheiden lassen, beide nahmen sich das Leben. Heinz Rühmann ließ sich von seiner jüdischen Frau scheiden, Hans Albers, clever wie er ist, trennte sich von seiner Lebensgefährtin, brachte sie in die sichere Schweiz, Geld genug hatte er, und ein riesiges Publikum auch, seine Karriere wurde nicht gestört, gleich nach dem Krieg war sie wieder bei ihm. Und der andere tragische Fall – Sie erinnern sich an Renate Müller?«

»Selbstverständlich.«

»Eine bezaubernde Frau. Berühmt und geliebt vom Publikum. Ihr jüdischer Freund befand sich zwar in England in Sicherheit, doch man verbot ihr, ihn zu besuchen, sie nahm sich das Leben. Es gibt noch viele Beispiele dieser Art. Wie gesagt, wer prominent war, den erwischte es. Es sei denn, er hatte Protektion von oben, war nicht nur Goebbels oder Himmler ausgeliefert. Göring und vor allem seine Frau haben manchem geholfen.«

»Ich kenne auch solch einen tragischen Fall«, warf Borgward ein. »Konrad Weickert, ein großartiger Schauspieler, schon als er noch jung war, später erst recht. Die großen Bühnen rissen sich um ihn. Er ließ sich schließlich auch von seiner jüdischen Frau scheiden, die er sehr geliebt hat. Und er hatte weder das Geld noch die Möglichkeit, sie ins Ausland zu bringen, sie starb in einem Konzentrationslager. Weickert ist heute ein gebrochener Mann, spielt irgendwo in der Provinz und säuft. Tja!«

In dem geplanten Stück geht es um einen bekannten Schriftsteller, mit einer Jüdin verheiratet. Er läßt sich scheiden, ein Freund bringt die Frau nach Prag, später gelingt es ihr, nach Amerika zu kommen. Nach dem Krieg kommt sie zurück und findet in dem Haus, in dem sie einst mit ihrem Mann lebte, eine andere Frau vor, zwei Kinder dazu.

»Dies ist der erste Akt«, erläutert der Autor. »Sie gibt sich nicht zu erkennen, die neue Frau ist ahnungslos. Der Schriftsteller ist berühmter denn je. Sie nimmt sein neuestes Buch in die Hand, blättert darin.«

»Ja, und wer soll sie sein?« fragt Constanze. »Irgendwie muß sie sich doch vorstellen, wenn sie unangemeldet ins Haus kommt.«

»Nun, ich denke mir das Bühnenbild so: Man sieht sie durch das Fenster oder über eine Terrasse hinweg, wie sie mehrmals an dem Haus vorbeigeht, dabei die spielenden Kinder entdeckt. Das Haus steht zwar, muß aber noch etwas beschädigt aussehen. Möglicherweise denkt sie, daß inzwischen andere Leute in diesem Haus wohnen, darum klingelt sie schließlich und fragt nach dem Schriftsteller. Als sie erkennt, daß die Frau seine Frau ist, die Kinder seine Kinder, stellt sie sich als Journalistin vor, die ein Interview für eine amerikanische Zeitung machen will. Die neue Frau ist beeindruckt, bittet die Fremde zu warten, doch die sagt, sie werde wiederkommen, und geht.«

»Aha! Warum ist der Mann noch immer berühmt, wenn er nazibekleckert ist? Und wie lange nach dem Krieg ist es denn? So schnell wurden kaum Bücher gedruckt. Und wo spielt es denn überhaupt?«

Borgward lacht, der Autor ist verwirrt.

»Ich dachte, hier in Berlin. Der zweite Akt spielt in genau dem gleichen Zimmer, unbeschädigt natürlich, der Krieg hat soeben begonnen, man hört die Sondermeldungen aus dem Radio, der Mann sagt, daß er sich freiwillig melden wird, und sie antwortet heftig, denn sie weiß, warum er das, schlecht gelaunt, verkündet. Er steht unter Druck wegen ihr, seiner jüdischen Frau. In einem ausführlichen Dialog erfahren wir alles, was wir wissen müssen. Der dritte Akt spielt dann wieder in der Gegenwart.«

»Und werden sich die beiden treffen? Der Mann und die erste Frau?«

»Das eben ist die Frage, über die ich mir nicht klar bin. Es kann zu einer großen Aussprache kommen, vielleicht liebt er sie immer noch, die neue Frau will verzichten, geht und nimmt sich das Leben.«

»O nein«, sagt Constanze rasch. »Das wäre zu melodramatisch. Außerdem würde man damit der ersten Frau eine Schuld auflasten. Sie könnte einer Begegnung aus dem Weg gehen. Sie stellt fest, daß sie diesen Mann nicht mehr liebt, daß er obendrein ein Feigling ist. Oder besser noch ein Opportunist. Sie sagen, das Stück spielt in Berlin. Ost oder West?«

»Ach, das ist doch ziemlich egal.«

»Ist es nicht. Wenn unser Mann sich mit den Bolschis angefreundet hat, kann er leicht noch berühmt sein. Dann kriegt er auch sein neues Buch gedruckt. So groß ist der Unterschied zwischen Braunen und Roten nicht, das kostet ihn keine Mühe, die neue Fahne zu schwingen. Und darum verachtet ihn seine erste Frau.«

»Und wie kriegt sie das alles so schnell heraus?«

»Im dritten Akt. Das kann ein Gespräch zwischen dem Mann und den beiden Frauen sein. Oder es kann in seinem Verlag sein, wo sie hinkommt, um das angebliche Interview zu machen.«

»Ja, das ist vielleicht besser«, sagt der Autor. »Dann hätten wir gleich das kommunistische Ambiente.«

»Oder«, Constanze kommt in Fahrt, »es kann auch eine

Party sein, zu Ehren des Dichters. Er hat einen Preis bekommen. Da bringen Sie noch ein paar Leute auf die Bühne, und aus den Gesprächen zwischen diesen und jenen kann sie genug erfahren, um sich eine Meinung über ihren Verflossenen zu bilden, nicht? Als er dann kommt, sich in Positur setzt, um der Amerikanerin das Interview zu geben, ist sie nicht mehr da. Sie ist still und heimlich gegangen. Und wird nie wiederkommen.«

Borgward schlägt vergnügt die Hände zusammen.

»Ich sehe schon, es wird mindestens drei Fassungen geben, und ich frage mich nur, wann die Premiere sein soll. Und was ist mit dem Titel?«

»Der ist mir gerade eingefallen«, sagt der Autor. »Das Stück heißt ›Die Fremde‹.«

Berlin

PREMIERE IST ANFANG November. Es wird ein großer Erfolg, für das Theater, für den Autor, für Constanze Morvan und ihre Partner. Später wird es einen Film geben mit erweitertem Szenarium.

Sie spielen en suite bis zum Sommer. Constanze hat in Wilmersdorf eine kleine Wohnung gemietet, sie kann nicht ständig im Hotel wohnen. Im Februar bringt Jonathan ihr Tobias, seit Oktober, seit die Proben begannen, mußte sie auf den Hund verzichten, das fiel ihr schwer.

Anfang Januar hat sie Blumen in ihrer Garderobe vorgefunden und einen kurzen Brief von einem gewissen Steven Jones, der sich freuen würde, sie wiederzusehen. Er wohne im Kempinski und würde sie gern am nächsten Tag nach der Vorstellung abholen. Eine Weile muß sie überlegen, wer das ist, Steven Jones. Sie hat so viele Leute kennengelernt in letzter Zeit.

Doch dann fällt es ihr ein: Jonathan.

Eine Weile sitzt sie wie erstarrt, es ist eine Mischung aus Schreck und Freude. Eine Begegnung mit der Vergangenheit. Und was wird es diesmal sein? Einmal hat er sie Hals über Kopf aus Berlin verschickt, angeblich, um ihr Leben zu retten, das nächstemal war es die traurige Geschichte mit Mami.

Diesmal ist es eine Begegnung besonderer Art, das spürt sie sofort, als er vor ihr steht. Eine Weile sehen sie sich stumm an, dann legt er beide Hände auf ihre Arme, zieht sie sanft an sich, blickt ihr in die Augen, dann küßt er sie.

»Endlich«, sagt er. »Ich habe Sehnsucht nach dir gehabt.«

Sie lacht nervös. »Ach ja? Kann nicht weit her sein mit der Sehnsucht. Du hast dir viel Zeit gelassen.«

»Ich habe ja immer Pech mit dir. Erst konnte ich dich Eugen nicht wegnehmen, das nächstemal warst du mit Herrn Tenzel befreundet, der dich in ein Engagement entführte. Und diesmal bist du verheiratet.«

»Woher weißt du denn das schon wieder?«

»Über berühmte Leute weiß man doch Bescheid.«

Er streichelt sanft über ihre Wange, betrachtet sie dann wieder. »Wie schön du bist!«

Sie *ist* schön. Erfolg macht schön, die Zustimmung, die sie findet, die Freunde, die sie auf einmal hat, und dieses atemberaubende Leben in Berlin.

Auch er ist kaum verändert, ein wenig Grau in den Haaren, das Gesicht geprägter nun, die Augen klar, der Blick eindringlich wie damals.

Er fragt: »Wo würdest du gern zum Essen hingehen?«

»Ich weiß nicht«, antwortet sie verwirrt, denn sie hat schon begriffen, daß es diesmal ernst wird. »Ist mir egal.«

»Wir gehen zu mir ins Hotel. Und wir könnten dort vorher eine Kleinigkeit essen.«

»Wenn eine Kleinigkeit genügt, können wir auch zu mir gehen. Ich habe eine Wohnung. Irgendwas zu essen wird schon da sein.«

»Und dein Mann? Wird er uns dort erwarten?«

»Er dreht zur Zeit in Österreich einen Skifilm.«

»Kann er denn so gut Ski fahren?«

»Gar nicht. Das wird alles gedoubelt.«

»Und wenn er nicht dreht, ist er dann da?«

»Nein. Dann ist er in München. Er war gerade mal zwei Tage im November da, um das Stück zu sehen.«

»Vermißt du ihn?«

»Nein. Ich vermisse nur Tobias.«

»Ich wußte es«, sagt Jonathan resigniert, als sie aus dem Taxi steigen. »Es ist immer ein anderer da, den du liebst.«

Er sieht sich in der kleinen Wohnung um, nachdem geklärt ist, um wen es sich bei Tobias handelt.

»Es ist nicht richtig mein Geschmack«, sagt Constanze mit einer fahrigen Bewegung durch den Raum, »ich hab das möbliert übernommen. Nur das Bett habe ich neu gekauft.«

»Das ist gut. Ein Bett muß nach eigenem Geschmack sein.«

Er geht in das zweite Zimmer, das Bett ist breit und nimmt fast den ganzen Raum ein.

»Ein schönes Bett«, lobt er. »Wir werden genug Platz darin haben.«

»Aber ...«, beginnt sie und schweigt. Sie hat sofort gewußt, was geschehen würde. Hätte sie ihn sonst mitgenommen?

»Du darfst nicht nein sagen, Darling. Darauf habe ich ein Menschenalter gewartet.«

»Das konnte ich nicht ahnen.«

Er lacht, nimmt sie wieder in die Arme.

»Du konntest es nicht ahnen! Du hast es immer gewußt. Zeig mir die Frau, die nicht spürt, wenn ein Mann sie begehrt.«

»Du hast dich gut beherrscht. Und du hattest ja auch nie Zeit.«

»Jetzt habe ich Zeit, viel Zeit.«

Er streicht mit den Händen über die seidigen Ärmel ihres Kleides ... Sie hat es extra für ihn angezogen, weil sie dachte, sie würden ausgehen. Sonst geht sie meist nur in Hosen und einem Jumper ins Theater.

So schrecklich eilt es ja nicht, denkt sie, aber sie denkt es nur pro forma, denn es eilt wirklich. Sie hat Verlangen nach einem Mann. Nicht nach irgendeinem, nach diesem hier. Dann ist seine Hand auf ihrem Rücken, er zieht gekonnt den

Reißverschluß ihres Kleides auf, streift es ihr von den Schultern, läßt es zu Boden gleiten, betrachtet sie, als sie im kurzen Hemdröckchen vor ihm steht. Sie hat sich nicht gerührt.

»Ein Menschenalter habe ich darauf gewartet«, wiederholt er. »Weißt du noch, wie ich dir einmal seidene Unterwäsche besorgt habe? Ein Hemdchen, ein Höschen und Nylons dazu.«

Sie nickt. »Ja, ich erinnere mich.«

»Du sagtest, bei den verdammten Bolschis kriege ich nicht mal ein anständiges Hemd auf den Körper. Ich kann das kratzige Zeug nicht mehr ausstehen. Wenn sie schon den Krieg gewonnen haben und sich hier so großartig aufführen, könnten sie wenigstens für anständige Unterwäsche sorgen.«

»Das weißt du noch?«

»Wörtlich. Eugen und ich, wir lachten. Eugen sagte, na, er bringt Whisky, das ist doch auch schon was wert. Whisky kann man nicht anziehen, sagtest du darauf. Meine Haut leidet unter diesem ekelhaften Zeug. Und das nächstemal brachte ich das Gewünschte.«

»Eugen hat mir ja manchmal Stoffe mitgebracht. Aber an Dessous hat er nicht gedacht.«

»Im Westen gab es das auch nicht so ohne weiteres zu kaufen. Bei den Amis bekam ich es. Und als ich es abgeliefert hatte, bei meinem nächsten Besuch, fielst du mir um den Hals und warst begeistert. Und ich dachte, verdammt noch mal, sie zieht es für Eugen an, nicht für mich.«

»Das kann nicht wahr sein«, sagt Constanze. »Das ist fast zwanzig Jahre her. Und du weißt es so genau.«

»Alles weiß ich.«

»Aber dann, als du Eugen nach Kanada verfrachtet hattest und mich nach München ...«

»Ja, du hast recht. Ich hätte dir nachkommen müssen. Sofort. Aber es gab so viel zu tun.«

Sie denkt wieder, was sie damals gedacht hat: ein Spion, ein Abenteurer, ein Mann vom Geheimdienst. Aber das ist nicht mehr wichtig. Sie leben nun mal in einer verrückten Welt, in einer verrückten Zeit.

Er streift ihr nun auch das Hemdröckchen ab, betrachtet sie immer noch genau.

»Du bist sehr dünn«, sagt er tadelnd.

»Ich habe abgenommen, ja«, sagt sie erstaunt. »Wenn man jeden Abend spielt, das ist anstrengend. Zum Essen kommt man kaum.«

Er zieht sie an sich, ihren nackten Körper, läßt sie wieder los.

»Mein Anzug stammt zwar aus London, es ist feinster Stoff, aber irgendwie ist er störend. Hättest du etwas dagegen, wenn ich mich ausziehe?«

Sie legt den Kopf zurück und lacht. Nichts, was sie bisher erlebt hat, kein Mann, den sie kannte, läßt sich mit dieser Situation vergleichen.

Da hat er sie schon hochgehoben, trägt sie auf das Bett. Zieht ihr die Pumps von den Füßen, streift die Strümpfe herunter, verschwindet wieder im Wohnzimmer, zieht sich dort aus.

Sie liegt und wartet. Sie hat alles vergessen, jeden anderen Mann, und endgültig in dieser Nacht vergißt sie, was vor zwanzig Jahren in Ostpreußen passiert ist. Denn noch nie hat ein Mann so zärtlich, so ausführlich mit ihrem Körper gespielt, noch nie hat ein Mann sie so erregt, noch nie hat einer sie so lebendig gemacht, sie stöhnt, als er endlich wirklich zu ihr kommt, sie kann seine Leidenschaft mit gleicher Leidenschaft erwidern, sie ist befriedigt, glücklich, als sie ermattet an seiner Schulter liegt.

Und als sie wieder denken kann, denkt sie: Das hat er gut gelernt. Er ist wohl geübt.

Wo, wann, mit wem? Das ist mehr als gleichgültig. Sie wird nie eine Frage stellen, er wird nie von seinem Leben erzählen. Er hat sie schon geliebt, als sie mit Eugen zusammenlebte, hat er gesagt.

Und Constanze korrigiert sich sofort. Er hat sie nicht geliebt, er hat sie begehrt.

Das ist ein Unterschied.

Doch ehe sie dazu kommt, sich über diesen Unterschied Gedanken zu machen, sind seine Lippen wieder da, gleiten von ihrer Schulter herab zu ihrer Brust, zu ihrem Schoß. Diesmal kann sie es kaum erwarten, sie reißt ihn in sich hinein, noch ehe er mit seinem Liebesspiel fertig ist.

Es ist spät in der Nacht, als sie aufstehen, beide hungrig, und Constanze an ihren Kühlschrank geht.

Jonathan betrachtet die Wurst, den Käse und das ziemlich vertrocknete Brot, das sie auf den Tisch stellt.

»Morgen werde ich einkaufen«, sagt er. »Erst kaufe ich mir ein Auto, und dann schau ich mich mal bei Rollenhagen um. Wenn du aus der Vorstellung kommst, brate ich dir ein erstklassiges Steak. Du brauchst Kraft für deine Arbeit. Und Kraft für mich.«

»Soll das heißen, du bleibst noch ein paar Tage?«

»Tage? Ich bleibe Wochen und Monate. So schnell wirst du mich nicht los.«

»Bist du immer noch nicht verheiratet?« fragt sie scheinheilig.

»In meinem Alter fängt man so etwas gar nicht mehr an. Aber falls du Wert darauf legst, mache ich dir einen Antrag.«

»Ich bin verheiratet.«

»Habe ich ein Glück.«

»Und was ist mit deiner ... eh, Tätigkeit?«

»Was für eine Tätigkeit?« Er grinst, steckt ihr eine Scheibe Jagdwurst in den Mund.

»Na, wie man das nennen soll. Wo kommst du denn jetzt her?«

»Aus Kalifornien. Ich habe Weihnachten bei meiner Mutter verbracht. Und vorher war ich in Vietnam. Und zwar zum letztenmal, ich habe nicht die Absicht, da wieder hinzugehen. Dort wird es nämlich übel. Nein, ich habe das, was du meine Tätigkeit nennst, beendet. Ich setze mich zur Ruhe und schreibe ein Buch. Erlebt habe ich genug. Komm, laß uns wieder ins Bett gehen.«

»Willst du nicht was trinken? Ich habe eine Flasche Sekt da.«

»Ich kann die Flasche ja aufmachen. Morgen bringe ich Champagner mit.«

»Gib bloß nicht so an. Ich habe auch Whisky und Cognac. Wein ist auch da.«

»Habe ich schon gesehen. Mich dürstet nur nach deinen Lippen.«

»Oh! Poetisch kannst du auch sein.«

»Du wirst dich wundern, was ich alles kann.«

Sie wundert sich über nichts mehr. Er liebt sie ein drittes Mal in dieser Nacht, und dann schlafen sie beide wie tot. Am nächsten Morgen, während sie noch schläft, läßt er ein Taxi kommen und kauft erst mal für das Frühstück ein. Es gibt frische Brötchen, Eier und Schinken, Kaffee hat er auch mitgebracht, weil ihm der Rest in ihrer Kaffeedose nicht sehr vertrauenerweckend vorkam.

Constanze, als sie beim Frühstück sitzen, sagt: »Du hast wirklich erstaunliche Talente.«

»Das kann für dich keine Überraschung sein. Du hattest doch Gelegenheit, das zu entdecken.«

Und dann spricht sie erstmals von Mami.

»Ich habe ein schlechtes Gewissen, wenn ich an sie denke.«

»Warum?«

»Ich hätte sie besuchen müssen. Aber ein Flug nach Amerika, das lag damals jenseits meiner Möglichkeiten. Und dann das Engagement, nicht wahr?«

»Du brauchst kein schlechtes Gewissen zu haben. Sie ist friedlich gestorben. Und sie hat sich bei meiner Mutter sehr wohl gefühlt. Soweit das noch möglich war.«

»Und er?«

»Er ist auch tot. Bitte, Darling, iß noch ein Brötchen. Du bist wirklich zu dünn.«

»Ja, ich weiß. Es wird ein anstrengendes Leben. Das Theater und du.«

»Ich und das Theater.«

»Und das für Wochen und Monate. Mußt du dich nicht um deine Mutter kümmern? Viel hat sie von dir nicht gehabt.«

»Ich war ja eben Weihnachten und Silvester dort. Es geht ihr hervorragend. Erstens hat sie auch einen Hund, und zweitens hat sie wieder geheiratet.«

Constanze läßt das angebissene Brötchen sinken.

»Was hat sie?«

»Wieder geheiratet. Einen Freund meines Vaters. Sie kennen sich schon seit tausend Jahren. Er war inzwischen Witwer und wollte nicht gern allein bleiben, und da haben sie geheiratet. Es geht ihnen sehr gut. Er hat einen Sohn und eine Tochter aus der ersten Ehe, die haben Kinder, es ist immer Betrieb in Malibu. Mama ist nicht allein, sie ist bestens unterhalten.«

»Aber um Gottes willen – man soll ja so was nicht fragen, wie alt ist denn deine Mutter?«

»Kannst du ruhig fragen, würde sie dir selber sagen; sie ist jetzt dreiundsiebzig, und als sie Bill geheiratet hat, war sie achtundsechzig. Na und?«

Im Februar, als er mit Tobias kommt, ein Amerikaner kann auch mit einem Hund durch die Zone reisen, sagt er: »Wir brauchen eine größere Wohnung. Am besten ein Haus mit Garten. Ich habe gesehen, wie er in Grünwald lebt. Die kleine Bude können wir ihm nicht zumuten.«

»Aber ich bleibe doch nicht ewig in Berlin.«

»Berlin ist die wichtigste Stadt der Welt, das wirst du schon noch sehen. Und wenn du mal nach München willst, fliegst du eben hin. Ich möchte nur nicht, daß du mit deinem Mann schläfst. Das habe ich ihm auch mitgeteilt.«

»Du hast ihn also getroffen?«

»Mit den Außenaufnahmen ist er fertig, jetzt dreht er in Geiselgasteig im Atelier. Er wußte sofort, was los ist, als ich kam, um Tobias zu holen. Er trägt es mit Fassung. Nur Betty, euer Mädchen, war empört. Sie gab mir Tobias höchst ungern.«

»Ich weiß, ich habe ja mit ihr telefoniert.«

»Ich habe ihr gesagt, ich würde Sie ja gern mitnehmen nach Berlin, aber im Moment haben wir noch zu wenig Platz. Wenn wir umgezogen sind, werde ich Sie fragen, Betty, ob Sie kommen und für Frau Morvan sorgen wollen.«

Constanze lacht. Und ißt auch diesmal das zweite Brötchen, das er für sie zurechtgemacht hat, dick mit Butter und Honig. Zu dem ersten Brötchen gab es Schinken und Spiegeleier.

»Du bist verrückt.«

Er sieht ihr mit zufriedenem Lächeln beim Essen zu.

»Wieso? Ich mußte doch für klare Verhältnisse sorgen.«

»Sehr klare Verhältnisse. Was hat Betty denn gesagt?«

»Sie würde ja ganz gern nach Berlin kommen, aber wer soll dann für Herrn Ashton sorgen. Das Gespräch fand bei ihr in der Küche statt. Dein Mann saß vor dem Fernseher.«

Constanze sieht die Szene vor sich, Thomas mit einer Flasche Bier vor dem Fernseher und Jonathan vor Betty stehend. Sie kann sich sogar vorstellen, wie er sie angesehen hat, mit dem fassenden Blick seiner grauen Augen.

»Sie würde gern nach Berlin kommen. Na, so was! Sie ist ein Mädchen aus Oberbayern.«

»Aus Breitbrunn am Chiemsee. Ihr Vater hat dort einen Laden für landwirtschaftliche Geräte, auch eine Werkstatt dabei, für entsprechende Reparaturen. Ihre Mutter ist sehr streng und offenbar sehr katholisch. Sie haben sie hinausgeworfen wegen des Kindes. Der Bub ist bei ihrem Bruder, auf einem Hof in Seeon. Und manchmal möchte sie das Kind sehen, sagt sie.«

»Was für ein Kind?«

»Ihr Kind. Unehelich geboren, weswegen die Eltern nichts mehr von ihr wissen wollen. Der Vater des Kindes ist ein Amerikaner. Von der Besatzung. Der Bub ist zehn Jahre alt und sehr, sehr lieb.«

Constanze schaut ihn mit offenem Mund an. Jonathan lächelt und gießt ihr noch eine Tasse Kaffee ein.

»Davon hat sie nie gesprochen. Das weiß ich gar nicht. Ich weiß nur, daß sie immer weggefahren ist, wenn sie frei hatte. Und ich dachte, sie besucht ihre Eltern. Verdammt noch mal«, sie schlägt mit der Faust auf den Tisch, »warum erzählt sie dir das? Einem total Fremden, den sie nie im Leben gesehen hat.«

Er nimmt sich auch noch einmal Kaffee, zündet sich eine Zigarette an.

»Das ist mein Geheimnis.«

»Was heißt das? Dein Geheimnis?«

»Daß die Menschen mir vertrauen. Und mir Dinge erzählen, die sie keinem anderen erzählen würden.«

»Du bist ein geübter Spion, nicht wahr?« ruft sie, plötzlich wütend.

»Wenn du es so nennen willst.«

Sie sehen sich an, über den Frühstückstisch hinweg. Seit drei Wochen haben sie nun zusammen gefrühstückt, Tag für Tag. Und Nacht für Nacht in dem breiten Bett geschlafen. Als er nach München fuhr, hat sie gedacht, sie würde froh sein, ihn für eine Weile loszusein. Sie hat ihn vermißt.

»Du bist ein verdammter Spion«, wiederholt sie. »Und ein Hexenmeister. Früher habe ich mal gedacht, ich bin eine Hexe. Den Gedanken habe ich lange aufgegeben, nachdem …«

»Nachdem was?«

»Oh, bilde dir bloß nicht ein, daß ich dir alle Geheimnisse meines Lebens erzählen werde, so wie Betty es getan hat.«

»Aber ich weiß doch alles.«

Was weiß er? Alles?

Sie steht auf.

»Ich muß gehen. Wir haben heute eine Probe. Die Evi wird demnächst umbesetzt.«

Evi ist die zweite Frau in dem Stück. »Ich werde«, sagt er friedlich, »für Tobias heute kochen. Ich werde ein großes Stück Ochsenbrust kaufen, davon mache ich ihm eine Brühe. Mit viel Gemüse. Das habe ich von meiner Mutter gelernt. Ein Hund muß viel Gemüse bekommen.«

»Das hat er bei mir auch bekommen«, erwidert Constanze unwirsch.

»Von Betty. Du hast nie gekocht, sagt sie.«

Tobias, der auf dem Boden liegt, den Kopf auf den Pfoten gebettet, hebt den Kopf und sieht zu ihnen auf.

Er ist noch unsicher in der fremden Umgebung. Und die Autofahrt hat ihn auch genervt. Jetzt steht er auf, streckt sich, kommt zu Jonathan, sieht ihn an.

»Den Hund nimmst du mir auch weg«, sagt Constanze böse.

»Ich habe ihn dir gebracht. Bist du eifersüchtig?«

»Wegen Tobias. Wegen Betty. Und nun kannst du mir

gleich noch verpassen, welchen Segen dir mein Mann mit auf den Weg gegeben hat.«

Am Abend zuvor sind sie angekommen, Jonathan und Tobias. Als Constanze aus der Vorstellung kam, waren sie da. Sie saß auf dem Boden, hielt den Hund umschlungen. Und dann umarmte sie Jonathan, küßte ihn, bedankte sich. Sagte immer wieder, wie glücklich sie sei, daß Tobias nun da sei. Doch nun, am Morgen danach, ist sie zornig.

Sie steht, Jonathan sitzt, trinkt seinen Kaffee aus. »Wir lieben dich«, sagt er. »Tobias liebt dich. Ich liebe dich. Und in gewisser Weise liebt dein Mann dich auch.«

»So. In gewisser Weise. Wie geht das denn?«

»Ich weiß schon, sagte er, daß sich Constanze nicht allzuviel aus mir macht. Sie hat die Flügel für den großen Flug, ich werde sie da nicht einholen.«

»Das hat er gesagt? Das ist ja toll. Wie ist er denn darauf gekommen?«

Jonathan lacht. »Geübte Spione und Hexenmeister wie ich holen eben aus den Leuten die Wahrheit heraus.«

»Manchmal hasse ich dich«, sagt sie.

»Aber manchmal liebst du mich auch?«

»Das ist ja mein Problem.«

Sie geht um den Tisch herum, legt die Arme von hinten um seinen Hals.

»Es ist ja so, daß ich heute arbeiten muß. Und was wirst du tun, außer für Tobias das Essen zu kochen?«

»Ich werde mit ihm spazierengehen, damit er die Umgebung kennenlernt. Und damit er weiß, wo er in Zukunft seine Geschäfte erledigen kann. Und dann werde ich mich um ein Haus kümmern, ein Haus für dich, für Tobias, und wenn du mich ertragen kannst, auch für mich.«

»Ein Haus«, sagt Constanze verträumt. »In Berlin. Ich wollte nie wieder nach Berlin. Du hast gesagt, es ist die wichtigste Stadt der Welt.«

»Ja, das denke ich. Die Welt ist voller Unruhe, voller Feindschaft.«

»Eben. Und Berlin liegt auf einer Insel, einer unseligen, jederzeit einnehmbaren Insel.«

Er legt die Hände um ihre Arme, die um seinen Hals liegen. »Das ist es ja gerade. Diese Insel ist Deutschland.«

»Du bist kein Deutscher.«

»Nein. Bin ich nicht. Doch wenn man ein Gefühl für Geschichte hat, spürt man es. Es war Korea, und nun wird es Vietnam sein. Es wird Haß und Tod und Mord sein. Und dennoch werden sie alle auf diese Insel starren, die eine Seite, die andere Seite. Sie töten sich nicht hier. Sie töten sich in Vertretung gewissermaßen, anderswo. Aber sie meinen diese Insel. Ich habe das damals schon gedacht, während der Blockade. Warum war es wohl so wichtig, diese Insel zu retten? Für wen war es wichtig? Für die Amerikaner? Für die Engländer? Und warum zogen die Russen schließlich den Schwanz ein? Für eine besiegte Stadt in Trümmern. Für ein elendes, besiegtes Land, das einmal Deutschland hieß?«

Constanze löst ihre Arme, richtet sich auf.

»Ich verstehe dich nicht.«

»Ich würde es bedauern, wenn du mich nicht verstehst. Du bist eine Deutsche, nicht wahr? Du solltest stolz sein auf dein Land.«

Sie lacht. »Das kann nicht dein Ernst sein. Ständig bekomme ich zu hören, was das für ein Scheißland ist.«

»Von wem? Von euch selber. Die Nazizeit hat zwölf Jahre gedauert. Sechs Jahre genau, dann war Krieg. Das ist ein Ausnahmezustand.«

Constanze muß plötzlich an ihren Vater denken. Das Tausendjährige Reich. Wie lächerlich sich das heute anhört.

»Die deutsche Geschichte ist unblutiger als jede andere«, fährt Jonathan fort. »Selbst der Dreißigjährige Krieg, der von außen in dieses Land hineingetragen wurde und so verhängnisvoll war, hat die Kultur dieses Landes nicht verändert. Und wenn sich euer törichter Kaiser nicht in falsch verstandener Treue zu Österreich zu diesem ersten Krieg entschieden hätte, woraus dann zwingend der zweite entstand, hätte Deutschland, beispielgebend für die ganze Welt, weiterexistieren können. Die Kultur war vorbildlich, in jeder noch so kleinen Stadt ein Theater, ein Orchester, wo gibt es das denn? Ein wohlhabendes, gebildetes Bürgertum, eine blühende Wirtschaft, die sozialen Verhältnisse fortschrittlich wie sonst nirgends auf dieser Erde. Das war Deutschland, vor 1914. Der Mord in Sarajevo hat alles zerstört. Ein Attentat. Der Thronfolger und seine Frau. Millionen mußten dafür sterben, sie sterben heute noch. Rußland, Korea, und nun also Vietnam.«

»Es klingt schrecklich, was du sagst.«

»Es ist schrecklich. Ich bin kein Deutscher, da hast du recht. Nur – wer ist denn eigentlich in Amerika? Die Europäer. Nicht zuletzt die Deutschen. Knapp zweihundert Jahre alt ist die Geschichte der Vereinigten Staaten. Weißt du, wie alt die Geschichte des Landes ist, aus dem mein Vater stammt?«

»Ungarn.«

»Richtig. Jetzt werden sie von Moskau aus regiert. 1956 der Aufstand gegen den Kommunismus. Vergebens. Wieder ein sinnloses Sterben. Ich war dort, ich habe es gesehen.«

»Du warst dort?«

»1953 Berlin, 1956 Ungarn. Jetzt warte ich auf den nächsten Aufstand, wenn möglich auf eine Revolution. Denn eins weiß ich gewiß: Der Kommunismus wird nicht mehr allzu lange diese Welt beherrschen und die Menschen quälen.«

»Du machst mir angst.«

Er steht auf, nimmt sie in die Arme.

»Verzeih mir, Darling. Geschichte ist etwas Ungeheures. Hier und heute, gestern und morgen. Manchmal macht sie kleine Schritte, manchmal große Schritte. Manchmal geht sie langsam, manchmal rast sie so, daß der kleine Mensch atemlos überrollt wird. Oft reicht ein Menschenleben nicht aus, um abzuwarten, was geschieht. Aber was bedeutet schon ein Menschenleben im Angesicht der Geschichte.«

»Darum werden sie wohl auch so leichtfertig vernichtet.«

»Deutschland hat wieder Glück. Oder sagen wir, das halbe Deutschland. Eine Mauer geht durch das Land. Auf dieser Seite lebt ihr in Freiheit, in Wohlstand. Ihr habt großartige Männer an der Spitze, die alles richtig machen. Adenauer, Erhard. Wie kommt ihr zu diesen Männern, nach allem, was Furchtbares geschehen ist, nachdem ein Hitler euch gedemü-

tigt hat. Woher nimmt das Land diese Kraft? Nach dieser
Niederlage. Auch die Opposition hat gute Männer, Carlo
Schmid, Erler, und der junge Mann, der sich hier in Berlin
profiliert, Willy Brandt, von dem wird man noch hören. Kennedy hat gesagt, ich bin ein Berliner. Vielleicht war es nicht
mehr als eine freundliche Geste. Mag jedoch sein, er war sich
klar darüber, was diese Mauer bedeutet, die die ganze Welt
bedroht. Er war noch jung. Wenn er Gelegenheit gehabt hätte, weiterzuarbeiten ...«

»Wer hat ihn wirklich getötet?«

»Ich weiß es nicht. Kann sein, man wird es eines Tages erfahren. Es gibt mehr so ungeklärte Fragen. Denk nur an Bayern, an Ludwig II. Wir wissen noch immer nicht, wer ihn getötet hat und warum. Oder denk an Österreich, Mayerling.
Die ungeklärten Morde der Geschichte. Wenn du an die Römer denkst ...«

»O nein«, unterbricht Constanze. »Das nun nicht auch
noch. Ich muß gehen.«

»Arbeite nicht zu viel, Darling! Was soll ich für dich heute
abend kochen? Die Suppe ist schon mal da.«

»Ich bin verabredet heute abend.«

»Einer deiner zahllosen Verehrer.«

»So was in der Art, ja. Ich brauche für nächstes Jahr
schließlich auch ein Engagement.«

»Ich würde sagen, darüber brauchst du dir keine Sorgen
zu machen. Du kannst wählen.«

»Ja, du Hexenmeister, so ist es wirklich. Ich bin jetzt direkt berühmt.«

Er küßt sie, läßt sie langsam los, sieht sie an. »Darf ich
trotzdem auf dich warten und dir das Bett wärmen?«

»Du hast vorhin gesagt, Tobias liebt mich. Und du liebst
mich auch?«

»So ist es.«

»Liebe«, sagt Constanze und bietet ihm ihren Mund.
»Was ist das eigentlich?«

»Ein Geheimnis. Das nicht jeder enträtseln kann.«

»Aber du kannst es, Hexenmeister.«

»Ich kann es.«

Constanze fährt mit Jonathans Auto ins Theater, er braucht es nicht, hat er gesagt, er erledigt alles mit Tobias zu Fuß.

Ihre Gefühle sind gespalten. Einerseits freut sie sich, daß Tobias da ist, andererseits weiß sie, daß es Unsinn ist, daß sie dem Hund nichts Gutes tut mit der engen Wohnung, ohne Garten. In Grünwald hat er es zweifellos besser. Und inzwischen hat er sich vielleicht daran gewöhnt, daß sie nicht da ist.

Kurze Zeit, nachdem sie nach Berlin übergesiedelt war, hatte Betty ihr am Telefon erzählt, daß Tobias weggelaufen sei. Das ganze Isarufer entlang, erst unten, dann den Hochweg, bis nach Harlaching, immer hin und her. Bis ein Mann schließlich, der dort auch mit seinem Hund spazierenging und dem der herumirrende Tobias schon einige Male begegnet war, ihn ansprach, schließlich an die Leine nahm.

»Er hat Sie gesucht, Frau Morvan«, hat Betty vorwurfsvoll gesagt.

Da Tobias diesmal ein Halsband trug, auf dem sein Name stand und seine Telefonnummer, brachte der Mann ihn zurück.

»Jetzt lasse ich ihn nicht allein hinaus«, so ging der Bericht von Betty weiter. »Und wenn wir spazierengehen, nehme ich ihn an die Leine.«

Das ist er nicht gewöhnt, er ist immer frei gelaufen. Thomas, das weiß Constanze, geht nicht spazieren, dazu ist er viel zu faul.

Wie es aussieht, wird er hier nicht weglaufen, er liebt Jonathan jetzt schon.

Constanze ist eifersüchtig. Dieser verdammte Spion, dieser Hexenmeister. Holt Betty die Würmer aus der Nase, verweist den berühmten Liebling der Frauen, Thomas Ashton, auf seinen Platz und gewinnt das Herz von Tobias.

Meins vielleicht nicht, denkt sie. Das werden wir ja sehen. Ich bin nicht so leicht zu verhexen.

Dann lenkt die neue Schauspielerin sie ab. Wie es scheint, hat Borgward keine gute Wahl getroffen. Sie ist hübsch, diese Sylvia, einige Jahre jünger als ihre Partnerin, auch im Typ passend, blond, naiv, aber schon während sie den ersten Akt probieren, findet Constanze, daß dies eine unbegabte Person ist. Diese Frau hat ja keine Schuld auf sich geladen, sie ist ja ahnungslos, nur darf sie nicht dumm wirken. Ärgerlich, daß sie die Rolle umbesetzen müssen. Aber Hilde, die bis jetzt die zweite Frau gespielt hat, bekommt ein Kind. Sie kann ungefähr noch drei Wochen bleiben, länger nicht.

»Obwohl es ja durchaus denkbar wäre«, sagt Constanze nach der Probe zu Borgward, »daß sie noch ein Kind bekommt von meinem Verflossenen. So gesehen könnten wir sie leicht weiter auftreten lassen.«

Borgward verzieht das Gesicht. »Das denn doch nicht! Man muß die Realität nicht übertreiben. Übrigens habe ich noch eine andere Dame in petto. Der Nachteil ist nur, sie ist Ihnen im Typ ein wenig zu ähnlich, brünett, sehr gewandt. Ich möchte eben gern wieder eine Blonde in der Rolle.«

»Eine richtig blonde deutsche Maid. Paßt ja auch gut.«

Da sie die unergiebige Probe rasch abgebrochen haben, fährt sie nach Hause, eigentlich wollte sie bis zur Vorstellung in der Stadt bleiben.

Sie findet Jonathan in der kleinen Küche beim Kochen. Tobias sitzt daneben und schaut erwartungsvoll zu.

»Riecht gut«, sagt Constanze. »Wie weit ist denn eure Suppe?«

»Viertelstunde noch. Das Fleisch ist so gut wie weich, das Gemüse habe ich eben erst reingetan. Es darf nicht zu lange kochen, damit es noch Biß hat.«

»Aha!« Constanze blickt in den großen Suppentopf. Neben dem Fleisch schwimmen nun Mohrrüben, Sellerie, Zwiebel, Lauch und Tomaten in der Brühe.

»Reis habe ich auch gekauft, der ist gleich fertig.«

»Woher hast denn du diesen Riesentopf?«

»Gekauft natürlich. Ich kann doch in einer Bratpfanne keine Suppe machen.«

Sie bekommt nun, hex, hex, einen richtigen Haushalt eingerichtet.

»Ich glaube, wir brauchen wirklich eine größere Wohnung«, sagt sie nachdenklich.

»Morgen geht's los. In vier Wochen können wir umziehen.«

Dann erzählt sie von der Probe und von der unbegabten Kuh, mit der sie eventuell in einem Monat auf der Bühne stehen muß.

»Das kenne ich«, sagt Jonathan ungerührt. »Die anderen sind bei euch immer unbegabt.«

»Das verbitte ich mir. Ich bin immer fair zu Kollegen. Von mir aus könnte Hilde ruhig weiterspielen, auch mit wachsendem Bauch. Würde doch ganz gut passen.«

»Einen kleinen Aperitif?« fragt der Koch. »Trockener Martini?«

»Hm, gern.«

Trockener Martini wird jetzt oft getrunken, schließlich befindet sich ein Amerikaner im Haus. Whisky gibt es nicht vor sechs Uhr abends.

»Eigentlich schade, daß du das Kind nicht bekommen hast«, sagt Jonathan. Er hat das Fleisch auf einem Brett liegen und schneidet es in nicht zu kleine Brocken für Tobias, dem es bereits aus den Mundwinkeln tropft.

»Was für ein Kind?« fährt Constanze auf.

»Das Kind von Eugen. Er war damals ziemlich deprimiert, daß du es abgetrieben hast.«

»Das weißt du also auch. Hat er dir eigentlich von jedem Orgasmus erzählt, den er hatte? Ich hatte sowieso keinen bei ihm.« Sie ist wütend.

»Ich mag es nicht, wenn du so redest.«

»So, du magst es nicht. Und ich mag es nicht, wenn Eugen über mich und unser Privatleben redet.«

»Geredet hat«, verbessert er.

»Vielleicht tut er es heute noch.«

»Ja, manchmal sprechen wir von dir. Und das mit dem Kind – er hat gesagt, er hätte gern mit dir ein Kind gehabt.«

»Ich bin gerührt. Und als er dann nach Kanada abgehauen ist, was wäre denn dann mit dem Kind gewesen? Hätte er es mitgenommen? Oder Ulbricht vermacht? Ich hätte ja nicht mit Kind bei Agnes in München aufkreuzen können. Hat ja alles seine Grenzen, nicht wahr?«

»Nun reg dich nicht auf, Darling. Trink deinen Martini, und dann bekommst du ein schönes Süppchen.«

Tobias wird es gerade serviert, das Süppchen, Reis, Fleisch, Brühe und reichlich Gemüse. Das Klappohr zuckt vor Wonne, so gut schmeckt es ihm.

»Ich denke, er ist jetzt verheiratet. Da kann er es ja noch mal probieren mit dem Kindermachen«, sagt sie boshaft.

»Ich schätze, das tut er auch.«

Daß Eugen eine gute Position bei einem Fernsehsender hat, sein Englisch ist jetzt perfekt, und daß er eine Frau, die am gleichen Sender arbeitet, geheiratet hat, weiß sie schon. Jonathan hat es berichtet, sie hat es mit Gleichgültigkeit aufgenommen.

Ende März beziehen sie ein hübsches Haus mit Garten in Dahlem. Constanze hat so gut wie gar nichts damit zu tun, Jonathan erledigt alles, den Kauf, die Möbel, den Umzug. Als sie das Haus zum erstenmal besichtigt, sagt sie: »Aber das kostet doch ein Vermögen.«

»Halb so schlimm.«

Woher hat er eigentlich das Geld? Auf diese Frage bekommt sie nie eine Antwort.

»Und wenn ich nun nicht in Berlin bleibe?«

»Ich werde bleiben. Du weißt auch, warum.«

»Ja, ja, ich weiß. Berlin ist die wichtigste Stadt der Welt.«

»Von hier aus wird ein neues Leben beginnen«, sagt er. »Ohne Kommunismus.«

Berlin ist eine Insel und wird es wohl für alle Ewigkeit bleiben. Noch immer hat man Angst vor einem Krieg, noch immer ist es ein Abenteuer, auf dieser Insel zu leben. Das Klima ist wieder kälter geworden. In der Sowjetunion herrscht nun ein Mann namens Breschnew. In der Bundesrepublik regiert der Vater des Wirtschaftswunders, Ludwig Erhard. In Frankreich die imponierende Gestalt Charles de Gaulle, dem es immerhin gelang, den blutigen Algerienkrieg zu beenden. In der DDR bestimmt nach wie vor Ulbricht, was geschieht. Grotewohl, der die SPD mit der KPD zusammenführte, ist gestorben. Durch Berlin geht eine Grenze.

Durch ganz Deutschland geht diese Grenze, eine bösartige, tödliche Grenze. Durch die ganze Welt geht diese Grenze. Vietnam wird es wieder einmal beweisen.

Jonathan hat sein Buch geschrieben, es ist komischerweise nichts anderes geworden als ein spannender Krimi, der zwischen Ost und West spielt, eine Spionagegeschichte, aufregend bis zur letzten Zeile. Das Buch kommt auch in Amerika heraus, dort wird es verfilmt.

»Das hat richtig Spaß gemacht«, sagt er und fängt mit einem neuen Manuskript an, in gleicher Art.

»Meine Memoiren kann ich später noch schreiben«, verkündet er. Große Reisen macht er nicht mehr, nur manchmal besucht er seine Mutter. Auch während der Dreharbeiten ist er drüben.

Im Juni 1968 reist er nach Prag. »Ich muß mal nachsehen, was los ist«, sagt er zu Constanze. »Dort wird es interessant.«

Dafür hat er immer noch eine Nase.

Dubček, der Prager Frühling, später der Einmarsch der Truppen des Warschauer Paktes, Moskaus drohender Schatten über alle Grenzen hinweg.

Constanze hört nichts von Jonathan, wartet auf seine Heimkehr. Ist er diesmal einen Schritt zu weit gegangen?

Sie wartet. Kam er denn nicht immer überraschend?

III

TANZ

Abschied

DIE ABSCHIEDSVORSTELLUNG von Ginette Durans ist sensationell, das Haus ist ausverkauft, all ihre Verehrer sind da, auch ein Publikum, das für gewöhnlich Ballettabende nicht besucht. Die Presse hat schon im voraus berichtet, mit welch großem Erfolg, in welchen Rollen die berühmte französische Primaballerina in dieser Stadt aufgetreten ist. An erster Stelle wird natürlich ›Schwanensee‹ genannt, das war seinerzeit, als Ginette dieses Engagement gerade angetreten hatte, ihr erster großer Erfolg. Sie tanzte beide Rollen, die Odette und die Odile, choreographiert hatte Harald Lund, der leider das Theater schon längst verlassen und eine Karriere in Amerika begonnen hat.

Zudem erfahren die Leser, daß die Pariserin Ginette Durans sich so wohl fühlt in Deutschland, besonders im Ruhrgebiet, daß sie bleiben und einen Deutschen heiraten wird. Sein Bild ist in den Zeitungen ebenfalls zu besichtigen, seine Kaufhäuser kennt ohnehin jeder. Es gibt viele Bilder von Ginette im Tütü und auf der Spitze, aber es gibt auch ein seriöses Privatbild im schwarzen hochgeschlossenen Kleid, sie sieht wirklich bildschön aus mit ihrem schmalen Tänzerinnengesicht, den großen Augen unter hochgeschwungenen Brauen, das glatte dunkle Haar nicht hochgesteckt, sondern offen, lang und glatt.

Das Programm ist sehens- und hörenswert, alle Kollegen, nicht nur die Tänzer, feiern den Abend mit ihr.

Es beginnt mit Beethoven, dem Schlußbild aus dem ›Prometheus‹, das ganze Corps ist auf der Bühne. Dann folgt der Frühling aus dem Ballett ›Die Jahreszeiten‹, hier tanzen nun auch Ginette, die Solisten, das Corps. Es folgt das Nocturne aus ›Les Sylphides‹, Corps und Solisten, und dann hat Ginette die Bühne für sich allein, aus dem gleichen Ballett der Ges-Dur-Walzer, Chopin liegt ihr, es ist eine vollendete Darbietung.

Dann singen Angela Lucca und der Startenor des Hauses Bernd Koller das Trinklied aus ›Traviata‹, umrahmt von Chor und Ballett. Für die Tänzer bedeutet es schnelle Umzüge, hastige Auftritte, es geht nicht ohne Fehler ab. Als nächstes singt Eva Barth das Auftrittslied der Carmen, Chor und Statisterie auf der Bühne.

Dann geht das Publikum, erfüllt von Zustimmung, in die Pause. Als erstes folgt nach der Pause eine lang zurückliegende, fast vergessene Choreographie, auch eine Schöpfung von Lund. Es ist ein Pas de deux mit gewissermaßen umgekehrten Rollen. Ginette tanzt einen Clown, in plumpem, schlabbrigem Gewand, rote Kreise auf den Wangen.

Ein Tänzer stellt die Ballerina dar, im Tütü und Ballettschuhen, es ist Sorell, der das zum erstenmal tanzt, sie haben gründlich probiert. Die falsche Ballerina benimmt sich höchst ungeschickt, stolpert, rutscht aus, plumpst auf den Boden, während sie immer wieder versucht, auf den Spitzen zu stehen, eine Pirouette zu drehen. Wohingegen der Clown, trotz des hinderlichen Kostüms, sich gewandt bewegt und die unbeholfene Ballerina immer wieder stützt und aufrichtet. Das Publikum lacht, hinter den Kulissen lachen sie auch, es gibt stürmischen Beifall.

Ginette ist, als sie abgeht, schon ziemlich erledigt. Sie taumelt, sie nimmt die Handküsse abwesend entgegen. Aber ihr wirklich großer Auftritt kommt ja erst, ein Pas de deux mit Zomas aus ›Schwanensee‹. Das ist ihr Wunsch gewesen.

Inzwischen, während sie neu geschminkt wird, gibt es den Zigeunerchor aus ›Trovatore‹, dann schmettert Koller die Stretta. Und nun das Corps mit ›Schwanensee‹, es folgen die vier kleinen Schwäne, die Cordelia zum erstenmal mittanzen darf. Der Intendant tritt auf. Er kommt auf die Bühne, spricht lobende und dankende Worte für die scheidende Primaballerina.

Der Pas de deux. Ginette schafft es mühsam. Zomas muß sie stützen, muß sie halten. Hasse am Pult merkt es, kürzt ab. Zomas entscheidet sich für eine Hebefigur, und so, Ginette hoch auf den Armen, tanzt er mit ihr auf die Seitenbühne.

Madame Lucasse winkt den vier Schwänen, sie müssen noch mal raus, Hasse kapiert und wiederholt.

Ginette liegt im Seitengang auf dem Boden, der Schweiß rinnt ihr über das Gesicht, ihre Beine zittern, sie ringt mühsam nach Luft. Zomas lehnt an der Wand, kalkweiß im Gesicht.

»Ich hab gleich gesagt, wir sollen das weglassen«, japst er. Der Intendant nickt. »Sie wollte es unbedingt. Zum letztenmal ›Schwanensee‹, hat sie gesagt.«

Das Publikum hat nichts gemerkt, großer Beifall, doch die kleinen Schwäne geben die Bühne nicht frei. Ginette kann jetzt nicht hinaus.

Als letztes kommt die Champagnerszene aus der ›Fledermaus‹, nun sind sie alle auf der Bühne, die Solisten, der Chor, das Corps, die Statisterie. Und nun kommt auch Ginette, rechts und links liebevoll gehalten von Zomas und Sorell. Sie lächelt, sie verneigt sich, sie knickst. Zomas hebt sie noch einmal, trägt sie von der Bühne. Das Publikum rast vor Begeisterung, es ist ein rauschender Erfolg. Keiner, fast keiner, hat gemerkt, wie mühsam sie an manchen Stellen improvisiert haben.

Wie bekannt, Tänzer sind aus Eisen. Eine Stunde später erscheint Ginette am Arm ihres zukünftigen Mannes zu dem Fest, das die Stadt ihr zu Ehren gibt. Sie trägt ein wundervolles Kleid, sie ist frisch geschminkt, sie lächelt, sie strahlt, küßt alle, läßt sich von allen küssen.

In den Zeitungen wird die gelungene Abschiedsvorstellung gepriesen, der Abgang der Primaballerina bedauert. Zwei Wochen später heiratet Ginette Durans, wird nun endlich Ruhe finden, ohne ramponierte Ballettschuhe an den Füßen, ohne strapazierte Muskeln, Sehnen und Nerven. Kann ausschlafen, das Leben genießen.

Die Hochzeitsreise geht an die Côte d'Azur, es ist mittlerweile April. Hier hat sie nach dem Krieg getingelt, jetzt wohnt sie im Negresco, jeder reißt die Tür vor ihr auf. Im Mai will sie unbedingt nach Paris. Seit man sie damals schmählich fortjagte und sie danach für einige Zeit in den Casinos der Amerikaner auftrat, mehr als Amüsiermädchen denn als Tänzerin, seitdem ist sie nicht mehr in Paris gewesen. Jetzt als Frau eines wohlhabenden Mannes, eine große Karriere hinter sich, was durch reichlich Zeitungsausschnitte zu belegen ist, reizt es sie zu erkunden, wer von früheren Kollegen, von Freunden oder Feinden, noch zu finden ist. Und ob es jemanden gibt, der vor wenigen Wochen noch die Schwanenkönigin getanzt hat.

Ginette sieht blendend aus. Sie wohnen natürlich im Ritz. Die Reise nach Paris hat Folgen für das Theater, von dem sie gerade Abschied genommen hat.

Ein hartes Leben

POSITION, RANG UND KÖNNEN einer Primaballerina hatte Ginette Durans über ein Dutzend Jahre vertreten. Nun allerdings verfügt das Haus über keine Primaballerina mehr, was an sich kein großes Manko ist, Ballett spielt an einem Stadttheater nur eine untergeordnete Rolle. Es wird vor allem gebraucht für Oper und Operette, und falls gute Tänzer zur Verfügung stehen und das Publikum Interesse zeigt, finden in jeder Saison einige Ballettabende statt. Ab und zu wird ein neues Ballett einstudiert, meist von der gängigen Sorte, und bleibt dann für einige Jahre auf dem Spielplan. Gemessen an ihrer harten Arbeit verdienen die Tänzer zu wenig, weniger als Sänger und Orchestermitglieder, ganz zu schweigen von den leitenden Verwaltungsangestellten des Hauses. Ein ständiger Ärger für Profis wie Madame Lucasse und Maître Chalons. Die Rolle, die das Ballett in Frankreich, in England und vor allem in Rußland spielt, ließ sich an deutschen Theatern nie durchsetzen. Bis jetzt jedenfalls nicht. Es wird die Zeit kommen, da Choreographen wie Cranko in Stuttgart und Neumeier in Hamburg dem Tanz im Rahmen eines Opernhauses neuen Rang und neue Bedeutung verleihen. Ganz anders gestaltet sich das Leben der Tänzer in den USA. Da es keine Häuser mit festen Spielplänen gibt, werden Tänzer, eine Compagnie, engagiert, wie und wo man sie braucht, sehr oft auch für Musicals. Vor allem aber veranstaltet die Compagnie eigene Abende, und wenn es eine berühmte Compagnie ist, unter einem bedeutenden Direktor, mit einem bekannten Choreographen, ist sie zumeist viel beschäftigt, oft auch ein halbes Jahr lang auf Tournee, nicht nur in Amerika, auch in anderen Kontinenten. Das ist ein anstrengendes Leben, verlangt noch mehr Arbeit, noch mehr Einsatz als ein Engagement in einem festen Haus.

Zunächst ist es eine Geldfrage. Denn die Compagnie muß sich selbst finanzieren, entweder verfügt deren Chef über Vermögen, oder man benötigt Sponsoren.

Geboten wird Tanz auf hohem Niveau. Doch Unsicherheit begleitet das Dasein der Tänzer von Anfang an. Die Konkurrenz ist groß, und es gibt so viele junge Menschen, die tanzen wollen. Zunächst sind es Kinder, die tanzen lernen wollen, oft werden sie auch von ehrgeizigen Müttern in diesen Beruf gedrängt. Die meisten bleiben im Corps, nur wenigen gelingt der Sprung zu Solopartien, zum Rang einer Ballerina, einer Primaballerina. Disziplin, Fleiß, Arbeit und wieder Arbeit und natürlich Ehrgeiz sind die Voraussetzungen. Doch die Tänzerinnen sind jederzeit austauschbar, ersetzbar. Im Krankheitsfall, bei ungenügender oder nachlassender Leistung können sie von heute auf morgen vor dem Nichts stehen. Vor dem Elend retten sich manche in den Amüsierbetrieb, in Bars oder Nachtclubs, was eine altersbedingte Grenze hat.

Es ist alles in allem ein Leben voll Unsicherheit, voll Risiken, wie fast jeder künstlerische Beruf. Auch ein Musiker, der von einer Virtuosenlaufbahn träumt, muß schließlich froh sein, in einer mittelmäßigen Band ein Engagement zu bekommen oder abends in einer Bar die Tasten zu bedienen: ein enttäuschtes Leben, voll Qual und Resignation.

Tänzer nun, angewiesen auf das ständige Training, sind meist total aus der Bahn geworfen, wenn sie nicht mehr tanzen können. Nicht jeder hat so viel Glück wie Ginette, an diesem Theater unterzukommen, ehe sie zermürbt und nicht mehr fähig war zu tanzen. Und schließlich in einer lukrativen Ehe zu landen, die sie aller zukünftigen Sorgen enthebt.

Es gibt also keine Primaballerina mehr, doch immerhin eine Ballerina, diese Position kommt Sophia zu, eine versierte und erfahrene Tänzerin mit reichhaltigem Repertoire, leider etwas schlampig in der Arbeit und viel zu sehr von ihrem Privatleben beansprucht. Was ein ständiges Ärgernis für Madame Lucasse und erst recht für Maître Chalons bedeutet, den alten Ballettdirektor, seit einer Ewigkeit an diesem Theater beschäftigt. Er ist längst im Pensionsalter, aber ein Leben ohne Bühne kann er sich nicht vorstellen. In seiner Jugend war er selbst Tänzer, auch schon an diesem Haus, später choreographierte er, gelegentlich tut er es heute noch, er ist steifbeinig, leicht gebückt, aber ihm entgeht nichts, sein Urteil ist nach wie vor treffend. Er ist es auch gewesen, der damals deutlich ja sagte, als sich Ginette vorstellte.

Sophia also ist leichtsinnig, lebenshungrig, sie hat wechselnde Liebhaber, schlägt sich die Nächte um die Ohren, trinkt und raucht zuviel. Doch wenn sie in Form ist, besonders wenn sie wieder einmal neu verliebt ist, kann sie bedeutende Leistungen bringen. Aber eben nicht zuverlässig. Madame Lucasse hat schon oft in letzter Minute umbesetzt, wenn sie bei der vorbereitenden Übung merkte, daß Sophia an diesem Abend nicht auftreten konnte. Es kommt auch vor, daß sie überhaupt nicht erscheint. Rauswurf und Kündigung haben ihr schon oft gedroht, dann weint sie, schluchzt verzweifelt, kniet vor Madame Lucasse oder Maître Chalons, küßt ihnen die Hände, gelobt Besserung.

Cordelia zum Beispiel verdankt ihr erstes Solo im ›Zigeunerbaron‹ dem Umstand, daß Sophia an jenem Abend im Theater nicht erschien. Sie kannte das Solo, denn sie tanzte ja in dieser Szene im Corps mit.

»Wirst du es können, Kind?« hatte Madame Lucasse gefragt.

»Ich weiß nicht«, hatte Cordelia gemurmelt, aber es blieb nicht viel Zeit, um Lampenfieber zu bekommen, als Zigeunerin war sie sowieso gekleidet, und als das Corps hinaustanzte, hielt Madame Lucasse sie fest, gab ihr eine Weile später einen Schubs, und sie war auf der Bühne. Sie tanzte nicht jeden Schritt exakt wie Sophia, aber das war nicht nötig, die Musik gab ihr die Schritte und Bewegungen ein, sie war musikalisch bis in die Fingerspitzen, sie improvisierte sehr geschickt. Am nächsten Tag probten sie den Tanz, das Solo blieb ihr, Sophia bekam es nicht wieder.

Anders war es dann mit der Aurora, die sie von heute auf morgen übernehmen mußte, nachdem Ginette sich verletzt hatte. Im ganzen ersten Akt, im Prolog, wie er sich nannte, hatte sie nichts zu tun, sie lag ja noch in der Wiege, so blieb Zeit genug, sich aufzuregen, sie zitterte und bebte, wurde geradezu von Krämpfen geschüttelt. Onkel Alexander, Madame Lucasse, Maître Chalons versuchten sie abzulenken, aufzumuntern, doch sie flüsterte nur immerzu: »Ich kann es nicht.«

Madame Lucasse sagte später zu Maître Chalons, als Cordelia glücklich auf der Bühne war: »Das Kind hat die Nerven nicht für diesen Beruf.«

Und dann schwiegen sie und sahen zu, wie das Kind das machte. Gelockert, gelöst, hingegeben, wie im Traum, getragen von der Musik. Sie hatte alle Proben mitgemacht, sie hatte Ginette während der beiden vorangegangenen Aufführungen genau beobachtet, wenn sie an der Seite stand, das linke Bein nach außen gedreht in der vierten Position, und nun tanzte sie selbst, schwebend, schwerelos – eine Traumtänzerin, der man keine Mühe anmerkte, es kam alles wie von selbst.

Madame Lucasse, die natürlich um die Eifersucht, die Gehässigkeit in den Garderoben wußte, hatte anschließend sowohl Sophia als auch Marguerite die Aurora probieren lassen. In jeder folgenden Saison steht ›Dornröschen‹ wieder für einige Tage auf dem Spielplan, und nachdem Ginette die Rolle abgegeben hat, bleibt sie jetzt Cordelia.

Außer den Auftritten in Oper und Operette haben sie den ›Nußknacker‹, traditionsgemäß zur Weihnachtszeit, ansonsten nur die ›Puppenfee‹.

Weihnachten sind sie als die vierzehn Engel beim Abendsegen in ›Hänsel und Gretel‹ beschäftigt. Das macht Cordelia besonders gern. Es gibt nicht viel zu tanzen bei diesem Auf-tritt, aber die Musik ist so schön, sie hat jedesmal Tränen in den Augen, wenn sie von der Bühne kommt.

Der Intendant, Madame Lusasse und Maître Chalons ha-ben zu Anfang der Spielzeit überlegt, was man denn noch für die Tänzer ins Programm nehmen könnte, was nicht zu viel Aufwand verlangt, der Etat ist knapp, besonders für das Ballett, das zudem kleiner geworden ist, einige Tänzer und Tänzerinnen haben das Theater gewechselt, ein paar der Mädchen haben geheiratet, eine wirkliche Primaballerina ist nicht vorhanden, ebensowenig ein neuer Choreograph.

Sie kommen auf die Idee für einen gemischten Abend, nicht zuletzt, weil Ginettes Abschiedsvorstellung so ein gro-ßer Erfolg war. Der Dirigent Hasse beteiligt sich an der Mu-sikauswahl, sie probieren mit großem Eifer, denn diesmal kommen sie alle dran, allein, zu zweit, in kleiner oder großer Gruppe und das Corps. Sie tanzen nach Musik von Rossini, Mozart, Gounod, Strauß und Tschaikowsky. Den Abend mö-gen sie, jeder gibt sich große Mühe, um besser zu sein als der andere. Trotzdem wird es beim Publikum kein großer Er-folg, die klassischen Ballette mit einer richtigen Handlung sind beliebter.

»Seltsam«, sagt der Intendant. »Der Abend mit Ginette war doch auch so eine Art Potpourri und hat gut gefallen.«

»Das ganze Drumherum«, sagt Madame Lucasse. »Es ist schon vorher soviel darüber geschrieben worden, das hat die Leute neugierig gemacht.«

Sie sehen sich an und schweigen. Beide denken sie an Gi-nettes Verfassung und wie leicht der Abend mit einer Kata-strophe hätte enden können.

Das Ensemble hat in dieser Spielzeit ein neues Mitglied, einen lyrischen Tenor, einzusetzen für Oper und Operette, ein junger Mann von blendendem Aussehen, voll Spiellaune, Charme und mit einer ganz annehmbaren Stimme. Er über-nimmt ein paar Partien in Operetten, er bekommt den Lyo-nel in einer Neueinstudierung der ›Martha‹, Silvester singt er den Alfred in der ›Fledermaus‹.

Glücklich ist, wer vergißt, was nicht mehr zu ändern ist …

das singt er genauso gut, wie er es spielt. Er wird binnen kurzem der Schwarm aller Mädchen und Frauen, nicht nur im Publikum, auch bei den Kolleginnen. Sophia kann an nichts anderes mehr denken als an diesen Mann, sie läßt nichts unversucht, ihn zu erobern. Er ist zu ihr genauso reizend, so männlich strahlend wie zu jeder anderen, doch keine bekommt ihn. Er ist das Tagesgespräch, auch in den Garderoben der Tänzerinnen.

»Sophia, ha!« ruft Marguerite. »Die ist schon viel zu alt für den. Sie schmeißt sich ran, daß einem schwarz vor Augen wird.«

Er ist nicht verheiratet, man sieht auch keine Freundin an seiner Seite, falls er eine hat, kennt man sie nicht.

»Vielleicht ist er schwul«, vermutet Pauline, die langsam aufrückt. Sie hat zusammen mit Cordelia angefangen, zuerst war sie etwas schwerfällig, nun macht sie sich langsam.

»Der!« sagt Marguerite. »Das glaubst du doch selber nicht. So wie der die Frauen umarmt.«

»Na ja, auf der Bühne.«

»Unsinn! So etwas merkt man. Sorell umarmt dich auch sehr innig, wenn er dich hebt. Das ist aber auch schon alles.«

Sophia ist bei diesem Gespräch nicht dabei.

Zum Karneval gibt es eine Premiere, ›Der Graf von Luxemburg‹, und der Neue, er heißt Joseph, und das finden alle sehr komisch, so ein irrer Typ und dazu der fromme Name. Joseph Thormann ist ein hinreißender Graf, das Publikum ist begeistert.

In der dritten Aufführung passiert es. Das Ballett hat viel zu tun, in der Karnevalszene wirbeln sie um ihn herum, daß es eine Lust ist. Er nimmt mal die eine, mal die andere in den Arm, doch dann, am Ende der Szene, greift er nach Cordelia, hebt sie hoch, geübt wie ein Tänzer, wirbelt ein paarmal mit ihr herum, läßt sie sanft nieder, dicht an seinem Körper, und küßt sie. Richtig auf den Mund, und nicht eben kurz.

Cordelia, noch gelockert von dem Tanz, kann sich nicht wehren, ist auch viel zu überrascht.

Er läßt sie los, lacht und singt weiter.

»Das ist ja allerhand«, sagt Marguerite in der Garderobe, als sie sich umziehen zum nächsten Auftritt. »Wie hast du das denn gemacht, du Schlafmütze.«

Cordelia schüttelt den Kopf, sie wird rot unter der Schminke.

»Da kann ich doch nichts dafür.«

»Ich hab schon gemerkt, daß du ihn anhimmelst«, sagt Sophia giftig.

Bei der nächsten Aufführung tanzt sie sich möglichst in seine Nähe, nichts geschieht, er umarmt die eine oder die andere wie vorher auch.

Doch dann, am darauffolgenden Abend, mischt er sich bewußt unter die Mädchen und zieht, obwohl sie entfernt von ihm tanzt, wieder Cordelia zu sich heran, hebt sie, küßt sie. Es wird wieder geredet, gelästert und gelacht. Cordelia ist verwirrt. Sie ist gewöhnt daran, die Arme eines Mannes um sich zu spüren, gehoben zu werden, aber das ist Arbeit, kein Vergnügen.

Hat sie sich verliebt? Schwer zu sagen, sie ist immer noch ein Kind.

Es gibt nur einen Mann, den sie bisher geliebt hat, ihren Onkel Alexander. Er legt auch die Arme um sie, er küßt sie auf die Wange, auf die Stirn, auch mal leicht auf die Lippen, das ist alles. Wenn sie an ihn denkt, ist es Liebe. Keine Verliebtheit.

Der Karneval ist zu Ende. ›Der Graf von Luxemburg‹ für dieses Jahr nicht mehr auf dem Spielplan. Wenn Cordelia den Sänger trifft, sieht sie ihn scheu an, er lacht ihr zu.

Im März singt er die Titelpartie in ›Hoffmanns Erzählungen‹, im Giulietta-Akt sind auch ein paar Tänzerinnen auf der Bühne, Cordelia ist nicht dabei.

Im nächsten Jahr steht ›Dornröschen‹ um Ostern herum wieder auf dem Spielplan, und diesmal kann Cordelia nicht tanzen. Einige Tage zuvor bei einer Probe ist sie bei einem zu hohen Sprung schlecht aufgekommen, ist umgeknickt und hat sich den Fuß verknackst. Es ist genauso wie damals bei Madame Llassanowa. Ihre Gelenke sind immer noch zu schwach, ihre Muskeln trotz aller Arbeit nicht kräftig genug.

Und sie spannt den Rücken nicht genügend an, das jedenfalls tadelt Madame Lucasse.

Cordelia weint vor Wut und Schmerz, sie hat sich so auf die Aurora gefreut, es ist immer noch ihre größte Rolle, und nun sitzt sie mit dick bandagiertem Fuß in der Kulisse und muß zusehen, wie Marguerite die Aurora tanzt.

Sophia steckt wieder einmal in einer Krise, also darf Marguerite die Aurora übernehmen. Ein Risiko, und Madame Lucasse läßt das Mädchen nicht aus den Augen.

Marguerite macht ihre Sache gut, sie tanzt nicht so schwebend, so gelöst wie Cordelia, sie ist ein fröhliches, unbeschwertes Königskind, dann eine glückliche Braut. Sie trifft die Stimmung der Aurora sehr genau.

Madame Lucasse blickt mit Besorgnis in Cordelias finsteres Gesicht, hoffentlich gibt es keinen Streit zwischen den Mädchen.

Cordelia läßt Marguerite nicht aus den Augen, sie humpelt fort, ehe der Pas de deux im Schlußbild beginnt.

Madame Lucasse folgt ihr.

»Hat sie gut gemacht, nicht?« sagt Cordelia.

»Ja. Sehr gut.«

»Anders als ich.«

»Selbstverständlich. Jede von euch hat ihre eigene Note.«

»Auch wenn wir es auf genau die gleiche Art einstudiert haben.«

»Das ist so. Und das ist auch richtig so. Wie wirst du nach Hause kommen?«

»Gustav ist da. Er fährt mich.« Kleine Pause. »Onkel Alexander hat ihn mir geschickt, als er hörte, daß ich nicht laufen kann.«

»Aha«, sagt Madame und lauscht der Musik.

»Er hat gesagt, wenn ich nicht tanze, braucht er ja nicht zu kommen.« Es klingt bitter.

Madame legt ihr die Hand auf die Schulter. »Du bleibst besser ein paar Tage zu Hause und kurierst deinen Fuß.«

»Eigentlich hätte es ihn ja interessieren müssen, wie Marguerite es macht, nicht? Ob sie es besser macht.«

Madame Lucasse unterdrückt einen Seufzer.

»Kann sein, ›Dornröschen‹ hängt ihm zum Hals heraus. Er hat es ja nun oft genug gesehen.«

»Das hat er auch gesagt.«

»Na, siehst du! Dachte ich mir's doch.«

»Gustav macht mir Umschläge mit seinem Kräuterzeugs. Das hat mir damals auch schnell geholfen.«

»Also dann gute Besserung.« Madame Lucasse wendet sich ab, sie hört an der Musik, daß sich der Akt dem Ende nähert.

»Aber die Giselle, nicht wahr, die Giselle gehört doch mir.«

»Kümmere dich um dein Bein und nicht um die Giselle. Fraglich, ob wir sie nächste Spielzeit machen werden. Kommt auf den Etat an.«

»Aber …«

Doch Madame Lucasse ist schon gegangen, Cordelia humpelt zum Bühnenausgang. Gustav steht beim Portier und nimmt sie sofort fürsorglich am Arm.

»Gute Besserung!« ruft ihr auch der Portier nach.

Keine Giselle, immer noch nicht. Und die Aurora ist sie nun auch los. Marguerite gibt sie bestimmt nicht mehr her. Und von ›Schwanensee‹ ist überhaupt keine Rede.

Cordelia ist todunglücklich. Alexander kommt nicht, um sie zu trösten. Aber sie braucht Trost.

»Meinen Sie, Gustav, Sie können mich zu meinen Eltern fahren?«

»Jetzt gleich?«

»Nein, nein, morgen. Heute ist es schon zu spät. Ich habe Vati lange nicht mehr gesehen. Und sicher sind schon die ersten Fohlen geboren.«

»Jetzt machen wir Umschläge, und dann schlafen Sie schön aus, Fräulein Cordelia. Und morgen fahre ich Sie raus zum Gestüt.«

Gustav hat viel Zeit. Im Winter ist Oskar Munkmann gestorben, die täglichen Fahrten von der Villa zum Werk entfallen.

»Ob sie mir jetzt kündigen?« hat er Beatus besorgt gefragt.

»Keine Rede davon. Wer soll sich denn um den Garten

kümmern? Und zu fahren ist immer jemand, das haben Sie ja gemerkt, Gustav.«

Das bezieht sich auf Fred Munkmann, dem man vor einem Jahr für einige Zeit den Führerschein entzogen hat. Er hatte ein wenig zuviel getrunken, als er mit seiner neuen Freundin, diesmal einer Spanierin, verwegen durch Düsseldorf schlitterte.

»Da werden sich Ihre Eltern aber freuen, wenn Sie morgen kommen.«

»Na ja, vielleicht. Vati bestimmt.«

»Und was machen wir mit Wilma?« Gustav ist immer gründlich.

»Die lassen wir hier. Sie wollte sowieso einen Frühjahrsputz machen. Hat sie gesagt.«

Dann sitzt sie im Sessel, Gustav wickelt den Kräutertee um ihren Fuß, Wilma bringt eine Tasse Fleischbrühe.

»Ich will nichts essen«, wehrt Cordelia ab.

»Doch. Du ißt!«

Sie löffelt die Suppe, betrachtet kummervoll den geschwollenen Fuß, denkt an Marguerite, die man jetzt feiern wird, denkt an die Giselle und an ›Schwanensee‹.

»Ich will das überhaupt nicht mehr«, sagt sie plötzlich.

»Was willst du nicht mehr, Mäuschen?« fragt Wilma.

»Tanzen. Ich hab es satt. Ich bleib draußen bei Vati.«

Und dann weint sie. Wilma nimmt ihr die halbgeleerte Suppentasse aus der Hand. Gustav blickt zu ihr auf, wickelt vorsichtig eine Mullbinde über den Streifen mit dem feuchten Kräutertee.

»Wenn es Sie nicht stört«, sagt er, »bleibe ich noch eine halbe Stunde hier und mache einen neuen Verband.«

»Sie stören nicht, Gustav«, sagt Wilma. »Wollen Sie ein Bier? Oder erst eine Tasse Suppe? Ich kann Ihnen auch ein Schnitzel braten.«

»Nein, danke. Gegessen habe ich. Aber ein Bier wäre schon recht.«

Er streicht leicht mit der Hand über Cordelias Bein.

»Es wird bald wieder gut«, sagt er tröstend. »Draußen können Sie in der Sonne sitzen, Fräulein Cordelia. Es ist schon manchmal ganz schön warm. Jetzt kommt der Frühling. Frau Olga wird sich freuen, wenn Sie da sind.« Und dann, Wilma ist aus dem Zimmer gegangen, um das Bier zu holen, mit unvermuteter Heftigkeit: »Und wenn Sie nicht mehr tanzen wollen, dann hören Sie eben auf damit. Es ist ja doch eine Schinderei.« Manches hat er mitbekommen im Laufe der Jahre, und jetzt sieht er ihr trostloses Gesicht mit den verweinten Augen.

»Ich habe doch nichts anderes gelernt«, sagt sie.

»Sie können doch erst mal bei Ihren Eltern bleiben, da gibt es genug zu tun. Und Sie sind jung genug, Sie können noch viel lernen.«

»Ich kann gar nichts mehr lernen. Ich bin viel zu dumm.«

Wilma kommt mit der Flasche Bier. Nur eine Flasche wird Gustav trinken, keinen Tropfen mehr.

»Ich habe noch ein Löffelchen Hühnerfrikassee von gestern und ein bißchen Reis«, sagt Wilma. »Würdest du mir den Gefallen tun und das essen, Cordelia?«

Nun lächelt Cordelia. »Ja, ja, ich weiß schon. Ein Löffelchen für Wilma, ein Löffelchen für Gustav. Bring es schon her.«

Daß sie dumm ist, weiß sie seit dem vergangenen Sommer. Es macht ihr Kummer, es ärgert sie. Sie hat wirklich wenig gelernt, es begann schon im ersten Schuljahr, mit dem Wechsel von Mecklenburg nach Bayern, wo man ihr das Leben schwermachte, dann wieder eine andere Schule, im Münsterland. Vielleicht hätte sie hier ordentlich lernen können, aber dann fing der Ballettunterricht bei der Llassanowa an, das ewige Hin und Her, die Hetze, die Übermüdung. Und zu alledem ihre Liebe zu Onkel Alexander und der Wunsch, alles zu tun, was er wünschte.

Als sie in die Ballettschule der Oper aufgenommen wurde, war sie gerade dreizehn. Natürlich mußte sie noch in die Schule gehen, wieder in eine andere Schule, und die Hetzerei blieb die gleiche, Schule und Schularbeiten, Ausbildung zur Tänzerin, Übungen an der Stange, jeden Tag. Zunächst wohnte sie bei einer Familie, bei der Madame Lucasse sie untergebracht hatte. Eine ältere Frau, ehemalige Tänzerin vor undenklicher Zeit, doch sie sprach von nichts anderem. Ihr Mann war auch am Theater gewesen, ein mittelmäßiger Schauspieler, der mit durchschossener Lunge und einem verletzten Kehlkopf aus dem Krieg zurückgekehrt war und seinen Beruf nicht mehr ausüben konnte. Er konnte kaum sprechen, keuchte nur, kein sehr angenehmer Umgang für ein Kind.

Die beiden hatten wenig Geld, deswegen nahmen sie immer drei oder vier junge Mädchen auf.

Eine eigene Tochter, mittlerweile fünfundzwanzig Jahre alt, hatte längst das Weite gesucht.

Die Kinder wurden gut behandelt, sie bekamen auch einigermaßen ausreichend zu essen, lieblos zubereitet allerdings und sehr eintönig. Der Raum in der Wohnung war eng bemessen, Cordelia bewohnte zunächst ein Zimmer allein, als dann ein viertes Mädchen dazukam, mußte sie mit der das Zimmer teilen. Um ihre Schularbeiten kümmerte sich kein Mensch, nur was sie an diesem Tag an der Stange geübt hatte, wollte die Alte wissen und gab dann ihre Meinung dazu. Er röchelte vor sich hin, verschwand in einer Kneipe, kam manchmal betrunken nach Hause.

Alexander gefiel das gar nicht, er brachte Cordelia schon nach drei Monaten in einer Pension unter, in der Nähe des Theaters. Und so oft wie möglich kam er, um sie zu treffen, mit ihr essen zu gehen, für sie zu sorgen.

Es gab Ärger mit Beatrice.

»Soviel ich weiß, hast du die Absicht, in der Fabrik zu arbeiten. Beziehungsweise erst einmal dort zu lernen. Wenn du ständig herumgondelst und dich als Gouvernante betätigst, wird wohl aus deiner Arbeit nicht viel werden.«

»Aber ich kann das Kind doch in der Stadt nicht allein lassen. Sie ist noch so hilflos.«

»Das Kind hat Eltern.«

»Die sind draußen auf dem Land. Das nützt ihr doch nichts.«

»Es ist nicht gut, was du mit dem Mädchen tust. Du hast sie gern, aber du zwingst ihr einen Beruf auf, eine Berufung, von der sie gar nicht gewußt hat, was das ist.«

»Jedes Kind, das tanzen lernt, weiß das nicht.«

Das waren so die Gespräche, die sie führten, und sie endeten meist damit, daß Beatrice sich abwandte, ihn stehenließ. Denn es war schließlich ihr Geld, das er für Cordelia ausgab.

Beatrice war es auch, die ihm die Wohnung verschaffte. Sie war in einem Haus, das den Munkmanns gehörte, die Wohnung hatte drei Zimmer, nicht sehr groß, sie blickte auf einen engen Hinterhof hinaus, bekam selten Sonne. Sie war nicht teuer, nur konnte die inzwischen fünfzehnjährige Cordelia nicht allein darin wohnen. Aber da hatte er bereits in der Kantine der Fabrik Wilma entdeckt. Eine ideale Lösung, für Cordelia, für Wilma und auch für Alexander, der nun nicht mehr täglich zwischen Villa, Fabrik und Cordelia hin- und herfahren mußte. Er teilte sich die Zeit sehr sorgfältig ein, bemühte sich, eine brauchbare Arbeitskraft zu werden, und kam nur ins Theater, wenn Cordelia auftreten mußte. Beatrice, die sehr gern ins Theater ging, begleitete ihn manchmal. Und an jenem Abend, als Cordelia zum erstenmal die Aurora tanzte, war sie auch dabei.

Als sie heimfuhren, sagte sie: »Du hast wohl recht gehabt. Sie ist wirklich eine gute Tänzerin geworden.«

So ist Beatrice, immer ehrlich, nie hinterhältig oder nachtragend.

Auch wenn sie tanzen gelernt hat, ist Cordelia doch ungebildet geblieben. In der Schule hat sie nur das Nötigste begriffen, sie hat keine Ahnung von Geschichte und Geographie, geschweige denn von weitergehenden Fächern, das einzige, was sie gelernt hat, und das geschah auch wieder auf Alexanders Wunsch oder, besser gesagt, auf seinen Befehl, ist Französisch. Denn, so sagt er, das muß eine Tänzerin können, ohne Französisch ist sie nicht zu gebrauchen.

»Russisch auch noch?« hatte Cordelia verzagt gefragt.

»Das ist nicht mehr nötig, heutzutage. Die Russen, die hier sind, sprechen alle Französisch.«

Und er bringt ihr Bücher mit, die muß sie lesen, das ist auch ein Befehl. Die Klassiker vor allem, Goethe und Schiller, er fragt sie danach, sie muß berichten, was sie gelernt hat.

Daß ihr Name aus einem Stück von Shakespeare stammt, weiß sie längst, und als sie den ›Lear‹ dann gelesen hat, ziemlich verständnislos und ohne sich dafür zu begeistern, fragt sie Alexander: »Wie sind sie bloß auf diesen Namen gekommen?«

»Das habe ich mich auch gefragt.«

»Und was hat Vati gesagt?«

»Ich habe mit ihm nicht darüber gesprochen. Und mit Els auch nicht.«

Daß er mit ihnen so wenig wie möglich über Cordelia spricht, sagt er nicht, könnte er ihr auch nicht erklären. Er nimmt sich vor, Olga gelegentlich zu fragen, vergißt es aber wieder.

Sein Leben ist ausgefüllt. Seit er auf Reisen geht, Harald trifft, in London, Paris oder New York, manchmal begleitet von Beatrice, oft ohne sie, rückt Cordelia ein wenig an den Rand seines Lebens. Sie hat ihre Arbeit, sie hat ihren Beruf, sie kommt gut damit zurecht, und langsam erwachsen wird sie auch.

Daß sie dumm ist, hat John von Renkow ihr verkündet. Es war im letzten Sommer, sie war für einen kurzen Urlaub auf dem Gestüt, war heiter und unbeschwert, lief ständig hinter Jochen her. Im Stall, auf den Koppeln, in seinem Büro.

Mit Elsgard verstand sie sich auch ganz gut, sie saß gern bei Olga, und dazwischen turnte sie am Koppelzaun herum. John hatte Semesterferien und kam manchmal zum Gestüt hinaus, mit seiner Mutter, auch allein, zu Cordelia sagte er gnädig: »Na, du bist ja ganz niedlich geworden. Machst du immer noch die Hopserei?«

Cordelia schwieg beleidigt. Er gefiel ihr gut, ein hübscher junger Mann, lässig, überlegen, sehr klug. Er hatte ein erstklassiges Abitur gemacht, jetzt studierte er in Berlin. »Du kannst ja mal ins Theater kommen, wenn ich tanze«, schlug Cordelia vor.

»Das interessiert mich nicht. Ich mache mir auch nicht allzuviel aus der Oper. Ich gehe gern in richtiges Theater. Wir haben ein paar gute Bühnen in Berlin.«

Aus Hamburg kam dann Jürgen Neumann zu Besuch, der

ältere der Neumann-Jungen, der Cordelia damals so elegant in der Schule eingeführt hatte.

Jürgen hatte seinen Dienst in der Bundeswehr hinter sich und studierte nun auch. In Hamburg.

Er wohnte für ein paar Tage hier draußen. John kam manchmal zu Besuch, sie verstanden sich gut.

»Du warst nicht beim Bund?« fragte Jürgen. »Ach ja, deswegen studierst du wohl in Berlin.«

»Nicht nur deswegen. Ich muß so schnell wie möglich fertig werden. Meinem Großvater geht es schlecht, er hat ein krankes Herz. Und meine Mutter arbeitet viel zuviel.«

»Aber …«, Jürgen stockte. Es war eine Weile her, daß er hier gelebt hatte. Die Verhältnisse der Gestütsherrin waren ihm nicht mehr so vertraut.

»Es ist so«, erklärte ihm John. »Sie arbeiten ja alle, aber meine Mutter arbeitet zu viel, sie wird auch nicht jünger. Die Fabrik und der große Haushalt und hier das Gestüt, sie reibt sich auf. Und mein Onkel gibt sich ja viel Mühe, er ist für den Export zuständig. Aber wie die Dinge heute liegen, es entwickelt sich alles so schnell. Verstehst du? Man muß die Fabrik eines Tages modernisieren. Und wer soll das machen? Ich. Sie arbeiten immer noch wie vor zwanzig Jahren.«

»Vor zwanzig Jahren war gerade mal der Krieg vorbei.«

»Eben. Und so wie vorher haben sie weitergemacht. Ein paar moderne Maschinen und so, das genügt nicht. Wir brauchen ein neues Management. Die bilden sich alle ein, sie haben wunder was geschafft mit ihrem Wirtschaftswunder. War ja zunächst ganz gut, sicher. Aber nun wird die Luft kälter und das Leben härter. Wir müssen uns mehr anstrengen, müssen mehr leisten. Es kommt eine neue Generation, die wird es anders machen.«

»Und du meinst, das bist du.«

»Genau. Aber ich brauche noch ein paar Jahre. Inzwischen müssen sie weiterwurschteln.«

Cordelia saß auf der Mauer, eine Katze auf dem Schoß, und baumelte mit den Beinen.

»So siehst du auch aus«, kicherte sie. »Richtig wie ein Wurschtl. Wir haben so einen in der ›Puppenfee‹ dabei.«

John beachtete sie gar nicht.

»Mein Großvater hat viel geleistet. Das weiß ich. Das erkenne ich an. Aber nun kann er nicht mehr. Seine Söhne, na ja, er ist auf den Enkel angewiesen.«

Es klang selbstbewußt und auch ein wenig überheblich. »Du bist wirklich wie Hamlet«, sagte Cordelia.

Diesmal sah John sie an, etwas irritiert.

»Wie kommst du denn auf Hamlet?«

»Na, das ist doch auch ein Held. Eine Bombenrolle am Theater. Ich hab's gesehen.«

»Du bist doch wirklich unbeschreiblich dumm. Quasselst hier von Hamlet. Was hat denn das mit mir zu tun?«

»Na, ich meine, das ist doch einer, der die Hauptrolle spielt.«

»Tu mir den Gefallen und halt den Mund.«

Das zum Beispiel war so ein Gespräch. Ein anderes, als John wieder zum Gestüt herausgekommen war, bescherte Cordelia eine ähnliche Abfuhr.

Die beiden jungen Männer sprachen von Berlin. Sie standen am Koppelzaun, sahen den Pferden zu, und Cordelia, die eine Stange nicht sehen konnte, ohne daran zu üben, versuchte sich an einer Arabesque.

»Berlin zu erleben ist schon sehr eindrucksvoll«, sagte John. »Wenn man bedenkt, was in dieser Stadt alles geschehen ist, ich stehe da im Tiergarten und schaue auf das Brandenburger Tor. Und stelle mir vor, wie da der Kaiser durchgefahren ist. Dann der Hindenburg. Und dann der Hitler. Und das ist alles in unserem Jahrhundert geschehen. In diesem kleinen bißchen Jahrhundert, in dem wir leben. Und ich, hier und heute, kann mich nicht mal in Bewegung setzen, um da durchzuspazieren, durch dieses Brandenburger Tor. Das ist doch absurd. Das ist doch nicht zu fassen.«

»Warum kannst du da nicht durchspazieren?« fragte Cordelia.

»Du bist doch das dümmste Stück, das mir je begegnet ist«, sagte John. »Hast du denn außer Heu nichts in deinem Kopf? Hast du nichts gelernt als diese dämliche Hopserei?

Nimm dein Bein aus der Luft ... ach komm, Jürgen, laß uns woanders hingehen. Ich kann dieses doofe Frauenzimmer nicht ertragen.«

Cordelia war dennoch fasziniert von John. Trotz seiner unfreundlichen Worte kam sie immer wieder in seine Nähe, hörte zu, wenn die jungen Männer sich unterhielten, hütete sich aber, wieder etwas dazu zu sagen. Doch der eine Satz blieb ihr in Erinnerung: Du bist unbeschreiblich dumm.

Sie kannte einige Opern inzwischen, ein paar Theaterstücke, hatte einiges gelesen, konnte ganz gut französisch plappern, nur gerade soviel, wie sie gelernt hatte, die Gewandtheit, sich wirklich auszudrücken in der fremden Sprache, dazu fehlte die Übung.

Aber sie konnte viele Biegungen und Sprünge, und sie war glücklich, solange sie tanzte.

Und nun nicht einmal mehr das, der Fuß war krank und geschwollen, es brauchte diesmal lange, bis er heilte. Sie sitzt da draußen auf der Bank in der Sonne, neben Olga und dem kleinen Hund, und wenn sie aufsteht und auftritt, fährt ein stechender Schmerz durch ihren Fuß.

Elsgard macht die Umschläge mit Gustavs Kräutertee, diesmal hilft es nicht so schnell wie beim letztenmal.

»Was soll aus mir werden, wenn ich nicht mehr tanzen kann?«

Elsgard sagt: »Wird schon wieder werden.« Sie steht auf, nimmt den Topf mit dem Kräutertee und streichelt Cordelia übers Haar.

»Es gibt eine Menge Menschen, die leben und tanzen nicht. Wir haben Schlimmeres erlebt, Cordelia. Weißt du das nicht mehr?«

Kann sie das wissen? Die Erinnerung an den Lumin-Hof ist noch da. Das Haus, die Ställe, die Tiere. Das Bett, in dem sie geschlafen hat. Käte und Willem. Die kleine Stute, die sie umarmte.

»Ich möchte da wieder hin«, sagt sie zu Olga.

»Wohin möchtest du?«

»Da, wo wir mal waren.«

»Sag genau, was du meinst.«

So alt kann Olga gar nicht werden, daß sie nicht verlangt zu hören, was einer sagen will.

»Es heißt Mecklenburg«, sagt Cordelia zaghaft. »Ich habe erst gestern mit Vati darüber gesprochen.«

»Kannst du dich denn noch daran erinnern?«

»O ja. Es war schön dort.«

»Das war es.«

Olga beginnt zu erzählen. Nicht vom Lumin-Hof, vom Gut Renkow. Das ist in ihrer Erinnerung lebendiger. Cordelia hat es nie gesehen, aber sie hört aufmerksam zu. »Dort hat Onkel Alexander gewohnt?«

»Was heißt gewohnt? Er ist dort geboren und aufgewachsen.«

»Dort sind jetzt die Russen, hat er gesagt. Und darum kann man auch nicht mehr durchs Brandenburger Tor gehen.«

»Wie kommst du denn jetzt aufs Brandenburger Tor? Das steht in Berlin. Da kann man nicht mehr durchgehen, das stimmt. Hat Alexander mit dir vom Brandenburger Tor gesprochen?«

»Nein, nein, das war jemand anderes.«

Sie hat immer die stille Hoffnung, daß John eines Tages kommt. Sie möchte ihn gern wiedersehen. Und sie wird den Mund halten.

Nein, wird sie nicht. Inzwischen weiß sie mehr. Sie hat ein paar Bücher gelesen und immer fleißig die Zeitung. Sie weiß nun, wer der Kaiser war, wer Hindenburg und wer Hitler. Und was geschehen ist in diesem Krieg und in früheren Kriegen. Wann der Dreißigjährige Krieg war, das hat sie gelernt, wer Friedrich der Große war und Bismarck. Sie hat sich Bücher aus einer Bibliothek besorgt, sie liest alles kreuz und quer durcheinander, es fehlt jemand, der ihr hilft bei diesen späten Lernübungen. John könnte ihr vieles erklären, aber er kommt nicht, und er täte es sowieso nicht, weil sie zu dumm ist.

Dann kommt endlich Alexander, besieht die Schwellung und fährt sie zu einem Arzt, damit der Fuß geröntgt wird.

»Ihr seid doch wirklich zu dumm«, kommt es nun auch

von ihm. »Das hättet ihr längst machen können. Els, wirklich, ich verstehe dich nicht.«

Es ist nichts gebrochen, ergibt die Röntgenaufnahme, aber es ist eine schlimme Zerrung, und der Arzt meint, das könnte noch eine Weile dauern.

»Unter Umständen heilt so etwas schwerer als ein Bruch«, sagt er mitleidig.

»Was soll aus mir werden, wenn ich nicht mehr tanzen kann?« fragt sie verzagt.

Alexander nimmt sie liebevoll in die Arme und setzt sie dann vorsichtig in sein Auto.

»Ich bin doch immer für dich da, das weißt du doch. Außerdem wirst du wieder tanzen. Alle Tänzer haben mal einen Unfall, das geht vorbei. Ihr habt trainierte Muskeln und Sehnen. Du hast mir die Schwanenprinzessin versprochen, vergiß das nicht.«

Die lahme Ballerina

AN EINEM TAG IM MAI geht Cordelia vorsichtig durch den Stutenstall, Schritt für Schritt, es tut nicht mehr weh, wenn sie auftritt, der Fuß ist nicht bandagiert, nur eine Gummibinde stützt das Gelenk. Sie bleibt bei jeder Box stehen, in der sich ein Fohlen befindet. Vor einer Stunde hat man die Pferde hereingebracht, es fing an zu regnen. Dann stützt sie sich an einer Futterkrippe ab, steht auf dem gesunden Bein und hebt das kranke langsam in die Höhe. Schwingt es vor, schwingt es zurück. Setzt es auf, kleine Beugung, dann noch einmal.

»Geht gut, geht sehr gut«, kommt eine Stimme vom Eingang her, es ist Wali, er führt Valera am Zügel. Sie war nicht mit draußen, sie steht kurz vor der Geburt ihres ersten Fohlens und wird darum täglich eine halbe Stunde am Vormittag, eine halbe Stunde am Nachmittag in der Bahn herumgeführt, damit sie Bewegung hat.

Vor Cordelia bleiben sie stehen. Das Mädchen streicht

sanft mit dem Finger über Valeras Nüstern, haucht ihr dann einen Kuß auf die Nase. »Sie ist so schön«, sagt sie.

Die Stute legt den Kopf ebenso sanft auf Cordelias Schulter, sie stößt einen kleinen Laut aus, es hört sich fast an wie ein Seufzer. Der schwere Leib ist ihr lästig.

»Jetzt hat sie es bald«, sagt Wali, »ein paar Tage noch.«

»Hoffentlich wird es ein gesundes Fohlen.«

Denn sie weiß, daß Valera ein Herzleiden hat. Wenn sie kein gesundes Fohlen bringt, wird man sie töten.

»Wird gutes Fohlen. Bestimmt«, sagt Wali.

»Du weißt es?«

»Ich weiß.«

Wenn Wali so etwas ausspricht, glauben ihm alle. Er hat nun mal einen sechsten Sinn für Pferde.

Sie bringen Valera in ihre Box, die große, gleich am Ausgang des Stalls, damit man schnell bei ihr sein kann, wenn sie abfohlt. Wali verbringt sowieso die Nacht in der Kammer daneben.

Sie sehen beide zu, wie Valera sich ihrem Abendessen zuwendet, nicht zuviel Hafer, ein paar Äpfel, ein Löffel Sirup. Sie zerbeißt die Äpfel, macht Apfelmus daraus und mixt sich einen Brei in ihrer Krippe.

»Sie ist eine Genießerin«, stellt Cordelia fest.

»Ja, ja. Sie macht immer so. Du mußt sehen ihr Gesicht, wenn kein Apfel dabei. Manchmal vergesse ich. Vergesse nicht, tu bloß so. Dann sage ich, herrje, kein Äpfelchen mehr da. Im ganzen Stall kein Äpfelchen mehr. Wenn ich gehe, sieht sie mir nach. Weil sie weiß, ich hole Äpfelchen.«

Er lacht über das ganze Gesicht. Cordelia lacht mit ihm. Wali ist ein guter Freund. Anfangs, als das Laufen ihr sehr schwerfiel, hob er sie manchmal hoch und trug sie dahin, wohin sie wollte.

Sie lacht das erstemal an diesem Tag. Sie langweilt sich. Wenn man an Arbeit gewöhnt ist, wird Nichtstun zur Plage. Sie hat viel gelesen, sich mit Olga unterhalten, hat sich erzählen lassen, wie es war, damals auf Gut Renkow, und was für Pferde sie dort hatten.

Olga hat ein erstaunliches Gedächtnis, jedenfalls was das Gut betrifft, sie kennt die Namen der Pferde noch und kann sie beschreiben. Nur was sie gerade getan hat oder tun wollte, vergißt sie oft. Wo sie die Brille hingelegt hat und was sie am Morgen in der Zeitung gelesen hat. Und ob sie ihre Pille genommen hat oder nicht.

»Doch, hast du. Gerade vorhin«, antwortet Cordelia.

»Und wo sind sie jetzt?«

»Wo sie hingehören. In die oberste Schublade von der Kommode.«

All die Zeit hat Cordelia gehofft, daß John kommen würde, denn daß er in der Villa war, hat sie von Gustav erfahren.

»Nur ein paar Tage«, hat Gustav gesagt. »Er ist dann mit der gnädigen Frau nach Genf gefahren.«

»So. Nach Genf.«

»Das ist in der Schweiz«, erklärt Gustav noch.

»Ich weiß, wo das ist«, sagt sie beleidigt. »Das ist am Genfer See.«

Aber sie hat dann doch den Atlas genommen und sich genau angesehen, wo Genf liegt. Ein Atlas ist im Haus, er stammt noch von den Neumann-Kindern.

Sie stehen vor der Stalltür, es regnet nicht mehr, es schüttet. Der Himmel ist fast schwarz.

»Ich trage dich«, sagt Wali, und ehe sie abwehren kann, hat er sie schon auf den Armen und trabt mit ihr über den Hof, platscht durch die Pfützen und setzt sie unter der Hintertür ab.

»Danke«, sagt Cordelia.

»Du bist wie Federchen«, strahlt Wali und geht durch den Regen zurück.

Die Hintertür führt zu einem langen Gang, rechts und links sind die Vorratskammern, zwei große Kühlschränke stehen hier und die Waschmaschine. Alles Produkte aus der Munkmann-Fabrik. Dann kommt man in die riesige Küche, von dort in die sogenannte Diele, ebenfalls ein großer Raum, viereckig, ausgestattet mit Sofa, Tisch und ein paar Sesseln, hier kann man kurzen Besuch empfangen, mit Lieferanten reden, einen Scheck ausstellen. Auch die Löhne werden hier ausgezahlt. Von der Seite aus kommt man ins Eßzimmer, ins Wohnzimmer, in Olgas Zimmer, wo sie auch schläft, das Treppensteigen fällt ihr schwer, in Jochens Büro und schließlich in das sogenannte Arbeitszimmer, wo dienstliche Gäste empfangen werden.

In der Diele bleibt Cordelia stehen. Sie hat Stimmen gehört aus dem Wohnzimmer. Eine Stimme hat sie erkannt.

Sie balanciert wieder auf einem Bein, zieht das Knie, das andere hoch bis ans Kinn.

Dann schleicht sie vor den Spiegel, den es in der Diele gibt. Ihr Haar ist lang geworden, sie trägt es offen, jetzt ist es naß, und sie hat keinen Kamm. Sie schleicht zur Wohnzimmertür, sie steht einen Spalt offen, und Cordelia drückt vorsichtig gegen die Tür, vergrößert den Spalt nur um ein kleines.

Doch John, der der Tür direkt gegenübersitzt, sagt: »Ach, da kommt ja unsere lahme Ballerina.«

Das klingt lieblos. Eine Falte erscheint zwischen Cordelias Brauen, sie stößt die Tür auf und geht ins Zimmer, gerade aufgerichtet, ohne das geringste Hinken, schüttelt das nasse Haar.

»Aber Kind«, ruft Elsgard, »du bist ja ganz naß. Wo kommst du denn her?«

»Aus dem Stall. Ich bin nur ein bißchen naß. Und lahm schon gar nicht.«

John lacht, steht auf und kommt auf sie zu.

»Ich sehe es. Entschuldige.«

»Wer hat denn gesagt, daß ich lahm bin?«

»Alle haben mir furchtbare Dinge erzählt von deinem Unfall. Alexander ist ganz außer sich. Und Gustav hat beinahe geweint.«

Er legt leicht die Arme um sie und küßt sie auf die Wange. Das hat er noch nie getan, Cordelias Augenlider flattern ein wenig.

Doch sie richtet sich nun höher auf, spannt den Rücken an. »Es war kein Unfall. Ich bin bloß ein bißchen umgeknickt. Und von wegen lahm ...«

Sie greift nach der Lehne des schweren Sessels, der da steht, es ist Jochens Sessel, steht auf dem unverletzten Bein und hebt das andere Bein hoch. Nicht allzu hoch, nur in die Waagrechte. Und dann wechselt sie, steht nun auf dem verletzten Bein und hebt das gesunde Bein.

Das tut sie hier und jetzt zum erstenmal. Nun gerade. Und es geht. Es tut ein wenig weh, aber nicht allzusehr.

»Ist ja toll«, sagt John. »Keine Rede von lahm. Was die mir nur für Märchen erzählen. Trinkst du ein Gläschen Sherry mit uns?«

»Och«, sagt sie. Aus Alkohol macht sie sich nicht viel, am liebsten trinkt sie aus Jochens Glas mal einen Schluck Bier. Elsgard hat nichts gesagt, sie kennt Cordelias Übungen, und sie weiß genau, daß sie so etwas hier zum erstenmal vorführt. Und sie weiß auch warum. Das Wort lahm war schuld, das hat Cordelia gereizt. Sie findet es auch sehr unfreundlich. »Es geht uns schon viel besser, wie du siehst«, sagt sie, geht zur Vitrine, holt noch ein Glas, schenkt ein und stellt es auf den Tisch in der Sofaecke. Oder Couchecke, wie Elsgard das nun nennt. Die Couch und die Sessel sind neu, sie hat sie erst vor einem Jahr gekauft. Cordelia setzt sich, nimmt das Glas und nippt.

Auch John hat sich wieder gesetzt, hebt nun sein Glas und sagt: »Auf deine Gesundheit, Cordelia. Das wird Alexander freuen, wenn ich ihm das erzähle. Eine lahme Schwanenprinzessin, das hätte er nicht überlebt.«

Cordelia legt den Kopf auf die Seite, fährt sich noch einmal durch das Haar, es ist schon fast trocken, Walis schützende Arme haben sie vor zuviel Nässe bewahrt. Sie nimmt einen zweiten kleinen Schluck und ist im Moment sehr glücklich und sehr stolz, daß ihr das gelungen ist mit dem Bein.

»Wo kommst du denn eigentlich her?« fragt sie. »Soviel ich weiß, hat doch das Semester begonnen.«

»Was du alles weißt! Du bist doch ein kluges Kind.«

»Da hast du aber deine Meinung sehr geändert seit dem vergangenen Jahr. Damals nanntest du mich noch unbeschreiblich dumm.«

»Im Ernst? Das glaube ich nicht.«

»Doch, hast du gesagt.«

»An sich bin ich ja ein höflicher Mensch.«

»Das bildest du dir ein. Deine Begrüßung heute klang auch nicht gerade höflich.«

»Da hat sie recht«, sagt Elsgard.

Olga lächelt verbindlich und schweigt. Sie hört inzwischen sehr schwer und bekommt von dem Geplauder nichts mit. Elsgard sagt, nun lauter: »Noch ein Gläschen, Olga?«

»Ja, gern«, antwortet Olga.

Früher haben sie Korn getrunken, wenn Besuch kam. Heute trinken sie Sherry. Vieles hat sich geändert.

Eine gute Beobachterin ist Olga immer noch. Sie hat die Sache mit dem Bein gesehen, und da sie Johns Begrüßungsworte sehr gut verstanden hat, weiß sie auch, warum Cordelia es getan hat.

Und nun betrachtet sie ihre hochnäsige Miene.

»Du warst im Stall?« fragt sie.

»Ja. Sie sind alle drin und haben schon zu Abend gegessen.«

John steht auf. »Abendessen muß ich auch bald. Ich bin nur zu einem Abschiedsbesuch gekommen. Und will auch noch mal durch die Ställe gehen.«

Olga und Elsgard wissen schon, worum es sich handelt, Cordelia weiß es nicht.

»Du fliegst also nach Berlin?«

»Ich fliege, aber nicht nach Berlin. Nach New York.«

»Oh!« macht Cordelia. »Und dein Studium?«

»Ich studiere für einige Zeit in Amerika. In Boston. Das hat Harald arrangiert. Er meint, es sei Zeit, daß ich die Nase hinausstecke. Ihr denkt immer hier in Deutschland, ihr seid der Nabel der Welt, sagt er. Solange du nicht eine Zeitlang in den Staaten gelebt hast, wird nie etwas aus dir. Was soll schon groß aus mir werden, habe ich gesagt, der Chef von der Maschinenbau Kettwig-Ruhr. Ist ja vielleicht ganz schön, wenn man weiß, wo man hingehört. Aber es fehlt jeder Überraschungseffekt im Leben, nicht?«

»Was wirst du denn studieren?« fragt Elsgard.

»Mehr oder weniger dasselbe wie hier. Ich habe ja auch schon in Berlin mein Studium auf andere Fächer ausgeweitet. Es gibt so viel, was einen Menschen interessieren kann. Wenn das mit der Fabrik nicht wäre, also am liebsten hätte ich Physik studiert.«

Cordelia denkt schnell nach. Physik, was ist denn das nun wieder? Besser, sie sagt gar nichts.

Elsgard jedoch beweist, daß sie eine eifrige Zeitungsleserin ist. »Kann man wissen, was ihr später machen werdet in eurer Fabrik? Vielleicht baut ihr eines Tages Raumschiffe. Das ist ja jetzt die große Mode.«

»Keine schlechte Idee, Frau Lumin. Man weiß wirklich nicht, was die Zukunft bringt. Sie ist –«, er überlegt und fährt dann fort: »Es ist ungeheuerlich, in dieser Zeit zu leben. Die Welt verändert sich von Tag zu Tag. Was man gestern gelernt hat, ist heute schon altmodisch. Es ist einfach fantastisch, in dieser Zeit zu leben.«

Er hat lauter gesprochen, Olga hat ihn verstanden. Sie sagt: »Es war in jeder Zeit ungeheuerlich. Das Leben. Und soviel ich weiß, führt Amerika einen Krieg.«

»Na ja, Krieg! Das mit Vietnam. Krieg kann man das nicht nennen. Sie werden dort schnell Ordnung schaffen. Den Kommunismus muß man eben bekämpfen, wo er sich breitmacht.«

»Er ist ziemlich weit verbreitet. Und man kann sich fragen, was die Amerikaner Vietnam angeht.«

»Das geht sie schon etwas an.«

»Deine Physik, von der du eben sprachst, John, das sind doch auch Atombomben«, sagt Elsgard.

»Ich sage es ungern, aber wir brauchen sie. Die Russen haben sie auch. Wenn der eine sie hat, muß sie der andere auch haben.«

»Wenn mein Präsident noch lebte«, sagt Cordelia träumerisch, »gäbe es keinen Krieg.«

»Dein Präsident? Wer ist denn das?«

»Präsident Kennedy«, sagt Elsgard. »Die große Liebe ihres Lebens.«

John lacht. »Und ich dachte immer, das sei Onkel Alexander.«

In diesem Moment betritt Jochen das Zimmer. Er hat noch die Stiefel an, die Stiefel sind naß und schmutzig, und Elsgard fährt ihn auch gleich an: »Kannst du dir nicht die Stiefel ausziehen, ehe du hereinkommst?«

Jochen hat den rechten Arm um sein linkes Ellbogengelenk gelegt, bei Regenwetter hat er immer Schmerzen.

Er bleibt an der Tür stehen.

»Tut mir leid. Ich habe das Auto gesehen. Ich dachte, Alexander wäre hier.«

»Ich bin es bloß, Jochen. Guten Abend.«

John steht auf, geht zur Tür und gibt Jochen die Hand.

»Ich komme zu einem Abschiedsbesuch, ich wollte die Pferde noch einmal sehen. Meine Mutter wollte eigentlich mitkommen. Aber wir feiern heute abend so eine Art Abschiedsparty. Nur ein paar leitende Herren vom Werk, um alles Wichtige zu besprechen.«

»Seid ihr denn länger weg?«

»Mutter nicht. Sie kommt bald wieder. Alexander und ich bleiben eine Weile.«

Folgt die ganze Geschichte noch einmal.

Cordelia sinkt in ihrem Sessel zusammen. Onkel Alexander ist weg, John ist weg, und sie ist eine lahme Ballerina. Der Fuß schmerzt jetzt wieder, sie hat ihm zuviel zugemutet. Es fängt alles von vorn an, Übungen an der Stange, kein Auftritt in nächster Zeit. Die Aurora ist sie los, von der Giselle kann man nur träumen, erst recht von ›Schwanensee‹. Und wieder einmal, blitzartig, ist der Gedanke in ihrem Kopf: Ich will das alles nicht mehr.

Nur – was will sie dann?

Doch der Abend hält noch eine Überraschung für sie bereit. Ehe John aufsteht, um mit Jochen durch die Ställe zu gehen, sagt er: »Du könntest eigentlich mitkommen heute abend.«

Cordelia bleibt stumm, doch Elsgard fragt: »Wie meinst du das, John?«

»Sie könnte mitkommen. Ich sage doch, wir haben eine kleine Party, es gibt sicher gut zu essen, und Alexander wäre sicherlich beruhigt, wenn er sähe, daß seine Schwanenprinzessin wieder laufen kann. Zieh dir ein hübsches Kleid an, in einer halben Stunde fahren wir los.«

Das ist eine Sensation. Noch nie ist Cordelia im Haus Munkmann gewesen, nur damals, als sie sich zum erstenmal den Fuß verknackst hatte.

»Also wie finde ich das denn?« sagt Elsgard, nachdem die Männer gegangen sind. »Sie ist noch nie dort eingeladen gewesen. Olga, was sagst du?«

Olga sagt gelassen: »Warum denn nicht? Wenn John sie mitnehmen will. Und Alexander wäre sicher froh, sie noch einmal zu sehen, ehe er abreist.«

»Ich finde, da hätte er schon selber kommen können. Und ob das Frau von Renkow recht ist?«

Und nun sagt Olga etwas Erstaunliches: »Es ist egal, ob es Frau von Renkow recht ist oder nicht, John ist nun mal der zukünftige Chef des Hauses. Wenn er Cordelia einlädt, was soll daran nicht gut sein?«

Beide blicken sie Cordelia an, die zusammengesunken in ihrem Sessel sitzt.

»Möchtest du denn?« fragt Elsgard.

Cordelia richtet sich auf, spannt den Rücken an.

»Ich möchte Onkel Alexander gern noch wiedersehen, ehe er … ich meine, wenn er dann länger nicht da ist. Aber ich habe ja gar nichts anzuziehen.«

Sie läuft hier meist in Hosen herum, was sie an Kleidern besitzt, es ist ohnehin wenig, ist in der Stadt geblieben. Es gibt ein einziges Kleid, das sie dabei hat, es ist schwarz mit einem kleinen blauen Muster, sie hat es immer nach Premieren angezogen.

»Laß uns mal nachschauen«, sagt Elsgard impulsiv.

Sie hat sich immer darüber geärgert, daß sie in der Villa Munkmann nicht willkommen waren. Es ist nicht darüber geredet worden, aber für sie war es deutlich.

»Eigentlich will ich nicht«, sagt Cordelia, als sie das Kleid aus dem Schrank nehmen.

»Na, warum denn nicht? Einer muß mal den Anfang machen.«

»Ich habe ja auch gar keine Schuhe für das Kleid«, sagt Cordelia widerwillig.

»Ich habe schwarze Pumps. Mit nicht zu hohem Absatz. Die passen dir. Wir haben doch dieselbe Schuhgröße.«

Eine halbe Stunde später sitzt Cordelia neben John im Auto und fährt ins Ruhrtal. Halb betäubt von Angst, halb erfüllt von Trotz. Die lahme Ballerina ist nicht vergessen.

John ist bester Laune, singt einen Song von Frank Sinatra vor sich hin. »I've got you under my skin ...«

»Kennst du das?«

»Natürlich. Ich liebe ihn.«

»Kennedy, Sinatra. Wen liebst du noch?«

»Alexander.«

»Und wen noch?«

»Niemand.«

»Du wirst mir doch nicht weismachen, daß du keinen Freund hast.«

»Das kann dir doch egal sein.«

Ein paar Kilometer lang schweigt er, dann sagt er: »Eigentlich schon. Aber ich würd's trotzdem gern wissen.«

Daraufhin lacht sie nur, es klingt überheblich und spöttisch.

»Ich habe dich voriges Jahr mal gesehen, in ›Dornröschen‹. Also du warst schon sehr süß.«

Sie verzieht den Mund, was er nicht sehen kann.

Süß! Ob er eine Ahnung hat, wie schwer sie arbeiten muß, eingewickelt in wollene Wadenschoner, schwitzend, keuchend, nur damit er sie dann süß findet? Außerdem erinnert sie sich noch genau, was er im vorigen Sommer gesagt hat. Aus Ballett mache er sich nichts, er gehe lieber in ein richtiges Theater. Geschwindelt hat er also auch.

»Nun, sag schon. Hast du einen Freund?«

»Ich hab eine Menge Freunde und Freundinnen am Theater, das ist doch klar.«

»Stell dich nicht wieder dumm. Du weißt genau, was ich meine. Ob du einen Liebhaber hast?«

»Das geht dich einen Dreck an«, sagt sie laut.

»Uff! Du kannst ja biestig sein?«

Er fährt den Wagen an den Rand der Straße, bremst sacht, hält.

»Ich würde es gern wissen.«

»Was?«

»Ob du mit einem Mann schläfst.«

»Warum willst du das denn wissen?«

»Nur so.«

»Ach, nur so. Dann kann es ja nicht so wichtig sein. Fahr lieber weiter, sonst kommen wir zu spät.«

»Du denkst doch nicht im Ernst, daß ich weiterfahre, ehe ich eine vernünftige Antwort bekommen habe.«

Sie legt den Kopf zurück an die Sitzlehne.

»Fährst du eben nicht. Ich versteh bloß nicht, was in diesem Fall eine vernünftige Antwort sein soll.« Sie ist gut, sie ist ganz begeistert von sich selber, weil sie so mit ihm umspringt. Und sie denkt rasch an Sophia, was die immer so erzählt von ihren Liebhabern.

»Also sag schon! Wer ist es?«

»Dieser und jener. Man hat viele Verehrer beim Theater. Besonders, wenn man süß ist.« Und das süß bringt sie langgedehnt. »Am liebsten mag ich unseren neuen Tenor. Der kann wunderbar küssen.«

»Und mit dem schläfst du?«

»Was du immer mit dem Schlafen hast. Schlafen ist sehr wichtig für mich. Ich muß viel arbeiten und brauche viel Schlaf. Und dabei bin ich am liebsten allein.«

Er runzelt die Stirn. Nimmt sie ihn auf den Arm?

»Wenn ich nicht gleich einschlafen kann, und das kann ich oft nicht, weil Tanzen hektisch macht, dann lese ich. Und ich weiß nun auch, warum du nicht wie der Kaiser und Hindenburg und der Hitler durch das Brandenburger Tor spazieren kannst.«

Er lacht verblüfft und erinnert sich an das Gespräch vom vorigen Jahr. Dann legt er den Arm hinter sie auf die Lehne.

»Sieh mich an, Kätzchen!«

»Warum nennst du mich Kätzchen?«

»Weil du so aussiehst.«

Und dann küßt er sie. Ganz ungeküßt ist dieser Mund

nicht mehr, das hat Joseph, der Tenor, bewirkt. Immer wieder einmal, wenn sie ihm begegnet, bleibt er stehen, zieht sie an sich und gibt ihr einen Kuß. Daß er mit ihr schlafen will, hat er noch nie gesagt. Aber über seine Küsse freut sie sich, sie hält jedesmal still. Jetzt auch, sie widerstrebt nicht, aber sie erwidert den Kuß nicht.

»Direkt schade, daß ich wegfahren muß«, sagt John.

»Ja, nicht wahr?« sagt Cordelia, keineswegs beeindruckt. Eine Weile betrachtet er sie in dem fahlen Regenlicht, das durch die Scheiben dringt.

»Ich würde gern wissen, was du jetzt denkst.«

»Was gibt es denn groß zu denken? Wegen einem Kuß?«

»Verdammt noch mal, ja.«

Er küßt sie noch einmal. Diesmal heftiger, leidenschaftlich. Er ist nicht ungeübt. Und Cordelia erwidert seinen Kuß diesmal. Das geht auch ohne Übung.

Seine Hand fährt vorsichtig unter ihren Mantel, umfaßt ihre Brust. Das ist ein seltsames Gefühl, sie zuckt zusammen, und gleichzeitig wird ihr ganz heiß. Und es ist ihr so, als müsse sie sich zurücksinken lassen, schweigen, nachgeben, sich hingeben – da ist plötzlich etwas geschehen, von dem sie nicht gewußt hat, daß es geschehen kann.

Und wieder seine Lippen, fast schon vertraut, die Hand um ihre Brust.

Doch nun wehrt sie ihn ab, biegt den Kopf zur Seite, faßt sein Handgelenk.

»Ich denke, du willst zu einer Party?«

Er läßt sie los, betrachtet sie.

»Ganz schön cool, die Künstlerin. Du bist es ja doch gewöhnt.«

»Und ich kann dir das Kompliment vom vergangenen Jahr zurückgeben. Du bist ziemlich dumm.«

Eine Weile sitzt er stumm und starrt auf die nun fast dunkle Straße. Dann fährt er wieder an.

Wenn Beatrice überrascht ist über den unerwarteten Gast, läßt sie es sich nicht anmerken. Sie begrüßt Cordelia sehr freundlich, sagt: »Wie ich sehe, geht es deinem Bein besser. Das freut mich.«

Alexander ist ganz entzückt, Cordelia zu sehen, nimmt sie in die Arme, küßt sie auf beide Wangen.

»Kleines! Dir geht es wieder gut?«

»Einigermaßen«, erwidert Cordelia kühl. Sie nimmt es übel, daß er wegfahren wollte, ohne sie noch einmal zu sehen. Er merkt, daß sie verstimmt ist. Er hatte ja auch vor, sie zu besuchen, aber es war so viel zu tun in den letzten Tagen. Im stillen bewundert er seinen Neffen, der fertiggebracht hat, was er nie wagte: Cordelia in dieses Haus zu bringen. Sie ist zudem ein Erfolg auf dieser Party. Es sind alles Geschäftsleute, Lieferanten, Kunden, ein Banker, nur wenige Frauen und nun mittendrin ein Mädchen vom Theater, eine Tänzerin. Es stellt sich heraus, daß einige sie kennen und schon auf der Bühne gesehen haben. Besonders Roberto Giordano, neben Beatrice und Alexander nun der leitende Mann in der Fabrik, und seine Frau sind ausgesprochene Ballettfans.

Sie haben ›Dornröschen‹ gesehen, den gemischten Abend, natürlich auch Ginettes Abschiedsvorstellung, und sie sind jedes Jahr im ›Nußknacker‹, denn sie haben heranwachsende Kinder. »Meine Tochter Gianna ist jedesmal ganz begeistert. Sie möchte auch tanzen lernen.«

»Für begabten Nachwuchs haben wir immer Interesse«, spricht Cordelia ganz im Ton von Madame Lucasse. »Sie soll sich einmal bei uns vorstellen. Wie alt ist sie denn?«

»Sie ist jetzt sieben.«

»Das ist genau die richtige Zeit, um anzufangen.«

Noch ein anderer Mann, ein graumelierter Fabrikbesitzer aus Duisburg, erweist sich als begeisterter Ballettbesucher. Er ist auch ein alter Bewunderer des Sadler's Wells Ballett in London, das heute zur Royal King Opera gehört. Und er kennt, das ist der Höhepunkt, auch Joan Seymour, die Alexander einmal heiraten wollte.

»Man kann eigentlich nicht mehr davon sprechen«, sagt Alexander eitel. »Da merkt man, wie alt wir schon sind.«

»Damals waren wir junge Burschen, Herr von Renkow. Sicher, es ist lange her. Aber sie ist unvergessen. Sie war eine hinreißende Schwanenprinzessin.« Und zu Cordelia gewandt: »Wann werden Sie die Odette und Odile tanzen, Fräulein Lumin?«

Cordelia hebt graziös beide Hände in einer typischen Ballettgeste, sie lächelt.

»Ich hoffe bald«, sagt sie.

Sie sprechen natürlich von Ginette, von ihren Erfolgen und von ihrem derzeitigen Leben.

»Sie führt ein großes Haus«, berichtet der Herr aus Duisburg.

»Ich war auch schon bei ihr eingeladen. Schließlich bin ich ein alter Verehrer von ihr. Sie ist immer noch eine bildschöne Frau.«

Alles ist ein wenig verwirrend für Cordelia, da sind noch die Küsse auf ihren Lippen und die Gedanken an dieses seltsame Gespräch mit John. Falls man es ein Gespräch nennen will. Er kümmert sich im Laufe des Abends um sie, bringt ihr einen Teller vom Buffet, füllt immer wieder ihr Glas. Einmal streichelt er zärtlich über ihr Haar. Beatrice beobachtet das sehr genau. Sie kennt ihren Sohn gut, auch seine Amouren. Er hat schon öfter ein Mädchen ins Haus gebracht, es war nie sehr ernst zu nehmen.

Morgen fahren sie nach Frankfurt, dann fliegen sie nach Amerika, dort wird er wohl dann für einige Jahre beschäftigt sein. Alexander, und nun John, also das langt, denkt sie. Als die Party zu Ende ist, es wird nicht sehr spät, denn morgen müssen sie früh starten, will er Cordelia nach Hause bringen.

»Das macht Gustav«, sagt Beatrice entschieden. »Du hast schließlich einiges getrunken.«

»Richtig, Mutterherz«, sagt John lächelnd, denn er weiß genau, was sie denkt. »Gustav macht das besser. So wichtig ist es auch wieder nicht.«

Cordelia ist sehr erleichtert, daß Gustav sie fährt. Der Abend war anstrengend, sie ist Partys nicht gewöhnt, der Fuß tut auch wieder weh. Und sie will nicht mehr von John geküßt werden, will nicht seine Hand an ihrem Körper spüren. Überhaupt macht sie sich nicht das geringste aus ihm, er hat sie gerade genug beleidigt. Du bist unbeschreiblich dumm. Die lahme Ballerina. Kätzchen! Und so ein Kuß, und noch ein Kuß, was bedeutet das schon. Soll er doch in Amerika oder in der Hölle studieren, der aufgeblasene Pinsel.

»War es ein hübscher Abend?« fragt Gustav, als sie kein Wort spricht.

»Ganz nett«, antwortet sie. »Alles fremde Leute.«

Alles fremde Leute? Alexander, Beatrice, John?

John, der sich die Frechheit herausnimmt, sie zu küssen und ihr am Busen herumzufummeln. Und ihr blöde Fragen zu stellen.

Ob sie einen Liebhaber hat, was fällt dem ein? Sie ärgert sich, daß sie nicht schlagfertig geantwortet hat. Einen? Ich kann sie schon nicht mehr zählen.

»Das Bein tut nicht mehr weh?« fragt Gustav besorgt.

»Nicht im geringsten. Nächste Woche arbeite ich wieder.«

Sie muß ganz von vorn anfangen. Übungen an der Stange, warm vermummt. Und wann wird sie wieder auftreten können, das ist die Frage. Madame Lucasse wird sie sehr genau beobachten. Zu Hause, allein im Wohnzimmer, macht sie die Übung noch einmal, auf Jochens Sessel gestützt. Erst das eine Bein, dann das andere Bein. Es tut wirklich nicht mehr weh. Sie hat für ihre Verhältnisse viel getrunken, das mag hilfreich sein.

Elsgard kommt ins Zimmer.

»Na, wie war es?«

»Es hat mir nicht besonders gefallen«, antwortet Cordelia kühl.

»Warum?«

»Lauter fremde Leute. Sie waren alle sehr nett zu mir. Ich weiß nicht, wer das alles war. Aber – ich war dort so allein.«

»Allein? Wenn es doch viele Leute waren.«

»Man kann auch unter vielen Leuten allein sein. Kann ich noch etwas zu trinken haben?«

»Willst du ein Glas Milch?«

»Nein. Champagner.«

Elsgard lacht. »Du bist verrückt. Ich habe doch keinen Champagner.«

»Haben wir nicht?«

»Sekt habe ich.«

»Na gut, dann trinke ich ein Glas Sekt.«

»Was hat denn Alexander gesagt?«

»Mit dem habe ich kaum gesprochen.«

»Wieso denn das?«

»Als Gastgeber hatte er viel zu tun. Außerdem war er in Gedanken wohl schon auf dem Flug nach Amerika.«

»Ja, ja, das kenne ich. Wenn er nur zu seinem Freund Harald kann. Der bedeutet ihm mehr als wir alle zusammen.«

Elsgard holt den Sekt, und dann kommt auch Olga aus ihrem Zimmer. Sie kann sowieso schlecht schlafen, und sie hat wohl auch auf Cordelias Rückkehr gewartet. Sie bekommt auch nicht mehr von der Party erzählt. Sie bemerkt nur, daß Cordelia mißmutig ist.

»Ein merkwürdiger Junge, dieser John«, klopft sie auf den Busch.

»Ich finde ihn gräßlich«, sagt Cordelia.

Mit dem ersten Glas Sekt in der Hand balanciert sie wieder auf einem Bein, diesmal ohne sich zu stützen. Dann das andere Bein, sie schwankt, beinahe wäre sie wieder umgeknickt.

Elsgard greift nach dem Glas, nimmt es ihr aus der Hand. »Laß das doch! Du machst mich ganz nervös.«

»Wenn ich nicht mehr tanzen kann, müßte ich immer hier bei euch bleiben. Das würde dir erst auf die Nerven gehen, Mutti.«

»Vermutlich. Und warum sollst du nicht mehr tanzen können?«

»Man denkt mal so darüber nach, nicht? Es kommt öfter vor, daß einer es plötzlich nicht mehr kann.«

Plötzlich wird sie gesprächig. Sie erzählt von einem Mädchen namens Livia.

»Die war so ungefähr neunzehn, als ich angefangen habe. Sie war sehr gut. Wirklich, das hat jeder gesagt. Damals hatten sie ja noch ›Schwanensee‹ auf dem Spielplan. Ginette war schon etwas angeschlagen. Zuerst hat sie beide Rollen getanzt, aber dann wurde ihr das zu anstrengend, sie machte nur die Odette, und Livia bekam die Odile. Wirklich, sie war toll. Sie sei besser als Ginette, wurde geflüstert. Ginette war ziemlich gehässig zu ihr. Damals tanzte noch nicht Zomas, sondern einer, der hieß Kilian. Der sagte es jedem, der es hören wollte oder nicht, daß Livia viel besser sei. Und dann war es aus.«

»Warum war es aus?« fragt Elsgard.

»Sie hat sich ein Bein gebrochen, mehrfach, sehr kompliziert. Und das Steißbein auch. Sie lag monatelang in Gips.«

»Beim Tanzen ist das passiert?«

»Nein, eben nicht. Sie hatte einen Unfall. Sie fuhr immer mit einem Mofa durch die Gegend. Wie eine Verrückte, es konnte ihr nicht schnell genug gehen. In einer Kurve ist sie über eine Böschung geflogen.«

»Das ist ja schrecklich«, sagt Olga. »Aber du fährst ja nicht mit so einem Ding.«

»Wir dürfen nicht einmal mit dem Rad fahren. Das hat Madame Lucasse verboten. Damals in Rosenheim bin ich immer mit dem Rad in die Schule gefahren. Das hatte mir dein Gemüsehändler geschenkt. Weißt du das nicht mehr?«

Doch, Elsgard erinnert sich daran. Und Olga sagt: »Mitten im Winter bist du gefahren, bei Eis und Schnee.«

»Und einmal bin ich auch ziemlich böse hingefallen. Aber das habe ich euch gar nicht erzählt.«

Sie trinken die ganze Flasche Sekt aus, und Cordelia ist ein wenig betrunken, als sie ins Bett geht. Das erstemal in ihrem Leben.

Damals

DAMALS, ALS DIE DEUTSCHEN aus Paris abzogen, aus einer unzerstörten Stadt, denn obwohl ihre eigenen Städte in Trümmern lagen, hatten die Barbaren Paris nicht verwundet: Damals, im Rausch der Befreiung und des Sieges, bewegte nicht nur Freude und Glück die Franzosen, es gab ebensoviel Bösartigkeit und Haß; damals trieben sie Ginette Durans mit Püffen und Schlägen aus dem Theater, stießen sie draußen auf das Pflaster und wollten ihr die Haare abscheren, wie sie es mit allen Mädchen und Frauen taten, die mit einem Deutschen befreundet gewesen waren. Damals war es Serge Raikov, der Ginette hochriß, festhielt und sie, hinter sich her zerrend, mit ihr davonlief. Verfolgt von den wütenden Schreien der Rächer rannte er mit ihr um einige Ecken und nahm sie schließlich mit in seine kleine Hinterhofwohnung in der Rue Caumartin.

Als sie an seine Tür schlugen und die Herausgabe von Ginette verlangten, riß er die Tür auf und brüllte in seinem schaurigen Russisch auf sie ein.

Er konnte nicht sehr gut Russisch, eigentlich gar nicht, er gab nur so eine Art Kauderwelsch von sich, das er als Russisch bezeichnete.

Sein Vater war Bulgare gewesen, seine Mutter stammte aus dem Kaukasus, aufgewachsen war er in Paris.

Ginette lag schluchzend auf dem Boden, geschüttelt von Angst und Entsetzen. Und auch von Trauer, denn sie hatte den deutschen Leutnant geliebt, den man vor einigen Tagen getötet hatte.

Sie verfluchte die einmarschierenden Amerikaner, und vor allem de Gaulle, der ihrer Meinung nach an dem ganzen Unglück schuld war.

»Ferme ta gueule!« schrie Raikov sie an. »Das darfst du jetzt nicht mehr sagen. Sei froh, daß ich dich gerettet habe. Wenigstens für den Moment.«

Sie blieb zunächst bei ihm, daraufhin bekam er Krach mit seiner Freundin, die verlangte, daß er die Verräterin hinausschmiß, und als er sich weigerte, verschwand sie und kam nicht wieder.

Ginette blieb einige Zeit bei Serge Raikov, keine Liebesgeschichte, sie dachte nur an ihren toten Freund, weinte oft, was Raikov auf die Nerven ging. Er ließ sie allein, trieb sich in der aufgeregten Stadt herum, ging zu seinen Kollegen, die ihm den Rücken zuwandten. Er war damals Tänzer in der Oper an der Place Garnier, und man machte ihm klar, daß er in diesem Haus nichts mehr verloren hätte. Später, als die Gemüter sich beruhigt hatten, konnte er zurückkehren, blieb jedoch nicht mehr lange. Er war nur ein mittelmäßiger Tänzer, er komponierte, und vor allem wollte er choreographieren, da lag sein Talent.

Ginette verließ ihn nach einiger Zeit und begann ihr ruheloses Nachkriegsleben. Sie ließ nie wieder etwas von sich hören, weder bei ihm noch bei den anderen Kollegen ihrer jungen Jahre.

Doch nun kehrte sie nach Paris zurück und forschte nach, ob sie den einen oder anderen finden könnte. In drei Fällen gelang es; Zeitungsausschnitte und Bilder gab es genug, mit denen sie beweisen konnte, wie erfolgreich sie in den vergangenen Jahren gearbeitet hatte.

»Du hast es immer mit den Deutschen getrieben«, sagte eine ehemalige Kollegin verächtlich, die es nicht weitergebracht hatte als bis zur Garderobiere des Theaters, in dem sie einst getanzt hatte. Ginette lächelte überlegen. Sie fuhr in einem großen Wagen mit Chauffeur, sie wohnte im Ritz, sie sah blendend aus und war elegant gekleidet.

»Ich komme mit den Deutschen gut aus«, sagte sie mit freundlicher Zurückhaltung. »Und daß ich besser tanzen kann, als sie es können, haben sie anerkannt.«

Eine andere ehemalige Kollegin war unglücklich verheiratet und lebte in engen Verhältnissen, und die dritte, die sie schließlich auftrieb, war Kellnerin in einem kleinen Bistro. Sonst waren alle verschwunden aus Paris, zumindest wußten die drei nicht, was aus ihnen geworden war. Eins stand fest: Berühmt geworden war keine. Die Schwanenprinzessin hatten sie gewiß nicht getanzt.

Abends speiste Ginette mit ihrem Mann im ›Tour d'Argent‹, sie war nachdenklich, fast ein wenig traurig.

»Damals wollte ich am liebsten sterben. Und später dachte ich, daß ich nie wieder nach Paris kommen würde. Ich wollte Paris nie wiedersehen. Ich haßte sie alle, so wie sie mich gehaßt haben.«

Sie hatte ihrem Mann die ganze Geschichte erzählt, schon lange bevor sie sich entschloß, ihn zu heiraten. Auch daß sie nie wieder einen Mann wirklich geliebt hatte, daß es überhaupt kaum Männer in ihrem Leben gegeben hatte.

»Jetzt hasse ich sie nicht mehr. Sie tun mir nur noch leid. Kann sein, sie hassen mich noch.«

»Aller Haß hat einmal ein Ende«, sagte ihr Mann und strich leicht über ihre Hand, an der jetzt ein prächtiger Diamantring blitzte.

»Es ist sehr anstrengend zu hassen. Außerdem bringt es nichts. Daß unsere Völker sich jetzt vertragen, das werte ich als eine der erfreulichsten Entwicklungen der letzten Jahre. Siehst du, es besteht nicht einmal mehr ein Grund für dich, de Gaulle zu hassen. Er und Adenauer haben einen Bund geschlossen, der halten wird. Und daß es de Gaulle schließlich gelungen ist, diesen fürchterlichen Algerienkrieg zu beenden, kann man nicht hoch genug preisen.«

»Es gibt auch dafür wieder Menschen, die ihn hassen. Algerien hat den Franzosen viel bedeutet.«

Sie hatten an diesem Tag schon über Algerien gesprochen, denn Ginette hatte von der Garderobiere erfahren, daß sich Serge Raikov in den Jahren nach dem Krieg in Algerien aufgehalten und dort gearbeitet hatte. Nachdem er zurückgekehrt war, ging es ihm nicht sehr gut, er war in Marseille, später in Toulouse, und jetzt hatte er eine eigene Truppe gegründet, mit der zog er durch das Land.

»Im Sommer in den Bädern, im Winter in den Städten, wo er halt ein Engagement bekommt. Keine große Truppe, kein Ballett, sie sind nur acht. Aber sie sind gut, ich habe sie mir einmal angeschaut.«

»Sie tanzen meist nach seinen Kompositionen«, erzählte Ginette ihrem Mann. »Ob das dem Publikum gefällt, bezweifle ich. Komponiert hat er damals schon, und ich fand es schrecklich. Nicht das, was ich unter Musik verstehe. Wo er jetzt ist, weiß sie nicht. Ich hätte ihn gern getroffen. Ich verdanke ihm mein Leben.«

»Du hast gesagt, die Dame wird sich nach der Agentur erkundigen.«

Ginette lächelte und legte nun ihre Hand auf die ihres Mannes.

»Du bist so lieb. Und so geduldig.«

»Nur muß ich jetzt zurück nach Düsseldorf, Liebling. Hochzeitsreise, gut und schön, und nun noch mit dir in Paris, das war wundervoll. Aber gelegentlich muß ich mich um meine Firmen kümmern. Ich denke, wir fahren nach Hause, du bleibst mit der Dame in Verbindung, und wenn du von diesem Raikov etwas erfährst, kannst du ihn ja dann besuchen.«

Sie erfuhr schon am nächsten Tag die Adresse der Agentur, und dort sagte man ihr, daß sich Serge Raikov mit seinen Tänzern zur Zeit in Brüssel aufhalte und anschließend, wenn die Sommersaison begann, in den belgischen Bädern auftreten würde, die ganze Küste entlang, von Knokke bis De Panne. Ihr Mann flog nach Düsseldorf zurück, Ginette bekam den Mercedes samt Chauffeur und fuhr nach Brüssel.

Noch ehe die Theaterferien beginnen, kann Ginette dem Intendanten des Theaters, an dem sie zwölf Jahre lang aufgetreten ist, einen erstklassigen Mann empfehlen, ehemaliger Tänzer, Komponist und ein Choreograph mit brillanten Einfällen. Man könnte so einen Mann an diesem Haus gebrauchen; Maître Chalons ist alt, Madame Lucasse eine gute Ballettmeisterin, aber keine besonders einfallsreiche Choreographin. Nur zu teuer dürfte dieser Mann nicht sein.

Ginette übernimmt die Verhandlung. Und sosehr sich Serge Raikov gefreut hat, sie wiederzusehen, so wenig ist er bereit, nun mit fliegenden Fahnen über die Grenze zu kommen und sich von einem deutschen Stadttheater engagieren zu lassen. Obwohl er den Job dringend brauchen könnte. Mit seiner Truppe verdient er wenig, eine Tänzerin hat ihn verlassen, die anderen sind zwar recht gut, er arbeitet sehr intensiv mit ihnen, mittelmäßige Tänzer würde er nicht beschäftigen, aber weil sie gut sind, bekommen sie auch anderswo Engagements, feste Engagements. Er hat noch vier Tänzerinnen und drei Tänzer, sie müssen an Kostümen und Requisiten sparen, doch tanzen können sie, nach der Musik von Strawinsky, Prokofiew, Rachmaninow, auch nach der

Musik von Ravel, sogar von Johann Sebastian Bach, und nach seiner eigenen natürlich.

Kommt dazu, daß er einen Traum hat, einen leidenschaftlichen Traum, und das seit vielen Jahren schon, den hat er schon in Algerien geträumt. Dort hatte er eine Truppe hochbegabter Afrikaner zusammengebracht, doch der Krieg machte ihrer Arbeit ein Ende, vertrieb ihn schließlich, der Traum aber reiste mit. Zwei Jahre hat er sich durchgehungert, die neue Truppe gesucht, ausgebildet, mit ihr gearbeitet, und der Traum ist immer dabei.

Der Traum heißt Amerika. Da will er hin, mit seiner Musik, seinen Tänzern. Dort wird er Karriere machen, er wird endlich berühmt werden. Hollywood wird sich um ihn reißen. Und dafür ein popliges deutsches Stadttheater?

»Non, non, Ginette, jamais!«

Aber wie soll er nach Amerika kommen? Da ihn niemand engagiert, müßte er das selber finanzieren. Es geht so weit, daß er Ginette um Geld bittet für eine Tournee in die Vereinigten Staaten. Denn Geld hat sie ja nun.

»Tu es fou«, sagt Ginette wütend.

Das geht so den ganzen Sommer über, mit seiner Truppe probiert er während der belgischen Tournee nun ein paar Nummern nach amerikanischer Musik, Gershwin, Bernstein, Barber, sie probieren am Tag in behelfsmäßigen Räumen, treten am Abend auf.

Dann verläßt ihn einer der Jungen, er hat einen Verehrer und Freund gefunden, der kommt von Gent Abend für Abend an die Küste gefahren, um den geliebten Jungen tanzen zu sehen. Er ist reich, kann dem Jungen ein sorgloses Leben bieten, und die Schinderei, die Raikov mit den Tänzern veranstaltet, ist nicht mit anzusehen, sagt er. Nun sind sie bloß noch sechs.

Ginettes Mann, den das nicht so sehr interessiert, lacht.

»Dann gib ihm halt das Geld für den Flug. Sieben Leute, das können wir uns gerade noch leisten. Drüben muß er dann sehen, wie er zurechtkommt.«

»Ich will, daß er an mein Theater kommt«, sagt Ginette. Mein Theater, sagt sie. Es ist seltsam, aber seitdem sie dort nicht mehr auftritt, ist es viel mehr *ihr* Theater geworden, als es das vorher war.

Immerhin läßt sich Raikov im November zu einem Besuch und zu einer Vorstellung beim Intendanten herab.

Er sieht den gemischten Abend und verzieht angewidert das Gesicht. Rossini, Mozart, Chopin, Gounod, Tschaikowsky, also in welchem Jahrhundert leben denn die Leute im Ruhrgebiet?

Auch ›Der Graf von Luxemburg‹ ist wieder auf dem Spielplan, und er sieht, wie der schöne Joseph sich eines der Mädchen herauspickt und küßt. Das macht der immer noch. ›Hoffmanns Erzählungen‹ jedoch findet er ganz gut.

Alles da in diesem Theater, Oper, Operette, Ballett, manche sind ja auch ganz gut, sagt er gnädig. Ein großer Apparat, so etwas hat er nie erlebt. Und er könnte ihnen beibringen, wie man heute tanzt.

»Schade, daß wir ›Dornröschen‹ zur Zeit nicht auf dem Spielplan haben«, sagt Ginette. »Die Aurora habe ich zuletzt noch getanzt.«

Er verschluckt höflich die Bemerkung, daß sie eigentlich dazu schon zu alt gewesen sein muß.

Wider Willen gefällt es ihm ganz gut. Er ist Gast in der Villa in Meerbusch, Ginettes Leben ist nicht nur angenehm, es ist feudal. So hat er nie gelebt. Die Kleine, die er damals durch den Dreck zog, als sie ihr die Haare scheren wollten.

Er kennt inzwischen nicht nur den Intendanten, er kennt Madame Lucasse, Maître Chalons, den Dirigenten Hasse. Es wäre eine ganz andere Art von Leben, bei den Deutschen. Es schockiert ihn, auf welch großem Fuß sie leben. Natürlich nur die, die er kennt. Die Gäste, die in Ginettes Haus kommen, ihren liebenswürdigen, wie er findet, viel zu gutmütigen Ehemann. Es wäre wirklich eine neue Art zu leben. Diese Deutschen! Wie haben sie das nur geschafft.

Er sieht natürlich nur die eine Seite, die glänzende, die wohlhabende. Die Reichen im Ruhrgebiet.

Es ist eine Verführung. Schließlich läßt er sich dazu herab, daß er kommen würde. Aber erst in der nächsten Spielzeit. Er muß und er muß nach Amerika.

Ginettes Mann gibt ihm schließlich das Geld für den Flug.

»Sie können es mir ja zurückgeben, wenn Sie hier engagiert sind, Monsieur.«

Ginettes Mann spricht nicht französisch, Raikow nicht deutsch. Ginette sorgt für Verständigung, nicht ohne Ärger. Sie weiß, daß ihr Mann sie gern vom Theater lösen möchte. Nicht im Bösen, er hat sie schließlich dort gesehen, bewundert, liebengelernt. Aber nun ist sie seine Frau. Eine Frau, für die ihn jeder bewundert.

»Laß ihn doch, Schatz«, sagt er. »Wenn er einen Hollywood-Vertrag bekommt, dann hast du dich wirklich ausreichend bedankt für das, was er für dich getan hat.«

Es gibt keinen Hollywood-Vertrag. Raikov kommt zurück und tritt in der folgenden Spielzeit ein befristetes Engagement im Theater an.

Es verschafft ihm ein regelmäßiges Einkommen, ein gut geschultes Corps und eine Menge Arbeit, auf die er sich mit Begeisterung stürzt.

Und zu alledem hat er eine Primaballerina mitgebracht. Eine großartige Tänzerin, ein wunderschönes Mädchen, eine Amerikanerin: Jennifer Byle.

Der Neue

DIE TÄNZER WERDEN ÜBERRASCHT. Daß ein neuer Ballettdirektor für das Haus gesucht wird, davon ist schon oft die Rede gewesen. Maître Chalons ist nun wirklich sehr alt, doch niemand will ihn vertreiben, ohne Theater kann er nicht leben. Er wird nach wie vor dabei sein, wird zuschauen, wenn sie trainieren, probieren, auftreten. Manchmal ist es schon vorgekommen, daß er abends in der Kulisse einschläft. Dann heben ihn die Bühnenarbeiter sacht vom Stuhl und tragen ihn zu dem Sofa, das in dem Gang steht, der zu den Garderoben führt. Wenn er aufwacht, wird er ärgerlich.

»Was fällt euch ein! Laßt mich sofort los!«

Manchmal schläft er friedlich weiter, und wenn die Mädchen von der Bühne abgehen, bleiben sie bei ihm stehen, und eine weckt ihn mit einem Kuß. Dann schimpft er nicht, dann lächelt er.

Raikov hat er kennengelernt, als der sich vor einem Jahr für einige Vorstellungen im Theater aufhielt. Er betrachtete den Landsmann skeptisch, gut sah der Bursche ja aus, über seine Laufbahn jedoch war ihm nichts bekannt.

»Ein Franzose«, sagt Sophia. »Das haben wir Ginette zu verdanken.«

»Jetzt müßt ihr euch aber anstrengen«, sagt Marguerite.

»Der kann nämlich kein Wort deutsch.«

Marguerite hat, was die Verständigung betrifft, einen großen Vorteil, sie ist zweisprachig aufgewachsen, ihre Mutter ist Französin. Es hat im Krieg auch Liebesgeschichten mit gutem Ausgang gegeben. Marguerites Vater war Stabsarzt, er liebte die junge Französin, die überdies ein Kind von ihm erwartete. Ehe die Ardennenoffensive begann, brachte er sie von Soissons, wo er zu jener Zeit in einem Lazarett arbeitete, nach Reims. Da gab es ein hübsches kleines Restaurant, mit dessen Patron er sich angefreundet hatte und wo der Doktor, wenn es seine Zeit erlaubte, Champagner trank. Denn es gab nicht nur Feindschaft und Haß zwischen Deutschen und Franzosen. Der Wirt war von 1915 bis 1918 in deutscher Kriegsgefangenschaft gewesen und hatte die besten Erinnerungen daran.

»Und vor allem, mon ami«, sagte er, »hat es mich am Leben erhalten. Sonst wäre ich wohl vor Verdun verreckt. Wie mein Bruder und mein Cousin und viele andere, auch von euch.«

Hierhin brachte der Doktor sein Mädchen, mit dem Auftrag, es zu verstecken und gut zu behüten. Über den Ausgang der Ardennenschlacht machte er sich keine Illusionen. Auf dem Rückzug verpaßte er ihr eine Schwesterntracht und steckte sie in einen Verwundetentransport.

Es wurde eine glückliche Ehe. Marguerite, im selben Jahr wie Cordelia geboren, bekam noch einen Bruder und eine

Schwester, ihr Vater hatte eine gutgehende Praxis in Mülheim an der Ruhr.

Ihre Mutter hatte einst davon geträumt, Tänzerin zu werden, der Krieg, die Liebe hatten es verhindert. Sie hatte Verständnis, als Marguerite sich diesen Beruf erwählte, und unterstützte sie gegen den Willen des Vaters, der seinem kleinen Mädchen ein leichteres Leben wünschte. Er hoffte im stillen, daß Marguerite, so hübsch wie sie war, vielleicht bald heiraten würde.

Als er sie im Frühjahr als Aurora sah, gab er zu, sie sei begabt, und lachte, als seine Frau sagte: »Da siehst du, was ich verpaßt habe.«

Für Cordelia hat es für den Rest der Spielzeit keine Soli mehr gegeben, sie tanzt nur im Corps. Das verletzte Bein hat sie sehr verunsichert, sie übt zwar fleißig an der Stange, das Gelenk ist gut verheilt, doch sie scheut jeden hohen Sprung, lauscht gewissermaßen ständig in ihre Füße hinein. Wenn sie einen Fehler macht, wenn eine Übung mißlingt, läßt sie sich einfach auf den Boden fallen. Sie neigt zur Selbstaufgabe, dazu, sich einfach gehen-, sich fallenzulassen. Madame Lucasse hat das genau beobachtet, sie kennt Cordelia sehr gut, weiß, was in ihr vorgeht. Keine ›Giselle‹ in der nächsten Spielzeit, darüber ist sie sich klar. Auch kommt dann der Neue, man muß abwarten, wie sich alles entwickelt. Ihre Gefühle sind gespalten. Ein neuer, ein guter Mann muß her, das sieht sie ein. Fragt sich nur, was Ginette ihnen für einen Vogel ins Nest setzen wird.

»Scheint eine Jugendliebe von ihr zu sein«, sagt Hasse.

»Bißchen sentimental, die Gute.«

Zuerst kommen die Theaterferien, sie sind für Cordelia eine Erlösung. Sie hat Ruhe, kann ausschlafen, bekommt gut zu essen, spielt mit den Hunden oder mit den Katzen, hält sich meist in Jochens Nähe auf, obwohl sie sich mit Elsgard jetzt viel besser versteht als früher. Elsgard Lumin, in sicherer Obhut lebend, in geordneten Verhältnissen, in einem hübschen Haus, ähnelt wieder der Elsgard von einst. Sie denkt, im Gegensatz zu Olga und Jochen, eigentlich gar nicht mehr an das vergangene Leben, drüben, hinter der tödlichen Grenze. Da ist auch keiner mehr, an den sie denken muß. Am liebsten ist Cordelia bei den Pferden, und am allerliebsten bei Valera, die ein hübsches Hengstfohlen bekommen hat.

»Und sie sind beide gesund, nicht wahr, Vati?«

»Sieht so aus«, antwortet Jochen. »Valeras Herz war unruhig bei der Geburt und auch noch einige Zeit danach. Aber das ist ja normal. Jetzt geht es ihr wieder gut, sagt der Doktor.«

Auch Wali hat die Stute immer im Auge, und wenn sich Valera ins Gras legt, ist er sofort bei ihr und prüft ihren Puls, ihren Herzschlag. Man hat sie nicht gleich wieder decken lassen, erst mal abwarten, wie Mutter und Sohn sich entwickeln.

Bei Valera kommt es zu einer Begegnung zwischen Beatrice und Cordelia, zum erstenmal seit jenem Abschiedsabend. Cordelia turnt nicht wie sonst am Koppelzaun herum, sie sitzt innen in der Koppel, den Rücken an den Zaun gelehnt. Valera grast in der Nähe, der Kleine hopst schon recht munter um sie herum.

»Komm her, Valera! Komm! Du bist die Schönste von allen. Kann sein, weil du nicht gesund bist. Ich habe mal gelesen, daß man besonders schön ist, wenn man nicht ganz gesund ist. Vermutlich ist das Unsinn. Und du bist ja gesund, Valera. Außerdem kannst du doch ganz froh sein. Du brauchst keine Rennen mehr zu laufen. Ich hab's mal gesehen, in Düsseldorf. Mir gefällt das nicht. So eine Hetzerei. Und jeden Tag trainieren. Und dann die Rennen, da kommt es drauf an, nicht? Du hast gewonnen in München, und dann bist du zusammengebrochen. Es ist wie bei mir. Wir müssen trainieren und trainieren, bis wir nicht mehr können. Mein Herz klopft auch manchmal ganz fürchterlich, und dann denke ich, jetzt falle ich um.« Die Stute, von ihrer leisen Stimme angezogen, ist gekommen, senkt den Kopf, läßt sich streicheln. Den kleinen Sohn läßt sie dabei nicht aus den Augen.

»Er ist wirklich goldig, der Kleine. Schau nur, wie er herumhopst. Das Traurige ist nur, daß du ihn hergeben mußt, wenn er ein halbes Jahr alt ist. Und dann ein Jahr später muß er schon arbeiten. Die Vollblüter haben ein hartes Leben. Das sagt Vati auch. Er ist jetzt schon so lange hier, aber daß die Vollblüter schon so jung trainieren müssen, das gefällt ihm nicht. Bei unseren Pferden war das anders, sagt er.«

Beatrice ist auf dem Wiesenrand des Weges herangekommen, sie steht da und hört Cordelias Geplauder zu.

»Da hat er sich noch immer nicht daran gewöhnt, dein Vater«, sagt sie. »Er hat schon recht, es ist ein hartes Leben. Und Vollblutzucht ist ein hartes Geschäft. Manchmal denke ich das auch.«

Cordelia ist erschrocken aufgesprungen und bekommt sofort ihre angstvollen Augen.

»Oh! Guten Tag«, sagt sie.

»Der Fuß wieder in Ordnung?« fragt Beatrice.

»Doch. Es scheint so.«

»Was heißt, es scheint so. Ist die Zerrung verheilt?«

»Es sieht so aus.«

Beatrice blickt auf die Pferde, sieht dann Cordelia an.

»Ich kann mir vorstellen, daß es ein Unterschied ist, ob man mit einem verletzten Fuß wieder laufen kann oder ob man damit tanzen muß.«

Cordelia nickt. »Ja. Man hat immer Angst, daß es wieder passieren könnte.«

»Jetzt hast du erst mal Ferien. Und wie ich sehe, bist du immer noch gern bei den Pferden.«

Valera geht auf die Koppel hinaus, das Fohlen drängt sich an sie, beginnt zu trinken.

»Du hast sie nicht laufen gesehen«, sagt Beatrice. »Sie flog wie ein Pfeil, ihre Füße schienen kaum den Boden zu berühren. Und sie siegte. Und es war auch schon einer da, der mir viel Geld für sie bot. Und dann fiel sie um. Es war entsetzlich. Ich dachte, sie wäre tot.«

»Und dann sollte sie getötet werden.«

»Ja. Keiner dachte, daß sie wieder auf die Beine kommt.«

»Ich bin so froh, daß sie hier ist. Und sie ist gesund. Und der Kleine ist überhaupt gesund. Sagt der Doktor.«

»Wenn er das Talent seiner Mutter geerbt hat, und sein Vater ist ja auch unser Bester, dann wird er mal ein Sieger.«

»Das wäre schön, gnädige Frau.«

Beatrice betrachtet das Mädchen prüfend.

»Warum sagst du gnädige Frau zu mir?«

Cordelia wird rot. »Gustav sagt auch immer so.«

»Du bist nicht mein Chauffeur, und ich habe einen Namen.«

»Ja, Frau von Renkow.«

Jetzt lacht Beatrice, legt den Arm auf Cordelias Schulter. »Es fällt mir auf, daß du mich eigentlich nie mit Namen angesprochen hast. Könntest du dich daran gewöhnen, mich Beatrice zu nennen?«

»Ich werde es versuchen, Beatrice.«

»Nachdem sich ja mein Sohn in dich verliebt hat, fände ich das ganz passend.«

Cordelia lacht. »Ach, verliebt! Sie sollten mal hören, was er mir alles an den Kopf geschmissen hat, als Jürgen hier war. Mach, daß du wegkommst, du bist zu dumm, mit dir kann man nicht reden. So was hat er gesagt.«

»Na ja, das kann ich mir schon denken. So junge Männer können manchmal rüde sein. Sie bilden sich ein, sie haben die Welt neu erfunden. Auf dem Flug jedenfalls hat er von dir gesprochen.«

Wie immer ist Beatrice eine andere, wenn sie bei ihren Pferden ist.

»Es täte ihm leid, daß er nicht öfter im Theater war, um dich tanzen zu sehen.«

»Mir hat er gesagt, er macht sich nichts aus Ballett.«

»Siehst du, so schnell kann man seine Meinung ändern. Er wollte wissen, was denn eigentlich ›Schwanensee‹ ist. Weil Alexander so oft davon spricht. Daraufhin erzählte ihm Alexander während des Fluges die ganze Handlung, und mein Herr Sohn sagte, das kann ich mir gut vorstellen, daß sie so was tanzt. Und weißt du, was Alexander dann sagte? Jetzt kümmere dich gefälligst um dein Studium. Cordelia gehört mir und nicht dir.«

»Ein seltsames Gespräch«, sagt Cordelia befangen.

»Ja, finde ich auch. Und wie steht es nun mit ›Schwanen-see‹? Ich habe das nun auch schon tausendmal gehört.«

»Keine Aussicht. Das hat Ginette Durans doch jahrelang getanzt, das kommt so schnell nicht wieder auf den Spiel-plan. Ich habe ja immer ...«, sie stockt. »Ich habe immer auf die ›Giselle‹ gehofft. Aber jetzt ...«, sie blickt hinunter auf ih-ren Fuß.

»Jetzt?«

»Ich würde mich gar nicht trauen.«

Beatrice betrachtet sie nachdenklich. »Ja, es ist wohl ein harter Beruf«, sagt sie dann. »Wie bei meinen Vollblütern.«

Eine Weile sehen sie schweigend den Pferden zu. Das Fohlen hat genug getrunken, streckt sich satt und zufrieden im Gras aus.

»Wir brauchen noch einen Namen für ihn«, sagt Beatrice.

»Wali meint, man soll ihn Valerius nennen. Und Olga sagt, dann haben wir drei Walis im Haus. Aber sie hat ge-sagt, dann lieber gleich Valerianus, das war ein römischer Kaiser.«

»Olga ist doch immer noch die Klügste von allen.«

»Wie war es denn in Amerika?«

»Ganz nett. Harald ist sehr unterhaltsam. Und seine Brü-der auch. Wir sind viel ausgegangen. Wir waren auch oft im Theater. Dann sind wir nach Boston gefahren, um John dort zu etablieren. Bin ja gespannt, wie lange er es aushalten wird.«

»Und Onkel Alexander? Er ist noch nicht zurück?«

»Er ist in Argentinien, er muß sich um den Export küm-mern.«

So viel und so lange hat sich Cordelia noch nie mit dieser Frau unterhalten, die sie kaum kennt. Die Party hat wohl ei-ne neue Basis geschaffen.

»Wo ist denn deine Mutter? Ich habe sie nicht gesehen.«

»Heute ist Freitag. Da ist Mutti beim Friseur.«

Beatrice lacht. »Es geht doch nichts über ein geordnetes Leben. Na, komm, schauen wir mal nach Jochen. Der hatte einen Getreidehändler im Büro und war sehr vertieft.«

»Das ist ein neuer. Der importiert Hafer aus Frankreich.«

»Warum? Haben wir hier nicht genug?«

»Der soll angeblich besser sein. Und auch billiger. In Frankreich haben sie ja viel Pferde.«

»Sehr schöne Pferde. Und prachtvolle Gestüte. Ich war mal in Sémur, Riesenweiden, großer Auslauf für die Pferde.«

Beatrice bleibt sogar zum Abendessen. Es ist ziemlich einsam in der Villa Munkmann, kein Vater, kein Mann, kein Sohn. Fred hat seinen Besuch angekündigt. Er bummelt immer noch durch sein Leben, macht mal hier oder dort Musik, neuerdings plant er, sich in Rom an einer Filmproduktion zu beteiligen. Von Beatrice bekommt er klaglos Geld.

Der Sommer geht vorbei, die neue Spielzeit beginnt und das aufregende Leben mit dem neuen Ballettdirektor.

Sophia äußert sich als erste.

»Das wäre ein Mann nach meinem Geschmack«, sagt sie, das bekannte Glimmern im Blick. »Sieht er nicht toll aus?«

So was ist natürlich Geschmackssache. Er ist ungefähr Mitte Vierzig, mittelgroß, mit einem festen durchtrainierten Körper und einem ausdrucksvollen Gesicht mit greifenden Augen unter einem Wust von schwarzem Haar.

Ein wenig Angst macht er ihnen allen, an Flirt ist da gar nicht zu denken. Da sind die Sprachschwierigkeiten, und da ist die Art, wie er mit ihnen umgeht.

Tagelang sieht er ihren Übungen zu, auch ihren Auftritten, kein Tanz, nur ein wenig Bewegung im ersten Akt des ›Rigoletto‹, die erste Premiere der Spielzeit, Joseph singt den Herzog.

Und dann nimmt er sich jeden einzeln vor, die Mädchen und die Jungen. An der Stange müssen sie tanzen, nur im knappen Trikot, ohne Beinwärmer, mal auf der Spitze, mal auf den Füßen. Er faßt sie an, prüft die Muskeln, die Spannung im Körper beim Sprung. Alle geläufigen Figuren kommen vor, dabei redet er in seinem rasanten Französisch, das die meisten nicht verstehen, auch wenn sie Französisch gelernt haben.

Cordelia zum Beispiel. Sie kann zwar korrekt sprechen, aber verstehen kann sie ihn nicht, er redet einfach zu schnell.

Er erkennt auch sofort ihre Schwächen, die Oberschenkel sind zu dünn, die Muskeln nicht kräftig genug, die Gelenke zu schwach. Er prüft das alles mit den Händen, kniet vor ihr, umfaßt ihre Beine, in der Ruhe, in der Bewegung. Schließlich hebt er sie, wirft sie in die Höhe, sehr hoch, fängt sie sicher auf.

Cordelia ist blaß vor Angst, sie kann nur schwer ihren Atem kontrollieren, sie ist wieder einmal nahe daran, sich einfach auf den Boden fallen zu lassen.

Außer ihm ist es der neue Star, die neue Primaballerina, die sie alle fasziniert.

Sie ist für eine Tänzerin ziemlich groß und langbeinig, und sie ist sehr schön, ihr Haar ist rotblond und lang, ihre Augen sind graugrün. Katzenaugen, wie Pauline feststellt.

»Vor der müssen wir uns in acht nehmen«, sagt sie.

Dazu besteht zunächst kein Grund. Jennifer arbeitet genau wie alle anderen jeden Tag an der Stange, sie ist freundlich, doch distanziert. Deutsch sprechen kann sie natürlich auch nicht.

Was alle am meisten interessiert: Ist sie seine Geliebte?

Sie wohnen beide in einem kleinen Hotel in der Nähe des Theaters, sie haben getrennte Zimmer. Aber, so sagt Sophia, das will nichts heißen.

Jennifer und Raikov arbeiten unermüdlich zusammen, sie reden englisch oder französisch, sie streiten, doch sie lachen auch zusammen, es dreht sich offenbar immer nur um die Arbeit. Auf jeden Fall benehmen sie sich nicht wie ein Liebespaar, doch das kann man sich bei dieser kühlen Göttin sowieso nicht vorstellen.

Als erste Produktion ist der ›Feuervogel‹ geplant, den hatten sie an diesem Theater noch nie.

Bis dahin muß es der gemischte Abend tun, der von Raikov geändert wird. Das Divertimento von Mozart fliegt raus und der Gounod-Walzer. Dafür gibt es den ersten Auftritt von Jennifer Byle auf dieser Bühne, er nennt sich schlicht ›Übungen‹.

Es ist atemberaubend. Sie sehen es das erstemal bei der Generalprobe, es ist mäuschenstill im Theater, vor der Bühne, hinter der Bühne. Sie stehen in den Gängen und schweigen. Dann die Aufführung, keine Premiere, nur ein verändertes Programm. Das Publikum ist hingerissen. Ginette ist vergessen. ›Übungen‹ also. Mitten in das gemischte Programm hineingepflanzt.

Zunächst keine Spitze. Jennifer wirbelt in einem Tempo über die Bühne, daß einem Hören und Sehen vergeht. Sie kann alles. Sie biegt sich, daß ihr langes Haar über den Boden schleift, sie macht Überschläge über die ganze Breite der Bühne, landet in einem Spagat, der Kopf zwischen den Knien, und aus dieser Stellung springt sie auf, wie aus einer Sehne geschnellt, steht auf dem Kopf, wirbelt wieder, man kann ihr kaum mit den Blicken folgen.

Maître Chalons murmelt: »Das ist kein Tanz, das ist Zirkus.«

Der Intendant faßt sich an die Nase und ist sich klar darüber, daß er diese Frau nicht lange behalten wird.

Doch das ist nur der erste Teil der ›Übungen‹. Mit acht Überschlägen verschwindet sie in der Kulisse. Die Musik macht eine kurze Pause, gerade zwei Minuten lang. Bisher waren es Kompositionen von Raikov, eigentlich nur aufreizende Disharmonien. Der Dirigent Hasse und das Orchester haben es schwer damit.

Dann ein Paukenwirbel, hart und wild. Dann die Harfe, zur Beruhigung gewissermaßen, dann setzen die Bläser ein, erst eine einsame Klarinette, die Oboen, dann eine einsame Flöte. Schließlich die Streicher. Keiner kann erkennen, was sie da spielen, es ist von Raikov zusammengestellt, und er hat Anleihen gemacht bei ziemlich allen, die Musik komponiert haben.

Nun schreitet er höchstpersönlich auf die Bühne, in weißen schmalen Hosen, oben ein seidenes fahlgrünes Hemd. Er steht mitten auf der Bühne, streckt die Hand aus, und dann kommt Jennifer. Diesmal hat sie Ballettschuhe an, sie kommt auf Spitzen. Kein Tütü, nur ein kniekurzes Röckchen, weiß, das knappe Oberteil ebenfalls fahlgrün.

Sie tanzt auf Serge zu, nimmt seine Hand, tanzt auf der Spitze um ihn herum, dann schleudert er sie quer über die

Bühne, sie landet auf der Spitze, wirbelt einmal um ihn herum in einiger Entfernung, noch einmal, nun näher. Er greift wieder nach ihr, zwingt sie nieder, sie beugt sich, den Kopf am Boden, das lange Haar immer noch nicht aufgesteckt, schleift um seine Füße. Er greift unter ihren Rücken, wirft sie hoch in die Luft, fängt sie auf, vor seinem Körper gleitet ihr Körper vorbei, hautnah, dann steht sie wieder auf Spitzen, er will sie greifen, doch sie entzieht sich, pirouettiert über die ganze Bühne mit schwereloser Leichtigkeit, bis er sie, sich einmal nach rechts oder links bewegend, wieder greifen kann, sie hebt und von der Bühne trägt.

Das Ganze dauert nicht mehr als fünf Minuten. Das Publikum hat den Atem angehalten, die in den Gassen auch.

Ebenfalls Ginette. Sie hat die Hand ihres Mannes umklammert, sie flüstert: »Mon dieu!«

Es folgt die Pause. Das Publikum ist erregt, aufgeregt, sie reden über die fantastische Nummer, die sie eben gesehen haben.

Ginette und ihr Mann gehen nicht ins Foyer, zu viele Leute kennen Ginette, und sie will sich heute dort nicht sehen lassen.

»Warum sie die nicht nach Hollywood geholt haben, ist mir ein Rätsel«, sagt sie.

Sie gehen hinter die Bühne, Ginette wird umarmt und geküßt, sie macht einen Knicks vor Maître Chalons, küßt ihm die Hand. Sie knickst auch vor Madame Lucasse, ohne Handkuß. Raikov nimmt sie in die Arme, küßt sie leidenschaftlich.

»Comment?« fragt er nur.

»C'est formidable.«

Jennifer lehnt an der Wand, sie keucht und schwitzt, das ist das gewohnte Bild. Auch diese Göttin ist nur ein Mensch.

»Vous etes grandiose, Mademoiselle«, sagt Ginette.

»Merci, Madame«, sagt Jennifer. Sie kann wieder lächeln, nimmt das Tuch, das die Garderobiere ihr reicht, und wischt sich den Schweiß aus dem Gesicht. Auf die Schminke muß sie keine Rücksicht mehr nehmen, für heute ist sie fertig. Es war nur dieser Auftritt, sonst nichts.

Was die anderen nach dieser Pause tanzen, eine Nocturne von Chopin, Sophie und Zomas ein Pas de deux nach Tschaikowsky, schließlich ein Straußwalzer für das ganze Corps – kalter Kaffee nach Jennifers Auftritt.

Als sie zurückfahren nach Meerbusch, sagt Ginette noch einmal: »Warum sie die nicht nach Hollywood geholt haben.«

»Vielleicht haben sie in Amerika mehr solche, die das können«, sagt ihr Mann gelassen. Und dann: »Mein Gott, bin ich froh, daß du dort nicht mehr herumhopsen mußt.«

»Sagtest du 'opsen?« fragt Ginette beleidigt.

Sie hat zwar inzwischen das deutsche H ganz gut gelernt, aber wenn sie erregt ist, vergißt sie es manchmal.

»Das habe ich gesagt, Schatz. Und du wirst lachen, was ich noch sage. Dein ›Schwanensee‹ gefiel mir besser.«

Ginette lehnt sich zurück. Im Grunde denkt sie das auch. Das ist eine neue Zeit, ein anderer Tanz. Das könnte sie sowieso nicht. Sie kommt nun in ihr friedliches, wohl eingerichtetes Haus, sie wird sich mit ihren Katzen in die Sofaecke kuscheln, ein Glas Champagner trinken, nicht verschwitzt und nicht erledigt. Sie ist gerade zweiundvierzig, und so Gott will, werden noch ein paar schöne bequeme Jahre vor ihr liegen. Sie wird sogar ohne Neid dieser Jennifer zusehen können.

Sie legt den Kopf an die Schulter ihres Mannes, er fährt heute selbst, kein Chauffeur dabei. Sie ist nicht mehr erregt, sie ist entspannt, sie ist geradezu glücklich.

»Cheri!« sagt sie zärtlich.

Er legt seine Hand auf ihr Knie. Auch er ist zufrieden, um nicht zu sagen glücklich. Er hat gutgehende Kaufhäuser, der Wohlstand im Land steigt und steigt, er wird noch mehr Personal einstellen, damit die Kunden zufrieden sind, und er hat eine schöne Frau, die ihm allein gehört. Vielleicht könnte man noch einen Extraladen einrichten, nur Luxusklasse, kleiner, feiner, und das natürlich in Düsseldorf. Vielleicht auch, denkt er weiter, könnte man sich dazu ein paar aparte Verkäuferinnen aus Paris holen. Und man könnte sogar jeden Herbst und jedes Frühjahr eine Modenschau machen. Und man könnte …

»Vous avez raison«, flüstert Ginette. Es bezieht sich auf die Hopserei, die sie nicht mehr machen muß.

»Was hast du gesagt, Schatz?«

Sie biegen in die breite Auffahrt ein, alle Lampen brennen, Paola, die italienische Köchin, wird einen Imbiß vorbereitet haben, der Champagner steht im Kühler.

Sie sagt noch, ehe sie aussteigt: »War es nicht gut, was isch mit Serge gemacht habe?«

»Sehr gut, mein Schatz.«

»Er tanzt nicht. Er schmeißt sie nur durch die Luft. Isch bin gespannt auf das ›Feuervogel‹.«

Wer nicht? Die Presse überschlägt sich vor Begeisterung. Die Premiere von ›Feuervogel‹ ist ausverkauft, ehe sie mit den Proben fertig sind. Und Raikov hat noch zwei Tänzer seiner letzten Gruppe ins Haus geholt.

Der Intendant wehrt sich. Kein Geld, der Etat. Sie brauchen kein Geld, läßt Raikov großkotzig verlauten, ich bezahle sie selbst. Es sind zu wenig Männer im Ballett. Übrigens ist ihm die Truppe sowieso nicht groß genug. Für den ›Feuervogel‹ braucht er sie alle, auch die Kinder, die unteren Klassen müssen auf die Bühne, auch die Statisterie muß dabei sein.

Er ist ein wenig größenwahnsinnig geworden mit diesem ersten Erfolg, nun muß er noch einen draufsetzen. Er plant schon weiter, einen revueartigen Abend, mit seiner, mit amerikanischer Musik, mit Gershwin vor allem, Musicaltöne, Jazz und Rockmusik und mit Beatles-Songs, von denen jetzt jeder spricht.

Der Intendant hebt abwehrend die Hände.

»Vielleicht für den Karneval«, sagt er entnervt.

»Carnevale, si, si«, sagt Raikov, der auch ein wenig italienisch spricht. »Carnevale in Venezia.«

»Stimmt«, sagt Hasse, der bei dem Gespräch zugegen ist. »›Eine Nacht in Venedig‹ wollten wir schon lange machen.«

Das, was Raikov plant, hat mit Johann Strauß nichts zu tun. Dann kommen die zwei Tänzer, sowieso ohne Engagement nach der mißglückten Amerikatournee. Einer davon ist ein Schwarzer, das hatten sie noch nie an diesem braven deutschen Stadttheater.

Doch der Junge ist umwerfend, er ist wie eine Schlange, es gibt nichts, was er mit seinem Körper nicht anfangen könnte. Wie zu erwarten, wird der ›Feuervogel‹ die Sensation des Jahres.

Jennifer tanzt den Feuervogel, Sophia bekommt die Zarewna, obwohl sie Raikovs Ansprüchen durchaus nicht genügt, er probiert mit ihr, bis sie total zermürbt ist. Zomas als Zarewitsch ist sehr gut.

»Man muß nur Gelegenheit haben zu zeigen, was man kann«, sagt er eitel nach dem Erfolg dieses Abends.

Der Schwarze, Oliver mit Namen, tanzt den Zauberer Köstschei, der andere Jüngling, den Raikov kommen ließ, wird mit ihm alternieren, und Jennifer hat schon angekündigt, daß sie den Zauberer tanzen will, und dann kann einer von den Jungen den Feuervogel machen. Es ist wirklich schwierig, in dieser Truppe Ordnung zu halten, Madame Lucasse verschweigt ihre Mißbilligung nicht, schließlich hat sie immer für Disziplin gesorgt. Serge Raikov selber ärgert sich über die Eigenmächtigkeit seiner Tänzer, er läßt ein schreiendes Donnerwetter los, gespickt mit unflätigen Worten, teils in französisch, teils in englisch, das die anderen sowieso nicht verstehen. Dann knicksen sie vor ihm, knien nieder, küssen ihm die Hand.

»Ich schmeiß euch alle raus!« schreit er, und das sogar auf deutsch. Madame Lucasse macht dazu eine hochmütige Miene, da hascht er nach ihrer Hand und küßt sie.

»Das kommt von der Amerikatournee, da sind sie ein bißchen verwildert. Ich sorge schon für Ordnung.«

Warum sie verwildert sind, erklärt er nicht. Tatsache ist, sie hatten oft kein Engagement und haben die verrücktesten Sachen angenommen, um zu überleben.

Cordelia tanzt eine der Prinzessinnen, und als Alexander nach der zweiten Aufführung endlich kommt und sie abholt, sagt sie zu ihm: »Es ist fast wie ›Schwanensee‹, nicht? Dort sind es die verzauberten Schwäne, und hier sind es die gefangenen Prinzessinnen. Und ein Zauberer ist auch dabei.«

»Hm«, macht Alexander. Ihm geht es wie Ginettes Mann, ihm gefällt ›Schwanensee‹ immer noch besser.

»Und was macht dieser Wunderknabe als nächstes?« fragt er.

»So eine Art Revue. Da kommen wir alle dran. Für den Karneval. Und das meiste nach eigenen Kompositionen.«

»Vielen Dank. Offenbar gehöre ich ja doch einer vergangenen Generation an. Zugegeben, diese Frau ist toll.«

Was soll Cordelia dazu sagen? Jennifer ist toll, und was sie selbst in mühevoller Arbeit gelernt hat, ist ein Nichts dagegen.

Cordelia schweigt, sie ist traurig, sie ist einsam und verlassen. Onkel Alexander bewundert diese Frau, die, wie sich herausstellt, doch von dieser Welt ist. Sie hat seit neuestem ein Verhältnis mit Joseph, dem Tenor. Als Hoffmann, als Herzog hat er sie erobert, er kann eben nicht nur singen.

Sie macht auch gar kein Geheimnis daraus, sie verläßt das Hotel und zieht zu ihm. Raikov macht sich nichts daraus, woraus zu schließen ist, daß er mit Jennifer kein Verhältnis hatte.

»Na, warum denn nicht?« sagt Sophia enttäuscht, sie hatte weder bei dem einen noch bei dem anderen eine Chance. »Die tauschen doch leicht die Frauen aus. Das weiß man doch.«

»Vielleicht macht er sich nichts aus Frauen«, gibt Pauline zu bedenken.

Marguerite lächelt dazu. Raikov hat sie geküßt, nachdem sie die Aurora getanzt hat. Als die ersten Erkältungen den Spielplan durcheinanderbrachten, hat man zweimal ›Dornröschen‹ eingeschoben, einen Abend mit Cordelia, am nächsten Abend mit Marguerite.

Zu Cordelia hat er nur gesagt, auf deutsch: »Ganz gut.«

Dabei hat er sie nachdenklich angesehen. Kein Kuß.

Alternierend mit Marguerite tanzt Cordelia auch wieder die Klara im ›Nußknacker‹, die wie jedes Jahr zur Weihnachtszeit dran ist.

»Dieses Jahr für euch zum letztenmal«, bestimmt Madame Lucasse. »Nächstes Jahr kommen Pauline und Cissy dran.«

Cissy ist der jüngste und erfolgreichste Nachwuchs, sie ist gerade fünfzehn, sie springt höher als alle anderen und nimmt sich besonders Jennifer zum Vorbild. Was die kann, will sie auch können. Sie macht Überschläge durch die ganze Länge und Breite des Übungssaals, bricht schließlich ein und beschädigt sich das Rückgrat.

Madame Lucasse enthält sich jeden Kommentars. Sie hat die akrobatischen Übungen verboten, und als sie eines Tages in den Saal kommt, nachdem sie ein Gespräch mit dem Intendanten hatte und Cissy wimmernd am Boden liegt, befiehlt sie die anderen an die Stange, Sorell bringt Cissy hinaus, sie ist längere Zeit in Behandlung, ob sie je wieder tanzen kann, ist die Frage.

Cissys Unfall hat auch Cordelia schweigsam gemacht. Ihr verstauchter Fuß ist nicht vergessen, sie hat noch immer Angst vor hohen Sprüngen.

Sie schreitet wieder mit andächtiger Miene über die Leiter, um die Kinder in ›Hänsel und Gretel‹ zu segnen, tanzt Silvester in der »Fledermaus«, dann kommt auch der ›Graf von Luxemburg‹ wieder dran, und trotz seiner Opernerfolge singt Joseph die Rolle nach wie vor und greift sich in der Karnevalszene jedesmal ein Mädchen heraus und küßt es. Am liebsten Cordelia. Es ist nicht mehr so aufregend, nachdem er nun ein Verhältnis mit Jennifer hat.

Bei den Proben zu der Revue hat Cordelia nicht viel zu tun, es macht ihr auch keinen Spaß, sie findet das albern. Dafür glänzen Jennifer, Oliver und Ralo, der andere von Raikovs Männern, sie bieten eine amerikanische Sensation: Steptanz. Man kennt das aus dem Kino, und eigentlich ist es auch schon veraltet. Aber die drei machen es großartig.

Nach der ›Giselle‹ fragt Cordelia nicht mehr. Davon spricht sowieso keiner mehr, auch Madame Lucasse nicht.

Doch dann, an einem Abend Anfang Februar, geschieht etwas Unerwartetes.

Wolkentanz

RIGOLETTO IST DRAN, Cordelia ist im ersten Akt beschäftigt, und als sie abgeht, steht Raikov im Kulissengang.

Er sagt: »Zieh dich schnell um, schmink dich ab, und dann komm runter zum Portier. Ich warte auf dich.«

Cordelia blickt ihn fragend an.

»Ich muß dir was vorspielen. Und halt den Mund. Geht keinen was an.«

Zunächst geht er durch die kleine Tür, die das Bühnenhaus mit dem Zuschauerraum verbindet, denn er weiß, daß Jennifer in der Loge sitzt; das tut sie immer, wenn Joseph singt. Er tippt ihr auf die Schulter, sie wendet den Kopf, dann legt sie die Fingerspitzen an die Lippen und haucht einen Kuß darauf. Es gilt nicht ihm, es gilt Joseph, dem Herzog. Raikov grinst und nickt. Jennifer entwickelt sich zu einem echten Opernfan.

Dann steht er am Bühnenausgang, raucht eine Zigarette, in seinem Kopf sind wieder einmal neue Ideen. Sie betreffen Cordelia. Er hat sie nun lange genug beobachtet. Ihre Aurora war ausgezeichnet, auch wenn er Marguerite geküßt hat. Und unvergessen ist ihm der entrückte Ausdruck in diesem seltsamen Gesicht, als sie nach dem Abendsegen von der Bühne kam.

Da ist etwas Besonderes an diesem Mädchen, das sieht er, das fühlt er. Und es gehört eine andere Musik zu diesem Mädchen. Er hat sich eine Weile damit beschäftigt, und er hat die Musik gefunden.

Er steht da in der kalten Winterluft, er ist, wieder einmal, ganz besessen. Auf eine neue, eine andere Art.

Cordelia kommt, sie trägt eine graue Pelzjacke, Geschenk von Alexander, darunter nur einen grauen Rock und eine weiße Bluse. Schön macht sie sich nur auf der Bühne.

»Allons«, sagt Raikov und greift nach ihrer Hand.

»Wo gehen wir denn hin?« fragt sie.

»Zu mir. Ich muß dir was vorspielen.«

Er ist in dem kleinen Hotel geblieben, hier gefällt es ihm,

und er wird verwöhnt von Elinor Gutsche, der Chefin des Hauses. Französisch spricht sie sehr gut.

Er hat jetzt zwei Zimmer, seit Jennifer ausgezogen ist, die Verbindungstür ist geöffnet, in einem Zimmer hat er das Bett und den Schrank rausnehmen lassen. Er braucht Platz, probiert Schritte aus, Drehungen, Wendungen, er macht Musik. Die Zimmer liegen im ersten Stock, unter ihm wohnt Frau Gutsche, und seine Musik und seine Schritte stören sie nicht. Sagt sie. Hin und wieder hat er eine Frau mitgebracht, doch nie eine Tänzerin vom Theater.

Cordelia ist befangen, und schon sind die dunklen Augen voller Angst.

»Da setz dich hin«, befiehlt er und weist auf einen der zwei Sessel, neben einem runden Tisch die einzigen Möbel. Außer dem Radio und dem Plattenspieler natürlich.

»Kennst du das Violinkonzert von Bruch?« fragt er.

Cordelia, schüchtern auf der Sesselkante sitzend, schüttelt den Kopf.

»Dann hör zu. Ich spiel es dir vor.«

Er legt die Kassette ein, besinnt sich dann.

»Möchtest du etwas essen?«

Sie schüttelt wieder den Kopf.

»Aber ein Glas Wein trinkst du doch?«

»Ja, gern.«

Rotwein und Gläser hat er da, er schenkt ein, betrachtet sie prüfend.

Was ist das für ein seltsames Mädchen! Sie schaut ihn an, als sei er ein Ungeheuer. Der Zauberer Köstschei zum Beispiel. Er unterdrückt ein Lachen. Entweder ist sie ganz ausgekocht oder wirklich so harmlos, wie es scheint.

»Doch, etwas essen mußt du. Ich habe auch Hunger. Ich geh mal runter zu Frau Gutsche. Irgendwas hat sie immer im Kühlschrank. Sie macht uns ein paar Sandwiches. Oder soll sie dir ein Steak braten?«

»Nein, danke, wirklich nicht.«

»Ich mach inzwischen den Apparat an, und du hörst zu.« Das g-moll-Violinkonzert von Max Bruch. Cordelia, die still auf ihrem Sessel sitzt, wird gefangen von der

Musik, sie sitzt regungslos, sie lauscht, ihre Verwirrung legt sich.

Raikov geht runter. Leo, der ältere Mann, der als Nachtportier fungiert, sitzt hinter dem Pult und lächelt freundlich. Daß der Franzose ein Mädchen mitgebracht hat, stört ihn nicht. Frau Gutsche hockt vor dem Fernseher, Raikov entschuldigt sich, daß er stört, sie winkt ab, dieser Mann ist ihr wichtiger als jedes Fernsehprogramm. So einen charmanten Gast hat sie selten, noch dazu ein Dauergast.

»Bisserl was zu schnabeln?« fragt sie, sie ist geborene Österreicherin. Und wiederholt dann die Frage in korrektem Französisch.

Das hat sie im Krieg gelernt. Erst war sie Wehrmachtshelferin, aber da sie die Sprache so gut beherrschte, wurde sie Dolmetscherin. In Frankreich hat sie ihren Mann kennengelernt, er war in Rußland verwundet worden, ziemlich schwer sogar, und hatte nach der Genesung einen angenehmen Posten im besetzten Frankreich. Noch ehe der Krieg zu Ende war, kam sie mit ihm ins Ruhrgebiet. Das Hotel, in dem sie jetzt residiert, gehörte seiner Familie, es war im Krieg zerstört worden. Die Eltern lebten bei seiner Tante draußen im Ruhrtal. Da landeten die beiden zunächst auch.

Elinor kam gut mit der unbekannten Familie aus, sie war trotz der schweren Zeit voller Tatkraft, nach Österreich wollte sie nicht zurück. Später bauten sie alle zusammen das Hotel wieder auf, die Eltern leben nicht mehr, ihr Mann ist vor zwei Jahren gestorben, seitdem führt sie das Hotel, achtzehn Zimmer, ihr einziger Sohn besucht die Hotelfachschule.

Raikov kennt die ganze Geschichte. Besser als bei ihr könnte er nirgendwo aufgehoben sein. Das Hotel hat zwar kein Restaurant, aber sie hat immer etwas zu essen da, vor allem die erstklassigen Steaks, die er nicht mit Pommes frites ißt, sondern mit Bratkartoffeln. Er liebt deutsche Bratkartoffeln. Selbstverständlich macht sie auch ein hervorragendes Wiener Schnitzel und im Sommer wunderbare Marillenknödel.

»Bisserl was schnabeln«, wiederholt er, er kennt den Satz.

Erklärt ihr, daß er eine Tänzerin mitgebracht hat, mit der er noch arbeiten müsse.

»Falls es Sie nicht stört, Madame«, fügt er höflich hinzu. Es stört sie nicht, dann schauen sie gemeinsam in den Kühlschrank, Schinken ist da, Mortadella; Käse hat sie auch, ein paar Gürkchen. Als er hinaufkommt, sitzt Cordelia nun entspannter im Sessel, die Musik hat sie erreicht. Das wußte er. Und ganz genau weiß er nun, was er will.

Er bleibt an der Tür stehen, sieht sie an, und auf einmal erfüllt Zärtlichkeit sein Herz.

Er hat es doch gewußt, daß sie diese Musik braucht. Und er will aus ihr herausholen, was in ihr steckt. Er kennt ihre Schwächen, aber er weiß, was sie kann, wie sie ist.

Jennifer ist eine Sache. Cordelia eine andere. Natürlich war Jennifer seine Geliebte, oder besser gesagt, er war ihr Geliebter. Denn sie nimmt sich, was sie haben will. Das begann schon in Amerika, aber es dauerte nicht lange. Denn so kaltschnäuzig er sich auch gibt, er ist ein Mensch mit Gefühl. Ein Mensch, der träumen kann. Der letzte Ton verklingt, Cordelia blickt auf.

»Das ist schön«, sagt sie.

»Du kennst es wirklich nicht? Ihr kommt eben nicht dazu, in ein Konzert zu gehen. Es ist ein bekanntes Stück. Die Violinvirtuosen spielen es gern, jedenfalls anfangs. Später werden sie anspruchsvoller. Und nun werde ich dir sagen, was ich vorhabe. Du wirst das tanzen.«

»Dieses Konzert?«

»Ja, und zwar das Vorspiel und das Adagio aus dem zweiten Satz. Hast du nicht gespürt, wie sich das in dir bewegt?«

Es klopft. Leo bringt das Tablett mit dem Imbiß. Genau mit dem Ende der Musik. So ist das hier in diesem Hotel. Raikov nimmt Leo das Tablett ab, bedankt sich ausführlich, stellt den Teller mit den liebevoll angerichteten Brötchen ab, immer nur ein halbes, und das auch noch in der Mitte geteilt, damit man es bequem essen kann. Gurken und Salatblätter sind drumherum garniert, die Käsebrötchen haben einen Extrateller und sind mit Radieschen geschmückt. Er füllt sein Glas wieder, Cordelia hat noch nichts getrunken.

»Also los, trink einen Schluck! Und dann essen wir ein paar Bissen, dann wird es dir gleich besser gehen.«

»Ich – soll das tanzen?«

»So ist es. Und wenn du jetzt brav zwei Happen ißt, werde ich dir erklären, wie ich mir das vorstelle.«

Sie blickt zögernd auf den Teller.

»Iß, ma petite. Und trink einen Schluck Wein.«

Sie ißt, sie trinkt, aber sie bemerkt weder, was sie ißt, noch was sie trinkt.

Um sie abzulenken, erzählt er von Frau Gutsche und wie es zugeht in diesem Hotel.

»Es ist immer gut besucht. Wer einmal hier war, kommt wieder. Ich lebe sehr günstig hier, und es ist nahe am Theater. Unter mir wohnt kein Hotelgast, sondern Frau Gutsche, und sie sagt, es stört sie nicht, wenn ich Musik mache. Und wenn wir beide jetzt zusammen mal probieren, was ich mir so denke.«

Er spricht langsam und prononciert, damit sie ihn auch genau versteht.

»Zusammen?« fragt sie.

»Du und ich, wir tanzen das Adagio aus diesem Violinkonzert. Es gibt auch ein Violinkonzert von Beethoven, das ist noch viel schöner. Und dann gibt es eins von Brahms, das gefällt mir am besten. Aber das kann man nicht tanzen.« Er unterbricht sich, überlegt. »Warum eigentlich nicht? Tanzen kann man alles. Alles, alles. Nach jeder Musik dieser Welt kann man tanzen. Wenn man in die Musik hineinhört, wenn sie durch dein Ohr in deinen Kopf und dann in deinen Körper fließt.«

Er schweigt, selber überrascht von dem, was er eben gesagt hat. Hat er so etwas schon einmal gedacht? Dieses seltsame Mädchen hat ihn darauf gebracht. Durch das Ohr in den Kopf und dann in den Körper. Der Kopf gehört unbedingt dazu. Er steht immer noch, nimmt sein Glas, leert es bis auf den Grund.

Schenkt wieder ein.

»Hast du das verstanden?«

»O ja.« Sie ist angesteckt von seiner Begeisterung, hat keine Angst mehr. »Die Schwierigkeit wird nur sein, daß der Körper es kann. Daß er mitmacht.«

Er nickt. »Da hast du recht. Darum muß ein Tänzer soviel arbeiten, damit er dahin kommt. Ich mache mir nur Sorgen wegen der Violine. Ob Herr Wiedmer das kann?«

Herr Wiedmer ist der Konzertmeister in ihrem Orchester. Er hat das Solo in ›Schwanensee‹ wunderbar gespielt.

»Das hier ist ein bißchen länger als das Solo in ›Schwanensee‹.«

Cordelia, angeregt jetzt, weiß noch mehr.

»Er hat auch schon Konzerte gegeben.«

»So. Na ja. Nun wollen wir mal überlegen, wie wir das zusammen machen werden.«

»Zusammen?« wiederholt sie. »So, wie Sie mit Jennifer getanzt haben?«

»Genau so. Nur eben nach dieser Musik. Ich tanze ja auch nicht viel, ich bin nur mit dir auf der Bühne. Ich denke mir das so …«

Er stellt sich in die Mitte des Raums und ist auch schon in der Pose des Tänzers. »Ich bin ein Mann in der Mitte der Bühne. Ich könnte einen weißen Frack tragen. Nein, nein, nein. Das ist nicht gut, das ist zu künstlich.« Er spricht schneller, Cordelia muß aufpassen, um ihn zu verstehen. Er agiert schon. Steht da, in sich versunken, ein Mann auf einer leeren Bühne. Dazu wird das Hotelzimmer nun.

»Ich könnte auch sitzen. Auf einer Bank zum Beispiel. Nehmen wir mal an, es ist eine Parklandschaft. Komm mal her!«

Sie steht auf, geht zu ihm, er streckt ihr die Hand entgegen, die sie wie im Traum ergreift. Er geht ein paar Schritte mit ihr, sie lockert sich, geht schwebend auf seine Schritte ein.

»Also nehmen wir an, ich sitze auf einer Bank und lese ein Buch. Oder eine Zeitung. Ja, Zeitung ist besser.«

Er läßt sie los, geht ins Schlafzimmer, holt einen Stuhl, dann stellt er den Plattenspieler wieder an.

»Du kommst von dort.«

Er führt sie an den Platz, von dem aus sie auftreten soll.

»Du kommst herein. Ganz normal. Nicht auf der Spitze. Du trägst auch kein Tütü, nur ein leichtes, kniekurzes Kleid mit weitem Rock. Du kommst auf die Bühne, ganz verträumt, in dich versunken. Mach mal!«

Er setzt sich auf den Stuhl, sie kommt von der Tür her langsam auf ihn zu, ganz der Musik gehorchend.

Es ist nur ein kleines Hotelzimmer, doch sie sind nun beide auf der Bühne.

»Dann gehst du auf die Spitze, ein paar Schritte nur, drehst dich langsam, noch einmal, dann stehst du wieder, hörst auf die Musik, hebst die Hände, drehst dich ganz langsam, so, so, ja, genau so, wie die Musik es dir vorschreibt. Ich habe die Zeitung sinken lassen, schaue erstaunt auf dieses Wesen, das da kommt, stehe auf, gehe auf dich zu, nehme deine erhobene Hand, und du drehst dich an meiner Hand. Und die Geige, hörst du, wie sie singt, du beugst dich leicht zurück, ich lege den Arm um dich, so, siehst du, so, und du beugst dich nach hinten über diesen Arm. Ja, so ist es richtig. Ich nehme dich etwas fester, du weichst zurück. Jetzt scheinst du mich erst zu sehen. Aber du willst niemanden sehen, schon gar nicht irgendeinen fremden Mann, der da im Park herumsitzt. Du willst allein sein mit dir und der Musik. Du gehst weg, über die ganze Bühnenbreite, drehst dich wieder für dich allein, aber ich komme dir nach, nehme dich, hebe dich, und nun gibst du nach, läßt dich tragen, hier, genau bei diesem Legato, ich lasse dich langsam hinunter, und du drehst dich, über die ganze Bühne, und ich bleibe immer bei dir, will dich wieder fassen, du senkst den Kopf, drehst dich wieder, ganz langsam, ganz gelöst, und dann läßt du dich an mich sinken, in meine Arme, und ich hebe dich und lasse dich dann ganz langsam, dicht an meinem Körper niedersinken, und du liegst auf dem Boden, still, nur deine Hand hebt sich mir entgegen. Ja, ja, genauso. Du hast es verstanden. Du hast es verstanden.«

Er lacht, ist glücklich.

Sie blickt auf und lacht auch.

Sie improvisieren weiter, das Adagio noch einmal, und noch einmal. Sie macht es schon ganz gut, ohne Spitze zunächst, aber sie hebt sich, als hätte sie Ballettschuhe an. Als sie den zweiten Satz zum drittenmal getanzt haben, nimmt er sie in die Arme und küßt sie.

»Ich wußte, daß du es kannst. Du hast verstanden. Ich sitze da auf der Bank«, er setzt sich wieder auf den Stuhl, »und plötzlich kommt dieses Geschöpf auf mich zu, ohne mich zu sehen. Kommt wie von der Geige herangetragen, ach!«

Er stößt einen Schrei aus. »Ich hab's. Wir machen so ein bißchen Nebel auf der Bühne, so ein weißes Gewoge. Es muß aussehen, als ob du auf diesen Wolken hereinschwebst. Gerade vom Himmel gefallen. Ja, ja, ich sehe das vor mir.«

Und zum viertenmal den Beginn, den zweiten Satz, und noch einmal tanzen sie die Szene.

Schweiß steht auf ihrer Stirn, ihre Augen sind übergroß.

»Die Wolken verziehen sich, während wir tanzen, du bist bei mir auf der Erde. Auf einmal kommen sie wieder, ich strecke die Hände nach dir aus, aber du verschwindest im Nebel, bist wie weggeweht.«

Er lacht, streicht sich das schwarze Haar aus der Stirn, auch sein Gesicht ist naß von Schweiß.

»Und nun weiß ich auch, wie das heißen wird. Danse des nuages? Ist das gut?«

»Tanz der Wolken«, sagt sie auf deutsch.

»Nein, nein, nein. Die Wolken tanzen ja nicht. Du bist es, die tanzt.«

Er setzt sich an den Tisch, trinkt sein Glas aus, stützt die Stirn in die Hände und murmelt vor sich hin.

»Ja. Ich weiß, wie es heißt. Wolkentanz.«

Und das letzte Wort spricht er auf deutsch.

»Wolkentanz?« flüstert Cordelia.

»Wolkentanz. So etwas kann man nur auf deutsch sagen. Nur die deutsche Sprache hat diese zusammengesetzten Worte.«

Er steckt sich noch ein Stück von den übriggebliebenen Brötchen in den Mund.

»Es klingt wunderbar«, sagt Cordelia. »Wolkentanz.«

Sie taumelt jetzt vor Müdigkeit, die Anstrengung, die Konzentration der letzten Stunden ist ihr anzusehen.

»Es wird wunderbar«, sagt er. »Aber du darfst es niemand erzählen. Es ist unser Geheimnis. Ich werde die Choreographie aufzeichnen, denn es wird mir noch vieles dazu einfallen. Und dann werden wir probieren.«

»Wo? Wenn es doch keiner wissen soll. Immer hier?«

»Nein, hier ist zu wenig Platz. Wir müssen einen Raum haben ...« Er überlegt. »Wir gehen ins Dirigentenzimmer. Da ist ein Plattenspieler drin.«

»Ins Dirigentenzimmer?« fragt sie entsetzt.

Ihre Knie geben nach, sie stützt sich auf den Stuhl, der die Bank im Park vorstellt.

»Natürlich wenn keiner drin ist. Wir werden nachts probieren. Erst wenn wir es können, gehen wir auf die Probebühne. Als erstes werden wir es Hasse sagen. Er mag dich, das weiß ich. Er wird uns das Dirigentenzimmer aufschließen in der Nacht.«

Jetzt sieht er sie endlich an, springt auf, kommt zu ihr, hebt sie hoch und trägt sie ins Nebenzimmer, legt sie auf das Bett. Cordelia denkt nicht daran, sich zu wehren. Doch er zieht sie gleich wieder hoch.

»Wir müssen erst duschen. Du zuerst.«

Er knöpft ihr die Bluse auf, zieht sie ihr von der Schulter, streift den Rock herunter, das Hemdchen, das Höschen, die Strümpfe. Dann trägt er sie in den Duschraum, stellt sie unter die Dusche, läßt das Wasser laufen, nur lauwarm, dabei singt er vor lauter Begeisterung. Trocknet sie sorgfältig ab, hebt sie wieder hoch und bringt sie ins Bett. Immer noch singend, geht er nun unter die Dusche, bleibt lange. Er ist ein begeisterter Künstler im Schöpfungsrausch, es ist keine Begierde, er will es nur vollenden, er und sie, in dieser Nacht müssen sie zusammenbleiben.

Als er zurückkommt zu seinem Bett, schläft sie.

Endlich kommt er zur Besinnung. Steht und betrachtet sie nachdenklich. Er hätte sie nach Hause bringen müssen. Ist ja klar, daß sie müde ist. Und was soll er nun tun? Er bringt es nicht übers Herz, sie zu wecken, schiebt sich vorsichtig neben sie in das Bett.

Doch er ist viel zu aufgeregt, um zu schlafen. Überdenkt

das Ganze noch einmal, und noch einmal. Am liebsten würde er aufstehen und den Plattenspieler wieder in Gang setzen. Aber das würde sie stören. Sie soll schlafen.

Erst nach einer Weile stellt er sich die Frage, ob sie wohl schon einmal mit einem Mann im Bett gelegen hat, nackt, ohne Angst, schlafend.

Warum nicht? Wenn sie sich so selbstverständlich, so gefügig in sein Bett legen läßt.

Kaum anzunehmen, daß sie unberührt ist.

Die Ruhe, einfach so neben ihr zu liegen, ebenfalls einzuschlafen, hat er nicht.

Er schiebt sich vorsichtig wieder aus dem Bett, geht in das andere Zimmer, trinkt noch Wein, zündet sich eine Zigarette an. Öffnet das Fenster, es ist kalt draußen. Er zieht den Morgenmantel an, setzt sich wieder, die Flasche ist leer. Eine neue wird er nicht öffnen. Eine Stunde später schaut er nach ihr, sie liegt mit geöffneten Augen da, sagt verwundert: »Ich habe geschlafen.«

»Verzeih mir, ich war rücksichtslos. Es war sehr anstrengend, nicht wahr?«

»Ja.«

Er setzt sich auf den Bettrand, berührt sacht mit den Lippen ihre Stirn.

»Weißt du noch, was wir gemacht haben?«

»Ja. Ich weiß alles noch.«

Die Tatsache, in seinem Bett zu liegen, scheint sie nicht weiter zu verwirren.

Aber plötzlich fährt sie hoch. »Wie spät ist es denn?«

Er blickt auf die Uhr. »Kurz nach zwei.«

»Um Gottes willen! Ich muß sofort Wilma anrufen.«

»Wer ist Wilma?«

Sie erklärt es kurz, greift nach dem Telefon, das auf dem Nachttisch steht.

»Sie wird längst schlafen«, sagt er.

»Nein, sie schläft nie, ehe ich zu Hause bin. Sie wird denken, es ist mir was passiert.«

»Du wirst doch schon manchmal nachts nicht nach Hause gekommen sein.«

»Ich komme immer nach Hause. Und wenn Onkel Alexander mit mir ausgeht, dann weiß sie das. Und es wird auch nie so spät. Wirklich, ich muß sie anrufen. Und dann gehe ich.«

Um zu telefonieren, muß er Leo wecken, der bestimmt jetzt schläft. Leo muß die Verbindung herstellen.

Er beugt sich über sie, küßt sie auf den Mund.

»Du bleibst heute bei mir.«

»Ich muß Wilma anrufen.«

Er seufzt. »Also schön, sag mir die Nummer.«

Erst fällt ihr die Nummer nicht ein. Dann doch.

Wilma ist sofort am Apparat.

»Um Gottes willen, Kind, was ist denn passiert?«

»Nichts, gar nichts. Wir haben nur so lange probiert. Ich komme jetzt gleich.«

Da nimmt er ihr den Hörer aus der Hand. Sie kommt nicht, sagt er zu Wilma, die ihn natürlich nicht versteht.

»Müde«, sagt er auf deutsch. »Cordelia ist müde. Sie schlafen in Hotel.«

»Im Hotel? In was für einem Hotel? Und wer sind Sie?«

Nun hat Cordelia verstanden. Nicht nur den Tanz, den Wolkentanz.

Sie nimmt den Hörer wieder, sagt: »Wilma …«

»Wo bist du? Und was heißt das, du schläfst in einem Hotel?«

»Das ist hier in der Nähe vom Theater. Wir hatten noch eine Nachtprobe, und nun schlafen wir alle im Hotel.«

Kann sie auf einmal lügen? Lernt man das so schnell?

»Aber du hast doch nicht weit nach Hause. Soll ich dich holen?«

»Nein, Wilma. Wirklich nicht. Schlaf gut.«

Und entschieden legt sie den Hörer auf, läßt sich zurücksinken. Sie will nicht aufstehen, will dieses Bett nicht verlassen, auch fallen ihr schon wieder die Augen zu. Er zieht den Morgenmantel aus, nimmt sie in die Arme, preßt sie an sich, fest, ganz fest, und sieht den Schreck in ihrem Gesicht, die Angst.

»Sei still«, sagt er. »Ich tu dir nicht weh.«

Sie ist unberührt, und sie hat keine Ahnung, was er mit ihr tun wird. Garderobengeschwätz, Theaterklatsch, der mit dieser, jene mit diesem, das ist an ihr vorbeigeglitten.

Er muß ihr weh tun, aber er ist ganz behutsam, ganz sacht, fängt den Schrei auf ihren Lippen mit seinen Lippen auf, sieht die Tränen auf ihren Wangen, küßt sie fort, er ist zärtlich, sanft, noch nie ist er mit einer Frau so umgegangen.

Eine Frau?

Ein Mädchen. Ein Kind noch.

Wird sie eine Frau in dieser Nacht?

Sie wird es nie sein. Sie läßt etwas über sich ergehen, was sich Liebe nennt, es ist Schmerz und sonst nichts, der Mann über ihr ist fremd, auch seine Worte, die liebevoll sind, tröstend, aber auf einmal versteht sie auch seine Sprache nicht mehr. Dann schläft sie wieder ein.

Wie nicht anders zu erwarten, schüttelt Hasse nur den Kopf, als er die Sache mit dem Dirigentenzimmer vorgetragen bekommt.

»Das ist eine Schnapsidee«, sagt er.

»Schnaps? Was?« fragt Raikov.

Cordelia lacht albern. »Das kann man nicht übersetzen. Es ist wieder so ein zusammengesetztes Wort.«

Es bleibt nichts anderes übrig, als Hasse zu erzählen, was Raikov plant.

Hasse spricht nicht französisch, aber gut englisch. Raikovs Englisch ist nicht gerade perfekt, aber es geht. Wenn er die Geduld verliert und französisch spricht, muß Cordelia übersetzen. Eine neue Rolle für sie, Teilnehmer an einem geheimen Komplott. Doch sie ist die einzige, die in Raikovs Pläne eingeweiht ist, seine Wünsche und Träume kennt. Dabei nun als Übersetzer und Vermittler zu fungieren, verleiht ihr eine gewisse Wichtigkeit.

Hasse erweist sich als verständiger und mitdenkender Gesprächspartner.

»Sure«, sagt er, »tanzen kann man zu jeder Musik. Und der Bruch, doch, das leuchtet mir ein, es ist eine sehr ausdrucksvolle Musik, bewegt und lyrisch zugleich, es umspannt einen großen Bogen. Und darum geht es auch nicht so, wie Sie sich das denken, mein Lieber.«

Nachdem Hasse darüber nachgedacht hat, kommt er mit eigenen Vorschlägen.

Zunächst ist Raikov bockig, wehrt ab. Aber er kann sich den Argumenten des Dirigenten nicht entziehen.

»Erstens«, sagt Hasse, »können Sie das Konzert nicht auseinanderreißen, das wäre unkünstlerisch. Den Anfang und das Adagio im zweiten Satz als Einheit zu bringen ist brutal. Und zweitens ergibt das Violinkonzert sowieso keinen Abend. Es dauert etwa eine halbe Stunde, vielleicht auch vierzig Minuten, das kommt auf die Tempi an. Sie müssen sowieso vorher oder danach mindestens noch eine Nummer bringen. Vielleicht einen Satz aus dem Beethoven-Violinkonzert? Oder aus dem e-Moll von Mendelssohn? Oder darf's zur Abwechslung ein Klavierkonzert sein? Wie stellen Sie sich das vor, Maître?«

Tatsache ist, daß Hasse recht hat. Raikov ärgert sich, daß er nicht selbst daran dachte, so besessen ist er von seinem ›Wolkentanz‹.

»Merde alors!« murmelt er zwischen den Zähnen.

Soviel französisch versteht Hasse allemal, er lacht.

»Also, was machen wir an diesem Abend noch? Ich hätte da eine Idee. Le chant du Rossignol. Auf deutsch ›Der Gesang der Nachtigall‹. Hatten wir noch nie. Hat Diaghilew in Paris uraufgeführt. Ich gebe zu, ich kenne es nicht. Es ist nach einem Märchen von Andersen. Eine wunderschöne Geschichte.«

Raikov weiß nicht, wer Hans Christian Andersen ist, gehört und gesehen hat er dieses Ballett auch nicht.

Cordelia kennt das Märchen von dem Kaiser mit der Nachtigall, ganz so dumm, wie John sie nannte, ist sie nicht. Und Märchen hat Olga genug erzählt.

Also erzählt sie nun das Märchen, sie tut es mit großer Hingabe, auch wenn sie manchmal mit französischen Vokabeln kämpfen muß. Unterhalten, Plaudern ist eine Sache. Ein Märchen richtig erzählen, damit seine Stimmung herauskommt, ist schon schwieriger.

Das spielt sich im Dirigentenzimmer ab, am Vormittag, als gerade keiner da ist.

»Mais oui, ist ganz hübsch«, sagt Raikov unlustig. »Aber wer soll denn singen?«

»Singen eben nicht, man muß es tanzen. Möglicherweise auch beides, ich habe keine Ahnung. Wie gesagt, ich habe es nie gesehen, ich kenne es nur aus der Literatur.«

»Und die Musik?« fragt Raikov.

»Strawinsky.«

»Den hatten wir doch gerade erst.«

Am nächsten Abend treffen sie sich im Hotel, sitzen in Raikovs Zimmern, von Frau Gutsche mit Steaks und Bratkartoffeln verwöhnt. Hasse hat inzwischen mit seiner Frau gesprochen, die versteht genug von Musik, sie war Flötistin im Orchester, ehe sie ihn heiratete und sehr bald darauf ein Kind bekam.

»Das Bruch-Konzert ist gut«, sagt sie. »Es sind genügend wechselnde Tempi darin, um einige Tänzer zu beschäftigen. Und Raikovs Plan gefällt mir. Cordelia wäre gut in der Rolle. Wie du ja immer sagst, sie hat Musik in den Fingerspitzen. Und darstellen könnte sie es auch.«

»Und was nehmen wir für den zweiten Teil des Abends?«

»Nehmt doch einfach wieder ›Les Sylphides‹ aus dem Karton. Das hatten wir doch lange genug. Die Kulissen müssen noch da sein, die Kostüme, es wird auch ohne Ginette gehen.«

Hasse steht auf, küßt seine Frau. »Du hast recht, und du bist fabelhaft. Zusammen mit seinem ›Wolkentanz‹ gibt das einen prima Abend. Und wer soll Ginettes Mazurka tanzen?«

»Irgendeine wird's schon können, Sophia oder Marguerite. Oder eben auch Cordelia.«

»Nein, das paßt nicht zusammen. Sie kann nur den einen Auftritt haben. Es ist ihre Partie.«

»Laßt ihr die Mazurka eben weg. Ist ja genug da, und ich finde, Chopin und Bruch, das verträgt sich.«

Am nächsten Abend also erklärt Hasse diese neue Version. »Zugegeben, wir hatten ›Les Sylphides‹ eine ganze Weile im Spielplan. Ist immer gut angekommen. Ginette hat zuletzt eine Nummer daraus bei ihrer Abschiedsvorstellung getanzt. Das ergibt eine schöne Harmonie. Cordelia könnte den Ges-Dur Walzer tanzen, muß aber nicht sein, wenn sie für ihre Rolle geschont sein soll. Dann hätten wir ein komplettes Programm.«

Raikov macht ein mürrisches Gesicht. Er soll eine Choreographie übernehmen, die ein anderer gemacht hat.

»Sie stammt von Maître Chalons«, sagt Hasse friedlich. »Sie können ja das eine oder andere daran ändern. Es sind sowieso nur einzelne Nummern. Fokine hat das etwa 1907 oder 1908 in St. Petersburg uraufgeführt. Zwei Jahre später oder so dann Diaghilew in Paris. Ganz berühmtes Ballett. In Amerika tanzen sie es heute noch. Pausenlos und immer wieder.«

»Chopin«, sagt Raikov. »Das ist wenigstens Musik.«

Trotz dieser gräßlichen Töne, die er selber komponiert, liebt er die alte Musik, die richtige Musik.

»Alle können an diesem Abend tanzen«, sagt Hasse. »Es wird eine große Arbeit für Sie, Raikov.«

Raikov schiebt sich die letzte Bratkartoffel in den Mund, macht immer noch ein finsteres Gesicht. Er läßt sich nun mal ungern von anderen belehren. Doch Hasse ist als Dirigent ein Profi, er kennt die Verhältnisse am Theater, und er kennt sein Publikum. Amerika bedeutet ihm gar nichts. Wenn es einen Traum in *seinem* Leben gibt, dann ist es der, in Bayreuth zu dirigieren. Hier ist er zuständig für Spielopern, Operette und Ballett. Nicht einmal die ›Aida‹ wird ihm gehören. Es führt kein Weg nach Bayreuth, das weiß er. Aber träumen kann man ja.

Raikov springt wieder einmal auf und rennt im Zimmer hin und her. Versucht, diese neuen Ideen in seinem Kopf unterzubringen. Einerseits ärgert er sich über Hasses eigene Meinung, andererseits muß er ihm dankbar sein, daß er die Dinge so nüchtern betrachtet.

Übrigens hat seine Frau noch eine andere gute Idee, damit rückt Hasse bei ihrem nächsten Zusammentreffen heraus, zwei Tage später, wieder im Hotel, ziemlich spät in der Nacht, sie hatten Vorstellung. Aber der Dirigent ist nun so engagiert, er muß loswerden, was seine Frau sich ausgedacht hat.

»Vergessen Sie Wiedmer als Solisten, den brauchen wir im Orchester. Sie müssen einen richtigen Geiger haben. Den stellen Sie auf die Bühne, gleich zu Beginn. Nicht im Frack, irgendwie fantasievoll gekleidet. Der spielt einen Part, und um ihn versammeln sich so nach und nach einige Tänzer.«

Raikov steht starr. Das ist natürlich eine ganz neue, eine ganz andere Version.

Eine Violine auf der Bühne. Dann kommen von da und dort die Tänzer, die Musik wächst, man könnte ein paar Soli hineinbringen.

»Und was machen wir mit dem Geiger? Soll er die ganze Zeit auf der Bühne bleiben?«

»Keineswegs. Ihre Inszenierung bleibt wie geplant. Sie und Cordelia später allein auf der Bühne, und es kann übergehen in den dritten Satz. Ehe das Allegro beginnt, schwebt sie auf ihrer Wolke von der Bühne.«

»Und was machen wir mit dem Geiger?«

»Ganz einfach. Wir bauen ihm ein Treppchen hinunter ins Orchester. Das hatten wir schon mal, beim ›Liebestrank‹. Nicht für einen Geiger, für einen Sänger. Er geht mit seiner Violine hinunter, steht links vom Dirigenten und spielt wie in einem normalen Konzert.«

Wie sich herausstellt, kennt Hasse den Geiger schon. Es ist der Neffe seiner Frau, er studiert an der Musikakademie in München, ist zwanzig und wird den Bruch makellos abliefern.

»Der Junge ist hochbegabt. In zehn Jahren, ach, was sage ich, in fünf Jahren wird man seinen Namen kennen. Dann würde er das nicht mehr machen, aber jetzt macht er es. Er ist zudem ein hübscher Mensch, so ein romantischer Typ. Er paßt genau. Wir machen die Premiere im Herbst. Ende Oktober, das ist eine sensible Zeit. Und wenn Sie es richtig machen, Raikov, dann wird es … na, warten wir es ab.«

Hasse klopft auf den Tisch, nur kein voreiliges Lob, er ist abergläubisch wie alle Theatermenschen.

Frau Gutsche wird manchmal zu einem Glas gebeten, wird für ihre Steaks gelobt und erfährt also, was in Gang gekommen ist. Außerdem ist sie sehr hilfreich, wenn es ums Übersetzen geht.

»Ich bekomme aber eine Karte für die Premiere«, sagt sie.

»Selbstverständlich, gnädige Frau. Sie bekommen immer und jederzeit Karten.«

Geheimhalten läßt sich dieses Projekt sowieso nicht mehr, der Intendant muß eingeweiht werden, muß interessiert werden. Das will Hasse übernehmen.

»Ich werde ihm das so darstellen, daß er sich alle zehn Finger danach beleckt«, sagt Hasse selbstgefällig. »Und dann haben wir endlich mal eine richtige Uraufführung in unserem Haus.«

Frau Gutsche muß herzlich lachen, als sie versucht, die zehn beleckten Finger ins Französische zu übersetzen.

»Sicher gibt es einen adäquaten Ausdruck dafür, bloß ich kenne ihn nicht.«

Übrigens bleibt Cordelia nach solchen Abenden nie im Hotel. Raikov und Hasse bringen sie gemeinsam nach Hause zu Wilma. Die hat sich mittlerweile damit abgefunden, daß Cordelia manchmal nachts nicht nach Hause kommt. Nein, sie hat sich nicht damit abgefunden, sie ärgert sich. Der Franzose gefällt ihr nicht, das ist kein Mann für ihr zartes, kleines Mädchen. Sie beobachtet Cordelia sehr genau, aber die ist eigentlich unverändert. So groß wird die Liebe nicht sein, hofft sie. Vor allem darf Alexander davon nichts erfahren. Eines Abends kommt Cordelia blaß, erschöpft, zitternd vor Müdigkeit nach der Vorstellung nach Hause.

Die Nacht vorher war sie nicht da, sie ist gleich am Morgen vom Hotel ins Theater gegangen, der Übungssaal, lange Proben, Vorstellung.

»Wie siehst du aus, Mäuschen. Du bist krank.«

Cordelia schüttelt nur den Kopf, sinkt auf einen Sessel.

Wilma faßt ihren Puls.

Er schlägt sehr unregelmäßig, mal langsam, mal schneller. Das ist ihr bisher nie aufgefallen.

Wilma kennt das erschöpfte Kind, die blutenden Füße, das lautlose Hinsinken, auch Tränen.

»Du warst letzte Nacht wieder nicht zu Hause«, sagt sie, obwohl sie sich vorgenommen hat, über diese Sache nicht zu reden. »Warum tust du das? Du brauchst deinen Schlaf. Und du mußt ordentlich essen.«

»Ich habe gestern abend sehr gut gegessen«, sagt Cordelia.

»Und warum übernachtest du bei dem Kerl?« Wilma kann nicht länger schweigen. »Du wirst doch nicht behaupten, daß du ihn liebst?«

Cordelia hebt langsam den Kopf, nun lächelt sie sogar ein wenig.

»Nein. Das behaupte ich nicht. Ich weiß gar nicht …« Sie hebt langsam die Hand und streckt sie Wilma entgegen. »Schimpf nicht mit mir.«

»Was würde denn dein Onkel dazu sagen?« fragt Wilma kummervoll.

»Der kümmert sich doch kaum um mich, das siehst du ja.«

Wilma zieht sie an der Hand hoch aus der halb liegenden Stellung, faßt dann wieder nach dem Puls, er ist ruhiger geworden.

»Kann ich baden?«

»Ich lasse dir ein Bad ein, nicht zu heiß. Und dann wirst du essen, und dann wirst du bald schlafen gehen.«

Eigentlich findet es Cordelia viel angenehmer, zu Wilma zu kommen und von ihr versorgt zu werden, als die Nacht mit Raikov im Bett zu verbringen. Allein in ihrem Bett fühlt sie sich wohler, es ist kühl und frisch, es wird von Wilma jeden dritten Tag neu bezogen, sie kuschelt sich zusammen wie ein kleines Tier, Wilma bringt ihr noch ein Glas Milch, streichelt ihr sacht übers Haar.

Das Mädchen hält Wilmas Hand fest. »Erzähl mir noch von deiner Heimat«, bittet sie.

»Ach, Mäuschen, das ist so lange her.«

Das sagt Wilma jedesmal, und dann erzählt sie doch. Von dem Haus, in dem sie mit ihren Eltern lebte, das war in Eger.

»Wir wohnten in der Nähe vom Theater. Wir hatten auch ein schönes Theater in Eger. Meine Eltern haben mich mitgenommen, als ich noch ein kleines Mädchen war.«

Der Vater war Buchbinder, hatte eine Werkstatt, wo er sich liebevoll mit Büchern beschäftigte.

»Früher«, so erzählt Wilma, »arbeitete man nicht mit Maschinen. Mit der Hand, weißt du.«

Vorn hatten sie einen kleinen Laden mit Schreibwaren. Dort arbeitete die Mutter, und Wilma half ihr, als sie groß genug war.

»Wir hatten auch Schulhefte für die Kinder. Das war jedesmal ein Betrieb, wenn das neue Schuljahr anfing. Und ich hatte die schönsten Hefte von allen. Ich durfte sie mir aussuchen.«

So, zum Beispiel, hörten sich Wilmas Geschichten an. Sie erzählt von der Schule, vom Marktplatz, von der alten Burg. Sie spricht nicht davon, daß Wallenstein in dieser Stadt ermordet wurde, sie erzählt nur hübsche Geschichten.

Später hat sie geheiratet, es war ein junger Lehrer, der auch in den Laden kam, um einzukaufen. Sie erzählt, wie er sie angeschaut, wie er sie zu einem Spaziergang aufgefordert hat und wie er sie manchmal ins Theater eingeladen hat. Der erste Kuß kommt vor, die Heirat, sonst nichts.

Sie spricht niemals von dem traurigen Ende: daß ihr Vater starb noch während des Krieges, daß Tschechen ihren Mann erschlugen, daß sie mit der Mutter und dem Kind auf die Flucht ging, daß die Mutter starb, das Kind verhungerte. Sie erzählt nur das Gute aus ihrem Leben, nur von Freude und Glück. Von anderem spricht sie nicht. Sie denkt daran, wenn sie allein ist, wenn sie auf ihr kleines Mädchen wartet. Cordelia ist für sie wie ein eigenes Kind geworden, ein Ersatz für das, was sie verloren hat.

Cordelia kennt die Geschichten aus Wilmas Kindheit, aus ihrer Jugend, von ihrer jungen Liebe. Sie kann sie immer wieder hören, und dann schläft sie ein.

Manchmal erzählt sie auch von ihrer Kindheit. Was sie davon noch weiß. Vom Lumin-Hof, wie es da aussah, was sie für Pferde hatten, wie süß Dolkas Fohlen war. Vieles hat sie vergessen, aber Wilmas Erzählungen bringen sie dazu, sich zu erinnern.

»Schade, daß ihr dort fortgehen mußtet«, sagt Wilma. Und dann fügt sie hinzu: »Ja, so ist das Leben heute nun mal.«

Keine Klagen, keine Vorwürfe. So ist das Leben nun mal.

Cordelia erinnert sich auch an die Schule in Rosenheim, daran, was die Kinder zu ihr gesagt haben.

»Onkel Alexander hat mich gerettet«, sagt sie dann wohl noch. Sie liebt ihn, genauso wie Wilma ihn liebt. Er hat beiden ein neues Leben geschenkt.

Soll dieses Kind nun erwachsen sein? denkt Wilma. Dieser Mann, der sie mit ins Bett nimmt? Nicht so einer wie damals der junge Lehrer in Eger, ein verrückter Franzose, der nichts im Kopf hat als die Tanzerei.

Daß ihr kleines Mädchen überfordert ist, hat Wilma sehr schnell begriffen. Sie war auch schon im Theater, hat Cordelia tanzen sehen, im ›Zigeunerbaron‹, im ›Luxemburger‹ und auch als Aurora. Das ist wirklich wunderschön, findet Wilma, aber es ist auch eine Schinderei. Sie kennt die zertanzten Schuhe, sie wäscht das Blut von den Füßen. Und sie ist die erste, die erkennt, daß Cordelias Herz nicht in Ordnung ist. Sie geht zu ihrem Hausarzt in der Nachbarschaft, er behandelt sie manchmal, sie hat wehe Füße, sie hat Krampfadern, und sie hat Schmerzen in den Gelenken. Sie erzählt dem Arzt von Cordelia, ihrer Arbeit, ihrer Belastung und auch von dem unregelmäßigen Herzschlag.

»Sie soll mal zu mir in die Praxis kommen«, schlägt der Arzt vor.

Cordelia lehnt entschieden ab. Sie wird ärgerlich. »Mir geht es gut. Mir fehlt gar nichts. Jeder Mensch hat komische Herzschläge, wenn er so was macht wie ich«, bescheidet sie Wilma unwirsch.

»Ist kein gutes Leben, das Tanzen«, sagt Wilma. »Macht dich kaputt.«

An diesem Abend nun, Cordelia liegt im Bett, trinkt die Milch, sagt: »Erzähl noch was.« Sie schläft nicht ein, das neue Ballett, Raikovs Pläne wirbeln in ihrem Kopf herum. Das Violinkonzert von Bruch kennt sie inzwischen auswendig, sie weiß auch schon die Schritte, die Bewegungen, sie freut sich auf diese Arbeit. Hasse ist ein Freund, Raikov ist ein Freund. Nur das andere, das, was nun dazugehört, behagt ihr im Grunde nicht. Sie ist keine leidenschaftliche Geliebte, sie nimmt es hin. Es gehört offenbar dazu, man muß sich damit abfinden. Der heiße Mann, an sie gepreßt, er küßt sie, er streichelt ihre kleinen Brüste, ihren schmalen Schoß, in den er eindringt. Es ist eigentlich lästig, aber das ist eben Liebe. Sie kennt Sophias eindeutige Geschichten, auch Marguerite hat jetzt einen Liebhaber und erzählt gern davon, auch alle anderen reden von ihrer Liebe oder von dem, was sie dafür halten. Sie hört das, und keiner ahnt, daß sie mit Raikov schläft. Seltsamerweise bleibt das verborgen. Keiner von beiden verhält sich so, daß man es vermuten könnte.

Im Gegenteil, als die Proben beginnen, benimmt sich Raikov ihr gegenüber besonders ruppig.

»Man könnte meinen, daß du am Boden klebst. Du wirst es niemals lernen. Du bist ein schwerfälliges deutsches Trampel.«

So oder so ähnlich hört sich das auf französisch an, und nur Marguerite versteht es und kichert entzückt. Madame Lucasse wird manchmal ärgerlich, verbietet ihm diese Ausdrücke.

Maître Chalons sagt: »Non, non, mes enfants. Adagio, adagio.« Cordelia ist jedesmal erschöpft von diesen Proben.

Und dann wieder ist sie in seinem Bett, er streichelt sie, ist zärtlich, liebevoll, er ist ein guter Liebhaber, und es ist seltsam, ihre Passivität stört ihn nicht. Sie ist so, wie sie ist, und gerade das gefällt ihm.

Die einzige, die das Spiel durchschaut, ist Jennifer. Die hat dafür einen sechsten Sinn.

»That's ridiculous«, sagt sie. »You and this little one.«

Sie wird beim ›Wolkentanz‹ nicht mehr dabei sein, sie

verläßt das Theater noch vor Ende der Spielzeit. Der Agent, den sie schon in Amerika hatte, hat für sie einen neuen Vertrag bei einer guten amerikanischen Compagnie unterschrieben.

Auch Joseph, der Tenor, wird Ende der Spielzeit das Haus verlassen, er hat ein Engagement nach München. Die beiden geben eine rauschende Abschiedsparty in der Kantine, alle sind eingeladen, sogar der Intendant läßt sich kurz blicken. Um den Tenor tut es ihm leid, auf Jennifer verzichtet er gern. Die paßt einfach nicht ins Haus, so erfolgreich ihre Auftritte auch waren.

Cordelia ist natürlich auch dabei, klein und bescheiden sitzt sie in einer Ecke, obwohl sie der Star in Raikovs neuer Choreographie sein wird, das wissen sie nun alle.

Raikov ist die ganze Nacht unterwegs, er küßt alle Frauen, soweit sie ihm einigermaßen gefallen, er küßt auch Cordelia, und jeder kann sehen, daß sie ihn zurückstößt.

Sie haßt diese Küsserei, diese Körpernähe. Es ist seltsam, denn sie ist ja durch das Tanzen an Körpernähe gewöhnt, an Männer, die sie tragen, die sie heben, die sie überall berühren.

»Sie wird es nie lernen«, kichert Marguerite und schmiegt sich an ihren Freund, es ist der erste Cellist des Orchesters. Er ist verheiratet, das stört Marguerite nicht weiter. In der Garderobe spricht sie davon, daß sie auch nicht mehr lange bleiben will.

»Denkt ihr, ich will an diesem Theater alt und grau werden? Ich doch nicht. Also wohin dann? An ein anderes Haus? Da spielt sich dasselbe ab.«

»Und wo willst du hin?« fragt Sophia. »Auch nach Amerika?«

Sophia ist reichlich zehn Jahre älter, für sie gibt es keinen neuen Weg mehr.

»Ballett ist doch altmodisch«, kontert Marguerite. »Wir machen immer noch alles nach russischem Modell. Es gibt schließlich eine moderne Art zu tanzen.«

»So wie Jennifer.«

»Die kann beides. Amerika? London? Kommt für mich

nicht in Frage. Wenn ich mich verändere, gehe ich nach Paris. Wir arbeiten schließlich hier mit lauter Franzosen.«

»Dann beeil dich mal«, sagt Sophia giftig. »Du wirst auch nicht jünger.«

Diese Garderobengespräche sind das übliche, jeder hat seine Träume. Das Damoklesschwert, das über ihnen schwebt, ist die Tatsache, daß sie älter werden.

Auch in der Nacht nach der Party schläft Cordelia mit Raikov. »Du kommst mit«, sagt er einfach, und da geht sie mit. Er hat ziemlich viel getrunken, aber das macht ihm nichts aus. Er zieht sie aus wie immer, legt sie sanft in sein Bett, beugt sich über sie und küßt sie.

Richtet sich dann ein wenig auf, sieht ihre geschlossenen Augen, ihr unbewegliches Gesicht.

»Sieh mich an!«

Cordelia öffnet die Augen, sie bleibt stumm.

»Tu ne m'aime pas«, sagt er traurig.

Sie hebt die Hand, legt sie an seine Wange.

»Du hast so viele heute abend geküßt«, sagt sie.

»Ach, das gehört doch dazu. Bist du vielleicht eifersüchtig?«

Nun lächelt Cordelia. »Naturellement«, sagt sie, und das befriedigt ihn.

Er liebt sie, zärtlich, sanft wie immer. Dann schläft er sehr schnell ein.

Sie schläft nicht, sie hat nicht viel getrunken, und sie wäre lieber allein.

Am Ende der Spielzeit steht der ›Wolkentanz‹, sie arbeiten alle daran, es gefällt ihnen.

Dann sind endlich Ferien, kurze Ferien in diesem Jahr, denn Raikov will so bald wie möglich mit der Arbeit wieder anfangen.

Er fährt für zwei Wochen nach Paris und fragt Cordelia: »Möchtest du nicht mitkommen? Du warst noch nie in Paris.«

»Ich möchte zu meinen Eltern. Und ich hoffe, Onkel Alexander wird auch manchmal kommen.«

»Ach ja, der berühmte Onkel.«

Seltsamerweise hat Raikov ihn bis jetzt nicht kennengelernt. Wenn der Onkel in der Stadt ist, verschwindet Cordelia sofort nach den Proben oder nach der Vorstellung, schiebt ihre Hand unter seinen Arm, so wie sie es als Kind getan hat, und geht mit ihm fort.

Raikov hat den beiden einmal nachgesehen. Kein Zweifel, sie liebt diesen Mann.

Bei den Pferden ist Cordelia glücklich. Valera geht es gut, sie ist wieder gedeckt worden, ihr Sohn ist gesund, ein Jährling, der übermütig auf der Koppel mit den Gleichaltrigen herumspringt. Wie schnell wird seine Jugend vorbei sein!

Cordelia liegt im Gras, oder sie sitzt bei Olga auf der Bank und hat den kleinen Hund auf dem Schoß. Sie geht auch mal zu Elsgard in die Küche und fragt: »Kann ich was helfen?«

»Erhol du dich nur. Du siehst so klapprig aus.«

Nach wie vor läuft sie hinter Jochen her, oder sie albert mit Wali herum, der sie immer noch über die Koppelzäune hebt, obwohl ihr Fuß wieder gesund ist.

Beatrice und Alexander kommen an einem Nachmittag zu Besuch, sie sind viel unterwegs, die Rennsaison ist auf dem Höhepunkt, und sie müssen dabeisein, wenn ihre Pferde laufen.

»Willst du uns nicht wieder einmal besuchen?« fragt Beatrice freundlich. »Nächste Woche kommt John, gerade für ein paar Tage. Er hat soviel zu tun, behauptet er.«

Dann kommt John an einem Nachmittag, springt über den Koppelzaun, ruft: »Da ist ja meine kleine Tänzerin.« Nimmt sie in die Arme und küßt sie.

Diesmal erwidert Cordelia seinen Kuß, das hat sie inzwischen gelernt.

»Nanu? Wie seh ich das denn? Du betrügst mich doch nicht etwa?«

»Was hast du denn gedacht? Muß ich jedesmal ein Jahr warten, bis ich einen Kuß bekomme?«

Aber das ist auch schon alles, es kommt auch nicht zu einem Besuch in der Villa Munkmann, denn John hat seine amerikanische Freundin mitgebracht, und die will nach Italien, nach Venedig vor allem, und so reist er bereits nach einer Woche wieder ab.

Daß er ein Mädchen dabei hatte, erfährt sie von Gustav. Denn eines Tages faßt sie sich ein Herz, ruft in der Villa an und fragt, ob Gustav sie nach Münster fahren könnte. Sie möchte eine Platte von dem Violinkonzert kaufen. Ein alter Plattenspieler ist im Haus, der stammt noch von den Neumanns, Platten gibt es nicht viele. Sie will die Musik gern hier vorspielen. Jochen fährt nicht mehr mit dem Auto, höchstens eine kurze Strecke, sein Arm ist ziemlich verkümmert, er hat nun auch noch Arthrose in den Gelenken und fühlt sich unsicher am Steuer.

Gustav kommt nur zu gern.

»Ich möchte mir eine Platte kaufen«, erklärt ihm Cordelia. »Ein Violinkonzert, das ich tanzen werde.«

Auf der Fahrt nach Münster erfährt sie also von Johns Freundin und von der Reise nach Italien.

»Die bringt viel Unruhe ins Haus«, berichtet Gustav. »Wir waren immerzu unterwegs.«

Von den Küssen des vergangenen Sommers weiß er ja nichts. John und Miß Bessie sind nach Rom geflogen, erzählt er, und dort werden sie Munkmann junior treffen.

»Herr Alfredo macht einen Film, ganz tolle Geschichte, er hat sie mir erzählt, als er das letztemal hier war.«

Cordelia kommt mit dem Violinkonzert von Max Bruch zurück, und Gustav muß sich auch die Musik anhören. Jochen kann nicht dabei sein, sie haben eine Kolik im Stall, der Tierarzt ist gerade da.

»Er kann es sich abends anhören«, sagt Cordelia.

Olga, Elsgard und Gustav sitzen also im Wohnzimmer, und Cordelia legt die Platte auf. Der Neumannsche Apparat ist nicht von bester Qualität, und Cordelia tippt ungeduldig mit dem Fuß auf den Boden. Einige Male steht sie auf, tanzt eine Figur.

»Schöne Musik«, sagt Gustav am Ende. »Vielen Dank auch.«

»Wie findest du das, Mutti?« fragt Cordelia, als sie wieder

ins Zimmer kommt, und ohne eine Antwort abzuwarten, fährt sie fort: »Ich bin ja dumm. Ich hätte gleich einen neuen Plattenspieler kaufen müssen. Das alte Ding klingt ja gräßlich.«

Die Premiere wird ein Erfolg. Nicht so sensationell wie Jennifers erster Auftritt in diesem Haus, doch es ist ein runder, wohlgelungener Abend. Es ist Cordelias Abend. Und ein rauschender Erfolg für den schönen jungen Geiger. Am Ende geht der Vorhang noch einmal auf, sie steht zwischen Raikov und dem Geiger, sinkt in einen tiefen Knicks. Sie trägt das Haar offen und ein schwingendes leichtes Kleid in Frühlingsgrün und Weiß.

Das war ein anderer Abend als die üblichen. Alles wirkte so leicht und natürlich. Es ist kein Ballett, es ist Tanz. Trotz aller Rederei und endlosem Probieren ist es eigentlich so geblieben, wie Raikov es von Anfang an gesehen hat. Das Wichtigste ist die Musik, ihr paßt sich alles an; die Parklandschaft, die Büsche und Bäume, die Kleidung, die sie tragen, die Bewegungen, die Gesten.

Der Geiger auf der Bühne, seitwärts stehend, träumend mit seiner Violine, achtet gar nicht auf das, was um ihn geschieht.

Raikov, ein Flaneur mit Hütchen und Spazierstock, setzt sich auf die Bank. Cordelia kommt sehr bald auf die Bühne, schon der erste Satz paßt für ihren Auftritt. Zunächst tanzt sie nur so vor sich hin, genauso verträumt und abwesend wie der Geiger. Er spielt für sie, sie tanzt für ihn, dabei sehen sie sich gar nicht.

Der Mann auf der Bank jedoch sieht sie, sieht ihr zu. Dann kommt ein Forte, und sie tanzt hinaus. Ein paar andere Tänzer kommen aus den Büschen, ganz locker, ganz leicht sieht das aus, sie halten sich an den Händen, zwei küssen sich. Wie sorgfältig und mühevoll das probiert wurde, ist nicht erkennbar. Es ist wirklich eine ganz ungewöhnliche Vorstellung, etwas, das man in dieser Art noch auf keiner Bühne gesehen hat.

»Der Mensch ist begabter, als ich dachte«, sagt Ginette,

die natürlich in der Premiere sitzt. »C'est tres romantique! Das hätte ich ihm gar nicht zugetraut. Ich dachte, er ist ein harter Bursche.«

»Die Musik ist auch besonders schön«, sagt ihr Mann, ebenfalls sehr beeindruckt.

»Und dieser zauberhafte Junge mit der Violine! Der ist zum Verlieben. Das ist eine geniale Idee. Und aus der Kleinen hat er alles herausgeholt. Ich nehme an, er schläft mit ihr.«

»Wie kommst du denn darauf?«

»Das spüre ich. Wie er sie hebt, wie er sie hält, wie sie an ihm niedersinkt …«

»Aber das macht ihr doch alle so.«

»Gewiß. Doch da ist ein Unterschied.«

Sie sagt es später, bei der Premierenfeier, Raikov auf den Kopf zu. Er lacht nur und küßt sie. Und sie sagt noch: »Mit der Nummer könnt ihr beide berühmt werden.«

Was sie damit anrichtet, weiß sie nicht.

Die Kritiken sind ausgezeichnet, die Inszenierung, der Choreograph und vor allem Cordelia werden ausführlich gelobt.

Alexander sieht den ›Wolkentanz‹ erst bei der zweiten Aufführung.

Er kommt nach der Vorstellung zu den Garderoben, um Cordelia abzuholen, er hat sich etwas verspätet, weil er sich noch mit der Dame unterhalten hat, die in der Loge saß. Er muß Cordelia davon erzählen.

Die Tänzerinnen sind zum Teil schon abgeschminkt, flattern an ihm vorbei, winken ihm zu.

Doch dann vergißt er die Begegnung in der Loge, denn er hat an diesem Abend die erste Begegnung mit Serge Raikov.

Der ist auch im Garderobengang, spricht hierhin und dorthin, ist laut, dem Tonfall nach hat er verschiedenes auszusetzen, er tadelt, wedelt mit den Händen, aber keiner beachtet ihn. Es ist gut gelaufen, es klappt, nun soll er aufhören mit der ewigen Meckerei. Neidisch auf Cordelia sind sie sowieso.

Dann blickt Cordelia über Raikovs Schulter, sie hat noch die fette Abschminke im Gesicht, doch ihre Augen strahlen.

»Da bist du ja endlich«, sagt sie. »Wie findest du uns?«

Alexander lächelt. »Gut finde ich euch. Das ist eine hübsche Sache. Da wird einem ganz warm ums Herz.«

»Darf ich bekannt machen?« fragt Cordelia. »Das ist Serge Raikov. Mein Onkel.«

Mein Onkel, sagt sie, weiter nichts. Kein Name.

Die Herren neigen die Köpfe.

»Wirklich eine wunderschöne Aufführung«, sagt Alexander höflich und mustert den Mann, den er eben auf der Bühne gesehen hat, genauer. Er ist älter, als er dachte, er ist kräftig, nicht sehr groß, die Figur nicht so geschmeidig wie sonst bei Tänzern. Getanzt hat er ja auch nicht viel, er hat Cordelia gehoben, getragen, hoch in die Luft gestemmt, niedergleiten lassen, vom Boden aufgehoben, herumgewirbelt und dann beim Adagio wie ein Kind über die Bühne getragen.

»So was hast du noch nicht gesehen, nicht?« fragt Cordelia, noch erregt von der Arbeit. »Er sitzt da so herum, und ich komme auf einer Wolke hereingetanzt. Das hat er sich doch fabelhaft ausgedacht, nicht?«

Sie schiebt unwillkürlich ihre Hand unter Raikovs Arm, Alexander sieht es mit Mißfallen. Er spürt sofort, daß sie verändert ist. Allerdings kennt er die Erregung nach solch einem Abend. Daß Cordelia im Moment Raikov wirklich liebt, das kann er nicht wissen, aber vielleicht spürt er es, wie es Ginette am Premierenabend gespürt hat.

»Sieh zu, daß du fertig wirst«, sagt er. »Ich habe heute nicht viel Zeit.«

Sie erfährt auf dem Weg zur Wohnung, daß er am nächsten Tag mit Beatrice nach London fliegt. Es steht ein junger Hengst mit berühmten Papieren zum Verkauf, den wollen sie sich ansehen.

»Und vor allem geht es ihr um einen neuen Jockey. Sie will partout wieder einen Engländer haben.«

Darüber redet er eine Weile, es interessiert Cordelia nicht sonderlich. Sosehr sie die Pferde in den Ställen und auf den

Koppeln liebt, so wenig macht sie sich aus Rennen. Sie möchte viel lieber noch über den ›Wolkentanz‹ reden, möchte gelobt werden.

»Habe ich dir denn gar nicht gefallen?« fragt sie traurig, als er geht.

Er nimmt sie in die Arme, küßt sie. »Du warst bezaubernd. Ich schaue mir bestimmt noch eine Vorstellung an. Und sobald ich zurück bin, gehen wir wieder einmal nett zum Essen, ja? Auf Wiedersehen, Wilma.« Und wie immer setzt er hinzu: »Passen Sie mir gut auf das Kind auf.«

Erst als er im Auto sitzt, fällt ihm ein, daß er vergessen hat, von der Begegnung im Theater zu erzählen.

»Er hat mich nicht mehr lieb«, sagt Cordelia traurig, nachdem Alexander gegangen ist.

»Aber Kind! Er ist ein vielbeschäftigter Mann. Ich habe neulich erst in der Zeitung gelesen, daß die Munkmann-Werke die größte Maschinenfabrik im Land sind. Sie bauen jetzt noch eine neue Fabrik in der Nähe von Duisburg.«

»Das steht in der Zeitung?«

»Ja, du liest ja weiter nichts als die Theaternachrichten.«

»Früher, als er noch nicht so viel zu tun hatte, war er immer für mich da. Er hat mich eben nicht mehr lieb.«

In der vierten Aufführung ist dann endlich auch Wilma, sie kommt nicht dazu, den Abend zu genießen, denn sie weiß, daß Cordelia erkältet ist, sie hatte ein wenig Fieber am Morgen, und Wilma fürchtet die ganze Zeit, sie könnte nicht mehr aufstehen, wenn sie an Raikovs Körper zu Boden gesunken ist. Sie ist froh, als Cordelia endlich auf der Wolke hinausschwebt.

Und dann kommt sie nicht einmal nach Hause. Sie bleibt bei Raikov, und es kommt zu einem Streit. Einer unschönen Szene. Einem großen Krach.

Raikov ist ein wenig übergeschnappt durch seinen Erfolg. Er hat im Grunde genug von dieser Stadt und diesem Theater. Er ist zu schade dafür, findet er. Und da ist der alte Traum: Amerika.

Cordelia sieht ihn nur fassungslos an, als er davon spricht, mit ihr nach Amerika zu gehen. Sie sitzt im Sessel, essen mag sie nicht, sie hat Halsschmerzen und Kopfschmerzen, das Fieber ist gestiegen. Auch sie war froh, als sie abgehen konnte.

Am liebsten wäre sie mit Wilma nach Hause gegangen, aber Raikov hatte nur gesagt: »Du kommst mit. Ich habe etwas mit dir zu besprechen.«

Er hat keinen festen Vertrag an diesem Theater, und es ging jetzt um die Frage, ob er als Nachfolger von Maître Chalons Ballettdirektor werden soll. Intendanz und Stadtrat haben darüber gesprochen, und an diesem Vormittag gab es eine Unterredung zwischen dem Intendanten und Raikov.

Als erstes verlangte Raikov die doppelte Gage, aber das ist ganz unmöglich, das Ballett ist ja nur ein Nebenzweig in diesem Haus.

»Ich will sowieso auf Tournee gehen«, sagt er lässig.

»Wie Sie meinen«, erwidert der Intendant kühl.

Eine Tournee mit dem ›Wolkentanz‹. Er wird Cordelia mitnehmen und den Geiger.

Cordelia schüttelt nur müde den Kopf, als er in der Nacht von seinen Plänen spricht.

»Du willst doch nicht dein ganzes Leben an diesem Provinztheater tanzen. Oder?«

»Das würde Onkel Alexander nie erlauben«, sagt sie heiser.

»Du mit deinem blöden Onkel. Ist dir deine Karriere nicht wichtiger?«

»Nein«, sagt sie leise.

Er starrt sie mit wutglitzernden Augen an.

»Du könntest mit dem ›Wolkentanz‹ in den Staaten großen Erfolg haben.«

»Das glaube ich nicht.«

»Natürlich nicht, wenn du so schlecht bist wie heute abend. Du hast getanzt wie eine tote Fliege.«

Sie lächelt unsicher. »Ohne deine Hilfe wäre es nicht gegangen. Danke. Ich bin ein wenig erkältet.«

»Das kann einer guten Tänzerin nichts ausmachen. Das geht nur Sänger etwas an. Und ein guter Sänger kann auch singen, wenn er erkältet ist. Dafür hat man schließlich seine Technik. Ich habe Jennifer mal erlebt, da lief ihr der Rotz aus der Nase. Und sie war besser denn je.«

»Ich bin eben nicht wie Jennifer.«

Er rennt schon wieder im Zimmer hin und her, erklärt, wie er mit ihr durch die Staaten tanzen wird.

»Dann Südamerika, und anschließend wird mir etwas Neues einfallen. Wir machen etwas Modernes. Ganz amerikanisch. Kennst du die Musik von Bernstein? Nein, du kennst ja gar nichts außer deinem verkalkten ›Schwanensee‹. Hörst du mir eigentlich zu?«

Sie hebt den Kopf von der Sessellehne, sein Gesicht verschwimmt vor ihren Augen.

»Man müßte ein Orchester haben. Und Tänzer«, gibt sie sich Mühe, ihm zu folgen.

»Die finden wir in Paris. Und in Amerika erst recht. Weißt du, wieviel Musiker und Tänzer dort auf der Straße sitzen? Die sind froh, wenn sie Arbeit finden.«

»Man müßte alles von vorn probieren«, sagt sie unlustig.

»Na und? Willst du nun Karriere machen oder nicht?« schreit er sie an.

Will sie Karriere machen? Sie hat keinen Ehrgeiz, sie hat nie über dieses Theater, über diese Stadt hinausgedacht.

»Ich möchte hierbleiben und die ›Giselle‹ und später ›Schwanensee‹ machen, und ich möchte in der Nähe von Onkel Alexander bleiben.« Sie steht auf.

»Ihm habe ich alles zu verdanken. Was wäre aus mir geworden ohne ihn? Was wäre aus Vati und Mutti geworden? Ich habe dir doch erzählt, wie das war mit uns. Es gibt Menschen, die man liebhat. Bei denen man bleiben möchte. Verstehst du das nicht?«

»Liebhat, liebhat«, brüllt er jetzt in voller Lautstärke. »Was ist denn das für ein Unsinn? Was hat das mit deiner Karriere zu tun?«

»Schrei doch nicht so! Was soll denn Frau Gutsche denken? Ich hab dich doch auch lieb …« Sie geht auf ihn zu, streckt ihm die Hände mit einer bittenden Geste entgegen, er stößt sie zurück und brüllt: »Am besten gehst du ins Bett zu deinem Onkel, das ist es ja doch, was du willst. Was soll denn auch ein normaler Mann mit dir anfangen?«

Sie geht noch einmal auf ihn zu, da schlägt er sie ins Gesicht. Sie weint nicht, sie sinkt auch nicht auf den Boden, sie sieht ihn nur mit großen Augen an.

Ihm tut es sofort leid, er will sie in die Arme nehmen, doch nun stößt sie ihn weg, rennt aus dem Zimmer, aus dem Hotel, nach Hause zu Wilma. Dort erst weint sie.

Am nächsten Tag erzählt sie Madame Lucasse von Raikovs Plänen, nicht von dem Streit, nicht von dem Schlag.

»Der Kerl ist größenwahnsinnig«, sagt Madame Lucasse. »Und für dich kommt das sowieso nicht in Frage. Mit dem Verrückten auf Tournee! Wie er sich das vorstellt. Das schafft er nie. Er müßte zunächst einen Sponsor haben. Oder mehrere. So ist das nämlich in Amerika.« Und dann eine klare Frage: »Liebst du ihn denn?«

Sie bekommt eine klare Antwort. »Nein.«

Und auf Madames prüfenden Blick setzt sie hinzu: »Ich will ihn nicht mehr.«

Das ist eine Art Geständnis. Ihre Augen füllen sich mit Tränen.

»Schon gut, reg dich nicht auf.«

»Ich möchte hierbleiben.«

»Das wird für dich das beste sein«, sagt Madame Lucasse und wischt ihr wieder einmal die Tränen von den Wangen. »Du bist ein labiles Mädchen. Oder besser gesagt, ein empfindsames Mädchen. Amerika ist ein hartes Geschäft, dafür bist du nicht geeignet. Er müßte eine eigene Compagnie haben, und wie will er das finanzieren? Er ist dümmer, als ich dachte.«

»Ich möchte bei Onkel Alexander bleiben. Und bei Vati und Mutti. Und bei Ihnen, Madame.«

»Zunächst gehörst du mal ins Bett, du bist krank. Deine Stirn ist ganz heiß. Geh jetzt nach Hause. Die nächsten Tage hast du frei.«

Der ›Wolkentanz‹ steht erst Mitte Dezember wieder auf dem Programm. Kein abendfüllendes Ballett dazwischen.

»Kurier dich aus. Und komm erst wieder an die Stange, wenn du gesund bist.«

»Aber die Proben?«

»Wir probieren für die ›Aida‹, da kannst du immer noch einsteigen.«

Cordelia macht einen Knicks und wendet sich zum Gehen.

»Und was wir heute geredet haben«, sagt Madame Lucasse, »bleibt unter uns.«

Logenplatz

BEIM FRÜHSTÜCK ÜBERFLOG Constanze die Zeitung, verweilte etwas länger bei den Theater- und Filmnachrichten. Ein Kritiker äußerte sich geradezu begeistert über die Uraufführung eines neuen Balletts. ›Wolkentanz‹, ein guter Titel, fand Constanze. Doch dann stockte sie, hob den Kopf, blickte starr in die Luft.

Der Name.

Der Name?

Cordelia Lumin.

Cordelia.

Die Leute damals in Mecklenburg, hießen die nicht Lumin? Nie mehr hatte sie an diese Leute gedacht. Er hieß Jochen, der sie aus dem Wasser gezogen hatte. Und sie? Doch, da kam der Name schon. Sie hieß Elsgard.

Sie sah alles vor sich wie auf einer Bühne. Der Tisch mit der Hängelampe darüber. Nein, erst war es eine Petroleumlampe.

Cordelia. König Lears Tochter.

Cordelia Lumin. Eine Tänzerin.

Thomas hatte seine Zeitung sinken lassen und sah sie an. »Was hast du denn? Ist dir nicht gut?«

Sie faßte sich sofort. »Wieso?«

»Du bist ganz weiß im Gesicht.«

»Ich habe schlecht geschlafen.«

Sie griff mit der Hand nach der Tasse, ihre Hand zitterte. Rasch stand sie auf, ging durchs Zimmer ins Bad. Betrachtete sich im Spiegel.

Weiß im Gesicht? Quatsch. Sie sah aus wie immer. Eben noch ungeschminkt.

Cordelia Lumin. Also gut, also schön. Die war also am Leben geblieben. Warum denn nicht? Sie war hier, ganz in der Nähe. Tänzerin. Warum denn nicht? Ihr konnte das doch egal sein. Eine gute Tänzerin, der Besprechung nach.

Sie ging zurück, setzte sich wieder an den Tisch und nahm die Tasse in die Hand.

»Der Kaffee ist kalt.«

»Gib her«, sagte Thomas. »Ich gieß das aus, und du bekommst neuen Kaffee, in der Kanne ist noch genug.«

Wie in guten Hotels üblich, gab es zum Zimmerfrühstück eine Thermoskanne, die den Kaffee warm hielt.

»Richtig nett, mal wieder mit dir zu frühstücken«, sagte er, nachdem er ihr frischen Kaffee eingegossen hatte.

Sie lächelte ihm zu. »Ja, heute haben wir wenigstens etwas Zeit.«

Sie wohnten zwar seit vier Tagen im Parkhotel in Düsseldorf, doch es war morgens immer eine Hetze gewesen, Presse, Interviews, Fotografen, das bedeutete für Constanze früh aufstehen, sich rasch schminken, anziehen.

Sie stand aber nicht gern früh auf, und sie frühstückte nicht gern angezogen und geschminkt.

»Ich fand's auch anstrengend«, sagte Thomas und setzte sich wieder, betrachtete das Angebot auf dem Frühstückstisch. Das Ei hatte er schon gegessen, ein Brötchen mit Schinken, nun griff er in den Korb.

»Da wir heute etwas mehr Zeit haben, kann ich ja noch ein Brötchen essen.«

»Das tu, mein Lieber.«

»Schade, daß wir so selten zusammen frühstücken«, sagte er, während er Butter auf sein Brötchen strich.

»Wirklich schade.«

»Jetzt machst du dich lustig über mich. Ich meine, es ist schade, daß wir uns so selten sehen.«

»Aber wir haben uns auf dem Set ausreichend gesehen und sind uns ebenso reichlich auf die Nerven gegangen.«

»Die Dreharbeiten sind nun schon eine Weile her. Ich meine, mehr privat. Du könntest wieder einmal für ein paar Tage nach München kommen. Komm doch heute gleich mit.«

»Ich kann Tobias nicht so lange allein lassen.«

»Na, dein Steven kümmert sich wohl um ihn.«

Er sagte niemals Jonathan, und Constance sprach ihm gegenüber auch nur von Steven.

»Betty würde sich sehr freuen, dich zu sehen. Sie spricht oft von dir.«

»Betty hat immer nur dich geliebt.«

»Und Tobias. Sie wird dir nie verzeihen, daß du Tobias nach Berlin geholt hast.«

Constance seufzte. »Das Thema hatten wir schon.«

Sie hatte sich beruhigt, jedenfalls äußerlich. Außerdem war Thomas unsensibel genug, die Verstörtheit in ihren Augen nicht zu bemerken.

Sie zündete sich eine Zigarette an, griff nach der Zeitung, sah noch einmal auf die Besprechung.

›Wolkentanz‹, eine Neuinszenierung. Die Choreographie von einem Mann namens Serge Raikov. Vor einigen Jahren, als sie in dieser Gegend Theater spielte, hatte sie nie etwas von diesem Mann gehört oder gelesen. Von einer Cordelia Lumin auch nicht. Die mußte ja immerhin jetzt ... kam sie eben gerade aus Mecklenburg, oder war sie schon länger hier? Noch einmal schlug es wie eine Woge über ihr zusammen. Sie brauchte gar nicht so zu tun, als ob sie es nicht wüßte. Cordelia Lumin mußte jetzt zweiundzwanzig sein.

Sie warf den Kopf zurück und lachte.

Thomas Ashton, der Mann, mit dem sie immer noch verheiratet war, sah sie erstaunt an. »Steht etwas Lustiges in der Zeitung?« fragte er.

»Sehr lustig.«

Vorgestern war Premiere gewesen, heute war die zweite Aufführung. Sie würde hingehen und würde sich diese Cordelia Lumin ansehen.

Warum nicht?

»Warum nicht?« sagte sie laut.

»Wie?« fragte Thomas.

»Ach, nichts.«

»Ich werde dann meinen Kram zusammenpacken und starten. Und du kommst wirklich nicht mit?«

»Nein, mein Schatz, ich komme nicht mit.«

»Und wann geht deine Maschine?«

»So gegen Mittag.«

»Allein schon deswegen könnte ich nicht in Berlin wohnen. Die ewige Fliegerei, das würde mich wahnsinnig machen.«

Sie wußte, daß er Angst hatte vorm Fliegen. Es kostete ihn jedesmal Überwindung, in ein Flugzeug zu steigen.

»Du kommst auch mit dem Auto nach Berlin«, sagte sie.

»So verrückt möchte ich sein, daß ich durch die Zone fahre. Mit meinem schönen Wagen, und das im Schneckentempo. Keine Macht der Welt wird mich je in ein Land bringen, in dem die Kommunisten herrschen. Nicht für zehn Millionen Dollar. Und du wirst schon sehen, wie das ausgeht mit deinem Berlin. Eines Tages machen sie die Faust zu, und da sitzt du drin.«

Das war ein altes Thema zwischen ihnen. Er würde auch in diesem Jahr zur Premiere des Films nicht nach Berlin kommen, dort mußte sie sich allein verbeugen. Die Uraufführung hatte darum im Rheinland und im Ruhrgebiet stattgefunden, und sie waren zusammen nun eine Woche unterwegs gewesen und hatten sich in den Kinos verbeugt.

Es war das erstemal wieder seit vier Jahren, daß sie einen Film zusammen gemacht hatten, und es war ein guter Film geworden.

Thomas, etwas fülliger jetzt dank Bettys gutem Essen und etwas reifer dank einiger Stirnfalten und leicht ergrautem Haar, war die richtige Besetzung gewesen, nicht mehr der fröhliche Siegertyp wie in seinen früheren Filmen. Er spielte einen Mann, der durch dubiose Geschäfte in Erpresserhände fällt. Constanze gehörte in ihrer Rolle auf die Seite der Erpresser, was eine Liebesaffäre zu dem Erpreßten nicht ausschloß, sie jedoch am Ende das Leben kostete.

»Endlich mal kein Happy-End«, hatte sie vor zwei Tagen in einem Interview gesagt.

»Worüber das Publikum sehr betrübt sein wird«, hatte der Journalist erwidert.

»Das glaube ich nicht. Wirkliche Kunst kennt kein Happy-End. So wenig wie das Leben. Oder denken Sie, irgendein Mensch würde in den ›Faust‹ gehen, wenn Gretchen und Heinrich am Schluß Hand in Hand vor der Gartenlaube säßen? Oder wenn Romeo und Julia ihre Enkel spazierenführten?«

Kein Wunder, daß Constanze so beliebt war bei der Presse. Interviews mit ihr verliefen meist sehr amüsant. Nachdem Thomas mit seinem großen amerikanischen Wagen abgefahren war, verlängerte Constanze zunächst ihren Aufenthalt im Hotel auf den nächsten Tag, stornierte den Flug und ließ sich mit dem Theater verbinden, in dem dieser ›Wolkentanz‹ aufgeführt wurde.

Die Vorstellung sei ausverkauft, erfuhr sie. Nach einigem Hin und Her gelang es, die Sekretärin des Intendanten zu erreichen, dann den Intendanten selbst, schließlich kannte er Constanze aus der Zeit, als sie in Bochum engagiert war, und ihr Name war inzwischen bekannt genug. Außerdem hatte sie sich vor drei Tagen auch dort für den neuen Film verbeugt.

Der Intendant bot ihr seine Loge an.

»Es freut mich sehr, daß Sie zu unserem Ballettabend kommen.«

»Ja, ich habe die Besprechung gelesen, die war ja fulminant.«

»Ist eine schöne Sache, doch. Etwas ungewöhnlich. Leider kann ich Ihnen nicht Gesellschaft leisten, wir sind heute beim Oberbürgermeister eingeladen. Aber um Sie zu begrüßen, Constanze Morvan, bin ich selbstverständlich da.«

»Ich werde pünktlich sein.«

Dann rief sie Jonathan an und sagte ihm, daß sie erst am nächsten Tag kommen würde.

»Da sind wir aber sehr traurig, Tobias und ich. Kannst du dich von deinem Mann nicht trennen?«

»Der ist schon abgefahren. Nein, ich habe heute abend noch eine Verabredung.« Sie zögerte, sie belog ihn eigentlich nie. »Ehemalige Kollegen vom Theater.«

»Und wann kommst du morgen?«

»Weiß ich noch nicht. Ich muß mich erst erkundigen, welche Maschine ich bekomme. Vielleicht fliege ich auch von Köln aus, da gibt es mehr Möglichkeiten.«

»Liebst du mich noch?«

»Mehr denn je.«

Das war Ende Oktober '67. Das verfluchte Jahr 1968 stand ihnen noch bevor.

Alexander kam erst kurz vor der Pause, ›Les Sylphides‹ hatte er oft genug gesehen.

Die Dame, die allein in der Loge saß, wandte flüchtig den Kopf, er erkannte sie sofort.

Als das Licht anging, stand er auf.

»Frau Morvan! Welche Überraschung, Sie hier zu treffen.«

»Sie kennen mich?«

»Wer kennt Sie nicht? Außerdem bin ich in den letzten Tagen mindestens zehnmal an Ihrem Gesicht vorbeigefahren.«

»Ach so.«

»Ein sehr ernstes Gesicht diesmal. Kein Lächeln.«

»Es ist auch eine ernste Geschichte.«

»Kein Happy-End, das weiß ich schon. Meine Sekretärin hat den Film gesehen und ist begeistert.«

»Fein.« Constanze stand auf und trat in den Hintergrund der Loge. Manche Leute, die hinausgingen ins Foyer, blickten zu ihr auf und erkannten sie möglicherweise auch. Sie hatte keine Lust, jetzt Autogramme zu geben.

Alexander neigte den Kopf. »Renkow«, stellte er sich vor.

Constanze nickte. Es kam ihr vor, als hätte sie diesen Mann schon einmal gesehen. Nicht in den letzten Tagen. Viele Menschen hatten ihr die Hand gegeben, diesen hätte sie nicht vergessen.

»Und was verschafft uns die Ehre, Sie hier im Theater zu sehen?«

Constanze hob das Programm, das sie in der Hand hielt.

»Nun, dieser ›Wolkentanz‹. Ich habe heute morgen eine Besprechung gelesen.«

»Deswegen bin ich auch hier. Zu der Premiere konnte ich leider nicht kommen, aber nun muß ich es mir ansehen. Sonst ist die Kleine gekränkt.«

Auf ihren fragenden Blick fügte er hinzu: »Meine Nichte tanzt diese sehr gelobte Rolle.«

»Ihre Nichte?«

Sie hob das Programm wieder, tat, als lese sie darin.

»Ja, Cordelia Lumin. Endlich hat sie mal eine Hauptrolle, das hat sie sich lange gewünscht.«

Constanze studierte aufmerksam das Programm.

»Cordelia Lumin, das ist Ihre Nichte?«

»So ist es. Mögen Sie hinausgehen? Darf ich Sie einladen? Zu einem Glas Sekt oder sonst irgendwas.«

»Ihre Nichte«, wiederholte sie.

Da war die Erinnerung wieder. Ich könnte ja deine Cousine sein, hatte sie gesagt. Ich habe keine Cousine, hatte Elsgard gesagt. Jochen auch nicht. Keine Cousine, aber ein Onkel. Wenn es einen Onkel gab, mußte es auch Cousinen geben. Oder nicht? Ein Onkel aus Mecklenburg? Na egal.

»Ich möchte nicht hinausgehen. Ich würde lieber in der Loge bleiben.«

»Verstehe. Man hat in den letzten Tagen so viele Bilder von Ihnen gesehen und so viele Interviews gelesen, das könnte lästig sein.«

Sie nickte wieder. Und grub in ihrer Erinnerung. Ein Onkel? War je von einem Onkel die Rede gewesen?

»Aber ich könnte uns etwas zu trinken bestellen«, sagte der Onkel. »Der Logenschließer bringt es uns gern. Ein Glas Sekt, einen Cognac, einen Whisky?«

»Einen Whisky, ja, gern.«

Während er hinausging, um die Bestellung aufzugeben, überlegte sie weiter. Wer war denn damals dagewesen? Da war die ältere Dame. Sie hieß Olga, das fiel ihr nun auch ein. Hatte sie nicht von irgendwelchen Renkows gesprochen? Von einem Gut?

Vergebens, es würde ihr nicht einfallen. Sie hatte es verdrängt, vergraben, vergessen. Es waren etwas mehr als zwanzig Jahre, aber es kam ihr vor, als sei es ein Menschenalter her.

»Wissen Sie, daß wir uns schon einmal begegnet sind«, sagte Alexander, als er zurückkam.

Sie standen beide im Hintergrund der Loge, ein angenehmes Halbdunkel, das Parkett hatte sich inzwischen geleert.

»So?« fragte Constanze abwehrend.

»Ja. Es war an einem Neujahrstag. Warten Sie, ja, es war der Beginn des Jahres ʼ64. Draußen in der Wulfinger Mühle, beim Mittagessen. Sie waren in einer größeren Gesellschaft, und ich saß mit meiner Nichte an einem Tisch in der Ecke. Ist sie nicht schön, sagte das Kind, ganz hingerissen. Sie hatte kurz zuvor einen Film mit Ihnen gesehen. Irgend etwas von einem Sieger.«

»Ja«, sagte Constanze monoton, »ʼSieger fallen vom Himmelʼ, hieß die Schnulze. Und das hat …«, sie blickte wieder in das Programm, »das hat Cordelia gut gefallen?«

»Sie starrte Sie immerzu an, und Sie müssen das wohl bemerkt haben, denn als Sie gingen, lächelten Sie ihr zu.«

»Ich habe ihr zugelächelt. Na so was.«

Constanze fiel es nun auch wieder ein. Sie erinnerte sich nicht an das junge Mädchen, aber an diesen Mann. Und daß sie irgend jemand gefragt hatte: Ist das ihr Vater oder ihr Liebhaber?

Der Onkel. Kaum zu glauben.

»Ihre Nichte tanzt schon länger an diesem Theater?«

»Von Anfang an. Sie ist hier in die Ballettschule gegangen. Es war meine Idee, daß sie Tänzerin werden sollte. Als ich sie das erstemal sah, war sie ein Kind von sieben Jahren, scheu, verschüchtert. Sie bestand eigentlich nur aus Angst. Sie war mit ihren Eltern aus der Ostzone gekommen. Aber ich fand, sie sei der Typ einer Tänzerin.« Alexander lachte. »Ich hab mich immer für Ballett interessiert.«

»Ich mache mir nichts aus Ballett«, sagte Constanze.

»Ihr Vater ist auch nicht sehr glücklich, daß sie tanzt. Das sagt er nicht, aber das denkt er. Ich weiß es.«

»Und ihre ... ihre Mutter?«

»Ach, sie hat sich nie so sehr für das Kind interessiert.«

Es klopfte, der Logenschließer brachte die beiden Whisky und eine Flasche Soda auf dem Tablett.

Constanze war versucht zu fragen: Und wo ist die Familie Lumin?

Sie schwieg. Kein Wort zuviel, bloß kein Wort zuviel.

»Cheers«, sagte sie und trank von dem Whisky.

Also war dieser Onkel im Westen gewesen und hatte die Lumins herüberkommen lassen.

Was hatten sie ihm erzählt? Was wußte er?

Sie war versucht davonzulaufen. Und nie wiederzukommen. Ihre Mutter hat sich nie so sehr für das Kind interessiert. Warum auch?

Und waren die Lumins auch hier? Doch, das hatte er ja gesagt. Oder nicht?

Ich bin verrückt, verrückt, verrückt, dachte Constanze. Warum bin ich hierhergekommen? Was geht mich das an? Eine Tänzerin, na gut, mit guter Presse, na gut. Alles bestens. Besser konnte es gar nicht sein.

»Diese Produktion hier soll ja ganz originell sein. Irgend so ein verrückter Franzose hat die Choreographie gemacht. Sie finden seinen Namen im Programm.«

Constanze hob wieder das Programm und dachte dabei: Ich brauche jetzt wohl bald eine Brille.

»Serge Raikov«, las sie vor.

»Er hat schon mal ein tolles Programm hier abgeliefert. Mit einer Amerikanerin. Sie hieß Jennifer Byle, ein tolles Talent. Nie gehört?«

»Nein, nie«, sagte Constanze abweisend. »Ich interessiere mich nicht für Ballett.«

Das sage ich jetzt schon zum zweitenmal. Richtig idiotisch. Ich habe selber mal Ballettunterricht genommen und habe sehr gut getanzt.

Er sah sie an, sah die Abwehr in ihrem Blick, den Zug von Hochmut um ihren Mund. Sie war wirklich eine schöne Frau, da hatte Cordelia recht gehabt. Aber mehr als das, sie war eine interessante Frau.

487

»Schade«, sagte er. »Ich war schon als junger Mann ganz verrückt auf Ballett. Da auf dem Land, wo wir lebten, gab es das nicht. Und im nächstgelegenen Stadttheater … na ja, viel wurde da nicht geboten. Aber ich fuhr oft nach Berlin, da gab es hervorragendes Ballett, in der Staatsoper oder im Charlottenburger Opernhaus. Und natürlich genügend Auswahl außerhalb der Theater. Eigene Truppen, sehr gute russische darunter. Und dann der moderne Ausdruckstanz, der feierte damals Triumphe. Später dann war ich oft in London, und da …«

Es folgten seine Eindrücke von Sadler's Wells und eine Schilderung der Tänzerin Joan, in die er sich verliebt hatte. »Ich erschreckte meinen Vater mit der Ankündigung, daß ich sie heiraten wolle. Und wo wird sie tanzen, fragte er mich, hier bei unseren Kühen auf der Weide?«

Constanze trank ihren Whisky aus, sie war ruhiger geworden.

»Und wo hielten Sie sich auf, wenn Sie nicht in Berlin oder London waren? Ich meine, wo lebte Ihr Vater, den Sie mit einer tanzenden Schwiegertochter beglücken wollten?«

»Mein Vater hätte sich bestimmt glänzend mit ihr verstanden. Wir lebten in Mecklenburg.«

»In Mecklenburg, so.«

»Ja, das liegt jetzt auf einem anderen Stern. Darf ich Ihnen noch einen Whisky bestellen, gnädige Frau?«

»Danke, nein. Ach ja, Sie sagten ja, daß Ihre Nichte aus Mecklenburg kommt.«

»Ihr Vater hatte einen Hof, der nicht weit entfernt von unserem Gut lag. Sie sind dann Anfang der fünfziger Jahre in den Westen gekommen, Cordelias Eltern.«

»Und Sie waren schon hier?«

»Ja, ich war hier.«

Überflüssig, von Krieg und Gefangenschaft zu reden.

Keine weiteren Fragen, verbot sich Constanze. Von dem Gut war die Rede gewesen. Da war diese Olga hergekommen. Mit einem Hund und ein paar Hühnern. Von einem Herrn von Renkow war die Rede gewesen, die Kommunisten oder die Bolschis hatten ihn eingesperrt. Und dann waren auch Männer des neuen Regimes gekommen, sie saß da mit dem dicken Bauch, und – verdammt, Schluß damit. Auf einmal fiel ihr alles wieder ein.

Einer hatte ihr dann zu der Fahrt nach Berlin verholfen. Sie stöhnte und faßte mit der Hand an die Stirn. Wie war sie bloß auf die irrwitzige Idee gekommen, in dieses Theater zu gehen? Sie könnte jetzt zu Hause sein und den Whisky mit Jonathan trinken.

»Gnädige Frau?« fragte Alexander besorgt.

»Nichts. Ich habe nur ein wenig Kopfschmerzen. Die letzten Tage waren sehr anstrengend.«

Sie begann von der Rundreise durch die Städte zu erzählen. »In Köln und Bonn haben wir angefangen und dann …«

Mecklenburg. Verdrängt, vergessen und vergraben. Das konnte nicht sie gewesen sein, die dort auf der Bank vor dem Bauernhof saß. Nicht sie. Ein Film vielleicht. Nicht mal einer, in dem sie gespielt hatte.

Sie hatte den Wunsch, die Loge zu verlassen, wegzugehen, diesem verdammten Ballett und den Erinnerungen den Rücken zu kehren.

»Ja, ich kann mir vorstellen, daß so eine Tour anstrengend ist«, sagte Alexander höflich und sah, daß ihre Lippen zitterten.

»Ja, wirklich. Anstrengender, als den Film zu drehen. Ah, es klingelt.«

Warum sollte sie nicht gehen? Kopfschmerzen und die Mühen der letzten Tage würden als Grund ausreichen.

»Nun bin ich wirklich gespannt. Cordelia hat immer von einer großen Rolle geträumt. Am liebsten natürlich sollte es ›Giselle‹ sein. Oder ›Schwanensee‹. Davon träumt jede Tänzerin. Aber das kommt vielleicht ja noch.«

Das Parkett füllte sich langsam, Constanze blieb im Hintergrund stehen.

Ich gehe einfach. Ich sage, mir ist nicht gut.

Alexander rückte ihr den Stuhl zurecht. Doch er wartete, bis das Licht ausging.

»Bitte«, sagte er.

Diesmal setzte er sich neben sie.

Sie konnte nicht weglaufen.

Es war die zweite Aufführung von ›Wolkentanz‹, Cordelia noch nicht erkältet und in bester Form, schwebend, träumend, biegsam, als habe sie keine Knochen im Körper, niedergesunken dicht an Raikovs Körper, gehoben von ihm, getragen, davontanzend, wieder von ihm eingeholt, gehalten, getragen, ein schmaler, kindlicher Körper, biegsam, schmiegsam, die Fußspitzen schienen kaum den Boden zu berühren.

Und dieses Gesicht.

Constanze konnte es aus der Nähe sehen, als das Mädchen sich verbeugte, tief knickste, zwischen dem Tänzer und dem Geiger.

Acht, neun Vorhänge.

Sie ist schön, dachte Constanze. Nein, nicht schön, sie ist apart, sie sieht aus ...

Sie schlug die Hände klatschend zusammen.

Irgendwie fremdartig sah sie aus. Schräggestellte Augen, ein weicher, ein wenig lasziver Mund.

Sie sieht mir nicht ähnlich. Bei Gott, nein, wirklich nicht. Man stelle sich vor, sie sähe aus wie ich.

Constanze lachte hysterisch.

Die Tänzerin blickte in ihre Loge, sie lächelte. Es war das erstemal an diesem Abend, daß sie lächelte.

Also doch, sie lächelt wie ich.

Alexander lächelte auch zur Bühne hinab, er nickte.

»Sie ist bezaubernd«, sagte Constanze mühsam, als sie wieder im Hintergrund der Loge standen.

»Ja, nicht wahr? Und das habe ich aus ihr gemacht«, sagte Alexander eitel. »Sie hätten sie sehen müssen, damals. Ein scheues verängstigtes Kind, ich sagte es schon. Und sie war so einsam.«

»Einsam? Aber ich denke, ihre Eltern ...«

»Schon. Aber die ganzen Umstände, diese Flucht in den Westen, sie war noch so jung, sie verstand das alles nicht. Sie hatte ja auch ihre Heimat verloren, wie so viele Menschen vor ihr. Wenn auch auf andere Weise. Und Jochen – das ist ihr Vater, fand sich in der neuen Welt zunächst gar nicht zurecht.«

»Und ihre … ihre Mutter?«

»Els ist ein harter Typ, die kam besser damit zurecht.«

Els gleich Elsgard. Nun müßte er nur noch von Olga sprechen, dann weiß ich nicht, was ich tun werde. Aber die ist vermutlich längst tot.

»Es war ein schöner Abend«, sagte Constanze mühsam. »Ich habe ihn sehr genossen.«

»Das freut mich, gnädige Frau. Wollen Sie nicht noch mit hinter die Bühne kommen? Ich muß Cordelia beglückwünschen zu ihrem Auftritt.«

»O nein, wirklich nicht. Ich habe noch eine Verabredung. Ich muß schleunigst zurück nach Düsseldorf.«

»Darf ich Sie fahren, gnädige Frau?«

»Vielen Dank, aber ich habe meinen Wagen hier. Also dann …«, sie streckte ihm die Hand hin, raffte ihren Mantel auf, der über einem Stuhl hing. Er half ihr hinein.

»Ich wage es nicht zu hoffen«, sagte Alexander. »Aber vielleicht kommen Sie wieder einmal in die Gegend. Es muß ja nicht immer ein neuer Film sein.«

»Nein, nein, in nächster Zeit mache ich nur Theater.«

Alexander griff in die Tasche seines Sakkos. »Darf ich Ihnen trotzdem meine Karte geben? Ich würde mich freuen, Sie einmal wiederzusehen. Ich werde Cordelia erzählen, daß Sie hier waren. Sie wissen ja, daß Sie sehr von ihr bewundert werden.«

»Oh, ja, danke.« Constanze nahm die Karte, steckte sie achtlos in die Manteltasche.

Er brachte sie bis zum Portal des Theaters.

»Wo steht Ihr Wagen?«

»Da drüben irgendwo. Bitte, bemühen Sie sich nicht. Gehen Sie jetzt zu Cordelia. Sie wird auf Ihr Lob warten.«

Er küßte ihre Hand, sah ihr nach, wie sie rasch über den Platz vor dem Theater ging.

Eine berühmte Frau. Sie gefiel ihm. Aber Frauen hatten ihm immer gefallen. Ein bißchen seltsam war sie gewesen.

Dann ging er hinter die Bühne, lernte an diesem Abend

Serge Raikov kennen. Und vergaß, Cordelia von seiner Begegnung in der Loge zu erzählen.

Am nächsten Tag flog er mit Beatrice nach London.

Constanze saß wie betäubt in dem Taxi, das sie nach Düsseldorf zurückbrachte. Warum nur hatte sie das getan? Warum war sie dahin gefahren? Sie sah den tanzenden Körper vor sich, das Gesicht. Das lächelnde Gesicht, als sie hinaufsah zu der Loge. Das Lächeln hatte nicht ihr gegolten, es galt dem Onkel. Das habe ich aus ihr gemacht, hatte er gesagt. Vermutlich schlief er mit ihr. Hatte sie nicht damals schon so ein Gefühl gehabt? Ist er ihr Vater oder ihr Liebhaber, hatte sie gefragt.

Was für ein Windhauch von Mädchen! Was für ein Gesicht! Und was ist mit den sogenannten Eltern? Im Westen sind sie. Das hatte er gesagt. Hier in der Stadt, hier in der Gegend? Und was taten sie? Sie hätte fragen müssen. Zum Teufel, nein, gerade das konnte sie nicht. Es war schon schlimm genug, daß sie in dieser Loge gesessen hatte. Warum sollte sich Constanze Morvan für eine mittelmäßige Aufführung in einem mittelmäßigen Stadttheater interessieren? Wie war das zu erklären? Er würde dem Mädchen davon erzählen, würde von der Begegnung vor einigen Jahren beim Mittagessen sprechen. Erinnerst du dich nicht, du hast sie angestarrt, und sie hat dir zugelächelt, als sie an unserem Tisch vorbeiging? Weißt du nicht mehr?

Das war nicht weiter schlimm. Aber wenn er den Lumins davon erzählte? Falls er überhaupt mit ihnen zusammentraf. Warum sollte er nicht mit ihnen zusammentreffen? Wahrscheinlich wohnten sie in der Stadt mit dem Kind zusammen.

Sie ist an diesem Theater schon in die Ballettschule gegangen, das hatte er doch auch gesagt. Also waren die Lumins hier. Elsgard Lumin, Els, wie er sie genannt hatte, wußte bestimmt, daß Constanze Morvan Constanze Meroth war. Sicher ging sie manchmal ins Kino. Und jetzt der ganze Rummel in der Presse. Wer war dieser Kerl eigentlich, warum saß er in der Loge? Nur weil er ein Onkel war? Oder was hatte er mit dem Theater zu tun? Der Intendant hatte, als er sie vor der Loge begrüßte, kein Wort davon gesagt, daß da noch jemand sitzen würde. Meist saßen in dieser Loge nur Leute vom Theater. Onkel oder nicht Onkel. Also war dieser Mensch auch vom Theater.

Constanze fingerte in der Manteltasche nach der Karte, die er ihr gegeben hatte, aber es war zu dunkel im Taxi, um zu lesen, was darauf stand. Vielleicht war er Regisseur oder Dramaturg. Nein, wie ein Künstler sah er nicht aus. Er sah gut aus, aber nicht wie ein Künstler. Er konnte vielleicht in der Verwaltung des Theaters arbeiten. Oder zum Beispiel ...

Sie stöhnte so laut, daß der Fahrer den Kopf wandte.

»Wir sind gleich da«, sagt er tröstend. »Man sieht schon die Lichter von Düsseldorf.«

»Das ist fein. Ich bin sehr müde. Es war ein aufregender Tag.«

Das stimmte nicht. Es war der erste ruhige Tag gewesen. Aber sie war zu Tode erschöpft von den Gedanken, die in ihrem Kopf kreisten, immer wieder von vorn.

Sie warf einen Blick in die Bar. Gestern abend hatte sie mit Thomas hier gesessen, noch spät in der Nacht, aber trotzdem waren sie erkannt worden und mußten Autogramme geben. Heute war es ziemlich leer, sie konnte sich in eine dunkle Ecke setzen und noch einen Whisky trinken oder zwei. Der Klavierspieler neigte grüßend den Kopf, als sie an ihm vorbeiging, und begann dann ihre Lieblingsmelodie zu spielen.

»So in love ...«

Was hieß schon Lieblingsmelodie. Er hatte sie gestern danach gefragt, und sie hatte diesen Song genannt, irgend etwas mußte sie ja sagen. Ihre Lieblingsmelodie war immer noch Solveigs Lied. Und das Auftrittslied des Escamillo. Nein, eigentlich mehr der Prolog des ›Bajazzo‹, den hatte Paul wunderbar gebracht. Sie konnte lächeln, sie entspannte sich, als sie in der stillen dunklen Ecke saß.

Endlich konnte sie an etwas anderes denken. An Paul. Das war eine Erleichterung.

Als der Barmann kam und nach ihren Wünschen fragte, bestellte sie ein Glas Champagner.

»Meinen Sie, Sie könnten für mich ein Schnittchen mit Kaviar auftreiben? Ich habe nicht zu Abend gegessen.«

»Auch zwei«, sagte der Keeper.

Paul Burkhardt hatte sie vor zwei Jahren in Berlin besucht. War nach der Vorstellung in ihre Garderobe gekommen, genauso wie Tenzel damals in München in ihre Garderobe kam.

»Meine schöne Carmencita!« hatte Paul gerufen mit seinem klangvollen Bariton und sie in die Arme geschlossen und geküßt.

»Das habe ich mir lange gewünscht, dich einmal wiederzusehen.«

»Dazu hast du dir aber auch lange Zeit gelassen.«

»Der Name war ein bißchen irritierend. Bis ich dann eines Tages im Kino entdeckte, daß Constanze Morvan meine Constanze aus Königsberg ist. Ich gehe selten ins Kino, weißt du. Denkst du denn noch manchmal an mich?«

»Sehr oft. Es war eine schöne Zeit in Königsberg.«

»Acht Jahre habe ich dort gesungen. Alles, was gut und teuer ist in meinem Fach. Mein Rigoletto, was? Mein Escamillo, wie?«

»Als Escamillo habe ich dich das erstemal gesehen. Und mich sofort in dich verliebt.«

»Unser schönes Königsberg. Das haben die Bolschis kaputtgemacht. Und den Rest behalten. Scheißkrieg. Scheißhitler. Aber es war gut, daß ich dich bei dem Freiherrn gelassen habe, nicht?«

»Sehr gut«, antwortete Constanze lächelnd.

»Da brauchtest du nicht in die Fabrik. Aber du bist dann heil rausgekommen?«

»Ja. Ich bin heil rausgekommen.«

»Was ist aus dem Freiherrn geworden?«

»Ich weiß nicht. Ich habe einen anderen Verehrer gefunden, der mich mitgenommen hat.«

Lügen waren besser als die Wahrheit. Warum sich dieses Wiedersehen verderben.

»Gott, warst du ein süßes Mädchen.«

»Und was bin ich jetzt?«

»Eine schöne Frau, und eine berühmte dazu.«

»Und was singst du jetzt?«

»Na, mach Sachen. Ich bin siebzig, da singt man nicht mehr viel. Ich gebe ab und zu einen Liederabend. Und habe ein paar Schüler.«

»Am Chiemsee?«

Er lachte, laut und herzlich wie damals.

»Das weißt du noch? Nee, nee, auf die Dauer ist das nichts für mich gewesen. Da wohnt immer noch meine Frau und malt. Ich mache da mal Ferien. Ich habe eine Wohnung in München …«

»Da war ich auch einige Zeit …«

Sie erzählte von Agnes Meroth, die er natürlich kannte.

»Als du in München warst, hatte ich ein Engagement in Hamburg. Darum sind wir uns nicht begegnet. Agnes gibt auch noch Unterricht, sie ist topfit.«

»Wie alle Sänger. Weil ihr atmen gelernt habt.«

Constanze aß mit Appetit den Kaviar und bestellte ein zweites Glas Champagner, sie hatte sich beruhigt. Sie würde jetzt in ihr Zimmer gehen und Jonathan anrufen und ihm alles erzählen.

Nichts würde sie erzählen. Alles, alles durfte er wissen von ihr, nur das nicht. Was 1945 geschehen war, blieb verborgen, vergessen, vergraben.

Das wußten nur Jochen und Elsgard Lumin. Es sei denn, sie hätten es dem Mann erzählt, der heute in der Loge saß. Das Karussell in ihrem Kopf begann sich wieder zu drehen. Warum war sie bloß in dieses verdammte Theater gegangen? Und wieso war dieser Mann Cordelias Onkel?

Sie holte die Karte aus ihrer Manteltasche.

Alexander von Renkow – Kettwig-Ruhr-Maschinenbau Direktion. Eine Adresse, eine Telefonnummer.

So what! Sie warf die Karte in den Papierkorb.

Sie konnte Jonathan jetzt nicht anrufen. Morgen auf dem Flug würde sie überlegen, mit wem sie heute abend zusammen war.

Morgen früh mußte sie sich erst nach einem Flug erkundigen. Jonathan würde sie abholen, Tobias säße hinten im Auto.

Sie könnte in München anrufen und sich erkundigen, ob Thomas gut nach Hause gekommen wäre. Aber sicher schlief er schon. Er ging gern früh ins Bett, wenn er nichts vorhatte. Wieso früh, es war halb zwei. Sie mußte unbedingt jetzt schlafen, sonst sah sie morgen furchtbar aus.

Sie nahm zwei Schlaftabletten, schminkte sich ab, duschte und ging ins Bett.

Bis morgen würde sie alles vergessen haben.

Eine Überraschung

NACHDEM CORDELIA drei Tage nicht im Theater gewesen war, ging Raikov zu ihrer Wohnung. Sie sei krank, hieß es, und er war von Reue geplagt. Dieser häßliche Streit, und dann hatte er sie geschlagen. Wie war das bloß gekommen, er hatte noch nie eine Frau geschlagen. Und dann ausgerechnet dieses Mädchen. Und wie konnte er sie mit seinen Amerikaplänen überrumpeln, er hätte ihr das nach und nach beibringen müssen, er kannte sie doch. Nicht, daß er den Plan aufgegeben hätte, keineswegs. Im Geiste arbeitete er schon an einer anderen Choreographie. Der Tanz mußte erotischer werden, die Musik gab das her. Ah, er würde den Broadway erobern, endlich.

Wilma ließ ihn nicht herein. Sie stand unter der Tür, die Arme in die Seite gestemmt.

»Fräulein Cordelia ist krank.«

»Ich wissen, ich sie sehen.«

»Nix da.« Sie warf ihm die Tür vor der Nase zu.

Er bezähmte seine Wut, eine halbe Stunde später war er wieder da, mit einem großen Blumenstrauß und einem Zettel in der Hand.

»Sie geben das. Ich warten.«

Er blieb vor der Tür stehen, drückte nach einer Weile wieder auf die Klingel.

Mit mürrischem Gesicht ließ Wilma ihn ein, ging mit in das Schlafzimmer, blieb da stehen, mit entschlossener Miene.

Cordelia hatte noch Fieber, sie sah elend aus. Er kniete an ihrem Bett nieder, schloß sie in die Arme.

»Oh, Cherie, verzeih mir! Verzeih mir!«

Cordelia wandte das Gesicht zur Seite.

»Du wirst dich anstecken.«

»Es ist meine Schuld.«

»Gar nicht. Ich bin nur erkältet. Danke für die Blumen.«

»Genug!« sagte Wilma energisch. »Raus jetzt! Gleich kommt der Doktor.«

Er sprach später mit Madame Lucasse und machte ein so belämmertes Gesicht dabei, daß er ihr leid tat.

»Eine Grippe, jetzt beruhigen Sie sich. Sie hat gute Pflege, ich telefoniere mit Wilma.«

»Ich möchte auch telefonieren.«

»Sie können sich doch nicht mit ihr verständigen.«

Sie wartete gespannt, ob er ihr etwas von seinem Wunsch, mit dem ›Wolkentanz‹ nach Amerika zu gehen, erzählen würde, aber noch konnte er darüber schweigen.

»Wir bringen den ›Wolkentanz‹ noch zweimal vor Weihnachten«, sagte sie. »Ein ›Nußknacker‹ fällt aus, und der ›Feuervogel‹.« Sie lächelte freundlich. »Es ist wirklich ein großer Erfolg.«

Er küßte ihre Hand und ging.

Was für ein Erfolg würde es erst sein, wenn er die Änderungen hineinbrachte, an denen er jetzt bastelte. Sie würden auf dem Boden liegen, die Arme weit über den Kopf gestreckt, ihre Fingerspitzen würden sich berühren, dann ihre Körper, dann ihre Lippen, dann kam ein Forte in der Musik, sie würde sich zur Seite wälzen, und er, noch liegend, würde sie wieder an sich reißen.

Er war achtundvierzig, es war höchste Zeit, wenn er noch Karriere machen wollte.

Alexander kam eine Woche später, er hatte in der Zeitung gelesen, daß Cordelia an diesem Abend spielfrei hatte, und nun konnte er sein Versprechen wahr machen, mit ihr essen zu gehen.

Cordelia war an diesem Tag zum erstenmal wieder an der Stange gewesen, noch ein wenig wackelig. Madame Lucasse hatte nach einer halben Stunde gesagt: »Es ist gut, hör auf. Du kannst jetzt zusehen, was wir für die ›Aida‹ probieren. Wir machen ein paar Änderungen in der ›Fledermaus‹, und wir fangen an mit der ›Lustigen Witwe‹, da gibt es viel zu tun.«

Cordelia hatte sich fast den ganzen Tag im Theater aufgehalten, dazwischen Wilma angerufen und ihr gesagt, daß sie in der Kantine eine Kleinigkeit essen werde.

»Warum kommst du nicht nach Hause?« fragte Wilma ärgerlich. »Das ist noch viel zu anstrengend.«

»Aber ich tue ja nichts. Ich sehe nur zu.«

Alexander kam kurz vor halb sieben, unangemeldet.

»Sie hat doch heute spielfrei«, sagte er.

Wilma sagte: »Sie war sehr krank, eine schwere Grippe. Und sie ist heute zum erstenmal ins Theater gegangen. Sie arbeitet nicht, sie sieht nur zu. Aber sie müßte längst zu Hause sein.«

Und dann fing Wilma an zu weinen.

»Sie ist also zu früh aufgestanden«, sagte Alexander vorwurfsvoll. »Also wirklich, Wilma. Sie haben schließlich die Verantwortung für das Kind.«

Für ihn war sie immer noch das Kind. Genau wie für Wilma auch.

»Der Doktor hat gesagt, sie hat Herzstörungen.«

»Was hat sie?«

»Herzstörungen«, wiederholte Wilma unter Tränen.

»Sagen Sie das noch mal!«

»Der Doktor sagt, man kann das nicht richtig beurteilen, wenn sie krank ist und Fieber hat. Man muß das später noch mal untersuchen.«

Alexander fuhr ins Theater. Vom Portier hörte er, daß Fräulein Lumin das Haus schon vor einer Stunde verlassen habe.

Zurück zu Wilma, weitere Tränen.

»Können Sie mir sagen, wo sie ist?« fragte Alexander drohend.

»Wahrscheinlich bei dem Kerl. Im Hotel.«

»Was für ein Kerl? Was für ein Hotel?«

Zehn Minuten später stand Alexander vor Frau Gutsche. Leo war noch nicht da, Frau Gutsche begrüßte gerade einen Gast.

»Bitte?« fragte Frau Gutsche dann und blickte wohlwollend den stattlichen Herrn an, der vor der Rezeption stand.

»Ich suche Fräulein Lumin«, sagte Alexander kühl.

Elinor Gutsche begriff sofort.

»Also, ich weiß nicht …«, begann sie.

»Rufen Sie bitte bei Herrn Raikov an und fragen Sie, ob meine Nichte bei ihm ist.«

Frau Gutsche griff zum Telefon, drei Minuten später kam Cordelia die Treppe herab, gefolgt von Raikov.

Sie waren beide richtig angezogen, bemerkte Frau Gutsche mit einem erleichterten Seufzer.

Alexander ignorierte Raikov vollkommen, sagte zu Cordelia kurz: »Komm mit!« und verließ mit ihr das Hotel.

Als sie im Auto saß, ärgerte sich Cordelia. So etwas wie Trotz, ein ganz neues Gefühl, überkam sie.

Mußte sie sich behandeln lassen wie ein ungezogenes Kind?

»Du bist krank, habe ich gehört.«

»Nichts weiter. Ich war erkältet.«

»Und was tust du in diesem Hotel?«

»Das hast du ja gesehen. Ich war bei Serge.«

»In seinem Zimmer?«

»Da war ich schon oft«, sagte sie trotzig. »Wir haben dort angefangen mit dem ›Wolkentanz‹.«

»Was heißt das?«

»Er hat mir dort die Musik vorgespielt. Und wir haben probiert.«

»Was probiert?«

»Na, den Tanz. Wie er es machen wird.«

»So. Und was noch?«

Sie schwieg.

Schweigend kamen sie bei Wilma an. Sein Blick war eiskalt, sein Mund hart.

»Seit wann gehst du dorthin? In diese Absteige.«

»Es ist keine Absteige. Das Hotel gehört Frau Gutsche, du hast sie gesehen. Und ...«, ihre Stimme war hoch und hell, bebend vor Angst. Dann bekam sie einen Hustenanfall.

»Warum bleibst du nicht zu Hause, wenn du krank bist?«

Sie sei ja zu Hause gewesen, die ganze Woche, sagte Wilma zitternd. »Sie ist heute das erstemal ausgegangen. Und ich habe gleich gesagt ...«

»Sie können Ihre Sachen packen und verschwinden. Sie sind hier, um auf Cordelia aufzupassen. Statt dessen dulden Sie, daß sie ...«

Und zu Cordelia: »Hast du ein Verhältnis mit dem Burschen?«

Cordelia, immer noch von Husten geschüttelt, schüttelte den Kopf, dann nickte sie.

»Ich hol dir deine Tropfen, Kind«, flüsterte Wilma.

Alexanders Wut erlosch. Er stand und sah das Mädchen an, sie sah elend aus, keine schöne Ballerina, ein unscheinbares Geschöpf, mager, blaß, die Haare strähnig. Der Husten hatte ihr Tränen in die Augen getrieben.

Wilma kam mit der Flasche Hustensaft und einem Löffel.

»Du hast meine Frage nicht beantwortet.«

»Er liebt mich«, sagte Cordelia, noch krächzend.

»Wie schön. Und du? Liebst du ihn auch?«

Cordelia sah ihn tapfer an. »Ich bin kein Kind mehr.«

Alexander schwieg und sah zu, wie sie den Hustensaft schluckte. Sie war kein Kind mehr. Er sah immer noch das verängstigte kleine Mädchen vor sich, damals in Rosenheim.

»Und wie lange geht das schon mit dieser ... Liebe?«

Sie sah ihn an, der Trotz war wieder da. »Seit er mir das erstemal vom ›Wolkentanz‹ erzählt hat. Und das war im Februar.«

»Das ist ja allerhand.«

Alexander setzte sich in den Sessel, er kam sich auf einmal lächerlich vor. Wieso hatte er eigentlich nie daran gedacht, daß so etwas geschehen würde?

»Ich bin kein Kind mehr«, wiederholte Cordelia.

»Das sagtest du schon. Und du konntest keinen anderen Mann finden als diesen abgetakelten Schmierenkomödianten?«

»Aber dir hat der ›Wolkentanz‹ doch gefallen. Das hast du gesagt, als du neulich da warst.«

»Du hast mir gefallen. Er tut ja nicht viel mehr, als dich hin- und herzuschmeißen.«

»Es ist seine Choreographie. Und wir werden …«

Sie verstummte erschrocken. Beinahe hätte sie es ausgesprochen, was sie doch weit von sich gewiesen hatte: Wir werden damit in Amerika gastieren.

»Und Sie haben das also gewußt, Wilma?«

»Nein, o nein, ich habe es nicht gewußt. Aber sie ist manchmal nicht nach Hause gekommen, und da habe ich mir gedacht …« Wilma weinte.

»Wie gesagt, Sie werden hier nicht mehr gebraucht. Verschwinden Sie!«

Wilma hob energisch das Kinn. »Und wer soll sich um das Kind kümmern?«

»Sie nicht mehr. Wir werden jemand finden, der hier den Haushalt besorgt.«

»Ach, und die, die dann hier den Haushalt besorgt, wird mir vorschreiben, wohin ich gehe und wohin nicht«, rief Cordelia zornig. »Wilma bleibt hier. Ich brauche Wilma. Wenn sie fortgeht, gehe ich auch fort. Sie ist der einzige Mensch, der mich liebhat. Sie ist der einzige Mensch, der zu mir gehört. Und ich …«, dann begann sie wieder zu husten.

»Der einzige Mensch, der dich liebhat, so. Und was ist mit deinem Liebhaber?«

Doch Cordelia konnte ihn nicht hören, geschweige denn antworten. Sie sank zu Boden, rang nach Luft.

Alexander stand auf.

»Bringen Sie sie zu Bett, und rufen Sie den Arzt.«

Sie hoben Cordelia auf, Alexander trug sie ins Schlafzimmer. Sie ist der einzige Mensch, der mich liebhat. Das hatte ihn getroffen.

Was hatte sich denn geändert seit Rosenheim?

Alexander war deprimiert, als er nach Hause kam. Beatrice saß in ihrem kleinen Büro, sie sah müde aus. Er erzählte ihr alles.

»Na ja«, sagte sie. »Damit war ja zu rechnen, nicht?«

»Aber dieser windige Bursche!«

»Mein Gott, Alexander, was weißt du von diesem Mann. Du warst doch ganz begeistert von der Aufführung. Komm mal mit, du hast ja gar nichts gegessen. Was hat der Arzt gesagt?«

»Nicht viel. Ich bin für ihn ein Fremder. Sie ist überarbeitet, geschwächt und braucht Ruhe. Ich habe mir gedacht, sie könnte hierherkommen, um sich zu erholen.«

»Und warum kann sie das nicht bei ihren Eltern?«

»Ja, selbstverständlich, das geht auch. Ich denke nur, daß sie bei uns besser versorgt wäre.«

Beatrice betrachtete ihn prüfend. »Möchtest du sie wirklich ständig hier haben?«

»Nein, das nicht. Sie hat offenbar eine schwere Grippe gehabt, sie wird sich erholen und wieder arbeiten. Gustav könnte sie dann fahren.«

»Zu jeder Probe und zu jedem Auftritt. Wie stellst du dir das vor?«

»Warum nicht? Er hat schließlich nicht viel zu tun.«

»Komm, jetzt trinken wir einen Cognac, und du wirst dich beruhigen.«

»Da ist nichts zu beruhigen. Ich frage mich nur, ob ich etwas falsch gemacht habe.«

»Hast du nicht. Cordelia fühlt sich sehr wohl in ihrem Beruf. Und nun hat sie eine Grippe, das wird vorübergehen. Und sie hat einen Freund, das wird auch vorübergehen. Du weißt nicht einmal, ob es der erste ist. Sag mal, in was für einer Welt lebst du eigentlich? Ausgerechnet du spielst auf einmal den Moralapostel?«

»Darum geht es nicht. Ich fühle mich eben verantwortlich für das Kind.«

»Das Kind ist kein Kind mehr, wie du nun weißt. Ich kenne diesen Raikov, ich habe ja damals diesen Abend gesehen mit Jennifer Byle. Er hat schon was. Ich könnte mir vorstellen, daß er ein guter Liebhaber ist.«

Alexander starrte sie entgeistert an. »Das kann nicht dein Ernst sein.«

»Aber ja. Und sie arbeiten zusammen und haben dieses tolle Ding gemacht, von dem alle schwärmen. Giordano war in der Premiere, er war begeistert.«

»Aber …«

»Nichts aber. Betrachte den Fall doch mal sachlich. Und natürlich muß Wilma bei ihr bleiben. Eine bessere kannst du nicht finden.«

»Du nimmst das so leicht«, sagte er vorwurfsvoll.

»Und du nimmst es unnötig schwer.«

Sie gingen ins Wohnzimmer, Beatrice nahm die Karaffe mit dem Cognac aus der Bar und füllte zwei Gläser.

»Trink das, und dann hole ich dir was zu essen. Sieh mal, du hast dich eine Zeitlang sehr intensiv mit Cordelia beschäftigt, aber nun schon eine Weile nicht mehr. Sie ist erwachsen und hat Erfolg. Sie hat die Grippe und einen Freund. Also! Ich kann ja nächster Tage mal in die Stadt fahren und schauen, wie es geht. Vermutlich hast du Wilma total verstört, das werde ich in Ordnung bringen.«

Alexander nahm einen Schluck von seinem Cognac, dann stellte er das Glas ab und schloß Beatrice in die Arme.

»Ich bin so froh, daß ich dich habe«, sagte er.

»Das hast du lange nicht mehr zu mir gesagt«, murmelte sie.

»Wirklich nicht? Das tut mir leid. Denn ich habe das immer empfunden. Seit ich damals hier ins Haus kam, ein armer, abgerissener Kriegsgefangener, das ist jetzt … laß mich rechnen …«

»Da ist nichts zu rechnen, es ist siebzehn Jahre her, siebzehn und ein halbes Jahr.«

»Vom ersten Tag an habe ich dich bewundert. Dein Aussehen, dein Auftreten, deine Sicherheit. Was war mein Bruder Fritz doch für ein kluger Mann, habe ich mir gedacht. Und eines Tages wagte ich es, dir zu sagen, ich liebe dich. Und daran hat sich bis heute nichts geändert, Beatrice.«

Er küßte sie, sehr liebevoll.

Beatrice löste sich von ihm, griff nach ihrem Glas, trank langsam einen Schluck.

»Manchmal habe ich gedacht, es gilt nicht mehr. Wenn du auf Reisen warst …«

»Ach, schmeiß mir nicht jeden albernen kleinen Seitensprung vor. Männer brauchen so etwas zur Selbstbestätigung. Überhaupt wenn sie älter werden. Es war ganz unwichtig. Es stand etwas ganz anderes zwischen uns.«

»Und das wäre?«

»Die Arbeit. Das Werk. Ich mußte etwas tun, was ich nicht konnte und nicht wollte. Ich habe einsehen müssen, daß ich nicht wie ein Schmarotzer hier im Hause leben durfte. Und das schlimmste war, es gab ja auch nichts anderes. Ich konnte nicht sagen, tut mir leid, mein Beruf ist der und der, und ich werde in Zukunft dies oder das arbeiten. Ich hatte keinen Beruf, vorher nichts Gescheites gelernt und später auch nicht. Das Gut war weg, ich war Offizier, der Krieg, die Gefangenschaft, nun war ich gar nichts mehr. Ich gebe zu, ich habe widerwillig in der Fabrik gearbeitet. Und ich habe mich vor dir und deinem Vater geschämt.«

»Du bist für das Exportgeschäft unersetzlich.«

»Wenigstens etwas. Aber ich kann niemals leisten, was du und Giordano leisten.«

»Wir haben inzwischen eine Menge guter Leute. Ach, Alexander, ich muß lachen. Ich hatte nie den Eindruck, daß du dir ernsthaft Sorgen machst über deine Arbeit und dein Leben.«

»Das war eben immer mein Fehler«, sagte er resigniert.

»Mein Vater mochte dich, das weißt du. Und er war eigentlich ganz zufrieden mit dir. Einmal sagte er zu mir, es ist schwierig für ihn, aber er gibt sich doch Mühe.«

»Dein Vater war eine große Hilfe. Weil er es mir nicht schwergemacht hat.«

»In gewisser Weise warst du ein Ersatz für seine Söhne. Das machte ihn so geduldig und kommunikationsbereit. Und jetzt werde ich dir etwas sagen: Ich habe die Arbeit manchmal satt bis obenhin. Ich möchte noch etwas von meinem Leben haben, ehe ich alt werde. Ich möchte hier und da mal verreisen …«

»Verreisen? Aber wir waren doch …«

504

»Nein, ich spreche nicht von Amerika oder England, auch nicht von den Rennplätzen. Ich möchte mal nach Spanien oder nach Italien oder auf diese Kanarischen Inseln, wo die Leute nun immerzu hinreisen. Und zwar ohne Arbeit möchte ich das, nur zum Vergnügen.«

»Das ist ja großartig. Dann könnten wir doch …«

»Nein, nein, Pläne können wir immer noch machen. Ich will damit nur sagen, daß ich ein wenig mehr Freiheit haben möchte. Ich werde nicht jünger.«

»Du siehst fabelhaft aus«, rief er.

»Danke. Aber vor allem möchte ich eins, daß mein Sohn aufhört zu studieren und in das Werk eintritt. Wir haben uns vergrößert, wir expandieren ständig. Er muß anfangen zu lernen, was er später leisten soll. Und er muß es lernen, solange wir noch da sind und solange vor allem Giordano noch da ist. Ich werde Weihnachten mit John darüber sprechen.«

»Aber er will jetzt wieder in Berlin studieren.«

»Ich weiß, aber ich finde, er hat nun genug studiert. Und jetzt hole ich dir was zu essen.«

Nachdenklich trank Alexander einen zweiten Cognac. Das waren ganz neue Aspekte. Beatrice wollte ihre Arbeit reduzieren und dachte an Ferienreisen. Unter Palmen und am Meer. Urlaub hatten sie in all den Jahren nicht gemacht.

In dieser Nacht schlief er seit längerer Zeit wieder mal mit Beatrice. Als sie später in seinem Arm lag, sagte er: »Weißt du, was wir machen? Eine Hochzeitsreise. Wir werden uns wunderbar lieben unter Palmen.«

»Ich möchte in die Toscana«, sagte Beatrice. »Es ist Giordanos Heimat. Und ich möchte nach Florenz und in die Uffizien. Ich möchte über den Ponte Vecchio gehen. Giordano hat so oft davon erzählt. Und das machen wir im Frühling, ehe die Rennsaison beginnt.«

»Ja, meine Geliebte, so machen wir es«, sagte Alexander und küßte sie sacht.

An Cordelia hatte er nicht mehr gedacht.

IV

DIE TORHEIT UND
DIE HOFFNUNG

Weihnachten

ALEXANDER MIT SEINEM glücklichen Naturell gelang es, Ärger und Enttäuschung zunächst einmal beiseite zu schieben. Er fuhr allerdings nicht mehr in die Stadt, um Cordelia im Theater abzuholen oder in der Wohnung zu besuchen.

Falls er dies als Strafe betrachtete, so wurde es von Wilma und Cordelia mit Erleichterung aufgenommen.

Beatrice allerdings fand sich in der Woche darauf in der kleinen Wohnung ein, von Wilma ängstlich empfangen, denn bisher hatte sie Frau von Renkow selten gesehen.

Beatrice war freundlich, erkundigte sich nach Cordelias Gesundheitszustand.

Es gehe ihr wieder gut, erfuhr sie, sie sei bei der Probe. Kein Wort davon, daß Wilma ihre Sachen packen und verschwinden sollte.

Wann denn der ›Wolkentanz‹ wieder im Programm erscheinen werde, wollte Beatrice wissen.

Das wußte Wilma. In der Woche vor Weihnachten, sagte sie.

Beatrice besorgte zwei Karten, diesmal im Parkett. Alexander lehnte es ab mitzugehen.

»Ich kenne es ja«, sagte er unlustig. »Und diesen Burschen brauche ich mir nicht zum zweitenmal anzusehen.«

Beatrice wurde begleitet von ihrem Bruder Fred, der sich in der Villa Munkmann eingefunden hatte, um mit der Familie Weihnachten zu feiern. Vor allem aber brauchte er wieder einmal Geld, und zwar eine große Summe. Er wollte selbst in der Cinecittà einen Film produzieren, er habe ein großartiges Buch.

»Willst du vielleicht Rosselini als Regisseur gewinnen?« fragte Beatrice spöttisch.

»Warum nicht? Ich werde es versuchen. Mir fehlen bloß ausreichend Lire.«

Vom ›Wolkentanz‹ war er begeistert, besonders von Cordelia. »Sie ist ja ganz bezaubernd geworden. Wenn ich an das mickrige kleine Mädchen denke, das wir damals zur Llassanowa brachten. Ist ja kaum zu glauben.«

Der ›Wolkentanz‹ enthielt jetzt die Änderungen, die Raikov sich ausgedacht hatte, er war nun wirklich erotischer geworden, das färbte auch auf die anderen Tänzer ab, die teilweise neue Nuancen einbrachten. Kam dazu, daß sie in diesem Stück alle gern tanzten, es war so eine lockere, leichte Sache, die Musik so einschmeichelnd, sie improvisierten manchmal sogar ein wenig, was an sich streng verboten war, doch Raikov monierte es nicht; der ›Wolkentanz‹ war nach wie vor eine ungewöhnliche Produktion.

Während sie die Änderungen probierten, schliefen Cordelia und Raikov wieder zusammen. Streit und Schlag waren vergessen. Cordelia tat es aus einem gewissen Trotz heraus. Wenn Onkel Alexander sie nicht mehr besuchen wollte, na bitte, sie konnte auch ohne ihn leben. Wilma schwieg, wenn Cordelia solche Reden führte. Raikov kam jetzt sogar manchmal in die Wohnung, er brachte Cordelia ganz manierlich von den Proben oder einer Vorstellung nach Hause und aß, was Wilma ihm vorsetzte.

Und dann erlebte er einen Triumph. Zwar meldete sich nicht New York, aber Brüssel. Man lud ihn zu einem Gastspiel mit dem ›Wolkentanz‹ ein, und zwar mit der ganzen Truppe. Das erweckte eine Menge Begeisterung, selbst Madame Lucasse war bewegt. »Das ist noch nie passiert«, sagte sie gerührt.

»Siehst du«, sagte Raikov zu Cordelia. »Wir werden berühmt mit diesem Tanz. Nach Brüssel wirst du wohl mitkommen, hein? Oder hat da der Herr Onkel auch was dagegen?«

Er nahm sich vor, Jennifer davon zu berichten, die derzeit in einem Musical am Broadway auftrat, und bei ihr anzufragen, ob sie nicht einmal ihren Agenten veranlassen könnte, einen kurzen Flug nach Brüssel einzulegen, um sich die Nummer anzusehen. Das Gastspiel war für März geplant. »Was machen wir nur mit Andreas?« fragte er sorgenvoll Hasse.

Andreas, der Geiger, hatte erklärt, dies sei sein letzter Auftritt gewesen, er bereite sich auf sein Prüfungssemester vor und dazu auf einen Wettbewerb.

»Nach Brüssel kommt er vielleicht mit«, tröstete Hasse. »Das ist dann immerhin ein internationaler Auftritt. Ich weiß schon, er findet es inzwischen ein bißchen unter seiner Würde, auf der Bühne zu stehen und bei einem Ballett herumzufiedeln, auch wenn es das Bruch-Konzert ist. Neulich, ehe er abreiste, sagte er zu meiner Frau, er würde den Bruch nie wieder spielen, er könne ihn nicht mehr hören. Momentan studiert er das Brahms-Konzert, das ist etwas schwieriger. Mal sehen. Schlimmstenfalls finden wir in Brüssel einen Geiger, Brüssel hat ein berühmtes Konservatorium. Bis März haben wir Zeit genug.«

»Wir«, sagte Hasse. Obwohl die Einladung für ihn nicht galt.

Weihnachten waren sie voll beschäftigt. Am ersten Feiertag nachmittags ›Hänsel und Gretel‹, abends die neue ›Aida‹, die vor vierzehn Tagen Premiere gehabt hatte, am zweiten Feiertag nachmittags ›Nußknacker‹, abends ›Hoffmanns Erzählungen‹. Nur Heiligabend war spielfrei.

Gustav fuhr Cordelia bereits am Abend zuvor zum Gestüt hinaus, da gab es ebenfalls ›Hänsel und Gretel‹, sie durfte nach dem Abendsegen gehen.

Raikov stand beim Bühnenportier und küßte sie zärtlich zum Abschied. Gustav sah geniert zur Seite.

»Es ist eine so schöne Musik«, sagte Cordelia verträumt, während sie ins Münsterland fuhren. »Haben Sie ›Hänsel und Gretel‹ schon einmal gesehen. Und zugehört, Gustav?«

»Nein.«

»Fahren Sie mich übermorgen wieder hinein?«

»Ich denke doch. Herr von Renkow wird keine Zeit haben.«

»Ich werde Ihnen eine Karte beschaffen. Es ist zwar ausverkauft, aber ich mach das schon. Sie bleiben in der Stadt und hören sich die Oper an.«

»Falls ich soviel Zeit habe.«

»Warum denn nicht?«

»Wir haben viel Besuch.«

»Die essen Gänsebraten, und dann müssen sie schlafen. Wirklich, Gustav, ich möchte gern, daß Sie das einmal hören.« Leise begann sie, den Abendsegen zu singen.

Wilma begleitete sie nicht.

»Es tut mir leid, wenn du am Weihnachtsabend allein bist«, hatte Cordelia gesagt.

»Ist ja nur ein Tag. Übermorgen bist du wieder da, Mäuschen.«

Einmal war Wilma mitgekommen, aber sie hatte keine Lust zu einer Wiederholung. Sie war fremd bei den Lumins, Jochen schweigsam und verschlossen, und Elsgards bestimmende Art schüchterte sie ein. Lieber blieb sie allein. An diesem Abend erlebte sie eine Überraschung. Es klingelte, und Wilma dachte zunächst, Cordelia habe etwas vergessen. Doch vor der Tür stand Raikov.

»Schöne Weihnachten!« artikulierte er langsam. »Da!« Er überreichte zwei Tüten.

In der einen befanden sich Plätzchen, in der anderen eine Flasche Wein.

»Frau Gutsche backen das«, erklärte er. »Und Wein ist von mir.«

Er sah sie erwartungsvoll an, Wilma war gerührt.

»Danke«, sagte sie. »Oh, danke.«

»Alles Gutes, Wilma.«

Sie reichte ihm die Hand, er nahm sie, drückte einen Kuß darauf, dann lief er die Treppe hinunter, immer zwei Stufen überspringend.

Vielleicht ist er doch kein böser Mensch, dachte Wilma. Und wenn das Kind ihn nun einmal liebt.

Am nächsten Abend ging sie in die Kirche, später trank sie zwei Glas Wein und aß von Frau Gutsches Plätzchen, die wirklich sehr gut waren. Kochen würde sie erst, wenn das Kind wieder da wäre.

Alexander war zwei Tage vor Weihnachten im Gestüt aufgetaucht, wie immer mit Geschenken für Olga, für Elsgard und Jochen und Weihnachtsgeld für die Pfleger.

Er kam allein.

»Beatrice läßt sich entschuldigen, sie schickt auch herzliche Grüße und wünscht euch frohe Weihnachten. Wir haben das Haus voller Gäste, es geht zu wie in einem Taubenschlag. Die neue Köchin ist etwas überfordert.« Er setzte sich, streckte die Beine aus. »Habt ihr einen Schnaps?«

Elsgard holte die Flasche mit dem Steinhäger.

»Das ist sehr gut«, sagte Alexander. »Denkt ihr noch manchmal an unseren Korn?«

»Ja, sicher«, sagte Jochen. Er hatte nie viel getrunken, damals nicht, heute nicht.

»Viele Gäste?« fragte Elsgard interessiert.

»Beatus ist ja nun auch schon ziemlich wacklig. Wir haben zwar einen neuen Diener, den lernt er gerade an. Ja, Els, das ist eine Überraschung für dich. Inga ist da.«

»Inga?« schrie Elsgard.

»Harald hat sie mitgebracht. Sie möchte wieder einmal deutsche Weihnachten erleben.«

»Inga!«

»Sie hat ihren jüngsten Sohn mitgebracht. Netter Junge. Die anderen sind inzwischen verheiratet und haben eigene Familien.«

»Und ihr Mann?«

»Des Führers wackerer Kämpe ist im letzten Sommer gestorben. Es ging ihr ja nicht schlecht bei ihm, er war nun mal ein tüchtiger Mann. Aber ich habe nicht den Eindruck, daß sie allzuviel um ihn trauert. Du weißt ja, daß ich sie schon ein paarmal in Argentinien besucht habe. Das war so ein Kreis ehemaliger Nazis, die nie begriffen haben, was sie angerichtet haben. Immerhin, Berthold Schwarz, der Erfinder des Schießpulvers, ist gut über die Runden gekommen. Aber richtig glücklich war Inga in Argentinien nie. Eine Mecklenburger Deern. Da mußt du ja lachen. Sie redet ununterbrochen von unserem Gut. Wie wir da Weihnachten gefeiert haben. Wie wir die Leute beschert haben. Was Vater gesagt hat. Und wie sie vorher immer einkaufen waren in Schwerin oder in Lübeck. Kannst du dir das vorstellen? Sie war die erste, die fortging, schon '31. Und nur noch von Berlin schwärmte.«

»Das ist viele Jahre her«, sagte Elsgard wehmütig.

»Eben. Und weißt du, was sie jetzt sagt? Sie hat immer Heimweh gehabt.«

»Na ja, Argentinien ist wohl anders als Mecklenburg.«

Alexander trank seinen Schnaps und seufzte. »Wird ein anstrengendes Weihnachtsfest. Gib mir noch einen.«

»Du mußt doch fahren.«

»Els! Das mache ich mit links.«

»Und wer ist denn noch da?«

»Harald, Inga und ihr Sohn. Und Alfredo Mungo, so nennt sich mein Schwager jetzt, weil er in Italien einen Film dreht. Glücklicherweise diesmal ohne Freundin. Und natürlich John. Mit einem Freund aus Harvard, der auch mal deutsche Weihnachten erleben möchte. Wir haben einen Riesenchristbaum. Und für alle muß man ja auch irgendwelche Geschenke haben. Ihr habt nicht irgendwas Mecklenburgisches hier?«

»Nur die Erinnerungen«, sagte Olga, die bisher geschwiegen hatte. Gott sei Dank sprach Alexander laut, sie konnte ihn verstehen.

»Gut«, sagte Alexander und stand auf. »Bringen wir den Leuten im Stall ihr Geld. Und ein paar warme Worte.«

»Cordelia kommt morgen. Und muß am ersten Feiertag wieder weg«, sagte Elsgard.

»Ja, ich weiß. Theatermenschen haben nun mal Weihnachten viel zu tun. Ein Geschenk für sie ist dabei. Ein Kleid. Beatrice hat es ausgesucht.«

»Ich finde das nicht gut«, meldete sich Jochen zum erstenmal zu Wort.

»Was meinst du?«

»Daß es für sie keine Feiertage gibt.«

»Das ist nun mal so. Für ein Theater ist das Publikum das wichtigste. Und die wollen an den Feiertagen etwas geboten bekommen. Gehen wir?«

»Und was ist mit Inga?« fragte Elsgard, leicht beleidigt.

»Ach so, hätte ich beinahe vergessen. Am zweiten Feiertag würde sie euch gern besuchen.«

»Zum Essen?«

»Ach wo, nachmittags zum Kaffee. Wie ich dich kenne, Els, hast du ja Kuchen gebacken.«

»Habe ich«, sagte Elsgard kühl.

Im Hinblick auf den Gänsebraten am ersten und die Wildenten am zweiten Feiertag hatte Beatrice beschlossen, daß am Heiligen Abend nicht gekocht wurde. Es gab ein kaltes Buffet mit reichlich Kaviar, Hummer, Lachs und anderen Köstlichkeiten, und wer etwas Warmes wollte, für den stand eine Terrine mit Hühnersuppe bereit.

Am Nachmittag fuhr Beatrice zur Messe, begleitet von ihrem Sohn.

Auf der Rückfahrt erklärte sie ihm, wie sie sich die Zukunft vorstellte.

»Studiert hast du nun genug. Ich möchte, daß du deine Arbeit im Werk beginnst. Da hast du viel zu lernen.«

John sah das ein. »Ich kann nächste Woche anfangen. Wenn du mir dann erlaubst, zum Sommersemester nach Berlin zu gehen, bin ich ab August nur für dich und das Werk da.«

»Und warum willst du nach Berlin? Man hört zur Zeit nicht viel Gutes von dort.«

»Ja, ich weiß. Es gibt Trouble seit dem letzten Sommer, seit dem Schahbesuch, als sie den Benno Ohnesorg erschossen haben. Es wird demonstriert. Und Rudi Dutschke macht immer mehr von sich reden. Ich habe noch eine ganze Menge Freunde dort und will hören, was die so sagen. Du kannst ganz beruhigt sein, ich bin nicht der Typ, der mit der Mao-Bibel herumläuft und Che Guevara schreit. Ich hatte eine Freundin dort, die war ganz verrückt mit ihrem Mao. Ich habe ihr vorgeschlagen, sie solle doch in die DDR gehen, da sei sie ihrem Idol schon ein gutes Stück näher; ich will mal sehen, ob die immer noch spinnt. Mai, Juni, Juli Berlin und dann sofort wieder hier. Okay, Mama?«

Der Abend verlief turbulent, der riesige Christbaum erweckte Begeisterung, Inga setzte sich an den Flügel, sie spielte noch so gut wie früher, konnte noch alle Weihnachtslieder, und siehe da, auch Fred Munkmann kannte die Texte

515

noch. Da sang schließlich auch Alexander. Früher, auf Renkow, hatten sie immer gesungen.

»Erstaunlich«, sagte Alexander zu seinem Neffen Hermann (Göring war sein Taufpate gewesen), daß du das kannst.«

»Wir haben immer richtig Weihnachten gefeiert. Madre sang, und wir sangen mit.«

»Und dein Vater auch?«

»Der auch. Klar.«

Die drei jungen Leute verstanden sich gut, Hermann, der Argentinier, John und sein Freund Nick aus Boston.

»Was uns fehlt«, sagte John so gegen neun, »ist ein hübsches junges Mädchen.« Und dann fiel ihm auch schon eins ein.

»Cordelia.«

Er ging zu seiner Mutter.

»Mama, warum ist Cordelia nicht hier?«

»Sie ist noch nie Weihnachten hiergewesen. Schließlich hat sie Eltern.«

»Ist sie auf dem Gestüt?«

»Ja.«

»Ich werde sie besuchen.«

»Du kannst sie doch jetzt nicht stören.«

»Na, warum nicht? Gegessen werden sie wohl haben. Da fahre ich schnell mal raus und wünsche fröhliche Weihnachten.«

»Laß den Unsinn«, sagte Beatrice.

Doch John war nicht zu bremsen. Er verschwand stillschweigend nach einer Weile, setzte sich in seinen Wagen und fuhr zum Gestüt. Es waren immerhin an die vierzig Kilometer, und es hatte angefangen zu schneien.

Im Hof vor dem Gutshaus stand auch ein großer Christbaum, seine Lichter spiegelten sich im Schnee. Es war sehr still. Jochen war müde; da die meisten Pfleger frei hatten, mußten er und Wali alles allein machen. Olga war in ihrem Sessel eingenickt, Elsgard sah in den Fernseher, und Cordelia hatte das neue Kleid angezogen, das Geschenk von Beatrice, es war aus schwarzem Seidensamt mit silbernen Blüten in den Stoff eingewebt. Es paßte ausgezeichnet.

»Nanu«, rief Elsgard erstaunt, als John plötzlich im Zimmer stand. »Wo kommst du denn her?«

»Ich muß euch doch frohe Weihnachten wünschen. Ich wollte gestern schon kommen, aber bei uns ist ein Irrsinnsbetrieb. Also denn, fröhliche Weihnachten.«

Er gab allen die Hand. Cordelia schloß er in die Arme, küßte sie und sagte: »Du bist aber schick. Wie ich sehe, hast du dich schon feingemacht.«

»Deine Mutter hat mir das Kleid geschenkt.«

»Prima. Da können wir gleich fahren.«

»Fahren? Wohin denn?«

»Dreimal darfst du raten. Zu uns natürlich.«

»Du bist verrückt. Jetzt, mitten in der Nacht.«

»Es ist kurz nach zehn.«

»Nein, das geht nicht. Ich muß morgen arbeiten.«

»Wann denn?«

»Morgen nachmittag um drei. Das heißt, ich muß eine Stunde vorher da sein.«

»Na, auch schon was! Ich fahr dich rein.«

»Gustav fährt mich.«

Eine Viertelstunde später saß sie dann doch bei John im Auto. Jochen hatte den Kopf geschüttelt, Elsgard nicht sehr überzeugt protestiert.

»Dann wird sie noch vor uns Inga sehen«, sagte sie zu Jochen, als sie wieder ins Zimmer kam.

»Inga kann für Cordelia nichts bedeuten.«

»Ja, da hast du recht. Uns wird sie ja dann übermorgen die Gnade ihres Besuchs erweisen.«

Auf der Hinfahrt wollte John genau wie beim erstenmal Cordelia küssen, doch sie wehrte ihn ab.

»Ich habe mir gerade die Lippen geschminkt«, sagte sie.

»Ist gut, Schwanenprinzessin, sehe ich ein. Dann später, nicht?«

Falls Beatrice verärgert war, ließ sie es sich nicht anmerken.

»Vielen Dank für das Kleid«, sagte Cordelia schüchtern. »Es ist wunderschön.«

»Ja, ich sehe, es steht dir gut.«

517

Cordelia warf einen scheuen Blick zu Alexander, er saß in einem Sessel, er war nicht aufgestanden, er begrüßte sie nicht.

Seit jenem Abend, als er sie aus dem Hotel holte, hatte sie ihn nicht gesehen. Ein Weihnachtsgeschenk, wie sonst üblich, hatte sie diesmal von ihm auch nicht bekommen.

Fred jedoch umarmte den überraschenden Besuch stürmisch. »Ich habe dich gesehen vorige Woche. Du bist hinreißend mit dieser Nummer. Warum hast du deinen Partner nicht mitgebracht? Der hat mir auch gefallen.«

Unwillkürlich mußte Cordelia lachen. Das wäre wohl der größte Schock, wenn sie mit Raikov hier erschienen wäre.

Harald umarmte sie auch, Inga sagte: »Nein, so was, Elsgards und Jochens Tochter. Sie ist ja reizend.«

Cordelia ging zu Alexander, blieb vor ihm stehen. Nun stand er endlich auf.

»Frohe Weihnachten, Onkel Alexander«, sagte sie leise.

»Danke«, sagte Alexander. Er gab ihr nicht die Hand. John kam mit einem Glas Champagner.

»Hier, Ballerina, trink das. Vor dir steht mein Freund Nick, viel deutsch reden kann er nicht, aber sonst ist er ganz erträglich. Und dies ist Hermann, der Cherusker, frisch importiert aus Argentinien. Eigentlich aber ein Mecklenburger, so wie du. So 'ne Art Cousin von dir. Wie alt warst du, als du das letztemal in Mecklenburg warst, Hermando?«

»So etwa ein Jahr alt, sagt Madre.«

Inga, die zu ihnen getreten war, nickte.

»Ein Jahr und zwei Monate genau. Als wir bei meinem Vater waren, fing gerade der Krieg an. Ich war fassungslos.«

»Und das, obwohl du ja, wie ich gehört habe, an der Quelle saßest.«

»Mein Mann sprach nie mit mir über Politik.«

»Wenn man es denn Politik nennen will«, sagte John. »Aber lassen wir die Vergangenheit. Ich werde euch einiges über diese junge Dame erzählen. Sie ist Tänzerin. Und wenn ihr euch manierlich benehmt, dürft ihr mal mitkommen ins Theater und sie bewundern. Wann steht denn dein großer Erfolg wieder auf dem Spielplan?«

»Nicht so bald. Wenn ihr den ›Wolkentanz‹ sehen wollt, müßt ihr nach Brüssel kommen. Wir gastieren dort.«

Aus dem Augenwinkel blickte sie zu Alexander, ob er es wohl gehört hatte. Aber von ihm kam keine Reaktion. Dann eben nicht, dachte sie. Aber es verdarb ihr den Abend. Sie trank viel gegen ihre Gewohnheit, sie redete mit den jungen Leuten, ließ sich eine Weile von Fred zur Seite nehmen.

»Hör mal zu, du«, sagte er. »Laß mal die blöden Bengels, das ist kein Umgang für dich. Du bist ein Karrieremädchen, für so etwas habe ich eine Nase. Brüssel, sehr gut. Vielleicht noch Paris, wie? Dein Partner ist ja Franzose.«

»Er will nach Amerika«, sagte Cordelia ganz ungeniert.

Mit Fred zu reden war leicht.

»Mit dir?«

»Ja.«

»Dio mio, Amerika, ausgerechnet. Möchtest du nicht lieber zu mir nach Rom kommen?«

Cordelia legte den Kopf zurück. »Warum nicht«, sagte sie lässig. Sie war müde, sie hatte viel getrunken. Sie dachte an Wilma, die allein zu Hause saß. Und Serge, was mochte er machen? Ach ja, er hatte gesagt, Frau Hasse habe ihn eingeladen.

Und Frau Gutsche war schließlich auch da, und Frau Gutsches Sohn ebenfalls. Serge würde einen hübschen Abend verbringen.

Ich wäre lieber bei ihnen, dachte Cordelia aufsässig. Er sieht mich nicht an, er spricht kein Wort mit mir. Er wird froh sein, wenn ich draußen bin.

Sie ging zu der Ecke, in der Inga und Beatrice mit Alexander und Harald saßen.

»Ich möchte jetzt nach Hause fahren«, sagte sie bestimmt. Sie sah Beatrice an. »Es tut mir leid, wenn ich Ihnen Ungelegenheiten mache. Aber John ließ mir gar keine Zeit zum Überlegen. Es ist gleich ein Uhr. Ich muß morgen arbeiten.«

Sie sprach mit einer ganz ungewohnten Selbstsicherheit. Beatrice stand auf.

»Ich werde mal nachsehen, was Gustav macht.«

Aber da war John schon da, der die Szene beobachtet und die letzten Worte gehört hatte.

»Wir werden Gustav nicht wecken. Ich habe Cordelia geholt, ich fahre sie auch nach Hause. Oder kann sie nicht einfach hier schlafen? Dann bringe ich sie morgen in die Stadt.«

»Das kommt nicht in Frage«, sagte Cordelia heftig.

Es fiel immer noch leichter Schnee, er machte die Nacht hell und still.

»Stille Nacht, heilige Nacht, paßt gut, nicht?« sagte John nach einer Weile.

»Ja.«

»Habt ihr auch gesungen?«

»Nein. Früher hat Olga immer gesungen, aber das tut sie nicht mehr.«

»Bei uns war das reinste Konzert. Die Señora aus Argentinien singt und spielt wie ein Profi. Wir hatten alle Mühe, da mitzuhalten.«

Wie nicht anders zu erwarten, fuhr er nach einiger Zeit an den Straßenrand und hielt.

»Wie ich annehme«, sagte er, »willst du mir einen weihnachtlichen Kuß geben.«

»Und was ist, bitte, ein weihnachtlicher Kuß?«

»Ich zeig's dir.«

Cordelia war müde. Und traurig. Onkel Alexander hatte sie kaum angesehen, ihr nicht die Hand gegeben, geschweige denn einen Kuß.

War es immer so, daß man eine Liebe verlor, wenn eine andere Liebe begann?

Liebe! Keiner liebte sie. Ihr Vater war so seltsam gewesen, er hatte kaum gesprochen. Und Alexander hatte sie nicht mehr lieb. Der einzige, der sich wirklich gefreut hatte, sie zu sehen, war Wali.

»Das konntest du schon mal besser«, sagte John, als er sie losließ. »Liebst du mich nicht mehr?«

»Ach, laß mich in Ruhe mit dem Gerede von Liebe. Du liebst mich so wenig, wie ich dich liebe.«

»Woher willst du das wissen?«

»Ich weiß es eben. Fahr weiter. Ich möchte ins Bett.«

»Das ist genau der Punkt. Ins Bett! Wie schaffen wir es,

endlich zusammen zu schlafen. Bei dir ist die Familie, bei mir ist Familie, in der Stadt hast du auch so einen Zerberus. Es ist mein Ernst, Cordelia. Ich möchte mit dir schlafen. Ich weiß bloß nicht, wo. Wir müßten glatt in ein Hotel gehen.«

»In eine Absteige«, wiederholte sie das böse Wort, das Alexander gebraucht hatte.

»Na, ich kann mir schon etwas Besseres leisten. Bloß heute nacht wird es schwierig sein. Stell dir vor, wir kommen jetzt irgendwo an, wie Joseph und Maria ...«

»Ach, red nicht so einen Blödsinn. Das ist keine Nacht für dumme Witze. Und nun fahr endlich.«

Keine Unterbrechung mehr, er fuhr schnurstracks zum Gestüt, verwirrt durch ihr seltsames Verhalten.

Er weiß nichts, dachte Cordelia. Onkel Alexander hat keinem etwas erzählt. Und vielleicht hätte ich heute abend sagen sollen ... was denn?

Ihn um Verzeihung bitten? Um Verständnis?

Sie standen vor dem Gutshaus, es war schon dunkel. Die Tür offen, wie immer.

John streckte noch einmal den Arm nach ihr aus.

»Im Ernst, Cordelia, ich möchte mit dir schlafen.«

Cordelia wich zurück.

»Ach, hör doch auf mit dem Schlafen. Es heißt faire l'amour. Das meinst du doch. Und ich brauche dich nicht. Ich habe einen Mann pour l'amour. Gute Nacht!«

Und damit verschwand sie im Haus.

John sah ihr verblüfft nach. Wie dieses Mädchen sich verändert hatte. Und sie schien sich wirklich nichts aus ihm zu machen.

Gespräche

ES WAR DANN DOCH ein sehr bewegtes Wiedersehen, Inga und Elsgard lagen sich in den Armen, sie lachten, und sie weinten, sie redeten von damals und wann sie sich eigentlich zum letztenmal gesehen hatten.

Das war in den großen Ferien 1943 gewesen, Olga wußte es genau.

In Berlin gab es damals schwere Luftangriffe, und Max von Renkow war der Meinung, Inga solle mit den Kindern auf dem Gut bleiben.

»Es sind jetzt viele Kinder hier auf dem Land, hat er gesagt, ganze Schulklassen mit ihren Lehrerinnen. Meist aus dem Rheinland. Auch aus Hamburg. Und du hast gesagt, Berthold erlaubt es nicht, daß wir Berlin verlassen. Meine Frau und meine Kinder sind keine Drückeberger«, das wußte Olga noch. »Und dein Großer schrie dazu: Und wir sind keine Feiglinge. Zehn war er da.«

»Daß du das noch so genau weißt!«

Es war für Inga die größte Freude, Olga hier zu treffen. Sie saß neben ihr, hielt ihre Hand. »Ich bin so froh, daß du noch lebst.«

»Darüber wundere ich mich auch«, sagte Olga trocken. »Eigentlich müßte ich längst tot sein. In Mecklenburg wollten sie mich schon in ein Altersheim stecken. Und als wir dann hier rüberkamen, da gab ich mir höchstens noch ein paar Wochen.«

Darüber mußte sogar Jochen lachen.

»Ohne Olga wäre uns die Flucht nie gelungen. Sie hat bestimmt, was geschehen soll, und dann haben wir es gewagt.«

»Das war schließlich immer so. Als wir Kinder waren, wurde auch unser Leben von Olga regiert. Und es ist uns nicht schlecht bekommen.«

»Bis auf deine Heirat, Inga. Damit war ich nicht einverstanden.«

»Ich weiß, das war keiner von euch.«

Sie sah Alexander an, der bis jetzt schweigsam dagesessen hatte. »Mein Vater nicht, meine Brüder nicht. Aber ob ihr es glaubt oder nicht, Berthold hat mich geliebt, und er hat immer gut für mich und die Kinder gesorgt.«

»Und du?« fragte Alexander. »Hast du ihn auch geliebt?«

»Ja, ich habe ihn geliebt. Es ist mir schwergefallen, Deutschland zu verlassen, auch wenn alles in Trümmern lag. Es war schwierig genug hinauszukommen. Und dann war ich in Spanien mit den Kindern, alles war fremd, ich verstand die Sprache nicht. Doch eines Tages war Berthold da, und dann, na ja, dann schaffte er auch die Überfahrt nach Südamerika. Tüchtig war er, da könnt ihr sagen, was ihr wollt. Er hat geschafft, was er wollte.«

Hermann, der Sohn, hatte bis jetzt nicht viel dazu gesagt, für ihn waren die Menschen fremd, die er hier traf, Menschen, die er nur aus den Erzählungen seiner Mutter kannte.

»In den letzten Jahren war er ziemlich schwierig«, äußerte er nun. »Nicht so einfach, mit ihm auszukommen.«

»Ja, das ist wahr«, gab Inga zu. »Er war magenkrank und meistens schlecht gelaunt. Ich konnte ihm nichts mehr recht machen, und die Kinder schon gar nicht.«

»Aber es ist euch nicht schlecht gegangen«, sagte Elsgard. »Alexander hat uns mal erzählt, ihr habt irgendwas mit Schuhen gemacht.«

»Hauptsächlich mit Stiefeln. Da, in dem Ort, wo wir waren, hatten sich viele Deutsche eingefunden.«

»Nazis«, warf Alexander ein.

»Nationalsozialisten«, verbesserte ihn Inga mit einem strafenden Blick. »Natürlich, die auch.«

Alexander grinste, aber weder Elsgard noch Jochen gingen auf dieses Thema ein.

»Stiefel?« fragte Elsgard.

»Es war einer von uns, der war ein genialer Stiefelmacher. Er hat Stiefel gemacht für Hermann Göring, für Heß, für Keitel, für die Generäle der obersten Stufe. Er war ein Könner. Nicht alle Stiefel passen auf Anhieb.«

Alexander ließ den Blick schweifen, aber keiner war sich der makabren Situation bewußt, stockte vor den Namen, die hier genannt wurden. Doch dann traf er Olgas Blick, ein leichtes Lächeln erschien um ihren Mund.

Hermann sah etwas gelangweilt aus. Das kannte er schließlich alles. Und die Leute hier interessierten ihn nicht im geringsten. Er wäre viel lieber mit Harald, John und Nick nach Bonn gefahren, weil Nick die deutsche Hauptstadt kennenlernen wollte.

Na gut, mit dieser etwas fülligen älteren Dame war seine

Mutter aufgewachsen. Wir waren wie Schwestern, hatte Madre gesagt. Und die Uralte war so eine Art Mutterersatz gewesen, weil es keine Mutter gab. Das wußte er alles. Und Madres Bruder Alexander hatte er sowieso schon gekannt.

»Mit Stiefeln kann man allerhand Ärger haben«, blieb Inga noch beim Thema. »Ihr wißt, daß ich mit meinen Reitstiefeln oft nicht zurechtkam und Blasen hatte. Nicht in Willys Stiefeln, die paßten von der ersten Stunde an. Und dann hatte Berthold die Idee, wir fangen mit Willys Stiefeln einen Betrieb an. In Argentinien wird ja viel geritten. Und die Offiziere brauchen auch Stiefel. Sie kamen von weither, um sich welche machen zu lassen. Wir hatten schließlich einen ansehnlichen Betrieb, direkt eine kleine Fabrik. Willy hat noch viele angelernt, aber so gut wie er kann es keiner. Er lebt nicht mehr.«

»Bist du in Argentinien auch geritten?« fragte Elsgard.

»Selbstverständlich«, antwortete Inga. »Ich reite auch jetzt noch jeden Tag.«

»Wir haben Vollblüter hier, mit denen kann man nicht spazierenreiten.«

»Ja, ja, ein Vollblutgestüt, ich weiß schon. Das haben wir in Argentinien auch.«

»Sprichst du denn nun richtig spanisch?« wollte Elsgard wissen.

»Na, hör mal, nach so langer Zeit. Ich bin doch nicht blöd.«

»Wenn ihr da doch alle Deutsche seid.«

»Das Personal spricht nur spanisch, und die Lieferanten und Kunden, und sonst eben alle. Ist ja klar, nicht?« Elsgard nickte beeindruckt.

Alexander sagte: »Sie hat ein wunderschönes Haus mit einem riesigen Garten. Man muß es schon einen Park nennen. Und jede Menge Personal.« Er grinste wieder. »Sie muß nach wie vor keinen Finger krumm machen. Tja, Berthold hat schon gut für sie gesorgt. Trotz allem, was wir gegen ihn hatten, das muß man zugeben. Es sind recht feudale Verhältnisse. Wie Inga es immer gewohnt war.«

»Und die Stiefel?« fragte Elsgard.

»Den Betrieb hat Berthold noch verkauft. Für die Jungs war das nichts. Adolfo hat Medizin studiert, er arbeitet heute in einem Krankenhaus in Buenos Aires. Und meine Tochter ist sehr gut verheiratet.«

Elsgard empfand Neid. Feudale Verhältnisse also. Die Nazis, hier verpönt und verteufelt, waren also zum Teil ganz gut über die Runden gekommen.

»Wer will noch Kaffee?« fragte sie und hob die Kanne.

Hermann blickte um sich. Das hübsche Mädchen von vorgestern abend war nicht da.

»Kann ich wohl mal die Pferde sehen?« fragte er.

Jochen stand erleichtert auf, ihn ödete das Gespräch auch an.

»Gern«, sagte er. »Ich zeige sie Ihnen. Gehen wir in die Ställe.«

Dann sprachen sie von Rosmarie Helten.

»Ich möchte sie in Berlin besuchen«, sagte Inga. »Sie war meine beste Freundin, das wißt ihr ja.«

»Und durch sie hast du deinen Mann kennengelernt.«

»Ja. Ich habe ihr sehr bald aus Argentinien geschrieben, aber sie hat mir nicht geantwortet. Erst viel später.«

Olga erinnerte sich an ihren Besuch bei den Heltens. Damals, als sie die Flucht vorbereitete, da hatte sie Rosmarie in Berlin besucht. Sie kramte mühsam in ihrem Gedächtnis.

»Es waren sehr nette Leute«, sagte sie. »Sie lebten da mit ihren Kindern und ihren Schwiegereltern. Ihr Mann war noch zuletzt bei den Straßenkämpfen in Berlin gefallen.«

»Ja, das weiß ich inzwischen. Sie nahm mir das irgendwie übel, daß Berthold lebte und ihr Mann tot war. Wer konnte denn ahnen, daß die Russen nach Berlin kommen.«

»Das hätte zumindest dein Mann ahnen müssen«, sagte Alexander. »Auch wenn er sich am Krieg nicht beteiligt hat, dürfte er ja wohl über den Verlauf desselben informiert gewesen sein. Hitlers Krieg. Der Krieg der Nazis«, sagte er betont. »So abgehoben kannst du ja in deinem Blütenparadies nicht leben, daß du das nicht mehr weißt.«

»Laß das doch«, sagte Inga belästigt. »Wir haben schon davon gesprochen.«

»Ja, liebe Schwester, wir haben davon gesprochen. Ich habe mich sogar mit Berthold ziemlich heftig gestritten. Die Nazis waren nicht schuld am Krieg, sondern irgendwelche höheren Mächte. Hast du das deinen Kindern auch so erzählt?«

»Ich habe ihnen gar nichts erzählt. Sie leben heute. Es kann ihnen egal sein, was früher war.« Ihre Stimme klang gereizt.

»Hitlers Größenwahn. Lebensraum für das deutsche Volk im Osten. So war das doch, nicht?« Alexanders Stimme klang nun auch gereizt. »Hitlers Krieg. Ich finde schon, man sollte noch darüber reden. Er hat deinen Bruder Friedrich das Leben gekostet. Ich war sechs Jahre lang in russischer Gefangenschaft, ganz abgesehen davon, was vorher war. Er hat uns die Heimat genommen. Und vielen anderen Menschen auch. Halb Deutschland lebt unter kommunistischer Herrschaft. Unter der Knute Rußlands. Auch wenn man in Argentinien lebt, sollte man das nicht vergessen.«

Eine Weile blieb es still.

Dann sagte Inga bedrückt: »Laß uns nicht mehr davon reden.«

»Nein, nicht heute. Wir machen einen Weihnachtsbesuch, und ihr feiert Wiedersehen. Ich gehe jetzt auch mal zu den Pferden.«

Als sie allein waren, sagte Inga: »Immer fängt er davon an. Es geht ihm doch gut.«

»Das hat er der Frau seines Bruders zu verdanken«, sagte Olga. »Die Heimat ist verloren. Gut Renkow, dein Vater ...«

Olga war müde, alle Gelenke schmerzten sie, das kam von dem Schnee. Und Inga, das Kind, das sie aufgezogen hatte, war eine Fremde.

»Hier spricht man immer noch davon«, sagte Inga unwillig.

»Wovon?« fragte Elsgard. »Vom Krieg? Von Hitler? Ja, allerdings, man spricht davon.«

»Doch die ganze Welt spricht davon, wie gut es den Deutschen geht. Euch doch auch.«

Elsgard lachte, es klang gequält. »Ja, es geht uns ganz gut. Und wir verdanken es auch Friedrichs Frau.«

»Ich erinnere mich an die Hochzeit. Die Ruhrpottprinzessin nannte Vater sie. Und das mit Friedrich ...«, sie verstummte. Drüben, fern über dem Ozean, dachte sie eigentlich nie daran.

»Ich möchte Rosmarie besuchen«, kam sie auf das Thema zurück. »Sie ist sehr allein. Ihre Schwiegereltern sind tot, ihr Sohn bei einem Unfall ums Leben gekommen. Und ihre Tochter hat einen Amerikaner geheiratet. Sie lebt an der Westküste, in Kalifornien, und Rosmarie soll sie besuchen. Was soll ich da, schrieb sie, ich bin alt. Sag selber, Els, sind wir alt? Rosmarie ist so alt wie ich und wie du.«

Elsgard sah die Frau an, die ihr gegenübersaß. Sie war immer noch schlank, zart und hübsch, ihr Haar so blond wie damals, als sie im Hof von Gut Renkow Ball spielten.

»Nun fang schon«, hatte das Mädchen gerufen. Sie war schneller und gewandter, Elsgards Wurf war kräftiger, und wenn sie Inga am Kopf traf, freute sie das.

Dann ging Inga fort, zur Schule, in ein Pensionat, dann kam Rosmarie immer öfter zu Besuch. Sie hatte Jochen geheiratet, Inga den Mann in Berlin.

Das war tausend Jahre her. So lange, wie das Nazireich dauern sollte.

Elsgard mußte plötzlich lachen.

Die Verhältnisse waren die gleichen geblieben. Inga lebte in feudalen Verhältnissen und sprach mit ihrem Personal spanisch. Und sie lebte hier von Alexanders Gnaden. Besser gesagt, von seiner Frau, die nicht seine Frau war. Sie war seine Schwägerin.

Elsgard dachte auf einmal: Und wenn sie genug von ihm hat? Und von uns? Aber da waren die Pferde. Die Pferde brauchten Jochen, brauchten sie.

»Und was machst du mit Rosmarie?« fragte sie freundlich.

»Ich werde sie besuchen in Berlin. Nächste Woche.«

»Und dann?«

»Dann fahre ich nach Hause.«

Zu Hause, das war jetzt Argentinien.

Olga war in ihrem Sessel eingeschlafen.

In der Villa Munkmann war es an diesem Nachmittag vergleichsweise ruhig und friedlich.

»Schön, daß sie alle mal weg sind«, sagte Beatrice, als sie mit ihrem Bruder Tee trank.

»Ja, es ist allerhand los bei dir. Ich hatte mir so ein stilles, friedliches Weihnachten vorgestellt«, sagte Fred.

»Das paßt gar nicht zu dir.«

»Wieso nicht? Ich werde auch nicht jünger.«

»Ausgerechnet jetzt, da du so große Pläne hast.«

»Du kannst dir den Spott sparen, Bea. Ich weiß, daß ich noch nicht viel Gescheites auf die Beine gestellt habe. Nun laß es mich mal mit dem Film versuchen.«

»Ich? Was kann ich dazu tun?«

»Mir Geld geben. Und ich könnte verstehen, wenn du ablehnst.«

»Du hast jedes Recht, aus dieser Firma Geld abzuziehen.«

»Ich leiste nichts dafür.«

»Das sind ganz neue Töne. Ich leiste, Alexander leistet, und vor allen Dingen hat unser Vater geleistet. Und hoffentlich nun im nächsten Jahr auch John.«

»Das wird er?«

»Ich denke schon.«

»Warum bist du nicht mitgefahren zum Gestüt?«

»Das ist eine Familienangelegenheit. Es ist Alexanders Schwester, und sie kennt die Lumins seit ihrer Kindheit. Nein, da sei Gott vor, daß ich mir das auch noch antue.«

»Die Schwester, die Nichte, die Freunde aus der Kindheit. Bedeutet er dir so viel?«

Beatrice ersparte sich die Antwort.

»Also, wie ist das mit dir?«

»Ich habe eine neue Idee. Seit vorgestern abend.«

Beatrice seufzte. »Also gut, laß hören.«

»Wir waren letzte Woche im Theater.«

»So ist es.«

»Dieses Mädchen, Alexanders Nichte …«

»Sie ist nicht seine Nichte.«

»Na, was auch immer. Ich möchte sie haben.«

»Was möchtest du?«

»Ich möchte sie haben für meinen Film.«

»Das kann nicht dein Ernst sein.«

»Doch. Sie ist ein eigenartiger Typ. Kapriziös, ungewöhnlich. Dieses Gesicht, diese Augen. Ich habe sie vorgestern abend hier beobachtet. Sie war ganz für sich. Man hat mit ihr geredet, und sie war gar nicht da. John ist in sie verliebt?«

»Ach, John! Der sieht sie jedes Jahr einmal. Höchstens.«

»Ich hatte so den Eindruck, daß sie ihm etwas bedeutet. Sie hat ihn kaum angesehen. Sie hat immer nur Alexander angesehen, aber der hat sich gar nicht um sie gekümmert.«

»Also, was willst du nun mit Cordelia?« sagte Beatrice ungeduldig.

»Ich will sie haben für meinen Film.«

»Das hast du schon gesagt. Was verdammt noch mal ist das für ein Film?«

Fred lehnte sich zurück. »Darf ich dir kurz die Story erzählen?«

»Wenn es sein muß.«

»Nachkriegszeit in Italien. Toscana.«

»Toscana?« fragte Beatrice interessiert.

»Das ist sehr photogen. Die Ebenen, die Hügel. Der hohe Himmel, die Zypressen, die Pinien. Das gibt was her, schon rein optisch.«

»Ich wollte da auch immer gern mal hin«, sagte Beatrice nachdenklich. »Giordano stammt aus der Toscana, aus Lucca, er hat mir viel von seiner Heimat erzählt.«

»Na, siehst du, das klappt ja hervorragend. Dann besuchst du mich bei den Dreharbeiten. Die Geschichte geht so ... also es ist ein Roman, den ein junger Autor geschrieben hat. Auch ein Toscanese. Es handelt sich um drei Frauen, drei Mädchen. Es ist ein alter verwitterter Hof, sehr abseits gelegen, und die drei Mädchen sind allein. Der Bruder ist im Krieg gefallen, den Vater haben die Partisanen umgebracht. Die Mutter ist noch da, aber sie ist ziemlich verstört. Die Älteste versucht, den Hof zu retten, sie arbeitet Tag und Nacht unter schwierigsten Bedingungen. Am Anfang werden in kurzer Folge der Tod des Bruders, der Tod des Vaters gezeigt, das drehen wir in schwarzweiß, ganz knapp. Dann die mühselige Arbeit auf dem Hof. Donata, die älteste der Schwestern, hat jedoch wenig Hilfe von den anderen. Die Mittlere hat nur Männer im Sinn, sie ist ständig auf der Suche nach einem Mann, sie treibt sich herum, wird immer wieder verlassen. Die jüngste der Schwestern ist verträumt, sie singt, zieht durch die Gegend und singt. Und da kam mir eben vorgestern die Idee. Singen ist in Italien nichts Besonderes, dort singen sie alle. Als ich Cordelia sah, neulich im Theater und dann hier bei uns, bildhaft ist es viel besser darzustellen, wenn sie tanzt.«

»Auf dem alten Hof in der Toscana?«

»Ja. Über die Hügel, über die weiten Wiesen, ganz verträumt und abgehoben. Wenn die ältere Schwester sie zu einer Arbeit anstellt, dann erledigt sie die. Sie hütet die Schafe, sie erntet die Oliven, aber dann tanzt sie wieder dahin.«

»Aha. Und wie endet die Geschichte deines Bekannten?«

»Ziemlich trübsinnig. Der Hof verrottet immer mehr, geht verloren, wird für einen Appel und ein Ei aufgekauft. Die Mittlere kommt zwar nach Mailand, aber nicht an die Scala, sie singt zwar ganz hübsch, aber sie hat keine Ausbildung, sie singt schließlich in einer miesen Bar für miese Gäste.«

»Eine ziemlich trübsinnige Geschichte, da hast du recht. Könnte nicht die Große wenigstens einen anständigen Mann finden, der ihr hilft, den Hof zu bewirtschaften und zu erhalten.«

»Irgendwie hast du schon recht, ich habe mir das auch schon gedacht. Mein junger Freund, der Autor, ist natürlich zeitgemäß pessimistisch. Ist ja heute Mode, alles den Bach runtergehen zu lassen. Wenn man am Schluß zeigen könnte, wie sie ihre Oliven ernten und auch verkaufen können, vielleicht noch ein Kind gekriegt haben, würde es dem Publikum besser gefallen. Ich habe auch gute Beziehungen zum Fernsehen. Und die hätten es vielleicht ganz gern, wenn wenigstens etwas gut ausgeht.«

»Und die Jüngste, die Tänzerin?«

»Landet auch in einer Bumsbude und tanzt da nun.«

»Vielleicht Striptease?«

»Nein, nein, das würde zu ihr nicht passen. Ich meine, zu

Cordelia. Sie tanzt und bleibt unberührt von allem, was um sie vorgeht.«

»Es könnte auch ein gutes Ende mit ihr nehmen. Ein netter Mann holt sie da raus, heiratet sie, Ende gut, alles gut.«

Fred lachte. »Ich sehe schon, du bist für ein Happy-End. Wenn ich das meinem Freund erzähle, springt er aus dem Fenster.«

»Du willst den Film machen. Und ein wenig solltest du auch an die Kasse denken.«

»Das wird eine ganz andere Geschichte, jedenfalls zum Teil. Ich muß darüber nachdenken. Hauptsache ist ja zunächst mal die Landschaft, die Toscana. In all ihrer Schönheit und ihrer Armseligkeit.«

»Giordano hat mir davon erzählt. Es ist ein alter, geschichtlicher Boden. Eine große Geschichte. Eine glanzvolle Geschichte. Die Medici und das alles. Du mußt unbedingt Florenz hineinbringen. Nicht Mailand.«

Fred sah seine Schwester erstaunt an.

»Hätte ich nie vermutet, daß du so mitdenkst.«

»Da du es mir jetzt erzählst. Wirklich, Fred, du solltest das nicht so düster machen. Drei Schwestern, das ist gut. Jede anders. Warum muß es Mailand sein?«

»Wegen der Scala. Die Leute strömen dorthin, Karajan dirigiert, und sie geht vorbei, sieht es, singt dann ihre dummen Schlager in der Bar. Schnitt.«

»Und die Tänzerin?«

»Tja, das ist es. Ich habe ja bisher nicht an eine Tänzerin gedacht. Aber seitdem ich Cordelia gesehen habe, da hat etwas in mir gefunkt. Ihre Bewegungen, ihr Gesicht. Ihr Gesicht ist einmalig, ich sehe es vor mir in Großaufnahme. So ein Gesicht hat es noch in keinem Film gegeben.«

»Alexander wird es nicht erlauben.«

»Also mal ganz nüchtern. Sie ist jetzt seit unzähligen Jahren bei uns am Theater. Und sie hat nun etwas Ungewöhnliches mit diesem ›Wolkentanz‹ abgeliefert. Und was weiter? Soll sie da immer im Ballett herumhüpfen? Ich gebe ihr eine einmalige Chance. Nach meinem Film wird sie berühmt sein.«

»Vielleicht, vielleicht auch nicht. Sie ist ein merkwürdiges Mädchen. Abgehoben, verträumt, ja, das schon. Der Mann, mit dem sie tanzt, ist ihr Liebhaber. Sie sprach von Amerika.«

»Nach Amerika? So ein Blödsinn. Da paßt sie nicht hin, sie kommt zu mir nach Rom. Ich habe sie schließlich zur Llassanowa gebracht.«

»Es war Alexanders Idee, daß sie tanzen sollte. Und ich weiß nicht, ob es eine gute Idee war. Dieses Mädchen tut, was er will. Aber sie ist nicht glücklich dabei.«

»Hat er – entschuldige die Frage, hat er ein Verhältnis mit ihr?«

»Das hat er. Aber nicht so, wie du es meinst. Er fühlt sich verantwortlich für sie. Es muß eine ganz seltsame Begegnung gewesen sein, damals, in Bayern. Ich kann das nicht erklären. Er liebt sie. Aber nicht als Mann. Als Mensch.«

»Also, nun hör auf, Bea. Er liebt sie als Mensch. Wo gibt es denn so etwas?«

»Das gibt es. Es war von Anfang an etwas Seltsames um dieses Kind. Kann sein, es hängt mit ihrer gemeinsamen Herkunft zusammen.«

»Was heißt das?«

»Na ja, das ist Mecklenburg. Ich habe einen Mecklenburger geheiratet. Alexander ist sein Bruder.«

»Das verstehe ich nicht. Soviel ich weiß, ist Cordelia dort schon als Kind weggegangen.«

»Sie ja. Aber Alexander nicht. Es ist eine seltsame Bindung. Ich kann es dir nicht erklären.«

»Wie auch immer. Sie spielt in meinem Film. Und dann wird sie nicht mehr in einer blöden Operette herumhüpfen. Gibst du mir das Geld?«

»Ich gebe dir das Geld und eine letzte Chance. Das ist keine Drohung, Fred. Nur eine vernünftige Warnung. Überleg dir gut, was du machst. Dein Geschäft ist genauso hart wie mein Geschäft. Wenn du dich mit einem Spinner zusammentust, der ein tristes Buch schreibt, wirst du keinen Erfolg haben. Denk darüber nach. Weltuntergang haben wir gehabt. Die Leute wollen im Kino nicht immer wieder Weltuntergang erleben.«

»Ja, ja, ich weiß, es gibt auch jetzt im deutschen Film so trostlose Geschichten. Kein Geschäft damit zu machen, da hast du recht. Also ein Mann für die Große, der Hof floriert so ein bißchen.«

»Es ist dein Film«, sagte Beatrice gelangweilt.

Weihnachten auch in Berlin.

Constanze saß auf der Couch, die Beine angewinkelt, Tobias neben ihr, den Kopf an ihren Oberschenkel geschmiegt. Bißchen bequemer war er inzwischen geworden, ein wenig steifbeinig auch. Da seine Herkunft im dunkeln lag, wußten sie auch nicht, wie alt er war. Der Tierarzt schätzte ihn auf zehn oder elf Jahre. Seine Augen und Ohren waren in Ordnung, seine Zähne auch, sein Appetit bestens. Wie immer hatte er einen Weihnachtsteller bekommen, eine kleine milde Wurst, Kekse und ein Stück gebratenes Kalbfleisch, letzteres vorsichtshalber in durchsichtiges Papier gewickelt.

»Du kannst es inzwischen ansehen«, hatte Constanze ihm erklärt, »essen erst morgen. Nicht alles auf einmal.« Tobias kannte das schon. Das war jedes Jahr das gleiche, immer an einem bestimmten Abend. Da stand ein Baum, auf dem Lichter flackerten, da erklang eine bestimmte Musik vom Plattenspieler, und an diesem Abend hatten sie noch den dämlichen Fernseher angemacht, den er nicht ausstehen konnte. Das Licht, die wechselnden Bilder störten ihn, er hatte sich beleidigt abgewandt und in eine entfernte Ecke des Zimmers zurückgezogen.

»Du solltest hinsehen, Tobias«, hatte Jonathan gesagt. »Da kannst du Frauchen besichtigen.«

Das hatte Tobias nicht nötig, Frauchen war ja hier bei ihm im Zimmer. Dann hatten sie das dumme Ding endlich ausgemacht, und Tobias war auf seinen Platz auf der Couch zurückgekehrt.

Es war eine erbauliche Geschichte, Constanze eine Frau, die Mann und Kinder verlassen hatte, kein anderer Mann, Gott bewahre, so verdorben ging es im deutschen Fernsehen noch nicht zu, eine Karriere hatte sie im Sinn, und zwar als Pressefotografin. Es gelang auch ganz gut, und es gab Möglichkeiten für hübsche Bilder aus der großen weiten Welt, aber dann trieb sie das schlechte Gewissen zurück in das kleine Haus in dem kleinen Ort, wo man zwar diese Bilder nicht machen konnte, wo aber Mann und Kinder lebten. Sie kommt am Weihnachtsabend, weil sie vermutet, daß man ihr da wohl verzeihen wird. Sie hat allerhand Päckchen mit Geschenken in ihrem Auto, und je näher sie dem Haus kommt, es liegt ein wenig abseits, desto langsamer fährt sie, dann hält sie, steigt aus, geht zu Fuß weiter, zögert, geht durch tiefen Schnee.

Diese Szenen sind im August gedreht worden, da lag kein Schnee, es war allerhand Mühe gewesen, ihn herbeizuzaubern.

Dann also die reuevolle Heimkehr, der Mann ist zunächst ablehnend, starrt in den Christbaum und schweigt. Die Große wehrt die Umarmung der Mutter ab, nur der Kleine freut sich. Am Schluß sitzen sie alle glücklich vereint vor dem Christbaum.

»Eine richtige Schnulze«, sagte Constanze, nachdem sie den Apparat ausgeknipst hatte. »Wenn die mich wieder einmal haben wollen, müssen sie sich schon etwas Besseres einfallen lassen.«

»Für Weihnachten halt, da können sie nicht so hart rangehen. Im wirklichen Leben – wie lange warst du fort?«

»Zwei, drei Jahre, so was.«

»Im wirklichen Leben hätte der Mann längst eine andere. Und die Heimkehrerin könnte wieder durch den Schnee marschieren und trostlos in ihrem Auto die Geschenke betrachten, die keiner haben will. Wäre auch ein hübscher Schluß gewesen.«

»Dann hätte es beinahe meinem ersten Auftritt in Berlin geglichen. Die Frau, die zurückkommt, die Jüdin. Weißt du noch?«

»Und ob ich es weiß. Da habe ich dich wiedergesehen.«

»Da haben wir uns wiedergesehen. Und du bist bei mir geblieben.«

Darauf folgte eine Umarmung und ein langer Kuß.

»Wir sind ein richtig glückliches Ehepaar«, sagte Con-

stanze. Es klang erstaunt. Sie wunderte sich immer noch darüber.

»Richtig, das sind wir. Und wenn sie meinen Roman ver-
filmen, da wäre eine gute Rolle für dich drin.«

»Ein ziemliches Biest.«

»Das wird besser zu dir passen als das, was wir eben gesehen haben.«

»Apropos – Ehepaar. Ich werde jetzt Thomas anrufen.«

Dieses Gespräch brachte eine Überraschung.

Zunächst sagte Thomas: »Wir haben dich eben bewundert
hier. Eine schöne Schnulze hast du da abgeliefert.«

»Ja, das haben wir auch festgestellt. Wer ist wir?«

»Betty und unser Besuch. Betty fand es übrigens sehr gut,
sie hatte Tränen in den Augen.«

»Siehst du! Nicht alle Leute sind so abgebrüht. Und wer
ist der Besuch? Oder darf ich das nicht fragen?«

»Na, was denkst du?«

»Eine neue Freundin?«

»Das fehlte mir noch. Nein, viel interessanter. Bettys
Sohn.«

»Waas?«

»Ja. Ein netter Junge. Er ist jetzt sechzehn. Er geht ins Was-
serburger Gymnasium und ist der Beste in seiner Klasse.«

»Na, so was.«

»Ihm hat das Stück auch gut gefallen. Besonders der erste
Teil, wie du da durch die Welt getrampt bist und die tollen
Bilder geschossen hast. Das wäre doch ein prima Beruf, hat
er gesagt. Und als es aus war, sagte er: Ob die nun zu Hause
bleibt bei ihrem Mann? Das glaube ich nicht.«

Constanze lachte. »Dann gib mir Betty mal.«

»Sie hat eine Ente gebraten, mit Knödeln und Blaukraut.
Ganz vorzüglich.«

»Na, fabelhaft. Und was eßt ihr morgen?«

»Gänsebraten.«

»Mit Knödeln und Blaukraut. Dann vergiß nur nicht, einen langen Spaziergang hinterher zu machen.«

Dann sprach Constanze eine Weile mit Betty, bestellte
Grüße von Tobias.

»Wir haben nicht so gut gegessen wie ihr«, sagte sie. »Nur ein bißchen Kaviar.«

»Da wird Tobias nicht sehr begeistert gewesen sein«, sagte Betty, und Constanze konnte durchs Telefon sehen, wie sie die Nase rümpfte.

»Er hat mittags gut zu essen bekommen. Und vorhin seinen Weihnachtsteller. Ente gibt es morgen bei uns.«

Später hatte Jonathan auf die Uhr geschaut.

»Jetzt werde ich Mama anrufen. Sie werden wohl nun in Kalifornien gefrühstückt haben.«

Es wurde ein langes Gespräch. Einmal hörte Constanze den Satz: »Es ist ein Wahnsinn, und es kann nicht gut ausgehen.«

Eine Weile später, sie saßen alle drei auf der Couch, Constanze hatte die Grüße und die freundlichen Worte seiner Mutter entgegengenommen, fragte sie: »Was hast du damit gemeint, es ist ein Wahnsinn, und es kann nicht gut ausgehen?«

»Vietnam. Mama hat auch gesagt, es ist dir zu verdanken, daß ich mich dort nicht herumtreibe. Habe ich nicht von Anfang an gesagt, dort gehe ich nicht hin? Habe ich das gesagt oder nicht.«

»Das hast du gesagt.«

»Sie machen sich Sorgen um Clive. Das ist ihr Enkel aus der neuen Ehe.«

»Ja, ich weiß. Ist er in Vietnam?«

»Ja. Es ist ein sinnloser und grausamer Krieg. Sie werden den Kommunismus dort sowenig besiegen wie in Korea. Was denken sich die Amerikaner eigentlich. Der Kommunismus kann nur von innen besiegt werden.«

»Von innen? Wie meinst du das?«

»Durch sich selber. Er wird sich selber umbringen, irgendwann. Gewiß nicht dadurch, daß man in einem fremden fernen Land, auf einem anderen Kontinent, unter anders gearteten Menschen, in undurchschaubaren Verhältnissen Krieg führt.«

»Aber die Amerikaner haben hier auch Krieg geführt gegen eine Diktatur.«

»Das war Europa. Und wo kommen die Amerikaner her? Aus Europa. Asien? Das werden sie nie verstehen. Und das können sie nicht bekämpfen. Weil sie es nicht verstehen. Korea, Vietnam, was denn noch? Der Kommunismus beherrscht die halbe Welt. Noch.«

»Und wie soll er dann besiegt werden?«

»Gar nicht. Er muß zugrunde gehen. Wie ich gesagt habe, von innen. Verrotten und vermodern wie ein Krebsgeschwür.«

»Ein Krebsgeschwür kann man operieren.«

»Selten mit Erfolg.«

»Dann zerstört es den Körper.«

»Das ist es, was ich meine. Der Kommunismus wird sich selbst zerstören.«

»Daran glaubst du. Ob wir das noch erleben?«

»Das weiß ich nicht.«

»Keine schönen Aussichten. Friede auf Erden, das verheißt die Weihnachtsbotschaft. Wir sind weit davon entfernt.«

»Ja, das sind wir.«

»Na, wenigstens sind wir diesmal nicht schuld daran.«

»Wer, wir?«

»Die Deutschen.«

»Das würde ich an deiner Stelle nicht so unbedingt unterschreiben. Marx war schließlich ein Deutscher.«

Constanze sprang auf. »Ich kann es nicht mehr hören. Krieg! Krieg! Wird das denn nie ein Ende nehmen. Friede auf Erden, den Menschen ein Wohlgefallen. Ist denn das nur so dahingeredet?«

»Du hast den Anfang der Weihnachtsbotschaft vergessen. Ehre sei Gott in der Höhe.«

»Welcher Gott? Der christliche Gott, der islamische Gott, der jüdische Gott oder welcher? Kein Gott hat den Menschen Frieden beschert. Im Gegenteil, sie töten sich in seinem Namen.«

Tobias hatte beleidigt den Kopf gehoben. Er hatte gerade so gut geschlafen und so schön geträumt. Und nun lief Frauchen im Zimmer herum und schimpfte.

Er erhob sich gähnend und blickte auf seinen Weihnachtsteller, da waren noch ein paar Kekse. Das Fleisch war blödsinnigerweise in irgend etwas eingewickelt.

Constanze kniete nieder.

»Du hast recht, Tobias, du kannst das jetzt essen, es ist schließlich Weihnachten. Wir laufen nachher ein gutes Stück durch Dahlem, du und ich. Und Herrchen führt seinen Krieg allein in Vietnam.« Sie wickelte das Fleisch aus, sah zornig zu Jonathan auf.

»Und was ist mit den Juden? Mit den Israelis, wie man jetzt sagt? Die haben dieses Jahr auch Krieg geführt. Sechs Tage lang und erfolgreich. Sind da keine Menschen umgekommen?«

»Doch, gewiß. Und ich fürchte, sie werden auf die Dauer keine Freude daran haben. Die Torheit der Menschen ist unvergänglich. Ebenso wie die Hoffnung. Die Torheit und die Hoffnung, das hat uns Gott, welcher auch immer, mit auf den Weg gegeben. Sie sind unsterblich.«

»Die Torheit und die Hoffnung.«

»Beides läßt die Menschen beten. Wenn sie in die Torheit verstrickt sind und wenn die Hoffnung ihnen das Weiterleben verheißt. So lebt die Menschheit seit Jahrhunderten und seit Jahrtausenden. Und genaugenommen, das wollen wir nicht verschweigen, war Jesus der erste Sozialist auf Erden.«

»Na, das sag mal den Bolschis. Oder deinen Vietnamesen.«

»Es sind nicht meine Vietnamesen. Aber es sind meine Amerikaner, die dort elend zugrunde gehen.«

Er stand auf, trat zu Constanze, die neben Tobias kniete, der mit Appetit das Kalbsstück verspeiste.

»Hund müßte man sein«, sagte sie.

»Kommt ganz drauf an, wo und bei wem«, sagte er und zog sie hoch in seine Arme. »Auch Hunde können ein sehr elendes Leben haben. Nicht zuletzt in einem Land, in dem Krieg stattfindet.«

»Ach, hör auf, ich will es nicht mehr hören.«

»Nein, Schluß damit. Ehre sei Gott in der Höhe, Friede auf

Erden und den Menschen ein Wohlgefallen. Klingt doch gut, oder?« Es klang nicht gut, seine Stimme war voller Spott.

Silvester feierten sie ein paar Häuser weiter bei Kollegen von Constanze. Tobias durfte mitkommen, dort gab es eine Hündin, mit der er gut bekannt war.

Die Böller knallten um Mitternacht, die Glocken von den Kirchen konnte man darum nicht hören. Sie stießen an auf das Jahr 1968.

1968

ZWANZIG JAHRE WAREN vergangen seit der Berliner Blockade, die den Westen vereinte, die ehemaligen Feinde zu Freunden machte. Sieben Jahre seit dem Bau der Mauer durch Berlin und Deutschland, die Europa, die den Westen und Osten nun sichtbarer trennte, Freiheit und Gefangenschaft deutlich machte.

Deutschland, der westliche Teil, hatte profitiert davon, war zu nie geahntem Wohlstand gelangt. Warum nun die Kinder des Wohlstands, die weder Not noch Sorge, weder Leid noch Elend erlebt hatten, keine Wunden davongetragen hatten, keinen mörderischen Tod erdulden mußten, keine Konzentrationslager, keinen Gulag kennengelernt hatten, warum diese Kinder des Wohlstands nun revoltierten, blieb unverständlich. Die Menschen hatten Arbeit, waren sozial wohlversorgt, schienen allesamt zufrieden damit.

Die Jugend jedoch entdeckte plötzlich, daß die Welt und das Leben ihnen nicht mehr gefielen. Die Studenten hatten in den letzten Jahren mit dieser Feindschaft gegen alles und jedes begonnen, das Schlagwort hieß zunächst Vietnam; der grausame Krieg, der dort stattfand, war der Anlaß. Es ging von den Vereinigten Staaten aus, schwappte nach Europa herüber und ging bald über die Ablehnung dieses Krieges hinaus, verlagerte sich auf so ziemlich alles, was das öffentliche Leben betraf, erzeugte eine bösartige Feindschaft gegen Ordnung und Recht.

Die Universitäten vor allem wurden Plätze der Unruhe, der Kämpfe, der oft unklaren Forderungen nach einer grundlegenden Veränderung.

Wie immer, wenn etwas entstand, was die Nazis treffend eine ›Bewegung‹ genannt hatten, fanden sich auch für diese Bewegung Mitläufer. Krawalle, Aufstände, Drohungen und ihnen folgend kriminelle Taten übten einen Reiz auf viele aus, die oft gar nicht wußten, wogegen sie randalierten, was sie denn eigentlich verändern wollten.

Es wurde mit zunehmender Begeisterung demonstriert, in Hörsälen, auf Straßen und Plätzen, es wurden Brände gelegt, Menschen verletzt und getötet, es wurde der Boden bereitet für Terrorgruppen, die viele Jahre lang die Menschen in Angst und Schrecken versetzen sollten. Denn was vielleicht aufgebrachte Studenten nicht vorhersehen konnten, dank ihrer Vorarbeit entstanden verbrecherische Organisationen, die vor Entführung, Folter und Mord nicht zurückschrecken würden. Seltsamerweise kamen sie aus einer linken, kommunistischen Ecke, was gerade in Deutschland unverständlich war, denn man hatte den Kommunismus vor der Tür. Von wem das alles gefördert, von wem bezahlt, das war nicht schwer zu erraten.

In Frankreich eskalierten die Studentenunruhen im Mai fast zu einer Art Revolution, auch in Italien kam es zu schlimmen Ausschreitungen, wovon wiederum nur die Mafia begünstigt wurde. Und was das Ärgste war, auch die kommende Generation, die Kinder dieser kaputten Typen, würden durch Eltern und Lehrer Erziehung erfahren, die sie antiautoritär nannten und die sie keineswegs zu positiven Menschen machte. Es geschahen noch andere böse Taten in diesem Jahr des Unheils: In Amerika wurde Martin Luther King ermordet, und Robert Kennedy, der jüngere Bruder von John F. Kennedy, fiel einem Attentat zum Opfer.

Zur gleichen Zeit aber gab es Anlaß zu Hoffnung, diesmal nun gerade im östlichen, im kommunistischen Teil der Erde. In der Tschechoslowakei hatte schon zu Beginn des Jahres Alexander Dubćek in der Folge von Antonin Novotny die Führung der kommunistischen Partei übernommen, er verhieß Reformen und ein gewisses Maß an Rede- und Denk-freiheit. Man würde diesen ›Sozialismus mit menschlichem Antlitz‹ später den Prager Frühling nennen.

Das ließ die Welt aufhorchen. Also gab es doch noch Per-sönlichkeiten, die es wagten, sich gegen den kommunisti-schen Terror aufzulehnen. Und das war der Grund, warum Jonathan Ende Juni zu Constanze sagte: »Ich muß mir das mal ansehen.«

»Du kannst es doch nicht lassen«, sagte Constanze. »Was geht dich das an? Schreib lieber dein Buch fertig. Die schaf-fen das auch ohne dich.«

»Es interessiert mich«, erwiderte er. »Der Dubček macht das sehr geschickt. Er ist Kommunist, aber einer von der neuen Sorte. Ich mache mal eine Reise durch das Land und höre mir an, was die Leute sagen. Essen konnte man immer gut dort, und ich möchte mal wieder einen Becherovka trin-ken.«

»Was ist das?«

»Ich bringe dir eine Flasche mit.«

»Aber bleib nicht zu lange. Wir wollen diesen Sommer deine Mama besuchen.«

Im August war der ›Prager Frühling‹ beendet. Die Trup-pen des Warschauer Pakts, auch Panzer der DDR, marschier-ten in die Tschechoslowakei ein und schlugen den Aufstand, wie man ihn nun nannte, blutig nieder. Alexander Dubček und seine Mitstreiter wurden später verhaftet.

Berlin 1953 war zu früh gewesen, Ungarn 1956 war zu früh gewesen und, wie sich zeigte, Prag nun auch.

Jonathan, Steven Jones, kam nicht wieder.

Constanze erfuhr nicht, was aus ihm geworden war. Tod, Gefangenschaft, Gulag, er blieb verschwunden.

»Der dumme Junge«, sagte Jonathans Mutter, als Con-stanze mit ihr telefonierte, um den angekündigten Besuch abzusagen. »Das sieht ihm ähnlich. Immer muß er seine Na-se überall hineinstecken. Konnten Sie ihm das nicht ausre-den?«

»Es sah ja ganz hoffnungsvoll aus«, sagte Constanze. »Er wollte eben dabeisein, wenn der Kommunismus untergeht.«

541

In diesem Jahr starben Olga Petersen und Jochen Lumin. Jochen zuerst. Es war ein heißer, schwüler Sommertag, sie hatten die Pferde schon mittags hereingeholt, sie wurden zu sehr von Fliegen und Bremsen gequält. Man würde sie lieber in der Nacht auf die Koppeln bringen, das tat man oft bei solchem Wetter. Wali blieb dann auch draußen, legte sich ins Gras am Rand einer Koppel, träumte in den Sternenhimmel, schlief sorglos ein. Er war ein rundherum glücklicher Mensch, einer der wenigen, die es auf dieser Erde gab. In dieser Nacht würde es keinen Sternenhimmel geben, gegen Abend zogen dunkle Wolken vom Rhein her über das Land, es sah nach einem Gewitter aus.

Cordelia war seit einigen Wochen da, sehr still, nachdenklich, in einem seltsamen Zustand zwischen Betrübnis und Erlösung. Sie las viel, saß bei den Pferden, noch am späten Nachmittag war sie durch die Ställe gegangen, traf Wali, der mit der Hand nach oben wies, dazu sagte er: »Bum, bum«, was auf das bevorstehende Gewitter hinwies.

Bei Valera blieb Cordelia stehen, ging dann in die Box und legte ihr Gesicht an den Hals der Stute.

»Du brauchst keine Angst zu haben, wenn ein Gewitter kommt«, sagte sie. »Überall sind Blitzableiter. Es kann manchmal schlimm sein hier in der Ebene. Weißt du, ich habe auch Angst bei Gewitter. Das hatte ich schon als Kind. Ich kann mich daran erinnern, ich muß so vier oder fünf gewesen sein, da gab es ein fürchterliches Gewitter, Blitze kamen schnell hintereinander und der Donner fast gleichzeitig und direkt über uns, da dachte ich, die ganze Welt geht in Trümmer. Das war in Mecklenburg. Kennst du nicht, Valera. Ich möchte da gern wieder einmal hin. Aber da kann man nie mehr hinfahren. Komisch, nicht?« Sie neigte den Kopf und küßte das Pferd auf die Nüstern. »Wir sind Schwestern, Valera. Wir sind beide krank. Nicht sehr, aber so ein bißchen. Du kannst keine Rennen mehr laufen, und ich kann nicht mehr tanzen. Jetzt nicht. Vielleicht später wieder. Aber wenn man nicht trainiert, kann man eben nicht mehr tanzen.«

Eine Weile später saß sie wieder in ihrer Leseecke unter

der Stehlampe, es war so dunkel draußen geworden, daß man Licht machen mußte.

»Na, das kann ja was geben«, sagte Elsgard, während sie den Tisch für das Abendbrot deckte. »Das wird eine unruhige Nacht. Mal sehen, was es im Fernsehen gibt. Obwohl Jochen sagt, man soll den Fernseher bei Gewitter nicht einschalten.«

Olga saß gerade aufgerichtet in ihrem Sessel, sie sagte: »Es gibt eine böse Nacht.«

Cordelia machte nur: »Hm.«

Sie las ›Tom Sawyer‹, das Buch stammte aus Johns Jungenbibliothek, Alexander versorgte sie regelmäßig mit Lesestoff. Elsgard blätterte im Fernsehprogramm und entdeckte, daß an diesem Abend wieder einmal Constanze zu besichtigen sein würde. Erst durch das Fernsehen war sie darauf gekommen, daß Constanze Morvan ihre Constanze von damals war. Ins Kino kam sie selten, seit sie hier draußen lebten, und seit sie den Fernseher besaßen, überhaupt nicht mehr. Sie hatte einmal Jochen darauf hingewiesen, doch es interessierte ihn nicht weiter.

»So«, hatte er gesagt.

»War doch gut für sie, daß du sie aus dem Wasser gezogen hast. Ob sie noch manchmal daran denkt?«

»So etwas vergißt man wohl nicht«, war seine Antwort gewesen. Elsgard stellte die Schüssel mit den grünen Bohnen auf den Tisch.

»Los, wir wollen essen. Wo bleibt denn Jochen wieder?«

Sie ging in sein Büro. Dort saß er tot auf seinem Stuhl, den Kopf auf der Schreibtischplatte.

Bis der Arzt kam, tobte das Gewitter über ihnen.

Ein schöner Tod, das fanden alle. Die harte Arbeit in der Kindheit und Jugend, der Krieg, die Verwundung, die Kraft, die es gekostet hatte, die Behinderung, den lahmen Arm zu beherrschen, nun hatte sein Herz aufgehört zu schlagen.

Olga starb sechs Wochen später in einem Krankenhaus.

Am meisten weinte Wali um Jochen. Elsgard weinte nicht, sie mußte sich darum kümmern, wo sie hinfort leben sollte. Die Rente, die sie bekommen sollte, war knapp. Jochen hatte manchmal davon gesprochen, was aus ihnen werden sollte, wenn sein Platz von einem jüngeren Mann besetzt werden würde. Auch das ein Grund dafür, daß er sich keine Ruhe, keinen Feiertag, keine Ferien gegönnt hatte.

Und nun lebte auch noch Cordelia in diesem Haus.

Selbstverständlich mußte sofort ein neuer Gestütsleiter angestellt werden, darüber waren sich Beatrice und Alexander einig.

John kam aus Berlin, sie berieten gemeinsam. Es erwies sich als positiv, daß Beatrice immer wieder einmal mit Jürgen Neumann über einen Nachfolger für Jochen gesprochen hatte. Neumann hatte einige Vorschläge, aber man befand sich mitten in der Rennsaison, von heute auf morgen ging nichts. Auch Wali fürchtete um seinen Arbeitsplatz. Man konnte ja nicht wissen, ob ein neuer Mann mit einem Ukrainer zusammenarbeiten wollte, und wenn, ob Wali seine sehr angesehene Stellung behalten konnte. Und Cordelia lief mit großen, angstgeweiteten Augen durch die Ställe und über die Koppeln.

John traf sie einmal so an. »Mach dich nicht verrückt. Wir lassen euch schon nicht auf der Straße stehen.«

»Zu gnädig«, sagte Cordelia.

Er legte den Arm um ihre Schultern. »Wie geht es dir denn so?«

»Mir geht es gut. Wenn die Spielzeit beginnt, werde ich wieder tanzen. Dieses Jahr ist die ›Giselle‹ dran.«

Sie schüttelte seinen Arm ab und ließ ihn stehen.

An die ›Giselle‹ war nicht zu denken. Cordelias Karriere als Tänzerin war vorbei.

Es hatte im März begonnen, bei dem Gastspiel in Brüssel, das ohnehin unter keinem guten Stern stand. Sie hatten nur eine kurze Probe auf der fremden Bühne, das Orchester spielte dasselbe Stück, und doch spielte es anders, und erst recht spielte die fremde Violine anders. Andreas war wirklich nicht mitgekommen, er hatte eine Prüfung vor sich und bereitete sich auf ein Konzert vor.

Hasse fehlte, Andreas fehlte, und so wichtig nahm man in

Brüssel die aus dem Ruhrgebiet angereiste Truppe sowieso nicht.

Raikov war ungeduldig, nervös, er schrie herum, und zu alledem war Cordelia nicht in Form. Sie war wieder einmal umgeknickt, nur ein wenig, aber der Fuß schmerzte und war geschwollen. Gustav mit seinem Kräutertee war nicht da, sie waren mit einem Bus gereist.

Cordelia sprach zu niemand davon, auch nicht zu Raikov, sie versuchte, den Schmerz zu unterdrücken, sie tanzte mit großer Mühe, aber sie war nicht wirklich gut.

Raikov merkte es auch, während einer Hebefigur zischte er ihr eine Beschimpfung ins Ohr, setzte sie dann ziemlich hart auf, Cordelia sank zu Boden. Sie verwandelte es geistesgegenwärtig in eine Drehung, aber wenn er ihr nicht die Hand hingestreckt hätte, wäre es ihr unmöglich gewesen aufzustehen.

Das war am zweiten und Gott sei Dank letzten Abend. Madame Lucasse, die in der Kulisse stand, hatte den Vorfall genau beobachtet.

»Was hast du, Kind?« flüsterte sie, als Cordelia endlich auf ihrer Wolke herausgeschwebt war. Aber da lag Cordelia schon auf dem Boden und rang nach Luft.

Diesmal war es wirklich ein Herzanfall. Was Wilma immer befürchtet hatte.

Gestützt auf Raikov und den Geiger kam sie dreimal vor den Vorhang, dann packte Madame Lucasse sie energisch am Arm.

»Schluß! Laß die anderen jetzt allein rausgehen.«

»Was hat sie denn?« fragte Raikov ungeduldig.

»Sie fühlt sich nicht wohl«, beschied ihn Madame Lucasse.

Die anderen wollten noch ausgehen. Wenn man schon einmal in Brüssel war, mußte man unbedingt gut essen gehen, dafür war die Stadt berühmt, wie Marguerite wußte. Sie war mit ihren Eltern schon dagewesen.

Den Theaterarzt, den Madame Lucasse rufen ließ, wehrte Cordelia ab. »Mir geht's schon wieder gut. Ich bin nur etwas überanstrengt.«

Madame Lucasse fuhr mit Cordelia ins Hotel.

»Sollen wir jetzt einen Arzt rufen?« fragte sie sanft.

»Nein, doch nicht hier im Ausland«, antwortete Cordelia gereizt. »Ich habe in Essen einen Arzt. Und es ist nur, weil ich mich über den Fuß so aufgeregt habe.« Sie wies auf das geschwollene Gelenk. »Es ist nicht weiter schlimm, ich bin nur so ein bißchen umgeknickt. Ich war nur unsicher beim Tanzen heute. Sobald Gustav da ist, wird es wieder weg sein.«

Wilma holte sofort ihren Arzt, nachdem Cordelia halb ohnmächtig bei ihr eingetroffen war und sich, wie es ihre Art war, einfach auf den Boden sinken ließ.

»Du mußt Gustav anrufen«, flüsterte sie, doch Wilma tat, was sie für richtig hielt, und der Arzt diagnostizierte eine ernstzunehmende Herzrhythmusstörung.

Als Cordelia es hörte, lächelte sie seltsamerweise.

»Wieder einmal ein deutsches zusammengesetztes Wort«, sagte sie. »Muß auch schwer zu schreiben sein.«

Der Arzt nahm ihre Hand. »Sie sollten besser eine Zeitlang nicht tanzen, Fräulein Lumin.«

Cordelia lag auf dem Rücken und blickte mit weit geöffneten Augen zur Decke.

»Ja«, sagte sie.

»Und Sie sollten versuchen, ein wenig mehr zu essen. Schlank ist ja sehr schön, aber Sie sind mager. Wo wollen Sie denn die Kraft hernehmen für Ihren Beruf?«

»Ja, ja, ich weiß, das ist mein Fehler. Serge sagt ja immer, meine Muskeln sind zu schwach und meine Oberschenkel zu dünn.«

Sie war erstaunlich ruhig, ganz gelassen. Und zum erstenmal empfand sie dieses Gefühl der Erlösung.

Zehn Jahre lang die tägliche Arbeit an der Stange, die Proben, die Aufführungen, die ständige Anspannung, der überhitzte, der kalt gewordene Körper, eingehüllt in Wolle, dann wieder fast nackt bei den Auftritten. Und wenn man die Zeit bei Madame Llassanowa dazuzählte, waren es weit mehr als zehn Jahre.

»Ruf Gustav an«, sagte sie müde zu Wilma, nachdem der Arzt gegangen war.

Aber Wilma rief nicht Gustav an, sondern Alexander.

Sie hatte zwar nicht mehr mit ihm gesprochen, seit er sie quasi hinausgeschmissen hatte, aber nun mußte es sein.

Zunächst kam Cordelia nicht auf das Gestüt, sondern in die Villa Munkmann. Drei Tage später fuhr Alexander mit ihr zu einem Herzspezialisten in Duisburg, der zuletzt auch Oscar Munkmann behandelt hatte.

Der Spezialist bestätigte die Diagnose von Wilmas Hausarzt.

»Nicht weiter schlimm«, sagte er. »Kein organisches Leiden. Sie ist so jung, daß man es erfolgreich behandeln kann. Nur tanzen sollte sie nicht mehr. Nicht als Beruf. Höchstens mal abends in der Bar mit einem netten jungen Mann.«

»Meine arme kleine Schwanenkönigin«, sagte Alexander, als sie zurück ins Ruhrtal fuhren. »Was habe ich dir angetan! Ich habe dir einen Beruf aufgezwungen, den du vielleicht gar nicht wolltest.«

Cordelia lächelte und legte ihre Hand auf seinen Arm. »Wollen konnte ich es nicht, denn ich wußte ja gar nicht, was das ist. Aber ich habe es gern getan. Und doch auch ganz gut gemacht, nicht? Und wenn es mir bessergeht, vielleicht tanze ich eines Tages doch noch ›Schwanensee‹. Ginette war dreißig, als sie die Odette und die Odile getanzt hat.«

Alexander fuhr an den Straßenrand und hielt.

»Vergessen wir ›Schwanensee‹. Jeder Mensch träumt nun mal von Dingen, die er nicht bekommen kann. Die Hauptsache ist, daß du nicht ernsthaft krank bist. Du hast gehört, was der Doktor gesagt hat. Man kann das in deinem Alter gut behandeln.«

Er nahm ihr Gesicht, das sie ihm zugewandt hatte, in beide Hände und küßte sie zärtlich.

»Der ›Wolkentanz‹ war wunderschön. Etwas ganz Besonderes. Das will ich ja deinem Freund nicht absprechen, daß er wirklich etwas Originelles kreiert hat.«

»Du hast ihn dir ja nur einmal angesehen.«

»Stimmt. Weil ich verärgert war über diese Geschichte. Na, das weißt du ja. Übrigens habe ich diesen ›Wolkentanz‹ in sehr charmanter Gesellschaft gesehen.«

»Die Dame, die bei dir in der Loge saß?«

»Das weißt du noch?«

»Natürlich, du kanntest sie?«

»Ich habe sie an diesem Abend kennengelernt. Es war die von dir so bewunderte Schauspielerin Constanze Morvan.«

»Ach, wirklich. Wie kam sie in unser Theater?«

»Nun, sie hat früher in unserer Gegend gespielt. Und sie war hier wegen einer Uraufführung. Film, in diesem Fall. Und in der Zeitung hatte sie etwas über den ›Wolkentanz‹ gelesen.«

»Ich hätte sie eigentlich erkennen müssen. Aber ich bin ja etwas kurzsichtig.« Sie lachte plötzlich. »Wenn ich nicht mehr tanze, kann ich ja eine Brille tragen.«

»Das wirst du nicht tun«, sagte Alexander und streichelte über ihr Haar. »Paß auf, wie ich mir das vorstelle. Du bleibst eine Weile bei uns.«

»Wird das denn Beatrice recht sein?«

»Ja, und wenn du dich etwas erholt hast, gehst du dann zu Mutti …«, er stockte. »Zu Mutti und Vati. Da bist du ja gern.«

»Ich bin gern bei den Pferden. Und bei Wali.«

»Und was zu deiner Behandlung nötig ist, wird gemacht. Gustav steht dir immer zur Verfügung. Dann wollen wir mal abwarten, wie du dich, sagen wir, etwa im Herbst fühlen wirst.«

»Und was machen wir mit Wilma?«

»Sie bleibt zunächst, wo sie ist. Wenn es ihr Spaß macht, kann sie später mal zu Besuch aufs Gestüt kommen. Weißt du, was mich erstaunt?«

»Nein, was?«

»Wie leicht du es nimmst. Ich meine, die Möglichkeit, daß du nicht mehr tanzen kannst.«

»Vielleicht habe ich genug getanzt. Eine große Primaballerina wäre sowieso nicht aus mir geworden, die Gelenke, die Muskeln und das alles sind nicht gut genug. Serge hat es mir schon oft gesagt. Aber ich müßte dann einen anderen Beruf erlernen.«

Alexander, der gerade den Wagen wieder starten wollte, ließ die Hände verblüfft vom Steuer sinken.

»Na ja, irgend etwas muß ich doch tun. Und Geld muß ich schließlich auch verdienen.«

»Du wirst meine Erbin sein. Ich habe zwar keinen Besitz mehr, aber ich verdiene ganz gut und brauche wenig Geld. Es ist angelegt. Für dich. Wenn ich tot bin, kannst du darüber verfügen.«

»Ich will dein Geld nicht«, sagte sie heftig. »Wenn du deswegen sterben mußt.«

»Es ist ein Wunder, daß ich noch lebe. Eigentlich müßte ich schon seit fünfundzwanzig Jahren tot sein.«

»Weißt du, was ich am liebsten möchte? Ich möchte noch mal in die Schule gehen. Ich bin sehr dumm, wie John sagt. Und das ist ja verständlich, so wie es bei mir mit der Schule war.«

»In die Schule gehst du nicht mehr, da bin ich dagegen. Man kann sehr vieles durch Lesen lernen.«

»Ja, das weiß ich. Und ich lese ja auch, sooft ich kann. Aber nach der Vorstellung bin ich meist zu müde.«

»Oder anderweitig beschäftigt. Was machen wir denn mit deinem Serge?«

»Gar nichts. Der kommt sehr gut ohne mich zurecht. Außerdem war Jennifer in Brüssel. Er hat sich nicht einmal im Hotel erkundigt, wie es mir geht. Sein Traum ist Amerika. Ich habe ihm immer gesagt, daß ich nicht mitgehen will. Und nun kann ich gar nicht mehr.«

»Und du wirst ihn nicht vermissen?«

»Nein«, antwortete Cordelia gleichgültig.

Raikov hatte den Abend in Brüssel mit Jennifer verbracht, er war höchst entzückt, sie wieder einmal zu sehen. Zudem sei sie extra seinetwegen gekommen, erklärte sie, als sie vor Beginn der Vorstellung in seiner Garderobe auftauchte. »Bestimmt nicht wegen diesem Wolkendings, das habe ich bei euren Proben schon erlebt.«

Auch nach der Vorstellung war ihre Meinung über das Stück nicht freundlicher.

»Dafür wird sich in Amerika kein Mensch begeistern, das kann ich dir versichern.« Er hatte ihr ja schon früher am Telefon von seinem Wunsch erzählt, mit dem ›Wolkentanz‹ auf Tournee zu gehen. »Eine blöde Idee von dir, daß mein Agent deswegen nach Brüssel kommen soll. Warum sie euch mit dieser Nummer nach Brüssel eingeladen haben, werde ich nie verstehen. ›Les Sylphides‹ haben sie hier sicher selber, das ist doch ein alter Hut. Und getanzt haben sie alle ziemlich mittelmäßig, am schlechtesten deine Partnerin.«

»Cordelia war heute nicht in Form, es ging ihr wohl nicht sehr gut.«

»Form oder nicht Form, für ein großes Talent habe ich sie nie gehalten. Also vergiß nun diese Wolken und komm mit mir hinüber.«

»Mit dir?« fragte er erstaunt.

»Ja, mit mir. Es beginnt nämlich eine ganz andere Epoche im Musical. Nicht mehr so sentimentale Geschichten mit hübschen Songs, nein, jetzt wird es hart, laut und wild. Jetzt wird vor allem getanzt, nach neuen scharfen Rhythmen. Das ist das Musical der Zukunft. Voriges Jahr hatte ›Hair‹ am Broadway Premiere. Rock, Pop, Chöre, Tanz. Handlung ist Nebensache. Die Leute waren zunächst empört. Doch dann kam der Erfolg. Inzwischen läuft die Nummer rund um die Welt. Und das ist erst der Anfang. Da kannst du mitmachen, mit deinen Kompositionen, mit deinen Choreographien. Da sind deine großen Möglichkeiten.«

Er lauschte ihr fasziniert; sie war bildschön, ihre Augen blitzten, ihr Haar, lang und rotblond, fiel ihr über die Schultern. »Vergiß das dumme Ballett. Eine neue Zeit, eine neue Musik.«

»Und wie soll sich das abspielen, wenn ich mit dir nach Amerika komme? Ich habe keinen Job. Und ich habe kein Geld.«

»Kein Problem. Ich habe zur Zeit einen Freund, vielfacher Millionär, der tut alles für mich. Ich bin erster Klasse hergeflogen, und erster Klasse werden wir beide zurückfliegen. Ich wohne bei ihm, er hat ein prachtvolles Haus, einen englischen Butler, zwei Hunde, zwei Reitpferde, fünf Autos, Chauffeur natürlich auch. Was will ich denn noch?«

»Hat er keine Frau?«

»Nein. Das heißt, er hat sie noch, aber sie lassen sich scheiden, es geht nur noch ums Geld. Sie ist schon vor einem Jahr ausgezogen. Also mit mir hat das nichts zu tun. Sie lebt jetzt mit ihrem Freund in Miami. Und weißt du, wer der Freund ist? Der ehemalige Chauffeur im Haus. Ach, es ist eine lange Geschichte, sie hat ihn, aber er hat sie zuvor auch schon betrogen. Ich kann dir das ja auf dem Flug erzählen. Und wie ich Frank kennengelernt habe, das ist erst eine hübsche Geschichte. Erzähl ich dir auch auf dem Flug.«

»Um Gottes willen, wann willst du denn fliegen?«

»Na, möglichst bald. Morgen oder übermorgen.«

»Du bist verrückt. Ich muß mit der Truppe zurückfahren. Und im Theater Bescheid sagen. Und ein paar Sachen habe ich schließlich auch.«

»Gut, gut, erledige das, brauchst du eben vier Tage. Ich fahre inzwischen nach Paris, und wir treffen uns dort. Und du brauchst dir um deine nächste Zukunft keine Sorgen zu machen, du bekommst meine Wohnung auf der East Side, sehr hübsche kleine Wohnung, ich habe sie auf alle Fälle behalten, man weiß ja nie, und Geld habe ich genug, ich sorge schon für dich, bis du einen Job hast. Und du bekommst einen, darauf gehe ich jede Wette ein.«

»Das klingt fantastisch«, sagte Serge Raikov und blickte gebannt in das schöne, ihm wieder vertraute Gesicht.

»Frank ist nämlich einer von den Angels, weißt du. Das sind die Leute, die Theater am Broadway finanzieren. Er liebt das Theater über alles, moderne Komödien und Musical. Shakespeare natürlich auch. Und ich nehme jetzt Sprach- und Gesangsunterricht. Ich muß ja nicht immer nur tanzen. Eines Tages werde ich eine Hauptrolle spielen. Am Broadway. Ich.«

Raikov dachte an diesem Abend nicht mehr an Cordelia. Und einige Tage später nahm er von ihr Abschied.

Sie war zu Hause, lag auf der Couch, Gustavs Kräuterwickel um den Fuß, und er saß eine Weile neben ihr, von Wilma mißtrauisch beobachtet.

»Ich schau mir das drüben mal an«, sagte er lässig. »Mal sehen, wie es läuft. Du hörst von mir.«

Cordelia nickte. »Ich gehe jetzt für eine Weile zu Onkel Alexander.« Sie legte mit einer dramatischen Gebärde die Hand auf ihre linke Brustseite. »Mein Herz ist etwas unruhig.«

»Dann erhol dich mal schön«, sagte er gleichgültig.

Genauso gleichgültig, wie sie später nein sagte, als Alexander sie fragte, ob sie ihren Freund nicht vermissen werde. Es hatte mit dem ›Wolkentanz‹ angefangen, an jenem Abend, als er ihr das Violinkonzert von Max Bruch vorspielte, in seinem Zimmer im Hotel. Und nun mit der letzten Aufführung von ›Wolkentanz‹ hatte es aufgehört.

Mit dem neuen Gestütsdirektor ging es dann sehr schnell. Neumann rief eines Tages bei Beatrice an und sagte: »Jetzt habe ich den Richtigen. Er ist gerade nach Deutschland zurückgekommen, er war drei Jahre in England, hat bei einer Vollblutzucht gearbeitet. Ein Kenner und ein Könner. Und ich denke, daß Rottenbach ihn interessieren wird. Er ist nämlich Münsterländer, hat als junger Mann in Warendorf gearbeitet.«

»So«, sagte Beatrice. »Hat er Familie?«

»Eine Frau und drei Kinder, der älteste Sohn ist zwanzig. Vom Vater bestens geschult, er wird ein wertvoller Mitarbeiter sein.«

Der von Neumann empfohlene Mann kam bereits vier Tage später, zusammen mit Beatrice und Alexander besichtigte er ausführlich das Gestüt, hatte sofort Pläne parat, was man verbessern, modernisieren und wie man erweitern könne. Beatrice konnte wirklich keinen besseren Nachfolger für Jochen Lumin finden.

Ins Gutshaus kam er selbstverständlich auch. Elsgard gab ihm befangen die Hand, Alexander wich ihrem Blick aus.

»Sehr hübsch«, sagte der Neue, nachdem er sich flüchtig umgesehen hatte, »das ist Sache meiner Frau hier.«

Cordelia hatte sich ganz an das Ende der oberen Koppel verdrückt, wo der Wald begann. Wali kam zu ihr. Von ferne sahen sie den fremden Mann, begleitet von Beatrice und Alexander, unten gehen.

»Er wird mich wegwerfen«, sagte Wali traurig.

»Das heißt rauswerfen«, verbesserte sie ihn. »Und das macht er mit uns auch.« Sie lachte. »Kommst du eben mit zu Wilma. Aber wir haben kein Pferd. Vielleicht können wir Valera mitnehmen, und ich kann manchmal mit ihr so ganz ruhig spazierenreiten. Als kleines Mädchen habe ich schon oft auf dem Pferd gesessen. Und Mutti kann überhaupt gut reiten. Aber es geht nicht. Valera wird es in einem fremden Stall nicht gefallen, so schön wie hier ist es nirgends.«

Beatrice und der Neue besiegelten das Engagement noch am selben Abend mit einem Handschlag. Er würde weit mehr verdienen als Jochen, und es würde nicht mehr Gestütsmeister, sondern Gestütsdirektor heißen. Anfangen konnte er sofort.

Für Elsgard war diese neue Entwicklung eine Katastrophe.

»Und wo sollen wir hin?« fragte sie, der Neue und Alexander waren schon vorausgegangen.

»Darüber denken wir gerade nach«, sagte Beatrice nervös, denn sie wußte, was sie Elsgard antat.

»Und meine Sachen?« fragte Elsgard und sah sich um. Die schöne breite Couch, die Sessel, der neue Teppich, ganz zu schweigen von dem Geschirr, das sie angeschafft hatte. So nach und nach war das alles gekommen, immer wenn Jochen etwas Geld herausrückte. Er war sparsam gewesen, und er hatte immer gesagt: »Ewig können wir hier nicht bleiben.«

Elsgard hatte es immer gewußt, aber nun kam alles so plötzlich, aufs neue wurde sie heimatlos, und nun war kein Mann mehr an ihrer Seite, keine Olga.

Cordelia fand sie weinend, als sie wenig später ins Haus kam.

Sie setzte sich neben Elsgard auf die bewußte Couch und legte ihr den Arm um die Schulter.

»Der wird's werden, der heute hier war«, schluchzte Elsgard. »Das ist ein ganz Energischer. Er hat mich kaum angesehen.«

»Ja, der wird's werden, das glaube ich auch. Ich habe ihn nur aus der Ferne gesehen, und ich sehe ja nicht so gut, aber er ging da entlang wie einer, dem das alles schon gehört.«

»Dem gehört gar nichts. Es gehört Beatrice von Renkow.«

»Schon. Aber hat Vati nicht immer gesagt, meine Pferde, meine Ställe, meine Koppeln, mein Büro. Nicht, hat er doch gesagt.«

»So sagt man eben. Und so hat er gefühlt.«

»Er wird uns wegwerfen«, wiederholte sie Walis Worte.

»Wegwerfen?«

»Rauswerfen, meine ich.«

»Wir müssen raus hier, das ist es ja. Ob es nun der ist oder ein anderer, wir müssen hier weg. Und kannst du mir sagen, wohin?«

»Nein«, erwiderte Cordelia. Und sie dachte: Ich kann zu Wilma. In meine Wohnung. Ich sage auch *meine* Wohnung. Eigentlich gehört die Wohnung Onkel Alexander. Stimmt nicht, sie gehört Beatrice. Das Haus gehört ihr, und ich zahle nicht einmal Miete. Alles, alles gehört Beatrice. Ohne sie wäre auch Onkel Alexander nur ein armer Flüchtling.

Alexander und Beatrice brachten Herrn Steiner zum Bahnhof. Er wollte gleich zurückfahren nach Bremen, wo seine Frau mit den Kindern jetzt wohnte. Sein ältester Sohn war noch in England.

»Es ist furchtbar mit Elsgard«, sagte Beatrice, während sie heimfuhren. »Aber was tun? Lumin ist jetzt seit zwei Monaten tot, es muß jemand her, der das Gestüt leitet. Fast täglich war ich draußen. Im Werk habe ich mich kaum sehen lassen.«

»Wir werden das schon schaffen«, sagte Alexander.

»Eine Woche, dann muß das Haus geräumt werden. Und Cordelia ist nun auch noch da.«

»Sie hat ja nach wie vor die Wohnung in der Stadt.«

»Soll Elsgard dort auch wohnen? Elsgard und Wilma, glaubst du, daß das gutgehen würde?«

»Die Wohnung ist zu klein. Zu dritt können sie dort nicht wohnen.«

»Nach dem Krieg haben die Leute noch ganz anders gewohnt. Na gut, eine größere Wohnung kann ich auftreiben.«

»Wir müssen Elsgard woanders unterbringen. Sie hat doch sicher im Laufe der Jahre da draußen in der Umgebung ein paar Leute kennengelernt. Vielleicht gibt es irgendwo einen Hof, wo sie sich wohl fühlen könnte.«

»Aber ich bitte dich! Man kann sie doch jetzt nicht von ihrer Tochter trennen, nachdem ihr Mann tot ist, Olga tot ist, da wäre sie ja ganz verloren.«

Noch einmal war Alexander nahe daran, Beatrice die Wahrheit zu sagen. Daß Elsgard nicht darunter leiden würde, von dieser Tochter getrennt zu sein, die sie einen Bastard genannt hatte. Aber das war lange her. Vielleicht verstanden sie sich inzwischen sehr gut. Allerdings war Cordelia selten bei ihrer Mutter gewesen, sie hatten lange Zeit nicht zusammen gelebt. Erst wieder im vergangenen Sommer.

Aber das Versprechen, das er Elsgard gegeben hatte, galt noch, auch jetzt, wo Jochen tot war. Alexander würde nie davon sprechen. Er seufzte.

»Fahr nicht so schnell«, mahnte Beatrice. »Zusätzlich mache ich mir Sorgen um Wali. Ich habe extra nicht von ihm gesprochen, habe ihn nicht gelobt. Das hätte Steiner nur mißtrauisch gemacht. Ich bin eine ganz gute Menschenkennerin, das weißt du ja. Er muß selber merken, daß Wali tüchtig ist, und ihn behalten.«

»Sehr richtig. Das ist auch ein Problem.«

»Und das nächste ist Wilma. Du hast ihr zwar vor einem Jahr erklärt, daß sie gehen könne, aber sie ist noch da, und wo soll sie denn auch hin? Du hast sie bei uns aus der Kantine geholt. Und inzwischen ist sie auch nicht jünger geworden.«

Alexander drosselte das Tempo, legte die rechte Hand auf Beatrices Knie.

»Hör zu, mein Schatz. Wir fahren jetzt nach Hause, trinken in Ruhe einen Whisky und erkundigen uns, was es zum Abendessen gibt. Und dann wird ja wohl auch dein Herr Sohn nach Hause kommen und berichten, was heute im Werk los war. Wir haben schon schlimmere Dinge erlebt und haben vor wirklich auswegslosen Situationen gestanden. Ich jedenfalls. Wir werden Elsgard, meine kleine Schwester, nicht im Stich lassen. Und ob Cordelia wieder tanzen kann oder nicht, das muß man abwarten. Werden wir leben, werden wir sehen, sagt mein Freund Harald immer.«

John war es, der einen Rat wußte.

»Das ist ganz einfach«, sagte er. »Wir versetzen Elsgard nach Berlin.«

»Nach Berlin?« fragte Beatrice. »Spinnst du? Was soll sie denn da?«

»Das kann ich dir genau erklären. Ein gutes Werk tun, indem sie einem unglücklichen Menschen beisteht.«

»Ach, du meinst diese Rosmarie?«

»Ja, die meine ich. Rosmarie Helten. Als ich im Januar mit Tante Inga nach Berlin kam, haben wir sie besucht. Das wißt ihr. Sie hat ein schönes großes Haus in Dahlem, und sie wohnt ganz allein darin. Ihr Mann ist am Ende des Krieges noch umgekommen, das wißt ihr auch.«

»Und dann hatte der Sohn einen Unfall«, sagte Alexander.

»Eigentlich hatte sie den Unfall, denn sie saß am Steuer. Der junge Mann saß neben ihr. Das war vor sechs Jahren. Sie hatte eine Quetschung am Oberkörper, vier gebrochene Rippen. Also, ich habe mir mal eine gebrochen und weiß, wie weh das tut.«

»Du hast dir eine Rippe gebrochen?« fragte Beatrice.

»Ja, in Boston. Ich wollte es mal mit Baseball versuchen. Habe ich dir gar nicht erzählt. Nun weiter. Sie hat sich die Kniescheibe zertrümmert und hatte eine schwere Gehirnerschütterung. Rosmarie. Daß ihr Sohn tödlich verletzt wurde bei dem Unfall, hat sie erst später erfahren. Und sie gibt sich die Schuld daran. Sie kann sich zwar nicht an den Augenblick erinnern, in dem es passiert ist, aber sie erinnert sich daran, daß ihr Sohn kurz zuvor noch gerufen hat, nicht so schnell, Rosmarie. Nicht überholen!«

»Das ist ja schrecklich. So genau hast du uns das gar nicht erzählt.«

»So genau wurde auch nicht darüber gesprochen, als ich mit Inga bei ihr war. Es gab da so gewisse Ressentiments, das hing wohl mit Ingas Mann zusammen. Weil der ein Nazi war und alles so prima überstanden hat. Was Rosmarie, die ihren Mann verloren hat, ungerecht findet. Davon sprach sie immer, von der Ungerechtigkeit des Schicksals. Inga sagte damals, ich weiß gar nicht, was du willst, ich habe Berthold schließlich durch dich kennengelernt. Na ja, so sehr hat mich das auch nicht interessiert. Aber als ich dann das letzte Semester in Berlin war, habe ich sie manchmal besucht.«

»Du hast sie besucht?« fragte Beatrice erstaunt. »Warum?«

»Warum? Darum. Weil sie mir leid tat. Und weil sie so einsam war.«

»Das hast du mir nie erzählt.«

»Geliebte Mutter, ich habe in den Jahren meines Studiums manches getan, was ich dir nicht erzählt habe.«

»Und was soll nun Frau Lumin dabei tun?«

»Hör zu, noch den Rest der Geschichte. Erst lebte noch Rosmaries Schwiegermutter, da konnten sie zusammen weinen. Dann starb die alte Dame. Und seitdem ist Rosmarie ganz allein. Sie hat zwar eine Tochter, aber die hat einen Ami geheiratet, schon mit achtzehn oder so. Der ist bei der Army und in San Diego stationiert, und drei Kinder haben sie auch. Soviel wird der nicht verdienen, daß seine Frau sich öfter einen Flug nach Deutschland leisten kann. Und in jedem Brief schreibt sie, daß sie so Angst hat, er müsse nach Vietnam. Also scheint es eine ganz gute Ehe zu sein.«

»Was du alles weißt«, staunte Alexander.

»Du kennst doch Rosmarie.«

»Natürlich kenne ich sie. Wir hatten einen ausgedehnten Flirt, wenn sie zu uns aufs Gut kam. Sie war ein süßes Mädchen. Inga und Rosmarie waren dicke Freundinnen. Sie kam oft, zu den Ferien, auch übers Wochenende. Warte mal, sie hatte keine Eltern mehr, glaube ich.«

»Ja, Pech hat sie immer gehabt. Der Vater machte Konkurs und nahm sich das Leben. Das war Anfang der zwanziger Jahre. Die Mutter, die sowieso kränkelte, starb bald darauf.«

»Und wie kam sie nach Rostock in das Pensionat?«

»Durch eine Tante, die dort Lehrerin war. Und die muß eine sehr strenge Dame gewesen sein. Rosmarie beklagte sich manchmal darüber, wenn sie bei uns war. Und darum kam sie auch so gern. Inga hat sich nur immer darüber geärgert, daß Rosmarie nicht reiten wollte. Sie hatte einfach Angst vor Pferden.«

»Du weißt ja auch noch allerhand«, sagte John anerkennend.

»Wenn man darüber spricht, kommen ganz von selbst Erinnerungen. Na ja, und dann hat sie bald geheiratet. Albert, jetzt fällt es mir auch wieder ein. Albert hieß ihr Mann. Es war eine glückliche Ehe, sie hatte zwei Kinder und kam vor allem gut mit den Schwiegereltern aus, die lebten irgendwo in Brandenburg. Wir besuchten Rosmarie meist, wenn wir in Berlin waren. Und sie sagte, wie wunderbar es für sie sei, daß sie nun doch Eltern bekommen habe. Und nun sind alle tot, und sie ist ganz allein.«

»Die Tochter lebt glücklicherweise noch«, stellte John richtig. »Aber weit weg. Findet ihr die Idee schlecht, daß Elsgard bei ihr wohnt und sich um sie kümmert? Sie kennen sich ja schließlich auch noch aus ihrer Jugend. Und als die Lumins damals geflüchtet sind, waren sie ein paar Tage bei Rosmarie, ehe sie ins Lager mußten, um ausgeflogen zu werden. Wir haben davon gesprochen.«

»Also ich kann mir beim besten Willen nicht vorstellen, was Elsgard in Berlin tun soll. Sie hat noch nie in einer Großstadt gewohnt«, sagte Beatrice.

»Was sie tun soll, habe ich ja gerade erklärt. Sie soll sich um Rosmarie kümmern, soll den Haushalt führen, soll ihr gutes Essen kochen, abends können sie zusammen fernsehen. Außerdem ist Dahlem nicht so großstädtisch. Wir leben da ganz friedlich und im Grünen.«

»Klingt ja alles ganz hübsch, jedenfalls in der Theorie.

Meinst du nicht, du gehst etwas leichtfertig mit Menschen-
schicksalen um?«

»Ich? Also, teure Mutter. Ich finde, du bist ungerecht. Ich
zerbreche mir pausenlos den Kopf, was wir mit Mrs. Lumin
machen sollen, und du nennst mich leichtfertig?«

»Dann fährst du aufs Gestüt und verkündest ihr das.«

»Es geht genau umgekehrt. Ich fliege morgen nach Berlin
und rede mit Rosmarie. Erst muß man wissen, ob sie das
will. Ich habe sowieso mein Zimmer noch in Dahlem und Sachen dort, Bücher vor allem, das muß ich auflösen. Übermorgen bin ich wieder da, und falls ich Rosmaries Zustimmung
habe, fahre ich sofort zu Elsgard.«

»Gib mir noch einen Whisky«, sagte Beatrice und zündete
sich eine Zigarette an. »Kann ja sein, es klappt. Und du bist
nicht leichtfertig, John, das nehme ich zurück. Du bist ein
ganz kluger Junge.«

»Oh! Danke, Mama.«

»Das werde ich sagen, falls es klappt.«

»Cordelia kommt in deinem Plan nicht vor«, sagte Alexander. »Soll sie auch nach Berlin übersiedeln?«

»Ich nehme an, daß dir das nicht recht wäre.«

»Das stimmt.«

»Ich möchte sie auch lieber hierbehalten.«

Beatrice gab ihrem klugen Sohn einen schiefen Blick.
»Warum?«

»Nun, sie könnte mich unterhalten, wenn ich abends müde von der Arbeit komme. Und wenn ich nicht zu müde bin,
kann ich für ihre Bildung sorgen.«

»Du denkst also, sie soll hier im Haus leben?«

»Warum nicht? Wenn sie in der Wohnung bliebe, so nahe
am Theater, wäre sie vielleicht traurig.«

»Und Wilma? Soll die auch mit herkommen?«

»Wäre doch eine Möglichkeit. Ihr seid doch mit der neu-
en Köchin sowieso nicht ganz glücklich. Ich übrigens auch
nicht. Wenn ich schon mittags in der Kantine essen muß,
wäre es doch prima, wenn ich abends etwas Anständiges
bekäme. Man sagt doch immer, die böhmische Küche wäre
ganz hervorragend. Wenn das gutgegangen wäre mit dem

Dubček, wäre ich mal nach Prag gefahren. Muß eine schöne Stadt sein.«

Beatrice trank ihren Whisky aus und lachte plötzlich.

»Mein Sohn ist wirklich tüchtig. Ein erstklassiger Organisator. Wenn er das in seinem Berufsleben auch ist, können wir uns bald zur Ruhe setzen, Alexander.«

»Nicht sehr bald, aber in absehbarer Zeit. Vielleicht fragst du mal Signor Giordano, was er von mir hält. Zur Zeit arbeite ich ja nebenbei noch an meiner Erfindung für eine neue Waschmaschine. Mit integriertem Wäschetrockner. Da ja nicht alle Leute einen Garten haben, wo sie ihre Wäsche trocknen können und darum ...«

»Genug, John, genug. Das können wir inzwischen genau darstellen.«

»Kannst du nicht, Mama, auch wenn ich viel darüber rede. Warte nur, was das für ein Schlager wird.«

»Und wann willst du also nach Berlin fliegen?« fragte Alexander.

»Morgen früh, acht Uhr dreißig. Das Ticket habe ich schon.«

Beatrice und Alexander sahen sich nur an.

»Von wem hat er das wohl?« fragte Beatrice.

»Von den Renkows nicht. Ich nehme an, von deinem Vater.«

»Da kannst du recht haben. Noch einen Whisky, bitte.«

»Und vielleicht fragst du, falls es klappt. – Falls!« betonte Alexander. »Fragst du Rosmarie, ob Elsgard ihre Couchgarnitur und den Teppich mitbringen darf. Daran hängt nun mal ihr Herz.«

»Kann sie sicher. Das Haus ist groß genug, und sie kann sich ein Zimmer nach ihrem Geschmack einrichten. Und nun würde ich auch gern einen Whisky haben.«

Um den Wirrwarr noch größer zu machen, traf zwei Tage später Fred Munkmann, Alfredo Mungo, ein.

Er war lange nicht dagewesen, Beatrice hatte nur öfter mit ihm telefoniert. Das Geld hatte er bekommen, der Film war bis jetzt nicht gedreht worden.

»Perfetto«, sagte Fred. »Die Sache läuft. Ich habe jetzt den richtigen Regisseur. Es verzögert sich nur, weil wir die Maltina für die Rolle der ältesten Schwester haben wollen. Sie ist genau der richtige Typ. Nur war sie bisher nicht frei. Eine vielbeschäftigte Künstlerin. Und wir machen es genauso, wie du es vorgeschlagen hast, Bea. Sie kann den Hof halten, sie heiratet einen tüchtigen Mann und kann das Anwesen vergrößern. Und Cordelia nehme ich jetzt mit.«

Beatrice und Fred waren allein an diesem Abend, genau wie damals nach Weihnachten, als er ihr von seinem Film erzählte. Alexander und John waren hinaus zum Gestüt gefahren, um mit Elsgard über Rosmarie zu sprechen, die sich auf die alte Gefährtin schon freute.

»Du nimmst sie mit? Wohin?«

»Nach Rom natürlich. Wir müssen Probeaufnahmen von ihr machen. Davon hängt es zunächst mal ab. Aber ich habe Rollenbilder von ihr gesehen, sie ist sehr fotogen. Und ein unerhört aparter Typ. Die Maltina mit ihrem großflächigen Gesicht, Cordelia als kleine Schwester, und für das Luder haben wir auch schon eine, wieder ganz anders. Diese drei Frauen und dazu die Toscana, wenn das kein guter Film wird, gebe ich auf. Wir machen in Rom Probeaufnahmen. Soviel ich weiß, war sie noch nie in Italien.«

»Sowenig wie ich.«

»Siehst du, wird höchste Zeit, daß du dein Leben ein wenig genießt. Anschließend fahren wir durch die Toscana, suchen nach geeigneten Drehplätzen. Da nehme ich Cordelia mit. Damit sie versteht, was ich meine. Sie ist ja so ein scheues Reh, und wir müssen sie ein wenig unter Leute bringen. Ballett ist ja ganz hübsch, aber eine sehr abgeschlossene Welt. Meine Filmleute sind höchst amüsant. Und sie kann dabei schon mal ein bißchen italienisch lernen. Ich würde vorschlagen, wir treffen uns dann in Florenz. Da wolltest du doch mal hin, hast du gesagt.«

»So bald?«

»Warum nicht? Oktober ist eine herrliche Zeit für die Toscana. Die Touristen sind weg, jedenfalls die meisten. Wir fahren nach Siena, nach Lucca, nach San Gimignano.

Du bekommst hervorragend zu essen und einen guten Wein.«

»Und Alexander? Wird er gestatten, daß du Cordelia einfach mitnimmst?«

»Mehr oder weniger ist sie ja nun erwachsen.«

»Aber sie ist nicht so gesund.«

»Ja, ich weiß, du hast es mir erzählt. Das ist nicht weiter anstrengend, was sie machen muß. Kein Spitzentanz, kein hartes Training. Sie tanzt leicht schwebend über die Wiesen der Toscana, sie wird auf dem Hof beschäftigt, von der großen Schwester ein bißchen gepiesackt, aber nicht zu sehr, sie schaut ängstlich mit ihren schrägen Augen, tut alles, was man von ihr will, sie ist eine Träumerin, eine Wolkentänzerin. Diese Nummer, die wir gemeinsam angesehen haben, hat mich darauf gebracht. Sie braucht auch gar nicht viel zu reden. Sie schaut, sie träumt, sie tanzt davon. Übrigens ist mein Autor sehr angetan von dieser Veränderung. Wie gesagt, singen können sie in Italien alle. Ist nicht so originell. Es werden auch Kompositionen von mir dabei sein.«

»Um Gottes willen«, sagte Beatrice.

»So nach Rossini-Art. Nach Mozart-Art. Ich will ja nicht behaupten, daß ich ein genialer Kompositeur sei. Ein Nachahmer halt. Auf jeden Fall glaube ich, daß du dein Geld nicht hinausgeworfen hast.«

Beatrice seufzte, dann lächelte sie. »Das sollte unser Vater hören.«

»Ja, ja, ich weiß, daß er nicht viel von mir gehalten hat. Wenn er meinen Film gesehen hat, wird er wohl aus dem Jenseits herab freundlich lächeln.«

»Das glaube ich zwar nicht. Warten wir also deinen Film ab. Vielleicht kann wenigstens ich lächeln.«

»Wir treffen uns in Florenz.«

»Vielleicht.«

»Wo ist eigentlich Alexander?«

»Soviel ich höre, kommt er gerade. Er und John. Sie waren in Rottenbach draußen. Dazu gibt es auch Neuigkeiten.«

Die erfuhren sie kurz darauf. Die erstaunlichste Neuigkeit

bestand darin, daß Elsgard Lumin geradezu mit Begeisterung bereit war, nach Berlin umzusiedeln.

»Du wirst es nicht für möglich halten«, sagte John. »Sie hat sich immer gewünscht, in einer großen Stadt zu leben, sagt sie. Mensch, Mama, wenn wir sie in Berlin etablieren, das ist der Hit des Jahrhunderts.«

»Mensch, John, würdest du mir noch erklären, was Cordelia dazu gesagt hat?«

»So gut wie nichts. Sie erinnert sich noch an Rosmaries Kinder, weil die so nett zu ihr waren. Wir haben in ihrer Gegenwart nicht davon gesprochen, daß Rosmaries Sohn tot ist. Wir mußten sie sowieso erst von den Koppeln holen. Es wird ihr schwerfallen, auf die Pferde zu verzichten.«

»Sie kann jederzeit mit mir zu den Pferden fahren. Es ist mein Gestüt. Und ewig wird sie ja nicht in Rom bleiben.«

»In Rom?« fragte Alexander erstaunt.

Begegnung II

ERNEUT VERÄNDERUNGEN in Elsgards Leben: vom Gut Renkow auf den Lumin-Hof, von dort in ein Barackenlager, dann auf ein Gestüt im Münsterland. Und nun nach Berlin.

Sie hatte Glück, sie traf es gut. Das Haus in Dahlem war geräumig und behaglich eingerichtet. Sie entschied sofort, als sie mit John eintraf, Couch, Sessel und Teppich könnten bleiben, wo sie waren.

Mit Rosmarie verstand sie sich gleich wieder gut, es gab lange Gespräche. Rosmarie erzählte von ihrer Familie und Elsgard von den Erlebnissen der vergangenen Jahrzehnte. Zweifellos tat Rosmarie die Gesellschaft einer Gleichaltrigen gut. Bisher war nur zweimal in der Woche eine Frau gekommen, die saubermachte und einkaufte, aber die Einkäufe erledigte bald Elsgard, nachdem Frau Merck, eine aufgeweckte Berlinerin, ihr alles Nötige gezeigt und erklärt hatte. Vor allem den Weg zur U-Bahn und wie man damit in die Stadt kam.

Elsgard entwickelte eine wahre Leidenschaft fürs U-Bahn-fahren, manchmal fuhr sie aus purem Spaß hin und her, aber sie gewöhnte sich auch an, über den Kurfürstendamm zu bummeln und ein Schaufenster nach dem anderen zu bestaunen.

Einmal stieg sie auch in die S-Bahn. Was hatten sie damals für Angst gehabt, als sie in der S-Bahn saßen. Wenn es die Mauer schon gegeben hätte, wären sie nie herausgekommen. Sie wunderte sich jetzt, daß es in der S-Bahn so leer war, sie saß ganz allein in dem Wagen.

Frau Merck erklärte es ihr. »Ein anständiger Berliner fährt nicht mit der S-Bahn, die gehört denen drüben. Wir nehmen den Bus, wenn wir ein Stück nach außerhalb wollen. Viel haben wir ja sowieso nicht mehr.«

Elsgard gefiel es in Berlin, sie lebte so bequem wie nie zuvor in ihrem Leben.

Über Weihnachten würde Cordelia kommen, das hatte sich Rosmarie gewünscht. Damals war Cordelia ein kleines Mädchen gewesen, scheu und ängstlich in der fremden Umgebung. Nun wollte sie sehen, was aus dem kleinen Mädchen geworden war.

Für Constanze war es ein tristes Weihnachtsfest. Sie wartete nun seit Monaten auf eine Nachricht von Jonathan aus Prag. Der Aufstand war niedergeschlagen, die Reformer verhaftet, es gab Streik, eine neue Regierung war eingesetzt worden. Möglicherweise war es sehr interessant, das mitzuerleben. Aber könnte er denn nicht mal telefonieren oder schreiben? Sie kam sich sehr verlassen vor. Das Zusammenleben mit Jonathan war so angenehm gewesen, so konfliktfrei, seine Fürsorge, seine Liebe waren so wohltuend.

»Ich habe so etwas nie erlebt, Tobby«, erzählte sie dem Hund. »Als ich jung war, damals mit Paul, das war etwas anderes. Er fehlt dir doch auch. Aber er wird schon kommen. Eines Tages steht er hier im Zimmer, wenn ich heimkomme. Da werde ich ihm was erzählen. Warum muß er seine Nase immer noch da hineinstecken, wo was los ist. Was geht uns die Tschechoslowakei an. Die Bolschis sitzen nun mal am längeren Hebel.«

Sie gewöhnte sich an, den Hund ins Theater mitzunehmen, er saß geduldig in der Garderobe, während sie ihren Auftritt hatte, und jeder verwöhnte ihn mit Leckerbissen. Das war nicht gesund für ihn.

Thomas hatte angerufen. »Mr. Jones immer noch nicht zurück? Komm doch zu uns, feiern wir Weihnachten zusammen.«

»Und was soll ich mit Tobias machen?«

»Du sagst doch, man kann mit dem Auto durch die Zone fahren. Komm halt.«

Aber das hatte sie sich nicht getraut. Ihre Angst vor den Kommunisten war noch zu groß. Was wußten die über sie, über ihr Leben früher, und welche Rolle spielte Jonathan hinter dem Eisernen Vorhang?

Und dann, in der Woche nach Weihnachten, hatte sie eine seltsame Begegnung. Sie war mit Tobias zum Botanischen Garten spaziert, auf dem Rückweg kamen ihr zwei Frauen entgegen.

Constanze, abwesend, in Gedanken versunken, grübelnd wie jetzt oft, sah sie erst an, als sie dicht vor ihr waren. Sie stockte, verhielt den Schritt.

Die Tänzerin.

Cordelia.

Auch Cordelia hatte die Schauspielerin erkannt, ein zaghaftes Lächeln erschien auf ihrem Gesicht.

Constanze lächelte auch.

Aber da hatte Elsgard schon Cordelias Arm umfaßt und zog sie weiter, schritt schneller aus.

Doch Cordelia löste ihren Arm aus dem klammernden Griff, blieb stehen und drehte sich um.

Und da stand, einige Meter entfernt, Constanze, sie hatte sich ebenfalls umgedreht, ihre Blicke trafen sich.

»Was stehst du denn und starrst?« herrschte Elsgard sie an. »Komm schon.«

»Hast du nicht gesehen, wer das ist? Das ist die Morvan. Constanze Morvan, die berühmte Schauspielerin.«

»Na, wenn schon.«

»Sie hat mir zugelächelt.«

»Unsinn.«

»Das hat sie schon einmal getan, vor Jahren. Und sie war in einer Vorstellung vom ›Wolkentanz‹.«

»Wo war sie?«

»Im ›Wolkentanz‹. Onkel Alexander hat es mir erzählt.«

»Er hat … Kennt er sie denn?«

»Sie saß bei ihm in der Loge, und da hat er sie kennengelernt.«

»Und?«

»Was und?«

»Was hat er sonst noch gesagt?«

»Nichts weiter.«

»Komm jetzt. Ich muß Mittagessen machen, es ist schon spät.«

Plötzlich setzte sich die Schauspielerin in Bewegung, kam langsam auf sie zu.

Elsgard ließ vor Schreck Cordelias Arm los.

»Da wir uns zufällig begegnen, Cordelia Lumin, möchte ich die Gelegenheit nutzen, Ihnen zu sagen, daß Sie mir außerordentlich gefallen haben auf der Bühne.« Es klang ein wenig gestelzt. Constanze wußte selbst nicht, warum sie sich umgewandt hatte, warum sie auf die beiden Frauen zugegangen war. Sie lächelte mühsam. »Ich habe Sie in Essen gesehen. ›Wolkentanz‹ hieß die Produktion.«

Cordelia war rot geworden, sie machte unwillkürlich einen Knicks.

»Ja, ich weiß. Mein Onkel hat es mir erzählt. Sie saßen zusammen in der Loge.«

»Sind Sie jetzt in Berlin im Engagement?«

»O nein. Ich habe nur meine Mutter zu Weihnachten besucht.«

Constanze blickte in Elsgards starres Gesicht. Sie lächelte nicht mehr.

Ihre Augen sind so blau wie damals, dachte Elsgard. So blau wie der lächerliche Fetzen, den sie trug, als Jochen sie aus dem Wasser zog.

»Sie wohnen in Berlin, Frau Lumin?« fragte Constanze.

»Ja.« Elsgard stockte. Und dann fiel es ihr ein, was sie sagen mußte. »Noch nicht lange. Erst seit dem Tod meines Mannes.«

Constanze begriff sofort. Sie nickte stumm. Nur noch sie und ich. Nur noch sie und ich. Sonst kennt keiner die Wahrheit. Nun lächelte sie wieder, streckte Elsgard die Hand hin.

»Es sind zwar noch drei Tage bis Silvester, aber ich darf Ihnen schon jetzt alles Gute wünschen.«

Elsgard nahm die Hand, versuchte auch zu lächeln. »Danke«, sagte sie.

Und dann reichte Constanze ihre Hand Cordelia.

»Auch Ihnen alles Gute, Cordelia Lumin. Viel Erfolg weiterhin. Und toi, toi, toi für das nächste Jahr.«

Constanze neigte den Kopf, drehte sich um und ging wieder in ihre Richtung, gefolgt von Tobias, der beleidigt war, denn er war es nicht gewohnt, daß man ihn nicht beachtete.

Elsgard und Cordelia standen da und sahen ihr nach.

»Der Hund, Mutti, siehst du, sie hat einen Hund«, sagte Cordelia aufgeregt. »Sie wohnt bestimmt auch in Dahlem.«

Elsgard atmete auf. Es war genau richtig, was sie gesagt hatte. Und diese Frau hatte es verstanden.

»Ein Hund, ja, ich sehe es. Nun komm, wir müssen uns beeilen. Rosmarie wartet sicher schon.«

»Sie hat mit uns gesprochen, einfach so«, plapperte Cordelia vor sich hin, während sie weitergingen, »so ganz normal, nicht? Und ich habe ihr gefallen im ›Wolkentanz‹. Wie findest du das? Und sie hat mir die Hand gegeben. Ich hätte ihr sagen sollen, daß ich nicht mehr tanze. Daß ich in Rom einen Film drehe. Da hätte sie sich aber gewundert, nicht, Mutti? Aber mir fiel gar nichts ein, was ich hätte sagen sollen. Sie wohnt bestimmt in Dahlem. Ich möchte sie mal auf der Bühne sehen. Wenn ich hierbliebe, könnte ich ja mal ins Theater gehen, nicht? Aber du gehst bestimmt mal, ja, Mutti? Vielleicht triffst du sie öfter mal, wenn sie mit ihrem Hund spazierengeht.«

»Wir können ja mal im Telefonbuch nachsehen, wo sie wohnt«, sagte Elsgard abwesend.

»Ach, berühmte Leute stehen doch nicht im Telefonbuch.

Das war nicht mal bei uns so, geschweige denn in Berlin. Sie ist ja auch verheiratet. Da heißt sie sicher anders.«

»Sie ist verheiratet?«

»Ganz bestimmt, das habe ich mal in einer Filmzeitschrift gelesen. Sie ist wunderschön, nicht, Mutti?«

»Ja.«

Wie schön war sie erst damals, als sie bei ihnen unter der Petroleumlampe saß und mit beiden Händen durch ihr Haar fuhr. Lebendig, gerettet, redend, lachend. Und fest entschlossen, den Bastard zu töten.

»Ich möchte sie unbedingt mal auf der Bühne sehen, Mutti. Sie hat auch so eine schöne Stimme, so … so …«

»Wann geht morgen dein Flugzeug?«, unterbrach Elsgard.

»So um halb elf rum.«

»Ich bringe dich zum Flugplatz.«

»Brauchst du nicht, das kann ich schon allein. Ich habe ja nicht viel Gepäck. Meine Sachen sind in Rom. Bist du traurig, weil ich Silvester nicht da bin?«

Elsgard seufzte erleichtert auf. Endlich ein anderes Thema. »Du bist Silvester nie dagewesen.«

»Ja, das ist wahr. Aber ich würde noch gern bei euch bleiben. Ich mag Rosmarie. Und ich bin froh, daß du bei ihr bist.«

»Ja, ich auch.«

»Alfredo will eben, daß ich Silvester mit ihm verbringe. Es ist ein wichtiges Jahr für uns, hat er gesagt. Und wir müssen mit ihm und seinen Freunden Silvester feiern.«

Elsgard wandte im Gehen den Kopf und sah in Cordelias Gesicht. Sie hatte rote Wangen, ihre Augen leuchteten.

»Wenn sie wirklich in Dahlem wohnt …«

»Schluß jetzt. Beruhige dich. Sie ist nicht die Königin von England, sie ist eine Schauspielerin, einigermaßen berühmt, aber das ist auch schon alles. Und berühmt wirst du ja vielleicht auch.«

Cordelia lachte. »Das kann ich mir nicht vorstellen. Ich kann nicht mal mehr tanzen. Und begabt als Schauspielerin bin ich gar nicht. Ich bin viel zu dumm.«

»Dein Alfredo denkt das wohl nicht.«

»Na ja, vielleicht. Aber auf einer Bühne stehen, da gehört doch mehr dazu. Nicht nur tanzen, sondern sprechen.«

Mit Alfredo hatte sie sich ganz gut angefreundet. Er war unterhaltsam, redete gern, lachte viel, sprach von seinen Plänen.

»Du bringst mir Glück, cara. Von den Probeaufnahmen sind alle ganz begeistert. Ich mache einen Star aus dir.«

»Ich kann das nicht.«

»Das werden wir ja sehen. Leider bin ich zu alt für dich. Irgendwann wirst du einen tollen Mann heiraten.«

Er war genauso alt wie Raikov. Der hatte sie verlassen. Amerika, na gut. Sie vermißte Serge Raikov nicht im geringsten. Und vielleicht schaffte sie es doch. Dann würde sie es allen zeigen, Raikov und Jennifer. Und Marguerite und Sophia. Madame Lucasse würde sich freuen. Sie hatte Tränen in den Augen gehabt, als sich Cordelia von ihr verabschiedete.

»Einen Hund könnten wir eigentlich auch haben«, sagte Elsgard plötzlich, als sie sich dem Haus Helten näherten. »Platz haben wir wirklich genug. Und einen Garten auch.«

»Das würde Rosmarie bestimmt Freude machen.«

»Wir haben immer Hunde gehabt.«

Auf einmal war da die Erinnerung an Mutz, den die Bolschis erschossen hatten. An damals, als sie auf dem Boden saß, den sterbenden Hund auf dem Schoß. Alle waren tot. Zuerst Mutz, später Theo, der erste Theo, und wie gut, daß er gestorben war, ehe sie die Flucht wagten. Die Pferde hatten sie im Stich gelassen. Widukind wurde ihnen weggenommen. Und die Tiere auf dem Gestüt hatte sie nun auch im Stich gelassen, die Pferde, die Hunde, die Katzen, auch den Esel. Und nun stieg auf einmal in Elsgard die Rebellion auf. Jochens Rebellion, der sie nie deutlich gezeigt hatte.

Wer sind wir eigentlich, was sind wir eigentlich? Verlassen, verloren, verschickt nach dort und da. Haben wir gar kein Recht auf ein eigenes Leben?

Und mußte sie bei alledem nicht dankbar sein, daß sie nun bei Rosmarie Helten sein durfte? Und was soll sonst aus mir werden? Was wäre aus mir geworden? Ich hätte eine gute Kommunistin werden und bleiben können, wo ich war. Nicht Olga ist schuld. Ich wollte weg. Warum eigentlich?

»Aber du mußt mir schreiben, wenn du mal im Schillertheater warst und sie gesehen hast. Und wenn ich das nächstemal komme, gehen wir zusammen hin und dann ...«

»Jetzt hör auf damit.«

Als sie die Tür aufschlossen, hörten sie Rosmarie lachen und dann eine Männerstimme.

»Nanu«, sagte Elsgard, »ist Besuch gekommen?«

John stand auf, als sie ins Zimmer kamen.

»Na, ihr beiden Hübschen, wo bleibt ihr denn so lange? Es ist schon halb eins, und ich habe Hunger. Rosmarie meint, es wird nicht genug da sein. Aber ich habe mir den Braten angesehen, das könnt ihr unmöglich allein essen. Soll ich vielleicht Kartoffeln schälen?«

»John, wo kommst du denn her?« fragte Elsgard.

Cordelia sagte kühl: »Hallo, John.«

»Ich wollte mal sehen, wie ihr hier so zurechtkommt. Ob Elsgard sich eingelebt hat. Und daß ich Cordelia treffe, ist natürlich ein besonderes Vergnügen. Die bekommen wir ja überhaupt nicht mehr zu sehen. Und dann habe ich noch allerhand Freunde hier.«

»Und Freundinnen sicher auch«, sagte Cordelia.

»So ist es. Heute abend seid ihr mich los, da treffe ich sie, sofern sie noch in Berlin sind.«

»Das ist aber schade«, sagte Cordelia mokant. »Ich bin nämlich morgen auch wieder weg. Ich fliege nach Rom.«

»Mitnichten, Ballerina. Ich habe deinen Flug schon umgebucht. Du fliegst mit mir nach Frankfurt, dort warten wir auf Zio Alfredo, der kommt aus Rom, und dann fahren wir alle drei nach Hause und feiern Silvester im trauten Familienkreis.«

»Wieso? Was soll denn das heißen?« Cordelia runzelte die Stirn.

»Das hat der Familienrat beschlossen. Genauer gesagt, meine Mutter und ich. Wir müssen mit Alfredo mal Tacheles reden. Geld hat er nun schon eine Menge kassiert.«

»Und was wird aus dem Film?« fragte Cordelia.

»Das eben wollen wir erfahren. Ob sich der geniale Kompositeur schon mal nach einem Verleih umgesehen hat. Ob es wasserdichte Verträge gibt. Darf ich der Dame aus dem Mantel helfen?«

Er nahm Elsgards Mantel, trug ihn in den Vorraum und hängte ihn ordentlich auf einen Bügel. Auch sein Mantel hing da, und Cordelia sagte, während sie aus der Pelzjacke schlüpfte: »Hätten wir ja gleich sehen können, daß jemand da ist.«

»Wer ist jemand?«

»Ich glaube, ich habe dich noch nie in einem Mantel gesehen.«

»Für gewöhnlich trage ich nur Jacken. Aber momentan findet Winter statt. Ich finde es sogar ziemlich kühl.«

»Es ist sehr kalt«, verbesserte Cordelia.

»Na ja, für eine halbe Römerin sicher. Freust du dich denn nicht ein bißchen, daß ich da bin?«

»Nach dem, was du eben angekündigt hast ...«

Sie gingen ins Zimmer zurück, Elsgard hatte inzwischen Sherry eingeschenkt.

»Einen kleinen Begrüßungsschluck. Zum Aufwärmen. Es ist sehr kalt heute.«

»Das haben wir auch gerade festgestellt«, sagte John.

»Eine Frage, Rosmarie. Dann verschwinde ich gleich in der Küche. Könntest du dir vorstellen, daß wir einen Hund im Haus haben?«

»Oh!« machte Rosmarie überrascht. »Das würde mich freuen. Früher haben wir immer einen Hund gehabt. Aber nachdem ich jetzt so schlecht laufen kann ...«

»Es ist ein Garten da. Und ich bin da. Und es kann ja ein kleiner Hund sein.«

»Wie bist du denn darauf gekommen?«

»Eben jetzt, wir haben eine Dame getroffen, die einen sehr originellen Hund dabei hatte. Nicht, Cordelia?«

Cordelia nickte. »Am liebsten würde ich hier bei euch bleiben«, sagte sie spontan.

»Auf Ihr Wohl, meine Damen«, sagte John und hob sein Glas. »Hierbleiben, Ballerina? Ich denke, du willst einen Film drehen?«

»Es kommt ja offenbar jetzt darauf an, ob die Direktion es erlaubt. Und sag nicht immer Ballerina zu mir. Ich bin keine mehr.«

»Was für eine Direktion?«

»Na, du und deine Mutter«, sagte Cordelia bissig.

»Irgendeiner muß ja mal auf die Kopeken schauen, nicht? Ich werde schließlich eines Tages dafür verantwortlich sein. Wir werden Onkel Fred schon nicht verhungern lassen.« Er sah Rosmarie an. »Bei Mama ist es immer noch die Liebe zu Hella, zu ihrer Stiefmutter, und Freds und Dieters Mutter.«

»Wer ist Dieter?«

»Sein Bruder. Wißt ihr das nicht? Hella hat zwei Kinder zur Welt gebracht. Dieter, der jüngere, wurde in Essen bei einem Luftangriff getötet. Er stand kurz vor dem Abitur.«

»Das habe ich nicht gewußt«, sagte Elsgard.

»Es wurde nie von ihm gesprochen. Mein Großvater wollte es nicht. Und darum hat man Fred eben tun lassen, was er wollte. Er hat nie daran gedacht, im Werk zu arbeiten.«

»Und jetzt willst du ihn also an die Kandare nehmen«, sagte Cordelia finster.

»Wir wollen bloß mal hören, was so läuft in Rom. Das ist doch verständlich. Auch in seinem Interesse. Und schließlich in deinem auch.«

»Ach, ich. Was aus mir wird, interessiert ja keinen Menschen.«

John betrachtete sie eine Weile schweigend. Dann sagte er: »Ob du dich da nicht täuschst?«

Cordelia vermied seinen Blick, sie machte »Pöh!« wie ein unartiges Kind.

Elsgards Gedanken waren an einem Satz hängengeblieben. »Wir haben auch nicht mehr von Heiner gesprochen«, sagte sie. »Heiner war mein Sohn. Er fiel im Herbst '44. Als die Russen das erstemal in Ostpreußen einfielen. Das war bei Goldap, nahe der Grenze zum Baltikum.«

Das wußte sie von Constanze, die hatte den Namen dieses Ortes damals genannt.

Constanze, dachte sie auf einmal ganz einfach. Der Name war ihr wieder vertraut. Und ihr nächster Gedanke war:

Wenn sie wirklich hier in der Gegend wohnt, und wenn ich ihr begegne, werde ich sie ansprechen.

»Meine Tochter«, fuhr sie fort, »ist ertrunken. Sie ist auf dem Eis auf einem See eingebrochen.«

Cordelia blickte sie entsetzt an. »Aber das weiß ich ja gar nicht. Ich habe einen Bruder gehabt. Und eine Schwester?«

Elsgard sah das Mädchen nachdenklich an. »Es wurde nicht davon gesprochen.«

Cordelia sprang auf, helles Entsetzen in den Augen. »Aber warum denn nicht? Warum denn nicht? Und wenn ihr nicht davon sprechen wolltet, warum hat es mir denn Onkel Alexander nicht erzählt?«

Ein Lächeln erschien um Elsgards Mund. »Dein Onkel Alexander? Kennst du ihn so wenig? Er ist ein Lebenskünstler. Er spricht nie über unangenehme Dinge.«

»Ein Lebenskünstler«, wiederholte Cordelia verständnislos.

»So nannte ihn sein Bruder Friedrich. Und er ist immer ...« Elsgard verstummte. Sie hatte sagen wollen: Er ist immer jeder Verantwortung ausgewichen.

Sie stand auf. »Jetzt werde ich mich mal um das Essen kümmern.«

»Aber, Mutti«, sagte Cordelia aufgeregt. »Ich muß das doch wissen.«

»Nicht heute«, antwortete Elsgard abwehrend. »Wenn du das nächstemal kommst, erzähle ich dir alles.«

Rosmarie blickte zur Seite. Sie sprach auch nicht mehr von ihrem Sohn. Eine Zeitlang, als ihre Schwiegermutter noch lebte, hatte sie pausenlos von ihm gesprochen. Sie war schuld an seinem Tod, nicht der Krieg.

John sah die beiden Frauen an, dann Cordelias verstörtes Gesicht.

Sie tat ihm leid. Er hätte sie am liebsten in die Arme genommen. Er wollte nicht nur mit ihr schlafen, wie er das leichtfertig genannt hatte.

»Wollen wir doch nicht zu trübsinnig werden, drei Tage vor dem neuen Jahr. Wir können nicht ändern, was geschehen ist.« Das war ein dummer Satz, fand er selber. »Schau nicht so verzweifelt, Cordelia. Es gibt noch ein paar Leute, denen es gutgeht. Wali kommt zum Beispiel bestens mit dem neuen Chef aus. Wenn wir zu Hause sind, werden wir ihn besuchen. Und nach Wilma hast du überhaupt nicht gefragt.«

»Wilma?« fragte Cordelia, wie erwachend.

»Sie ist ein Volltreffer. Sie hat uns einen Gänsebraten gemacht, der übertraf alles je Dagewesene. Mit böhmischen Klößen oder Knödeln, wie sie das nennt, und böhmischem Kraut. Ein Glück, daß ich mittags in der Kantine esse. Sonst würde ich platzen. Sie wird sich sehr freuen, wenn ich mit dir nach Hause komme.«

Cordelia schwieg. Ihre Gefühle waren widersprüchlich. Wo war sie denn eigentlich zu Hause? Doch nicht bei Beatrice die zwar freundlich, aber distanziert sein würde, wie immer, nicht bei Onkel Alexander, der ihr das Verhältnis mit Raikov offenbar nicht verzeihen konnte.

Nein, am besten war es, Wilma wiederzusehen.

»Werden wir auch Valera besuchen?« fragte sie.

»Aber sicher«, sagte John. »Valera und Wali. Der Neue ist übrigens sehr in Ordnung. Ein äußerst fähiger Mann«, das war zu Elsgard gewendet. »Strenger als Jochen. Den wünschen sich alle zurück.«

»Na ja, wer nicht«, sagte Elsgard. Sie ging zur Tür. »Und wer kommt mit, um die Kartoffeln zu schälen?«

Cordelia und John sprangen gleichzeitig auf.

»Ich komm schon!« rief Cordelia.

John legte den Arm um ihre Schultern.

»Laß man, Ballerina. Ich wette, das kann ich besser als du.«

»Was kannst du nicht besser? Wissen wir ja.«

»Nur kein Konkurrenzkampf«, rief Elsgard über die Schulter. »Es ist auch noch Gemüse zu putzen.«

»Möchte bloß wissen, wann wir endlich was zu essen kriegen«, murmelte John, ehe er aus dem Zimmer verschwand.

Rosmarie, in ihrem Sessel vor dem runden Tisch, lachte.

Es fiel ihr gar nicht auf, daß sie an diesem Vormittag schon mehrmals gelacht hatte.

Elsgard traf Constanze nicht wieder. Die verließ bald darauf Berlin und flog nach München.

Es war wie eine Welle in ihr hochgestiegen, der Haß, die Erniedrigung, die Demütigung, vergewaltigt worden zu sein. Man konnte diese Gefühle verdrängen, aber nie vergessen. Sie hatte sich töten wollen, und erst recht das Ding in ihrem Bauch. Sie konnte lächeln und diesem Wesen die Hand hinstrecken. Aber der Haß blieb.

Nicht gegen dieses Kind. Aber sie wollte es nie mehr sehen.

Dieses Kind mit den fremden, schrägen Augen würde nie davon erfahren. Warum war sie stehengeblieben, warum zurückgegangen? Nur um zu erfahren, daß es keine Zeugen mehr gab. Nur sie und ich, das hatte Elsgard Lumin ihr mitgeteilt.

Thomas hatte einen zuverlässigen Mann gefunden, der mit Tobias durch die DDR fuhr.

Betty freute sich sehr, daß Constanze und Tobias wieder da waren.

Thomas Ashton freute sich auch. »Siehst du, wie gut es war, daß wir uns nicht haben scheiden lassen? Macht alles viel einfacher.«

Constanze nickte.

»Und nun lies mal sofort dieses Drehbuch. Eine tolle Geschichte. Und diesen Film machen wir wieder zusammen. Diesmal gibt es ein dickes Happy-End.«

Constanze lächelte und las das Drehbuch.

Für sie gab es kein Happy-End. Sie wartete in diesem Jahr, sie wartete im nächsten Jahr. War er nicht immer überraschend aufgetaucht? Sie filmte, sie spielte in München Theater, sie saß bei Agnes Meroth am Fenster, sie sprachen über Mami und sahen der Katze zu. Es war nicht mehr Bibi, es war eine andere.

Der Professor lebte nicht mehr. Mary war längst nicht mehr da. Johannes Seefellner war Professor an der FU in Berlin. Agnes hatte immer noch Schüler, die sie lehrte, wie man das Zwerchfell stützte, um richtig singen zu können.

»Weißt du, daß ich einmal in Königsberg die Solveig gespielt habe?«

»Du hast es mir erzählt.«

»Es war die Rolle meines Lebens, doch ich wußte es damals nicht.«

Als Tobias tot war, schenkte ihr Thomas einen anderen
Hund. Ein liebes, anhängliches Tier. Doch Tobias war
schwer zu ersetzen. Schon allein deswegen, weil er Jonathan
gekannt und mit ihr auf ihn gewartet hatte.

Nun wartete sie allein.

Das letzte Kapitel

DER FILM WIRD NICHT gerade ein Welterfolg, aber er
bekommt eine erträgliche Presse und gefällt dem Publikum, besonders in Deutschland. Das ist einerseits den wun-
dervollen Außenaufnahmen in der Toscana und ihren Städten zu verdanken, zum anderen der Maltina, die eine
großartige Schauspielerin ist. Eine andere Schauspielerin, die
Venezianerin Gabriella, bringt Schwung und Sex in den
Film, Cordelia Anmut und Poesie. So jedenfalls interpretiert
es Alfredo.

Dennoch bleibt Cordelia ziemlich blaß, sie ist eben keine
Schauspielerin, und niemand, der den Film gesehen hat,
wird das behaupten. Ihre Rolle gibt auch nicht viel her, man
hat ihr zwar noch einen Verehrer verpaßt, der ihr folgt, sie in
die Arme nimmt und küßt, sie aber lächelt abwesend und
tanzt davon. Was eigentlich aus ihr werden soll, bleibt unge-
klärt.

Mit einer Sängerin, wie es zunächst geplant war, die zum
Schluß in einer schäbigen Bar singt, hätte sich vielleicht doch
mehr anfangen lassen.

»Oder man hätte sie schließlich in einem Puff strippen lassen sollen«, sagt Beatrice trocken.

»Pfui, Mama«, sagt daraufhin John. »Ich muß mich über
dich wundern.«

Alexander und Cordelia bekommen diese lästerlichen Reden nicht zu hören. Alexander hat der Film sehr gut gefallen, er findet, Cordelia paßte zu der Rolle und die Rolle zu ihr.

Alfredo ist wieder in Rom und ruht sich auf seinen Lorbeeren aus. Was er danach machen wird, weiß er noch nicht. Immerhin hat er bewiesen, daß er einen Film produzieren kann, und vielleicht spornt es ihn an, es aufs neue zu versuchen.

Cordelia lebt nun in der Villa Munkmann, sie fühlt sich nach wie vor nur geduldet, geht am liebsten allen aus dem Weg. Sie, die viele Jahre an tägliche, harte Arbeit gewöhnt war, leidet unter dem Nichtstun. Sie ist schmal und blaß, ißt wenig und läuft mit mürrischer Miene herum.

Alexander ist besorgt, Beatrice sagt nichts dazu, John pflaumt sie manchmal an.

Er ist selten zu Hause, das immer weiter expandierende Werk verlangt seinen ganzen Einsatz. Wenn es abends spät wird, bleibt er in Cordelias früherer Wohnung in Essen, um die Fahrt am Morgen und am Abend zu vermeiden.

Beatrice nimmt Cordelia manchmal mit hinaus zum Gestüt, aber hier ist auch alles anders, Cordelia sitzt nicht mehr bei den Pferden auf der Koppel, und als es Winter wird, treibt sie sich nicht stundenlang in den Ställen herum. Herr Steiner blickt abwesend über sie hinweg, und Wali ist nicht mehr so vergnügt.

»Ich könnte ja auch bei Mutti und Rosmarie in Berlin wohnen«, sagt Cordelia eines Tages, als sie mit Beatrice vom Münsterland zurückfährt.

»Möchtest du das denn gern?« fragt Beatrice.

»Ich gehe euch ja doch nur auf die Nerven.«

»Wer sagt denn das?«

»Das spüre ich.« Und heftig fügt sie hinzu: »Es ist, weil ich gar nichts zu tun habe.«

»Und was hättest du bei deiner Mutter und Rosmarie zu tun?«

»Auch nichts.«

Beatrice blickt zur Seite und sieht, daß Cordelia weint.

»Nichtstun ist zermürbender als jede Arbeit«, sagt sie

nach einer Weile. »Da hast du schon recht. Möchtest du vielleicht Schauspielunterricht nehmen?«

»Nein. Ich bin keine gute Schauspielerin, das habt ihr ja gesehen. Ich bin überhaupt zu dumm. John hat schon recht.«

»Sprechen und eine bestimmte Technik kann man wohl erlernen. Aber es muß eine gewisse Begabung da sein und vor allen Dingen die Lust zu diesem Beruf.«

»Habe ich nicht. Ich könnte mich nie vor fremden Leuten produzieren.«

»Aber das hast du doch jahrelang getan.«

»Tanzen ist anders.«

Eine Weile schweigen sie, dann sagt Cordelia heftig, während ihr die Tränen über die Wangen rollen: »Ich habe mir immer nur eins gewünscht, für Onkel Alexander die Schwanenprinzessin zu tanzen.«

Beatrice legt ihr die Hand auf das Knie. »Nun hör auf, dich zu quälen. Wir werden mal darüber nachdenken, was du lernen könntest.«

»Ich bin zu dumm«, wiederholt Cordelia hartnäckig.

Als Sekretärin, beispielsweise im Werk, kann sich Beatrice dieses Mädchen auch nicht vorstellen.

»Und als Pferdepfleger würde mich Herr Steiner nicht einstellen«, sagt Cordelia.

»Kaum.«

Flüchtig denkt Beatrice daran, mit Alexander darüber zu sprechen, doch sie verwirft den Gedanken sofort wieder. Alexander ist auch oft schlecht gelaunt, und im Werk arbeitet er nicht mehr viel, es verdrießt ihn, daß John nun dort der Chef ist, daß er gewissermaßen unter ihm arbeiten müßte. Auch um das Exportgeschäft kümmert sich John nun meist selbst.

Nicht einmal mehr zum Lesen hat Cordelia Lust, am liebsten sitzt sie bei Wilma in der Küche und läßt sich von ihr verwöhnen.

Alexander fährt mit Cordelia wieder einmal zu dem Herzspezialisten, der ist zufrieden.

»Vielleicht kann ich doch wieder tanzen«, sagt Cordelia, als sie zurückfahren.

»Ja, vielleicht«, antwortet er zerstreut.

Aber Cordelia besucht nicht einmal Madame Lucasse, sie betritt das Theater nicht mehr, mag auch nicht mehr in der Stadt sein.

»Ihr seid ziemlich trübe Tassen hier«, sagt John, als er an einem Sonntag zu Hause ist. »He, Ballerina, wollen wir nicht etwas unternehmen? Mal über Land fahren und schick essen gehen?«

Cordelia gibt ihm einen schiefen Blick und läuft aus dem Zimmer.

Alexander findet sie eine Weile später, ganz hinten im Garten, sie sitzt unter einem Rosenstrauch, auf dem die ersten Knospen treiben. Gustav arbeitet in der Nähe, er hat sie angesprochen, sie hat keine Antwort gegeben.

Cordelia weint.

Alexander nimmt ihre Hände und zieht sie energisch hoch.

»Steh auf! Es ist noch zu kalt, um auf der Erde zu sitzen. Du wirst dich erkälten.«

»Hoffentlich. Dann kann ich wenigstens sterben«, sagt sie trotzig.

»So schnell stirbt es sich nicht. Warum weinst du?«

»Er hat wieder Ballerina zu mir gesagt. Er verspottet mich. Er tut nichts anderes, als mich zu verspotten.«

Alexander legt den Arm um ihre Schultern, sie gehen zu Gustav, sehen ihm eine Weile zu, wie er an den Rosen herumpusselt, tote Zweige entfernt, andere aufbindet, den Knospen Luft verschafft.

Gegen Abend ruft Harald wieder einmal an, und da kommt Alexander die rettende Idee.

»Wir haben uns lange nicht gesehen. Was hältst du davon, wenn wir dich mal besuchen?«

»Da halte ich eine Menge davon. Du und Beatrice?«

»Nein, ich und Cordelia. Sie war noch nie in den Staaten, wäre doch mal eine Abwechslung für sie. Weißt du, es ist nämlich so …« Er schildert kurz Cordelias Zustand.

»Na, denn kommt mal schnell. Ich habe euch noch mehr

zu bieten als New York. Ich habe eine Ranch gekauft in Kentucky.«

»Was hast du?«

»Ein Riesenbesitz. Wunderbare Gegend. Kentucky ist das Pferdeland in den USA, das weißt du ja wohl. Schöne große Ställe habe ich, wir können reiten, und ich werde züchten.«

»Was wirst du?«

»Sage ich doch. Henry, Kläuschen und ich, wir haben zusammengelegt, die Sache war nicht ganz billig, und ich werde mich jetzt meist dort aufhalten. Für mein Büro in New York habe ich einen tüchtigen Partner gefunden, so nach und nach werde ich mich abseilen, alt genug bin ich ja. Acht Pferde stehen schon dort, erstklassige Reitpferde, ich habe sie alle ausprobiert. Bis auf eine Stute, die wird im Mai abfohlen.«

»Das ist ja ein Ding!« sagt Alexander. »Kentucky, wo liegt denn das?«

»Schau es dir auf der Karte an. Südosten. Wir haben auch große Flüsse im Land, den Ohio und den Mississippi. Unsere Hauptstadt heißt Frankfort. Ist das nicht komisch? Aber mit o, nicht mit u. Dem Governor habe ich schon einen Besuch gemacht.«

Für New York bleiben nur drei Tage, Harald kann es kaum erwarten, seinem Freund den neuen Besitz zu zeigen. Ein prachtvolles Haus, im Südstaatenstil, riesige Weiden und Pferde. Sie sind schon da, als das Fohlen geboren wird, es ist gesund, eine kleine Fuchsstute.

Cordelia sagt entzückt: »Das ist wie damals bei Dolka. Und Dojana hieß das kleine Fohlen, das ich später reiten sollte.«

Auf einmal ist die Erinnerung wieder da, nicht nur bei ihr. »Dolka, stimmt. Die hat mein Vater Elsgard geschenkt.«

»Ich war so traurig, als wir damals fortgingen«, sagt Cordelia. »Vor allem, weil wir die Pferde verlassen mußten.«

»Ja, da hast du recht«, sagt Alexander. »Die Heimat zu verlieren ist schlimm genug. Aber die Tiere zu verlassen, das ist das schlimmste dabei.«

Er denkt auch an Widukind, aber er spricht den Namen nicht aus. Cordelia war wohl noch zu klein und kann sich an ihn nicht erinnern. Und wenn er von dem Hengst spräche, müßte er auch von seinem Bruder Friedrich sprechen, auch von seinem Vater.

Die Rosen haben ihre zweite Blüte hinter sich, da fragt John von Renkow seine Mutter: »Meinst du, daß die jemals wiederkommen?«

Beatrice hebt die Schultern.

»Ich weiß es nicht, John. Du hörst es ja, und du liest in jedem Brief, wie gut es ihnen dort geht. Und wie glücklich Cordelia ist.«

»Das treulose Luder«, sagt John ärgerlich.

»Sie hat inzwischen reiten gelernt, sie ist ständig bei den Pferden, sie haben eine mexikanische Köchin, von der lernt sie jetzt kochen. Wilma konnte es gar nicht fassen.«

»Mexikanisch, so. Ziemlich scharf, wie?«

»Und nun haben sie auch noch ein eigenes Flugzeug, das hat Henry besorgt, Haralds großer Bruder. Der kann fliegen. Aber noch ist er ja in Washington. Also haben sie einen Piloten. Es ist einfacher so, hat Harald gesagt, sie sind dann beweglicher.«

»Seit wann weißt du das denn?«

»Seit gestern. Und dann kam Cordelia ans Telefon und sagte, vielleicht lerne ich auch fliegen, das ist gar nicht schwer. Ich bin schon ein paarmal mitgeflogen und habe gut aufgepaßt.«

John lacht. »Ausgerechnet! Die Ballerina als Fliegerin. Da werden sie wohl bald abstürzen.«

»Und ich soll sie bald mal besuchen.«

»Du fliegst mir nicht mit dem Ding.«

John steht auf, geht einmal quer durch das Zimmer, bleibt dann vor Beatrice stehen. »Ich muß dich etwas fragen, Mama?«

»Ja?«

»Glaubst du, daß er mit ihr schläft?«

»Wer?«

581

»Alexander. Dein Mann.«

»Er ist nicht mein Mann.«

»Aber doch so gut wie.«

»Ich könnte mir vorstellen, daß er mit ihr ... wie du es nennst, daß er mit ihr schläft.«

»Ja, ich weiß, es heißt faire l'amour. Würde es dir nichts ausmachen?«

»Nein, gar nicht. Sie hat ihn angebetet, seit sie ihn zum erstenmal gesehen hat. Und daran hat sich wohl nichts geändert. Und er ... nun ja, es war immer eine ganz besondere Bindung. Zunächst war sie ein Kind, und sie blieb sehr lange ein Kind. Sie hat alles getan, was er wollte. Sie hat sich einen Beruf aufzwingen lassen, sie hat es lange Zeit ganz gut geschafft. Und er war sehr verärgert, als sie das Verhältnis mit dem Franzosen hatte. Er war eifersüchtig. Eifersüchtig, wie ein liebender Mann es nur sein kann. Also haben sie jetzt vielleicht zusammengefunden, in der Art, wie du es meinst.«

»Aber er ist viel zu alt für sie«, ruft John heftig.

»Sicher. Und es muß ja nicht für ewig sein. Aber es ist irgendwie ... na ja, in meinen Augen ist es verständlich. Es mußte wohl einmal sein.«

»Und es macht dir nichts aus?«

»Nein. Nicht im geringsten. Es ist nie hier im Haus geschehen. Nicht einmal hierzulande.«

»Weißt du das so genau?«

»Ja, das weiß ich. Und ob es jetzt geschieht, wissen wir auch nicht. Wir vermuten es nur.«

»Und wenn sie hier wieder auftauchen?«

»Warum sollten sie nicht. Alexander kommt bestimmt eines Tages.«

»Und dann wirst du ihn fragen?«

»Das wird nicht nötig sein. Er wird es mir von selbst erzählen.«

»Und dann wirfst du ihn hinaus?«

»Warum sollte ich? Er ist Friedrichs Bruder, er ist dein Onkel. Er hat sich bemüht, im Werk zu arbeiten, und er hat es ganz gut gemacht. Und daß es ihm dort jetzt gefällt, ist ganz verständlich, nicht? Kentucky hat sicher keine Ähnlichkeit mit Mecklenburg. Aber es muß so ein Gefühl der Heimkehr sein. Denke ich mir.«

»Du bist sehr großzügig, Mama.«

»Du nicht, John?« fragt Beatrice und lächelt.

»Ich möchte Cordelia nicht mehr.«

»Wolltest du sie denn?«

»Ja.«

»Dann warten wir mal ab. Vielleicht sagt sie immer noch andächtig Onkel Alexander zu ihm und läßt sich vom Pferd heben. Und er küßt sie liebevoll auf die Wange, und dann gehen alle drei, Harald, Alexander und Cordelia, in die Küche zu der Mexikanerin und schauen nach, was sie gekocht hat. Und das werde ich jetzt auch tun, um zu erfahren, was Wilma für uns hat. Vorher könnten wir ein Glas Champagner trinken, was meinst du?«

»Hm«, brummt John.

John sieht ihr nach, wie sie aus dem Zimmer geht, gerade aufgerichtet, den Kopf erhoben.

Eine knappe Woche danach kommen Beatrice und John etwas später nach Hause, sie haben noch mit einem Geschäftsfreund gegessen. Es ist ein warmer Abend, es dämmert schon; im Haus ist es leer und still, in der Halle brennt kein Licht, doch als sie durch das Speisezimmer gehen, hören sie Stimmen von der Terrasse her.

Eine Stimme.

»Na, so was«, sagt John. »Alexander ist da.«

Alexander ist da. Er lümmelt im bequemsten Liegestuhl, neben ihm auf dem Tisch stehen eine leere und eine halbgeleerte Champagnerflasche.

Beatus lehnt am Türrahmen, der neue Diener neben ihm an der Wand; Wilma sitzt aufrecht mit angespannter Miene in einem Sessel; auf der obersten Stufe der kleinen Treppe, die in den Garten führt, sitzt Gustav. Jeder hat ein Glas in der Hand, sie lauschen Alexander so fasziniert, daß sie die beiden gar nicht bemerken.

»Sieh dir das an«, sagt John, »hier findet offenbar eine Art Party statt.«

Beatus hat sie gehört und löst sich vom Türrahmen.

»Hallo!« ruft Alexander. »Da kommt ihr ja endlich.«

»Und wo kommst du auf einmal her?« wundert sich Beatrice.

»Direktemang aus Frankfurt. Beziehungsweise aus New York.« Er rappelt sich hoch, streckt sich.

»Schön, daß ihr da seid. Und noch schöner, daß ich wieder da bin. Kentucky in allen Ehren, und die Ranch Rosewater sei gepriesen, aber auf die Dauer ist es mir dort zu langweilig. Ich bin nach wie vor lieber in Germany.«

Er tritt zu Beatrice, küßt sie auf die Wange, dann legt er John den Arm um die Schulter.

Wilma ist aufgesprungen, Gustav steht auf und nimmt vorsichtig das Glas von der Stufe.

»Und was feiert ihr hier?« fragt Beatrice.

»Na, meine Rückkehr, denke ich doch. Sie freuen sich alle, daß ich wieder da bin.«

»Und wir trinken auf das Wohl von Fräulein Cordelia«, sagt Gustav und lächelt. »Auch wenn wir traurig sind, daß sie nicht wiederkommt.«

»Ich bin auch traurig!« ruft Wilma. »Aber wenn es ihr dort so gut gefällt. Und wenn sie heiratet ...«

»Sie heiratet?« fragt Beatrice.

»Langsam, langsam, Wilma«, bremst Alexander. »Es könnte sein, daß. Amerikaner haben es immer sehr eilig mit dem Heiraten. Behauptet jedenfalls Harald. Verliebt ist Jeff zweifellos. Und Cordelia scheint sehr angetan von dem jungen Mann. Sie reitet mit ihm zusammen, sie ist öfter in seinen Ställen, für mich hat sie kaum einen Blick mehr übrig.«

»Das sind Neuigkeiten«, murmelt Beatrice.

»Zu denken, daß das Kind heiraten wird«, sagt Wilma gerührt. »Sie ist ja noch so jung.«

»Wie alt waren Sie denn, Wilma, als Sie geheiratet haben?« fragt John.

»Noch jünger, das stimmt. Aber mein kleines Mäuschen ...«

Dann besinnt sie sich auf ihre Pflichten. »Wollen Sie noch essen?«

»Danke, wir haben gegessen. Aber wenn wir vielleicht auch ein Glas haben könnten, um auf Onkel und Nichte zu trinken, hätten wir nichts dagegen.«

»Ich bringe sofort eine neue Flasche.« Beatus ist schon unterwegs.

»Ich hatte leider für den gnädigen Herrn nicht viel zu essen«, sagt Wilma. »Ich habe das Ragout von gestern aufgewärmt und …«

»Es hat mir ausgezeichnet geschmeckt. Wenn man eine Zeitlang in Amerika gegessen hat, schmeckt hier alles großartig. Ich freue mich schon darauf, was Wilma morgen kochen wird.«

Alexander lacht unbeschwert. Er scheint sich nicht nur auf Wilmas Essen zu freuen, sondern viel mehr noch darüber, daß er da ist.

Da kommt es auch schon.

»Ich bin ja so froh, wieder bei euch zu sein. Das ist meine Heimat hier. Es ist wirklich Heimat geworden, dieses Haus, dieser Garten, das schöne Ruhrtal. Das habe ich noch nie so deutlich gespürt wie heute.«

John räuspert sich und denkt: Jetzt wird der alte Esel auch noch sentimental.

Beatrice betrachtet Alexander schweigend. Sie weiß, was er denkt.

Und dann spricht er es aus.

»Damals, als ich dieses Haus betrat, als ich aus Rußland kam, das ist nun fast zwanzig Jahre her, da hatte ich keine Heimat mehr. An Heimat konnte man gar nicht denken, der Begriff war so tot wie mein Vater, wie mein Bruder, wie das Gut. Und nun, ich komme hier an …«

Seine Stimme klingt belegt.

John unterbricht ihn ungeduldig. »Schon gut. Freut uns, daß es dir hier gefällt.«

»Das verstehst du nicht, John«, sagt Alexander ruhig. »Das kannst du nicht verstehen. Keine Angst, ich will euch keine rührselige Szene vorspielen. Es ist nur komisch, daß ich heute daran denken mußte. Gerade heute. Verreist war ich schließlich oft genug. Als ich hier so überraschend und unangemeldet eintraf, als Beatus mir die Tür aufmachte, er war auch damals der erste, den ich sah und der mich begrüßte. Und wie er mich begrüßte. Das habe ich nicht vergessen. Und das habe ich ihm vorhin auch gesagt. Nicht wahr, Beatus?«

Beatus, der gerade mit der neuen Flasche kommt, nickt.

»Ja, Herr von Renkow, ich kann mich auch gut daran erinnern.« Er macht sich daran, die Flasche zu öffnen, der neue Diener bringt zwei Gläser.

»Und warum hast du nicht telegraphiert? Gustav hätte dich doch in Frankfurt abgeholt.«

»Beckmann junior war im Flieger, er hatte seinen Wagen in Frankfurt stehen und hat mich mitgenommen. Eigentlich wollte ich noch ein paar Tage in New York bleiben; aber dann war ein Platz in einer Maschine frei, und da habe ich mich schnell entschlossen. Harald war etwas enttäuscht, und dennoch versteht er mich. Demnächst kommt er auch wieder mal rüber. Seltsam, aber irgendwie hat er auch noch immer Heimweh.«

»Trotz der schönen Ranch in Kentucky«, meint Beatrice, es klingt ein wenig spöttisch. Möglicherweise kann sie es auch nicht verstehen, sie hat Heimweh niemals kennengelernt. Sie nimmt das gefüllte Glas, das Beatus ihr reicht. »Also dann, auf deine Heimkehr. Und dann würde ich gern erfahren, was eigentlich los ist.«

»Ich sehe schon, ich muß die ganze Geschichte noch mal erzählen.« Er tritt zu Beatrice, nimmt ihren Kopf in beide Hände und küßt sie auf den Mund.

»Last but not least habe ich mich auf dich gefreut. Falls du das verstehst.«

»Doch«, erwidert Beatrice ernst. »Das verstehe ich.«

Beatus reicht Alexander ebenfalls ein Glas; sie trinken, sehen sich schweigend an.

Ist ja wirklich rührend, denkt John und weist das Glas zurück. Er möchte lieber einen Whisky.

»Na, ist ja alles fabelhaft«, sagt er kühl. »Und nun werden wir wohl erfahren, was da so läuft.«

Die Diener ziehen sich zurück; Wilma ist mit einem letzten tränenumflorten Blick von der Terrasse verschwunden, Gustav steigt mit dem halbvollen Glas langsam in den Garten hinab.

»An sich seid ihr auf dem laufenden«, beginnt Alexander, nachdem sie sich gesetzt haben. »Ich habe euch ja ausführlich berichtet. Das Land ist wunderschön, die Ranch ein Riesenbesitz, dagegen hatten wir in Mecklenburg eine Klitsche. Die Pferde sind eine Pracht. Harald ist oft da, Kläuschen selten, Henry kommt dann und wann, bringt Frau und Kinder mit. Einsam ist es nicht. Der Mann, der alles verwaltet, ist ein Kenner und Könner, dabei sehr sympathisch.«

»Und Cordelia?« fragt Beatrice.

»Anfangs war sie natürlich unsicher und ängstlich. Ihr kennt sie ja. Auch konnte sie sich kaum verständigen und wich mir kaum von der Seite. Zuerst waren es die Pferde, denen sie sich zuwandte, dann war es Mr. Johnson, gewissermaßen unser Jochen dort, mit dem sie sich verstand. Er brachte ihr das Reiten bei, mehr so auf amerikanische Art, und sie lernte es in Windeseile. Eine Tänzerin hat schließlich einen durchtrainierten Körper, und die leichte Hand für Pferde hat sie auch. Dann tauchte der junge Mann von der Nachbarranch auf. Nachbar heißt in diesem Fall an die vierzig Kilometer, aber das spielt in Amerika keine Rolle. Er heißt auch Johnson, ist ein Neffe von unserem Johnson. That's it. Er ist hingerissen von Cordelia. Harald hat mir erzählt, was er über Cordelia sagte. Sie sieht gar nicht aus wie eine Deutsche. Wieso, fragte ihn Harald, wie sieht denn eine Deutsche aus? Na ja, blond und irgendwie rund. Harald lachte, als er mir das erzählte. Die Amerikaner haben immer noch ein Nazibild von deutschen Frauen, mit blonden Zöpfen um den Kopf gewickelt und gebärfreudigen Hüften. Das kommt natürlich durch die Filme, die sie zu sehen bekommen. Trotz des Fräuleinwunders und der Begeisterung, mit denen die GIs sich den deutschen Frauen zuwandten. Aber das wissen eben bloß die, die hier bei der Besatzung waren.«

»Hm«, macht Beatrice. »Nun ja, Cordelia sieht wirklich anders aus.«

Alexander schweigt für einen Augenblick. Nur er weiß, wie Cordelia entstanden ist – oder glaubt, es zu wissen. Was Elsgard ihm erzählt hat. Daß es nicht die Wahrheit ist, wird er nie erfahren.

»Für Jeff Johnson ist Cordelia ein höchst aufregendes Mädchen. Dazu ihre Anmut, ihre Beweglichkeit. Und wie sich das in den letzten Wochen entwickelt hat, kann man wirklich vermuten, daß sie heiraten werden.«

»Und du?« fragt Beatrice.

»Was soll ich sagen? Was kann ich mir Besseres wünschen, als daß Cordelia sich wohl fühlt und hoffentlich glücklich wird. Es ist ein neues Leben für sie. Und einigermaßen verständigen kann sie sich jetzt auch. Ein etwas ulkiges Amerikanisch, aber das ist für die anderen ganz reizvoll.«

»Ich wundere mich nur über deine Großzügigkeit. Du warst sehr erbost, als du von dem Verhältnis mit dem Franzosen erfuhrst. Du warst eifersüchtig, würde ich sagen.«

»Mit Recht. Dieser gräßliche Kerl war doch kein Mann für das Kind. Um mit Wilma zu sprechen.«

»Immerhin hat sie ihren einzigen großen Erfolg ihm zu verdanken.«

»Das war etwas anderes, als ich mir vorgestellt habe. Gut, ich sehe es ein, ich bekenne mich schuldig, und das habe ich nun schon öfter getan. Ich habe das Kind vom ersten Augenblick an liebgehabt. Dann habe ich es in eine Arbeit getrieben, habe ihm einen Beruf aufgezwungen, weil ich es dafür geeignet hielt. Cordelia war diesem Beruf nicht gewachsen. Schlimmer war es, daß ich Cordelia auch einen Traum eingeredet habe.«

»Der Traum von der Schwanenkönigin«, wirft John ein.

»Richtig. Also mea culpa. Alles meine Schuld. Und jetzt bin ich, wenn man es genau betrachtet, auch nicht unschuldig daran, was geschieht. Ich habe sie in eine andere Welt gebracht, abermals in ein anderes Leben. Wißt ihr, was sie sagt? Das ist wie damals in Mecklenburg. Was kann sie schon für Erinnerungen haben an Mecklenburg? Nichts als weites Land um sie herum, eine schöne Landschaft, sie hat Pferde, einen Hund, sie reitet, schwimmt, und sie ist möglicherweise verliebt. Hätte ich sie wieder mitbringen sollen?«

Jetzt macht er ein verzweifeltes Gesicht. Beatrice lächelt.

»Du wirst halt aufhören müssen, dich einzumischen. Ein weiser Entschluß.«

»Wißt ihr, daß sie nicht schwimmen konnte? Das hat ihr Jeff beigebracht. Natürlich gibt es einen Pool und nicht weit entfernt sogar einen wunderschönen See, der ebenfalls zur Ranch gehört. Es ist wirklich ein herrliches Land. Ich kann nur hoffen …«

Er schweigt. Beatrice betrachtet ihn nachdenklich. Ganz glücklich ist er dennoch nicht, das merkt sie ihm an.

»Eigentlich«, sagt John, »habe ich daran gedacht, Cordelia zu heiraten.«

»Du?« fragt Alexander erstaunt. »Das kann nicht dein Ernst sein. In deiner Position mußt du repräsentieren, du brauchst eine gebildete Frau aus gutem Haus. Hast du nicht immer gesagt, Cordelia sei dir zu dumm?«

Schweigen auf der Terrasse im Hause Munkmann. Keiner der drei kann sich Cordelia als Herrin in diesem Haus vorstellen. Das ungewollte, ungeliebte Kind. Abgeschoben in eine andere Welt, in ein anderes Leben.

Alexanders Miene ist nun nicht mehr fröhlich.

»Hoffentlich habe ich nicht wieder etwas falsch gemacht«, murmelt er.

»Warten wir es ab«, meint Beatrice energisch. »Sie ist ja nicht am Ende der Welt. Vielleicht findet sie dort wirklich so etwas, was du Heimat nennst. Meinst du denn, sie hat mit diesem Jeff schon …«, sie stockt. »Geschlafen«, vollendet John den Satz. »Ach so, ich weiß, es heißt nicht schlafen, es heißt faire l'amour. Hat sie mir beigebracht.«

»Ich glaube nicht«, sagt Alexander. »Das hat sich so nach und nach entwickelt. Und unser Mr. Johnson ist ein strenger Mann, der das nicht tolerieren würde. Und Jeff hat schließlich Vater und Mutter und noch eine jüngere Schwester auf seiner Ranch, die würden das vermutlich auch nicht gern sehen.«

»Du lieber Himmel, das ist ja eine richtige Familie. Und du denkst, sie kann sich da hineinfinden?«

»Es sieht so aus. Sie sind alle sehr nett zu ihr. Und mit Jeffs Schwester Jane hat sie sich richtig angefreundet.«

»Ein neues, ganz anderes Leben«, sagt Beatrice nachdenklich. »Da hast du recht. Und du bist wieder dafür verantwortlich.«

»So ist es. Na, ihr werdet es euch ja ansehen.«

»Wieso?« fragt Beatrice, Ablehnung in der Stimme.

»Zur Hochzeit müssen wir natürlich hinüberfliegen.«

»Ohne mich«, wirft John ein.

»Und warum bist du so sicher, daß es zu einer Hochzeit kommt?«

»Jeff hat es seinem Onkel angekündigt, und der wiederum hat es Harald erzählt.«

Beatrice denkt an das überarbeitete Kind, an das tanzende Mädchen, ihre Liebe zu Alexander und schließlich an das kranke Herz. Doch sie will nicht davon reden, jetzt nicht, morgen nicht. Sie wundert sich nur, wie leicht Alexander es nimmt, daß es keine Karriere für seine Tänzerin gab. Und sie muß an den ›Wolkentanz‹ denken. Auch wenn Alexander den Franzosen nicht mochte, so war es doch eine gelungene, eine hinreißende Aufführung. Es hätte der Anfang einer Karriere sein können, nun war es das Ende.

HEYNE BÜCHER

Heyne-Taschenbücher